HEINZ-GERT PAPENHEIM
JOACHIM BALTES

VERWALTUNGSRECHT FÜR DIE SOZIALE PRAXIS

20. ÜBERARBEITETE AUFLAGE
2008

VERLAG UND BESTELLANSCHRIFT
RECHT FÜR DIE SOZIALE PRAXIS
FRANZ-LENDERS STR. 33
50226 FRECHEN
Telefon 0 22 34/ 96 70 20 und Telefax 0 22 34/ 96 70 22

ERSTER ABSCHNITT
SOZIALARBEIT/SOZIALPÄDAGOGIK IM DEMOKRATISCHEN RECHTS- UND SOZIALSTAAT

ZWEITER ABSCHNITT
STAATSORGANISATION

Dritter Abschnitt
Bindung der Verwaltung an Recht und Gesetz

Vierter Abschnitt
Träger der freien Jugend- und Sozialhilfe

Fünfter Abschnitt
Rechtsstellung des Menschen
und anderer Rechtssubjekte im Sozialleistungsrecht

Sechster Abschnitt
Grundrecht auf informationelle Selbstbestimmung

Siebter Abschnitt
Sozialleistungsrecht

Achter Abschnitt
Verwaltungsverfahren,
öffentlich-rechtlicher Vertrag, Verwaltungsakt, Verwaltungszwang

Neunter Abschnitt
Staatshaftung und öffentlich-rechtliche Ausgleichsverhältnisse

Zehnter Abschnitt
Rechtsschutz durch die Verwaltung und durch die Gerichte

Elfter Abschnitt
Öffentliche Sachen

**Im Text ist jeweils nur der Verfasser bzw. der Herausgeber und
- soweit zur Unterscheidung erforderlich -
das Erscheinungsjahr des zitierten Werkes genannt.**

Alt, Jörg, Leben in der Schattenwelt. Problemkomplex illegale Migration, Karlsruhe 2004

Arbeitslosenprojekt TuWas, Leitfaden für Arbeitslose, Frankfurt am Main 2008

Arbeitslosenprojekt TuWas, Leitfaden zum Arbeitslosengeld II, Frankfurt am Main 2008

Arbeitslosenprojekt TuWas, Leitfaden Alg II/Sozialhilfe, Frankfurt am Main 2006

von Bandemer/Blanke/Nullmeier/Wever (Hrsg.), Handbuch zur Verwaltungsreform, Opladen 1998

Barabas, Sexualität und Recht, Frankfurt am Main 2006

Barabas, Beratungsrecht, Frankfurt am Main 2003

Becker/Hauser, Dunkelziffer der Armut - Ausmaß und Ursachen der Nicht-Inanspruchnahme zustehender Sozialhilfeleistungen, Berlin 2005

BeckOK = Beck'scher Online Kommentar, Sozialrecht

BMFSFJ (Hrsg.), Handbuch zur Neuen Steuerung in der Kinder- und Jugendhilfe, Stuttgart 1999

Boeßenecker/Trube/Wohlfahrt (Hg.), Verwaltungsreform von unten, Münster 2001

Brensky, Aktivitäten auf dem Gebiet der Staats- undVerwaltungsmodernisierung in den Ländern und beim Bund, Speyer 2004

Bringewat, Tod eines Kindes, Baden-Baden 1997

Bringewat, Sozialpädagogische Familienhilfe und strafrechtliche Risiken Stuttgart u. a. 2000

Brühl/Sauer, Mein Recht auf Sozialleistungen, München 2005

Bundesarbeitsgemeinschaft für ambulante Maßnahmen (Hrsg), Neue Ambulante Maßnahmen, Mönchengladbach 2000

Bundeskonferenz für Erziehungsberatung (Hrsg.), Rechtsfragen in der Beratung, Fürth 1997

Bundesministerium für Familie, Senioren, Frauen und Jugend (Hrsg.), Handbuch zur Neuen Steuerung in der Kinder- und Jugendhilfe, Stuttgart, Berlin, Köln 2000

Busch, Manfred, Der Schutz von Sozialdaten in der Jugendhilfe, Stuttgart, München, Hannover, Berlin, Weimar,Dresden 1997

Däubler/Klebe/Wedde/Weichert, Bundesdatenschutzgesetz, Frankfurt am Main, 2007,

Diering/Timme/Waschull, Sozialgesetzbuch X, Baden-Baden 2004

Eicher/Spellbrink, SGB II, München 2008

Fachet, Datenschutz in der katholischen Kirche, Neuwied 1998

Fieseler/Herborth, Recht der Familie und Jugendhilfe, Neuwied 2004

Fieseler/Schleicher (Hrsg.), Kinder- und Jugendhilferecht, Gemeinschaftskommentar zum SGB VIII, Neuwied 1998 ff. Loseblatt

Freytag u.a., Neues Kommunales Finanzmanagement Nordrhein-Westfalen, Stuttgart 2005

Frings/Ludemann/Papenheim, Sozialpädagogische Familienhilfe in freier Trägerschaft Freiburg 1993

Fuchs, Europäisches Sozialrecht, Baden-Baden 2005

Gagel/Bepler/bieback u.a., SGB III, München 2008

Gola/Wronka, Handbuch zum Arbeitnehmerdatenschutz, Frechen 2004

Grube/Wahrendorf, SGB XII, München 2008

Hammer, Kirchliches Arbeitsrecht, Köln 2002

Hauck/Noftz, Sozialgesetzbuch –SGB XII, Berlin 2005

Igl/Jachmann/Eichenhofer, Ehrenamt und bürgerschaftliches Engagement im Recht – ein Ratgeber, Opladen 2002

KGSt - Kommunale Gemeinschaftsstelle fürVerwaltungsvereinfachung, Verwaltungsorganisation der Gemeinden, Köln 1981

Kossens/von der Heide/Maaß, Praxiskommentar zum Behindertenrecht, München 2002

Kost/Wehling (Hrsg.), Kommunalpolitik in den deutschen Ländern, Wiesbaden 2003

Kunkel (Hrsg.), Lehr- und Praxiskommentar LPK - SGB VIII, Baden-Baden 2006

Krahmer (Hrsg.), LPK-SGB I, Baden-Baden 2003

Krahmer, Sozialdatenschutz, Köln 1997

Lehmann (Hrsg.), Recht sozial, Hannover 2002

Lenckner, siehe Schönke-Schröder

LPK-SGB II, siehe Münder

LPK-SGB VIII, siehe Kunkel

LPK-SGB XII, siehe Münder

Luthe (Hrsg.), Autonomie des Helfens, Baden-Baden 1997

Luthe siehe Hauck/Noftz

Maas, Soziale Arbeit als Verwaltungshandeln, Weinheim/München 1996

Maurer, Allgemeines Verwaltungsrecht, München 2006

Meinhold/Matul, Qualitätsmanagement aus der Sicht von Sozialarbeit und Ökonomie, Baden-Baden 2003

Menges, Gemeinnützige Einrichtungen, München 2004

Meyer-Ladewig/Keller/Leitherer , Sozialgerichtsgesetz, München 2005

Mörsberger/Restemeier, Helfen mit Risiko, Neuwied 1997

Mrozynski, SGB I, München 2003

Münder (Hrsg.), Frankfurter Kommentar zum SGB VIII, Weinheim u. a. 2003

Münder (Hrsg.), Sozialgesetzbuch II, Baden-Baden 2007 (zitiert: Bearbeiter in LPK SGB II)

Münder/Armborst/Berlit u.a., Sozialgesetzbuch XII, Baden-Baden 2008

Naßmacher/Naßmacher, Kommunalpolitik in Deutschland, Opladen 1999

Neumann/Pahlen/Majerski-Pahlen, Sozialgesetzbuch IX, München 2005

Neumann siehe Hauck/Noftz

Oberloskamp/Balloff/Fabian, Gutachtliche Stellungnahmen in der sozialen Arbeit, Neuwied 2001

Onderka/Schade siehe Mörsberger

Ossenbühl siehe Erichsen

Palandt (Bearbeiter), Bürgerliches Gesetzbuch, München 2003

Papenheim 1993 siehe Frings

Proksch, Sozialdatenschutz in der Jugendhilfe, Münster 1996

Rüfner siehe Erichsen

Schick, Rechts- und Unternehmensformen, Baden-Baden, 2003

Schönke-Schröder, Strafgesetzbuch, München 1992

Schulte/Trenk-Hinterberger, Sozialhilfe, Heidelberg 1986

Spiegelhalter, Die sozialwirtschaftliche Bilanz der Freien Wohlfahrtspflege, 1999 Köln

Stober, Bearbeiter von
    Wolff/Bachof/Stober, Verwaltungsrecht, Band 1, München 1999 (zitiert; Stober I)
    Wolff/Bachof/Stober, Verwaltungsrecht, Band 2, München 2000 (zitiert: Stober II)

Szlapka/Nikles, Neue Steuerungsmodelle in der Kommunalverwaltung
    Essen 1997

Tettinger, Besonderes Verwaltungsrecht/1, Heidelberg 2004

Thust/Schwarte/Trenk-Hinterberger, Die Rechtsberatung in der Rehabilitation
    Düsseldorf 1987

Verein für Kommunalwissenschaften e. V.: "... und schuld ist im Ernstfall das Jugendamt",
    Berlin 1999

Wabnitz, Recht der Finanzierung der Jugendarbeit und Jugendsozialarbeit, Baden-Baden 2003

Wabnitz (Hrsg.), Kinder- und Jugendhilferecht, Baden-Baden, 2004

Wiesner (Hrsg), SGB VIII, München 2002

Wiesner/Meysen/Albrecht: Verantwortlich handeln - Schutz und Hilfe bei
    Kindeswohlgefährdung, Bonn 2004

Wilmers-Rauschert, Datenschutz in der freien Jugend- und Sozialhilfe, Stuttgart 2004

Winkler, Sozialverwaltungsverfahren und Sozialdatenschutz (SGB XII), München 2004

Wollmann/Roth (Hrsg.), Kommunalpolitik, Bonn 1998

v. Wulffen (Hrsg.), SGB X, München 2008

a. A. ....anderer Ansicht
a.a.o. ....am angegebenen Ort
Abs. ....Absatz
AFG........................Arbeitsförderungsgesetz
AGG ....Allgemeines Gleichbehandlungsgesetz
ANBA ....Amtliche Nachrichten der Bundesagentur für Arbeit
Anm.........................Anmerkung
AO........................Abgabenordnung
AOK........................Allgemeine Ortskrankenkasse
AP ....Arbeitsrechtliche Praxis, Nachschlagewerk des Bundesarbeits-
 gerichts
APuZ ....Aus Politik und Zeitgeschichte (Beilage zur Zeitschrift „Das
 Parlament")
ArbG........................Arbeitsgericht
ArchsozArb................Archiv für Wissenschaft und Praxis der sozialen Arbeit
Art. ....Artikel
ASD........................Allgemeiner Sozialdienst
AufenthaltG ....Aufenthaltsgesetz
AufenthaltG/EWG.....Gesetz über Einreise und Aufenthalt von Staatsangehörigen der
 Mitgliedsstaaten der Europäischen Gemeinschaft
AuslG ....Ausländergesetz
BAföG........................Bundesausbildungsförderungsgesetz
BAG........................Bundesarbeitsgericht
BAG FW ....Bundesarbeitsgemeinschaft der freien Wohlfahrtspflege
BAGE ....Entscheidungen des BAG (Band, Seite)
BAT ....Bundesangestelltentarifvertrag
BB ....Der Betriebsberater
BBiG........................Berufsbildungsgesetz
BDO ....Bundesdisziplinarordnung
BEEG ....Bundeselterngeld- und Elternzeitgesetz
BErzGG...................Bundeserziehungsgeldgesetz
BGB........................Bürgerliches Gesetzbuch
BGBl........................Bundesgesetzblatt
BGG ....Behindertengleichstellungsgesetz des Bundes
BFH........................Bundesfinanzhof
BGH ....Bundesgerichtshof
BGHZ ....Entscheidungen des BGH in Zivilsachen (Band, Seite)
BKGG........................Bundeskindergeldgesetz
BMF........................Bundesministerium der Finanzen
BMFSFJ ....Bundesministerium für Familie, Senioren, Frauen und Jugend
BRD........................Bundesrepublik Deuschland
BR-Drs. ....Bundesratsdrucksache
BT-Drs........................Bundestagsdrucksache
BRRG........................Beamtenrechtsrahmengesetz
BSG........................Bundessozialgericht
BSGE ....Entscheidungen des BSG (Band, Seite)
BSHG ....Bundessozialhilfegesetz
BVerfG ....Bundesverfassungsgericht
BVerfGE ....Entscheidungen des BVerfG (Band, Seite)

SozR ....Sozialrecht, Rechtsprechung und Schrifttum, bearbeitet von den
Richtern des BSG
StGB..................Strafgesetzbuch
StPO..................Strafprozeßordnung

TdL..................Tarifgemeinschaft deutscher Länder
TVG..................Tarifvertragsgesetz
TVöD..................Tarifvertrag für den öffentlicher Dienst

VA..................Verwaltungsakt
VereinsG..................Gesetz zur Regelung des öffentlichen Vereinsrechts
VersR..................Versicherungsrecht (Jahr, Seite)
VG..................Verwaltungsgericht
VGH..................Verwaltungsgerichtshof
VKA..................Vereinigung kommunaler Arbeitgeberverbände
VOB..................Verdingungsordnung für Bauleistungen
VOL..................Verdingungsordnung für Leistungen (außer Bauleistungen)
VwGO..................Verwaltungsgerichtsordnung
VwVfG..................Verwaltungsverfahrensgesetz
VwVG..................Verwaltungsvollstreckungsgesetz
VwZG..................Verwaltungszustellungsgesetz

WoGG..................Wohngeldgesetz
WRV..................(Weimarer) Verfassung des Deutschen Reichs
www..................world wide web (Internet)

ZAR..................Zeitschrift für Ausländerrecht

ZfF..................Zeitschrift für das Fürsorgewesen (Jahr, Seite)
ZfJ..................Zeitschrift für Jugendrecht (Jahr, Seite)
ZfSH/SGB..................Zeitschrift für Sozialhilfe und Sozialgesetzbuch (Jahr, Seite)
ZMV..................Die Mitarbeitervertretung (Jahr/Seite)
ZPO..................Zivilprozeßordnung
ZRP..................Zeitschrift für Rechtspolitik (Jahr, Seite)
ZTR..................Zeitschrift für Tarifrecht (Jahr/Seite)

ERSTER ABSCHNITT:
SOZIALARBEIT/SOZIALPÄDAGOGIK
IM DEMOKRATISCHEN RECHTS- UND SOZIALSTAAT

1.0 SOZIALARBEIT UND SOZIALPÄDAGOGIK UND ÖFFENTLICHE VERWALTUNG

„Soziale Arbeit als Beruf fördert den sozialen Wandel und die Lösung von Problemen in zwischenmenschlichen Beziehungen, und sie befähigt die Menschen, in freier Entscheidung ihr Leben besser zu gestalten. ...
Grundlagen der Sozialen Arbeit sind die Prinzipien der Menschenrechte und der sozialen Gerechtigkeit".
(International Federation of Social Workers - IFSW)

Dramatischer gesellschaftlicher Wandel

Globalisierung der Wirtschaft, Verlagerung von Arbeitsplätzen in Billiglohnländer, neue Technologien und eine neue Philosophie, die darauf abstellt, mit möglichst wenig Arbeitnehmern und möglichst geringen Lohnkosten möglichst hohe Gewinne für Kapitalbesitzer zu erzielen, bewirken einen tiefgreifenden Wandel

Der soziale Rechtsstaat, durch das Grundgesetz garantiert, wird umdefiniert und umgestaltet. Der Gesetzgeber schränkte Sozialleistungen ein, damit Steuern und Sozialabgaben abgebaut, die Lohnnebenkosten gesenkt und die Wettbewerbsfähigkeit und Gewinne der Unternehmen gestärkt werden. Staatliche Verwaltungen gliedern lebenswichtige Bereiche aus und sind bemüht, mit immer weniger Beschäftigten immer weniger und möglichst billige Leistungen zu gewähren.

Hartz IV und andere

Mit dem Wandel sind für immer mehr Menschen einschneidende Veränderungen ihrer Einkommens- und Vermögenssituation eingetreten. Mehr als acht Millionen Menschen leben am Rande des Existenzminums, darunter besonders viele Kinder und Jugendliche.

Die Auswirkungen des Wandels auf die betroffenen Menschen und auf die soziale Arbeit sind abzusehen: Existenzsicherung, Überschuldung, prekäre Arbeitsverhältnisse, Wohnungsprobleme und gesundheitliche Probleme, psychische Erkrankungen, Alkohol und Drogen, Kinder ohne Zukunft, Armut im Alter werden zunehmend Schwerpunkte sozialer Arbeit.

Soziale Arbeit als Unternehmensberatung, Armenfürsorge, Sozialanwaltschaft ?

Welche Ziele setzt sich soziale Arbeit im Wandel ? Übernimmt sie das Menschenbild der Reformer, das von dem Bürger ausgeht, der wie ein Unternehmer auf einem anonymen Markt agiert, seine Fähigkeiten in Konkurrenz mit anderen vermarktet, Einnahmen und Gewinne erzielt, sich damit gegen individuelle Risiken absichert und staatliche Hilfe nicht benötigt ? (Lutz, APuZ 8-9/08, 1ff).

Leistet sie in Suppenküchen, Wärmestuben, Kleiderkammern, Tauschbörsen Armenfürsorge wie im 19. Jahrhundert ?

Will sie Menschen in individuell oder gesellschaftlich bedingten Problemsituationen befähigen, eigenverantwortlich und gemeinschaftsbezogen zu handeln ?

Oder wollen SA/SP alle, auch die rechtlichen Möglichkeiten ausschöpfen, um eine soziale Ausgrenzung der vom Wandel Betroffenen zu verhindern und ihnen Teilhabe am gesellschaftlichen Leben zu ermöglichen ?

1

2.0 VERFASSUNGSRECHTLICHE GRUNDLAGEN DER SOZIALORDNUNG

Achtung und Schutz der Menschenwürde

Oberstes Staatsziel der Bundesrepublik ist die Achtung und der Schutz der Menschenwürde. Diese zu achten und zu schützen ist Verpflichtung aller staatlichen Gewalt (Art. 1 Abs. 1 GG).

Der Staat und die staatliche Hoheitsgewalt haben also keinen Eigenwert. Der Staat dient nicht einer bestimmten Ideologie. Er hat die einzige Aufgabe, dem Menschen in der Gemeinschaft ein menschenwürdiges Leben in Freiheit und Verantwortung gegenüber den Mitmenschen zu ermöglichen.

Das Grundgesetz versucht, durch die Garantie von Grundrechten, das Rechtsstaatsprinzip und das Prinzip der Gewaltenteilung die Gefahr einer Ohnmacht des Menschen gegen staatliche Übermacht zu begrenzen und auf diese Weise den Freiheitsraum des einzelnen Menschen und dessen Entfaltungsmöglichkeiten zu sichern. Das Sozialstaatsprinzip verpflichtet den Staat, für soziale Gerechtigkeit zu sorgen.

Besondere Bedeutung in der Verfassungsordnung haben

- die **Grundrechte,**
- das **Rechtsstaatsprinzip,**
- das **Prinzip der Gewaltengliederung,**
- das **Sozialstaatsprinzip.**

Würde des Menschen (Artikel 1 GG)
DIE WÜRDE DES MENSCHEN IST UNANTASTBAR.
SIE ZU ACHTEN UND ZU SCHÜTZEN IST AUFGABE ALLER
STAATLICHEN GEWALT

Freie Entfaltung	Gleichheit vor dem Gesetz	Gewissensfreiheit	Meinungsfreiheit
Schutz von Ehe und Familie	Versammlungsfreiheit	Vereinigungsfreiheit	Brief-, Post-, Fernmeldegeheimnis
Freizügigkeit	Berufsfreiheit	Unverletzlichkeit der Wohnung	Eigentumsgarantie
Schutz vor Ausbürgerung	Asylrecht	Petitionsrecht	Rechtsschutzgarantie

Rechtsstaat	Sozialstaat
Vorrang von Verfassung und Gesetz	Verwirklichung sozialer Gerechtigkeit
Garantie des effektiven Rechtsschutz	Verwirklichung sozialer Sicherheit
Rechtssicherheit, Vertrauensschutz	Sicherung der Mindestvoraussetzungen
Rechtsschutz in angemessener Zeit	eines menschenwürdigen Lebens
Gebot des fairen Verfahrens	Chancengleichheit

2.1 Achtung und Schutz der Menschenwürde als oberstes Staatsziel

"Die Würde des Menschen ist der oberste Wert im grundrechtlichen Wertsystem und gehört zu den tragenden Konstitutionsprinzipien. Alle staatliche Gewalt hat sie zu achten und zu schützen (Art. 1 Abs. 1 GG). Dem Menschen kommt in der Gemeinschaft ein sozialer Wert- und Achtungsanspruch zu; deshalb widerspricht es der menschlichen Würde, den Menschen zum bloßen Objekt des Staates zu machen oder ihn einer Behandlung auszusetzen, die seine Subjektqualität prinzipiell in Frage stellt." (BVerfG NJW 1977, 1525).

" Jeder besitzt sie, ohne Rücksicht auf seine Eigenschaften, seine Leistungen und seinen sozialen Status. Sie ist auch dem eigen, der aufgrund seines körperlichen oder geistigen Zustands nicht sinnhaft handeln kann. Selbst durch "unwürdiges" Verhalten geht sie nicht verloren. Sie kann keinem Menschen genommen werden. Verletzbar ist aber der Achtungsanspruch, der sich aus ihr ergibt" (BVerfG NJW 1993, 1457).

"Nach dem Menschenbild des Grundgesetzes ist das Individuum indessen auch gemeinschaftsbezogen und gemeinschaftsgebunden.... Deshalb muss es die Maßnahmen hinnehmen, die im überwiegenden Interesse der Allgemeinheit unter strikter Einhaltung des Verhältnismäßigkeitsgebots getroffen werden, solange sie nicht den unantastbaren Bereich privater Lebensgestaltung betreffen" (BVerfG, NJW 1972, 2214 und 1979, 1100).

Allgemeine Verpflichtung staatlicher und privater Stellen sowie aller SA/SP
Jede staatliche Stelle und jeder im öffentlichen Dienst Tätige, aber auch freie Träger und deren Mitarbeiter sind verpflichtet, die Fähigkeit des Menschen zu **eigenverantwortlicher Entscheidung über sein Verhalten und die ihn betreffenden Angelegenheiten** im Rahmen der verfassungsmäßigen Ordnung zu achten, zu sichern und zu fördern. Kinder, Jugendliche und Erwachsene dürfen weder autoritär wie Untertanen noch fürsorglich wie unwissende und unmündige Kinder behandelt werden.

Anspruch eines jeden Menschen auf Achtung und Schutz der Menschenwürde
Jeder Mensch - das geistig behinderte Kind, der drogenabhängige Jugendliche, die misshandelte Frau, der Dieb, das türkische Mädchen und der Vietnamese, der Muslim und der Atheist, der Stasi-Mitarbeiter und der Rechtsradikale - sie alle haben Anspruch gegen jeden Träger staatlicher Gewalt in der Bundesrepublik, dass ihre Menschenwürde geachtet und geschützt und ihre Grundrechte gewahrt werden(Artikel 1 - 20 GG).

Artikel 1 verpflichtet nicht nur zur Achtung, sondern auch zum Schutz der Menschenwürde. Deshalb verbietet er einerseits staatlicher Eingriffe und begründet andererseits staatliche Schutzpflichten, die sich auch auf die privatrechtlichen Beziehungen der Bürger auswirken:

► Jeder hat Anspruch auf das **"physische Existenzminimum"** zur Sicherung des "nackten Überlebens" (ausreichende Nahrung, Kleidung und Obdach sowie ausreichende medizinische Versorgung) im Rahmen der wirtschaftlichen Möglichkeiten und des Machbaren. Ob und in welchem Umfang durch soziale Hilfe die Teilhabe am gesellschaftlichen Leben - **sozio-kulturelles Existenzminimum** - ermöglicht wird, steht nach Auffassung des BSG im Gestaltungsermessen des Gesetzgebers (BSG, 22. 4. 2008 – B 1 Kr 10/07 R). Weitergehend haben das BVerfG und das BVerwG festgestellt, der Staat müsse u.a. eine soziale Ausgrenzung Benachteiligter verhindern (BVerfG, 17. 10. 2007- 2 BvR 1095/05; Däubler, NZS 2005, 225 m. w. N.; → 2.4).

3

▶ Jeder hat Anspruch auf **Achtung** und **Schutz seiner Persönlichkeit:** Er hat das Grundrecht auf informationelle Selbstbestimmung und auf Schutz der Intim-, Privat- und Vertrauenssphäre (→ 30.0 – 36.0)

Beispiel: Der SA/SP darf ihm anvertraute persönliche Daten des Klienten ohne dessen Einwilligung grundsätzlich nicht in der Teambesprechung mit Kollegen erörtern (→ 32.1.4); denn das informationelle Selbstbestimmungsrecht und die personale Würde des Klienten verbieten es, ihm „die Rolle eines bloßen Objekts zuzuweisen" (BVerfG, NJW 2005, 1103 zum Arzt-Patientenverhältnis).

Einschränkungen der Freiheit bei überwiegendem Interesse der Allgemeinheit
Dem Menschen wird durch das Grundgesetz keine schrankenlose Freiheit garantiert; denn das Zusammenleben vieler Menschen führt ständig zu Situationen, in denen die Freiheit des einen mit der Freiheit des anderen Menschen oder mit dem öffentlichen Interesse in Konflikt gerät. Es ist Aufgabe des staatlichen Gesetzgebers, für Konfliktfälle rechtliche Regelungen zu schaffen.

Beispiel: Durch Gesetz wird bestimmt, dass Eltern die elterliche Sorge entzogen werden kann, wenn dies zur Abwendung einer erheblichen Gefährdung des Kindes erforderlich ist (§ 1666 BGB).

Der Gesetzgeber muss sich auf Eingriffe beschränken, die nicht mehr als unbedingt erforderlich in die Freiheitsräume der Bürger/innen eingreifen (Grundsatz der Verhältnismäßigkeit → 17.182.

2.2 Bundesrepublik als demokratischer und sozialer Rechtsstaat

Zur Sicherung eines menschenwürdigen Lebens, der Selbstbestimmung und Freiheit, aber auch zum Schutz des Menschen vor einer Selbstgefährdung und einer Gefährdung durch andere hat das Grundgesetz bestimmt, dass die Bundesrepublik ein demokratischer und sozialer Bundesstaat sein soll (Art. 20 Abs.1 GG).

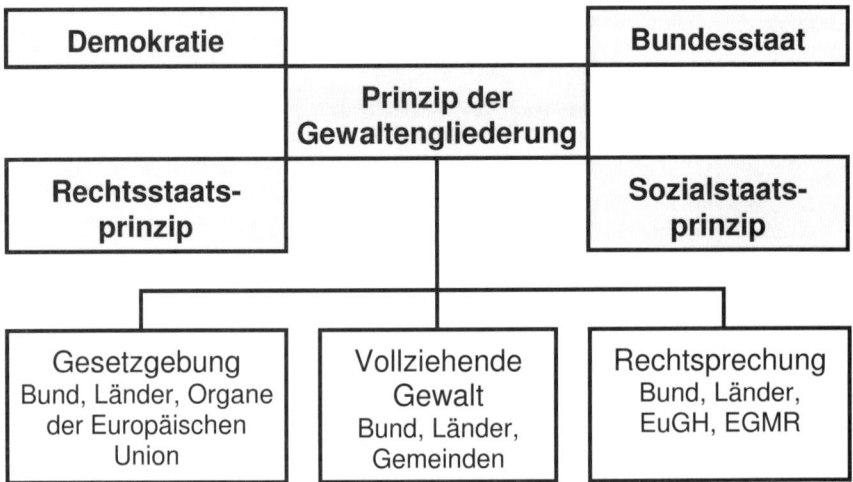

Demokratie
Alle Staatsgewalt geht vom Volke aus. Sie wird auf Bundesebene vom Volk durch Wahl der Volksvertreter im **Parlament** ausgeübt. Die Länder- und Kommunalverfassungen sehen z. T. vor, dass die Wähler über Einzelfragen unmittelbar entscheiden z. B. durch **Volks-** bzw. **Bürgerbegehren** und –entscheid.

Prinzip der Gewaltengliederung und Gewaltenhemmung
Die Staatsgewalt wird horizontal geteilt und durch besondere Organe der Gesetzgebung, der vollziehenden Gewalt (Verwaltung) und der Rechtsprechung ausgeübt. Diese besonderen Organe sollen sich gegenseitig hemmen und in Balance halten. Einen "demokratischen Zentralismus" gibt es nicht.

► Die **Volksvertretungen** haben die Verwaltung zu kontrollieren.

► Die **Verfassungsgerichte** können verfassungswidrige Verwaltungsmaßnahmen und verfassungswidrige Gesetze aufheben.

► Die **Verwaltungs-, Sozial- und Finanzgerichte** können gesetzwidrige Verwaltungsmaßnahmen aufheben. Sie dürfen aber nicht in die Handlungsspielräume der Verwaltung eingreifen.

Bundesstaat
Die Staatsgewalt wird auch vertikal zwischen **Bund, Ländern und Gemeinden** geteilt (Art. 28 GG). Dadurch wird einerseits Bürgernähe und die Berücksichtigung regionaler Besonderheiten möglich. Andererseits entsteht dadurch eine Vielzahl von Zuständigkeiten und Behörden, die es dem Bürger schwer macht, zu seinem Recht zu kommen.

Europäische Union
Staatliche Hoheitsrechte werden auch von der Europäischen Union ausgeübt (Art. 25 GG; → 16.3).

2.3 Rechtsstaatsprinzip

Das Rechtsstaatsprinzip ist ein allgemeiner Verfassungsgrundsatz (§ 20 Abs. 3 GG). Es wird konkretisiert u.a. in folgenden Verfassungsgrundsätzen:

Bindung der Staatsorgane an Gesetz und Recht
Alle staatliche Gewalt ist an die Grundrechte, an Gesetz und Recht gebunden (Art. 1 Abs. 3, Art. 20 Abs. 3 GG). Soweit durch Rechtsvorschriften Eingriffe zugelassen werden, besteht ein Analogieverbot (BVerfG, NJW 1996, 3202).

Der Bundeskanzler, die Minister, die Behördenchefs, die Polizei und alle Angehörigen des öffentlichen Dienstes haben Entscheidungs- und Handlungsbefugnis nur insoweit, als sie ihnen durch Verfassungs- oder gesetzliche Vorschrift zuerkannt sind.

Recht des Bürgers auf umfassenden und effektiven Rechtsschutz gegen den Staat,
Dem Bürger wird zur Durchsetzung seiner Rechte gegenüber den Staatsorganen effektiver Rechtsschutz durch unabhängige Gerichte garantiert (Art. 19 Abs. 4 GG). Er hat Anspruch auf ein faires Verfahren. Strittige Rechtsverhältnisse müssen in angemessener Zeit geklärt sein (BVerfG NJW 2004, 835; NVwZ 2005, 927).

Rechtssicherheit
Rechtssicherheit ist ein Erfordernis des Rechtsstaats. Rechtssicherheit bedeutet, dass der Bürger die ihm gegenüber möglichen staatlichen Eingriffe voraussehen und sich dementsprechend einrichten kann. Rechtssicherheit bedeutet für den Bürger in erster Linie **Vertrauensschutz** (BVerfGE 25, 269, 290).

Gesetze müssen **inhaltlich so klar und bestimmt sein**, dass der Betroffene die Rechtslage erkennen und die ausführende Verwaltung für ihr Verhalten steuernde und begrenzende Handlungsmaßstäbe ableiten kann (**Gebot der Normenklarheit und Bestimmtheit**: BVerfG, 13. 6. 2007, NJW 2007, 2464).

Bürger statt Untertan
Aus der Bindung der Staatsorgane an das Recht folgt für den Menschen, dass er nicht der Macht und Willkür der Staatsorgane unterworfen ist. Er ist **nicht Untertan, sondern Bürger mit eigenen Rechten.**

Er hat grundsätzlich Anspruch auf Sozialleistungen, wenn er die gesetzlichen Anspruchsvoraussetzungen erfüllt (§ 38 SGB I).

Die staatliche Verwaltung und deren Angehörige haben stets die Grundrechte und die sonstigen Rechte der Menschen zu beachten. Verletzen sie diese Rechte, können die Betroffenen die Gerichte anrufen (Art. 19 GG).

Auf Klagen von Betroffenen haben die Gerichte immer wieder Maßnahmen von Verwaltungsbehörden aufgehoben, die sich über die durch die Verfassungsordnung gezogenen Grenzen hinweggesetzt haben (→ 50.0).

Wichtige Gerichtsentscheidungen zum Rechtsstaatsprinzip
Für die soziale Praxis sind einige höchstrichterliche Entscheidungen, die sich auf das Rechtsstaatsprinzip stützen, von grundsätzlicher Bedeutung:

Kein Recht des Staates auf Zwangserziehung Erwachsener
Das Bundesverfassungsgericht hat entschieden: Der Staat hat nicht das Recht, einen erwachsenen Menschen zu bessern und zu erziehen; denn die Freiheit der Person nach Art. 2 Abs. 2 GG darf nur aus wichtigen Gründen unter Beachtung des Grundsatzes der Verhältnismäßigkeit eingeschränkt werden, z. B. bei erheblicher Selbst- oder Fremdgefährdung (BVerfG NJW 1995, 3048). Bei weniger gewichtiger Gefährdung muss eine zwangsweise Unterbringung in einer geschlossenen Einrichtung unterbleiben (BVerfGE 58, 208, 224).

Kein Recht des Staates auf Gestaltung der Bedarfsdeckung Erwachsener
Die Agentur für Arbeit darf das Alogeld II nicht wegen unwirtschaftlichen Verhaltens im Sinne von § 31 Abs. 4 Nr. 2 SGB II kürzen, wenn der Bezieher Ausgaben macht, die er mit dem Alogeld II und dem Sozialgeld bestreiten kann.

„Da die „persönlichen" Bedürfnisse des täglichen Lebens ihrem Wesen nach solche aus freier, selbstbestimmter und –gestalteter ... Lebensführung sind, ist der Hilfeempfänger in seiner Disposition darüber frei, ob er die ihm zustehenden Mittel auf viele oder wenige und welche von ihm ausgewählten Bedürfnisse aufteilt." (BVerwG, NJW 2001, 1958).

Kein Sonderrecht der Träger staatlicher Einrichtungen gegen Bewohner und Untergebrachte
In allen öffentlichen Einrichtungen und Anstalten (Justizvollzugsanstalt, Landeskrankenhaus für psychisch Kranke, Altenheim, Kinderheim, Jugendschutzstelle) hat der Träger die Grundrechte der Menschen zu wahren, die sich in der Einrichtung aufhalten:

Die körperliche Züchtigung ist untersagt. Eine Briefzensur ist grundsätzlich unzulässig. Die Informationsfreiheit und das Recht auf freie Meinungsäußerung ist zu gewährleisten (Art. 2, 5, 10, 17 GG; BVerfG NJW 1972, 811).

Eine Einschränkung der Grundrechte ist nur gemäß Art. 19 GG und nur durch ausdrückliche gesetzliche Regelung zulässig (BVerfG, NJW 2006. 2093).

Beispiel: *Zulässig ist die Briefzensur im Strafvollzug, weil das Briefgeheimnis durch §§ 28 – 31 i. V. m. § 196 StVollzG eingeschränkt ist.*

Unzulässig ist die Briefzensur in Einrichtungen der Jugendhilfe; denn es gibt keine gesetzliche Vorschrift, die für den Bereich der Jugendhilfe das Briefgeheimnis einschränkt (→ Art. 20 KJHG).

Zulässig sind Maßnahmen, die nicht in die subjektiven Rechte der Bewohner eingreifen (zur Abgrenzung → 40.2.5).

2.4   Sozialstaatsprinzip

Praxis: *Eine alleinerziehende geringfügig beschäftigte Frau erhält Elterngeld, Unterhaltsvorschuss, Kindergeld und Wohngeld.*

Einem schwerbehinderten Menschen wird eine Beihilfe von 2.000 Euro und ein zinsloses Darlehen in Höhe von 5.000 Euro gewährt, damit er sich einen PKW beschaffen kann.

Die Agentur für Arbeit zahlt einem Arbeitslosen monatlich 800 Euro Alogeld II.

Eine Studentin der Sozialpädagogik, die sonst ihr Studium nicht finanzieren könnte, erhält monatlich 500 Euro als Ausbildungsförderung.

Das Jugendamt bringt nach der Scheidung der Eltern zwei Kinder in einem Kinderheim unter und zahlt dafür monatlich 6 000 Euro.

Bindung der Gesetzgebung, der Verwaltung und der Rechtsprechung
Das Sozialstaatsprinzip ist von der Gesetzgebung, der Verwaltung und der Rechtsprechung des Bundes und der Länder zu beachten (Artikel 20 GG). Es verpflichtet den Staat, für *soziale Gerechtigkeit* auf der Grundlage der Achtung der Menschenwürde und des Rechtsstaatsprinzips zu sorgen. Dies erfordert eine Sozialordnung, in der z. B. eine entmündigende Totalversorgung der Menschen ausgeschlossen und soziale Sicherheit durch angemessene Rechtsansprüche gewährleistet wird.

Staatszielbestimmung
Das Sozialstaatsprinzip ist eine Staatszielbestimmung. Das bedeutet, dass die staatlichen Organe in ihrer gesamten Tätigkeit dieses Ziel zu beachten haben. Jedoch kann der einzelne Bürger aus dem Sozialstaatsprinzip allein in der Regel keine Ansprüche auf konkrete soziale Leistungen für sich ableiten (BVerfG, Beschluss vom 17. 10. 2007, Jus 2008, 365).

Von der Verwaltung ist das Sozialstaatsprinzip, weil es ein Verfassungsgrundsatz ist, bei jeder Verwaltungshandlung zu beachten. Es stellt eine bindende Auslegungsregel und ist insbesondere bei der Auslegung von unbestimmten Rechtsbegriffen und bei der Ausfüllung von Ermessensvorschriften zu berücksichtigen (→ 22.0).

Konkretisierung durch die Gesetzgebung
Der Gesetzgeber hat in Erfüllung seiner Verpflichtung aus dem Sozialstaatsprinzip eine Vielzahl von Gesetzen erlassen:

Er hat z.B. im *Sozialgesetzbuch* zahlreiche soziale Rechte auf staatliche Leistungen begründet, die der Existenzsicherung dienen (Sozialhilfe und Grundsicherung), Chancengleichheit schaffen sollen (Ausbildungsförderung) oder z. B. auf Hilfe für kranke, behinderte und alte Menschen ausgerichtet sind (Leistungen der gesetzlichen Kranken-, Renten-, Pflege- und Unfallversicherung, Leistungen zur zur Eingliederung Behinderter).

Im *Arbeitsrecht* werden Arbeitnehmer/innen allgemein gegen Kündigungen durch das Kündigungsschutzgesetz geschützt. Dem Schutz besonders gefährdeter Arbeitnehmer/innen dienen das Mutterschutzgesetz, das Jugendarbeitschutzgesetz und die Vorschriften zum Schutz schwerbehinderter Arbeitnehmer im SGB IX. Gegen gesundheitsgefährdende Arbeitsbedingungen schützt das Arbeitsschutzgesetz.

Im *Wohnungsrecht* werden Einkommensschwache z. B. durch Wohngeld, Wohnungsbaudarlehen, Berechtigung zum Bezug einer Sozialwohnung usw. unterstützt. Mieter werden durch Regelungen über die Einschränkung des Rechts des Vermieters zur Kündigung bzw. Mietpreiserhöhung sozial abgesichert.

Durch *Beratungshilfe* (→ 30.9) und *Prozesskostenhilfe* (→ 50.8) wird Menschen mit geringem Einkommen Rechtsschutz ermöglicht.

In *anderen Rechtsbereichen* hat der Gesetzgeber auf unterschiedliche Weise soziale Gesichtspunkte berücksichtigt z. B. in der *Steuergesetzgebung* durch die Steuerfreiheit des Existenzminimums, Ehegattensplitting, Ausbildungsfreibeträge, Freibeträge für Behinderte, Steuerbegünstigung der Spenden an Träger der freien Wohlfahrtspflege und an gemeinnützige Stiftungen.

Konkretisierung durch die Rechtsprechung
Das **Bundesverfassungsgericht**, das **Bundesverwaltungsgericht** und der **Bundesgerichtshof** haben aus dem Sozialstaatsprinzip u.a. die Verpflichtung der staatlichen Organe abgeleitet,

▶ jedem Menschen einen **Anspruch auf staatliche Hilfe** zukommen zu lassen, um so die „Mindestvoraussetzungen eines menschenwürdiges Daseins" durch die Gewährung von Sozialleistungen **in Höhe des Existenzminimums** zu sichern (BVerfG, NJW 2005, 1927; BVerfGE 82, 60). Hat der Bürger selbsterzieltes Einkommen, darf es bis zur Höhe des Existenzminimums nicht durch Steuern oder andere öffentliche Abgaben entzogen werden (BVerfGE 99, 246, 262),

▶ für eine **gerechte Sozialordnung** zu sorgen (BVerfGE 69, 272),

▶ für einen **Ausgleich der sozialen Gegensätze** zu sorgen (BVerfGE 22, 180 204; 100, 217, 284),

▶ dem Hilfeempfänger die **Teilnahme am Leben in der Gemeinschaft** (§ 9 SGB I) zu ermöglichen und eine soziale Ausgrenzung des Hilfebedürftigen zu vermeiden, die dann besteht, wenn es ihm nicht möglich ist, in der Umgebung von Nichthilfeempfängern ähnlich wie diese zu leben (BVerwGE 69, 146,154; 92, 6).

▶ staatliche Hilfe Einzelne oder Gruppen zu gewähren, die aufgrund ihrer persönlichen Lebensumstände oder gesellschaftlicher Benachteiligung **an ihrer persönlichen oder sozialen Entfaltung** gehindert sind (BVerfGE 100, 217 284).

▶ die Hilfe der Gemeinschaft den Menschen zukommen zu lassen, die **materielle, gesundheitliche oder andere psychosoziale Probleme** haben und sich selbst nicht helfen können (BVerfG, NJW 1977, 1489),

▶ **Chancengleichheit** zu schaffen durch das Angebot von Kindergarten-, Studien- und Berufsausbildungsplätzen und dadurch soziale Unterschiede auszugleichen bzw. zu mildern (BVerfG, NJW 1998, 2128),

▶ den **sozialschwachen Mitbürgern "zur Erlangung und Wahrung der ihnen vom Gesetz zugedachten Rechte nach Kräften beizustehen"**; denn im sozialen Rechtsstaat sind die Amtsinhaber " nicht nur Vollstrecker staatlichen Willens und Diener des Staates, sondern zugleich auch Helfer des Bürgers" (BGH NJW 1965, 1227; OLG Celle, Soz akt, 1/1999, 27).

3.0 GESETZESVOLLZUG DURCH DIE ÖFFENTLICHE VERWALTUNG

Die öffentliche Verwaltung hat im Rechts- und Sozialstaat die Aufgabe, die Gesetze zu vollziehen. Sie kann diese Aufgaben von Privaten durchführen lassen, soweit dies gesetzlich zulässig ist (→ 6.3).

3.1 Daseinsvorsorge und Soziale Sicherung

Die öffentliche Verwaltung bietet den Menschen in der BRD eine Vielzahl von Leistungen, Hilfen und Förderungsmöglichkeiten an.

Im Arbeitsbereich der SA/SP wird es kaum Menschen geben , die ohne Inanspruchnahme einer oder mehrerer dieser Leistungen menschenwürdig leben können. Die Tätigkeit der öffentlichen Verwaltung dient u.a. der/dem

► **Sicherung elementarer Bedürfnisse** – Wasser, Energie (→ aber 10.3).

► **Schutz der ökologischen Lebensgrundlagen** - Müllabfuhr, Entsorgung .

► **Sicherung der materiellen Grundlagen der Existenz** – Gewährung von Grundsicherung bzw. Sozialhilfe, Sicherung der Wohnung und des Arbeitsplatzes, Wohngeld, sozialer Wohnungsbau, Mutter- und Behindertenschutz, Arbeitsförderung.

► **Soziale Sicherung** durch Kranken-, Unfall-, Renten-, Pflegeversicherung, Sicherung vor und bei Arbeitslosigkeit, Kindergeld, Kinderzuschlag, Hilfe für körperlich, geistig oder seelisch behinderte Menschen, Jugendhilfe.

► **Förderung der Kommunikation durch Straßenbau, Personenbeförderung** im Nah- und Fernverkehr, Briefverkehr, Telefon, Rundfunk, Fernsehen.

► **Entwicklungs- und Bildungsförderung durch Errichtung und Förderung von** Kindertagesstätten, Schulen, Hochschulen, Ausbildungsförderung, außerschulische Jugend- und Erwachsenenbildung, Berufsbildung, Kultur- und Sporteinrichtungen.

Die kommunale Daseinsvorsorge befindet sich in Folge der Finanznot und des europäischen Rechts im Auflösungsprozess (Schink, DVBl. 2005,861; → 10.3 und 16.3).

3.2 Behördliche Schutzmaßnahmen und Eingriffe

Die öffentliche Verwaltung nimmt auch zahlreiche Maßnahmen vor, die Menschen vor Selbst- oder Fremdgefährdung schützen oder das Gemeinwohl sichern sollen.

► **Polizeiliche Maßnahmen** – Identitätsfeststellung, Platzverweis, Aufenthaltsverbot, Wohnungsverweisung, Rückkehrverbot, Ingewahrsamnahme, Durchsuchung.

► **Ausländerrechtliche Maßnahmen** – Erteilung von Aufenthaltserlaubnis, Niederlassungserlaubnis, Duldung, Ablehnung bzw. Anerkennung von Asylbewerbern, Gewährung von Leistungen, Ausweisung, Abschiebung.

► **Maßnahmen für psychisch Kranke** – Beratung, Behandlung, Unterbringung in einem Krankenhaus.

► **Jugendhilferechtliche Maßnahmen** – Inobhutnahme Jugendlicher, Heimaufsicht.

Nicht behandelt werden hier staatliche Eingriffe, die nicht von der öffentlichen Verwaltung, sondern von Gerichten angeordnet werden (z. B. Verurteilung durch Strafgericht – StGB und StPO, Anordnung der Untersuchungshaft - § 112 StPO; der Abschiebungshaft - § 62 AufenthaltG; Sorgerechtsentzug durch das Familiengericht - 1666 BGB. Wohnungsbetretungsverbot - § 1 Gewaltschutzgesetz; Unterbringung psychisch Kranker aufgrund länderrechtlicher Vorschriften (PsychKG, Unterbringungsgesetz).

4.0 VERFASSUNGSAUFTRAG
UND SOZIALE WIRKLICHKEIT

Praxis: *Die Zahl der Vollzeit-Fachkräfte in den Handlungsfeldern der Kinder und Jugendhilfe hat sich zwischen 1998 (28.274) und 2006 (15.341) nahezu halbiert. Die Zahl der geringfügig Beschäftigten wuchs um 2000 von 6.880 auf 8.860.*

Sozialpädagogische Familienhilfe wurde im Umfang von 2,4 Wochenstunden (in 2002: 3,4 Wochenstunden) erbracht. Die Zahl der Inobhutnahmen stieg von 2002 (23.270) bis 2007 (28.200 Fälle)= 21,2 %.

Die Bindung der staatlichen Organe an das Rechtsstaats- und das Sozialstaatsprinzip hat nicht bewirkt, dass alle Menschen in der BRD im Wohlstand leben und es keine Menschen mit sozialen Problemen gibt. Vielmehr klaffen Verfassungsidee und soziale Wirklichkeit für viele Menschen in diesen Jahren so weit auseinander wie noch nie seit der Gründung der Bundesrepublik.

4.1 Sozialer Rechtsstaat in der Krise

Gegenwärtig wird von den vier Zielen einer sozialen Marktwirtschaft nur ein Ziel erreicht: ein hoher Außenhandelsüberschuss. Die drei anderen Ziele, Geldwertstabilität, Vollbeschäftigung und niedrige Staatsverschuldung, werden deutlich verfehlt.

Neben anderen Ursachen haben Globalisierung der Wirtschaft, europarechtliche Vorgaben, neue Technologien und Rationalisierung im Bereich der Wirtschaft zu einer Verlagerung der Unternehmen und Gewinne in andere Länder, zu einem Ausfall von Staatseinnahmen und dem Wegfall einer grossen Zahl von Arbeitsplätzen geführt. Der Staat kann diesen Trend nicht aufhalten. Die Politik steht damit vor der Frage, ob der soziale Rechtsstaat erhalten, umgebaut oder abgebaut werden soll.

4.2 Symptome der Krise

Die Menschen, die z. B. auf Grund von Arbeitslosigkeit, Krankheit, Behinderung, Wohnungslosigkeit, Überschuldung, Schwierigkeiten bei der Erziehung der Kinder oder in der Partnerbeziehung auf staatliche Hilfen angewiesen sind, erleben die Kluft zwischen Verfassungsanspruch und praktischer Umsetzung tagtäglich:

Politische Prioritätensetzung gegen sozial Schwache

In einer freiheitlichen Demokratie entscheiden die vom Volk gewählten Vertreter im Bundestag, in den Länder- und in den Kommunalparlamenten darüber, welche Steuern erhoben werden, welcher Anteil des Staatseinkommens auf soziale Leistungen entfallen und welche soziale Leistungen in welcher Höhe gewährt werden sollen.

Das Interesse der Politik auf Bundes-, Landes- und kommunaler Ebene ist seit Jahren auf Kostendämpfung im Sozial- und Jugendhilfebereich gerichtet, obwohl diese beiden Bereiche nur einen geringen Anteil des Sozialbudgets ausmachen. Für das Jahr 2007 betrug das Sozialbudget, dass alle soziale Leistungen umfasst. insgesamt ca. 706 Milliarden. Euro. Davon entfielen auf die Jugendhilfe 20,9 Mrd. Euro, also ca. 3,0 % und auf Arbeitslosengeld II und Sozialgeld ca. 19,8 Mrd. Euro, ca. 2,8 % (www.bmgs.bund.de).

Der Abbau sozialer Standards findet in verschiedenen Formen statt: Der Gesetzgeber kürzt Sozialleistungen, indem er z. B. in der Krankenversicherung Leistungen einstellt bzw. kürzt und die Kranken zunehmend an den Kosten beteiligt.

Er gewährt Langzeitarbeitslosen statt einer den entrichteten Beiträgen entsprechenden Leistung nur eine Grundsicherung in Höhe des Existenzminimums (Arbeitslosengeld II) und droht ihnen weitere Kürzungen an, wenn sie sich nicht in dem ihnen auferlegten Umfang um Arbeitsplätze bemühen, auch wenn diese nicht ihrer vom Staat geförderten Ausbildung entsprechen (§ 31 SGB II).

Rückzug aus der Gesamtverantwortung für eine bedarfsgerechte soziale Hilfe
Praxis: Die Sozialdezernentin einer rheinischen Großstadt erklärt in einem Fernsehinterview: "Selbstverständlich ist erforderlich, dass die Jugendzentren weiterhin ihre wichtige Arbeit im bisherigen Umfang fortsetzen. Aber wer soll das bezahlen? Ich denke, dass sie sich an Industrieunternehmen wenden oder andere Geldquellen erschließen sollten".

Von Arbeitsagenturen werden Anträge auf Grundsicherung für Arbeitsuchende nicht angenommen oder wochenlang nicht bearbeitet, Mehrbedarfe nicht anerkannt, Erstausstattungen nicht bewilligt, Heizungskosten nur teilweise übernommen (→ Zusammenstellung bei www.gegen-hartz.de/12.08.2008)

Unter Verstoß gegen die Bindung der Verwaltung an das Recht werden gesetzlich vorgeschriebene Sozialleistungen nicht erbracht.

In vielen Verwaltungen hat nicht der Anspruch des gefährdeten Kindes auf eine wirksame Hilfe, sondern die Einhaltung von Budgets absolute Priorität ("BWL-isierung der sozialen Arbeit", „Terror des Ökonomischen").

Ohne Rücksicht auf die Gesamtverantwortung des öffentlichen Trägers für eine bedarfsdeckende Jugendhilfe werden die Mittel für die Jugendhilfe nicht kunden-, bedarfsorientiert und qualitätssichernd budgetiert, sondern - ohne Bedarfsfeststellung im Rahmen der gesetzlich vorgeschriebene Jugendhilfeplanung - bewusst nicht bedarfsdeckend festgesetzt (Greese in Wollmann/Roth (Hrsg.), 1998, S. 717, 728).

Beispiele: Trotz hoher Jugendarbeitslosigkeit in den Einzugsbereichen werden die öffentlichen Mittel für Jugendzentren freier Träger ohne Prüfung des örtlichen Bedarfs pauschal um 30 % gekürzt.

Statt der sofortigen Unterbringung eines Kindes im Heim, die nach Auffassung der Fachkräfte erforderlich ist, wird in der Hilfeplankonferenz von der Abteilungsleiterin trotz akuter Gefährdung die weniger kostspielige sozialpädagogische Familienhilfe durchgesetzt.

Unzureichendes, unqualifiziertes Personal in prekären Arbeitsverhältnissen
Viele Sozialleistungsträger stellen das für eine fachlich qualifizierte soziale Arbeit notwendige Personal nicht ein, sondern begründen prekäre Arbeits- und Dienstverhältnisse, die billig und unsozial sind: befristete Arbeitsverträge, geringfügige Beschäftigung, Honorarverträge verbunden mit einer vergleichsweise zu niedrigen Vergütung gefährden die personelle Kontinuität und die Einhaltung fachlicher Standards (11. Kinder- und Jugendbericht, 89ff.; Bundesregierung zu arbeitsrechtlichen Qualitätsstandards in der SPFH, BT Drs. 13/9095; Schreiben des Sozialgerichts Berlin zu den Bediensteten der JobCenter:info-also 2007, 143).

Unbekanntes und kompliziertes Recht
Viele Gesetze sind den Berechtigten ganz oder teilweise nicht bekannt. Das Sozialleistungsrecht ist für die meisten Menschen nicht verständlich und selbst für Juristen und Spezialisten nicht mehr überschaubar. Im Sozialrecht, Ausländerrecht, Asylrecht, Polizeirecht kennen sich nur noch Spezialisten aus.

Unkenntnis bzw. Unsicherheit und Angst vor der Behörde führen dazu, dass ein großer Teil der Anspruchsberechtigten seine Rechte nicht geltend macht und dass die Menschen, die von rechtswidrigen staatlichen Maßnahmen betroffen sind, ihre Rechtsschutzmöglichkeiten nicht wahrnehmen.

Unzureichende Information und Vorenthaltung von Leistungen
Sozialleistungsträger, insbesondere die Kommunen als Träger der Sozial- und Jugendhilfe, klären die Bevölkerung trotz gesetzlicher Verpflichtung über die sozialen Rechte nicht umfassend auf. Die Beratung der Anspruchsberechtigten ist oft unvollständig, manchmal unfreundlich und sogar diskriminierend (Helga Spindler, Aufgaben und Inhalte sozialer Beratung in Zeiten nach Hartz. In: Theorie und Praxis der Sozialen Arbeit, Heft 2/2007, S. 36 - 42).

Angst vor Diskriminierung und Bürokratie
Viele Menschen haben Angst, sich an eine Behörde zu wenden und ihr Recht zu verlangen. Sie befürchten, durch die Inanspruchnahme von Sozialleistungen diskriminiert oder von der Behörde bei nächster Gelegenheit in anderer Weise „bestraft" zu werden, wenn sie ihre Rechte durchsetzen würden. Deshalb erfahren SA/SP freier Träger immer wieder, dass Betroffene selbst dann nicht bereit sind, sich gegen rechtswidriges Behördenhandeln zu wehren, wenn ihnen kostenlose Beratung und Vertretung zugesichert werden.

Realitätsferne Rechtsprechung
Die Rechtsprechung bietet aus verschiedenen Gründen nicht die Gewähr dafür, dass der soziale Rechtsstaat verwirklicht werden kann. Zwar haben Verwaltungs-, Sozial- und Finanzgerichte sowie das Bundesverfassungsgericht immer wieder auf Klage der Betroffenen rechtswidrige Maßnahmen der Verwaltungsbehörden aufgehoben und verfassungs- oder gesetzeswidrige Vorschriften für unwirksam erklärt

Jedoch dauern zahlreiche Verfahren u. a. wegen der personellen Unterbesetzung der Gerichte und der für Behördenbediensteten risikolosen Ausschöpfung aller Instanzen so lange, dass die vom Gesetz gewollte Wirkung der Sozialleistung nicht eintritt.

Beispiel: Es dauerte fünfeinhalb Jahre, bis das OVG in zweiter Instanz über den Antrag auf Prozesskostenhilfe wegen Sozialhilfe entschieden hatte, der von einer Frau gestellt worden war, obwohl Sozialhilfesachen zu den besonders eilbedürftigen gehören (BVerfG, 24.10.2003, NVwZ 2004, 334).

Auch bleiben berechtigte Klagen erfolglos, wenn Richter aus den abstrakten und inhaltlich oft unbestimmten Rechtsnormen Entscheidungen ableiten, die von ihren subjektiven Wertungen und Interessen beeinflusst sind. Andere sind blind für die sozialen Folgen ihrer Entscheidungen, weil sie ganz andere Lebensgrundlagen als die Menschen haben, über deren Rechte und Pflichten sie entscheiden.

Die individuelle psychosoziale Problematik und deren Folgen, die aus Armut, Arbeitslosigkeit, Scheidung, Krankheit, Behinderung, Ausweisung usw. entstehen können, wird nicht von allen Richtern wahrgenommen und berücksichtigt (kritisch zur Richterpsychologie und –soziologie Brühl, info-also 1/1998, 26, 28 m. w. N.).

Beispiel: Ein Amtsgericht und ein Landgericht wiesen eine 88jährige schwer hör- und sehbehinderte Frau, die von ihrem Augenarzt eine schrifliche Diagnose verlangt hatte, weil sie die mündlich erteilte wegen ihrer Behinderung nicht verstanden hatte, ab.

Das BVerfG stellte fest, die Entscheidungen der Richter seien unter keinem denkbaren Aspekt rechtlich vertretbar. Die Rechtslage werde in krasser Weise verkannt Daher dränge sich der Schluss auf, dass die Entscheidungen auf sachfremden Erwägungen beruhen. (BVerfG, 18.11.2004, NJW 2005, 1103).

5.0 SOZIALE ARBEIT IN DER VERWALTUNGSORGANISATION

Literatur: „ *im Kontext von sozialer Deregulierung und Sozialabbau-Politik" verschlechtern sich nicht nur die Lebensbedingungen vieler Menschen, sondern auch die Handlungsbedingungen für soziale Arbeit.“ Diese ist heute bestrebt, „sich den gesamtgesellschaftlichen Entwicklungstendenzen anzupassen und (sich) den ihr gesetzten, immer enger werdenden Rahmenbedingungen anzupassen.“ (Margherita Zander in: Butterwegge (Hrg.) Kinderarmut in Deutschland)*

Soziale Arbeit, lange Zeit überwiegend auf Integration ausgerichtet, steht vor der neuen Situation, dass typische Adressatengruppen wie leistungsschwache, verhaltensgestörte und straffällige Jugendliche, Arbeitslose, Alleinerziehende usw. dramatisch gewachsen, gleichzeitig aber bisherige Integrationsmöglichkeiten immer mehr weggebrochen sind (Verbesserung der Einkommenssituation, Vermittlung in Arbeit, Anpassung an "Normalität", Entwicklung von Lebensperspektiven).

5.1 Arbeitgeber/Dienstgeber der SA/SP

„Es besteht ... ein weiter fachlicher Konsens, dass zu den Mindeststandards einer sozialpädagogischen Familienhilfe, ... neben einer Festanstellung der Fachkräfte ausreichende Möglichkeiten der Fortbildung, kollegialen Beratung und Supervision gehören. Familienhilfe auf Honorarbasis ist nach den Untersuchungen des Deutschen Jugendinstituts -- von Ausnahmefällen und Übergangssituationen abgesehen -- in der Regel nicht geeignet, den Rechtsanspruch zu erfüllen“ (Bundesregierung, BT-Drs. 13/9095).

Die wichtigsten **öffentlichen Arbeitgeber** sind die Kommunen mit ihren Jugend-, Sozial- und Gesundheitsämtern und den zugeordneten Einrichtungen. Die Bundesländer beschäftigen SA/SP in der Justiz z. B. als Bewährungshelfer, Gerichtshelfer, in Strafvollzugsanstalten und in Landeskrankenhäusern. Große Bedeutung als Anstellungsträger haben auch die **freigemeinnützigen Träger der Jugend-, Sozial- und Gesundheitshilfe.** Die öffentlichen und die freigemeinnützigen Arbeitgeber boten bisher recht ähnliche Arbeitsbedingungen auf der Grundlage bzw. in Anlehnung an den BAT an, der schon keine angemessene Vergütung garantierte (dazu 11. KiJuBericht, 89ff.) und inzwischen vom TVöD abgelöst ist, der insgesamt eine Absenkung der Vergütung bewirkt.

Gewerbliche Träger haben gegenüber Arbeitgebern, die an Tarife oder kirchliche Regelungen gebunden sind, Wettbewerbsvorteile dadurch, dass sie ihren Mitarbeitern erheblich niedrigere Vergütungen zahlen können. Das zwingt auch freigemeinnützige Träger, die mit gewerblichen Trägern konkurrieren, u. U. zum Lohndumping. Ob die staatlichen Sozialleistungsträger ihre Finanzmacht einsetzen werden, um das Vergütungsniveau der freien Träger weitmöglichst abzusenken, bleibt abzuwarten.

Soziale Arbeit wurde in der Regel aufgrund eines **unbefristeten Vollzeit-Arbeitsvertrags** geleistet. Dieser wird zunehmend von befristeten Verträgen, Teilzeitarbeit, sozial ungesicherter geringfügiger Beschäftigung, Beschäftigung auf Honorarbasis, Einsatz von Unqualifizierten usw. abgelöst. Diese veränderte Einstellungs- und Finanzierungspraxis lässt festangestellte SA/SP bis zum Erreichen der Altersgrenze auf Stellen verharren, für die sie nicht mehr geeignet und motiviert sind. Die Sozialleistungsträger leisten dadurch einen weiteren Beitrag zum Sozial- und Qualitätsabbau.

13

5.2 Fachkräftegebot

Praxis: Die Landesdatenschutzbeauftragte NRW beanstandet die Auffassung eines Jugendamts, bei der Entscheidung über erzieherische Hilfen müssten auch wirtschaftliche Überlegungen einbezogen und deshalb Mitarbeiter der wirtschaftlichen Jugendhilfe beteiligt werden (15. Tätigkeitsbericht, www.lfd-nrw.de).

Das Kinder- und Jugendhilfegesetz und das SGB XII – Sozialhilfe - sind von Fachkräften durchzuführen (§ 72 SGB VIII; § 6 SGB XII). Die gesetzlichen Regelungen machen unmissverständlich klar, dass Rechts- und Verwaltungskenntnisse und -fertigkeiten, die üblicherweise zur Wahrnehmung von Verwaltungsaufgaben ausreichen, im Rahmen der Jugend- und Sozialhilfe durch fachliche Standards ergänzt werden müssen, die auf sozialwissenschaftlichen, sozialpädagogischen und sozialarbeiterischen Erkenntnissen und Erfahrungen beruhen und vom zuständigen Träger verantwortet werden müssen.

Entscheidungsmonopol der Fachkräfte

Daraus folgt, dass Maßnahmen und Entscheidungen der Jugend- und Sozialämter in sozialen oder pädagogischen Fragen von Fachkräften gemäß den fachlichen Standards zu treffen sind. Eine fachliche Kontrolle durch Nicht-Fachkräfte ist deshalb ebenso ausgeschlossen wie ein Veto-, Letztentscheidungs- oder Mitberatungsrecht von Nicht-Fachkräften.(siehe § 36 Abs. 2 Satz 1 SGB VIII). Eine Rechtsaufsicht ist zulässig, muss aber berücksichtigen, dass den Fachkräften in der Regel ein Beurteilungsspielraum zusteht (→ J. Hoffmann, ZfJ 2003, 41 und 22.1.3).

Normcharakter der fachlichen Standards, Pluralitäts- und Differenzierungsgebot

Die fachlichen Standards der sozialen Arbeit haben demnach nicht nur den Charakter von berufsinternen Absprachen, sondern sind zugleich rechtlich verbindliche Handlungsnormen für die öffentlichen Träger der Sozial- und Jugendhilfe und deren Fachkräfte. Das Gesetz lässt unterschiedliche Standards nicht nur zu, sondern verpflichtet die Jugendhilfe und die Sozialhilfe zu einer Vielfalt von Inhalten, Methoden und Arbeitsformen, weil sonst eine wirksame, nach Problemlagen differenzierte und auf den Einzelfall bezogene Hilfe wirksam nicht geleistet werden kann (§§ 3 Abs. 1, 9, 80 SGB VIII; § 9 SGB XII).

Aus diesem Grunde beruhen die Standards der verschiedenen öffentlichen und freien Träger zwar auf der gemeinsamen Basis des Grundgesetzes: Achtung der Würde des Menschen, Anerkennung des Selbstbestimmungsrechts und Schutz vor seelischer und körperlicher Gefährdung (siehe Berufsbild der SA/SP: www.dbsh.de). Jedoch müssen die Träger, um wirksame Hilfe leisten zu können, in Einzelheiten voneinander abweichende fachliche Standards entwickeln, um z. B. altersmäßigen, geschlechtsbedingten, bildungsbedingten, regionalen, kulturellen, politischen, ethnischen und religiösen Besonderheiten gerecht werden zu können.

Anders als in der Medizin gibt es keine Standards für die Behandlung von Menschen in gleichartig scheinenden Problemsituationen.

5.3 Weisungsrecht in der sozialen Arbeit

SA/SP sind entweder als Angestellte, Beamte, Praktikanten oder freie Mitarbeiter in der öffentlichen Verwaltung oder im Dienst freier Träger tätig.

In vielen Ämtern, nicht selten auch bei freien Trägern, wird undifferenziert daran festgehalten, dass der Arbeitgeber bzw. der Vorgesetzte durch Weisung und Kontrolle der Mitarbeiter bestimmt, ob und wie Sozialarbeit und Sozialpädagogik praktiziert wird.

Für die soziale Arbeit, die sich auf psychosoziale oder pädagogische Prozesse bezieht, war dieses bürokratische Modell schon immer ungeeignet, weil fachliche Kontrolle oder sogar Weisung durch einen am Prozess nicht beteiligten Außenstehenden die Wirksamkeit der Hilfe gefährden bzw. ausschließen kann (Urban, NDV 1999, 54, 56).

Das Neue Steuerungsmodell geht davon aus, dass die Steuerung durch Weisungen und die ständige Kontrolle der Mitarbeiter kostenaufwendig und wenig effektiv sind, weil sie nicht die Qualität der Arbeit verbessern, sondern demotivierend wirken, zur inneren Kündigung führen und burn-out-Prozesse fördern.

5.3.1 Grenzen des Weisungsrechts

Praxis: „Wird ein Bescheid von Mitarbeiterinnen als rechtswidrig beurteilt und die Klientin ermuntert, gegen diesen Bescheid Widerspruch einzulegen, handelt es sich um ein Vergehen gegen den Dienstherrn". (Auszug aus einem Schreiben einer Kommune an die SA/SP im ASD).

Weisungen des Arbeitgebers dürfen sich in Verwaltungen, die über Grundkenntnisse der sozialen Arbeit verfügen, nicht auf die Arbeit in höchstpersönlichen Vertrauensbeziehungen erstrecken. Sie müssen sich auf die Rahmenbedingungen der Arbeit beschränken (z. B. Zuweisung eines Aufgabengebiets, Übertragung einzelner Fälle, fachliche Rahmenkonzeption und Standards). Die Steuerung des Verhaltens der Mitarbeiter und die Sicherung der Qualität erfolgen grundsätzlich nicht mehr durch Einzelweisung, sondern in Formen der Kooperation und Partizipation wie z. B. Beratung, Praxisbegleitung, Zielvereinbarung, Ermöglichung von Fortbildung (§ 6 Abs. 2 SGB XII)

Allgemeine Grenzen des Weisungsrechts

Eine Folgepflicht des Mitarbeiters besteht u. a. nicht bei Weisungen des Dienstgebers,

▶ die mit dem **Berufsbild nicht vereinbar** sind.

Beispiel: *Die Weisung an eine Sozialpädagogin, aggressive Kinder zur Beruhigung in einen dunklen Raum einzusperren, ist mit dem Berufsbild der Sozialpädagogin nicht vereinbar.*

▶ die **gesetzwidrig** sind.

Beispiel: *Rechtswidrig ist die Weisung, entgegen § 14 SGB I Ratsuchende nicht umfassend über ihre Ansprüche und deren Durchsetzung zu informieren (→ 30.7).*

▶ durch deren Befolgung der **Mitarbeiter sich strafbar macht.**

Beispiele: *Eine Sozialarbeiterin macht sich nach § 201 StGB wegen Verletzung des Briefgeheimnisses strafbar, wenn sie der Aufforderung ihrer Abteilungsleiterin folgt, durch Unterschrift darin einzuwilligen, dass alle an sie persönlich gerichteten Schreiben von der Poststelle geöffnet und der Abteilungsleiterin vorgelegt werden. Die Sozialarbeiterin muss die Weisung nicht befolgen. Die Abteilungsleiterin macht sich wegen Anstiftung strafbar.*

Weist der Abteilungsleiter die SA/SP im Allgemeinen Sozialdienst durch allgemeine Dienstvorschrift an, ihn sofort zu informieren, wenn ein Klient im Beratungsgespräch einen Leistungsbetrug einräumt, so sind die SA/SP nicht zur Ausführung verpflichtet und machen sich strafbar, wenn sie den Abteilungsleiter informieren, ohne im Sinne des § 203 StGB dazu befugt zu sein.

5.3.2 Grundrechte des Arbeitnehmers

Neue Entscheidungen des BVerfG machen deutlich, dass die Rechtsprechung des Bundesarbeitsgericht und des Bundesverwaltungsgerichts, die am bürokratisch/hierarchischen Leitbild der Verwaltung orientiert war und die Grundrechte des Arbeitnehmers stark einschränkte, mit dem Grundgesetz nicht vereinbar ist.

Gewissensfreiheit des Arbeitnehmers

Unverbindlich sind Weisungen, die gegen die glaubhaft gemachte Gewissensfreiheit des Arbeitnehmers verstoßen (BVerwG, NVwZ 2005, 913 –LS).

Meinungsfreiheit des Arbeitnehmers

Das Grundrecht auf Meinungsfreiheit gemäß Art. 5 GG steht auch dem Arbeitnehmer im öffentlichen Dienst gegenüber dem Arbeitgeber zu. Es erstreckt sich auf Inhalt und Form der Äußerung und schließt deshalb polemische und verletzende Äußerungen ein. Es gilt auch für die Auseinandersetzung in der Öffentlichkeit z. B. durch Leserbriefe. Lediglich die Formalbeleidigung und die Schmähkritik sind aus dem Schutzbereich des Grundrechts ausgenommen (BVerfG, NZA 1999, 27; BAG, Der Betrieb 2006, 1567).

Beteiligung des Arbeitnehmers an Strafverfahren gegen den Arbeitgeber

Noch weitergehend hat das BVerfG die Auffassung vertreten, dass ein Arbeitnehmer grundsätzlich keine arbeitsrechtlichen Nachteile erleiden dürfe, wenn er staatsbürgerliche Rechte ausübe (NZA 2001, 888).

„Die Wahrnehmung staatsbürgerlicher Rechte im Strafverfahren kann - soweit nicht wissentlich unwahre oder leichtfertig falsche Angaben gemacht werden - im Regelfall ... nicht als Grund für zivilrechtliche Nachteile dienen, die im Hinblick auf bestehende Pflichten und Rechte des Bürgers im Rahmen der Strafverfolgung grundsätzlich unzulässig sind. ... Eine zivilrechtliche Entscheidung, die dieses verkennt oder missachtet, verletzt den betroffenen Bürger in seinem Grundrecht aus Art. 2 Abs. 1 GG in Verbindung mit dem Rechtsstaatsprinzip.“

Das Bundesarbeitsgericht hat allerdings verlangt, dass ein Sozialarbeiter wegen der arbeitsvertraglichen Rücksichtnahmepflicht zunächst eine innerbetriebliche Klärung versucht, bevor er Strafanzeige gegen den Einrichtungsleiter wegen Beantragung von Fördermitteln für ein nicht durchgeführtes Seminar erstattet (NJW 2004, 1547).

Diese Rechtsprechung beruht auf dem Grundsatz der Widerspruchsfreiheit der Rechtsordnung (= Einheit der Rechtsordnung). Hiernach kann eine Handlung, die nach einem Gesetz rechtmäßig ist, nicht in einem anderen Gesetz rechtswidrig sein (NZA 2001, 888).

Für die soziale Praxis lässt sich daraus u. a. ableiten, dass SA/SP, die Ratsuchende gemäß den gesetzlichen Vorschriften z. B. in §§ 14, 15 SGB I; § 11 SGB XII im Rahmen ihrer Beratung pflichtgemäß auf die Rechtswidrigkeit von Entscheidungen und Rechtsschutzmöglichkeiten hinweisen, von ihrem Arbeitgeber weder mit Drohungen unter Druck gesetzt noch mit Sanktionen belegt werden dürfen; denn die Erfüllung einer gesetzlichen Pflicht darf nicht arbeitsrechtlich sanktioniert werden.

5.4 Doppelmandat

Praxis „Herrn A. fehlt es am rechten Maß zwischen der notwendigen parteilichen Fürsorglichkeit und andererseits der institutionellen Loyalität, ... zwischen Menschlichkeit und Wirtschaftlichkeit (aus einem Schriftsatz, in dem ein kommunales Personalamt die Entlassung eines wegen seiner Freundlichkeit und seines Engagements bei den Betroffenen beliebten Sozialarbeiters im Arbeitsgerichtsverfahren zu begründen sucht).

Viele SA/SP verstehen sich nicht so sehr als "Repräsentant der Gesellschaft und des Staates", sondern als Berater, Helfer oder Anwalt der Menschen, die sich in schwierigen Lebenssituationen befinden.

Sie erkennen oft, daß diese Schwierigkeiten nicht bzw. nicht allein auf individuellen Ursachen beruhen, sondern gesellschaftliche Ursachen haben (unverschuldete Arbeitslosigkeit, Wohnungsnot, unzureichende Arbeitsvergütung) oder durch rechtswidrige bzw.

fachlich unqualifizierte Behördenentscheidungen, durch unzureichende Verwaltungs- oder Rechtsvorschriften erst ausgelöst bzw. verstärkt worden sind.

Nicht selten geraten SA/SP in ein Spannungsfeld unterschiedlicher Erwartungen und dadurch in einen Rollenkonflikt:

► **Mandat des Arbeitgebers:** Der Arbeitgeber erwartet vom SA/SP die Befolgung seiner oft allgemeinen und besonderen Weisungen und die Einhaltung des gesetzlichen Rahmens. Er erwartet lückenlose Information über die Arbeit und damit über die Situation und Probleme der Klienten.

► **Mandat des betroffenen Menschen:** Der Mensch, der wegen falscher Behördenentscheidungen oder unzureichender Verwaltungs- oder Rechtsvorschriften in Schwierigkeiten geraten ist, erwartet vom SA/SP, daß dieser gegen die Behörde vorgeht und sich für eine soziale rechtmäßige Lösung einsetzt.

5.5 Haftung der SA/SP

Praxis: Bei einem Ausflug auf einen Bauernhof zünden einige Kinder die Scheune an, während die begleitenden Erzieherinnen gerade Kaffee trinken. Der Sachschaden beträgt 160.000 Euro.

Gegen eine Sozialarbeiterin im ASD wird ein Strafverfahren wegen fahrlässiger Tötung eingeleitet, nachdem ein Kind in ihrem Bezirk verhungert ist.

5.5.1 Arbeitsrechtliche Haftung

SA/SP sind aufgrund des Arbeitsverhältnisses verpflichtet, sorgfältig zu arbeiten, die für ihren Arbeitsbereich geltenden Rechts- und Verwaltungsvorschriften zu beachten und den Arbeitgeber und Dritte vor Schäden zu bewahren.

5.5.1.1 Rechtsfolgen der Nichtbefolgung von Weisungen

Der Mitarbeiter, der einer **rechtmäßigen** Weisung nicht folgt, verletzt eine Haupt- oder eine Nebenpflicht aus dem Dienstvertrag. Es steht im Ermessen des Arbeitgebers, ob und wie er auf die pflichtwidrige Handlung des Mitarbeiters reagiert.

Befolgt ein Mitarbeiter eine Weisung nicht, weil er diese für rechtswidrig und unverbindlich hält, geht er das Risiko ein, dass er sich irrt, seine Arbeitspflicht verletzt, eine Abmahnung erhält und das Arbeitsverhältnis gefährdet. Er kann diese Risiken vermeiden, indem er z. B. die Arbeitnehmervertretung um Vermittlung und Klärung bittet.

Ergibt sich dadurch keine Klärung, hat er die Möglichkeit, die angewiesene Tätigkeit unter Vorbehalt auszuführen und gleichzeitig das Arbeitsgericht anzurufen mit dem Antrag festzustellen, dass die Weisung des Dienstgebers rechtswidrig ist.

Beispiel: Auf die Klage des Psychologen einer Beratungsstelle stellte das Bundesarbeitsgericht fest, dass der Arbeitgeber nicht berechtigt sei, die vom Psychologen gewählten Telefonnummern zu speichern (BAG, NJW 1987, 1509).

5.5.1.2 Arbeitsrechtliche Reaktionsmöglichkeiten des Arbeitgebers

Verstoßen Mitarbeiter gegen arbeitsvertragliche Pflichten, stehen dem Arbeitgeber insbesondere folgende Reaktionsmöglichkeiten zu:

► **Führen eines Gesprächs mit dem Mitarbeiter:** Das Gespräch kann das Ziel haben zu klären, ob eine Pflichtverletzung vorliegt und welche Konfliktlösungsmöglichkeiten bestehen, z. B. durch Einschalten eines Datenschutzbeauftragten als sachkundigen Dritten.

▶ **Verweis:** Der Verweis soll dem Mitarbeiter deutlich machen, dass der Arbeitgeber die Pflichtverletzung des Mitarbeiters missbilligt.

▶ **Abmahnung**: Durch die Abmahnung beanstandet der Arbeitgeber das pflichtwidrige Verhalten des Mitarbeiters und droht für den Wiederholungsfall die Änderung bzw. die Beendigung des Arbeitsverhältnisses an.

▶ **Ordentliche oder außerordentliche Kündigung:** Die Kündigung kommt nur als letzte Möglichkeit in Betracht. Die verhaltensbedingte Kündigung setzt in der Regel eine Abmahnung voraus.

5.5.2 Vermögensrechtliche Haftung

Ist dem Arbeitgeber durch eine schuldhafte Dienstpflichtverletzung des SA/SP ein Schaden entstanden, so muss dieser den Schaden nicht ersetzen, wenn er leicht fahrlässig gehandelt hat. Bei mittlerer Fahrlässigkeit wird der Schaden nach Billigkeits- und Zumutbarkeitserwägungen gequotelt (Insoweit wird die Haftung ab dem 1.10.2005 durch den TVöD für SA/SP der Kommunen und des Bundes verschärft).

Bei **grober Fahrlässigkeit und Vorsatz** hat der Arbeitnehmer grundsätzlich den gesamten Schaden allein zu tragen. Grobe Fahrlässigkeit ist z. B. bei einem besonders rücksichtslosen, leichtsinnigen oder verantwortungslosen Verhalten gegeben (BAG, NJW 1995, 210). Auch bei grober Fahrlässigkeit ist der Arbeitnehmer aber nicht stets zum Ersatz des gesamten Schadens verpflichtet: Eine **Beschränkung der Haftung** auf den zumutbaren Betrag tritt z. B. ein, wenn die dem Arbeitnehmer übertragene Verantwortung in keinem Verhältnis zu dem ihm gewährten Gehalt steht und der zu ersetzende Schaden die Existenz des Arbeitnehmers gefährdet. Das Bundesarbeitsgericht scheint der Auffassung zu sein, dass die Haftung auf einen Betrag beschränkt ist, der drei Bruttomonatsgehälter nicht übersteigt (BAG, NJW 1999, 966).

Daraus ergibt sich, dass für SA/SP das finanzielle Haftungsrisiko überschaubar ist. Sie haften allerdings in unbeschränkter Höhe, wenn der Schaden bei einer Handlung eintritt, die nicht den dienstlichen Aufgaben zuzurechnen ist (BAG, NJW 2003, 377).

Beispiel: *Bei unbefugter Nutzung des Internets verursacht ein Mitarbeiter durch Einfangen eines Computer –Virus Schäden in Höhe von 250.000 Euro.*

5.5.3 Strafrechtliche Haftung

Praxis: Eine Sozialarbeiterin, in deren Arbeitsfeld ein Kind verhungert ist, wurde vom Amtsgericht wegen fahrlässiger Tötung unter Vorbehalt einer Verurteilung zu einer Geldstrafe von 180 Tagessätzen zu 80,- DM verwarnt. Das Landgericht stellte das Verfahren schießlich wegen fehlenden öffentlichen Interesses ein (Dokumentiert in: Mörsberger/Restemeier, S. 19 ff.).

In den letzten Jahren habe einige Strafverfahren gegen SA/SP bundesweit Aufsehen und nachhaltige Unsicherheit unter SA/SP ausgelöst, weil in den Urteilen und in der Diskussion über diese Urteile Ansichten zum beruflichen Handeln vertreten wurden, die aus rechtlicher und aus fachlicher Sicht äußerst fragwürdig und gefährlich sind. Durch die Einfügung des § 8a SGB VIII hat der Gesetzgeber aber eine neue Rechtslage geschaffen, so dass die früheren Urteile und die dazu vertretenen Meinungen überholt sind.

SA/SP können zu Geld- oder Freiheitsstrafe verurteilt werden, wenn sie gegen Strafvorschriften verstoßen wie z.B. die Vorschriften über die Schweigepflicht (§ 203 StGB), den Sozialdatenschutz (§ 83 SGB X), über die Förderung sexueller Handlungen Minderjähriger (§ 180 StGB) und über die Bestechlichkeit (§§ 331, 332 StGB). Gegen diese Vorschriften wird in der Regel durch aktives Handeln verstoßen. Die Zahl der Strafverfahren wegen Verletzung dieser Vorschriften ist sehr gering.

5.5.2.1 Unterlassungsdelikte

Straftaten können nicht nur durch menschliches Handeln (Begehungsdelikte wie z. B. Diebstahl, Vergewaltigung), sondern auch durch Unterlassen (Unterlassungsdelikte) begangen werden. Es gibt zwei Arten von Unterlassungsdelikten:

1. Echte Unterlassungsdelikte
   Echte Unterlassungsdelikte sind Straftaten, die durch Unterlassen einer vom Strafrecht geforderten Tätigkeit begangen werden. Es wird nicht vorausgesetzt, daß die Unterlassung einen Schaden verursacht hat.
   Beispiele: *Nichtanzeige geplanter schwerer Straftaten (§ 138 StGB), unterlassene Hilfeleistung (§ 323 c StGB).*

2. Unechte Unterlassungsdelikte (Garant)
   Unechte Unterlassungsdelikte sind Straftaten, bei denen die tatbestandliche Voraussetzung (z.b. Körperverletzung, Tod, Eigentumsverletzung) in der Regel durch aktives Tun eintritt. Bei diesen kann aber gemäß § 13 StGB auch derjenige strafbar sein, der es unterläßt, die Rechtsgutsverletzung abzuwenden, obwohl er rechtlich dazu verpflichtet ist (Garant).

5.5.2.2 Entstehung der Garantenstellung

Eine Garantenstellung kann sich nach der Rechtsprechung der Strafgerichte aus besonderen Schutzpflichten für bestimmte Rechtsgüter oder aus der Verantwortlichkeit für bestimmte Gefahrenquellen ergeben (BGH, Urteil vom 3. 1. 2002, NJW 2002, 1887).

▶ aus **besonderen Rechtsvorschriften** gegenüber Ehegatten, Verwandten, Verlobten, Betreuten (§§ 1353, 1626, 1631, 1793, 1800 BGB),

▶ aus anderen **Lebens- oder Gefahrengemeinschaften**, die Gewähr für gegenseitige Hilfe und Fürsorge in typischen Gefahrenlagen einschließen (eheähnliche Lebensgemeinschaft, Bergsteigergruppe),

▶ aufgrund **freiwilliger Übernahme von Schutz- oder Beistandspflichten** (ärztliche Behandlung, Babysitten, Krankenpflege, Aufsicht über Dritte),

▶ aus der **Stellung als Amtsträger**, wobei es nach überwiegender Ansicht auf die Art der Dienstpflicht und den übertragenen Aufgabenkreis ankommt (Beamte der Schutzpolizei haben die Pflicht zum Schutz der Rechtsgüter des einzelnen in ihrem Verantwortungsbereich, aber strittig),

▶ aus **pflichtwidrigem gefährdendem Vorverhalten** (Heroinverkäufer gegenüber Konsumenten, wenn dieser in Lebensgefahr gerät).

5.5.2.3 Garantenstellung der Sozialarbeiter/innen gegenüber Kindern

Der Inhalt der Schutzpflichten, die aus der Garantenstellung abzuleiten sind, ergibt sich aus dem Rechtsverhältnis, das zwischen dem Garanten und dem Verletzten besteht.

Schutzpflichten der SA/SP im Jugendamt
Schutzpflichten der SA/SP im Jugendamt gegenüber Kindern und Jugendlichen beruhen auf dem Jugendhilferechtsverhältnis. Dieses entsteht, wenn gewichtige Anhaltspunkte für die Gefährdung des Wohls eines Kindes oder Jugendlichen bekannt werden (§ 8a Abs. 1 SGB VIII).

Schutzpflichten der SA/SP im Dienst freier Träger
Schutzpflichten freier Träger beruhen auf dem Vertrag des freien Trägers mit den Personensorgeberechtigten

19

Anrufung des Gerichts als letztes Mittel – Vorrang der Jugendhilfe
Das Jugendamt hat das Familiengericht nach § 8a Abs. 3 SGB VIII anzurufen bzw. zu informieren, wenn dies zur Abwendung einer Gefährdung des Kindes erforderlich ist. Die Mitarbeiter/innen des Jugendamts sind aufgrund ihres Arbeitsverhältnisses verpflichtet, diese gesetzliche Verpflichtung zu beachten.

Die Mitarbeiter/innen sind demnach Garanten des Kindeswohls. Sie sind aber weder berechtigt noch verpflichtet, in jedem Falle einer Gefährdung des Kindes die Anrufung des Gericht zu veranlassen, um Eingriffe in das Elternrecht zu ermöglichen; denn Jugendhilfemaßnahmen haben auch bei Gefährdung des Kindes Vorrang vor gerichtlichen Eingriffen in die Personensorge (§ 8a Abs. 1 S. 3 SGB VIII). Die Anrufung des Gerichts mit dem Ziel eines Eingriffs in das Elternrecht ist somit nur zulässig, wenn sie als **erforderlich und geeignet** erscheint, die Gefährdung des Kindes abzuwehren.

Erforderlich ist die Anrufung, wenn andere Versuche bereits fehlgeschlagen sind oder erkennbar ist, daß jeder weitere Versuch auf freiwilliger Basis angesichts akuter Gefährdung nach Abwägung aller Aspekte als zu riskant erscheint (Mörsberger in Wiesner, SGB VIII, Rn 83 zu § 50).

Die Anrufung ist **geeignet,** das Wohl des Kindes zu sichern, wenn zu erwarten ist, dass das Familiengericht die notwendigen Maßnahmen ergreifen wird. Nicht geeignet ist sie, wenn nach aller Erfahrung das Gericht nichts veranlassen wird, weil es die Eingriffsschwelle noch höher setzt als das Jugendamt. In diesem Falle kann es ausnahmsweise geboten sein, Polizei bzw. Staatsanwaltschaft zu informieren (§ 8a Abs. 4 SGB VIII).

Beurteilungsspielraum des Jugendamts
Die Entscheidung, ob das Gericht anzurufen ist oder ob der Versuch einer anderen Hilfe verantwortet werden kann, trifft das Jugendamt. Es hat insoweit einen „weiten" Beurteilungsspielraum, der nicht vom Gericht ausgefüllt werden darf (EGMR, NJW 2001, 2315; Mörsberger, SGB VIII, § 50 Rn 76; Schellhorn, SGB VIII, § 50 Rn 22; J. Hoffmann, ZfJ 2002, 41ff.). Er ist fachlich sozialwissenschaftlich/sozialarbeierisch auszufüllen; denn das SGB VIII ist nach dem Willen des Gesetzgebers von Fachkräften durchzuführen (§ 72 SGB VIII).

Eingeschränkte gerichtliche Überprüfung
Staatsanwälte und Richter sind keine Fachkräfte im Sinne des § 72 SGB VIII, weil sie nicht über pädagogische und psychosoziale Fachkenntnisse verfügen. Daraus folgt, daß die Gerichte nicht zu einer vollständigen Überprüfung der Entscheidung des Jugendamts in der Lage sind (zum Umfang der Überprüfung siehe 22.1.3)

5.5.2.4 Folgerungen für die Garantenstellung in der Jugendhilfe

SA/SP sind als Garanten in dem durch das Grundgesetz und das SGB VIII festgelegten Rahmen zum Schutz der Kinder verpflichtet.

Sie erfüllen ihre Garantenpflichten, wenn sie unter Beachtung der Verfahrensregelungen in § 8a Abs. 1 SGB VIII (Gefährdungsbeurteilung durch mehrere Fachkräfte, evtl. Einbeziehung der Personensorgeberechtigten und des Kindes oder Jugendlichen) im Einzelfall eine Entscheidung für oder gegen die Anrufung des Gerichts herbeiführen.

Sie verletzen ihre Garantenpflichten, wenn sie z.B. die Situation eines gefährdeten Kindes nicht vollständig aufklären, eine Auszehrung übersehen oder wenn sie trotz Vorliegens gewichtiger Anhaltspunkte für die Gefährdung eines Kindes eine Gefährdungsbeurteilung nicht veranlassen.

Sie verletzen ihre Garantenpflicht nicht, wenn die amtsintern zuständige Stelle nicht das Erforderliche tut z. B. das Familiengericht nicht anruft.

Auch die **Mitglieder des Gremiums**, das über Hilfen entscheidet, sind Garanten. Sie verletzen ihre Garantenpflicht beispielsweise, wenn sie aus fiskalischen Erwägungen die sofortige Herausnahme eines Kindes aus der Familie ablehnen, obwohl die Gefährdungsbeurteilung ergab, dass die Herausnahme zum Schutz des Kindes geboten ist.

Ferner verletzen **Jugendamtsleiter, Kämmerer, Sozialdezernenten, die Mitglieder des Kommunalparlaments, Bürgermeister und Landräte** ihre Garantenpflicht, wenn notwendige Fremdunterbringungen unterbleiben bzw. vorzeitig abgebrochen werden, weil keine Mittel zur Deckung des Bedarf vorhanden sind; denn alle Mitarbeiter des Jugendamts und die politisch Verantwortlichen sind verpflichtet, darauf hinzuwirken, dass das Jugendamt seiner gesetzlich auferlegten Gesamtverantwortung gerecht wird (§ 79 SGB VIII).

Für **Mitarbeiter freier Träger** gelten diese Grundsätze zwar nicht aufgrund der Regelung in § 8a Abs. 1 SGB VIII. Jedoch müssen die Jugendämter in den Vereinbarungen mit den freien Trägern sicherstellen, dass deren Fachkräfte den Schutzauftrag nach §8a Absatz 1 entsprechend wahrnehmen (§ 8a Abs. 2 SGB VIII). Hat der freie Träger keine einschlägig erfahrene Fachkraft, muss er eine externe Kraft hinzuziehen.

Entsprechendes gilt für **Vorstandsmitglieder und Geschäftsführer der freien Träger**, wenn diese Aufgaben übernehmen, obwohl diese von der öffentlichen Hand nur in so geringem Maße finanziert werden, dass eine verantwortbare Qualität nicht erreichbar ist.

Jedes Jugendamt und jeder freie Träger sollte - sofern nicht schon geschehen - durch **Dienstanweisung** festlegen, wie bei Fällen, in denen eine Gefährdung des Kindes vorliegt, gemäß § 8a SGB VIII zu verfahren ist.

SA/SP sollten zu ihrer eigenen Sicherung stets darauf bestehen, dass die Gefährdungsbeurteilungen, die sie erstellen, **schriftlich dokumentiert** werden (Arbeitshilfe und Mustervereinbarungen unter www.kindesschutz.de).

EINIGE SOZIALARBEITSRELEVANTE STRAFTATBESTÄNDE

Aus dem Strafgesetzbuch

Falsche uneidliche Aussage und Meineid
§ 153   Falsche uneidliche Aussage
§ 154   Meineid (der fahrlässiger Falscheid ist strafbar nach § 163)

Sexueller Mißbrauch
§ 174 a   Sexueller Mißbrauch Kranker und Hilfsbedürftiger in Einrichtungen
§ 174 c   Sexueller Mißbrauch unter Ausnutzung eines Beratungs-, Behand
           lungs- oder Betreuungsverhältnisses

Verletzung des persönlichen Lebens und Geheimbereichs
§ 201   Verletzung der Vertraulichkeit des Wortes
§ 202   Verletzung des Briefgeheimnisses
§ 203   Verletzung von Privatgeheimnissen
§ 202a   Ausspähen von Daten
§ 303a   Datenveränderung

Straftaten gegen das Leben
§ 222   Fahrlässige Tötung (durch Unterlassen)

Körperverletzung
§ 223 - § 230   Körperverletzung, Mißhandlung von Schutzbefohlenen,
                 Körperverletzung mit Todesfolge

Begünstigung und Hehlerei
§ 257 - § 258   Begünstigung, Straf-, Strafvollstreckungsvereitelung,
                 Hehlerei

Aus dem Sozialgesetzbuch

SGB VIII §§ 104 –105 Bußgeld- und Strafvorschriften
Ordnungswidrig bzw. strafbar ist es, ohne die erforderliche Erlaubnis ein Kind
oder einen Jugendlichen zu betreuen oder ihm Unterkunft zu gewähren.

SGB X Buch § 85 Strafvorschriften
Strafbar ist die unbefugte Speicherung, Veränderung oder Übermittlung von
Sozialdaten (auch aus Akten) sowie das unbefugte Abrufen oder sonstige Be-
schaffen von Sozialdaten aus Dateien.

ZWEITER ABSCHNITT:
STELLUNG DER VERWALTUNG
IN DER VERFASSUNGSORDNUNG

6.0 ERFÜLLUNG DER STAATLICHEN AUFGABEN (GESETZGEBUNG, GESETZESVOLLZUG RECHTSPRECHUNG)

Praxis: Das Bundesverfassungsgericht erklärt es für verfassungswidrig, dass Finanzämter, bei der Berechnung des Einkommens für die Kindergeldberechtigung die Beiträge zur gesetzlichen Sozialversicherung nicht abziehen. Es beendet die gesetzwidrige Praxis der Verwaltungsbehörden.

Bund und Länder arbeiten unter dem Leitbild des aktivierenden Staates an einer umfassenden Reform der Staatsorganisation mit den Schwerpunkten Modernes Verwaltungsmanagement, Bürokratieabbau und E-Government. Ziel der Reform ist die Verbeserung der Effektivität, auch durch eine entsprechende Personalentwicklung, und eine Dienstleistungsorientierung. Deshalb sollten SA/SP in möglichst großem Umfang die Reformprozesse mitgestalten (→ www.staat-modern.de).

6.1. Zuständigkeit für Gesetzgebung, vollziehende Gewalt und Rechtsprechung

In der Bundesrepublik sind der Bund und die Länder Träger der Staatsgewalt (Gesetzgebung, vollziehende Gewalt und Rechtsprechung). Die Verteilung der Zuständigkeiten nimmt das Grundgesetz vor (Artikel 70 ff).

Bedeutung für SA/SP
SA/SP sind aus ihrem beruflichen Selbstverständnis, aber auch als Angehörige eines Staats, der auf Mündigkeit und Teilnahme seiner Bürger an der politischen Willensbildung baut, stets zu einer kritischen Prüfung verpflichtet, ob Rechtsvorschriften, Maßnahmen von Behörden oder Gerichtsentscheidungen mit der Zielsetzung des Grundgesetzes vereinbar sind, das den Menschen ein menschenwürdiges Leben in einem sozialen Rechtsstaat ermöglichen will.

Handlungsmöglichkeiten der SA/SP
Führt z. B. eine Regelung zu Eingriffen in Rechtspositionen oder erscheint eine gerichtliche Entscheidung als unannehmbar, kann durch Petition, Resolution, Demonstration, durch Information der Presse, durch Mitwirkung in Fach- und Berufsverbänden, in Gewerkschaften, in politischen Parteien, durch Bürgerbegehren und Bürgerentscheid oder durch Rechtsbehelfe, Klageerhebung und Einlegung von Rechtsmitteln gegen ungünstige Gerichtsentscheidungen versucht werden, eine Änderung für die Betroffenen herbeizuführen (→ 48.0 und 49.0).

Damit die Kritik an Gesetzen, die Beschwerden gegen Maßnahmen von Behörden und andere Meinungsäußerungen die zuständigen staatlichen Stellen erreichen, ist ein Grundwissen über die Verteilung der Zuständigkeiten und der Stellung der verschiedenen staatlichen Träger in der Staatsorganisation erforderlich.

6.2 Gesetzgebung

Die Gesetzgebungszuständigkeit liegt überwiegend beim Bund (Art. 70 ff. GG). Die Föderalismusreform hat zu einer Verlagerung auf die Länder geführt.

6.2.1 Zuständigkeiten des Bundes

Ausschließliche Gesetzgebung
Der Bund hat in einigen Bereichen das Recht zur ausschließlichen Gesetzgebung, z. B. für das Staatsangehörigkeits- und Auslieferungsrecht (Art. 73 Nr. 2 und 3 GG).

Konkurrierende Gesetzgebung
Das Ausländerrecht, das Recht der öffentlichen Fürsorge und das Arbeitsrecht gehören zum Bereich der konkurrierenden Gesetzgebung. In diesem Bereich haben die Länder die Befugnis zur Gesetzgebung, solange und soweit der Bund von seinem Gesetzgebungsrecht keinen Gebrauch gemacht hat (Art. 72 und 74 GG).

Seit 2007 darf der Bund aber Gesetze u. a. zum Ausländerrecht und zum Recht der öffentlichen Fürsorge nur erlassen, wenn und soweit die Herstellung gleichwertiger Lebensverhältnisse oder die Wahrung der Rechts- und Wirtschaftseinheit eine bundeseinheitliche Regelung erfordert (Art. 72 Abs. 2 GG).

Bisher hat der Bund sehr viele Gesetze in den genannten Bereichen erlassen, so dass es auch entsprechend wenige Ländergesetze gibt (z. B. Blindengeld- und Gehörlosengeldgesetze, Landeserziehungsgeldgesetze, Arbeitnehmerweiterbildungsgesetze, Sonderurlaubsgesetze für Jugendleiter). Das wird sich zukünftig ändern.

6.2.2 Zuständigkeiten der Länder

Schwerpunkte der Gesetzgebungszuständigkeit der Länder sind: Schul-, Hochschul-, Bildungs- und Weiterbildungsrecht, Polizei- und Ordnungsrecht, Recht der Unterbringung psychisch Kranker, Heimrecht, Strafvollzugsrecht und das Recht der Organisation der Landesverwaltung mit Einschluss des Kommunalrechts (siehe Art. 70 GG).

Im **Sozialleistungsbereich** haben die Länder wegen des Vorrangs des Bundesgesetzgeber nur die Möglichkeit zur Ausfüllung von Lücken bzw. zu ergänzenden Regelungen (Landesblinden- und -pflegegeldgesetze, Landesausbildungsförderungsgesetze).

Soweit die Länder Bundesgesetze auszuführen haben, regeln sie durch **Ausführungsgesetze**, welche Landesbehörden die Gesetze auszuführen haben (Art. 84 Abs. 1 GG).

6.2.3 Zuständigkeiten der Europäischen Union

Die Mitgliedsstaaten der Europäischen Union, zu denen die Bundesrepublik gehört, haben in begrenztem Umfang Hoheitsrechte auf die Organe der Europäischen Gemeinschaften übertragen (Artikel 24 GG). Diese Organe können Rechtsvorschriften erlassen, die nur für die Mitgliedstaaten gelten und von diesen in nationales Recht umgesetzt werden müssen, und solche, die unmittelbare Wirkung für die in den Mitgliedstaaten lebenden Menschen, Organisationen usw. haben ($\rightarrow$ 22.3.2).

Beispiel: Die Richtlinie EWG Nr. 93/104 zur Arbeitszeit zwingt den deutschen Gesetzgeber und die Tarifvertragsparteien, jede dienstlich verlangte Anwesenheit in Betrieb/ Einrichtung als Arbeitszeit zu bewerten (EuGH, NJW 2006, 2465).

ÜBERSICHT ÜBER PRAXISBEDEUTSAME VORSCHRIFTEN DES ÖFFENTLICHEN RECHTS

Recht der Europäischen Gemeinschaften
Vertrag über die europäische Union
Verordnung (EWG) Nr. 1408/71 - Anwendung der Systeme der sozialen Sicherheit
Verordnung (EWG) Nr. 1612/68 (Freizügigkeit der Arbeitnehmer)

Staats- und Verfassungsrecht
Grundgesetz und Landesverfassungen
Einigungsvertrag

Organisationsrecht
Landesverwaltungs- und Organisationsgesetze
Kommunalrecht (Gemeindeordnungen, Kreisordnungen)
Beamtenrechtsrahmengesetz, Bundes- und Landesbeamtengesetze

Allgemeines Verwaltungsrecht
Bundes- und Landesverwaltungsverfahrensgesetze
Bundes- und Landesdatenschutzgesetze
Bundes- und Landesverwaltungszustellungsgesetze
Bundes- und Landesverwaltungsvollstreckungsgesetze

Sozialleistungsrecht
Sozialgesetzbuch: Grundsicherung, Arbeitsförderung, Sozialversicherung, Versorgung bei Gesundheitsschäden, Kindergeld, Wohngeld, Kinder- und Jugendhilfe, Sozialhilfe, Ausbildungsförderung, Eingliederung Behinderter, Pflegeversicherung.
Sonstiges Sozialrecht: Elterngeld, Opferenschädigung, Lastenausgleichsrecht, Blindengeld-, Ausbildungsförderungsgesetze (L)

Gesundheitsrecht
Recht der Gesundheitsverwaltung (L), Infektionsschutzgesetz,
Recht der Unterbringung psychisch Kranker (L)

Wohnungsrecht
Wohnraumförderungsgesetz, Wohnungsbindungsgesetz

Bildungsrecht
Schulpflichtgesetze (L), Schulverwaltungsgesetze (L),
Hochschulrahmengesetz, Hochschulgesetze (L),
Jugendbildungsgesetze (L), Weiterbildungsgesetze (L)

Polizeirecht
Bundespolizeigesetz, Polizeigesetze (L), Ordnungsbehördengesetze (L),
Bundesversammlungsgesetz, Versammlungsgesetz (L)

Ausländerrecht
Aufenthaltsgesetz, Freizügigkeitsgesetz/EU, Asylverfahrensgesetz, Asylbewerberleistungsgesetz,
Assoziierungsabkommen mit der Türkei

Steuerrecht
Abgabenordnung, Einkommensteuer-, Körperschaftssteuer-, Gewerbesteuer-, Umsatzsteuergesetz

Gerichtsverfassungs- und Gerichtsverfahrensrecht
Verwaltungsgerichtsordnung, Sozialgerichtsgesetz, Zivilprozessordnung,
Arbeitsgerichtsgesetz, Strafprozessordnung, Gerichtskostengesetz

6.3 Vollziehende Gewalt (Öffentliche Verwaltung)

Aufgabe der vollziehenden Gewalt, d.h. der öffentlichen Verwaltung, ist es, die Gesetze auszuführen. Gesetzgebungs- und Ausführungskompetenz decken sich aber nicht; denn dem Bund ist im Grundgesetz nur die Ausführung weniger Gesetze vorbehalten. Die meisten Bundesgesetze werden von den Ländern ausgeführt.

Aufbau und Gliederung der Staatsverwaltung			
Bundesverwaltung		**Landesverwaltung NRW**	
Unmittelbare Bundesverwaltung	**Mittelbare Bundesverwaltung**	**Mittelbare Landesverwaltung**	**Unmittelbare Landesverwaltung**
Oberste Bundesbehörden - *Bundesministerien* -	**Körperschaften** - - *Bundesagentur für Arbeit* -	**Körperschaften** - *Kommunen* -	**Oberste Landesbehörden** - *Landesministerien* -
Obere Bundesbehörden - *Bundesamt für Migration und Flüchtlinge* -	**Anstalten** - *Bundesbank* - - *Bundesanstalt für Arbeitsschutz* -	**Anstalten** - *Sparkassen* - - *Gemeindeprüfungsanstalt* -	**Obere Landesbehörden** *Landesbeauftragter für den Maßregelvollzug*
Bundesmittelbehörden - *Bundesfinanzdirek – tionen* -	**Stiftungen** - *Behindertes Kind --* - *Mutter und Kind --*	**Stiftungen** - *Stiftung für Wohlfahrtspflege NRW* -	**Landesmittelbehörden** - *Bezirksregierungen Oberfinanzdirektionen* -
Untere Bundesbehörden - *Hauptzollämter* -			**Untere Landesbehörden** - *Schulamt Kreispolizeibeörde--*

6.3.1 Bundesverwaltung

Bundeseigene Verwaltung mit eigenem Verwaltungsunterbau
In bundeseigener Verwaltung mit eigenem Verwaltungsunterbau werden wenige Aufgaben erfüllt u. a. der Auswärtige Dienst, die Bundeswehr (Art. 87 - 87 e GG).

Bundesoberbehörden und bundesunmittelbare Körperschaften
Zur Bundesverwaltung gehören als bundesunmittelbare Körperschaften des öffentlichen Rechts auch die Träger der Sozialversicherung, deren Zuständigkeitsbereich sich über das Gebiet eines Landes hinaus erstreckt, z.B. viele Berufsgenossenschaften, Deutsche Rentenversicherung Bund, Ersatzkassen (Art. 87 Abs. 2 GG).
Schließlich sind durch Bundesgesetz gemäß Art. 87 Abs. 3 GG errichtet :
► **selbständige Bundesoberbehörden** (z.B. Bundeskriminalamt, Bundesamt für Verfassungsschutz, Bundesamt für den Zivildienst, Bundesprüfstelle für jugendgefährdende Schriften),
► **bundesunmittelbare Körperschaften, Anstalten und Stiftungen des öffentlichen Rechts** (z. B. die Bundesagentur für Arbeit, die das SGB II teilweise, das

SGB III und das Kindergeldgesetz ausführt sowie die Stiftung Mutter und Kind, die schwangeren Frauen finanzielle Leistungen gewährt).

6.3.2 Landesverwaltung

Ausführung von Landes- und von Bundesgesetzen
Die Länder führen nicht nur die Landesgesetze, sondern grundsätzlich auch alle Bundesgesetze als eigene Angelegenheit aus (Art. 83, 84 GG).

Ausführung von Bundesgesetzen als eigene Angelegenheit
Führen die Länder die Bundesgesetze als eigene Angelegenheit aus, regeln sie die Einrichtung der Behörden und das Verwaltungsverfahren in Ausführungsgesetzen. Wenn Bundesgesetze etwas anderes bestimmen, können die Länder davon abweichen, es sei denn, dass ein besonderes Bedürfnis nach bundesstaatlicher Regelung besteht (Art. 84 Abs. 1 GG; Übergangsregelung in Art. 125b GG).

Beispiel: Ein Land kann von §§ 69, 70 SGB VIII abzuweichen, der u. a. die Einrichtung von Jugendämtern und Jugendhilfeausschüssen vorschreibt.

Die Bundesregierung kann durch allgemeine Weisungen die Ausführung des Gesetzes beeinflussen, nicht aber durch Einzelweisung (Art. 84 Abs. 2 GG).

Beispiele: Die Bundesregierung kann eine Gemeinde nicht anweisen, ein Jugendzentrum einzurichten.

Schließt ein Kreis eine Erziehungsberatungsstelle, so steht der Bundesregierung nicht das Recht zur Beanstandung zu. (§ 79 SGB VIII).

Ausführung von Bundesgesetzen im Auftrag des Bundes
Ist ein Bundesgesetz im Auftrag des Bundes auszuführen, kann der Bund auch die Einrichtung der Behörden durch die Länder anordnen (Art. 85 GG).

Beispiel: Nach §§ 40 a - 41 BAföG haben die Länder Ämter bzw. Landesämter für Ausbildungsförderung zu errichten. Für Auszubildende, die eine Hochschule besuchen, sind diese Ämter bei den staatlichen Hochschulen oder den Studentenwerken einzurichten.

Ausführung der Sozialleistungsgesetze
Eine zusammenfassende Übersicht über die Behörden, die zum Vollzug der Sozialleistungsgesetze verpflichtet sind, enthalten die §§ 18 - 29 SGB I. Die zuständigen Leistungsträger sind jeweils in Absatz 2 genannt (siehe Übersicht hinter 29.5).

Aufsicht des Bundes
Bei der Ausführung der Bundesgesetze unterliegen die Länder der Aufsicht des Bundes durch die Bundesregierung. Die Bundesaufsicht ist auf die Rechtmäßigkeit beschränkt, wenn die Länder die Gesetze als **eigene** Angelegenheit ausführen (Art. 84 Abs. 3 GG).

Wird ein Gesetz vom Land **im Auftrag** des Bundes ausgeführt, erstreckt sich die Aufsicht nicht nur auf die Rechtmäßigkeit, sondern auch auf die Zweckmäßigkeit - und kann durch allgemeine und Einzelweisungen ausgeübt werden (Art. 85 Abs. 4 GG). Es ist jeweils im Gesetz festgelegt, ob und in welchem Umfang es im Auftrag des Bundes von den Ländern ausgeführt wird.

Beispiel: Für das BAföG legt § 39 fest, dass es im Auftrag des Bundes von den Ländern auszuführen ist. Ausgenommen sind die Verwaltung und Einziehung der Darlehen, die dem Bundesverwaltungsamt vorbehalten werden.

In der Allgemeinen Verwaltungsvorschrift zum BAföG bestimmt der Bund, wie die Länder das Gesetz anzuweden haben (www.bafoeg.bmbf.de).

6.4 UNMITTELBARE UND
MITTELBARE STAATSVERWALTUNG

Praxis: *Der Arbeitslose A erhält Arbeitslosengeld von der Agentur für Arbeit (mittelbare Bundesverwaltung - §§ 117 ff SGB III).*

Da wegen Nichtzahlung der Miete die Räumung seiner Wohnung bevorsteht, beantragt er die Übernahme der Mietrückstände bei dem Sozialamt der Stadt (mittelbare Landesverwaltung - § 22 Abs. 5 SGB II).

Nachdem sein Antrag abgelehnt worden ist, sucht er seinen Arzt auf, zahlt die Praxisgebühr und gerät, nachdem er auch noch die Zuzahlung für Medikamente geleistet hat, so in Verzweiflung, dass er eine Überdosis einnimmt. Von Nachbarn informierte Polizisten - meist gehört die Polizei zur unmittelbaren Landesverwaltung - bringen den Bewusstlosen in ein Landeskrankenhaus (Einrichtung des Landes).

Dort stirbt A. Da der Sohn des A ebenfalls arbeitslos ist und die Bestattungskosten nicht tragen kann, übernimmt das Sozialamt die Kosten in Höhe des preisgünstigsten Angebots (§ 74 SGB XII).

Bund und Länder vollziehen Gesetze entweder durch eigene rechtlich unselbständige Verwaltungseinheiten (unmittelbare Staatsverwaltung) oder durch rechtlich selbständige Verwaltungseinheiten (mittelbare Staatsverwaltung). Die folgende Darstellung beschränkt sich auf die Landesverwaltung, weil diese für die Arbeit der SA/SP weitaus größere Bedeutung hat als die Bundesverwaltung.

6.4.1 UNMITTELBARE LANDESVERWALTUNG

Praxis: *Ein SA/SP, dem mehrere wohnungslose Männer berichteten, sie seien von Polizisten geschlagen und getreten worden, ist von der Kreispolizeibehörde mit seiner Beschwerde abgewiesen worden. Er überlegt, an welche höhere Stelle er sich wenden kann, um zukünftige Übergriffe zu verhindern.*

6.4.1.1 Hierarchischer Aufbau in drei Stufen

Die unmittelbare Landesverwaltung hat – wie die Bundesverwaltung – einen hierarchischen, meist dreistufigen Ausbau:

Oberste und obere Landesbehörden
Zur obersten Stufe gehören die **obersten Landesbehörden** (Landesminister, Landesregierung, Ministerpräsident) und die **oberen Landesbehörden**, d. h. die Behörden, die einer obersten Landesbehörde unmittelbar unterstehen und für das gesamte Land zuständig sind

Beispiele: Landesumweltamt, Landeskriminalamt.

Den obersten Landesbehörden können unselbständige Einrichtungen zugeordnet sein.

Beispiele: Landeszentralen für politische Bildung, Fachhochschulen für öffentliche Verwaltung.

Landesmittelbehörden
Die **Behörden der mittleren Stufe** - nicht vorhanden in Berlin, Bremen, Hamburg, Niedersachsen, Saarland und Schleswig-Holstein - sind nur für einen Teil des Landes zuständig.

Die meisten Staatsaufgaben werden in der mittleren Stufe von Bezirksregierungen – soweit vorhanden- wahrgenommen, denn diese sind grundsätzlich für alle Aufgaben der Landesverwaltung der verschiedenen Fachressorts zuständig (z. B. Polizei, Bauwesen, Schulwesen, Wohlfahrtspflege, Wirtschaft, Verkehr, Kommunalaufsicht).

Daneben existieren in der mittleren Ebene nur wenige **Sonderbehörden**, die jeweils einen beschränkten Kreis von Aufgaben wahrnehmen (in NRW z. B. Oberfinanzdirektion).

Untere Landesbehörden
Auf der **unteren Stufe** besteht keine der Bezirksregierung in der Mittelstufe vergleichbare staatliche Behörde mit umfassender Zuständigkeit.

Staatliche Aufgaben werden in beschränktem Umfang von unteren Landesbehörden mit besonderer fachlicher Zuständigkeit erfüllt (z.b. Schulämter, Finanzämter, Kreispolizeibehörden).

Wahrnehmung von Staatsaufgaben durch Kreise/Landkreise
Im übrigen werden im örtlichen Bereich der **Landkreise/Kreise** die Staatsaufgaben von dem Landratsamt bzw. Landrat wahrgenommen. Dieser ist insoweit Organ der unmittelbaren Landesverwaltung, während er z. B. bei der Durchführung von Kreistagsbeschlüssen Organ der Selbstverwaltungskörperschaft des Kreises ist.

Die Bürgermeister der **kreisfreien Städte** sind demgegenüber nicht Organ der unmittelbaren Landesverwaltung. Gleichwohl verpflichten zahlreiche Gesetze des Bundes bzw. der Länder die kreisfreien Städte zur Durchführung staatlicher Aufgaben, insbesondere zur Durchführung von Gesetzen (SGB II, SGB VIII, SGB XII, AufenthG usw.).

Es ist jeweils im Gesetz bestimmt, ob und inwieweit die kreisfreien Städte bei der Ausführung den Weisungen bzw. der Aufsicht des Landes unterworfen werden (siehe z. B. § 69 SGB VIII).

6.4.1.2 Dienst- und Fachaufsicht

Innerhalb der unmittelbaren Landesverwaltung unterliegen die jeweils nachgeordneten Behörden und Einrichtungen der Dienst- und Fachaufsicht:

Beispiel: Die Kreispolizeibehörde steht als untere Landesbehörde unter der Dienst- und Fachaufsicht der Bezirksregierung.

Diese unterliegt der Dienst- und Fachaufsicht des Innenministeriums.

Dienstaufsicht
Die Dienstaufsicht erstreckt sich auf den Aufbau, die innere Ordnung, die allgemeine Geschäftsführung und die Personalangelegenheiten der Behörde und umfasst ein unbeschränktes Aufsichts- und Weisungsrecht gegenüber den nachgeordneten Stellen (→ z. B. § 12 Landesorganisationsgesetz NRW).

Fachaufsicht
Die Fachaufsicht erstreckt sich auf die rechtmäßige **und** zweckmäßige Wahrnehmung der Aufgaben. In Ausübung der Fachaufsicht können sich die Fachaufsichtsbehörden unterrichten, unbeschränkt Weisungen erteilen und – allerdings nur bei Gefahr im Verzuge oder auf Grund besonderer gesetzlicher Ermächtigung – die Befugnisse der nachgeordneten Behörden selbst ausüben (→ z. B. § 13 Landesorganisationsgesetz NRW).

Eine Nachordnung in diesem Sinne besteht aber nicht zwischen der unmittelbaren Landesverwaltung und den Trägern der mittelbaren Staatsverwaltung. Diese unterliegen nur einer eingeschränkten Kontrolle (→ 6.4.2).

6.4.2 MITTELBARE LANDESVERWALTUNG

Die mittelbare Landesverwaltung wird ausgeübt durch
▶ **juristische Personen des öffentlichen Rechts** in der Rechtsform von Körperschaften, Anstalten und Stiftungen des öffentlichen Rechts (→6.4.2.1),
▶ **juristische Personen des privaten Rechts** in der Rechtsform von Aktiengesellschaften, Gesellschaften mit beschränkter Haftung bzw. Genossenschaften (→ 6.4.2.2).

Alle diese juristische Personen erfüllen Aufgaben der öffentlichen Verwaltung. Sie sind aus der allgemeinen Verwaltung ausgeklammert, um eine größere Bürgernähe (Gemeinde), eine fachliche Spezialisierung (Allgemeine Ortskrankenkasse, Fachhochschule) bzw. größere wirtschaftliche Beweglichkeit (AG, GmbH) zu erreichen.

6.4.2.1 Juristische Personen des öffentlichen Rechts

Körperschaften des öffentlichen Rechts

Begriff und Organisation
Körperschaften sind mitgliedschaftlich organisierte Verwaltungseinheiten z. B. die Gemeinden, die Kreise, die gesetzlichen Krankenkassen. Den Mitgliedern steht nach Maßgabe des einschlägigen Gesetzes ein mehr oder weniger weitgehendes Selbstverwaltungsrecht zu, das in der Regel durch Organe ausgeübt wird:

▶ **Träger- oder Repräsentativorgan** zur Beschlussfassung über Satzungen, Haushalt und andere bedeutsame Angelegenheiten (z. B. Gemeindevertretung),

▶ **vollziehendes Organ** für die Vorbereitung und Durchführung der Beschlüsse des Repräsentativorgans und die laufende Verwaltung (Bürgermeister).

Personalkörperschaften
Personalkörperschaften haben einen sachlich beschränkten Aufgabenbereich, der sich aus dem jeweils einschlägigen Gesetz ergibt. Personalkörperschaften erfüllen

▶ *soziale Aufgaben* (z. B. Allgemeine Ortskrankenkassen, Rentenversicherungsträger, Studierendenschaften erfüllen als rechtfähige Gliedkörperschaften u. a. soziale, politische und kulturelle Aufgaben - § 48 HG NRW),

▶ *berufsständische Aufgaben* (z. B. Rechtsanwalts-, Ärzte-, Industrie- und Handelskammern, Kammern für Psychologische Therapeuten und Kinder- und Jugendlichenpsychotherapeuten),

▶ *wissenschaftliche Aufgaben* (z. B. staatliche Hochschulen).

Gebietskörperschaften
Die Gemeinden, Kreisen und sonstigen Gemeindeverbände (Kommune) sind **Gebietskörperschaften.** Diese sind grundsätzlich für alle Angelegenheiten der örtlichen Gemeinschaft zuständig (siehe Abschnitt 7.0).

Zur Wahrnehmung von Aufgaben, die über die Leistungskraft der Kommunen hinausgehen, bestehen in NRW die Landschaftsverbände und in Bayern und Rheinland-Pfalz Bezirke, denen die kreisfreien Städte und Kreis angehören.

Sie nehmen z. B. Aufgaben in der Sozial-, Jugend-, Behindertenhilfe wahr.

Die Landschaftsverbände in NRW erfüllen gemäß § 5 Landschaftsverbandsordnung u. a. die Aufgaben des Landesjugendamts, des überörtlichen Trägers der Sozialhilfe, des Landesbetreuungsamts und des Integrationsamts.

Anstalten des öffentlichen Rechts

Begriff und Organisation
Anstalten sind Verwaltungseinheiten mit einem Bestand an sachlichen Mitteln und Personal. Sie haben keine Mitglieder, sondern Benutzer, und müssen deshalb kein durch Wahlen legitimiertes Repräsentativorgan haben. Statt dessen ist oft ein Kuratorium, Beirat aus Vertretern der Verwaltung, Politik, Öffentlichkeit und der Benutzer vorgesehen. Notwendig ist aber ein Vertretungsorgan (z. B. Vorstand).
Rechtlich selbständige Anstalten sind z. B. Stadt-, Kreissparkassen, Rundfunkanstalt.

Unselbständige Anstalten
Die einem rechtlich selbständigen Verwaltungsträger zugeordneten unselbständigen Anstalten haben für die Praxis der SA/SP überragende Bedeutung; denn insbesondere im Bereich der Kommunen wird soziale Arbeit überwiegend von Fachkräften in Einrichtungen mit zweckensprechender Ausstattung geleistet.
Rechtlich nicht selbständige Anstalten sind z. B. städtische Kindertagesstätten, Jugendzentren, Flüchtlingsheime, Schulen, Bürgerhäuser, Theater.
Die rechtlich unselbständigen Anstalten werden als reine **Regiebetriebe** geführt, d. h. die Verwaltung setzt einen Leiter ein, der in vollem Umfange weisungsgebunden und zur zweckentsprechenden Verwaltung der Anstalt verpflichtet ist.
In vielen Kommunen sind derartige Regiebetriebe (z. B. Kinderheime, Altenheime, Krankenanstalten, Theater) in **Eigenbetriebe bzw. Eigengesellschaften** mit größerer Selbständigkeit überführt bzw. umgewandelt worden (siehe Abschnitt 10.3).

Stiftungen des öffentlichen Rechts

Stiftungen sind Verwaltungseinheiten zur Verwaltung eines bestimmten Vermögens für einen bestimmten Zweck.
Beispiel: *Die Stiftung des Landes NRW für Wohlfahrtspflege verwaltet Spielbankerlöse zur Förderung sozialer Einrichtungen und Maßnahmen.*
Die Bundesstiftung „Mutter und Kind" gewährt Schwangeren ergänzende Hilfen.

Staatliche Aufsicht über Körperschaften, Anstalten und Stiftungen

Rechtmäßigkeitskontrolle, keine Zweckmäßigkeitskontrolle
Anders als die nachgeordneten Behörden der unmittelbaren Staatsverwaltung, die einer umfassenden Dienst- und Fachaufsicht unterworfen sind, unterliegen die verschiedenen Träger der mittelbaren Staatsverwaltung grundsätzlich nur der Rechtsaufsicht einer staatlichen Aufsichtsbehörde.
Die staatliche Aufsichtsbehördekann nur dann eingreifen, wenn der Träger der mittelbaren Staatsverwaltung Rechtsvorschriften verletzt, nicht aber, wenn er einen gesetzlich vorgesehenen Ermessensspielraum nicht seinem Zweck entsprechend ausfüllt; denn eine Zweckmäßigkeitskontrolle ist unzulässig.
Beispiel: *Die Bezirksregierung kann eine Gemeinde nicht anweisen, den Haushaltsansatz für die Jugendhilfe zu erhöhen. Sie kann aber eingreifen, wenn die Gemeinde das Jugendamt auflöst.*

6.4.2.2 Juristische Personen des privaten Rechts

Praxis: *Eine städtische Wohnungsgesellschaft, besitzt 20 000 Wohnungen, die sie zu qm - Preisen von 4 bis 5 Euro vermietet. Sie plant den Bau von je 400 Wohnungen für Alleinerziehende, Behinderte und alte Menschen.*

Die öffentliche Verwaltung kann staatliche Aufgaben nicht nur durch öffentlich-rechtliches Verwaltungshandeln, sondern auch durch natürliche oder juristische Personen des Privatrechts, die sie selbst errichtet bzw. beherrscht, erfüllen lassen (siehe 26.0).

Besonders verbreitet sind von der jeweiligen Kommune kapitalmäßig beherrschte

▶ **Strom-, Gas-, Wasserunternehmen** in der Rechtsform einer AG oder GmbH,

▶ **Wohnungsbauunternehmen** in der Rechtsform gemeinnütziger Kapitalgesellschaften bzw. Genossenschaften mit Aufgaben im sozialen Wohnungsbau sowie der städtebaulichen Sanierung,

▶ **Verkehrsunternehmen** in der Rechtsform einer GmbH oder AG für den öffentlichen Personennahverkehr.

Im Rahmen der Umstrukturierung der Verwaltung sind recht häufig unselbständige Anstalten und Regiebetriebe in juristische Personen des Privatrechts umgewandelt worden.

Beispiele: *Stadtkultur GmbH als Träger städtischer Kultureinrichtungen, Stadtbäder AG als Träger der städtischen Bäder.*

Rechtlich problematisch ist die Übertragung von Teilbereichen der Jugendhilfe auf privatrechtliche juristische Personen, an denen die Kommune maßgeblich beteiligt ist, weil dadurch dem Jugendamt, das nach der gesetzlichen Regelung die Gesamtverantwortung für die Jugendhilfe trägt, zumindest Teilverantwortlichkeiten entzogen werden

Beispiele: *Jugendhilfe GmbH als Träger der städtischen Jugendzentren.*

Zur verfassungs- und verwaltungsrechtlichen Problematik der Ausgliederung aus der Behördenorganisation → unten 10.3.3).

6.4.3 ERFÜLLUNG STAATLICHER AUFGABEN DURCH PRIVATE

Die öffentliche Verwaltung darf Privatpersonen und private Organisationen im Rahmen der gesetzlichen Vorschriften an der Erfüllung staatlicher Aufgaben beteiligen. Dies geschieht in der Jugendhilfe-, in der Sozialhilfe und im Gesundheitswesen in erheblichem Umfang.

6.4.3.1 Beleihung

Begriff
Privatpersonen, Vereinen und Gesellschaften privaten Rechts können, soweit ein Gesetz dies zuläßt, von der öffentlichen Verwaltung durch Verwaltungsakt oder kooperationsrechtlichen Vertrag hoheitliche Befugnisse übertragen werden (Beleihung). Die Beliehenen üben die übertragenen Befugnisse selbständig im eigenen Namen aus, unterliegen dabei aber zumindest der Rechtmäßigkeitskontrolle durch die beleihende Behörde gemäß der einschlägigen gesetzlichen Regelung.

Beispiele: *Der Versammlungsleiter einer öffentlichen Versammlung in einem geschlossenen Raum hat die hoheitliche Befugnis, Teilnehmer, welche die Versammlung grob stören, von der Versammlung auszuschließen (§ 11 Versammlungsgesetz).*

Der staatliche, d.h. vom Wissenschaftsminister auf Vorschlag der Hochschule bestätigte Prüfungsausschuss einer privaten Hochschule hat die hoheitliche Befugnis, staatlich anerkannte Prüfungen durchzuführen und die staatliche Anerkennung als SA/SP auszusprechen (BVerwGE 17,41; BVerfGE 27,195).

Anerkannte Zivildienststellen üben hoheitliche Befugnisse gegenüber dem Zivildienstleistenden aus (BVerwG, DVBl. 1998, 645; BGH, NJW 1998, 298).

Rechtsstellung des Beliehenen
Durch die Beleihung wird ein verwaltungsrechtliches Schuldverhältnis zwischen dem Verwaltungsträger und dem Beliehenen begründet (BGH, NJW 1998, 298). Der Beliehene ist hinsichtlich der übertragenen hoheitlichen Befugnisse Teil der öffentlichen Verwaltung und hat den wesentlichen Anforderungen zu entsprechen, die der Rechtsstaat an Amtsträger allgemein stellt. So ist er beispielsweise zu bürgernahem und bürgerfreundlichem Verhalten verpflichtet (OVG Koblenz, NJW 1990, 465).

Die Rechtbeziehungen des Beliehenen zu den Bürgern, für die er tätig wird, unterliegen grundsätzlich dem Privatrecht (Verwaltungsprivatrecht → 23.2.3.2).

Haftung
Bei schuldhafter Verletzung der durch die Beleihung übertragenen Amtspflicht haftet die beleihende Behörde auf Schadensersatz wegen Amtspflichtverletzung gemäß § 839 BGB/Art. 34 GG (→ 48.3). Sie hat in diesem Falle Anspruch auf Ersatz der Aufwendungen gegen den Beliehenen, wenn der Schaden infolge vorsätzlicher oder grob fahrlässiger Verletzung des verwaltungsrechtlichen Schuldverhältnisses entstanden ist.

Beispiel: Ein Zivildienstleistender stürzt vor den Augen der Herbergsmutter bei Malerarbeiten von einer 4 m hohen ungesicherten Leiter, die ihm von der als Beschäftigungsstelle anerkannten Jugendherberge zur Verfügung gestellt worden war, und zieht sich eine Querschnittslähmung zu (BGH, NJW 1998, 298).

6.4.3.2 Verwaltungshelfer

Träger öffentlicher Verwaltung können Privatpersonen mit Hilfsfunktionen im Rahmen der Erfüllung von Verwaltungsaufgaben betrauen (Verwaltungshelfer).

Beispiele: Schülerlotsen (OLG Köln, NJW 1968, 655); Eltern, die bei einem Ausflug eine Kita-Gruppe begleiten; Jugendliche, die in einem Städtischen Jugendzentrum den Getränkeausschank übernehmen.

Übernimmt der Verwaltungshelfer öffentlich-rechtliche Aufgaben (→ 23.2), ist er Behörde im Sinne des Verwaltungsverfahrensrechts (→ 38.0) und „Beamter" im Sinne des § 839 BGB (→ 48.3).

Der öffentliche Träger haftet auf Schadensersatz nur, wenn er bei der Auswahl und der Beaufsichtigung des Verwaltungshelfers seine Sorgfaltspflicht verletzt hat oder wenn der Verwaltungshelfer Amtspflichten gegenüber Dritten verletzt und deshalb ein Schaden eintritt (§ 839 BGB/Art. 34 GG; → 48.3). Ist der Amtshelfer ein selbständige private Unternehmer, haftet er für jedes Verschulden (BGH, NJW 2005, 286).

6.4.3.3 Wahrnehmung öffentlicher Aufgaben durch freie Träger

Die Wahrnehmung öffentlicher Aufgaben durch freie Träger der Jugend- und der Sozialhilfe unterliegt besonderen verfassungsrechtlichen und gesetzlichen Vorschriften, die im Abschnitt 20.0 dargestellt werden.

Freie Träger sind keine Verwaltungshelfer, wenn sie in Zusammenarbeit mit öffentlichen Trägern Aufgaben der Jugend- oder Sozialhilfe wahrnehmen. Das gilt auch, wenn sie Zuwendungen oder Leistungsentgelte erhalten (BVerfGE 22, 180ff.→ 28.3f.)

DRITTER ABSCHNITT
SOZIALE ARBEIT IN KOMMUNALER SELBSTVERWALTUNG

7.0 KOMMUNALE SELBSTVERWALTUNG - GRUNDLAGEN

Praxis: *Die Gemeinden, Städte und Kreise leisten Kinder- und Jugendhilfe sowie Sozialhilfe. Sie bauen und vermieten Wohnungen und fördern den Wohnungsbau durch Private. Sie unterhalten allgemeinbildende, berufsbildende Schulen und Volkshochschulen. Kindergärten, Kinderheime, Jugendzentren, Werkstätten für Behinderte, Krankenhäuser, Altenheime. Sie bieten ihren Einwohner/innen Spielplätze, Sportstätten, Grünanlagen, Bibliotheken, Museen, Theater, Friedhöfe.*
Viele SA/SP sind Angestellte oder Beamte einer Gemeinde, einer Stadt oder eines Kreises. Viele andere werden von freien Trägern der Sozial- und der Jugendhilfe aufgrund von Zuwendungen oder Kostenerstattungen der Kommunen beschäftigt.

7.1 Bedeutung und Rechtsstellung der Gemeinden

Bedeutung der kommunalen Selbstverwaltung
Im Alltag sind es vor allem die Gemeinden, die gegenüber dem Bürger Leistungen erbringen und das menschliche Zusammenleben im Rahmen der Leistungs- und Ordnungsverwaltung sichern.

Kommunale Selbstverwaltung bedeutet ihrem Wesen und ihrer Intention nach **Aktivierung der Beteiligten für ihre eigenen Angelegenheiten**. Sie schließt die in der örtlichen Gemeinschaft lebendigen Kräfte des Volkes zur eigenverantwortlichen Erfüllung öffentlicher Aufgaben der engeren Heimat zusammen mit dem Ziel, das Wohl der Einwohner zu fördern und die geschichtliche und heimatliche Eigenart zu wahren. (BVerfG, NJW 1958, 1083).

Garantie und Rechtsgrundlage der kommunalen Selbstverwaltung
Den Gemeinden ist in Art. 28 Abs. 2 GG das Recht auf Verwaltung ihrer Angelegenheiten im Rahmen der Gesetze garantiert. In der „Europäischen Charta der Selbstverwaltung" hat sich die BRD zur Einhaltung wichtiger Standards kommunaler Selbstverwaltung verpflichtet (BGBl. II 1987 S. 65; → Tettinger, 2004, Rdnr 11).

Die Rechtsgrundlagen der kommunalen Selbstverwaltung setzen die Länder gestaltet. Deshalb hat jeder Flächenstaat in der BRD eigene Regelungen, die meist „Gemeindeordnung" bzw. „(Land-)Kreisordnung" genannt werden. Abweichend davon nennt Mecklenburg-Vorpommern seine Regelung „Kommunalverfassung", während im Saarland ein „Kommunalselbstverwaltungsgesetz" die Rechtsgrundlage bildet.

Einbettung der Selbstverwaltung in die Staatsverwaltung
Das Grundgesetz gibt den zweistufigen Staatsaufbau in Bund und Länder (→ 5.3) vor; die Erfüllung der öffentlichen Aufgaben wird aber auf drei Ebenen verteilt: Bund, Länder, Selbstverwaltungsträger.

Die Träger der kommunalen Selbstverwaltung sind der Landesebene zuzurechnen. Sie sind gekennzeichnet durch eine verfassungsrechtliche Existenzgarantie (es muss Gemeinden) und eine verfassungsrechtliche Garantie der Aufgabenzuständigkeit für ihren örtlichen Bereich (Universalität des gemeindlichen Wirkungskreises). Ausgenommen aus der Kompetenz für alle Angelegenheiten der örtlichen Gemeinschaft sind die Angelegenheiten, für die der Bund bzw. ein Land sich die Regelung durch Grundgesetz oder Gesetz vorbehalten haben.

Beispiel: Eine kreisfreie Stadt muss ein Jugendamt errichten (§ 69 Abs. 1, 3 SGB VIII). Es ist deshalb z. Z. noch nicht zulässig, das Jugendamt einzusparen.

Bürger und Einwohner
Die Rechtsstellung der Menschen, die im Gemeindegebiet leben, hängt davon ab, ob sie Bürger oder Einwohner sind.

Bürger ist, wer zu den Gemeindewahlen wahlberechtigt ist. Wahlberechtigt ist, wer mindestens 16, in einigen Bundesländern mindestens 18 Jahre alt ist und entweder die deutsche Staatsbürgerschaft oder die Staatsbürgerschaft eines anderen Mitgliedstaates der Europäischen Union besitzt (→ Übersicht in www.wahlrecht.de).

Einwohner ist, wer in der Gemeinde wohnt. Er hat ein Recht auf Benutzung der öffentlichen Einrichtungen der Gemeinde und ist verpflichtet, die Lasten zu tragen, die sich aus der Zugehörigkeit zur Gemeinde ergeben (z. B. § 8 Abs. 2 GO NRW; → 51.0). Zu den Einwohnern gehören außer den Bürgern die Kinder und Jugendlichen, die das Wahlalter noch nicht erreicht haben, und die Ausländer, die nicht EU-Bürger sind.

Direkte Mitwirkung der Bürger
Die politische Mitwirkung des Bürgers in Kommunen war lange Zeit auf die Wahl der Gemeindevertretung und des Bürgermeisters beschränkt. Sie ist in den Gemeindeordnungen zunehmend erweitert worden und reicht von der Informations- und Diskussionsmöglichkeit in einer Bürger-/Einwohnerversammlung bis zum **Einwohnerantrag, Bürgerbegehren und der Aufhebung eines Ratsbeschlusses durch Bürgerentscheid.** Für die Voraussetzungen dieser Mitwirkung, die Zahl der erforderlichen Unterschriften, zulässige Inhalte usw. gelten in den Bundesländern unterschiedliche Regelungen (→ www.mehr-demokratie.de).

Bürgerbegehren und Bürgerentscheide beziehen sich überwiegend auf öffentliche Sozial- und Bildungseinrichtungen, öffentliche Infrastruktur und Versorgungseinrichtungen oder sozialpolitische Angelegenheiten.

Beispiel: Gegen den Beschluss des Rats, die Anteile der Stadt an einer Gesellschaft, die über 42.000 Mietwohnungen verfügt, an einen Interessenten zu verkaufen, wird ein Bürgerbegehren eingeleitet. Nachdem 60.000 Bürger das Begehren unterschrieben, hebt der Rat seinen Beschluss auf.

160.000 Unterschriften bringen eine Landesregierung dazu, die Kürzung von Mitteln für die Jugendförderung zu einem erheblichen Teil zurückzunehmen.

Politische Mitwirkung von Kindern und Jugendlichen
Kinder und Jugendliche sind entsprechend ihrem Entwicklungsstand an allen sie betreffenden Entscheidungen der öffentlichen Jugendhilfe zu beteiligen (§ 8 Abs. 1 Satz 1 SGB VIII). Die Beteiligung kann in verschiedenen Formen erfolgen: Kinderbüros, Kinder- und Jugendparlamente, Jugendgemeinderäte, Kinder- und Jugendforen (→ www.jugendserver.de; Münder, LPK-SGB VIII, § 8 Rn 3ff.).

Vor der Schließung oder Einschränkung von Einrichtungen sind die betroffenen Jugendlichen zumindest anzuhören.

Mit Vollendung des 14. Lebensjahres können jugendliche Einwohner beantragen, dass der Rat über eine bestimmte Angelegenheit, für die er gesetzlich zuständig ist, berät und entscheidet (§ 25 nwGO).

Mitwirkung ausländischer Einwohner
Ausländische Einwohner können **Ausländerbeiräte** wählen. Die Beiräte sind nicht auf die Behandlung ausländerspezifischer Probleme beschränkt, sondern dürfen sich mit allen Angelegenheiten der Gemeinde befassen (§ 27 nwGO).

7.2 Kernbereich des Selbstverwaltungsrechts

Gebietskörperschaften mit Allzuständigkeit

Aus der Verfassungsgarantie der Allzuständigkeit für die Angelegenheiten der örtlichen Gemeinschaft im Rahmen der Gesetze (Art. 28 Abs. 2 GG) werden die folgenden öffentlich-rechtlichen Hoheitsrechte abgeleitet. Die Kommunen sind verpflichtet, diese Rechte auszuüben, dürfen also z. B. nicht auf eine Sozialplanung verzichten.

Gebiets- und Verwaltungshoheit = die Befugnis, öffentliche Gewalt auf ihrem Gebiet auszuüben.

> *Beispiel: Eine Gemeinde – Ordnungsamt - fordert eine Prostituierte auf, den Sperrbezirk zu verlassen.*

Organisationshoheit = die Befugnis zur Organisation der Gemeindeverwaltung.

> *Beispiel: Die Gemeinde ersetzt die traditionelle Ämterstruktur der Verwaltung durch eine Fachbereichsstruktur.*

Personalhoheit = die Befugnis, Arbeits- und Beamtenverhältnisse zu begründen und zu beenden.

> *Beispiel: Eine Gemeinde stellt eine Sozialarbeiterin ein.*

Planungshoheit = die Befugnis, die Gestaltung des Gemeindegebiets und die Bewältigung zukünftiger Aufgaben zu planen.

> *Beispiel: Die kommunale Sozialplanung wird als Fachplanung auf ältere Menschen, Jugendliche, behinderte Menschen, Ausländer ausgerichtet.*

Rechtssetzungshoheit = die Befugnis, Rechtssätze für den örtlichen Bereich zu erlassen.

> *Beispiel: In der Hauptsatzung wird der Hauptausschuss ermächtigt, bestimmte Angelegenheiten selbst zu entscheiden. In der Satzung für das Jugendamt wird dem Jugendhilfeausschuss die Verteilung der im Haushaltsplan bereitgestellten Mittel zur Förderung der freien Jugendhilfe übertragen.*

Finanzhoheit = die Befugnis zu einer selbständigen Haushaltsführung (Haushaltsplan), zu einer selbständigen Festsetzung der Höhe bestimmter Steuern und der Erhebung von Steuern.

> *Beispiel: Eine Gemeinde erhöht den Hebesatz für die Gewerbesteuer und die Grundsteuer, um ihre Einnahmen zu erhöhen.*
> *Im Haushaltsplan werden 100 000 Euro angesetzt, die den Wohlfahrtsverbänden als Zuschuß zu den allgemeinen Verwaltungskosten gewährt werden sollen.*

8.0 AUFGABEN DER GEMEINDEN

Die Gemeinden nehmen einerseits Aufgaben wahr, die sie selbst auswählen und bei denen das Selbstbestimmungsrecht sehr weit geht. Sie müssen aber auch vom Land übertragene Aufgaben durchführen, für die unterschiedlich starke staatliche Vorgaben bestehen. Der Bund darf Gemeinden zukünftig keine Aufgaben übertragen (Art. 84 Abs. 1 Satz 6 und Art. 85 Abs. 1 Satz 2 GG).

Die Unterscheidung der einzelnen Aufgabentypen hat Bedeutung für die Finanzierung, da bei den Aufgaben im übertragenen Wirkungskreis das Land den Gemeinden evtl. auch die Mittel zur Aufgabenerfüllung bereitstellen muss. Für SA/SP ist es bedeutsam zu wissen, ob mangels staatlicher Vorgaben auf Gemeindeebene ein bestimmtes Ziel z. B. durch nachhaltigen Einsatz erreichbar ist oder ob die Gemeinde an staatliche Vorgaben gebunden ist, auf die sich der SA/SP berufen kann .

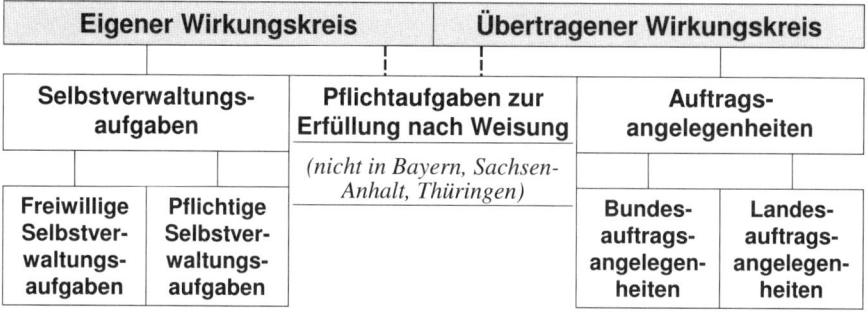

Eigener Wirkungskreis			Übertragener Wirkungskreis	
Selbstverwaltungsaufgaben		Pflichtaufgaben zur Erfüllung nach Weisung	Auftragsangelegenheiten	
		(nicht in Bayern, Sachsen-Anhalt, Thüringen)		
Freiwillige Selbstverwaltungsaufgaben	Pflichtige Selbstverwaltungsaufgaben		Bundesauftragsangelegenheiten	Landesauftragsangelegenheiten

8.1 Freiwillige Selbstverwaltungsaufgaben

Begriff
Unter Selbstverwaltungsaufgaben versteht man die Aufgaben, zu deren Wahrnehmung die Gemeinde nicht verpflichtet ist und für die deshalb keine inhaltlichen Vorgaben durch staatliche Rechtsvorschriften bestehen.
Beispiele: Errichtung und Unterhaltung von Badeanstalten und Sportplätzen, Bibliotheken, Museen und Theatern; Förderung der Vereine, Initiativen und Bürgerhäuser; Förderung des Wohnungsbaus; Wirtschaftsförderung.

Staatliche Haushaltskontrolle
Im Rahmen der freiwilligen Selbstverwaltungsaufgaben kann das Land nur eingreifen, wenn die Gemeinde ihre finanziellen Möglichkeiten überschreitet. Dann kann die staatliche Aufsichtsbehörde die Genehmigung des Haushaltsplans versagen.

Staatliche Finanzzuweisungen
Das Land kann sich stärkere Einflußnahme auf den Eigenbereich der Gemeinde verschaffen, indem es zweckgebundene Finanzzuweisungen gewährt und diese mit zahlreichen Auflagen versieht (Lenkung am "Goldenen Zügel").
Beispiele: Zuweisungen an Gemeinden zum Programm „Ökologische Stadt" (Agenda 21), zur präventiven HIV- und AIDS-Beratung.

8.2 Pflichtige Selbstverwaltungsaufgaben

Begriff

Pflichtaufgaben der Selbstverwaltung sind Aufgaben, die der Gemeinde durch Gesetz übertragen werden.

Beispiele: Aufgaben des örtlichen Trägers nach dem SGB XII und des Jugendamtes nach dem SGB VIII, Auskunft über soziale Rechte und Pflichten (→ 30.6), Aufgaben nach dem SGB II (§ 6 SGB II)

Als Träger der Jugendhilfe hat die Gemeinde die Gesamtverantwortung für die Jugendhilfe (§ 69 SGB VIII). Zur Wahrnehmung dieser Verantwortung ist sie gesetzlich verpflichtet. Freiwillige Aufgaben kennt das SGB VIII nicht.

Die Gemeinde kann nicht über das "Ob", sondern nur über das "Wie" entscheiden, wenn und soweit die gesetzlichen Vorschriften einen derartigen Spielraum vorsehen.

Beispiele: Während die Leistungen nach dem SGB XII weitgehend durch staatliches Recht der Höhe nach festgelegt sind (Regelsätze, Mehrbedarf), haben Jugendämter nach dem SGB VIII einen Beurteilungsspielraum bei der Entscheidung über Hilfen zur Erziehung   (strittig) und einen Ermessensspielraum hinsichtlich der Errichtung von Einrichtungen (→ 22.1.3).

Finanzierung

Die Gemeinde finanziert die Ausgaben in diesem Bereich grundsätzlich selbst, im sozialen Bereich insbesondere die Ausgaben für die Kinder- und Jugendhilfe und für die Sozialhilfe.

Der Staat kann durch zweckgebundene Finanzzuweisungen bestimmte Vorhaben fördern und dadurch einen Anreiz bieten, gesetzlich vorgesehene Maßnahmen durchzuführen, von denen die Gemeinden aus finanziellen Gründen abgesehen hatten.

Beispiel: Das Land gewährt Zuweisungen zur Förderung der Jugendarbeit, zu Betriebskosten der Tageseinrichtungen für Kinder, zu Hilfen für Wohnungslose.

Staatliche Aufsicht über Kommunen

Die Gemeinde unterliegt bei der Erfüllung der Selbstverwaltungsaufgaben nur der allgemeinen Aufsicht = Rechtsaufsicht durch die staatliche Aufsichtsbehörde. Diese hat sicherzustellen, dass z. B. das SGB VIII und das SGB XII korrekt durchgeführt werden, soll aber nur in äußersten Fällen in die Selbstverwaltung eingreifen (BVerfG, NJW 1957, 379). Die Zweckmäßigkeit des kommunalen Verwaltungshandelns darf sie nicht überprüfen.

Die Aufsicht über kreisangehörige Gemeinden wird vom Landrat/Landratsamt und über kreisfreie Gemeinden von der Bezirksregierung ausgeführt.

Für die Kommunalaufsicht gilt, daß sie die Gemeinden in ihren Rechten zu schützen hat und so gehandhabt werden soll, daß die Entschlusskraft und Verantwortungsfreude der Gemeinde nicht beeinträchtigt werden. Sie ist keine Vormundschaft über die Gemeinden (BVerfG, NVwZ 1989, 45).

In der Praxis hat sich die Kommunalaufsicht weitgehend auf die Einhaltung des Haushaltsrechts beschränkt, möglicherweise deshalb, weil sie nur insoweit kompetent ist.

Zulässig wären jedenfalls Maßnahmen der Kommunalaufsicht gegen die zahlreichen Gemeinden, die z. B. keine qualifizierte Jugendhilfeplanung durchführen oder durch Budgetierung der Mittel für die Jugendhilfe die Rechtsansprüche der Berechtigten bzw. der freien Träger gesetzwidrig beschneiden. Zulässig wären auch Maßnahmen gegen eine Auflösung oder Aufsplitterung des Jugendamts sowie gegen eine Einschränkung der gesetzlich festgelegten Befugnisse des Jugendhilfeausschusses.

Es ist aber nicht bekannt geworden, dass die Kommunalaufsicht gegen derartige weitverbreitete gesetzwidrige Maßnahmen eingeschritten ist.

8.3 Pflichtaufgaben zur Erfüllung nach Weisung

Begriff

Pflichtaufgaben zur Erfüllung nach Weisung nehmen eine Mittelstellung zwischen den Selbstverwaltungs- und Auftragsangelegenheiten ein. Es handelt sich dabei um Aufgaben, bei denen das Interesse des Staates an der richtigen und vollständigen Durchführung der Aufgabe wegen ihres gleichzeitig überörtlichen Charakters und wegen der Notwendigkeit überörtlich gleichmäßiger Handhabung so entscheidend ist, dass der Gesetzgeber es für erforderlich hält, die Durchführung nach Art und Umfang durch Weisungen sicherzustellen (→ § 3 bbgGO; § 2 bwGO, § 4 heGO, § 3 nrwGO, § 2 sächsGO; § 3 schlGO). In Bayern, Sachsen-Anhalt und Thüringen gibt es diese Art von Ausgaben nicht.

Beispiele für NRW: Aufgaben nach dem PsychKG, nach dem Ordnungsbehördengesetz, nach dem Gesetz über den Feuerschutz und die Hilfeleistung bei Unglücksfällen und öffentlichen Notständen; für Aussiedler, Spätaussiedler, Zuwanderer nach dem Landesaufnahmegesetz; für ausländische Flüchtlinge nach dem Flüchtlingsaufnahmegesetz; für Asylbewerber nach dem Ausführungsgesetz des Asylbewerberleistungsgesetzes.

Staatliche Sonderaufsicht

Die Gemeinden unterliegen bei der Durchführung der Pflichtaufgaben zur Erfüllung nach Weisung der Sonderaufsicht, die über das allgemeine Aufsichtsrecht (Rechtsaufsicht) hinausgeht, aber nicht die Fachaufsicht (Rechtmäßigkeits- und Zweckmäßigkeitskontrolle) wie bei Auftragsangelegenheiten umfaßt. Es besteht zwar ein Weisungsrecht der Aufsichtsbehörden, das aber in seinem Umfang jeweils gesetzlich festgelegt ist.

8.4 Auftragsangelegenheiten

Begriff

Auftragsangelegenheiten sind öffentliche Aufgaben des Staates, die dieser den Gemeinden im Interesse der Verwaltungsvereinfachung durch Gesetz zur Ausführung überträgt. Auftragsangelegenheiten können sowohl auf Bundesrecht als auch auf Landesrecht beruhen.

Beispiele für Bundesrecht: Aufgaben nach dem BAföG (§ 39 Abs. 1 BAföG); Aufgaben der Versicherungsämter nach SGB IV; Aufgaben der Standesämter nach dem Personenstandsgesetz, Aufgaben der Wehrerfassung (§ 15 Wehrpflichtgesetz).

Auftragsangelegenheiten kraft Landesrecht sind nur in den Bundesländern möglich, in denen das Land den Gemeinden Auftragsangegenheiten übertragen kann.

Staatliche Fachaufsicht

Bei der Durchführung von Auftragsangelegenheiten stehen die Gemeinden unter der Fachaufsicht des Staates, d.h. die staatliche Behörde kann durch allgemeine Weisungen (Verwaltungsvorschriften) oder durch Einzelweisung in die Gemeindeverwaltung eingreifen

Beispiel: Allgemeine Verwaltungsvorschrift zum Bundesausbildungsförderungsgesetz (siehe www.bafoeg-bmbf.de).

8.5 Soziale Kommunalpolitik

Praxis: *„Die Stabilität des Sozialklimas, das in der Vergangenheit ein wichtiger Standortfaktor für Investoren war, ist gefährdet. Das gesellschaftliche Miteinander zwischen Menschen unterschiedlicher kultureller und regionaler Herkunft wird konfliktträchtiger, das soziale Engagement der Bürger immer häufiger überfordert" (aus einer Prognos-Studie, die im Auftrag der Stadtsparkasse Köln erstellt und dem Oberbürgermeister überreicht wurde).*

Soziale Arbeit in Kommunen war bisher weitgehend auf die Jugend- und Sozialhilfe und in diesen Bereichen auf psycho-soziale Problemlagen einzelner Menschen bzw. Familien ausgerichtet. Wichtige Lebensbereiche wurden kaum jemals einbezogen, sondern von anderen Fachbereichen/Behörden eigenständig verwaltet.

Von der kommunalen Sozialpolitik zur sozialen Kommunalpolitik
Inzwischen wird zunehmend erkannt, dass die Gefährdung des Sozialklimas in Kommunen durch Ausgrenzung und Benachteiligung von Menschen, die ihre Interessen nicht angemessen vertreten können, nur vermieden werden kann, wenn die Sozialverträglichkeit zum wesentlichen Kriterium aller kommunalen Planungsprozesse wird. Diese dürfen nicht mehr unterschiedlichen Ressorts überlassen werden, sondern müssen zusammengeführt und ganzheitlich integriert werden. Die Sozialverwaltung und die SA/SP sind gefordert, die Planungsinitiative zu ergreifen und und sich anwaltschaftlich für die Gruppen einzusetzen, die berechtigte Interessen nicht aus eigener Kraft wahrnehmen können.

Bund-Länder-Programm Soziale Stadt

Um einer sozialen und räumlichen Polarisierung in den Städten vorzubeugen und entgegen zu wirken, haben Bund und Länder 1999 gemeinsam das bundesweite Programm "Stadtteile mit besonderem Entwicklungsbedarf - Soziale Stadt" auf den Weg gebracht, das einen integrativen und damit neuen Ansatz verfolgt: Um die Wirkung der Finanzhilfen zu verstärken, soll die Städtebauförderung mit anderen Ressortprogrammen gebündelt werden (www.sozialestadt.de; Eckpunkte des Deutschen Vereins, NDV 2008, 377).

Ziele des Programms sind

▶**Baumaßnahmen** wie Sanierung und Herrichtung von Gebäuden, Vergrößerung der Grünflächen und der Zahl der Spielplätze im Wohnumfeld,

▶**Verbesserung der Infrastrukturen** z. B. durch Freizeittreffs für Kinder und Jugendliche,

▶**sozial-integrative Maßnahmen,** auch zur Bildung und Beschäftigungsförderung, um die Wohn- und Lebensbedingungen der Quartiersbewohner insgesamt zu verbessern.

▶**Stabilisierung und Aufwertung der Quartiere mit hohem Anteil von Migrantinnen und Migranten,** insbesondere wenn Probleme wie hohe Arbeitslosigkeit, Armut, niedrige Bildungsabschlüsse und fehlende berufliche Qualifikation der Bewohnerschaft, mangelnde Wirtschaftstätigkeit und Konflikte im sozialen Zusammenleben hinzu kommen.

Das Programm "Soziale Stadt" eröffnet die Chance, gemeinsam mit den Bewohnerinnen und Bewohnern mit neuen Lösungsansätzen einer Abwärtsentwicklung in schwierigen Stadtteilen gegenzusteuern. Umfassende Beteiligung der Bürger ist unerlässlich. Sie dient der Ermittlung und dem Ausgleich möglicherweise unterschiedlicher Interessen und soll die Akzeptanz der kommunalen Maßnahmen fördern.

9.0 GEMEINDEVERFASSUNG

9.1 Gemeindevertretung (Bürgerschaft)

Vertretungsorgane
Bis auf Kleinstgemeinden (dort Gemeindeversammlung) gibt es in allen Gemeinden der Bundesrepublik Deutschland eine gewählte kollegiale Vertretung. Sie heißt

► Gemeindevertretung/Stadtverordnetenversammlung in Hessen,

► Gemeinderat, Stadtrat in Baden-Württemberg, Bayern Niedersachsen und Nordrhein-Westfalen, , Saarland, Sachsen und Thüringen

► Gemeinderat, Verbandsgemeinderat, Stadtrat in Rheinland-pfalz,

► Gemeindevertretung/Stadtvertretung in Schleswig-Holstein.

Verwaltungsaufgaben des Vertretungsorgans
Der Gemeinderat ist die gewählte Vertretung der Bürger. Er ist in erster Linie wie die Gemeinde insgesamt Teil der Exekutive.

Die **Gemeindevertretung** ist demnach ein Organ der Verwaltung und hat in dieser Funktion alle Verwaltungsaufgaben zu erledigen, die nicht dem Vollzugsorgan vorbehalten bzw. übertragen sind. Das sind in der Regel alle Angelegenheiten, die nicht zu den "Geschäften der laufenden Verwaltung" gehören. Darunter versteht man alle Angelegenheiten, die mehr oder weniger regelmäßig vorkommen und außerdem nach Umfang der Verwaltungskraft und Finanzkraft der jeweiligen Gemeinde eine sachlich verhältnismäßig geringe Bedeutung haben.

Beispiel: Zur laufenden Verwaltung gehören die Bewilligung von Hilfe zum Lebensunterhalt und die Fremdunterbringung eines Kindes, nicht aber die Planung und Einrichtung von kommunalen Einrichtungen wie Kindertagesstätten, Jugendzentren, Altenheimen, Bewilligung von Bau- und Betriebskostenzuschüssen für Einrichtungen freier Träger.

Das kollegiale Vertretungsorgan bildet zur Entlastung **Ausschüsse,** die bestimmte Angelegenheiten vorbereiten oder sogar beschließen können.

Beispiele: Haupt-, Finanz-, Sozial-, Rechnungsprüfungsausschuss

Dem Jugendhilfeausschuss kommt eine Sonderstellung zu, weil seine Zusammensetzung und seine Aufgaben durch § 71 SGB VIII gesetzlich festgelegt ist (Merchel/Reismann, NDV 2004, 422; zur Verwaltungsmodernisierung bei Jugendämtern Bassarak/Mollik, NDV 2005, 234; Pluto, ArchsozArb 2005,20).

Rechtssetzung durch das Vertretungsorgan
Die Gemeindevertretung ist als demokratisch gewähltes Beschlußgremium auch zum Erlass von Rechtsvorschriften in Form von **Satzungen** befugt. Das geltende Kommunalverfassungsrecht stimmt deshalb strukturell in bestimmten Punkten mit dem staatlichen Parlamentsrecht überein.

Beispiele für Gemeindesatzungen: Satzung über die Benutzung der Kindertagesstätten, der Wohnheime, der Sportstätten, der kulturellen Einrichtungen, Hauptsatzung, Satzung für das Jugendamt, Haushaltssatzung, Satzungen über Gewerbesteuer, Hundesteuer, Vergnügungssteuer, Bebauungspläne.

Durch Gesetz kann dem Vertretungsorgan auch die Befugnis zum Erlass von Rechtsverordnungen eingeräumt werden:

Beispiel: Der Rat der Gemeinde kann zur Abwehr von Gefahren für die öffentliche Sicherheit und Ordnung ordnungsbehördliche Verordnungen erlassen (§ 27 OBG NRW → 51.4.3).

9.2 Gemeindeverfassungstypen

Die Organisation der Gemeindeverfassung ist in den Bundesländern unterschiedlich geregelt. In den Gemeindeordnungen ist bestimmt, welche Gemeinden die Bezeichnung "Stadt" tragen dürfen und ob größeren Gemeinden und Städten eine Sonderstellung eingeräumt wird. So haben in allen Ländern größere Städte die Stellung von kreisfreien Städten, d.h. sie gehören keinem Landkreis an und unterliegen nicht der Aufsicht der unteren Verwaltungsbehörde.

Bürgernähe durch Bezirks-, Ortschaftsverfassung und Ortsbeiräte

Durch kommunale Gebietsreformen sind viele früher selbständige Gemeinden miteinander zu neuen Gebietskörperschaften vereint worden, andere Gemeinden sind in alten Gemeinden aufgegangen. Um eine bürgernahe Verwaltung in den neuen Großgebilden zu erreichen, können die Gemeinden innerhalb ihres Gebiets weiter gegliedert werden, z. B. durch eine Aufteilung von Gemeinden/Städten in Bezirke.

Gemeindeverfassungstypen

In den 90er Jahren haben die Länder ihre Kommunalverfassungen reformiert. Wesentlicher Anstoß war die Erkenntnis, die Bürger stärker in die örtliche Demokratie einzubinden. Ein Element direkter örtlicher Demokratie ist die unmittelbare Wahl des Bürgermeisters durch die Gemeindebürgerinnen und -bürger. Die Stellung des Bürgermeisters ist in den einzelnen Gemeindeordnungen unterschiedlich geregelt.

In der Mehrzahl der Gemeindeordnungen ist der Bürgermeister zugleich Leiter der Verwaltung und Leiter des Rates der Gemeindevertretung. Beide Bereiche stehen also unter einer Spitze (Baden-Württemberg, Bayern, Nordrhein-Westfalen, Rheinland-Pfalz, Saarland, Sachsen, Thüringen).

Bei der Rat-Bürgermeister-Verfassung ist der durch Urwahl der Bürger gewählte Bürgermeister Leiter der Verwaltung. Die Gemeindevertretung wird durch den aus ihrer Mitte gewählten Vorsitzenden geleitet (Brandenburg, Mecklenburg-Vorpommern, Niedersachsen mit der Möglichkeit, auch den Bürgermeister zum Ratsvorsitzenden zu wählen; Sachsen-Anhalt, Schleswig-Holstein).

In Hessen wird die Verwaltung durch ein Kollegialorgan (Magistrat) geleitet, dessen Vorsitzender und Mitglied der urgewählte Bürgermeister ist. Dem Bürgermeister stehen daneben einige von Magistrat und Gemeindevertretung unabhängige Kompetenzen zu. Die Gemeindevertretung wird durch den aus ihrer Mitte gewählten Gemeindevorstand geleitet.

Besonderheiten bestehen in Gemeinden mit ehrenamtlichen Bürgermeistern und in den Stadtstaaten (Berlin, Freie Hansestadt Bremen, Freie und Hansestadt Hamburg).

10.0 GEMEINDEVERWALTUNG

Verwaltungs- und Vollzugsorgane und deren Aufgaben
Für die Vorbereitung und Durchführung der Entscheidungen der Gemeindevertretung, für die Erledigung der laufenden Verwaltungsangelegenheiten und für die gesetzliche Vertretung der Gemeinde ist nach den Gemeindeordnungen der meisten Länder der Bürgermeister und in Hessen der Magistrat zuständig.

Leitung der Verwaltung
Der Bürgermeister bzw. Magistrat ist Leiter der Verwaltung, zur Leitung und Beaufsichtigung der Verwaltung und zur Regelung der Geschäftsverteilung verpflichtet.

Dienstvorgesetzter
Außerdem ist er Dienstvorgesetzter aller Beamten, Angestellten und Arbeiter und führt die Ernennungen, Beförderungen und Entlassungen durch, soweit der Rat sich nicht bestimmte Befugnisse vorbehalten hat.

Im übrigen kann die Gemeinde die Organisation der Gemeindeverwaltung weitgehend selbst bestimmen. Ihre Organisationshoheit ist nur durch wenige gesetzliche Vorschriften eingeschränkt beispielsweise durch die Regelung in § 69 Abs. 3 SGB VIII, die jeden örtlichen Träger der Jugendhilfe verpflichtet, ein zweigliedriges Jugendamt zu errichten.

Die fachliche Gliederung der Verwaltung bestimmt die Gemeinde durch den Verwaltungsgliederungsplan. Dieser legt die innerbehördlichen organisatorischen Einheiten fest, die bestimmte Aufgaben zu erfüllen haben.

Die Gemeinden haben zunehmend kommunale Aufgaben auf Eigenbetriebe und Eigengesellschaften zur selbständigen Erledigung übertragen (siehe unten 10.3).

10.1 Bürokratisch/hierarchisches Modell

Seit den 50er Jahren entsprach die Organisation der kommunalen Verwaltungen in ihrer Grundstruktur in den alten Bundesländern meist den Empfehlungen der "Kommunalen Gemeinschaftsstelle für Verwaltungsvereinfachung" (KGSt), jetzt „Kommunale Gemeinschaftsstelle für Verwaltungsmanagement, einer von zahlreichen Kommunen finanzierten Einrichtung mit Sitz in Köln

10.1.1 Fachliche Gliederung

Die KGSt hatte empfohlen, die Vielzahl der Aufgaben der Kommune zu gliedern, Aufgabengruppen zu bilden z. B. Jugend, Soziales, Gesundheit, Sport und diese je nach Größe oder Gewichtung bestimmten Dezernaten, Ämtern oder Abteilungen eines Amtes zuzuordnen.

Außerdem wurden Querschnittsämter vorgeschlagen, die im Rahmen ihrer Zuständigkeit an der Erfüllung der Aufgaben der Fachämter zu beteiligen waren. Querschnittsämter waren z. B. die Kämmerei, das Personalamt, das Rechtsamt und das Bauamt.

Dies konnte dazu führen, dass an einem Projekt zahlreiche Ämter zu beteiligen waren.

Beispiel: Stand der Bau eines städtischen Kindergartens an, waren außer dem Jugendamt z. B. das Liegenschaftsamt für die Grundstücksbeschaffung, das Hochbauamt für die Bauplanung und Bauausführung, das Personalamt für die Auswahl und Einstellung der Erzieherinnen, das Rechtsamt in allen Rechtsfragen und die Kämmerei für alle Finanzierungsfragen zuständig.

Zahlreiche Kommunen sind den Empfehlungen der KGSt weitgehend gefolgt. Deshalb entsprach die Verwaltungsgliederung meist diesen Empfehlungen.

10.1.2 Schwächen des bürokratischen Modells

Kennzeichen und zugleich Schwächen der bürokratisch/hierarchischen Organisations- und Steuerungsform sind ihre unzureichende Effektivität (in Zielerreichung und Wirksamkeit) und ungenügende Effizienz, die sich in mangelnder Ausnutzung der Ressourcen und einem zu hohen Aufwand für die Erreichung der Ziele zeigt.

Kennzeichen	Schwächen
Zentralisierung der Verantwortung Der Rat beschließt den Haushaltsplan mit vielen Detailanweisungen. Die Verwaltungsspitze trägt die Gesamtverantwortung für die Ausführung	Überlastung und Überforderung der politischen Führung durch Detailentscheidungen für alle Verwaltungsbereiche.
Strikt hierarchische Organisation mit vielen Hierarchieebenen	Lange, zeitaufwändige Dienstwege, Doppelbearbeitung, fachfremde Entscheidungen ("organisierte Unverantwortlichkeit").
Führung der Mitarbeiter durch Weisung und Kontrolle	Autoritäre Führung untergräbt das Verantwortungsbewußtsein der Mitarbeiter, führt zur inneren Kündigung und fördert Burn-out-Effekte.
Trennung von Fach- und Ressourcenverantwortung Aufgaben werden durch Fachämter erfüllt. Für die erforderlichen Ressourcen sind fachfremde Querschnittsämter zuständig (Kämmerei, Personalamt, Rechtsamt, Liegenschaftsamt, Bauamt).	Lange, zeitaufwändige Dienstwege und hoher Kooperationsaufwand. Kosten einzelner Leistungen sind nicht transparent. Querschnittsämter können fachlich notwendige Maßnahmen beeinflussen bzw. verhindern.
Inputorientierung Ausgaben werden durch die einschlägigen Gesetze und den Haushaltsplan gesteuert.	Keine Orientierung am Bedarf und den Wünschen der Bürger. Keine Kontrolle der Qualität der Leistungen.

10.2 Neues Steuerungsmodell (NSM)

Praxis: *Bei einem Besuch der niederländischen Stadt Tilburg haben Vertreter der KGSt ca. 45 Jahre nach Inkrafttreten des Grundgesetzes festgestellt, dass Verwaltungen bürgerfreundlich gestaltet werden können.*

10.2.1 Verwaltung als Dienstleistungsunternehmen

Das von der KGSt im Jahre 1993 vorgeschlagene Neue Steuerungsmodell (NSM) sollte die Kommunalverwaltung verwandeln. Wichtigstes Ziel war die Verbesserung der Effizienz der Verwaltung, Bürgerorientierung das zweitwichtigste (KGStInfo 16/2005, S. 9).

Versprochen wurde die Quadratur des Kreises, nämlich Kosteneinsparung bei gleichzeitiger Qualitätsverbesserung (KGSt, Das Neue Steuerungsmodell, 1993; www. kgst.de).

Nach einer anfänglich verbreiteten Euphorie in einigen Kommunen (Janssen, ZfJ 1996, 654, 663) war eine Phase der Ernüchterung und Stagnation eingetreten. Selbst die KGSt hat schon früh erkannt, dass „Etikettenschwindel" betrieben wurde, d. h. Änderungen als „Neues Steuerungsmodell" bezeichnet werden, die nur das Ziel der Leistungskürzung verfolgen (Eichmann, Forum Jugendhilfe, Heft 34/1996, 41).

Eine nach mehr als 10 Jahren auf einer breiten Datenbasis erstellte Zwischenbilanz kommt zu dem Ergebnis, dass der Modernisierungsprozess weitgehend gescheitert ist: Die meisten Kommunen haben nur einige Elemente des Modells übernommen, u. a. weil es wegen der mit der Modernisierung verbundenen Mehrkosten insgesamt kaum nachhaltige Einsparungen bewirkt, Fachbereichsegoismus fördert und von den meisten Mitarbeitern, die den Modernisierungsprozess als Personalabbau und Abbau von Austiegschancen erleben, abgelehnt wird. Soweit Kommunen Elemente übernommen haben, bestehe eine Tendenz zur Re-Hierarchisierung und Re-Zentralisierung (Bogumil, Jörg/ Jann, Werner/ Nullmeier, Frank (Hrsg.): PVS Sonderheft 37/2006, S. 151-184).

10.2.2 Veränderung der Verwaltung durch NSM

Zielsetzung	Chancen und Risiken
Kunden- und Marktorientierung Entwicklung von Wettbewerbsinstrumenten zur Steigerung des Kostenbewusstseins, der Flexibilität und Qualität der Leistungserbringung	Verbesserung der Qualität bei gleichzeitiger Kostensenkung. Beschränkung auf unzureichende fachliche Standards und entsprechend billige Leistungen
Dezentralisierung der Verantwortung Die politische Spitze beschränkt sich auf die Festsetzung des Budgets für die Fachbereiche und die Klärung von Grundsatzfragen.	Stärkung der Eigenverantwortung der Verwaltung, der Fachbereiche und Mitarbeiter. Leichtere Beeinflusung des Fachbereichs durch Interessengruppen (Fachbereichsegoismen).
Abbau von Hierarchien Abbau von Führungsebenen, z. B. der Amtsleiter- oder der Abteilungsleiterebene, dadurch Wegfall von Ämtern und Bildung von Fachbereichen, in denen die Aufgaben mehrerer Ämter zusammengefaßt sind.	Verkürzung der Dienstwege, Stärkung der Verantwortung der Sachbearbeiter, Konzentration der Führungskräfte auf Leitungaufgaben statt Doppelbearbeitung. Wegfall von Aufstiegsmöglichkeiten bei gestiegener Verantwortung. Arbeitsverdichtung, Stress, Mobbing.

Zusammenfassung von Fach- und Ressourcenverantwortung im Fachbereich Die Querschnittsämter fallen weg. Dem Fachbereich werden Haushaltsmittel zur eigenverantwortlichen Erledigung seiner Aufgaben zugewiesen = Budgetierung.	Selbständige Aufgabenerledigung im Fachbereich. Keine Gefährdung der Fachlichkeit durch Querschnittsämter. Gefahr der Nichterfüllung von Rechtsansprüchen der Betroffenen bei Festsetzung eines unzureichenden Budgets.
Outputsteuerung Die zur Erfüllung der Verwaltungsaufgaben erforderlichen Dienstleistungen (= Produkte) werden genau beschrieben. Dem Produkt sind seine Kosten zuzuordnen. Wirtschaftlichkeit und Wirksamkeit werden durch Qualitätsmanagement gesichert.	Kostentransparenz durch Beschreibung der Produkte und Ermittlung der Produktkosten. Fehlen anerkannter Kriterien für die Prüfung der Wirtschaftlichkeit und Wirksamkeit sozialer Arbeit.

Kundenorientierung

Für die soziale Arbeit stellte eine Orientierung an den Wünschen und Bedürfnissen des Menschen einerseits keine Neuerung dar; denn nicht nur nach dem beruflichen Selbstverständnis, sondern aufgrund ausdrücklicher Regelung besteht die gesetzliche Pflicht, Leistungen gemäß der Wahl und den Wünschen der Leistungsberechtigten zu erbringen (§ 33 Satz 2 SGB I; § 5 SGB VIII; § 9 Abs. 2 SGB XII).

Andererseits sind in weiten Bereichen des Sozialleistungsrechts die Leistungen durch Gesetz weitgehend festgelegt, so dass insoweit kein Raum für eine Kundenorientierung bleibt (z. B. Regelsätze in der Sozialhilfe). Wenn es um Maßnahmen geht, die gegen den Willen der Betroffenen durchgeführt werden z. B. Verhängung einer Sperrzeit nach § 144 SGB III, ist eine Berücksichtigung entgegenstehender Wünsche ausgeschlossen.

Das Konzept der Kundenorientierung hat deshalb Fortschritte nur in den Bereichen der Kommunalverwaltung bewirkt, bei denen im Rahmen des geltenden Rechts Verbesserungen für den Bürger möglich waren z. B. durch Einrichtung von Bürgerämtern als Anlaufstelle, Verkürzung der Bearbeitungszeit für Bauanträge usw.

Marktorientierung

Die Marktorientierung sollte durch Übernahme von betriebswirtschaftlichen Methoden aus der Privatwirtschaft erfolgen.

Jedoch ist eine Marktorientierung in den Handlungsfeldern der sozialen Arbeit nur in sehr begrenztem Umfang möglich und zulässig; denn hier stehen sich nicht freie Nachfrager (Kunden) und freie Anbieter gegenüber. So bestimmen z. B. die Träger der öffentlichen Jugendhilfe und nicht die Leistungsberechtigten die Qualitätsstandards der Hilfen zur Erziehung (Zacher, Zur Marktillusion in der Sozialwirtschaft, RsDE58, 1ff).

Herstellung von Kostentransparenz

Das Produkt war/ist ist ein Kernbegriff im Neuen Steuerungsmodell. Gemeint ist damit eine Leistung oder eine Gruppe von Leistungen, die von Stellen innerhalb oder außerhalb der Verwaltung (Leistungsberechtigter, freier Träger) benötigt werden.

> **Beispiele:** *Erteilung einer Baugenehmigung, Bewilligung von Arbeitslosengeld II, Erteilung einer Fahrerlaubnis, Kindergartenplatz, Erziehungsbeistandschaft.*

Produkte sollten genau beschrieben und ihre Produktionskosten ermittelt werden.

Die Übertragung des aus der Auto-Industrie übernommenen betriebswirtschaftlichen **Produkt-Begriffes** auf personenbezogene pädagogische oder psychosoziale Prozesse, bei denen die Zielerreichung und der dafür erforderliche Aufwand nicht nur von

Arbeitseinsatz und –qualität der Mitarbeiter, sondern von vielen anderen Faktoren abhängig ist, insbesondere von der Person, der die Arbeit gilt, ist aus sozialwissenschaftlicher Sicht als **"primitives Wirklichkeitsmodell"** abgelehnt worden (so Strunk NDV 1999, 299, Fn 61; Gitschmann, ArchsozArb 1997, 283).

Transparenz der Wirksamkeit von Produkten
Die Wirkung des Verwaltungshandelns, das auf bestimmte Ziele bezogen ist, soll durch **Qualitätsmanagement** optimiert werden. Die Ziele werden in Zielvereinbarungen festgehalten. Das unmittelbar zu erzielende Ergebnis ist der „**output**" (z. B. Schaffung eines Kindergartenplatzes). Er ist zu unterscheiden von den mittel- oder langfristig eintretenden Wirkungen = „**outcome**" (Nachhaltige Förderung der Entwicklung des Kindes im Kindergarten).

Die Anforderung, „von der Wirtschaft zu lernen", hat z. B. in der Jugendhilfe durch Import von Qualitätsmanagement zu einer umfassenderen und intensivierten Managementorientierung in der sozialen Arbeit geführt. In der sozialen Arbeit geht es aber überwiegend nicht um objektiv quantifizierbare Verwaltungsleistungen, sondern um Prozesse in pädagogischen oder anderen personalen Beziehungen. Deren Wirkungen sollen in dem inneren Persönlichkeitsbereich eintreten, der nicht messbar ist (Merchel, NDV 2002, 126 m. w. N.). Aus diesem Grunde werden die Jugendhilfeträger in § 78a SGB VIII nicht zu der in der Betriebswirtschaft erforderlichen „Qualitätssicherung", sondern zur „Qualitätsentwicklung" verpflichtet (Merchel, ZKJ 2006, 78; ArchsozArb 2/2005, S. 38).

Abbau von Hierarchien und Kontraktmanagement
Durch Einführung von Arbeitsgruppen mit Ergebnis- und Ressourcenverantwortung wird Arbeitnehmern die Gesamtverantwortung für Teilaufaufgaben übertragen. Die Integration der teilautonomen Arbeitsgruppen erfolgt nicht wie in der bürokratischen Kontrollhierarchie durch Dienstaufsicht und Weisung, sondern über vertragliche Zielvereinbarungen, in denen die Zuständigkeiten und die Ressourcen (Budget) sowie die zu erreichenden Ziele und Ergebnisse festgehalten werden.

In der Praxis hat sich schon bald gezeigt, dass bei der Verselbständigung von Organisationseinheiten die Gefahr wächst, dass Fachbereichsegoismen und gegenseitige Blockaden die Aufgabenerfüllung verzögern oder verhindern (Jann in: Handbuch zur Verwaltungsreform, 1998, 70ff.; Bogumil/ Jann/ Nullmeier (Hrsg.): PVS Sonderheft 37/2006, S. 151-184).

Zusammenführung bisher getrennter Arbeitsbereiche
Querschnittsämter wie die Kämmerei, das Rechtsamt, das Personalamt werden aufgelöst und ihre Aufgaben den Fachbereichen übertragen, um Verwaltungswege einzusparen und eine bessere Fachlichkeit zu gewährleisten.

Budgetierung
Arbeitsgruppen wird ein bestimmtes Budget zur selbständigen Verwaltung zugeteilt. Fachverantwortung und Verantwortung für die Kosten werden verbunden.

> **Beispiel:** *Eine für die Fremdunterbringung von Kindern zuständige Arbeitsgruppe hat mit ihrem Budget die Personalkosten der Arbeitsgruppe und die Kosten der Fremdunterbringung zu bestreiten.*

Durch Budgetierung von Haushaltsmitteln können Rechtsansprüche der Bürger nicht eingeschränkt oder ausgeschlossen werden. Deshalb waren und sind Weisungen rechtswidrig, die SA/SP dazu bringen sollen, unter Hinweis auf das unzureichende Budget die Bewilligung von Leistungen abzulehnen, auf die ein Rechtsanspruch besteht.

Dies gilt, wenn ein öffentlicher Träger für ambulante Hilfen zur Erziehung nicht ein produkt-, sondern ein **sozialraumorientiertes Budget** einführen will, das auf einer systematischen Jugendhilfe- und Sozialplanung und einer differenzierten Bedarfsanalyse basiert (KGSt Bericht 12/1998). Die Sozialraumorientierung ist zwar ein geeigneter fachlicher Ansatz (11. Kinder- und Jugendbericht, 85ff.; NDV 2008, 377) Jedoch kann die Umsetzung rechtlich problematisch sein:

► Rechtlich unzulässig sind Sozialraumbudgets, die so bemessen sind, dass die individuellen Rechtsansprüche auf Hilfen zur Erziehung nicht erfüllt werden können (Münder, FK-SGB VIII, Vor § 69 Rn 26ff.; Trube NDV 2005, 25; Marquard, NDV 2005, 117).

► Rechtlich unzulässig sind Vereinbarungen öffentliche Träger mit einem oder mehreren freien Trägern, dass diese beispielsweise 90 % der ambulanten und teilstationären Hilfen in einem Bezirk erbringen sollen, weil dadurch u. a. das Wunsch- und Wahlrecht der Leistungsberechtigten und das Grundrecht auf Berufsausübungsfreiheit der anderen Träger verletzt wird (→ 28.5.3).

Steuerung der Kosten durch Controlling und Benchmarking
Die Steuerung der Kosten erfolgt durch periodische Überprüfung der Wirtschaftlichkeit, der Zielgenauigkeit und der Qualität der Dienstleistung. Controlling ist nicht mit der in bürokratisch/autoritären Organisationen durchgeführten Kontrolle der Mitarbeiter im Rahmen der Dienstaufsicht gleichzusetzen.

Kennzahlen sind ein bedeutendes Instrument des Controlling. Sie sollen die wichtigsten Ergebnisse und Inhalte herausfiltern, um den erreichten Stand deutlich zu machen und daraus Konsequenzen abzuleiten.

Beispiel: Aufgrund der Fallzahlen und der Kosten der Hilfen zur Erziehung lässt sich der künftige Bedarf schätzen.

Kennzahlen ermöglichen Kosten- und Leistungsvergleiche mit anderen Verwaltungen, insbesondere solchen, die kostengünstiger und leistungsfähiger sind. Sie haben das Ziel, die Maßnahmen zu erkennen, die am ehesten geeignet sind, das Niveau der Vergleichsverwaltungen zu erreichen oder zu überbieten (Benchmarking).

Kennzahlen, Standards und Ressourcen enthalten wichtige Informationen. Was aber eine Kommune mit den eingesetzten Finanzmitteln erreicht, kann mit den klassischen Produktinformationen und Kennzahlen häufig nicht abschließend beurteilt werden. Deshalb sind wirkungsorientierte Bewertungsverfahren erforderlich zu entwickeln.

Beispiel: Die kommunale Altenhilfe in einer Stadt bestand darin, dass freien Trägern Pauschalzuschüsse gewährt wurden, für die Verwendungsnachweise zu erbringen waren. Die Verwendungsnachweise wurden geprüft. Ein weitergehendes Controlling gab es nicht.

Im Rahmen des NSM hat die Stadt ein Leitbild der kommunalen Altenhilfe entwickelt und daraus abgeleitet, welche Wirkungen die Zuschüsse haben müssten (Output). Daraus kann ein wirkungsorientiertes Bewertungs- und Finanzierungsverfahren erarbeitet werden (→ KGSt-Info 16/2005, S. 5)

Fachlich und rechtlich unvertretbar ist die Praxis mancher Jugend- und Sozialämter, Kennzahlen anderer Ämter ohne Berücksichtigung der unterschiedlichen Bevölkerungs- und Sozialstruktur für den eigenen Bereich verbindlich zu machen (kritisch Spindler, ZfF 2001, 145.).

Qualitätsmanagement
Qualitätssicherung und Qualitätskontrolle sind wichtige Elemente des NStM. Sie sichern die Wirtschaftlichkeit und Wirksamkeit der Arbeit und sind Elemente jeder qualifizierten Arbeit.

Die Anforderung, „von der Wirtschaft zu lernen", hat z. B. in der Jugendhilfe durch Import von Qualitätsmanagement zu einer umfassenderen und intensivierten Managementorientierung in der sozialen Arbeit geführt. Qualitätsmanagement bereitet keine besonderen Schwierigkeiten, wenn es um objektiv quantifizierbare Verwaltungsleistungen geht (z. B. Ausstellung von 53 Jugendleiterinnen-Cards).

In der sozialen Arbeit geht es aber überwiegend um Prozesse in pädagogischen oder anderen personalen Beziehungen. Deren Wirkungen sollen in dem inneren Persönlichkeitsbereich eintreten, der nicht messbar ist (Merchel, NDV 2002, 126 m. w. N.). Aus diesem Grunde werden die Jugendhilfeträger in § 78a SGB VIII nicht zu der in der Betriebswirtschaft erforderlichen „Qualitätssicherung", sondern zur „Qualitätsentwicklung" verpflichtet (Merchel, ZKJ 2006, 78; ArchsozArb 2/2005, S. 38).

Neues kommunales Finanzmanagement (NKF)
Die im Neuen Steuerungsmodell angestrebte Kostentransparenz, die Steuerung nach dem Ressourceneinsatz und nach den Zielen sowie die Zusammenführung von Aufgabenverantwortung und Ressourcenverantwortung, (dezentrale Ressourcenverantwortung) setzte auch eine Reform des Haushaltsrechts voraus. (Bericht der Enquetekommission des Landtags von Norhein-Westfalen, Zukunft der Städte, 2004, S.273).
Eingeführt wird ein an die Bedürfnisse der öffentlichen Hand angepasstes kaufmännisches Rechnungswesen (Doppik). Es soll mit Übergangsfristen bis 2009/10 in den Kommunen und Ländern das jahrhundertealte kamerale Rechnungswesen ersetzen.
Das NKF setzt sich aus drei Elementen zusammen:

►**Ergebnisplan und Ergebnisrechnung**: Der Ergebnisplan erfasst alle Aufwendungen und Erträge sowie den gesamten Ressourcenverbrauch (Abschreibungen und Rückstellungen Z.B. für Altersversorgung).

►**Finanzplan und Finanzrechnung**: Der Finanzplan stellt den Finanzbedarf und die Refinanzierung z. B. durch Kreditaufnahmen dar.

►**Bilanz:** In der Bilanz werden auf der Aktivseite das Vermögen und auf der Passivseite das Eigenkapital sowie die Schulden ausgewiesen.

Durch das Prinzip der intergenerativen Gerechtigkeit soll erreicht werden, dass der gesamte Ressourcenverbrauch einer Periode regelmäßig durch Erträge derselben Periode gedeckt wird.
(www.verwaltungsdoppik.de; für NRW: Muster und Erläuterungen zum doppischen Rechnungswesen, MBl.NRW. 2005, 354; zu den Einzelheiten Freytag u.a., Neues Kommunales Finanzmanagement Nordrhein-Westfalen 2005).

Verwaltungsgliederung bei Teilumsetzung des NSTM

Es gibt keine Dezernate und keine Ämter mehr.

Ämter werden zu Abteilungen und Fachbereichen zugeordnet.

Die Fachbereiche verwalten ihre Finanzbudgets selbst.

Bürgermeister	Allgemeiner Vertreter Kämmerer	Stadtmanagement
		• Büro Bürgermeister und Rat
		• Rechnungsprüfung
		• Recht

Fachbereich Bürgerangelegenheiten, öffentliche Sicherheit und Ordnung

mit den Abteilungen

- Allgemeine Ordnung und Straßenverkehr
- Bürgeramt, Renten
- Personenstandswesen
- Feuerwehr und Rettungsdienst

Fachbereich Steuerungs- und Servicedienst mit den Abteilungen

- Organisation, Technik, Logistik
- Personal
- Stadtmarketing und Statistik
- Finanzverwaltung
- Kasse
- Steuern und Abgaben

Fachbereich Bildung, Freizeit und Kultur

mit den Abteilungen

- Schulen
- Denkmalschutz
- Volkshochschule
- Kultur, Freizeit, Sport und den Einrichtungen
- Musikschule
- Museum

Fachbereich Familie und Wohnen

mit den Abteilungen

- Soziales
- Kinder- und Jugendförderung,
- Amtsvormundschaften
- Soziale Dienste
- Wohnen und den Einrichtungen
- Abenteuerspielplatz
- Kindertageseinrichtungen

Fachbereich Planen, Bauen und Umwelt

mit den Abteilungen

- Zentrale Bauangelegenheiten
- Planung und Bauordnung
- Liegenschaften und Verkehrsplanung
- Hochbau
- Verkehrsinfrastruktur

10.3 Erfüllung kommunaler Aufgaben durch Beteiligungsunternehmen

Praxis: In der kommunalen gemeinnützigen Immobilien-Aktiengesellschaft ist der Aufsichtsrat ein bunt zusammengewürfelter Haufen aus Stadträten der verschiedenen Parteien und Arbeitnehmervertretern. (Zitiert nach einer Pressemitteilung) Der Stadtrat beschließt die Gründung einer Stiftung mit einem Kapital von 50 Millionen Euro. Die Stiftung soll u. a. Jugendhilfeprojekte fördern. Über die Vergabe entscheidet der Stiftungsrat. Der Jugendhilfeausschuss ist nicht beteiligt.

Gemeinden können ihre Aufgaben nicht nur durch ihre Dezernate und Ämter, sondern auch durch ausgegliederte Organisationseinheiten, privatrechtlich organisierte Beteiligungsunternehmen oder Privatunternehmen erfüllen. Die Fähigkeit, privatrechtlich tätig zu werden, gehört zum Wesensgehalt der kommunalen Selbstverwaltung (Vogelsang u.a., Kommunale Selbstverwaltung, 2005, Rz.391).

Das Neue Steuerungsmodell und der Kostendruck, unter dem die meisten Gemeinden stehen, hat in den letzten Jahren zur Entwicklung neuer Finanzierungsmodelle (z. B. „sale-and-lease-back", dazu Reinhardt, LKV 2005, 333) und einer Flut von Neugründungen von Beteiligungsunternehmen geführt. Davon ist auch die kommunale Jugend-, Sozial- und Gesundheitsverwaltung erfasst worden.

Auch das Recht der EU, das die Wettbewerbsfreiheit auf alle Leistungen ausdehnen will, die gegen Entgelt erbracht werden, drängt zur Entkommunalisierung bisheriger Leistungsbereiche, gerade auch der Daseinsvorsorge. Ungekärt ist, ob und inwieweit soziale Leistungen in diese Entwicklung einbezogen werden müssen (→ 28.5.3).

In manchen Großstädten sind bereits um 50 % der kommunalen Bediensteten in Beteiligungsunternehmen beschäftigt. Auch der Anteil am Gesamtausgabevolumen und am Gesamtinvestitionsvolumen macht nicht selten 50 % aus.

10.3.1 Rechtsformen kommunaler Beteiligungen

Eigenbetriebe

Rechtlich unselbständige Eigenbetriebe sind aus der allgemeinen Verwaltung ausgegliederte Sondervermögen unter eigener Leitung. Sie agieren in dem durch das Landeskommunalrecht gesetzten Rahmen weitgehend selbständig Sie sind Bestandteil der öffentlichen Verwaltung und unterliegen allen öffentlich-rechtlichen Bindungen.

Beispiel: Eine Stadt errichtet den Eigenbetrieb „Alten- und Pflegeheime" und den Eigenbetrieb „Kinder- und Wohngruppen".

Eigengesellschaften, Eigengenossenschaften

Kommunale Eigengesellschaften-/genossenschaften sind rechtlich selbständige Träger in den Rechtsformen des Privatrechts (Genossenschaft, Gesellschaft mit beschränkter Haftung, Aktiengesellschaft, Stiftung), die von der Gemeinde zur Erfüllung öffentlicher Aufgaben errichtet werden (→ 26.3.2).

Beispiel: Eine Gemeinde gründet eine Beschäftigungsförderungs-GmbH.
Städtische Wohnungsbau-Genossenschaften und Aktiengesellschaften vermieten mit öffentlichen Mittel finanzierte Wohnungen.
Aufgaben des öffentlichen Personennahverkehrs und der Versorgung mit Wasser und Energie werden von städtischen Aktiengesellschaften übernommen.

Die Eigengesellschaften können durch Gründung bzw. Beteiligung an weiteren Gesellschaften konzernartige Strukturen erhalten („Konzern Stadt").

10.3.2 Zulässigkeit wirtschaftlicher Betätigung

Der Begriff der wirtschaftlichen Betätigung der Gemeinde umfasst Aktivitäten, die auch von Privaten mit der Absicht der Gewinnerzielung betrieben werden können. Zulässig ist die wirtschaftliche Betätigung der Gemeinden nur im Zusammenhang mit der Wahrnehmung öffentlicher Aufgaben z. B. der Daseinsvorsorge (§ 107 nrwGO).

Beispiele*: Wasser-, Elektrizitätswerke, Wohnungsgesellschaft, Verkehrs-AG.*

Rein gewinnorientierte Unternehmen sind den Gemeinden untersagt. Jedoch haben private Konkurrenten nur eingeschränkte Abwehrmöglichkeiten (BVerwG, NJW 1995, 2938; OVG NRW, NRWVBl. 2003, 462; Schink, NVwZ 2002, 129, 137).

Beispiele: *Das als Eigenbetrieb „Stadtgrün" konstruierte frühere Grünflächen-amt übernimmt Pflegearbeiten bei privaten Hauseigentümern.*

Eine städtische Parkhausgesellchaft vermietet Räume an ein Fitness-Studio.

Das Betreiben bestimmter öffentlicher Einrichtungen, die auch von Privaten betrieben werden, gilt nicht als wirtschaftliche Betätigung gilt z. B. Krankenhäuser, Bestattungseinrichtungen, Senioren- und Behindertenheime, Frauenhäuser, Einrichtungen der Wohnraumversorgung (§ 107 Abs. 2 nrwGO).

Die Grenzen für eine wirtschaftliche Betätigung der Gemeinde sind in den landesrechtlichen Vorschriften unterschiedlich bestimmt (→ Tettinger, 2004, 126f., 131ff.).

10.3.3 Problematik kommunaler Beteiligungsunternehmen

Erosion/Fragmentierung der kommunalen Selbstverwaltung

Die Ausgliederung großer Aufgabenbereiche aus der kommunalen Verwaltung ist durchweg ohne die erforderlichen Sicherungen erfolgt, d. h. ohne präzisen Leistungsauftrag, ohne ausreichende kommunale Steuerung, ohne Beteiligungscontrolling, ohne Kontrolle der Vorstände/Geschäftsführer durch kompetente Mandatsträger. Dies führt zu unzureichenden wirtschaftlichen Ergebnissen und beeinträchtigt die Gestaltungsmöglichkeiten der Kommune (→ www.kgst/gutachten/b0593; Tettinger, 2004, 130).

Beeinträchtigter Rechtsschutzes der Bürger

Aus rechtsstaatlich-demokratischer Sicht ist bedenklich, dass der bisher schon kaum zu durchschauende Dschungel an Zuständigkeiten weiter verdichtet wird und dass die Rechtsschutzmöglichkeiten der Bürger, teilweise ungeklärt sind.

Zwar ist unter Juristen anerkannt, dass die Kommune sich durch die „Flucht ins Privatrecht" nicht von den öffentlich-rechtlichen Bindungen z. B. an die Grundrechte und verfassungsrechtliche Grundsätze lösen kann und deshalb Rechtsansprüche des Einzelnen zu erfüllen hat. Jedoch ist nicht immer klar, wie und in welchen Verfahren der Bürger seine Rechtsansprüche gegenüber kommunalen Beteiligungsgesellschaften privaten Rechts realisieren kann (→ 26.3).

Tarifflucht zum Nachteil der Arbeitnehmer

Kommunale Beteiligungsunternehmen können selbst darüber entscheiden, welche Arbeitsbedingungen sie ihren Arbeitnehmern einräumen.

Treten sie nicht in einen kommunalen Arbeitgeberverband ein oder treten sie aus (Tarifflucht), besteht keine Tarifbindung. In diesem Falle können sie z. B. das tarifliche Lohnniveau des TVöD zum Nachteil der Arbeitnehmer unterschreiten.

Beispiel: *Die „Sozialbetriebe der Stadt K.", die 1200 Mitarbeiter beschäftigen, treten aus dem Kommunalen Arbeitgeberverband aus, „um sich gegen private Konkurrenz zu behaupten".*

11.0 EINNAHMEN UND AUSGABEN DER KOMMUNEN

Praxis: *Die Kommunen in Deutschland hatten im Jahr 2007 Einnahmen in Höhe von 167 Milliarden Euro und Ausgaben in Höhe von 160,9 Milliarden Euro.*

Die Finanzmittel, die zur Finanzierung der Aufgaben erforderlich sind, erhalten die Kommunen u. a. aus Steuern, aus Finanzzuweisungen, Verwaltungs- und Benutzungsgebühren und sonstigen Einnahmen.

Konnexitätsprinzip

Die Länder dürfen den Gemeinden Aufgaben nur dann zur Durchführung übertragen, wenn sie zugleich die Finanzierung dieser Aufgaben übernehmen (Konnexitätsprinzip; vgl. z.B. Art.78 Abs.3 LV NRW, Art.83 Abs.3 LV BW, Art.83 Abs. 3 LV Bay, Art.44 Abs.4 LV Nds., Art.72 Abs. 3 LV MV, Art.85 Abs.2 LV Sachsen, Art.97 Abs.3 LV Bbg.). Es liegt jedoch im Ermessen der Länder, wie sie ihre Finanzierungspflicht erfüllen. In der Praxis kommen die Länder ihrer Kostentragungspflicht nur sehr ungenügend nach und bringen so die Gemeinden in finanzielle Nöte. Insbesondere besteht bei den Ausgaben für Verwaltungspersonal und Sachaufwendungen ein weiter Spielraum, um die Gemeinden mit diesen Kosten zu belasten. Da die staatlichen Zuwendungen oft nur einen kleinen Teil der entsprechenden Verwaltungskosten decken, wird die kommunale „Fremdverwaltung" auch als billigste Form der Staatsverwaltung bezeichnet (Ullrich in Vogelsang u.a., Kommunale Selbstverwaltung, 2005, Rz. 56 f.).

11.1 Einnahmen der Kommunen

11.1.1 Arten der Einnahmen der Kommunen

Steuern	Gebühren Entgelte Beiträge	Zuweisungen von Bund und Land	Einnahmen aus Verkauf, Vermietung	Aufnahme von Krediten

11.1.2 Steuereinnahmen

Der Staat ist verpflichtet, den Gemeinden eine finanzielle Mindestausstattung in dem Umfang zu gewährleisten, dass sie ihre Funktionen erfüllen können (BayVerfGH, NVwZ-RR 1998, 601; NRWVerfGH NVwZ-RR 1999,92, Landesverfassungsgericht Mecklenburg-Vorpommern vom 11.5.2006, Az. LVerfG 1/05, 5/05, 9/05).

Den Gemeinden stehen Grundsteuer und Gewerbesteuer in voller Höhe zu (Art. 106 Abs. 3 GG). Sie haben das Recht, die Hebesätze festzusetzen und können dadurch die Höhe ihrer Einnahmen bestimmen. Da aber die Gewerbesteuer von der Höhe der steuerrechtlich bestimmten Gewinne abhängt, kommt es immer wieder zu erheblichen Einbrüchen, wenn Unternehmen keine Gewinne erzielen oder diese verlagern.

Die Anhebung der Hebesätze der Gewerbesteuer führt zu einer höheren Belastung der Unternehmen und kann deren Konkurrenzsituation verschlechtern, Neuansiedlungen erschweren bzw. zur Verlegung in steuergünstigere Gebiete führen.

Die Erhöhung der Grundsteuer bewirkt eine allgemeine Erhöhung der Mieten.

Die Kommunen haben ferner gemäß Art. 106 Abs. 3 GG das Recht, Verbrauchs- und Aufwandsteuern zu erheben (in NRW: die Vergnügungsteuer einschließlich der Spielautomatensteuer, die Hundesteuer und die Jagdsteuer).

11.1.3 Zuweisungen

Gemeinden erhalten einen Anteil am Gesamtaufkommen der Gemeinschaftssteuern (Einkommensteuer, Körperschaftssteuer, Umsatzsteuer) als allgemeine Zuweisung (Art. 106 Abs. 7). Zweckgebundene Zuweisungen werden für bestimmte Vorhaben gewährt.

11.1.4 Gebühren, Beiträge, Entgelte

Gebühren erheben die Gemeinden für Verwaltungshandlungen (z. B. Beglaubigung, Einbürgerung) und für die Benutzung öffentlicher Einrichtungen (Stadtbibliothek). **Beiträge** sind einmalige Zahlungen z. B. Erschließungsbeiträge für Grundstücke. **Entgelte** sind Gegenleistungen des Bürgers z. B. für die Pflege im Altenheim oder die Kindergartenbetreuung.

11.1.5 Privatrechtliche Einnahmen

Aus dem Verkauf, der Vermietung und der Verpachtung von Grundstücken und Gesellschaftsanteilen erzielen die Gemeinden Einnahmen.
Beispiel: Der Stadtrat beschließt den Verkauf der städtischen Wohnungsgesellschaft, Eigentümerin von mehr als 40.000 Wohnungen, um aus den Verkaufserlös u. a. den Bau eines Museums und eines Fußballstadions zu finanzieren.

11.1.5 Aufnahme von Krediten

Gemeinden dürfen Kredite nur aufnehmen zur Finanzierung von Investitionen, Investitionsförderungsmaßnahmen und zur Umschuldung. Kassenkredite sollen nur kurzfristige Liquiditätsengpässe überbrücken, werden aber dauernd zur Finanzierung für laufender Aufgaben eingesetzt.
Die Kassenkredite erhöhten sich von 1993 bis 2007 von einer Milliarde auf 28 Milliarden Euro.

11.2 Ausgaben der Kommunen

Praxis: Die finanzielle Situation der Kommunen hat sich im Jahr 2007 verbessert Die Einnahmen aller Kommunen überstiegen die Ausgaben um 6,4 Milliarden. Jedoch müssen viele Kommunen nach wie vor bis zu 40 % des haushalts mit Kassenkrediten finanzieren.

11.2.1 Finanznot der Kommunen

Die Kommunen befinden sich seit vielen Jahren in einer schwierigen Finanzlage. Einerseits können sie ihre Einnahmen nicht beliebig erhöhen. Anderseits sind die ihnen durch staatliche Gesetze auferlegten Ausgaben ständig überproportional angestiegen.
Die Sozialausgaben der Kommunen erhöhten sich 2005 um 11 % von 32 auf 35,5 Milliarden Euro.
Das hat zu Leistungseinschränkungen geführt, die insbesondere zu einer für die Stadtentwicklung und für den Arbeitsmarkt schädlichen Rückführung der Investitionen geführt hat. Dramatisch ist, dass die Kommunen trotz des großen Nachholbedarfs hinsichtlich der städtischen Infrastruktur und der hohen Arbeitslosigkeit ihre Investitionen immer weiter einschränken müssen.

Die Investitionen der Kommunen sind im Jahr 2007 in Höhe von 20,45 Milliarden sind um 35 % niedriger als im Jahre 1992 (33 Milliarden).

Viele Kommunen versuchen durch den Verkauf von Vermögen und Abbau von Personal Haushaltsdefizite auszugleichen.

Die Stadt Dresden verkauft 48.000 Wohnungen an den US-Finanzinvestor Fortress. Mit dem Kauferlös von 1,7 Milliarden Euro baut sie ihre Schulden ab und führt zusätzlich ca. 250 Millionen dem Haushalt zu.

Der Bund bzw. die Bundesländer könnten mit vergleichsweise geringen Mitteln zu einer erheblichen Entlastung der Kommunen hinsichtlich der sozialen Leistungen beitragen.

11.2.2 Selbsthilfemaßnahmen der Kommunen

Praxis: Der Rat beschließt, Zuwendungen an freie Träger der Jugendhilfe pauschal um 30 % zu kürzen.

„In unserer Stadt wird das Kinder- und Jugendhilfegesetz nicht mehr angewandt" (Vertrauliche ÄMitteilung eines leitenden Mitarbeiters des Jugendamts an einen der Verfasser dieses Buches).

„Selbsthilfe" der Kommunen in der Jugendhilfe – Leistungseinschränkung und Qualitätsabbau

Im Bereich der Jugendhilfe wurden Kostensenkungen u.a. durch Kürzung von Zuwendungen, durch Budgetierung der Mittel, durch Ausschreibung von Leistungen und Vergabe an den billigsten Anbieter zu erreichen versucht.

In der Hilfeplankonferenz entscheiden nicht die sozialpädagogischen Fachkräfte, sondern der Abteilungsleiter oder Vertreter der wirtschaftlichen Jugendhilfe (Verstoß gegen § 36 Abs. 2 und § 72 Abs. 1 SGB VIII).

Kostengünstige ambulante Maßnahmen werden ausprobiert, obwohl das Kindeswohl stationäre Unterbringung erfordert (Kurz-Adam/Frick/Sumser, ZKJ 2006, 171.)

Auch die aus fachlicher Sicht positiv zu bewertende Sozialraumorientierung kann dazu missbraucht werden, die Budgets für Jugendhilfeleistungen zu deckeln und es dem im Sozialraum tätigen freien Träger/Trägerverbund zu überlassen, die Rechtsansprüche der Leistungsberechtigten „abzuwickeln" (OVG Hamburg, Soz akt 2005, 77; Münder, FK-SGB VIII, Vor § 69 Rn 26ff; Wiesner, SGB VIII, Vor § 78a Rn 23ff.)

„Selbsthilfe" der Kommunen in der Grundsicherung für Arbeitsuchende und der Sozialhilfe

Im Bereich der SGB II - Leistungen und der Sozialhilfe verfolgen Kommunen unterschiedliche Strategien mit dem Ziel, den Leistungsberechtigten den Zugang zu den Leistungen unter Verstoß gegen § 17 Abs. 1 SGB I zu erschweren:

Verbreitet ist die Praxis, sich für unzuständig zu erklären oder einen Antrag zunächst einmal abzulehnen, womit alle Anspruchsberechtigten ausgeschaltet werden, die ihre Rechtsschutzmöglichkeiten nicht kennen bzw. nicht wagen, diese wahrzunehmen. Hinweise auf bestehende Ansprüche werden trotz Beratungspflicht nicht gegeben.

12.0 RECHT DER KREISE/LANDKREISE

Kreise und Landkreise sind Gemeindeverbände mit dem Recht der Selbstverwaltung.

Wahrnehmung eigener Selbstverwaltungsaufgaben
Sie erfüllen in dieser Eigenschaft eigene Kommunalaufgaben, d.h. überörtliche Aufgaben, die über die finanzielle und verwaltungstechnische Leistungskraft der einzelnen Gemeinden hinausgehen.

Wahrnehmung staatlicher Aufgaben
Außerdem nehmen sie als unterste Stufe der staatlichen Verwaltung auch staatliche Verwaltungsaufgaben wahr.

In NRW und Schleswig-Holstein lautet die Bezeichnung Kreis, in den übrigen Bundesländern Landkreis.

12.1 Organe des Kreises

Die Kreise/Landkreise haben drei Organe:

Kreistag
Der Kreistag ist die unmittelbar vom Volk gewählte Vertretungskörperschaft; ihm sind Entscheidungen von grundsätzlicher Bedeutung vorbehalten, wie Erlass, Änderung und Aufhebung von Kreissatzungen, die Feststellung des Haushaltsplanes, Entscheidung über die Übernahme neuer Kreisaufgaben und die Vermögensverwaltung. In der Regel ist dem Kreistag ein abschließender Katalog von Aufgaben zugewiesen.

Den Vorsitz im Kreistag führen in Bayern, Niedersachsen, Nordrhein-Westfalen, Rheinland-Pfalz, Sachsen und Thüringen der vom Volk gewählte stimmberechtigte Landrat, im Saarland der vom Volk gewählte nicht stimmberechtigte Landrat und in Brandenburg. Hessen, Mecklenburg-Vorpommern, Sachsen-Anhalt und Schleswig-Holstein ein aus der Mitte des Kreistages gewähltes (ehrenamtlich tätiges) stimmberechtigtes Mitglied.

Kreisausschuss/Kreisrat
Mit Ausnahme von Baden-Württemberg, Sachsen und Schleswig-Holstein gibt es in allen Ländern einen Kreisausschuss. Der Kreisausschuss bereitet die Beschlüsse des Kreis¬tages vor und ent¬scheidet an seiner Stelle, soweit das Gesetz oder der Kreistag dies be¬stimmen. In Hessen ist der Kreisausschuss die kollegiale Verwaltungsbehörde des Kreises.

Landrat
Das dem Bürgermeister vergleichbare Organ des Kreises ist der Landrat, der zusammen mit dem Kreistag von den Bürgern der den Kreis bildenden kreisangehörigen Gemeinden gewählt wird.

Der Landrat hat die politisch repräsentative Aufgabe, den Kreis zu vertreten und führt den Vorsitz im Kreistag und Kreisausschuss.

Er ist gleichzeitig Leiter der Kreisverwaltung und damit Dienstvorgesetzter aller Mitarbeiter der Kreisverwaltung.

Zusätzlich und getrennt von den Aufgaben der Selbstverwaltung nimmt er die Aufgaben der unteren staatlichen Verwaltungsbehörde in eigener Verantwortung wahr (siehe Abschnitt 12.2.4).

12.2 Aufgaben des Kreises

Die gesetzlichen Aufgaben des Kreises werden durch Landesrecht bestimmt (Kreisordnung und ergänzende Vorschriften).

Wie bei den Gemeinden sind Aufgaben im Rahmen der Selbstverwaltung wahrzunehmen. Zusätzlich haben die Kreisbehörden staatliche Aufgaben zu erledigen.

12.2.1 Selbstverwaltungsaufgaben des Kreises

Die im Rahmen der Selbstverwaltung wahrzunehmenden Aufgaben entsprechen den Aufgaben der Gemeinden (siehe oben 8.0).

Freiwillige Selbstverwaltungsaufgaben
Bei den freiwilligen Aufgaben übernimmt der Kreis Aufgaben, die die Verwaltungs- und Finanzkraft der einzelnen kreisangehörigen Gemeinden übersteigen oder die eine größere Fläche als die einer einzelnen kreisangehörigen Gemeinde voraussetzen.
Beispiel: Volkshochschulen, Museen, Alten- und Kinderheime, Krankenhäuser, Abwässer- und Müllbeseitigung, öffentlicher Personennahverkehr, Energie- und Wasserversorgung, Verbesserung der regionalen Wirtschaftsstruktur.

Pflichtige Selbstverwaltungsaufgaben
Dem Kreis sind durch Bundes- oder Landesrecht zur Wahrnehmung in Selbstverwaltung übertragen:
► Aufgaben des örtlichen Trägers der Sozialhilfe,
► Aufgaben des örtlichen Trägers der Jugendhilfe,
► Bau und Unterhaltung der Kreisstraßen,
► Bau und Unterhaltung der berufsbildenden Schulen und der Sonderschulen,
► Abfallentsorgung.

Landesrecht kann bestimmen, dass der Kreis kreisangehörige Gemeinden zur Durchführung von Sozialhilfeaufgaben heranziehen und ihnen dabei Weisungen erteilen darf (§ 99 Abs. 1 SGB XII).

Landesrecht kann auch zulassen, dass kreisangehörige Gemeinden eigene Jugendämter errichten und dadurch die Zuständigkeit des Kreisjugendamts für ihren Bereich ausschließen (§ 69 Abs. 2 SGB VIII; kritisch zur Praxis in NRW: Papenheim, LPK-SGB VIII, § 3 Rn 5).

Pflichtaufgaben der Selbstverwaltung zur Erfüllung nach Weisung
Als Pflichtaufgaben zur Erfüllung nach Weisung nimmt der Kreis in NRW wahr:
► Aufgaben des Gesundheitsamtes,
► Aufgaben der Kreisordnungsbehörde,
► Träger des Rettungsdienstes und Träger des Katastrophenschutzes,
► Aufgaben im Zivil- und Feuerschutz,
► Aufgaben der Baugenehmigungsbehörde,
► Aufgaben der unteren Landschaftsbehörde,
► Lebensmittelüberwachung.

Auftragsangelegenheiten
Zu den staatlichen Auftragsangelegenheiten, die im Rahmen der Selbstverwaltung wahrzunehmen sind, gehören z. B.:
► Aufgaben der Ausländerbehörde,
► Staatsangehörigkeits- und Personenstandsangelegenheiten,
► Mitwirkung bei der Durchführung der Bundestags- und Landtagswahl.

12.2.2 Staatliche Aufgaben des Landrats

Der Landrat bzw. das Landratsamt wird von den Bundesländern – in unterschiedlicher Weise – auch für die Erledigung rein staatlicher Aufgaben in Anspruch genommen. Das Gebiet des Kreise bildet zugleich den Bezirk der unteren staatlichen Verwaltungsbehörde.

Die Behörden des Kreises (Landrat, Landratsamt) haben also eine Doppelfunktion. Sie erledigen

▶ im Rahmen der Selbstverwaltung die freiwilligen und die übertragenen Aufgaben,

▶ in rechtlicher Trennung von der Selbstverwaltung die rein staatlichen Aufgaben der unteren staatlichen Verwaltungsbehörde (z. B. die Kommunalaufsicht über die kreisangehörigen Gemeinden, die Aufgaben der Kreispolizeibehörde).

Die Doppelfunktion darf nicht zu einer Vermischung der Aufgaben führen. Insbesondere sind die datenschutzrechtlichen Vorschriften zu beachten.

Beispiel: Ist ein Landrat in seiner Eigenschaft als Organ der Selbstverwaltung Dienstvorgesetzter der Mitarbeiter des Kreisjugendamts und gleichzeitig Kreispolizeibehörde, darf er die Mitarbeiter des Jugendamts nicht anweisen, ihm die Namen aller drogengefährdeten Jugendlichen zu nennen, wenn er meint, dadurch könne die Arbeit der Polizei gefördert werden; denn die Datenschutzvorschriften des SGB I, SGB VIII und SGB X lassen eine derartige Übermittlung nicht zu (siehe Abschnitte 32.0 –34.0.

13.0 KOMMUNALE VERBUNDVERWALTUNG

Die komplizierten und für eine einzelne Gemeinde oft nicht erfüllbaren Verwaltungsaufgaben haben zur Entwicklung von verschiedenen Formen der Kooperation geführt, die z. T. gesetzlich geregelt sind und z. T. frei vereinbart werden können.

13.1 Interkommunale Gemeinschaftsarbeit

Nach den Landesgesetzen über kommunale Gemeinschaftsarbeit können Gemeinden, Gemeindeverbände und andere juristische Personen des öffentlichen Rechts zur Wahrnehmung von gemeinsamen Aufgaben

▶ **Arbeitsgemeinschaften** begründen,

▶ **Zweckverbände** bilden oder

▶ **öffentlich-rechtliche Vereinbarungen** schließen.

Eine wichtige Form ist der Zweckverband, eine Körperschaft des öffentlichen Rechts, der entweder unmittelbar durch Gesetz oder durch freiwillige Vereinbarung (Freiverband) oder durch aufsichtsbehördliche Anordnung als sog. Pflichtverband errichtet wird (Tettinger, 2004, Rn 30).

Beispiele: *Schulverbände; Verkehrsverbünde, Landeswohlfahrtsverbände Hessen, Sachsen, Kommunalverband für Jugend und Soziales Baden-Württemberg, Kommunaler Sozialverband Mecklenburg-Vorpommern; Pla¬nungsverbände nach § 205 BBauG als Frei- oder Pflichtverbände; Stadt-Umland Verbände, z.B. Umlandverband Frankfurt; Region Hannover, hervorgegangen aus dem Landkreis und Stadt Hannover.*

Neben diesen Formen des öffentlichen Rechts können Gemeinden auch von den Gestaltungsmöglichkeiten des Privatrechts Gebrauch machen und z. B. die gemeinsame Trägerschaft für ein Krankenhaus in einer Krankenhaus-GmbH übernehmen.

13.2 Verwaltungsgemeinschaften

Die Verwaltungsgemeinschaft stellt die stärkste Form der kommunalen Zusammenarbeit dar. In ihr sind mehrere, vorwiegend kleinere, kreisangehörige Gemeinden zusammenge¬faßt, um gemeinsam eine höhere Leistungs- und Verwaltungskraft zu erreichen. Die Selbständigkeit der einzelnen Gemeinde bleibt erhalten.

Ihre Bezeichnung ist in den Ländern unterschiedlich:

▶ „Verwaltungsgemeinschaft" in Baden-Württemberg, Bayern, Thüringen, Sachsen-Anhalt,

▶ „Amt" in Brandenburg, Mecklenburg-Vorpommern, Schleswig-Holstein,

▶ „Samtgemeinde" in Niedersachsen,

▶ „Verbandsgemeinde" in Rhein¬land-Pfalz,

▶ „Verwaltungsverband" in Sachsen.

14.0 HÖHERE KOMMUNALVERBÄNDE

Trotz der erheblichen Verwaltungskraft der Kreise und der kreisfreien Städte gibt es Verwaltungsaufgaben, die von ihnen je für sich nicht befriedigend bewältigt werden können. In den meisten Ländern werden solche öffentlichen Angelegenheiten vom Land selbst verwaltet. Aber es gibt auch andere, kommunalfreundlichere Möglichkeiten:

Bezirke in Bayern
In Bayern sind für die Erledigung dieser Aufgaben die sieben Bezirksverbände zuständig, die die historischen Landesteile erfassen und mit den (Bezirks-) Regierungen verbunden sind (→14.2).

Landschaftsverbände in Nordrhein-Westfalen
In Nordrhein-Westfalen sind es die Landschaftsverbände Westfalen-Lippe und Rheinland (→14.3).

Kommunal- und Regionalverbände in Baden-Württemberg
In Baden-Württemberg bestehen der Kommunalverband für Jugend und Soziales Baden-Württemberg und 11 Regionalverbände, die vor allem für die Regionalplanung zuständig sind.

Bezirksverband Pfalz.
Der Bezirksverband Pfalz erfüllt Aufgaben u. a. in den Bereichen Bildung, Kultur.

14.1 Organisation

Organisation und Aufgaben der höheren Gemeindeverbände unterscheiden sich erheblich voneinander.

In *Bayern und Rheinland-Pfalz* sind sie unmittelbare Gebietskörperschaften und Gemeindeverbände, da ihre Mitglieder in der Verbandsvertretung (Bezirkstag) unmittelbar vom Volk gewählt werden.

In *Nordrhein-Westfalen* wird die Verbandsvertretung durch die Repräsentativorgane der dem Verband angehörenden Gebietskörperschaften gebildet und heißt Landschaftsversammlung. Sie hat die Entscheidung über alle wichtigen, in den Kompetenzbereich des Verbandes fallenden Angelegenheiten zu treffen und wählt einen monokratischen Verbandsvorsteher, der hauptberuflich als Wahlbeamter für acht Jahre ernannt wird und den Titel Direktor des Landschaftsverbandes führt.

14.2 Aufgaben der Bezirke in Bayern

Die sieben Bezirke in Bayern sind zuständig für folgende Aufgaben:

► Förderung der Kultur,

► Wahrnehmung der Aufgaben des überörtlichen Trägers der Sozialhilfe.

► Förderung der Bezirksjugendringe,

► Errichtung und Unterhaltung von Sonderschulen,

► Errichtung und Unterhaltung von Einrichtungen für Psychiatrie und Neurologie,

► Errichtung und Unterhaltung von Einrichtungen für Suchtkranke,

► Errichtung und Unterhaltung von Einrichtungen zur Eingliederung Behinderter für Suchtkranke.

14.3 Aufgaben der Landschaftsverbände in NW

Die Landschaftsverbände in NRW sind u.a. für folgende Angelegenheiten zuständig (§ 5 Landschaftsverbandsordnung, www.lvr.de bzw. lvr-wl):

Landesjugendamt
Der Landschaftsverband nimmt die Aufgaben des Landesjugendamtes nach dem SGB VIII wahr (§ 8 AG-SGB VIII NRW; §§ 69 ff. SGB VIII). In dieser Eigenschaft führt er die Heimaufsicht als Pflichtaufgabe zur Erfüllung nach Weisung durch (§ 15 AG-SGB VIII NRW).

Ein Weisungsrecht gegenüber den Jugendämtern steht ihm grundsätzlich nicht zu. Er kann lediglich durch Empfehlungen auf eine Vereinheitlichung und Verbesserung der Arbeit der Jugendämter hinwirken.

Das Landesjugendamt besteht aus dem Landesjugendhilfeausschuß und der Verwaltung des Landesjugendamtes. Der Landesjugendhilfeausschuß beschließt im Rahmen der von der Landschaftsversammlung für das Landesjugendamt erlassenen Satzung, der von ihr bereitgestellten Mittel und der von ihr gefassten Beschlüsse über die Angelegenheiten der Jugendhilfe.

Beispiele: Bewilligung von Zuschüssen für den Bau von Einrichtungen der Jugendpflege, von Kindergärten, Erziehungs-, Jugend- und Eheberatungsstellen, von Wohngemeinschaften für schwer erziehbare Jugendliche; Festsetzung eines Pflegesatzes für die Aufnahme eines Heimkindes in eine Pflegefamilie.

Überörtlicher Träger der Sozialhilfe
Die Landschaftsverbände sind überörtliche Träger der Sozialhilfe und in dieser Eigenschaft nach § 97 Abs. 2 und 3 SGB XII zuständig. Darüber hinaus sind sie verpflichtet, zur Weiterentwicklung von Maßnahmen der Sozialhilfe durch Schaffung oder Förderung der erforderlichen Einrichtungen beizutragen (§ 97 Abs. 5 SGB XII).

Beispiel: Bewilligung der Kosten eines PKW für eine behinderte Studentin; Förderung einer Modelleinrichtung für Suchtkranke.

Landesbetreuungsamt
Die Landschaftsverbände entscheiden als Landesbetreuungsämter über die Anerkennung von rechtsfähigen Vereinen als Betreuungsverein (§ 1 Abs.2 nwLandesbetreuungsgesetz).

Integrationsamt
Die Landschaftsverbände sind überörtliche Träger der Kriegsopferfürsorge und nehmen die Aufgaben des Integrationsamts nach § 102 SGB IX wahr. Sie befassen sich mit der Erhebung und Verwendung der Ausgleichsabgabe, dem Kündigungsschutz und der begleitenden Hilfe im Arbeitsleben,

Das Integrationsamt des Landschaftsverbandes Rheinland zahlte in 2007 an Arbeitgeber 24,2 Mio. für Maßnahmen zur Förderung der Beschäftigung schwerbehinderter Menschen.

447 schwerbehinderte Menschen erhielten mit Unterstützung des Integrationsamtes einen neuen Arbeitsplatz.

Für Minderleistung und personelle Unterstützung wurden 7,5 Mio. Euro an Arbeitgeber bewilligt.

Finanzielle Unterstützung für eine Arbeitsassistenz haben 134 Personen in Anspruch genommen.

In 43 Integrationsunternehmen werden 560 schwerbehinderte Menschen beschäftigt.

15.0 STADTSTAATEN

In den Stadtstaaten Berlin, Freie und Hansestadt Hamburg und Freie Hansestadt Bremen gibt es keine Trennung zwischen staatlichen und gemeindlichen Aufgaben mit Ausnahme der Kommunalverwaltung der bremischen Stadt Bremerhaven.

Die Verwaltungsorganisation der Stadtstaaten ist in ihren Grundzügen durch deren Verfassungen geregelt.

15.1 Berlin

In Berlin bildet der vom Abgeordnetenhaus gewählte Senat die Regierung mit dem Regierenden Bürgermeister an der Spitze.

Die Berliner Verwaltung ist auf nicht rechtsfähige Bezirke dezentralisiert und dekonzentriert mit eigenen Organen (Bezirksverordnetenversammlung, Deputationen und Bezirksämter) und dem Selbstverwaltungsrecht für bezirkseigene Angelegenheiten.

15.2 Hamburg

In der Freien und Hansestadt Hamburg ist die Landesregierung der von der Bürgerschaft gewählte Senat. Die Verwaltungsaufgaben werden durch Senatskommissionen und Senatsämter wahrgenommen. Den Ministerien in den Flächenstaaten entsprechen die Fachbehörden, bei denen kollegiale Deputationen aus je 15 ehrenamtlichen, von der Bürgerschaft gewählten Bürgern unter Vorsitz des Senators bestehen.

Das Staatsgebiet ist in Bezirke gegliedert; die Verwaltung obliegt den Bezirksämtern mit drei Dezernaten – Bürgerservice, Soziales und Wirtschaftsförderung. Die bisherigen Orts¬ämter werden durch das neue Bezirksverwaltungsgesetz (August 2006) aufgelöst. Die Bezirksversammlungen erhalten mehr Entscheidungsmöglichkeiten und werden größer (Bezirk Wandsbeck 57 Mitglieder, die übrigen im Durchschnitt 50).

15.3 Bremen

In der Freien Hansestadt Bremen sind die Stadtgemeinden, Bremen und Bremerhaven zu unterscheiden. Die Landesregierung des bremischen Staates, die auch den größten Anteil an der Verwaltung der Stadtgemeinde Bremen hat, ist der von der Bürgerschaft gewählte Senat.

Für die einzelnen Kompetenzbereiche können Deputationen aus Vertretern des Senats und der Abgeordneten aus der Bürgerschaft gebildet werden.

Organe der Stadtgemeinde sind die aus den stadtbremischen Abgeordneten der bremischen Bürgerschaft bestehende "Stadtbürgerschaft" und der bremische Senat.

Die Verwaltung der Stadtgemeinde Bremen ist teilweise auf Ortsämter dekonzentriert. Die Stadtgemeinde Bremerhaven hat eine eigene Gemeindeverfassung.

DRITTER ABSCHNITT
BINDUNG DER VERWALTUNG AN RECHT UND GESETZ

16.0 RECHTSGRUNDLAGEN DES VERWALTUNGSHANDELNS

Praxis: Die Sozialarbeiterin im Allgemeinen Sozialdienst und die Sozialarbeiterin in der Sozialberatungsstelle eines freien Trägers, sind verpflichtet, eine schwangere, plötzlich arbeitslos gewordene Frau auf deren Wunsch über alle Rechtsschutzmöglichkeiten und die Ansprüche zu informieren, die ihr und ihrem Kind vor und nach der Geburt zustehen können.

Dazu gehören u. a. Klage gegen die Kündigung, Ansprüche auf Arbeitsentgelt, Unterhalt, Unterhaltsvorschuss, Arbeitslosengeld I, Kindergeld, Kinderzuschlag, Mehrbedarf nach § 21 SGB II, Elterngeld, Erstausstattung mit Bekleidung sowie Erstausstattung der Wohnung nach § 23 Abs. 3 SGB II, Wohngeld. Besitzt die Frau nicht die deutsche Staatsangehörigkeit und ist sie HIV-infiziert, sind in die Beratung auch die ausländerrechtliche und die gesundheitliche Problematik einzubeziehen.

16.1 Rechtspflicht zur Kenntnis der einschlägigen Rechtsquellen

Bindung der öffentlichen Verwaltung an Gesetz und Recht

Die öffentliche Verwaltung ist an Recht und Gesetz gebunden (Artikel 20 Absatz 3 GG). Das Recht bildet deshalb die Grundlage für das Verwaltungshandeln und setzt der Verwaltung auch Grenzen (zum Grundsatz der Gesetzmäßigkeit der Verwaltung siehe 22.6)

Rechtspflicht der SA/SP zur Beachtung der einschlägigen Rechtsvorschriften

SA/SP im öffentlichen Dienst und im Dienst freier Träger sind arbeitsrechtlich verpflichtet, die für ihren Bereich geltenden Rechts- und Verwaltungsvorschriften zu beachten (§ 38 BRRG; § 4 AVR-Caritas; § 2 AVR-Diakonie).

Wer als SA/SP rechtliche Hilfsmöglichkeiten ungenutzt lässt, weil er sie nicht kennt oder nicht durchsetzen kann oder will, wird seiner beruflichen Verantwortung nicht gerecht. Ihm ist vorzuwerfen, dass er notwendige Hilfe den betroffenen Menschen nicht verschafft und dadurch deren Probleme ungelöst lässt oder sogar verstärkt.

Je nach der Art der übernommenen Aufgabe können sehr unterschiedliche Rechtskenntnisse und Fertigkeiten erforderlich sein.

Beispiele: Für die Leiterin einer städtischen Kita sind bedeutsam u. a. Jugendhilferecht, Gesetz über Tageseinrichtungen für Kinder, Verwaltungsvorschriften über die Heimaufsicht, Infektionsschutzgesetz, Dienstanweisung für Kitas.

Der SA/SP im Allgemeinen Sozialdienst benötigt u.a. Kenntnisse des Sozialhilfe- und Jugendrechts, des Rechts der Arbeitsförderung und der Grundsicherung, Grundkenntnisse des sonstigen Sozialleistungsrechts (Krankenversicherungs- und Behindertenrecht) und des Eingriffsrechts (z. B. des Ausländerrechts, des Rechts der Unterbringung psychisch Kranker).

Entsteht einem Ratsuchenden ein Schaden, weil der SA/SP ihn nicht richtig oder unvollständig informiert hat, ist der öffentliche Arbeitgeber nach § 839 BGB/Art. 34 GG und der private Arbeitgeber nach § 276/278 BGB zum Ersatz verpflichtet.

Rechtspflicht des Arbeitgebers zur Information und Fortbildung der SA/SP

Der Pflicht der SA/SP entspricht die Pflicht des Arbeitgebers, den SA/SP die notwendigen Gesetzestexte zur Verfügung zu stellen, über Änderungen und Fortentwicklungen des Rechts durch neue Vorschriften und Gerichtsentscheidungen fortlaufend zu informieren z. B. durch Fachzeitschriften, Ergänzungslieferungen zu Loseblattwerken, PC mit entsprechender Software oder Abrufmöglichkeit (OLG Koblenz, 17. 7. 2002, NVwZ-RR 2003, 168 und KG, 28. 5. 2002, NVwZ 2002, 624).

Der Arbeitgeber verletzt seine Informationspflicht, wenn er es unterlässt, die Arbeitnehmer umfassend in neue, für den Arbeitsbereich bedeutsame Gesetze und andere Rechtsvorschriften einzuführen.

16.2 Rangordnung der Rechtsvorschriften

Für die Beantwortung jeder Rechtsfrage sind sämtliche einschlägigen Rechtsvorschriften zu beachten, wobei mit der rangniedrigsten und meist konkretesten zu beginnen ist.

Nur wenn diese kein oder nicht das gewünschte Ergebnis bringt, sind die ranghöheren Vorschriften zu prüfen; denn das ranghöhere Recht geht dem rangniedrigeren vor.

Der Vorrang des ranghöheren Rechts verpflichtet dazu, die rangniedere Norm möglichst so auszulegen ist, dass sie nicht gegen die höhere verstößt.

Ist eine derartige Auslegung nicht möglich, ist die rangniedere Norm regelmäßig nichtig. Lediglich die Feststellung der Verfassungswidrigkeit eines Gesetzes ist dem für Verfassungsstreitigkeiten zuständigen Gerichten vorbehalten (Art. 100 GG)

Im Verhältnis von Bundesrecht zu Landesrecht gilt der Grundsatz "Bundesrecht bricht Landesrecht" (Art. 31 GG). Jedoch ist hierbei vorausgesetzt, dass es sich um Bundesrecht handelt, für das der Bund die Gesetzgebungskompetenz hat (siehe 5.2.1).

Allgemeine Rangordnung	**Beispiel: Sozialhilferecht**
Recht der Europäischen Gemeinschaften	Art. 23 GG, Art. 136, 137 EG-Vertrag
Grundgesetz	Artikel 1 Grundgesetz
Bundesgesetz	SGB XII
Bundesrechtsverordnung und sonstiges Bundesrecht	Regelsatzverordnung *(Inhalt, Aufbau und Fortschreibung)*
Landesverfassung	*z. B. Artikel 7 der Verfassung des Freistaates Sachsen*
Landesgesetz	Ausführungsgesetz zum SGB XII
Landesrechtsverordnung	Verordnung über die Höhe der Regelsätze
Autonomes Recht	Kommunale Satzung über Einrichtungen der Sozialhilfe

Rang und Bedeutung der verschiedenen Arten der Rechtsvorschriften werden in den folgenden Abschnitten dargestellt.

16.3 Recht der Europäischen Union (EU)

Übertragung von Hoheitsrechten auf die europäische Union

Die Bundesrepublik wirkt „zur Verwirklichung eines vereinten Europas bei der Entwicklung der europäischen Union mit". Der Bund kann Hoheitsrechte auf die EU übertragen (Art. 23 GG). Soweit der EU Zuständigkeiten eingeräumt werden, hat das EU-Recht Vorrang vor dem Recht der Bundesrepublik.

Rechtliche Grundlage der Union der Völker Europas

Die Europäische Union beruht auf dem „Vertrag über die Europäische Union" (EU-V). Rechtsgrundlage für das Handeln der Unionsorgane ist nach Art. 5 der „Vertrag zur Gründung der Europäischen Gemeinschaft" (EG-V), der Maastricht-Vertrag vom 7. 2. 1992, der durch den Amsterdamer Vertrag (1997) und durch den Vertrag von Nizza (2000, in Kraft seit 2003) geändert wurde (www.europa.eu)

Es ist z. Z. nicht absehbar, ob und ggfs. wann der Vertrag von Lissabon (2007), der eine durchgreifende Reform der EU-Institutionen vorsieht, in Kraft treten wird (www.europa.eu/lisbon).

Die Union achtet die Grundrechte, wie sie in der europäischen Konvention zum Schutz der Menschenrechte und Grundrechte gewährleistet sind, und wie sie sich aus den gemeinsamen Verfassungsüberlieferungen der Mitgliedsstaaten als allgemeine Grundsätze des Gemeinschaftsrechts ergeben (Art. 6 EU-V).

Aufgabe der Gemeinschaft

„Aufgabe der Gemeinschaft ist es, durch die Errichtung eines Gemeinsamen Marktes und einer Wirtschafts- und Währungsunion … in der ganzen Gemeinschaft eine harmonische, ausgewogene und nachhaltige Entwicklung des Wirtschaftslebens, ein hohes Beschäftigungsniveau und ein hohes Maß an sozialem Schutz, die Gleichstellung von Männern und Frauen, ein beständiges, nichtinflationäres Wachstum, einen hohen Grad von Wettbewerbsfähigkeit und Konvergenz der Wirtschaftsleistungen, ein hohes Maß an Umweltschutz und Verbesserung der Umweltqualität, die Hebung der Lebenshaltung und der Lebensqualität, den wirtschaftlichen und sozialen Zusammenhalt und die Solidarität zwischen den Mitgliedsstaaten zu fördern". (Art. 2 EGV)

Zuständigkeiten, Subsidiaritätsprinzip

Der EG-Vertrag belässt die Kernbereiche der Sozial- und Gesundheitspolitik in der Kompetenz der Mitgliedstaaten.

Die EG ist aber zuständig in zahlreichen Fragen der Beschäftigungspolitik (Art. 125ff. EGV), der Verbesserung der Lebens- und Arbeitsbedingungen (Art. 136ff EG-V), der beruflichen Bildung (Art. 149f. EG-V), des Gesundheitswesens (Art. 152 EG-V) und des Verbraucherschutzes (Art. 153 EG-V).

Soweit sie nicht ausschließlich zuständig ist, darf sie nur tätig werden, wenn die Ziele der Maßnahmen auf Ebene der Mitgliedsstaaten nicht ausreichend erreicht werden können (Art. 5 EG-V Subsidiaritätsprinzip).

Ziele der Sozialpolitik

Ziele und Leitlinien der Sozialpolitik sind in der 2000 vom Europäischen Rat beschlossenen und 2005 modifizierten Europäische Sozialagenda festgelegt.

Die Kommission hat am 2.7.2008 in dem Entwurf einer neuen Sozialagenda u.a. vorgeschlagen, das Verbot der Diskriminierung aufgrund Religion, Weltanschauung, Behinderung, Alter oder sexueller Ausrichtung auszudehnen, um Bürger auch außerhalb von Beschäftigung und Beruf vor Diskriminierungen zu schützen. Außerdem soll der Zugang von Patienten zur Gesundheitsversorgung in anderen europäischen Ländern erleichtert werden (www.ec.europa.eu/beschäftigung)

Offene Methode der Koordinierung (OMK)

Harmonisierung und Modernisierung der Sozialen Sicherungssysteme sollen – soweit die EG nicht zuständig ist - durch die Offene Methode der Koordinierung erreicht werden. Konkret besteht die OMK aus folgenden Einzelschritten: Vorgabe allgemeiner gemeinsamer Ziele; Ausarbeitung von Aktionsplänen und nationalen Berichten, in denen die Mitgliedstaaten darlegen, mit welchen politischen Maßnahmen sie die gemeinsamen Ziel realisieren wollen; Bewertung dieser Pläne und Strategien in gemeinsamen Berichten von Kommission und Rat.

16.3.1 Organe und Institutionen der Europäischen Union

Der **Europäische Rat** ist das oberste Entscheidungsgremium der Union. Er gibt der Union die für ihre Entwicklung erforderlichen Impulse und legt die allgemeinen politischen Zielvorstellungen für diese Entwicklung fest (Art. 4 EU-V). Er besteht aus den Staats-und Regierungschefs der Mitgliedsländer und dem Präsidenten der Kommission.

Organe der EU sind (Art. 5 EU-V):

▶ **Der Rat der Europäischen Union (Ministerrat)** besitzt Entscheidungs- und Rechtsetzungsbefugnis. Er besteht aus je einem Vertreter jedes Mitgliedstaats auf Ministerebene, in der Regel aus dem jeweils zuständigen Ministern.

▶ Die **Europäische Kommission** ist vorschlagendes und ausführendes Organ und somit die „Regierung" der EU.

Sie hat u.a. folgende Aufgaben: Fortentwicklung des Gemeinschaftsrechts insbesonere durch die Einreichung von Vorschlägen, die Überwachung der Einhaltung des Geeinschaftsrechts durch die Mitgliedsstaaten, Ausspruch von Disziplinaraßahmen bei Verstößen eines Mitgliedslandes gegen das Gemeinschaftsrecht bzw. Durchetzung des Rechts vor dem Europäischen Gerichtshof, die Pflege der Außeneziehunen, Verwaltung der europäischen Fonds die Ausführung des Haushaltsplans.

▶Das **Europäische Parlament** (EP) hat bisher eine relativ schwache Stellung. Zwar hat es in den meisten Fällen der Gesetzgebung ein unmittelbares Mitwirkungsrecht, in wichtigen Politikfeldern ein Mitentscheidungsrecht, z. B. in den Bereichen Binnenmarkt, Kultur, Bildung, Gesundheit, Forschung und Umwelt. Es hat jedoch kein Initiativrecht, kann also keine eigenen Gesetzesentwürfe vorlegen.

Eine neue Kommission und ihr Präsident können von den Regierungen der EU-Staaten nur mit Zustimmung des EP ernannt werden.

Das EP stellt den EU-Haushaltsplan fest und überwacht die zweckmässige Verwendung der Mittel.

▶Der **Europäische Gerichtshof** (EuGH) entscheidet über Nichtigkeitsklagen gegen Rechtsakte von Gemeinschaftsorganen, über Vertragsverletzungsverfahren gegen einen Mitgliedstaat und über die Vorlagen von Gerichten der Mitgliedstaaten, wenn in einem Rechtsstreit die Entscheidung von der Auslegung oder Gültigkeit von Gemeinschaftsrechtsakten abhängt (www.curia.europa.eu).

Beispiel: Auf Vorlage eines deutschen Gerichts stellte der EuGH fest, dass es gegen das Verbot der Diskriminierung verstösst, wenn ein Arbeitgeber eine Bewerberin auf eine unbefristete Stelle nicht einstellt, weil sie schwanger ist (EuGH, 3.2.2000, NZA 2000, 255).

Jede **natürliche oder juristische Person** kann Klage gegen eine Verordnung oder Entscheidung erheben, wenn sie individuell und unmittelbar betroffen ist (Artikel 230 Abs. 4 EG-V)).

Beispiel: Erfolgreich war die Klage einer Arbeitnehmerin, die vom Arbeitgeber wegen ihres behinderten Kindes aus dem Arbeitsverhältnis gedrängt worden war (EuGH, 17.7.2008 – C 303/06).

16.3.2 Rechtsvorschriften und Rechtsakte der Europäischen Gemeinschaften

Die Regelungen im EU-V und im EG-V sind unmittelbar geltendes Recht. Die Rechtsakte der Gemeinschaften haben unterschiedliche Rechtwirkungen (Art. 249 EG-V):

▶ **Verordnungen** enthalten allgemein und unmittelbar geltendes Recht, d.h. sie begründen Rechte und Pflichten für die von ihrem Geltungsbereich erfassten Personen. *Beispiel: Verordnung (EWG) Nr. 1612/68 über die Freizügigkeit der Arbeitnehmer innerhalb der Gemeinschaft.*

• **Richtlinien** enthalten Rahmenregelungen zur Erreichung bestimmter Ziele. Die Mitgliedstaaten müssen sie innerhalb einer bestimmten Frist in nationales Recht umsetzen (zur Vergaberichtlinie → 20.5.4).

Beispiel: Vier Antidiskriminierungs-Richtlinien sind vom Allgemeinen Gleichbehandlungsgesetz (AGG) in deutsches Recht umgesetzt worden.

Schon vor Ablauf der Umsetzungsfrist müssen staatliche Regelungen und Gerichte die **allgemeinen Grundsätze und die Grundrechte**, insbesondere den allgemeinen Grundsatz der Gleichheit und Nichtdiskriminierung beachten (EuGH, 17.1.2008, NJW 2008, 1057).

Setzt ein Mitgliedsstaat eine Richtlinie nicht innerhalb der festgelegten Frist in eigenes Recht um, so müssen alle **staatlichen Stellen** die Richtlinie wie unmittelbar geltendes Recht beachten. Verstößt die nationalstaatliche Umsetzung gegen eine **unmissverständliche Richtlinie**, sind staatliche Stellen nicht an das staatliche Recht, sondern an die Richtlinie gebunden (EuGH, NJW 2006, 2465). Auch der einzelne Bürger, der Opfer der Nichtumsetzung einer Richtlinie geworden ist, kann gegen den säumigen Staat Haftungsklage wegen Verstoßes gegen Art. 189 Abs. III EGV erheben (EuGH, NJW 2003, 3539; dazu Callies, NJW 2005, 929).

▶ **Empfehlungen und Stellungnahmen** haben keine bindende Rechtswirkung (Softlaw). Sie beziehen sich meist auf Bereiche, in denen die EU nur über eingeschränkte Kompetenzen verfügt wie z. B. in der Gesundheits- und Sozialpolitik, und verfolgen u. a. das Ziel einer Angleichung des angemessenen sozialen Schutzes und der Bekämpfung der Ausgrenzung (Art. 136 EGV).

Beispiel: Im Februar 2005 wurde die "Sozialpolitische Agenda 2005-2010" verabschiedet. Sie bildet das aktuelle Arbeitsprogramm der EU im Bereich der Sozialpolitik und modernisiert die Strategie für Wachstum und Schaffung von Arbeitsplätzen.

▶ **Entscheidungen der Organe der Gemeinschaften** mit unmittelbarer Rechtswirkung für die Beteiligten können z. B. auf dem Gebiete des Wettbewerbsrechts ergehen.

16.3.3 Auswirkung einiger EG-Vorschriften auf das deutsche Recht

Die Auswirkungen der Rechtsvorschriften der Europäischen Union auf das deutsche Sozial- und Arbeitsrecht und die Soziale Arbeit haben ständig wachsende Bedeutung erlangt. Die Rechtsprechung des Europäischen Gerichtshofs hat dazu wesentlich beigetragen.

Grundsatz des gleichen Entgelts für Männer und Frauen (Art. 141 EG-V)

Die jahrzehntelange, nach dem Verständnis deutscher Gewerkschaften, Arbeitgeber und Arbeitsrichter sachlich gerechtfertigte Benachteiligung = Diskriminierung von teilzeit- und geringfügig beschäftigten Frauen hat der EuGH für europarechtswidrig erklärt (EuGH, NJW 2000, 647).

Freizügigkeit der Arbeitnehmer (Art. 39ff. EG-V)

Das Recht der Arbeitnehmer auf Freizügigkeit verbietet jede auf der Staatsangehörigkeit beruhende unterschiedliche Behandlung der Arbeitnehmer in der Gemeinschaft in bezug auf Beschäftigung, Entlohnung und sonstige Arbeitsbedingungen umfasst (Art. 7 der VO 1612/68 über die Freizügigkeit der Arbeitnehmer) und gebietet die Beseitigung von Nachteilen, im Bereich der Sozialen Sicherheit, im Sozialversicherungs-, Arbeitsförderungs- und Kindergeldrechts. So sind beispielsweise Zeiten für den Erwerb und die Aufrechterhaltung von Geldleistungsansprüchen zusammenzurechnen, wenn ein Arbeitnehmer von einem Mitgliedsstaat in einen anderen zieht (EG-VO 1408/71 und 574/72

Praxis: Ein italienischer Hilfsarbeiter, der in Deutschland arbeitet, hat für seine nach Deutschland nachgezogene Frau und Kinder Anspruch auf Hilfe zum Lebensunterhalt.

In neuen Rechtsvorschriften und Gerichtsentscheidungen wird das Freizügigkeitsgebot zunehmend auf **sozialrechtliche Leistungsansprüche** angewendet:

▶ **Anspruch auf Kindergeld** hat ein ausländischer Arbeitnehmer, dessen Kind in einem anderen Mitgliedstaat wohnt (EuGH, EuGHE I 1997, 511).

▶ Anspruch auf Leistungen hat der **gesetzlich Krankenversicherte** auch in einem anderen Mitgliedsstaat (§ 13 Abs. 4 und 5 SGB V),

▶ **Anspruch auf Pflegegeld** haben Berechtigte, die nicht in der BRD wohnen (EuGH, NJW 1998, 1767).

▶ **Anspruch auf Ausbildungsförderung haben** Studenten, die sich in ein anderes EU-Land zum Studium grundsätzlich nicht. Sind sie aber in die Gesellschaft des EU-Landes integriert, steht ihnen der Anspruch zu. Dazu reicht ein Aufenthalt von drei Jahren vor Aufnahme des Studiums aus (EuGH NJW 2005, 2055).

Die EG-VO Nr. 631/2004 ermöglicht den EU-Angehörigen den direkten Zugang zu Leisungserbringern des Gesundheitswesens.

16.3.4 Instrumente europäischer Sozialpolitik

Die Europäische Union verfügt über verschiedene Strukturfonds, aus denen finanzielle Hilfen zur Beseitigung der strukturellen wirtschaftlichen und sozialen Probleme zu gewährt werden:

▶ Der **Europäische Sozialfonds** (ESF) ist das wichtigste Finanzinstrument zur Umsetzung der strategischen beschäftigungspolitischen Ziele in konkrete Maßnahmen.

Er soll die Beschäftigungsmöglichkeiten der Arbeitnehmer verbessern und damit zur Hebung der Lebenshaltung beitragen (Art. 146 EGV).

Die Förderperiode umfasst einen Zeitraum von 7 Jahren (2007 – 2013). Die ESF-Mittel sind zwischen Bund und den Ländern aufgeteilt. Auf das Bundesprogramm entfallen rund 3,5 Milliarden Euro an ESF-Mitteln. Davon sind 1,3 Milliarden Euro auf die Regionen mit schwacher wirtschaftlicher Leistung vorgesehen (Ziel: Konvergenz). Das sind in Deutschland die neuen Bundesländer und der Landkreis Lüneburg. 2,2 Milliarden Euro können im restlichen Bundesgebiet eingesetzt werden (Ziel "Regionale Wettbewerbsfähigkeit und Beschäftigung").

• **Der Europäische Fonds für regionale Entwicklung** (EFRE) fördert Maßnahmen zur Beseitigung der Ungleichgewichte zwischen Regionen oder sozialen Gruppen. n 16,1 Milliarden Euro werden u.a. eingesetzt zur Förderung von Infrastrukturinvestitionen, Forschung, Innovation, Umweltschutz und Risikoverhütung.

16.3.5 Freigemeinnützige Träger im Gemeinsamen Markt

Problematisch für Wohlfahrtsverbände und Sozialleistungsträger ist das europäische Wettbewerbsrecht (§§ 81ff. EGV). Es verbietet u.a. dem Staat die Begünstigung bestimmter Unternehmen durch Beihilfen gleich welcher Art, soweit sie den Handel zwischen Mitgliedsstaaten beeinträchtigen, weil dies mit dem Gemeinsamen Markt unvereinbar ist (Art. 92 Abs. 1 EG-V).

Ein Unternehmen ist nach der EuGH-Rechtsprechung jeder Träger, unabhängig von Rechtsform und Finanzierung, der eine wirtschaftliche Tätigkeit ausübt. Wirtschaftliche Tätigkeit ist jede Tätigkeit, die darin besteht, Güter oder Dienstleistungen auf einem bestimmten Markt anzubieten, auch wenn kein Gewinn erzielt werden soll (EuGH, Urteil vom 12. 9. 2000, EuGHE 2000, I-6451).

Ausgenommen sind nach Maßgabe der Art. 16 und 86 Abs. 2 EG-V nur „Unternehmen, die mit Dienstleistungen von allgemeinen wirtschaftlichen Interesse" betraut sind

Offene Fragen

Zahlreiche Fragen in diesem Zusammenhang sind nicht endgültig geklärt. Unsicherheiten bestehen z. B. hinsichtlich der Frage,

• ob und inwieweit öffentliche Zuwendungen an freie Träger zulässig bleiben,

• ob das deutsche Gemeinnützigkeitsrecht, das freie Träger in verschiedener Hinsicht begünstigt, unverändert weitergelten kann,

• ob öffentliche Träger Dienstleistungen, die freie Träger erbringen können, öffentlich ausschreiben dürfen bzw. müssen (→ 24.5.4) und

• welche Auswirkungen die Dienstleistungsrichtlinie vom 12.12.2006 haben wird, die nur einige Sozialdienstleistungen ausnimmt (Art. 2 Abs. 1 Buchst. j) und bis 2009 in deutsches Recht umzusetzen ist (www.bmwi.de/Europa).

Perspektiven

Die Kommission hat am 20.11.2007 die Mitteilung "Dienstleistungen von allgemeinem Interesse unter Einschluss von Sozialdienstleistungen: Europas neues Engagement" vorgelegt.

Die Mitteilung fasst die bisherige Diskussion bzw. Aktivitäten auf europäischer Ebene zusammen und erläutert die rechtlichen Problemstellungen. Der Mitteilung sind in Arbeitsdokumenten Antworten der Kommission auf häufig gestellte Fragen zur Anwendung der Bestimmungen über die Vergabe öffentlicher Aufträge und im Zusammenhang mit staatlichen Beihilfen beigefügt.

Ein interaktiver Dienst, an den sich Bürger, Dienstleistungsanbieter, öffentliche Stellen und alle relevanten Stakeholder mit ihren Rechtsfragen wenden können, hat am 25.1.2008 seine Tätigkeit aufgenommen.

Der Schwerpunkt der künftigen Arbeiten auf europäischer Ebene zu den sozialen Dienstleistungen wird in der Erhöhung der Rechtssicherheit, sowie in der EU-weiten Qualitätssicherung liegen. Rechtlich verbindliche Initiativen, wie sie insbesondere vom Europäischen Parlament gefordert werden, sind seitens der Kommission in nächster Zeit nicht zu erwarten.

Weitere Informationen unter: www.europa.eu

16.4 Internationale Menschenrechte

Der Aufbau internationaler Menschenrechts-Schutzsysteme ist noch in der Entwicklung, nimmt aber ständig an Bedeutung zu.

UNO-Pakt über bürgerliche und politische Rechte

Dem internationalen Pakt über bürgerliche und politische Rechte, der zu den weltweit geltenden Rechtsinstrumenten zum Schutz der Menschenrechte zählt, sind 89 Staaten beigetreten.

Ein in seinen Menschenrechten verletzter Mensch hat das Recht der Individualbeschwerde, über die der nach dem Pakt gebildete Ausschuss für Menschenrechte entscheidet. Jedoch gibt es keine internationale Durchsetzungsgarantie.

Europäische Menschenrechtskonvention (EKMR)

Einen gerichtlich durchsetzbaren Schutz bietet die Europäische Menschenrechtskonvention, zu deren Einhaltung die Mitgliedsstaaten des Europarats verpflichtet sind.

Jeder, der sich in seinen Menschenrechten verletzt fühlt, kann – allerdings erst nach Erschöpfung des innerstaatlichen Rechtswegs, oft durch mehrere Instanzen - mit der Individualbeschwerde den **Europäischen Gerichtshof für Menschenrechte in Straßburg (EGMR)** anrufen. Es kommt immer wieder vor, dass Menschen, die bei deutschen Gerichten abgewiesen wurden, beim EGMR Erfolg haben.

Dieser prüft, ob die Beschwerde fristgerecht eingelegt wurde und ob eine Verletzung der Konvention vorliegt. Er stellt ggf. durch Urteil fest, dass die Konvention verletzt ist und ob der Staat eine Entschädigung zu zahlen hat. Das Urteil bindet den Staat.

Beispiele: Die Individualbeschwerde einer Mutter in einem Verfahren wegen des Umgangsrechts war erfolgreich. Der EGMR stellte fest, das Landgericht, bei dem das Verfahren vier Jahre gedauert hatte, sei seiner besonderen Sorgfalts- und Beschleunigungspflicht nicht nachgekommen. Dadurch habe es das Recht auf ein faires Verfahren innerhalb angemessener Pflicht verletzt (Art. 6 Abs. 1 EMRK). Außerdem habe es das Recht auf Achtung des Familien- und Privatlebens verletzt, weil es entgegen dem Sachverständigengutachten den Antrag auf Einräumung eines Umgangsrechts abgelehnt habe Das Gericht sprach der Beschwerdeführerin als Entschädigung einen Betrag in Höhe von 8.000 Euro zu (Urteil vom 12.7.2007 – 39741/02).

Der Gerichtshof stellte fest, das Verbot für eine Grundschullehrerin, während des Unterrichts an einer Grundschule ein islamisches Kopftuch zu tragen, sei zwar ein Eingriff in die Religionsfreiheit, verfolge jedoch berechtigte Ziele u. a. der Achtung der konfessionellen Neutralität des Grundschulunterrichts, der Gleichberechtigung der Geschlechter und der Toleranz. Der Eingriff sei in einer demokratischen Gesellschaft notwendig und nicht unverhältnismäßig (EGMR, NJW 2001, 2871).

Die Große Kammer beim Europäischen Gerichtshof für Menschenrechte hat in dem Verfahren Jalloh gegen die Bundesrepublik Deutschland entschieden, dass der Einsatz von Brechmitteln zur Auffindung von verschluckten Beweismitteln gegen Artikel 3 (Verbot unmenschlicher und erniedrigender Behandlung) und Artikel 6 (Recht auf ein faires Verfahren) der Menschenrechtekonvention verstößt (Urteil vom 12. 7. 2006 -75529/01, www.bmj.de/Themen/EGMR).

Alle staatlichen Organe, auch Gerichte, sind an Entscheidungen des EGMR gebunden und verpflichtet, einen fortdauernden Konventionsverstoß zu beenden und einen konventionsgemäßen Zustand herzustellen (BVerfG, NJW 2005, 2685).

Umfangreiche Informationen zum EGMR, u.a. über das Verfahren und die Rechtsprechung werden unter www.bmj.de/Themen zum Download angeboten.

17.0 GRUNDRECHTE

Im Unterschied zu anderen Verfassungen, die sich auf die Garantie einzelner Freiheitsrechte beschränken, macht das Grundgesetz deutlich, dass alle staatliche Tätigkeit die Freiheit und Selbstverantwortung des Menschen stärken und schützen muss.

Die Grundrechte sind nicht Programmsätze oder Gesetzesaufträge, sondern verleihen dem Einzelnen ein gegenüber dem Staat durchsetzbares Recht (Art. 1 Abs. 3 GG).

17.1 Grundrechte als bindendes Recht

Praxis: Da die gesetzlichen Krankenkassen nur Fahrtkosten zu stationären Therapien übernehmen, verlangt die mittellose Mutter eines an Leukämie erkrankten Kindes vom Sozialamt Erstattung der Fahrtkosten in Höhe von 300 Euro monatlich zu den medizinisch erforderlichen ambulanten Kontrolluntersuchungen.

Bedeutung für die soziale Praxis

Für die Praxis der SA/SP sind die in Art. 1 - 19 GG garantierten Grundrechte und die grundrechtsgleichen Rechte aus Art. 33 Abs. 1 - 3, Art. 38 Abs. 1, Art. 101 Abs. 1, Art. 103 und Art. 104 von großer Bedeutung.

Die öffentliche Verwaltung ist als vollziehende Gewalt verpflichtet, bei jeder Verwaltungshandlung die Grundrechte zu beachten. Daraus folgt, dass auch alle Angehörigen der Verwaltung an die Grundrechte gebunden sind. Sie dürfen eine Rechtsvorschrift nicht nach dem bloßen Wortlaut anwenden, sondern müssen stets prüfen, ob die beabsichtigte Maßnahme zu einem nicht vertretbaren Eingriff in Grundrechte führt. Das hat besondere Bedeutung, wenn für einen Sachverhalt keine gesetzlichen oder sonstigen Regelungen vorhanden sind bzw. wenn Vorschriften unbestimmte Rechtsbegriffe oder Ermessensspielräume enthalten (siehe 25.1 und 25.2).

Beispiel: Weil das SGB II die Hilfen weitgehend auf Regelsätze beschränkt und individuelle Notlagen nicht berücksichtigt, haben die Gerichte SGB II-Berechtigten Anspruch auf zusätzliche Sozialhilfeleistungen nach § 73 SGB XII eingeräumt, wenn verfassungsrechtlich geschützte Lebensbereiche gefährdet sind z.B. das Recht auf Umgang mit seinem Kind oder das Recht auf Leben und Gesundheit (BSG, 7.11.2006 NZS 2007,383 ; LSG NRW, 22. 5. 2007 – L 1 B 7/07 AS ER).

Rechtsschutz

Verstoßen Maßnahmen der Verwaltung gegen die Grundrechte, können die Betroffenen dagegen gerichtlich vorgehen. Nach dem normalen Instanzenweg bleibt ihnen als besondere Rechtsschutzmöglichkeit die Verfassungsbeschwerde (→ 50.0).

17.2 Grundrechte als Freiheitsrechte

Grundrechte sind nach ihrer Geschichte und ihrem heutigen Inhalt in erster Linie individuelle Rechte. Sie sollen dem Menschen einen staatsfreien Bereich sichern, in dem er sich frei entfalten kann (bürgerlich-liberale Grundrechtsidee).

Sie dienen vorrangig dem Schutz der Freiheitssphäre gegen Eingriffe des Staates und sichern zusätzlich Voraussetzungen und Möglichkeiten einer freien Mitwirkung und Mitgestaltung im Gemeinwesen (BVerfGE 68, 193).

Beispiel: Ein Asylbewerber, dem verboten wird, Besuch in der Sammelunterkunft zu empfangen, wird in der persönlichen Freiheit beeinträchtigt (Art. 2 Abs. 1 GG).

Die Durchsuchung der Räume einer Drogenberatungsstelle eines freien Trägers greift in dessen Grundrecht nach Art. 13 ein (BVerfG NJW 1977, 1489).

17.3 Grundrechtsbestimmungen als Anspruchsnormen

Grundrecht auf Sicherung des materiellen Existenzminimums

Grundrechtsbestimmungen sind als Anspruchsnormen bisher nur vereinzelt anerkannt worden.

Das BVerfG hat aus Art. 1 Abs. 1 GG den Anspruch auf die „Mindestvoraussetzungen für ein menschenwürdiges Leben" (BVerfGE 82, 60/80) und auf das „Existenzmiimum" abgeleitet (BVerfGE 82, 364/368). Zur Frage, ob dieser Anspruch sich nach dem SGB II auf die Sicherung der physischen Existenz beschränkt (so das BSG, 22. 4. 2008) oder ob er sich auch auf die Teilhabe am gesellschaftlichen Leben erstreckt und ein soziokulturelles Existenzminimum in einem bestimmten Umfang einschließt, hat das BVerfG noch nicht Stellung genommen (→ Brünner, LPK-SGB II, § 20 Rn 20f.).

Anspruch auf Sicherung der Grundrechtsausübung

Das Bundesverfassungsgericht hat in ständiger Rechtsprechung den staatlichen Gesetzgeber verpflichtet, den Grundrechten soweit wie möglich zur Entfaltung zu verhelfen. Inwieweit daraus Ansprüche abzuleiten sind, dass der Staat die Grundrechtsverwirklichung aktiv fördert, z. B. durch Zurverfügungstellung von Ausbildungs-, Arbeitsplätzen, Wohnraum, Wohngeld, Kindergeld etc., ist ungeklärt.

Das BVerwG lehnt es ab, aus den Grundrechten der Meinungs- und Versammlungsfreiheit und dem Sozialstaatsprinzip einen Anspruch auf Erstattung der Fahrkosten zu einer politischen Demonstration abzuleiten (NJW 1986, 73).

Das Grundrecht auf Leben und körperliche Unversehrtheit begründet nach Auffassung des BSG keine Ansprüche auf potenzsteigernde Mittel, Brustverkleinerung bzw. Vergrößerung gegen die gesetzliche Krankenversicherung (Urteil vom 19. 10. 2004, SGb 2004, 747).

17.4 Grundrechtsvorschriften als wertentscheidende Grundsatznormen

Der soziale Rechtsstaat ist anders als der bürgerlich liberale Staat nicht nur zur Garantie der Freiheitsrechte verpflichtet. Er muss gewährleisten, dass die Grundrechte auch verwirklicht und möglichst weitgehend entfaltet werden.

Deshalb hat die Verwaltung bei jeder Ermessensentscheidung und bei der Auslegung unbestimmter Rechtsbegriffe (siehe 25.2 und 25.1) die in den Grundrechten zum Ausdruck kommende Wertordnung zu berücksichtigen. Daraus kann sich für sie eine Handlungspflicht und für den Bürger ein Leistungsanspruch ergeben.

Beispiele: Ein Strafgefangener hat Anspruch auf Verlegung in eine heimatnahe Strafvollzugsanstalt aufgrund seines Grundrechts auf Resozialisierung, wenn er von seinen Angehörigen wegen der weiten Entfernung nicht besucht werden kann denn die Aufrechterhaltung familiärer Beziehungen ist für das Resozialisierungsziel wichtig (BVerG, 19.4.2006, www.bverfg.de)

*Nach Auffassung des Bundesverfassungsgerichts verlangt Art. 6 Abs. 2 Satz 1 GG, dass die Sozialhilfeleistungen für den Besuch des Kindes nach Scheidung nicht generell auf **einen** Wochenendbesuch im Monat begrenzt werden dürfen (BVerfG, info-also 1995, 44).*

Der Bundesfinanzhof hat entschieden, das Farbfernsehgerät eines Steuerschuldners sei wegen der Grundrechte aus Art. 2 und 5 GG unpfändbar (NJW 1990, 1871). Der Bundesgerichtshof hat die Pfändung des PKWs eines außergewöhnlich gehbehinderten Schuldners für unzulässig erklärt (NJW-RR 2004, 789).

17.5 Grundrechtliche Verbürgung der Teilhabe an staatlichen Leistungen

Anspruch auf Teilhabe

Das Bundesverfassungsgericht leitet aus dem Sozialstaatsprinzip (→ oben 2.4) die Verpflichtung des Staates ab, die Grundrechte nicht nur als Freiheitsrechte gegenüber Eingriffen der öffentlichen Gewalt zu verstehen, sondern auch als Verbürgung der Teilhabe an den staatlichen Leistungen, die erst die Ausübung der Grundrechte ermöglichen.

Beispiel: Bei Art. 12 GG handelt es sich um ein Teilhaberecht. Es sichert den Zugang zu existierenden Einrichtungen der Berusbildung z.B. Zulassung zum Hochschulstudium, begründet aber kein Recht auf Schaffung neuer bzw. Erhaltung vorhandener Kapazitäten (BVerfG, NJW 1972, 1561).

17.6 Grundrechtsbestimmungen als institutionelle Gewährleistungen

Verfassungsbestimmungen können auch institutionelle Garantien enthalten. Diese schützen den Kernbereich, die typischen hergebrachten Strukturen eines rechtlich geregelten Komplexes von Rechtsnormen.

Derartige institutionelle Gewährleistungen bestehen z. B. für Ehe und Familie nach Art. 6 GG und für Eigentum und Erbrecht nach Art. 14 GG. Sie verpflichten den Staat, störende Eingriffe in das geschätzte Rechtsinstitut zu unterlassen (Abwehrrechte) und die notwendigen Maßnahmen zur Erhaltung und zum Schutz des Instituts zu treffen.

Beispiele: Aus der Gewährleistung der Ehe wurde u. a. abgeleitet:

Ehepartner von Strafgefangenen haben das Recht auf Besuch in der Strafanstalt (BVerfG NJW 1993, 3059).

Ausländische Ehepartner von Deutschen haben ein Recht auf Aufenthaltserlaubnis nach § 2 AufenthaltG, einen stärkeren Schutz gegen Ausweisung und Anspruch auf Einbürgerung gemäß § 9 Reichs- und Staatsangehörigkeitsgesetz.

17.7 Drittwirkung der Grundrechte

Geltung für Private (Arbeitgeber, Vermieter, Eltern)

Die Frage, ob die Grundrechte nicht nur die Träger der Staatsgewalt, sondern auch die Inhaber gesellschaftlicher Machtpositionen wie z. B. Arbeitgeber, Vermieter, Eltern unmittelbar binden, wird überwiegend verneint (siehe Art. 1 Abs. 3 GG).

Objektive Wertordnung

Jedoch gilt die in den Grundrechtsnormen enthaltene objektive Wertordnung als verfassungsrechtliche Grundentscheidung für alle Bereiche des Rechts und wirkt deshalb auch auf das Privatrecht ein. Diese Einwirkung geschieht insbesondere dadurch, dass bei der Auslegung der unbestimmten Rechtsbegriffe und Generalklauseln des Privatrechts - z. B. in §§ 138, 242, 823, 826, 1004 BGB - die Wertentscheidungen der Grundrechte zu beachten sind (BVerfG NJW 1973, 1221).

Beispiele: Bundesverfassungsgericht und Bundesgerichtshof haben entschieden, das durch Art. 1 und 2 GG geschützte Recht auf Achtung der Würde und der freien Entfaltung der Persönlichkeit (gegenüber staatlichen Stellen) sei im Privatrechtsverkehr als allgemeines Persönlichkeitsrecht zu beachten. Deshalb genieße es den gleichen Schutz wie die in § 823 Abs. 1 BGB genannten Rechtsgüter. Kinder sind besonders zu schützen (BVerfG NJW 2003, 3262)

Bei einer erheblichen Verletzung ist auch Ersatz für Nichtvermögensschaden zu leisten, wenn die Beeinträchtigung nicht auf andere Weise ausgeglichen werden kann (BVerfG, NJW 2006, 595; BGH, NJW 2005, 215).

Das Bundesarbeitsgericht hat aus dem Persönlichkeitsschutz abgeleitet, dass ein entlassener Arbeitnehmer gemäß § 242 BGB Anspruch auf Beschäftigung hat, wenn das Arbeitsgericht erster Instanz durch Urteil feststellt, dass die Kündigung nicht wirksam ist (Großer Senat des BAG, NJW 1985, 2698).

17.8 Grundrecht auf freie Entfaltung der Persönlichkeit

Das Grundrecht auf freie Entfaltung der Persönlichkeit ist das „allgemeine Freiheitsrecht", während in Artikel 4ff. GG besondere Freiheitsrechte garantiert werden. Artikel 2 Abs. 1 GG schützt die Handlungsfreiheit in umfassenden Sinne: Jeder darf tun oder unterlassen, was er will. Grenzen ergeben sich lediglich aus den Rechten anderer und der „verfassungsmäßigen Ordnung". Zur verfassungsmäßigen Ordnung gehören alle verfassungsmäßigen Rechtsvorschriften (→ 23.0). Daraus folgt einerseits, dass die Handlungsfreiheit nur im Rahmen des geltenden Rechts besteht, und andererseits, dass staatliche Stellen die Freiheitssphäre des Einzelnen nur einschränken dürfen, wenn eine Rechtsvorschrift dies gestattet.

Beispiele: Durch gesetzliche Regelungen sind die Schulpflicht, die Wehrpflicht, die Sozialversicherungsbeitragspflicht begründet.

Staatliche Eingriffe in die Freiheitssphäre bedürfen stets einer Rechtsgrundlage; denn Behörden sind nicht allgemein zu Maßnahmen befugt, die in die Freiheitssphäre eines Menschen, eines Vereins oder einer sonstigen Vereinigung eingreifen bzw. dem Betroffenen Pflichten auferlegen. Rechtsvorschriften, die der Verwaltung eine Aufgabe zuweisen, können keine staatlichen Eingriffe rechtfertigen; denn die freiheitsbeschränkende Rechtsvorschrift muss ausreichend deutlich erkennen lassen, bestimmt sein (**Bestimmtheitsgebot** → 17.18.1).

Beispiel: Die Träger der Sozialhilfe sind zur Zusammenarbeit mit freien Trägern verpflichtet (§ 4 Abs. 2 SGB XII). Eine Befugnis der Behörde, von freien Trägern Informationen zu verlangen, „weil man doch zusammen arbeiten muss" lässt sich aus der Vorschrift nicht ableiten.

Auch kann ein Eingriff, der scheinbar einer Rechtsvorschrift entspricht, gegen den **Grundsatz der Verhältnismäßigkeit** verstoßen und deshalb unzulässig sein (17.18.2).

17.9 Allgemeines Persönlichkeitsrecht

Das allgemeine Persönlichkeitsrecht beruht auf Art. 2 Abs. 1 i.V.m. Art.1 Abs. 1 GG. Aus ihm wird u.a. das Recht auf Achtung der Intimsphäre und auf informationelle Selbstbestimmung abgeleitet.

Beispiel: Zur Unantastbarkeit der Menschenwürde GG gehört die Anerkennung eines absolut geschützten Kernbereichs privater Lebensgestaltung. In diesem Bereich darf die akustische Überwachung von Wohnraum zu Zwecken der Strafverfolgung nicht eingreifen (BVerfG, 3.3.2004, NJW 2004, 999).

Selbstgespräche und Tagebuchaufzeichnungen sind grundsätzlich unantastbar.
Dem allgemeinen Persönlichkeitsrecht kommt in der Sozialen Arbeit zentrale Bedeutung zu. Es schützt fachliche Standards für den Umgang mit Klienten.

Zu den Ausgestaltungen und Wirkungen dieses Rechts und seiner Bedeutung für den Schutz des professionell gebotenen Vertrauensverhältnisses bei der Beratung und anderen persönlichen Hilfen siehe 31.0 ff.

17.10 Grundrecht auf Leben und körperliche Unversehrtheit

Das Grundrecht auf Leben und körperliche Unversehrtheit gemäß Art. 2 Abs. 2 GG verbietet körperliche Züchtigung und Anwendung körperlicher Gewalt sowie sonstige Eingriffe in die körperliche Unversehrtheit durch staatliche Stellen.

> *Beispiele: Das Grundrecht auf Leben wird durch die Zwangsräumung einer Wohnung beeinträchtigt, wenn der Mieter schwerstkrank oder suizidgefährdet ist (BVerfG, 22.11.2007, NJW 2008, 1000).*

> *Folter ist stets unzulässig (BVerfG, 14.12.2004, NJW 2005, 656).*

Dem Grundrecht schützt auch gegen staatlich verordnete medizinischen Eingriffe (z.B. Zwangssterilisation, Zwangsabtreibung, Organentnahme ohne Einwilligung;.

> *Beispiel: Der Sozialleistungsträger verlangt, dass sich der Leistungsempfänger einer schmerzhaften und risikoreichen Operation unterzieht, damit er die Leistungen bald einstellen kann (→ § 65 Abs. 2 SGB I und 38.3.14.4.).*

Schutzpflichten des Staates

Aus Art. 2 Abs. 2 GG ergeben sich Schutzpflichten des Staates. Er hat Kinder und Frauen vor Misshandlungen zu schützen z. B. durch familien-, jugendrechtliche und polizeirechtliche Regelungen, flankierende sozial- und familienpolitische Maßnahmen und strafrechtliche Sanktionen (§ 1666 BGB; § 8a SGB VIII; Gewaltschutzgesetze).

Zum Schutz des Kindes vor der Geburt siehe BVerfGE 39, 1 ff.; 88, 203 ff.

17.11 Grundrecht auf Freiheit der Person

Die Freiheitsentziehung ist der schwerste Eingriff in das Grundrecht auf Freiheit der Person und setzt grundsätzlich eine richterliche Entscheidung voraus.

Einschränkungen des Grundrechts gemäß Art. 2 Abs. 2 Satz 2 und Art.104 GG sind in verschiedenen Gesetzen vorgesehen u.a. bei der Unterbringung psychisch Kranker, bei freiheitsbeschränkenden Maßnahmen, bei Inobhutnahe nach §§ 42 f. SGB VIII bei ausländerrechtlichen und polizeilichen Maßnahen (dazu BVerfGE 58, 208 ff.; 63, 340 ff.; 66, 191 ff.; 70, 297 ff.; zu Schutzpflichten und Persönlichkeitsrechten in Alten- und Pflegeheimen: BGH, 28.4. und 14.7.2005, NJW 2005, 1937 und 2613).

Stets ist bei Eingriffen der Grundsatz der Verhältnismäßigkeit zu beachten.

> *Beispiel: Unzulässig ist es, einen Ausländer in Abschiebungshaft zu halten, wenn eine Abschiebung nicht möglich ist.*

> *Bildet die Polizei einen „Kessel" muss sie dafür sorgen, dass die Eingekesselten ausreichend versorgt und vor Gesundheitsschäden geschützt werden.*

> *Die weitere Unterbringung in einem psychiatrischen Krankenhaus ist unzulässig, wenn der Untergebrachte vor mehr als 23 Jahren Bagatelldelikte begangen hat (BVerfG, 1.2.2005, www.bverfg.de).*

> *Eine stationäre Unterbringung zur Feststellung der Erektionsfähigkeit ist unzulässig (BVerfG, 21.5.2004, NJW 2004, 3697).*

17.12 Allgemeiner Gleichheitssatz

Praxis: *Das Jugendamt hat das städtische Jugendzentrum wiederholt verschiedenen Jugendgruppen für Tanzveranstaltungen zur Verfügung gestellt. Den Antrag der Jugendabteilung eines Box-Clubs lehnt es ab. Das Studentenwerk hat versehentlich bei einigen Studenten Praktikumsvergütungen nicht angerechnet. Andere Studenten verlangen Gleichbehandlung.*

Allgemeines

Der allgemeine Gleichheitssatz des Art. 3 Abs. 1 GG enthält ein Grundrecht und gleichzeitig einen allgemein geltenden Verfassungsgrundsatz. Er will sicherstellen, dass Personen bei rechtlich und tatsächlich vergleichbaren Sachverhalten gleich behandelt werden.

Der Gleichheitssatz ist verletzt, wenn der Staat eine Gruppe von Normadressaten im Vergleich zu anderen Normadressaten ungleich behandelt, obwohl zwischen beiden Gruppen keine Unterschiede von solchem Gewicht bestehen, dass sie die ungleiche Behandlung rechtfertigen könnten (BVerfG NJW 1992, 2869).

Beispiel: *Es verstößt gegen Art. 3 Abs. 1 in Verbindung mit Art. 6 Abs. 1 GG, dass das Opferentschädigungsgesetz keine Versorgungsleistung für den Partner einer nichtehelichen Lebensgemeinschaft vorsieht, der nach dem gewaltsamen Tod des anderen Partners unter Verzicht auf eine Erwerbstätigkeit die Betreuung der gemeinsamen Kinder übernimmt (BVerfG, 9.11.2004, NJW 2005,1413).)*

Willkürverbot

Der Gleichheitsgrundsatz verbietet der Verwaltung auch jedes willkürliche Verhalten, d.h. die nicht durch sachliche Unterscheidungen gerechtfertigte Ungleichbehandlung gleicher und Gleichbehandlung ungleicher Tatbestände. Er verlangt um so strengere Beachtung, je stärker sich die Ungleichbehandlung von Personen oder Sachverhalten auf die Ausübung grundrechtlich geschützter Freiheiten auswirken kann.

Beispiel: *Es war sachlich nicht gerechtfertigt, wegen einmaligen Cannabiskonsums die Einholung eines tief in den Persönlichkeitsbereich eingreifenden medizinisch-psychologischen Gutachtens anzuordnen, während bei alkoholauffälligen Kraftfahrern ein derartiges Gutachten erst "nach wiederholten Verkehrszuwiderhandlungen unter Alkoholeinfluss" eingeholt wurde (BVerfG, 24.6.1993, NJW 1993, 2365).*

Selbstbindung der Verwaltung durch gleichförmige Ermessensbetätigung

Der Gleichheitssatz hat besondere Bedeutung bei Ermessensentscheidungen. Er kann den Entscheidungsspielraum der Verwaltung einschränken (→ 25.2).

Sachliche Gründe für ungleiche Behandlung

Ein sachlicher Grund für eine Ungleichbehandlung ist gegeben, wenn z. B. aus einem im Haushaltsplan vorgesehenen Betrag für Altenerholung eine Reihe von Antragstellern Zuwendungen erhalten haben, andere aber keine Zuwendung erhalten, weil der Betrag verbraucht ist (OVG Münster, NVwZ 1982, 381).

Siehe auch VG Kassel, RsDE 1995, Heft 27, S. 86 zur sachfremden Berücksichtigung weltanschaulicher Gesichtspunkte; BayVGH NVwZ-RR 1993, 373 zur Förderung von Selbsthilfe- und Alternativgruppen; OVG Münster, NJW 1990, 1684; zum Ausschluss kleiner Organisationen mit geringem Leistungsvermögen; kein Vorrang von „alt und bewährt" nach OVG Lüneburg, NJW 2003, 531),

Sachlich gerechtfertigt kann es auch sein, dass der Haushaltsplan für Maßnahmen, die in den vergangenen Jahren gefördert worden sind, wegen schwieriger Finanzlage oder, weil andere Maßnahmen förderungswürdiger erscheinen, keine Mittel mehr vorsieht. Bei einer Kürzung muss gleichmäßig gekürzt werden.

Kein Anspruch auf Gleichbehandlung im Unrecht

Aus dem Gleichheitsgrundsatz kann nicht abgeleitet werden, dass die Behörde die durch pflichtwidriges Verhalten einen oder mehrere Beteiligte begünstigt hat, in gleicher Weise auch in Zukunft rechtswidrig verfährt (BVerwG, NJW 1993, 2065; BVerfG, NVwZ 1994, 475; BSGE 15, 137).

17.12.1 Gleichberechtigung von Männern und Frauen

Außer einem Diskriminierungsverbot enthält der spezielle Gleichheitssatz des Art. 3 Abs. 2 GG einen grundgesetzlichen Auftrag zur Rechtsangleichung und zum sozialen Ausgleich geschlechtsspezifischer Benachteiligungen.

Der Gesetzgeber trägt diesem in vielfältiger Hinsicht Rechnung z.b. durch Quotenregelungen bei der Einstellung im öffentlichen Dienst, durch Schutzvorschriften im Mutterschutzgesetz, Erziehungsgeld und Elternzeit, Berücksichtigung von Kindererziehungszeiten bei der Rente usw..

Er schützt durch das Allgemeine Gleichbehandlungsgesetz vor Diskriminierung im Arbeitsverhältnis sowie vor sexueller Belästigung am Arbeitsplatz.

Der Grundsatz der Gleichbehandlung von Männern und Frauen im Arbeitsrecht wird auch durch das europäische Recht gesichert. Der EuGH hält auch eine Bevorzugung von Frauen bei gleicher Qualifikation für europarechtskonform, wenn in behördlichen Beschäftigungsbereichen weniger Frauen als Männer beschäftigt sind, sofern im Einzelfall nicht in der Person eines Mitbewerbers liegende Gründe überwiegen (EuGH, 11.11.1997, NZA 1997, 1337; zur Bevorzugung bei Kita-Plätzen: EuGH, 19.3.2002, NJW 2002, 1859).

An das Geschlecht anknüpfende **differenzierende Regelungen** sind mit Art. 3 Abs. 3 GG nur vereinbar, soweit sie zur Lösung von Problemen, die ihrer Natur nach nur entweder bei Männern oder bei Frauen auftreten können, zwingend erforderlich sind (BVerfGE 85, 191; BVerfGE 92, 91).

> *Beispiel: Eine Regelung, die Beihilfen zur Anschaffung einer Perücke für Männer erst ab dem 30. Lebensjahr, aber für Frauen ohne Altersgrenze vorsieht, benachteiligt Männer (BVerwG, 18.4.2002, NJW 2002, 2045).*

17.12.2 Diskriminierungsverbote des Art. 3 Abs. 3 GG

Art. 3 Abs. 3 GG verbietet jede Benachteiligung und Bevorzugung wegen des Geschlechts, der Abstammung, der Sprache, der Heimat und Herkunft, wegen der politischen oder religiösen Anschauungen sowie wegen einer Behinderung. Fiskalische Erwägungen sind grundsätzlich nicht geeignet, Ungleichbehandlungen zu rechtfertigen (BVerwG, NJW 2002, 2045).

Das Diskriminierungsverbot schließt die Ungleichbehandlung von **Ausländern** im AufenthaltG, von Asylbewerbern im AsylbLG und in anderen Gesetzen nicht aus.

Der Gesetzgeber hat im **Allgemeinen Gleichbehandlungsgesetz** (AGG) die Diskriminierungsverbote des Art. 3 GG konkretisiert und gleichzeitig vier EU-Richtlinien in nationales Recht umgesetzt.

Sozial- und arbeitsrechtliche Vorschriften zur Förderung der Teilhabe behinderter Menschen sind im **SGB IX** zusammengefasst.

17.13 Schutz von Ehe und Familie (Art. 6 GG)

Praxis: Guido und Uwe leben in gleichgeschlechtlicher Partnerschaft. Das Sozialamt wendet § 7 Abs. 3 Nr. 3 SGB II an und zahlt ein entsprechend niedrigeres Arbeitslosengeld II an Guido, weil es eine eheähnliche Gemeinschaft annimmt.

Auswirkungen im Arbeits-, Sozial- und Ausländerrecht

Die institutionelle Garantie von Ehe und Familie wirkt sich im Sozialrecht in vielfältiger Weise aus wie z. B. in Gewährung von Kindergeld und Kindergeldzuschlag, Elterngeld, Unterhaltsvorschuss, Ausbildungsförderung, Sozialgeld nach § 28 SGB II und in Regelsätzen nach § 28 SGB II. Familienpolitisch motiviert sind auch z. B. steuerrechtliche Freibeträge für Ehegatten und Kinder.

Besonderen Schutz und Fürsorge erhalten Schwangere und Mütter (Art. 6 Abs. 4 GG) im Arbeitsrecht durch das Mutterschutzgesetz mit Beschäftigungsverboten, Entgeltsicherung und Kündigungsschutz sowie im Sozialrecht z. B. Leistungen der Mutterschaftshilfe, Elternzeit, Kinderkrankengeld, Mutter-Kind-Kuren.

Bei Ausländern bewirkt der Schutz von Ehe und Familie u. a. einen Anspruch auf Nachzug von Familienangehörigen und einen verstärkten Schutz gegen Ausweisung und Abschiebung (BVerfG, 23. 1. 2006, NJW 2006, 3486).

Neue Partnerschaften und Familienformen

Die eingetragene Partnerschaft gleichgeschlechtlicher Personen wird ähnlich wie die Ehe, aber nicht in gleicher Weise geschützt (BVerwG, NJW 2006, 1828). Lebenspartner erhalten weder Verheiratenzuschlag noch Witwerrrenten und Zusatzversorgung (BVerfG, 6. 5. 2008; BGH, 14.2.2007, ZTR 2007, 452).

Nicht verheiratete Eltern werden in Beziehung zu ihren Kindern zunehmend verheirateten gleichgestellt (BVerfG, 28.2.2007, NJW 2007, 1734).

Das BVerfG lehnt es ab, Vorschriften, die eine Eheschließung voraussetzen, auf Partner anzuwenden, die keine Ehe eingegangen sind (zur „künstlichen Befruchtung" → BVerfG, 28.2.2007, NJW 2007, 1343).

Nicht verheiratete Partner haben die Möglichkeit, in privatrechtlichen Verträgen alle für sie bedeutsamen Regelungen aus dem Eherecht zu übernehmen.

„Wächteramt" des Staates

Pflege und Erziehung sind das „natürliche Recht" der Eltern. Sie werden dabei grundsätzlich nicht von staatlichen Stellen überwacht. Die staatlichen Maßnahmen zugunsten gefährdeter Kinder sind insbesondere in den Vorschriften des Bürgerlichen Rechts über die elterliche Sorge und im SGB VIII geregelt. Nach dem Grundsatz der Verhältnismäßigkeit haben Maßnahmen, die Eltern bei der Erziehung unterstützen, Vorrang vor Maßnahmen, die in das Erziehungsrecht eingreifen (§ 8a SGB VIII, § 1666 BGB; zur Garantenpflicht der SA/SP siehe 21.5.3).

17.14 Schutz des Brief-, Post- und Fernmeldegeheimnisses

Praxis: Die Abteilungsleiterin fordert die Sozialarbeiterinnen ihrer Abteilung auf, ihr eine "Postvollmacht" zu erteilen, d.h. sich damit einverstanden zu erklären, dass die an die Sozialarbeiterinnen persönlich gerichteten Briefe geöffnet und zunächst der Abteilungsleiterin vorgelegt werden.

Das **Brief-, Post- und Fernmeldegeheimnis** wird durch Art. 10 GG geschützt. Das Grundrecht schützt die Vertraulichkeit der Kommunikation, indem es Dritten verbietet, Informationen, die nicht für sie bestimmt sind, zu lesen, zu hören oder sich sonstwie zu verschaffen. Für die soziale Arbeit hat es große Bedeutung; denn es sichert die ungestörte Kommunikation zwischen den Klienten und den SA/SP.

Das **Briefgeheimnis** wird durch § 202 StGB in besonderer Weise geschützt. Nach dieser Vorschrift macht sich strafbar, wer Briefe, die nicht an ihn gerichtet sind, ohne Einwilligung des Absenders öffnet. Die Einwilligung des Adressaten schließt die Strafbarkeit nicht aus.

Das **Postgeheimnis** erfasst alle Dienstleistungen der Post (Päckchen, Pakete) und erstreckt sich nicht nur auf den Inhalt der Sendung, sondern auch auf die Übermittlung zwischen bestimmten Personen (§ 206 StGB.

Das **Fernmeldegeheimnis** schützt die Vertraulichkeit der mittels Telefon, Computer, Handy ausgetauschten Informationen und die näheren Umstände des Kommunikationsvorgangs, nicht aber die gespeicherten Verbindungsdaten (BVerfG, NJW 2006, 977). §§ 88ff. Telekommunikationsgesetz)

Das Fernmeldegeheimnis wird verletzt, wenn ein Dritter Telefongespräche mithört oder aufzeichnet. Auf den Inhalt des Gesprächs kommt es dabei nicht an. Deshalb ist auch das Mithören dienstlicher Gespräche durch den Arbeitgeber unzulässig (BVerfG, NJW 1992, 815 und NVwZ 2003, 70). Der Arbeitgeber darf auch nicht die vom Arbeitnehmer angeählten vollständigen Telefonnummern speichern. Zulässig ist eine Speicherung unter Auslassen der letzten zwei oder drei Zahlen (§ 28 Abs. 1 Satz 1 Nr. 2 BDSG; Gola/Wronka, 2004, Rn 335).

Das **Grundrecht auf Vertraulichkeit und Integrität informationstechnischer Systeme** ist vom BVerfG entwickelt worden, um den Nutzern derartiger Systeme z.B. des Internets einen geschützen Raum zur persönlichen Entfaltung zu gewährleisten (BVerfG, 27.2.2008, NJW 2008, 822; Eifert, NVwZ 2008 521 – 523).

Einschränkungen des Grundrechts dürfen nur auf Grund eines Gesetzes angeordnet werden (Art. 10 Abs. 2 GG). Gesetzliche Einschränkungen sehen vor z. B. das Strafvollzugsgesetz (§§ 29-34), die Strafprozessordnung (§§ 99 ff, akustische Wohnraumüberwachung gemäß § 100c StPO), die Landesgesetze über die Unterbringung psychisch Kranker (z. B. § 27 PsychKG NW), nicht aber das SGB VIII. Briefzensur aus erzieherischen Gründen ist unzulässig (BVerfG, 31.5.2006, NJW 2006, 2098).

Deshalb sind **Regelungen in Heim- und Hausordnungen** grundsätzlich unzulässig, die Eingriffe in das Brief- und Fernmeldegeheimnis vorsehen. Sie können ausnahmsweise, insbesondere bei Kleinkindern, durch das **elterliche** Erziehungsrecht gedeckt sein, ansonsten aber nur, wenn dadurch eine akute und erhebliche, nicht anders abwendbare Gefahr für ein höherwertiges Rechtsgut besteht (§ 34 StGB).

17.15 Berufsfreiheit

Praxis: Sozialarbeiter A. ist nach Streichung öffentlicher Mittel für die Schuldnerberatungsstelle eines freien Trägers arbeitslos geworden. Der Fall-Manager der Agentur für Arbeit will erreichen, dass A. sich verpflichtet, die städtischen Friedhöfe zu verschönern. A. erklärt, angesichts des großen, massiv ansteigenden Bedarfs an Schuldnerberatung sei es doch sinnvoll, ihn statt zur Rasenpflege als Schuldnerberater für überschuldete Familien einzusetzen.

Recht auf Arbeit

Art. 12 GG verleiht keinen Rechtsanspruch auf Arbeit. Jedoch ist der Staat verpflichtet, das Grundrecht nach Art. 12 weitestmöglich zu verwirklichen z. B. durch Arbeitsvermittlung und Arbeitsförderung (SGB II und SGB III).

Freiheit der Berufswahl

Die Freiheit der Berufswahl gemäß Art. 12 Abs. 1 Satz 1 GG darf nur zum Schutz eines überragend wichtigen Gemeinschaftsgutes eingeschränkt werden. Je mehr sich eine Regelung auf die Berufswahl auswirkt, umso strengere Anforderungen sind an ihre Erforderlichkeit zu stellen.

Die Freiheit der Berufswahl wird tangiert, wenn Agenturen für Arbeit/Sozialämter, Geldleistungen Arbeitslosen verweigern, die es ablehnen, an solchen Qualifizierungskursen teilzunehmen bzw. Arbeitsangebote anzunehmen, die es ihnen erschweren oder unmöglich machen würden, einen dem Leistungsvermögen angemessenen Ausbildungs- bzw. Arbeitsplatz zu finden (Gagel/Winkler, SGB III, § 144 Rn 158).

Werden personenbezogene Dienstleistungen, wie sie typischerweise von SA/SP erbracht werden, Arbeitslosen zugemutet, ergeben sich Grenzen der Zumutbarkeit aus der Art der Tätigkeit: Unzumutbar ist jede Tätigkeit, die von dem Arbeitslosen abgelehnt wird, weil er nicht erzieherisch, pflegend, sozialarbeiterisch oder in sonstiger Weise mit Menschen arbeiten kann oder will.

Beispiel: Einer Mutter mit einem zweijährigen Kind darf nicht zugemutet werden, mehrere Kinder als Tagesmutter zu übernehmen, weil die zwangsweise Verpflichtung zur Betreuung und Erziehung von Kindern ein Eingriff in die Persönlichkeitssphäre der Mutter darstellt. Außerdem widerspricht es jedweder Pädagogik, von Menschen angemessene, qualifizierte Erziehungsleistungen zu erwarten, die dazu nicht bereit sind (OVG Münster, info-also 2000, 150).

Freiheit der Berufsausübung

Im Gegensatz zur Berufswahl kann die Berufsausübung durch Gesetz eingeschränkt werden. Für die **Angehörigen sozialer Berufe** ergeben sich Einschränkungen z. B. durch das Rechtsdstleistungsgesetz, das Psychotherapeutengesetz (siehe 30.3.3.2 f. und 30.4) gesetzliche Schweige- und Datenschutzvorschriften (siehe 31.0 ff.) sowie durch Strafvorschriften (siehe 21.5.2).

Für **freie Träger der Jugend- und Sozialhilfe** stellt jede Regelung einen Eingriff in das Grundrecht dar, die bewirkt, dass eine berufliche Tätigkeit nicht in der gewünschten Weise ausgeübt werden kann.

Beispiel: Macht ein öffentlicher Träger die Gewährung von Zuwendungen davon abhängig, dass er das Recht erhält, freie Plätze in der Einrichtung zu belegen, greift er in das Grundrecht des freien Trägers ein. Der Eingriff kann bei überwiegendem öffentlichem Interesse gerechtfertigt sein (BVerfG, 17.10.2007).

Arbeitszwang und Zwangsarbeit

Arbeitszwang und Zwangsarbeit werden durch Art. 12 Abs. 2, 3 GG grundsätzlich verboten (BVerfGE 74/102/121). Ob und inwieweit mittelbarer Zwang, beispielsweise durch Kürzung von Sozialleistungen bei Nichtarbeit gemäß §§ 31, 32 SGB II, zulässig ist, ist ungeklärt.

Zulässig sind Weisungen bzw. Bewährungsauflagen, die zeitlich und sachlich begrenzt zu Arbeitsleistungen verpflichten, im Jugendstrafverfahren (BVerfGE 74, 102/122).

Nach Artikel 12 Absatz 3 GG ist Zwangsarbeit bei einer gerichtlich angeordneten Freiheitsentziehung nur zulässig, wenn die Vollzugsbehörden die öffentlich-rechtliche Verantwortung für die ihnen anvertrauten Gefangenen behalten.

17.16 Unverletzlichkeit der Wohnung (Art. 13 GG)

„Die Privatwohnung ist als „letztes Refugium" ein Mittel zur Wahrung der Menschenwürde. Dies verlangt zwar nicht einen absoluten Schutz der Räume der Privatwohnung, wohl aber absoluten Schutz des Verhaltens in den Räumen, soweit es sich als individuelle Entfaltung des Kernbereichs privater Lebensgestaltung darstellt." (BVerfG, NJW 2004, 999)

Schutzbereich des Grundrechts

Der Schutzbereich des Art. 13 GG umfasst außer den Wohnräumen auch Arbeits-, Betriebs- und Geschäftsräume freier Träger, Krankenzimmer im Krankenhaus, ferner Hotel- und Gastzimmer sowie Zimmer in Wohnheimen, Altenheimen, Bildungsstätten, die von einem oder mehreren Menschen benutzt werden (BVerfG, 5.5.2008 NJW 2008, 2422).

Jedoch ist der Schutz öffentlich zugänglicher Geschäfts-, Arbeits- und Versammlungsräume freier Träger gegenüber der Polizei eingeschränkt. Außerdem bestehen nach Art. 13 Abs. 3 GG in Verbindung mit spezialgesetzlichen Vorschriften Zutrittsrechte verschiedener Behörden (→ 18.1.5).

Durchsuchung

Eine Durchsuchung ist das „ziel- und zweckgerichtete Suchen staatlicher Organe nach Personen oder Sachen zur Ermittlung eines Sachverhalts" mit dem Zweck, „etwas aufzuspüren, was der Inhaber der Wohnung von sich aus nicht offen legen oder herausgeben will" (BVerfGE 83, 89; BVerwGE 47, 31, 37). Ob strafprozessuale oder andere Zwecke verfolgt werden, ist unerheblich (BVerfGE 57, 346, 354).

Durchsuchungen sind schwerwiegende Eingriffe in die grundrechtlich geschützte Lebenssphäre, die nur durch den Richter – bei Gefahr im Verzuge durch Staatsanwaltschaft und Polizei - auf gesetzlicher Grundlage angeordnet werden dürfen (§§ 102ff StPO; zur polizeilichen Durchsuchung → BVerfG, NJW 2001, 1121).

Hausbesuch

Die Duldung eines Hausbesuchs gehört nicht zu den Mitwirkungspflichten nach §§ 60ff. SGB I. Sozialleistungsträger dürfen deshalb von Leistungsberechtigten grundsätzlich nicht die Duldung von Hausbesuchen verlangen. Ein Hausbesuch ist allenfalls zulässig, wenn Tatsachen klärungsbedürftig sind, die nur durch den Hausbesuch geklärt werden können und wenn die Betroffenen vorher über die klärungsbedürftigen Tatsachen informiert worden sind (§§ 67a Absatz 1 und 3 SGB X; LSG Hessen, 30.1.2006, NJW 2006, 1548; Mrozynski, SGB I, § 60 Rn 10).

Sonstige Eingriffe und Beschränkungen

Das **Jugendamt** darf zur Überprüfung einer Jugendhilfeeinrichtung Grundstücke und Räume betreten und die Beschäftigten befragen (§ 46 SGB VIII).

Die **Heimaufsicht** hat ein weitgehendes Betretungsrecht. Ausgenommen sind aber dem Hausrecht der Bewohner unterliegende Räume (§ 15 HeimG).

Rechtsanspruch auf Verschaffung einer Wohnung

Ein allgemeiner Rechtsanspruch auf Verschaffung einer Wohnung wird überwiegend nicht anerkannt (vgl. BVerwGE 47, 31 ff.; VGH Mannheim, DÖV 1990, 573 f.). Er besteht aber für Menschen mit besonderen sozialen Schwierigkeiten im Sinne des § 67 SGB XII, wenn diese sonst keine Wohnung erlangen könnten (Luthe in: Hauck/Noftz, SGB XII, K § 67 Rn 19; Roscher, LPK-SGB XII, § 68 Rn 9).

17.17 Grundrecht auf Asyl (Art. 16 a GG)

Praxis: Im Jahr 1992 wurden 303.196 Anträge auf Anerkennung als Asylberechtigter gestellt. Im Jahr 2007 sank die Zahl auf 19.167. Davon hatten 1,1 % Erfolg.

Das Grundrecht auf Asyl setzt eine politische Verfolgung voraus (Art. 16 Abs. 1 GG). Migranten, die aus Nichtverfolgerstaaten oder über rechtsstaatlich qualifizierte Drittstaaten einreisen, wird aber kein Asyl gewährt (Art. 16 Abs. 2 und 3 GG).

Politische Verfolgung

Eine politische Verfolgung liegt nach der gesetzlichen Klarstellung in § 60 Abs. 1 S. 4 AufenthG und der Genfer Flüchtlingskonvention vor, wenn das Leben oder die

Freiheit eines Ausländers in seinem Staat wegen seiner Rasse, Religion, Staatsangehörigkeit, seiner Zugehörigkeit zu einer bestimmten sozialen Gruppe, wegen seiner politischen Überzeugung oder wegen seines Geschlechts bedroht ist.

Die Bedrohung kann vom Staat, von Parteien oder Organisationen, die den Staat oder wesentliche Teile des Staatsgebietes beherrschen, oder von nichtstaatlichen Akteuren ausgehen. Der Abschiebungsschutz ist ausgeschlossen, wenn eine inländische Fluchtalternative besteht.

Abschiebungsschutz

Ist ein Asylgrund nicht nachweisbar, soll von der Abschiebung abgesehen werden, wenn eine erhebliche konkrete Gefahr für Leib, Leben oder Freiheit wegen der Zugehörigkeit zu einer Rasse, Religion, Staatsangehörigkeit, wegen des Geschlechts oder der politischen Überzeugung besteht § 34 AsylVfG, § 60 Abs. 7 Satz 1 AufenthG). Diese Regelung führt dazu, dass viele Asylbewerber, die nicht anerkannt werden, kürzere oder längere Zeit oder unbegrenzt in der BRD bleiben dürfen.

Beispiele: Nicht abgeschoben werden darf ein Ausländer, der an einer schweren Krankheit leidet, die in seinem Heimatland nicht behandelt werden kann (BVerwG, NVwZ 1998, 973).

Ein ausländischer Vater kann sich auf Abschiebungsschutz aus Art. 6 Abs.1 GG bzw. Art. 8 EMRK berufen, wenn aus Sicht des Kindes eine persönliche Verbundenheit besteht (BVerfG, 8.12.2005; siehe auch BVerfG, 23.1.2006).

Die Gefahr einer Genitalverstümmelung schließt die Abschiebung einer Frau aus (VGH Hessen, 23. 3. 2005; zur Entziehung des Aufenthaltsbestimmungsrechts siehe BGH, NJW 2005, 672).

Asylbewerberleistungen statt Sozialhilfe

Eine erhebliche Ungleichbehandlung, die Asylbewerber davon abhalten soll, die BRD aufzusuchen, bewirkt das Asylbewerberleistungsgesetz. Es schließt u.a. Asylbewerber und Bürgerkriegsflüchtlinge von der Sozialhilfe aus und sieht die Unterbringung in einer Gemeinschaftsunterkunft und die Deckung des sonstigen Lebensbedarfs durch Sachleistungen an der Grenze des Existenzminimums vor.(Birk in: LPK-SGB XII).

Kirchenasyl

Kirchengemeinden gewähren Asylbewerbern in Form vorübergehender Aufnahme und Versorgung in kirchlichen Gebäuden Kirchenasyl, wenn nach Ablehnung der Asylanträge unmittelbare Abschiebung droht und die Chance besteht, im Einzelfall wegen besonderer Härte ein zeitweiliges oder dauerndes Bleiberecht zu erwirken.

Wegen des Rückgangs der Zahl der Asylsuchenden hat das Kirchenasyl an Bedeutung verloren.

Töppler, Rechtliche Aspekte des Kirchenasyls, Bonn 2001; zur Abschiebung aus dem Kirchenasyl: BayObLG NJW 1997, 1713; zu Lücken im Schutz der Kirchengemeinden gegen Durchsuchungen siehe OLG Hamm, NJW 1998, 463 m. w. N.; siehe auch praktische Hinweise unter: www.kirchenasyl.de.

Informationen zum Ausländer- und Asylrecht bieten: www.asyl.net; www.migrationsrecht.de

17.18 Verfassungsrechtliche Grundentscheidungen

Neben den Grundrechtsbestimmungen sind einige verfassungsrechtliche Grundentscheidungen für jede Verwaltungstätigkeit von solcher Bedeutung, dass sie auch allgemeine materielle Grundsätze des Verwaltungsrechts genannt werden.

17.18.1 Grundsatz der Gesetzmäßigkeit der Verwaltung

Der Grundsatz der Gesetzmäßigkeit bedeutet, dass alle Verwaltungsmaßnahmen an Recht und Gesetz gebunden sind. Dieser Grundsatz hat Verfassungsrang (Art. 20 Abs. 3 GG). Aus ihm lassen sich zwei Grundsätze ableiten:

Vorrang des Gesetzes

Aus dem Vorrang des Gesetzes ergibt sich, dass jede Verwaltungsmaßnahme mit Recht und Gesetz in Einklang stehen muss, also nicht gegen gültige Rechtssätze verstoßen darf. Deshalb haben die Verwaltung und deren Angehörige die Grundrechte, Gesetze, Rechtsverordnungen, Satzungen und ein etwaiges Gewohnheitsrecht zu beachten.

Beispiel: Rechtswidrig handelt der SA/SP, der auf Weisung seines Vorgesetzten bei schweigepflichtigen Kollegen Informationen über einen Leistungsberechtigten einholt (→ 32.0).

Vorbehalt des Gesetzes

Wesentlichkeitstheorie

Der Grundsatz des Vorbehalts des Gesetzes besagt, dass der Gesetzgeber alle wesentlichen Fragen, die den Bürger unmittelbar betreffen oder für die gesamte Gesellschaft von erheblicher Bedeutung sind, selbst entscheiden muss und nicht der Verwaltung zur Entscheidung überlassen darf (sog. Wesentlichkeitstheorie - siehe BVerfGE 47, 79, nach dem „die wirklich wichtigen Dinge in einem parlamentarisch-demokratischen Staatswesen vor das Parlament gehören").

Wesentliche Maßnahmen in diesem Sinne sind in erster Linie diejenigen Entscheidungen, bei denen es um die Verwirklichung der Grundrechte geht, sei es in der Eingriffs- oder Leistungsdimension, oder bei denen es sich um gesamtgesellschaftliche Fragen von erheblichem politischem Gewicht handelt (BVerfG, 31.5.2006, NJW 2006, 2093; verneint für die Rechtschreibreform:NJW 1998, 2515).

Wesentliche Maßnahmen sind nur rechtmäßig, wenn sie auf gesetzlicher Grundlage ergehen (Gesetz oder mit gesetzlicher Ermächtigung erlassene Rechtsnorm) und die Grundrechte nur im zulässigen Umfang einschränken.

Beispiele für wesentliche Maßnahmen

Wesentliche Maßnahmen sind insbesondere

▶ **Eingriffe in die Rechts- und Freiheitssphäre** einer natürlichen oder juristischen Person, d.h. Maßnahmen, die zu einem Tun, Dulden oder Unterlassen verpflichten bzw. ein Recht entziehen oder einschränken.

Beispiele: Mitteilung personenbezogener Daten an Dritte (BVerwG, 25.11.2004, NJW 2005, 2330); Briefzensur im Strafvollzug (BVerfG, 31.5.2006, NJW 2006, 2093); Kopftuchverbot gegenüber einer Lehrerin (BVerwG, 24.6.2004, NJW 2004, 3581); Schulausschluss (VGH Mannheim, 22.10.2003, NJW 2004, 89). Zur Personenkontrolle und Durchsuchung der Räume eines freien Trägers siehe 16.5.18.

▶ **Entscheidungen über Sozialleistungen:** Die Begründung, Feststellung, Änderung oder Aufhebung von Rechten und Pflichten nach dem SGB sind nur zulässig, soweit ein Gesetz sie vorschreibt oder zulässt (§ 31 SGB I).

▶ **Regelungen von Geldzuschüssen oder anderen Leistungen:** Verwaltungsbehörden sind ohne eine entsprechende inhaltlich bestimmte Ermächtigung durch den Gesetzgeber gemäß Art. 80 GG nicht befugt sind, Vorschriften darüber zu erlassen, ob, an wen und in welchem Umfang Leistungen gewährt werden

> *Beispiel: Die Festsetzung von Zuwendungen durch Verwaltungsvorschrift ist unwirksam (BVerwG, NVwz 2005, 587; siehe 23.5).*

Bei sonstigen **steuerfinanzierten Subventionen** soll als Rechtsgrundlage das Haushaltsgesetz bzw die Haushaltssatzung in Verbindung mit dem Haushaltsplan ausreichen. Dies ist in der Rechtsprechung grundsätzlich akzeptiert, aber wegen dess Gesetzesvorbehalts problematisch.

Gebot der Normenklarheit und Bestimmtheit

Gesetze müssen inhaltlich so klar und bestimmt sein, dass der Betroffene die Rechtslage erkennen und die ausführende Verwaltung für ihr Verhalten steuernde und begrenzende Handlungsmaßstäbe ableiten kann. **Anlass, Zweck und Grenzen** des Eingriffs müssen in der Ermächtigung grundsätzlich bereichsspezifisch, präzise und normenklar festgelegt werden (BVerfG, 13.6.2007, NJW 2007, 2464).

17.18.2 Grundsatz der Verhältnismäßigkeit

Praxis: Unverhältnismäßig ist es, einen hochqualifizierten Arbeitslosen zu verpflichten, sich auf geringqualifizierte Tätigkeiten zu bewerben, wenn noch Chancen auf einen adäquaten Arbeitsplatz bestehen.

Verfassungsrechtliche Grundlage

Der Grundsatz der Verhältnismäßigkeit wird aus dem Rechtsstaatsprinzip abgeleitet und hat Verfassungsrang. Er hat besondere Bedeutung bei Eingriffen in die Freiheitssphäre der Betroffenen und bei Ermessensentscheidungen, weil er die Befugnis der Verwaltung zu belastenden Maßnahmen erheblich beschränkt; denn auch scheinbar durch das Gesetz gedeckte Maßnahmen und Ermessensentscheidungen sind rechtswidrig, wenn sie gegen den Grundsatz der Verhältnismäßigkeit verstoßen.

Deshalb ist die Verwaltung verpflichtet, vor jeder Maßnahme sorgfältig zu prüfen, ob die Maßnahme den folgenden drei Geboten bzw. Verboten entspricht, die den Grundsatz der Verhältnismäßigkeit konkretisieren.

Geeignetheitsgebot: Nur die Maßnahmen sind zulässig, die geeignet sind, den angestrebten Zweck zu erreichen.

> *Beispiele: Wird ein Asylbewerber in Abschiebungshaft genommen, obwohl er nicht abgeschoben werden darf, so ist diese Maßnahme nicht geeignet, den gesetzlichen Zweck, die Sicherung der Abschiebung, zu erreichen.*

> *Einem chancenlosen Arbeitssuchenden dürfen nicht intensive Eigenbemühungen auferlegt werden.*

Übermaßverbot: Kann die Verwaltung ein bestimmtes Ziel durch verschiedene Maßnahmen erreichen, so darf sie nur die auswählen, die den Betroffenen oder die Allgemeinheit am wenigsten beeinträchtigt und zur Erreichung des Ziels unerlässlich ist.

> *Beispiel: Gefährdet ein psychisch Kranker weder sich noch andere, so ist eine geschlossene Unterbringung zu seiner Behandlung nicht erforderlich.*

Die Duldung eines Hausbesuchs darf nicht verlangt werden, wenn die vom Sozialhilfeträger für erforderlich gehaltenen Information auch durch Auskunft des Betroffenen bzw. Vorlage von Belegen erlangt werden kann.

Angemessenheitsgebot: Der Schaden, der durch eine rechtmäßige Maßnahme entsteht, darf nicht erkennbar im Missverhältnis zu dem angestrebten und erreichbaren Erfolg stehen.

Beispiele: Gegen das Angemessenheitsgebot verstößt die einem Alogeld II Empfänger auferlegte Verpflichtung, in einem „persönlichen Aktivitätenkalender" täglich sämtliche Bewerbungsbemühungen zu dokumentieren und sich persönliche Vorstellungen vom jeweiligen Arbeitgeber mit Unterschrift und Stempel bestätigen zu lassen (LfD NRW, Soz akt 2006, 87).

Die Auflösung einer friedlichen Versammlung wegen der Befürchtung, es könne zu Gewalttätigkeiten kommen, verstößt gegen das Angemessenheitsgebot, wenn konkrete Anhaltspunkte für unmittelbar bevorstehende Gewalttätigkeiten nicht vorliegen (BVerfG, 12.4.2001, NJW 2001, 2075 und BVerfG, 16.4.2005, NJW 2005, 3202).

Abwägung der Interessen

Die Grenzen für den staatlichen Eingriff sind durch Abwägung der in Betracht kommenden Interessen des Betroffenen und der Interessen der Verwaltung zu ermitteln.

Führt die Abwägung zu dem Ergebnis, dass die Interessen der Betroffenen im konkreten Fall ersichtlich wesentlich schwerer wiegen als diejenigen Belange, deren Wahrung die staatliche Maßnahme dient, so verletzt der gleichwohl erfolgte Eingriff den Grundsatz der Verhältnismäßigkeit (BVerfG, 1.4.2008, NJW 2008, 1287 zur Androhung von Zwangsgeld gegen den einen Umgang mit dem Kind ablehnenden Vater; VGH München, NJW 1989, 790 zum HIV-Test bei Einstellungsuntersuchungen:).

Berücksichtigung des Wunsches des Bürgers als Verfassungsgebot

Die Verpflichtung der Leistungsverwaltung, bei ihren Entscheidungen dem Wunsch und der Wahl des Berechtigten zu entsprechen, ist allgemein in § 33 Satz 2 SGB I und für verschiedene Leistungen zusätzlich in besonderen Vorschriften festgelegt. Dabei wird die Verpflichtung grundsätzlich auf die Berücksichtigung der Wünsche beschränkt, deren Erfüllung keine unverhältnismäßigen Mehrkosten verursacht:

§ 2 Abs. 2 – 4 SGB II; § 5 SGB VIII; § 9 SGB IX; § 9 Abs. 2 SGB XII.

Das Wunsch- und Wahlrecht des Berechtigten wird verfassungsrechtlich geschützt durch die allgemeine Handlungsfreiheit gemäß Art. 2 Abs. 1 GG (BVerfGE 106, 275). Sie darf deshalb weder vom Gesetzgeber noch von der Verwaltung unverhältnismäßig eingeschränkt werden.

Verfassungsrechtlich unzulässig sind deshalb Maßnahmen der Verwaltung, die dazu führen, dass dem Berechtigten keine Wahlmöglichkeit mehr bleibt, z. B. wenn die Verwaltung aufgrund einer Ausschreibung nur mit dem billigsten Anbieter eine Leistungsvereinbarung abschließt oder wenn sie einem freien Träger Gebietsschutz für den Sozialraum gewährt (OVG Berlin, 4.4.2005, RsDE 63 (2006), 67; OVG Hamburg, RsDE 59 (2005), 87; Bieback, ZfS 2007, 505, 73 ff.).

Nicht nur im Sozialleistungsrecht, sondern in allen Rechtsbereichen hat wegen des verfassungsrechtlichen Gebots die Verwaltung bei Ermessensentscheidungen und Entscheidungen, bei denen sie einen Beurteilungsspielraum hat, dem Wunsch des Betroffenen zu entsprechen, wenn kein sachlicher Grund besteht, anders zu entscheiden (→ 22. 1 und 22.2).

18.0 LANDESVERFASSUNGSRECHT

Die Landesverfassungen sind die höchsten Rechtsnormen des jeweiligen Bundeslandes. Sie stehen aber wie alle landesrechtlichen Rechtsvorschriften im Rang unter dem Recht der EU (→ 16.3.2) und dem Bundesrecht (Art. 31 GG). Große Bedeutung für die Verwaltungspraxis haben sie in den alten Bundesländern nicht erlangt.

Die Verfassungen einiger Bundesländer enthalten Regelungen, die sozialpolitische Staatsziele formulieren und dadurch das bundesverfassungsrechtliche Sozialstaatsgebot konkretisieren:

Beispiele: "Jedermann hat ein Recht auf Arbeit" (Artikel 24 Verfassung des Landes NRW)

"Das Land ist verpflichtet, im Rahmen seiner Kräfte durch eine Politik der Vollbeschäftigung und Arbeitsförderung für die Verwirklichung des Rechts auf Arbeit zu sorgen, welches das Recht jedes Einzelnen umfasst, seinen Lebensunterhalt durch frei gewählte Arbeit zu verdienen" (Artikel 48 Abs. 1 Verfassung des Landes Brandenburg).

Einklagbare subjektive Rechte räumen diese Verfassungsvorschriften dem Einzelnen nicht ein. Sie sind zwar von der Verwaltung und den Gerichten zu beachten, haben aber bisher für die soziale Arbeit kaum Bedeutung erlangt (zur Rechtswirkung der Staatszielbestimmungen siehe Kutscha ZRP 1993, 339).

19.0 STAATLICHE RECHTSVORSCHRIFTEN

Praxis: *Ein nach einem Wegeunfall schwerbehinderter Mensch fragt den Kran-kenhaussozialarbeiter, ob und welche Sozialleistungen er zukünftig beanspruchen kann, um sich und seine Familie zu unterhalten.*

Ein Arbeitsloser, gegen den die Agentur für Arbeit eine Sperrzeit von 12 Wochen verhängt hat, ist damit nicht einverstanden.

Ein SA/SP, der in einem Projekt für arbeitslose Jugendliche arbeitet, erhält den Auftrag zu ermitteln, welche von den 40 bestehenden Förderungsmöglichkeiten am günstigsten sind.

19.1 Gesetze

Rechtsgrundlage für alle wesentlichen Regelungen

Die Gesetze sind - nach dem Verfassungsrecht - die bedeutsamsten Rechtsvorschriften. Sie sind als **Rechtsgrundlage für alle wesentlichen Fragen des Lebens in der staatlichen Gemeinschaft** sowohl für Eingriffe in die Freiheitssphäre als auch für die Gewährung und Entziehung von staatlichen Leistungen erforderlich (siehe oben 16.6.1). Außerdem ist in den Verfassungen vorgesehen, dass der Bundestag bzw. die Landesparlamente bestimmte besonders bedeutsame Beschlüsse in Gesetzesform zu fassen hat.

Der SA/SP muss also bei jedem Eingriff bzw. jeder Leistung die einschlägige gesetzliche Vorschrift auffinden und prüfen, ob diese im konkreten Fall den Eingriff rechtfertigt bzw. einen Leistungsanspruch begründet.

Beispiel: *Für die Ermittlung der Sozialleistungen eines schwerbehinderten Arbeitnehmers, ist zweckmäßigerweise der Katalog der Sozialleistungen in §§ 18 - 29 SGB I durchzuarbeiten. In Betracht kommen u. U. Leistungen der gesetzlichen Kranken-, Renten- und Unfallversicherung, Arbeitslosengeld, Kindergeld und Kinderzuschlag und evtl. ergänzende Leistungen nach dem SGB XII.*

Die Agentur für Arbeit darf eine Sperrzeit nur verhängen, wenn die Voraussetzungen des § 144 SGB III erfüllt sind.

Überholte Terminologie

Der Begriff des Gesetzes ist mehrdeutig. Die überkommene Unterscheidung zwischen formellen und materiellen Gesetzen ist der sozialstaatlichen Gesetzgebung nicht angemessen, findet sich aber noch in der Literatur und Rechtsprechung und ist deshalb für das Verständnis wichtig.

Gesetze im materiellen Sinne

Gesetze im materiellen Sinne sind alle Rechtsvorschriften, die für eine unbestimmte Vielzahl von Personen (generell) zur Regelung einer unbestimmten Vielzahl von Sachverhalten (abstrakt) Rechte und Pflichten begründen.

Zu ihnen gehören die vom Parlament im Gesetzgebungsverfahren beschlossenen Rechtsvorschriften, z. B. das SGB mit seinen zwölf Büchern, das Aufenthaltsgesetz, das Asylverfahrensgesetz, die Polizeigesetze der Länder, aber auch Rechtsverordnungen und Satzungen der Selbstverwaltungsorgane (siehe 19.3 ff.).

Gesetze im formellen Sinne

Die Gesetze im formellen Sinne sind gleichzeitig Gesetze im materiellen Sinne, wenn sie - was meist der Fall ist - Rechte und Pflichten durch eine abstrakt-generelle Regelung begründen. Beschließt das Parlament aber einen Hoheitsakt, der derartige

Rechte und Pflichten für eine unbestimmte Vielzahl von Personen nicht begründet, handelt es sich nur im formellen Sinne.

Alle vom Parlament nach den Regeln des Gesetzgebungsverfahrens beschlossene Hoheitsakte sind Gesetze im formellen Sinne.

Beispiel: Ein formelles Gesetz von besonderer Bedeutung ist der Haushaltsplan. Durch den Haushaltsplan ermächtigt das Parlament die Verwaltung, Ausgaben in der im Haushaltsplan festgesetzten Höhe für den festgelegten Zweck zu leisten, z. B. Zuschüsse für den Bau von Altentagesstätten.

Ob die Verwaltung nach pflichtgemäßem Ermessen über die Zuschussgewährung entscheiden darf, wenn das Parlament nicht bestimmt hat, welche Personen unter welchen Voraussetzungen Zuwendungen in bestimmter Höhe erhalten sollen, ist zweifelhaft (→ 16.6.12).

Aus dem Gesetz über den Haushaltsplan kann einerseits ein Bürger/Verein aber keinen Anspruch auf einen bestimmten Zuschuss ableiten (§ 3 Absatz 2 BHO und entsprechende Länderregelungen; BVerfG, NJW 1975, 254). Anderseits kann der Haushaltsplan gesetzliche Ansprüche nicht einschränken oder ausschließen.

19.2 Rechtsverordnungen

Ermächtigung durch Gesetz

Der Bundes- bzw. Landesgesetzgeber kann durch ausdrückliche Gesetzesbestimmung ein Regierungs- oder Verwaltungsorgan ermächtigen, Rechtsverordnungen zu erlassen (für den Bund → Art. 80 GG).

Durchführung und Ausführung von Gesetzen

Rechtsverordnungen werden zur Durchführung und Ausführung von Gesetzen erlassen. Sie konkretisieren oft Rechte und Pflichten des Bürgers und nehmen dadurch der Verwaltung die Möglichkeit, bei nicht eindeutiger Regelung im Gesetz eine den Bürger benachteiligende Auslegung zu vertreten.

Beispiel: In der Regelsatzverordnung zur Durchführung des § 28 SGB XII werden Inhalt, Bemessung, Aufbau und Fortschreibung der Regelsätze festgelegt.

Zu 19.1 und 19.2 Verkündung

Verkündung

Gesetze, Rechtsverordnungen und sonstige Rechtsvorschriften müssen verkündet werden (Art. 82 GG). Bundesrecht wird im Bundesgesetzblatt veröffentlicht, Rechtsvorschriften der Bundesländer und anderer öffentlicher Träger im "Gesetz- und Verordnungsblatt", „Amtsblatt" oder in „Amtlichen Nachrichten".

Internetadressen

Bundesgesetze und Bundesrechtsverordnungen können gelesen werden z. B. unter www.gesetze-im-internet.de. Die Bundesministerien, die Gesetzestexte und amtliche Erläuterungen anbieten, sind erreichbar über www.bundesregierung.de.

Gesetze und Rechtsverordnungen der Länder sind über die Homepage des Landes bzw. eines Ministerium einseh- oder abrufbar

Beispiele: www.bayern.de, www.im-nrw.de, www.sachsen.de

19.3 Satzungen

Der Bundes- bzw. Landesgesetzgeber kann durch ausdrückliche Gesetzesbestimmung **juristische Personen des öffentlichen Rechts** bilden und diesen das Recht auf Selbstverwaltung sowie zum Erlass von Satzungen verleihen (z. B. Gemeinden, Kreise, Krankenkassen, Ärztekammern).

Satzungen sind Rechtsvorschriften, die - wie Gesetze und Rechtsverordnungen - alle Personen im Wirkungskreis der Selbstverwaltungseinheit berechtigen und verpflichten (formell-materielle Satzung) oder organisatorische Regelungen für den Bereich der Selbstverwaltung enthalten können (formelle Satzungen).

Beispiele für kommunale Satzungen: Der Gemeinderat beschließt aufgrund der in den Gemeindeordnungen/Gemeindeverfassungsgesetzen enthaltenen allgemeinen Ermächtigung zum Erlass von Satzungen eine Hauptsatzung sowie eine Satzung über die Ordnung in Übergangswohnungen.

Durch die Satzung für das Jugendamt bestimmt der Rat die Zusammensetzung und die Zuständigkeit des Jugendhilfeausschusses.

In der Haushaltssatzung setzt er einen Betrag von 200.000.- Euro zur allgemeinen Förderung der freien Verbände der Jugendhilfe an.

Beispiel für Satzungen der Bundesagentur für Arbeit: Anordnung (= Satzung) über die Pflichten des Arbeitslosen, sich um eine Beschäftigung zu bemühen bzw. Vorschlägen der Agentur für Arbeit zu folgen (§ 152 SGB III).

Satzungen dürfen nicht gegen geltendes Recht verstoßen: Die KiTa-Satzung einer Gemeinde darf nicht die Amtshaftung einschränken (BGH, 21.6.2007, NVwZ 2008, 238).

19.4 Gewohnheitsrecht

Entstehung von Gewohnheitsrecht

Gewohnheitsrecht entsteht durch

▶ **gleichmäßige und allgemeine Praxis** (objektiv) und

▶ die **Überzeugung der beteiligten Bürger von der Rechtmäßigkeit** dieser Praxis (subjektiv).

Eine bestimmte Verwaltungspraxis und eine einheitliche Rechtsprechung reichen für sich allein allerdings zur Entstehung von Gewohnheitsrecht nicht aus.

Auch durch wiederholtes bzw. langdauerndes behördliches Verhalten in einem Einzelfall kann kein Gewohnheitsrecht entstehen (zur Selbstbindung der Verwaltung durch gleichmäßige Verwaltungspraxis siehe 25.2).

Beispiel: Hat das Jugendamt ein Kind jahrelang ohne die erforderliche Pflegeerlaubnis bei Pflegeeltern belassen, so entsteht kein "Gewohnheitsrecht" der Pflegeeltern, Pflegekinder ohne Pflegeerlaubnis aufnehmen zu dürfen.

Bedeutung im Verwaltungsrecht

Das geschriebene Verwaltungsrecht erfasst viele Verwaltungstätigkeiten nicht bzw. genügt den Anforderungen des Grundgesetzes nicht. Deshalb haben die Zivil-, Verwaltungs- und Sozialgerichte zur Ausfüllung von Regelungslücken Rechtsgrundsätze entwickelt, die inzwischen als Gewohnheitsrecht anerkannt sind.

Beispiele: Rechte und Pflichten aus dem Verwaltungs-/Sozialrechtsverhältnis (siehe 28.0 und 48.5), Folgenbeseitigungsanspruch (→ 48.6), Herstellungsanspruch (→ 48.7), Aufopferungsanspruch (→ 48.9).

Durch Gewohnheitsrecht können keine Eingriffbefugnisse der Verwaltung begründet werden (→ 16.6.1).

20.0 VERWALTUNGSVORSCHRIFTEN

Praxis: Durch "Dienstanweisung für das Sozialamt" wird den Sachbearbeitern vorgeschrieben, wie das SGB XII anzuwenden ist.
Eine "Konzeption für die Jugendschutzstelle" regelt das Verhalten der Mitarbeiter.
Der Bundesminister für Bildung und Wissenschaft erlässt eine Allgemeine Verwaltungsvorschrift zum Bundesausbildungsförderungsgesetz.

20.1 Begriff und Arten

Begriff

Verwaltungsvorschriften sind verwaltungsinterne Anweisungen

► der übergeordneten Behörden an nachgeordneten Behörden,

► des Dienstvorgesetzten an unterstellte Bedienstete.

Verwaltungsvorschriften regeln die Organisation der Verwaltung. Sie befassen sich mit dem Verwaltungsverfahren oder bestimmen den Vollzug von Gesetzen.

Unzulässig und unwirksam sind Verwaltungsvorschriften, die den Kreis der Leistungsberechtigten, die Voraussetzungen und Höhe von Leistungen bestimmen sollen (→ 19.6.1.2).

Bezeichnungen von Verwaltungsvorschriften

Verwaltungsvorschriften heißen z. B. Richtlinie, (Rund)-Erlass, Rundverfügung, Allgemeine Verfügung, Durchführungsbestimmung, Verwaltungsverordnung, Ausführungsvorschrift, Geschäftsverteilungsplan, Dienstanweisung, Hausordnung.

Inhaltliche Unterscheidung

Nach ihrem Inhalt lassen sich Verwaltungsvorschriften unterscheiden:

► **organisatorische** - zur Regelung des internen Dienstbetriebes
   Beispiele: Dienstanweisung über die Unterschriftsbefugnis der SA/SP, Benutzung von Dienstfahrzeugen, Aktenführung und Sicherung der Akten vor dem Zugriff Unbefugter, Führen privater Telefongespräche.

► **norminterpretierende** - zur Auslegung von Rechtsvorschriften
   Beispiele: Verwaltungsvorschriften zum BAföG, zum BKGG, zum Wohngeldgesetz, Richtlinien zur Abschiebungs- und Sicherungshaft.

► **normkonkretisierende** - zur inhaltlichen Ausfüllung von Rechtsvorschriften
   Beispiel: „Anhaltspunkte für die ärztliche Gutachtertätigkeit" zur Feststellung des Grades der Behinderung nach § 69 SGB IX.

► **ermessenslenkende** - zur Ausfüllung des Ermessensspielraums
   Beispiele: "Polizeigewahrsamsordnung", "Richtlinien über die Ermessensausübung bei Entscheidungen über die Ausweisung".

Befugnis zum Erlass

Der Erlass von Verwaltungsvorschriften bedarf keiner gesetzlichen Ermächtigung: Jeder Verwaltungsträger kann für seinen Bereich Verwaltungsvorschriften erlassen. Diese dürfen aber ohne gesetzliche Ermächtigung nicht regeln, ob und in welchem Umfang Beihilfen, Zuwendungen usw. zu gewähren sind, weil es die Verwaltung sonst in der Hand hätte, Leistungen unter Ausschluss des Gesetzgebers zu bestimmen (BVerwG, ZTR 2005, 111).

Deshalb handelt es sich inhaltlich um **Rechtsvorschriften** und nicht um Verwaltungsvorschriften, wenn eine Verwaltungsbehörde abstrakt-generelle Regelungen erlässt, die rechtliche Außenwirkung gegenüber dem Bürger entfalten und auf diese Weise dessen subjektiv-öffentlichen Rechte unmittelbar berühren. Zum Erlass von Rechtsvorschriften sind aber Verwaltungsbehörden ohne entsprechende gesetzliche Ermächtigung nicht berechtigt.

Beispiel: Durch Verwaltungsvorschrift können einmalige Sozialleistungen nur pauschaliert werden, wenn und soweit das Gesetz es zulässt (§ 23 Abs. 3 Satz 5 SGB II). Für Heizungskosten kann durch Verwaltungsvorschft keine Pauschalierung erfolgen (§ 22 SGB II; LSG Rhld.-Pf., 4.10.2006, NVwZ 2007, 503).

20.2 Bindungswirkung der Verwaltungsvorschriften

Bindung der nachgeordneten Stellen/Bediensteten

Verwaltungsvorschriften binden die nachgeordneten Behörden/Bediensteten. Sie begründen grundsätzlich aber **keine Rechte und Pflichten für den Bürger.** Auch die Gerichte sind nicht an sie gebunden (BVerfG, NJW 1989, 666).

Abweichend davon wird angenommen, dass normkonkretisierende Verwaltungsvorschriften wie z. B. die „Anhaltspunkte für die ärztliche Gutachtertätigkeit" als „antizipierte Sachverständigengutachten" auch die Gerichte binden und nicht durch Einzelfallgutachten widerlegt werden können (BSG, 18.9.2003, BSGE 91, 205; BVerfG, NJW 1995, 3049;siehe § 30 Abs. 17 BVG).

Die Beschlüsse des Gemeinsamen Bundesausschusses zu Leistungen der gesetzlichen Krankenversicherung (www.g-ba.de)sind u. a. für die Versicherten, die Krankenkassen und die zugelassenen Krankenhäuser verbindlich (§ 91 Abs. 6 SGB V), unterliegen aber eingeschränkter gerichtlicher Kontrolle (BSG, 31.5. 2006 BeckRS 2006 43912; kritisch Kingreen, NZS 2007, 113).

Bindung anderer Verwaltungsträger

Will ein Verwaltungsträger Verwaltungsvorschriften **mit Wirkung gegen einen anderen Verwaltungsträger erlassen** z.B. der Bund für die Länder, das Land für die Gemeinden, ist dafür eine gesetzliche Grundlage erforderlich (Art. 84 Abs. 2 und 85 Abs. 2 GG). Fehlt eine derartige Grundlage bindet die Verwaltungsvorschrift den anderen Verwaltungsträger nicht.

Beispiel: Die Allgemeine Verwaltungsvorschrift zum Bundesausbildungsförderungsgesetz bindet die Landesämter für Ausbildungsförderung, die Studentenwerke der Hochschulen und die Ämter für Ausbildungsförderung bei den Kommunen, weil die Länder das Gesetz im Auftrage des Bundes auszuführen haben (§ 39 BAföG; Artikel 85 GG; siehe auch 5.3.2).

Verwaltungsvorschriften als anspruchsbegründende Rechtsnormen

Obwohl Verwaltungsvorschriften unmittelbar nur verwaltungsintern verbindlich sind, können sie über den Gleichheitssatz (Art. 3 GG) bzw. über den Grundsatz des Vertrauensschutzes praktisch die Bedeutung von Rechtsnormen erlangen, d. h. auch für Bürger und Gerichte verbindlich werden.

Von Verwaltungsvorschriften, die Richtlinien für die Ausübung des Ermessens zum Inhalt haben und von einer Behörde ständig angewandt werden, darf diese wegen des **Gleichheitssatzes** nicht ohne sachlichen Grund abweichen (BVerwG,DÖV 1985, 682). Bei Verwaltungsvorschriften, die dem begünstigten Personenkreis bekanntgemacht worden sind, nimmt die Rechtsprechung wegen des **Vertrauensgrundsatzes** sogar eine Bindung vor der ersten Praktizierung an (BVerwG, DVBl. 1982, 196).

Verwaltungsvorschriften zur Ausfüllung eines Ermessensspielraumes müssen eine Abweichung zulassen, soweit **wesentliche Besonderheiten im konkreten Fall** vorliegen (BVerwG, NJW 1980,75). Daraus ergibt sich, dass kein Sachbearbeiter und kein SA/SP im Falle einer besonderen Problematik sich damit begnügen darf, auf derartige Verwaltungsvorschriften zu verweisen. Er ist vielmehr verpflichtet auf dem Dienstwege zu versuchen, die Zustimmung des zuständigen Vorgesetzten zu einer der besonderen Problematik des Falles entsprechenden abweichenden Entscheidung zu erreichen.

Bedeutung für die soziale Praxis

Für die soziale Beratungspraxis sind insbesondere die Verwaltungsvorschriften von Bedeutung, die festlegen, wie unbestimmte Rechtsbegriffe zu verstehen und Ermessensspielräume praktisch zu handhaben sind. Sie führen dazu, dass die Sachbearbeiter ihr Handeln nicht am Gesetz und an den Besonderheiten des Einzelfalls orientieren, sondern am Gesetzesverständnis der übergeordneten Instanz, das u.U. von **einseitiger Auslegung** geprägt ist.

Außerdem sind Verwaltungsvorschriften häufig interpretationsfähig und werden von den Verwaltungen nicht einmal stets richtig angewandt. Sachbearbeiter übersehen z. B. mögliche Ausnahmen, berufen sich aber auf „ihre" Vorschriften, die dem betroffenen Bürger nicht bekannt sind und wegen einer angeblichen Dienstpflicht zur Verschwiegenheit häufig nicht mitgeteilt werden. Damit wird der Betroffene einem "Geheimrecht" und der Entscheidungsgewalt einer nach diesem Internrecht handelnden Behörde unterworfen. Dieser Zustand der Intransparenz ist zumindest im Bereich elementarer Lebensbedürfnisse verfassungswidrig (→ 17.5.4).

Der SA/SP sollte sich deshalb Kenntnis von den für seinen Arbeitsbereich wichtigen Verwaltungsvorschriften verschaffen, deren Inhalt kritisch prüfen und ratsuchende Bürger darüber informieren (siehe 30.0).

Fachkräfteprivileg

Verwaltungsvorschriften, die von einer weisungsberechtigten Behörde oder einem Vorgesetzten erlassen werden, binden die Beamten, Angestellten und Praktikanten unmittelbar als dienstliche Weisung. Die Nichtbefolgung stellt grundsätzlich eine Verletzung der dienst-/arbeitsrechtlichen Pflichten dar. Deshalb geht der SA/SP ein Risiko ein, wenn er sie nicht befolgt. Er kann aber Klage beim Arbeitsgericht auf Feststellung erheben, dass die Weisung rechtswidrig und damit unwirksam ist.

Verwaltungsvorschriften zur Durchführung des SGB VIII und des SGB XII müssen beachten, dass diese Gesetze von Fachkräften durchzuführen sind, um zu gewährleisten, dass die nach fachlicher Prüfung im Einzelfall als notwendig festgestellte Jugendhilfe bzw. Sozialhilfe geleistet wird. Die fachliche Ausfüllung von unbestimmten Rechtsbegriffen und Ermessensspielräumen im Einzelfall hat das Gesetz den Fachkräften übertragen (siehe z. B. §§ 8a und 36 Abs. 2 SGB VIII). Diese gesetzlichen Entscheidungsspielräume können durch Verwaltungsvorschriften nicht eingeschränkt werden (von Sturm ZfSH/SGB 1989, 238, 251).

Beispiel: Rechtswidrig wäre eine Verwaltungsvorschrift, die eine erzieherische Hilfe davon abhängig macht, dass die Personensorgeberechtigten darin einwilligen, dass der die Hilfe leistende freie Träger das Jugendamt über die bei der Hilfe bekannt gewordenen personenbezogenen Daten informiert.

Gesetzwidrig wäre diese Verwaltungsvorschrift, weil sie die im Gesetz genannten Anspruchsvoraussetzungen um eine weitere vermehrt. Dazu ist die Verwaltung aber nicht berechtigt. Sie hat Gesetze nicht nach ihrem Gutdünken zu „verbessern" (zur datenschutzrechtlichen Problematik → 32.2.1).

20.3 Verwaltungsvorschriften ohne Bindungswirkung

Empfehlungen

Von den im Über-/Unterordnungsverhältnis erlassenen Verwaltungsvorschriften sind die zu unterscheiden, die bloß empfehlenden Charakter haben, weil die erlassende Behörde gegenüber der anderen Behörde nicht weisungsberechtigt ist.
Beispiel: Richtlinien eines Landesjugendamtes nach § 89 Abs. 2 Nr. 1 SGB VIII haben nur empfehlenden Charakter für die Jugendämter der Kreise und Gemeinden, weil das SGB VIII in Verbindung mit dem Landesausführungsrecht als Selbstverwaltungsangelegenheit auszuführen ist (§ 69 SGB VIII).

Der für die Jugendhilfe zuständige Landesminister und die Bundesregierung sind zwar nicht weisungsbefugt (§§ 83 - 84 SGB VIII). Da sie aber zur Förderung von Einrichtungen und Veranstaltungen der Jugendhilfe berechtigt und verpflichtet sind, können sie über das Mittel der Finanzierung und die Festlegung fachlicher Standards erheblichen Einfluss auf die Entwicklung der Jugendhilfe nehmen und sich entsprechende Kontrollmöglichkeiten verschaffen (Landesjugendpläne, Bundesjugendplan).

Übernahme von Empfehlungen in Verwaltungsvorschriften

Nicht selten werden auch "Richtlinien" oder "Empfehlungen", die von anderen nichtweisungsberechtigten Behörden, Arbeitskreisen, Arbeitsgemeinschaften, Fachvereinigungen usw. erarbeitet werden, dadurch zu verbindlichen Verwaltungsvorschriften, dass eine übergeordnete Behörde oder ein weisungsberechtigter Vorgesetzter ihre Verbindlichkeit anordnet.

Beispiele: Der Deutsche Verein für öffentliche und private Fürsorge hat Empfehlungen für die Grundsicherung für Arbeitssuchende bei Zuflucktnahme im Frauenhaus veröffentlicht (NDV 2005, 42).

Die öffentlichen Träger der Sozialhilfe werden durch diese Empfehlungen nicht gebunden (BVerwG, FEVS 53,289). Jedoch kann der weisungsberechtigte Vorgesetzte anordnen, dass alle Bediensteten die "Empfehlungen" ganz oder teilweise als verbindliche Weisung zu beachten haben.

20.4 Bekanntmachung der Verwaltungsvorschriften

Veröffentlichung und Bezugsmöglichkeit

Die Bekanntmachung der Verwaltungsvorschriften des **Bundes** zur Ausführung von Bundesgesetzen erfolgt in der Regel im Gemeinsamen Ministerialblatt und im Bundesanzeiger:

www.bundesanzeiger.de

Verwaltungsvorschriften der **Länder** werden in Ministerialblättern, Amtsblättern usw. veröffentlicht. Diese können von jedem Bürger einzeln oder im Abonnement bezogen werden. Eine Reihe von Bundesländern stellen Verwaltungsvorschriften ihrer Ministerien ins Internet. Sie sind zu erreichen über das Justizportal des Bundes und der Länder: **http://www.justiz.de/BundLaender**

In **Gemeinden, Kreisen** werden die an bestimmten Verwaltungsvorschriften Interessierten oft direkt informiert, z.B. die Jugendverbände über die Richtlinien zur Jugendförderung.

Pflicht zur fallbezogenen Information über Verwaltungsvorschriften

Das Bundesverwaltungsgericht hatte den Beteiligten eines Verwaltungsverfahrens nur einen Anspruch auf Auskunft hinsichtlich der **im konkreten Fall für die Rechtsverfolgung nötigen Informationen** über derartige Verwaltungsvorschriften zugebilligt (NJW 1981, 535; NJW 1984, 2590).

Veröffentlichung anspruchskonkretisierender Verwaltungsvorschriften

Inzwischen leitet das Bundesverwaltungsgericht aus dem Rechtsstaatsprinzip und der Rechtsschutzgarantie (Art. 20 Abs. 3 und Art. 19 Abs. 4 GG) eine Pflicht zur Veröffentlichung anspruchskonkretisierender Verwaltungsvorschriften ab, die sich unmittelbar auf die Rechte des Betroffenen auswirken können und somit Außenwirkung haben.

Die Veröffentlichung kann in dem für den Verwaltungsträger für die Veröffentlichung von Rechtsnormen vorgeschriebenen amtlichen Medium erfolgen. Ob auch eine andere Art und Weise der Bekanntmachung, z.B. durch eine unmittelbare Übergabe des Vorschriftentextes an die Betroffenen, ausreichend wäre, hat das Gericht offen gelassen. Die Aushändigung eines Merkblattes reicht auf keinen Fall aus.

Anspruchskonkretisierende Verwaltungsvorschriften, die nicht ordnungsgemäß bekanntgegeben werden, sind unwirksam (BVerwG, 25.11.2004,NVwZ 2005, 602).

Dagegen hält das Gericht ermessenslenkende Verwaltungsvorschriften für nur verwaltungsintern steuernde, die keiner Bekanntgabe bedürfen. Das ist fraglich, weil Ermessensentscheidungen sich unmittelbar auf das Recht des Betroffenen auf ermessensfehlerfreie Ermessensentscheidung auswirken können und demgemäß auch Außenwirkung haben.

Pflicht zur Bekanntmachung von Verwaltungsvorschriften im Rahmen der Aufklärung der Bevölkerung

Eine Verpflichtung zur **Bekanntmachung von Verwaltungsvorschriften**, soweit sie für den Bürger von wesentlicher Bedeutung sind, besteht für die Sozialleistungsträger nach **§ 13 SBG I**; denn die Aufklärung über Rechte und Pflichten im Sinne dieser Vorschrift umfasst auch die Information über die verwaltungsübliche Auslegung der Rechtsvorschrift (→ 30.5).

Die Leistungsträger sind allerdings nicht zur Bekanntmachung des Wortlauts der Verwaltungsvorschrift verpflichtet. Sie können in Broschüren oder in Dateien zum Nachlesen bzw. Download im Internet den Inhalt der gesetzlichen Vorschriften und der einschlägigen Verwaltungsvorschriften wiedergeben.

Diese Informationen können SA/SP und ratsuchenden Menschen einen ersten Überblick über das jeweilige Gesetz geben. Jedoch ist zu bedenken, dass der Inhalt die Regierungs- bzw. Verwaltungsmeinung unkritisch wiedergibt und deshalb nicht alle Möglichkeiten aufzeigt, die für die Leistungsberechtigten bzw. Betroffenen bestehen.

Die Leistungsträger bieten im Rahmen ihrer Aufklärungsverpflichtung zahlreiche Informationen an. Die Bundesregierung (www.bundesregierung.de) und die Bundesministerien sind besonders aktiv.

Recht auf Zugang zu Verwaltungsvorschriften (Informationsfreiheitsgesetze)

In den Verfassungen der Länder Brandenburg, Sachsen-Anhalt, Mecklenburg-Vorpommern und Thüringen sind unterschiedlich begrenzte Informationsrechte über amtliche Unterlagen vorgesehen.

Für die Behörden des Bundes und der meisten Bundesländer einschließlich der Kommunalverwaltungen gelten Informationsfreiheitsgesetze. Hiernach hat jeder Bürger auf Antrag freien Zugang zu den vorhandenen Informationen z. B. zu verwaltungsinternen Weisungen zur Sozialhilfe (→ 30.3). Ausgenommen vom Zugangsrecht sind personenbezogene Daten sowie Betriebs- und Geschäftsgeheimnisse (§§ 5, 6 IFG Bund).

Beispiel: *Dem Vorsitzenden eines Erwerbslosenvereins wird auf seinen Antrag das „Handbuch zur Sozialhilfe", das die Sachbearbeiter einer Stadtverwaltung in NRW als Geheimsache zu hüten hatten, ausgehändigt.*

Der Verein erreicht durch Klage gegen die Bundesagentur, dass sich diese im Verhandlungstermin vor dem Sozialgericht verpflichtet, sämtlich internen Weisungen – einige tausend Dokumente – im Internet zu veröffentlichen (siehe: www.tacheles-sozialhilfe.de).

Die Behörden können Gebühren für die Verschaffung des Zugangs verlangen.

Gegen die Ablehnung der Information ist Widerspruch und Klage zulässig. Außerdem kann der Bundes-/Landesbeauftragte für die Informationsfreiheit angerufen werden.

Anspruch der Betroffen auf Information im Sozialleistungsrecht

Im Rahmen des Sozialleistungsrechts besteht ein individueller Anspruch des Bürgers auf Information über für ihn bedeutsame Verwaltungsvorschriften gemäß § 14 SGB I: Die Beratung erstreckt sich auch darauf, wie der Leistungsträger offene gesetzliche Formulierungen verwaltungsüblich, d.h. durch Verwaltungsvorschriften auslegt; denn nach dem Inkrafttreten der Informationsfreiheitsgesetze können Angehörige der öffentlichen Verwaltung die gestzlich vorgeschriebene Information über Verwaltungsvorschriften nicht mehr wegen ihrer arbeits-/dienstrechtlichen Geheimhaltungspflicht unterlassen (siehe 30.3.4).

20.5 Sonderverordnungen

Begriff

Der Begriff der Sonderverordnungen ist von der Verwaltungsrechtswissenschaft für solche Verwaltungsvorschriften entwickelt worden, die zum Inhalt haben, die **innere Ordnung und die Rechte und Pflichten der Bürger in Sonderrechtsverhältnissen** früher "besondere Gewaltverhältnisse" genannt - zu regeln (→ 28.0; Stober, 1999, § 25 Rn 43 ff.). Ein Sonderrechtsverhältnis liegt vor, wenn der Bürger in besonders starkem Maße von der Verwaltung abhängig und durch ein besonderes Rechtsverhältnis oft auch räumlich in den Bereich der Verwaltung eingegliedert ist.

Beispiele: Schüler, Studenten, Beamte, Wohnungslose in Notunterkünften, Kinder in Kindertagesstätten, Jugendliche in Jugendzentren bzw. Kinderheimen, Kranke in Krankenhäusern, alte Menschen im Altenheim, Asylbewerber in Sammelunterkünften, Gefangene im Strafvollzug, Empfänger von Sozialleistungen.

Bezeichnungen

Die Bezeichnungen für die Sonderverordnungen sind unterschiedlich: Schulordnung, Dienstordnung, Hausordnung, Benutzungsordnung.

Rechte der Menschen in Sonderrechtsverhältnissen

Lange Zeit waren Verwaltung und Rechtsprechung davon ausgegangen, dass die Verwaltung in einem rechtlichen zulässigen Sonderrechtsverhältnis gewohnheitsrechtlich berechtigt sei, Rechte und Pflichten der Bürger ohne gesetzliche Ermächtigung und ohne Bindung an die Grundrechte zu regeln, soweit der Zweck des Sonderrechtsverhältnisses dies erfordere.

Beispiel: Die Post Jugendlicher in öffentlicher Erziehung wurde oft von den Erzieher/innen vollständig zensiert, obwohl Artikel 10 GG das Postgeheimnis garantierte und es kein Gesetz gab, das einen Eingriff in das Briefgeheimnis für die Jugendlichen in öffentlicher Erziehung einschränkte.

Das Bundesverfassungsgericht hat diese Auffassung für verfassungswidrig erklärt: Der **Bürger bleibt auch im Sonderrechtsverhältnis Bürger mit allen Grundrechten und sonstigen Rechten und Pflichten** und wird nicht zum Objekt des Verwaltungshandelns. Alle Eingriffe in seine Rechte sind nur auf gesetzlicher Grundlage zulässig (siehe 16.6.1). Seine Grundrechte sind nur nach Maßgabe der Grundrechtsbestimmungen selbst einschränkbar (BVerfG, NJW 1972, 811; Stober I, § 25 Rn 44).

Beispiel: *Die Überwachung des Schriftwechsels von erwachsenen Strafgefangenen ist gemäß §§ 29 ff. Strafvollzugsgesetz zulässig. Sie erfolgt "aus Gründen der Behandlung oder der Sicherheit oder Ordnung der Anstalt" (§ 29 Abs. 3 StVollzG) und darf deshalb nicht zu anderen Zwecken eingesetzt werden.*

Die Strafvollzugsanstalt hat insbesondere das Grundrecht auf Schutz der Privatsphäre beachten, die u. a. auch vertrauliche Mitteilungen an Verwandte, Ehegatten und sonstige Vertrauenspersonen umfasst (Art. 2 Abs. 1 in Verbindung mit Art. 1 Abs. 1 GG).

Es ist ihr deshalb nicht gestattet, wegen beleidigender Äußerungen über Vollzugsbeamte, die in Briefen an Gefangene von deren Vertrauenspersonen gemacht werden, Strafantrag zu stellen. Aus diesem Grund hat das Bundesverfassungsgericht die Verurteilung einer Studentin der Rechtswissenschaft aufgehoben, die in einem an ihren inhaftierten Bruder gerichteten Brief die Vollzugsbediensteten als "Kretins" (Schwachsinnige), als "geil" und "pervers" bezeichnet und mit KZ-Aufsehern verglichen hatte (BVerfG, NJW 1995, 1015).

Maßnahmen im Sonderrechtsverhältnis, die nicht in Rechte des Betroffenen eingreifen, bedürfen keiner gesetzlichen Grundlage (→ zur Abgrenzung 40.2.5).

21.0 GERICHTSENTSCHEIDUNGEN

Rechtliche Bindung nur der Parteien des Rechtsstreits

Gerichte entscheiden in aller Regel einen Einzelfall. Gerichtsentscheidungen binden deshalb **nur die Parteien des Rechtsstreits** im Hinblick auf den entschiedenen Sachverhalt. Andere Personen, andere Behörden und Gerichte sind nicht an eine gerichtliche Entscheidung gebunden. Selbst das entscheidende Gericht kann seine Rechtsauffassung in späteren Verfahren jederzeit ändern oder aufgeben.

Bedeutung höchstrichterlicher Grundsatzentscheidungen für die Praxis

Trotz dieser Beschränkung der Rechtwirkung können Entscheidungen der höchsten Gerichte (z. B. des EGMR, EuGH, BVerfG, BVerwG, BSG, BGH und des BAG) eine wertvolle **Hilfe bei der Auslegung von Rechtsvorschriften und der Durchsetzung von Rechtsansprüchen** sein; denn die unterinstanzlichen Gerichte und die Verwaltungsbehörden weichen nur bei kontroversen höchstrichterlichen Entscheidungen oder mit sehr gewichtigen neuen Gründen von der Rechtsprechung der höheren Instanz ab, um eine Aufhebung ihrer Entscheidungen zu vermeiden.

Gesetzeskraft von Entscheidungen des Bundesverfassungsgerichts

Gesetzeskraft, d. h. allgemeine verbindliche Wirkung für Bürger, Verwaltung und Gerichte, haben nur die Entscheidungen, durch die das Bundesverfassungsgericht eine Vorschrift eines Gesetzes oder ein Gesetz als mit dem GG oder sonstigem Bundesrecht vereinbar oder unvereinbar oder für nichtig erklärt (§ 31 Abs. 2 BVerfGG). Das Bundesverfassungsgericht kann in einem solchen Fall auch Vollzugsanordnungen treffen, die Gesetzeskraft haben.

Beispiel: *Das BVerfG hat Vorschriften für verfassungswidrig und nichtig erklärt, die eine heimliche Infiltration eines informationstechnischen Systems zuließen, um die Nutzung zu überwachen und die gespeicherten Daten zu lesen (BVerfG, 27.2.2008, NJW 2008, 822).*

Bedeutung für die SA/SP

Gerichtsentscheidungen müssen sich an den Vorgaben der geltenden Rechtsordnung orientieren und geraten daher oft in Kollision mit der gesellschaftlichen Wirklichkeit und/oder den sozialen Bedürfnissen einzelner. Dies liegt zum Teil an den Gesetzen, zum Teil an deren Anwendung in Einzelfällen, in denen besondere Fachkenntnisse und fachliche Erfahrung gefragt wären: Richter, deren Ausbildung vornehmlich rechtstheoretisch geprägt ist, verfügen in der Regel nicht über die sozialwissenschaftlichen Fachkenntnisse, die z. B. bei der Anwendung des Jugendrechts und des Sozialhilferechts für die Beurteilung der Situation eines Menschen und für die Auswahl der richtigen Maßnahme vom Gesetzgeber ausdrücklich vorausgesetzt werden (§ 72 SGB VIII; § 6 SGB XII; → 25.1.2.1).

Trotz der berechtigten Kritik an manchen gerichtlichen Entscheidungen darf aber nicht übersehen werden, dass Gerichte aller Instanzen häufig Maßnahmen der Verwaltung wegen Verstoß gegen gesetzliche Vorschriften bzw. Verfassungsgrundsätze für rechtswidrig erklärt und damit sozial angemessene Lösungen ermöglicht und durchsetzbar gemacht haben.

Nicht selten sind auch Entscheidungen, mit denen die Gerichte – recht peinlich für SA/SP - die Jugend- und Sozialverwaltung in ihre verfassungsrechtlichen und gesetzlichen Grenzen gewiesen haben und darin deutlich machen, was aus fachlicher Sicht geboten ist und dass die Rechtsordnung einer vertrauenswürdigen, partnerschaftlichen Sozialarbeit nicht entgegensteht, sondern diese fordert.

Beispiel: *Das Oberlandesgericht Hamm lehnte es ab, dem Antrag eines Jugendamtes zu entsprechen und Familienhelferinnen der Diakonie, die in einer*

Familie sozialpädagogische Familienhilfe geleistet hatten, als Zeuginnen in einem Verfahren wegen Sorgerechtsentzug zur Aussage zu zwingen: "Es wäre für die Eltern schlechthin unerträglich, wenn sie hinnehmen müssten, dass die Familienhelferin als Zeugin in gerichtlichen Verfahren einzelne Vorgänge aus ihrem Familienleben offenbaren müsste, etwa auch solche zum intimsten Lebensbereich gehörende Vorgänge wie die Art und Weise der Austragung von Beziehungskonflikten der Eltern untereinander und deren Auswirkungen auf die Kinder" (JMBl. NW. 1991, 282 = Recht-Info "Caritas in NRW" 1992, 41).

Informationspflicht der SA/SP und der Arbeitgeber

Die Kenntnis von Gerichtsentscheidungen kann den SA/SP die Möglichkeit geben, Ansprüche durchzusetzen bzw. sich gegen Eingriffe zu wehren, und so ein wirksames Gegengewicht gegen die oft gegebene Übermacht der Verwaltung bilden.

Ein SA/SP, der die Rechtsprechung in seinem Aufgabengebiet kennt und laufend in den einschlägigen Fachzeitschriften oder im Internet verfolgt, kann aufgrund dieser Information oft den Betroffenen zu ihrem Recht verhelfen und nachteilige Verwaltungsmaßnahmen verhindern bzw. deren Aufhebung erreichen.

Jeder SA/SP ist, wenn er in Rechtsfragen berät, wie jeder andere Berater verpflichtet, die für seinen Arbeitsbereich bedeutsame Rechtsprechung, insbesondere die einschlägige höchstrichterliche Rechtsprechung zu kennen und zu verfolgen (BGH, 25. 10.2006, NJW 2007, 428 zur Haftung eines Mietervereins). Der Arbeitgeber hat ihm die einschlägige Rechtsprechung zugänglich zu machen (→ 16.1).

Viele Arbeitgeber erfüllen ihre Informationspflicht nicht in vollem Umfang. SA/SP, die ihrem beruflichen Selbstverständnis gemäß sich bei der Arbeit nicht auf die vom Arbeitgeber gebotenen Möglichkeiten beschränken, sondern für die betroffenen Menschen die bestmögliche Lösung erreichen wollen, werden deshalb die Rechtsprechung verfolgen, soweit sie für ihren Tätigkeitsbereich einschlägig ist, und für die betroffenen Menschen nutzen.

Informationsmöglichkeit durch Fachliteratur

Einen Überblick über die Rechtsprechung bieten **Kommentare,** in denen die gesetzlichen Vorschriften paragraphenweise erläutert werden, sowie **Lehrbücher** und **Monografien** mit systematischen Darstellungen eines Gesetzes oder Rechtsgebiets.

Über die aktuelle Rechtsprechung informieren auch **Fachzeitschriften** und die Zeitschriften der Wohlfahrts-, Fachverbände, Selbsthilfegruppierungen und der sonstigen Zusammenschlüsse (z. B. info-also, Sozialrecht-aktuell).

Auch wenn es sich um wissenschaftliche Veröffentlichungen handelt, lassen sich stets gewisse **Tendenzen** feststellen. Stammt die Veröffentlichung aus einem Verlag, der Bücher oder Zeitschriften für die öffentliche Verwaltung herstellt oder steht der Verfasser der öffentlichen Verwaltung nahe, werden meist die in der Verwaltung herrschenden Ansichten wiedergegeben. Dagegen zeigt sich bei anderen Verfassern und den Veröffentlichungen aus dem Bereich der freien Träger, der Fachverbände und der Selbsthilfegruppen meist eine Tendenz, die Gesetze so auszulegen, dass die Rechte der Leistungsberechtigten bzw. Betroffenen möglichst weitgehend verwirklicht werden.

Beispielsweise seien genannt: Brühl/Sauer, Mein Recht auf Sozialleistungen, Münder, FK-SGB VIII, LPK-SGB II, Arbeitslosenprojekt TuWas "Leitfaden für Arbeitslose".

Internetadressen

Im Internet sind zunehmend Möglichkeiten vorhanden, sich kostenlos über aktuelle Urteile zu informieren (z. B. www.bverfg.de; www.sozialgerichtsbarkeit; www.bundesverwaltungsgericht).

22.0 GESETZESBINDUNG DER VERWALTUNG

Praxis: *Ein Arbeitsloser beantragt die Zahlung von Arbeitslosengeld (§ 117 SGB III). Er hat einen durchsetzbaren Anspruch auf Bewilligung und Zahlung, wenn er die gesetzlichen Anspruchsvoraussetzungen erfüllt.*

Der Student einer staatlichen Fachhochschule ist mit der Note für die Klausur im Fach "Verwaltungswissenschaft" nicht einverstanden. Er will Widerspruch einlegen, weil die Aufgabe viel schwerer gewesen sei als bei der letzten Prüfung.

Ein Elternpaar mit vier schulpflichtigen Kindern verlangt Übernahme der Miet- und Stromschulden. Die Eltern meinen: "Wir haben Anspruch auf eine Wohnung und warmes Essen" (§ 22 Abs. 5 SGB II).

Unterschiedliche Bindung der Verwaltung

Die Bindung der Verwaltung an Rechtsvorschriften ist unterschiedlich. In der Regel wird die Verwaltung verpflichtet, in einer ganz bestimmten Weise zu handeln, z. B. einen bestimmten Geldbetrag auszuzahlen, wenn der Bürger die gesetzlichen Voraussetzungen erfüllt. Jedoch gibt es zahlreiche Vorschriften, die unklare oder mehrdeutige Begriffe verwenden, oder der Verwaltung verschiedene Handlungsmöglichkeiten einräumen. Zu unterscheiden sind:

Unbestimmter Rechtsbegriff	→ **25.1.2**
Beurteilungsspielraum	→ **25.1.3**
Ermessensspielraum	→ **25. 2**

Bedeutung für den Berechtigten/Betroffenen

Für den Bürger ist die Frage der Bindung der Verwaltung von Bedeutung, weil er im Falle der Bindung die Verwaltung notfalls durch die Gerichte zwingen kann, vorschriftsgemäß zu handeln.

Dagegen hat er nur eingeschränkte Rechtsschutzmöglichkeiten, wenn die Verwaltung nicht zu einem bestimmten Handeln verpflichtet ist. Jedoch besteht auch in diesen Fällen eine Bindung der Verwaltung an allgemeine Grundsätze. Oft lässt sich daraus ein für die Betroffenen positives Ergebnis ableiten.

Chance für SA/SP

Den SA/SP geben Beurteilungs- bzw. Handlungsspielräume die Chance, für Kinder, Jugendliche und Erwachsene die im Einzelfall pädagogisch/sozialarbeiterisch angemessene Lösung durchzusetzen.

Dies setzt aber voraus, dass die SA/SP das für ihren Bereich geltende allgemeine und besondere Verwaltungsrecht kennen, ihre Handlungsmöglichkeiten und –grenzen innerhalb der Verwaltungshierarchie realistisch einschätzen können und insbesondere die **Fähigkeit haben, ihre methodisch/pädagogische Kompetenz in das Verwaltungshandeln zu integrieren**.

SA/SP, die diese Handlungskompetenz nicht besitzen, sind den Verwaltungsfachleuten ausgeliefert, die oft andere Wertorientierungen haben (Heinrich/Bosetzky ArchsozArb 1993, 169 ff.).

22.1 Bestimmte und unbestimmte Rechtsbegriffe

Praxis: *Aus §§ 1, 10 BKGG ergibt sich, dass eine nicht berufstätige Witwe Anspruch auf Kindergeld in Höhe von 154 Euro monatlich für ihr erstes Kind hat. Lehnt die Agentur für Arbeit - Familienkasse - die Zahlung ab, kann die Witwe Klage bei dem Sozialgericht erheben und die Zahlung erzwingen.*

22.1.1 Bestimmte Rechtsbegriffe – subjektiv öffentlich Rechte

Die Bindung der zuständigen Behörde an eine Rechtsvorschrift ist am stärksten, wenn diese eindeutig ist und die Verwaltung zu einem bestimmten Verhalten gegenüber dem Bürger verpflichtet.

In diesem Fall hat der Bürger ein **subjektiv-öffentliches Recht** darauf, dass die Behörde vorschriftsgemäß handelt. Dieses subjektiv- öffentliche Recht kann der Bürger notfalls durch Anrufung der staatlichen Gerichte durchsetzen.

Oft ist nicht klar erkennbar, ob eine Rechtsvorschrift den Verwaltungsträger zu einem bestimmten Verhalten gegenüber dem Bürger verpflichtet (= subjektiv-öffentliches Recht) oder ob sie dem Verwaltungsträger die Wahl zwischen verschiedenen Handlungsmöglichkeiten lässt (Ermessensspielraum). Ob ein Rechtssatz ein subjektiv-öffentliches Recht gewährt, muss in jedem Einzelfall im Wege der Auslegung ermittelt werden.

Ein subjektiv-öffentliches Recht ist anzunehmen, wenn die auszulegende Rechtsvorschrift die folgenden drei Voraussetzungen erfüllt:

Erste Voraussetzung: Verhaltenspflicht der Behörde

Die Vorschrift muss **zu einem bestimmten Verhalten verpflichten,** darf der Behörde keine Wahl zwischen verschiedenen Handlungsmöglichkeiten lassen (zwingender Rechtssatz).

> **Beispiel:** *Auf Hilfe zum Lebensunterhalt besteht ein **Anspruch** nach §§ 17, 27, 28 SGB XII. Die Behörde muss leisten.*

Zweite Voraussetzung: Individualschutzfunktion

Ferner muss die Vorschrift zumindest auch dem **Schutz bzw. der Befriedigung von Einzelinteressen** dienen, also nicht nur der Verwirklichung öffentlicher Interessen der Allgemeinheit.

Diese individualschützende Funktion einer Vorschrift ergibt sich häufig bereits aus dem Wortlaut. Für den Sozialleistungsbereich ist in § 38 SBG I allgemein bestimmt, dass **auf Sozialleistungen im Zweifel ein Anspruch** besteht und Ermessensleistungen nur anzunehmen sind, wenn dies im Gesetz besonders kenntlich gemacht ist.

> **Beispiele:** *Anspruch auf den notwendigen Lebensunterhalt besteht nach § 39 SGB VIII, auf Ausbildungsförderung nach § 1 BAföG.*
>
> *Auch mit Formulierungen wie „Erwerbsfähige Hilfebedürftige erhalten als Arbeitslosengeld II Leistungen ...“ (§ 19 SGB II), bzw. „Leistungen ... werden gesondert erbracht“ (§ 31 SGB XII), werden Ansprüche zur Befriedigung von Einzelinteressen eingeräumt.*

Allerdings ist Vorsicht geboten; denn trotz des klaren Wortlauts "Jeder junge Mensch hat ein Recht auf Förderung seiner Entwicklung... " in § 1 SGB VIII besteht nach der überwiegenden Meinung kein unmittelbarer Anspruch des jungen Menschen, weil der

Leistungsinhalt nicht hinreichend konkretisiert und der Verpflichtete nicht genannt sei (Münder u.a., FK-SGB VIII, § 1 Rn 3ff. m. w. N.) Jedoch kann sich aus anderen Vorschriften ein Anspruch auf Jugendhilfe ergeben (z. B. aus § 27 SGB VIII).

Dritte Voraussetzung: Möglichkeit der Rechtsdurchsetzung

Schließlich muss die Rechtsvorschrift dem einzelnen die Rechtsmacht zur Durchsetzung seiner Einzelinteressen gegenüber der Behörde verleihen. Diese dritte Voraussetzung ist oft nicht problematisch, weil durch Art. 19 Abs. 4 GG jedem Betroffenen garantiert ist, dass er seine **subjektiv-öffentlichen Rechte notfalls gerichtlich durchsetzen** kann (zu Rechtsansprüchen im SGB VIII: Wabnitz, 2005).

22.1.2 Unbestimmte Rechtsbegriffe

Unbestimmte Rechtsbegriffe liegen vor, wenn zur Beschreibung der Voraussetzungen bzw. der Rechtsfolge in der Rechtsvorschrift Begriffe gebraucht werden, die nicht eindeutig sind, (Stober I, § 31 Rn 8 ff). Derartige unbestimmte Rechtsbegriffe finden sich im Grundgesetz, im Sozialrecht, Ausländer-, Polizei- und Ordnungsrecht:

▶ **"Würde des Menschen"** in Art 1 GG und § 1 SGB XII,

▶ **„Wohl des Kindes"** in § 8a SGB VIII,

▶ **"notwendiger Lebensunterhalt"** in § 27 SGB XII,

▶ **"Beeinträchtigung der öffentlichen Sicherheit und Ordnung"** in § 55 AufenthG.

Bei unbestimmten Rechtsbegriffen hat die Verwaltung nicht die Möglichkeit, nach ihrem Ermessen zu handeln (siehe 25.2). Sie unterliegt insoweit der gerichtlichen Kontrolle. Deshalb bestimmen letztlich die Gerichte, wie ein unbestimmter Rechtsbegriff zu verstehen ist. Bei fehlender Sachkunde müssen sie Sachverständige hinzuziehen, was sie aber meist nicht tun.

22.1.2.1 Bedeutung für die soziale Arbeit

Unbestimmte Rechtsbegriffe beziehen sich im Jugend- und Sozialrecht oft auf Menschen, die erzieherische oder psychosoziale Probleme haben und in ihrer Entwicklung gefördert werden bzw. Hilfe zur Selbsthilfe erhalten sollen.

Fachkräfteprivileg für SA/SP

Da Verwaltungsfachkräfte nicht über die Qualifikation zur pädagogischen bzw. psychosozialen Arbeit verfügen, hat der Gesetzgeber die Jugend- und die Sozialämter verpflichtet, für die Erfüllung ihrer Aufgaben Fachkräfte einzusetzen, die eine ihren Aufgaben entsprechende Ausbildung erhalten haben bzw. über besondere Erfahrungen in der sozialen Arbeit verfügen (§ 72 SGB VIII; § 6 SGB XII). Er macht dadurch deutlich, dass eine dem Gesetz entsprechende Auslegung und richtige Anwendung im konkreten Fall Fachkenntnisse aus einer interdisziplinär angelegten sozialpädagogischen bzw. sozialarbeiterischen Ausbildung voraussetzt, über die z.B. Verwaltungsfachkräfte und Juristen nicht verfügen (→ zur Auslegung von Rechtsbegriffen in der sozialen Arbeit: Maas, 1996, 22 ff, 38 ff.).

Beispiel: Bei Gutachten, die vom Jugendamt nach § 50 SGB VIII vor einer Entscheidung des Familiengerichts über die elterliche Sorge nach Scheidung der Eltern zu erstellen sind, hat der zuständige SA/SP gemäß seiner fachlichen Kompetenz die Tatsachen zu ermitteln und diagnostisch/prognostisch zu bewerten, die für das "Wohl des Kindes" bedeutsam sind.

Entscheidungsbefugnis der Fachkräfte

Nach der gesetzlichen Regelung haben bei der Anwendung unbestimmter Rechtsbegriffe die **fachlich begründeten Ansichten der SA/SP Vorrang vor den Meinungen von Vorgesetzten, die nicht einschlägig ausgebildet sind** (Nonninger, LPK-SGB VIII, § 72 Rn 22; Luthe in: Hauck/Nofzt, SGB XII, K § 6 Rn 4 ff.).

Beispiel: Die Entscheidung darüber, ob und welche erzieherischen Hilfen für ein verhaltensauffälliges Kind erforderlich sind, treffen in einer Hilfeplankonferenz nach § 36 SGB VIII mehrere Fachkräfte. Gesetzwidrig ist deshalb, dass in manchen Jugendämtern die Abteilung wirtschaftliche Jugendhilfe als Kontrollinstanz der SA/SP angelegt ist und entgegen dem Gesetz die pädagogischen und psychosozialen Wertungen der SA/SP durch eigene ersetzt.

22.1.2.2 Rechtsschutz

Ist der Betroffene der Ansicht, dass die Verwaltung den unbestimmten Rechtsbegriff nicht richtig angewandt hat und er dadurch in seinen Rechten verletzt ist, kann er von der Behörde Schadensersatz verlangen bzw. Widerspruch gegen die belastende Maßnahme einlegen (→ unten 49.3).

Hat er damit keinen Erfolg, kann er eine **gerichtliche Überprüfung des Verwaltungshandelns** erzwingen. Die Gerichte sind zu einer vollständigen Nachprüfung in rechtlicher und tatsächlicher Hinsicht verpflichtet und an Feststellungen und Wertungen der Verwaltungsbehörde nicht gebunden (BVerfG, NJW 1989, 666).

Beispiel: Lehnt das Sozialamt Leistungen für einen Fernsehapparat ab, weil er nicht zur Erstausstattung für die Wohnung im Sinne von § 23 Abs. 3 SGB II gehöre, kann die Betroffene den ablehnenden Bescheid und den gleichlautenden Widerspruchsbescheid durch Klage anfechten.

Das Sozialgericht muss dann prüfen, ob der unbestimmte Rechtsbegriff "Erstausstattung für die Wohnung einschließlich Haushaltsgeräten" die Kosten für einen Fernsehapparat umfasst (SG Magdeburg, 15.6.2005, my-sozialberatung.de)

22.1.3 Beurteilungsspielraum

Praxis: Eine Studentin der Sozialpädagogik hält die Bewertung ihrer Diplomarbeit mit "gut" für zu schlecht. Sie will sich wehren.

Ein Familiengericht entzieht entgegen der Stellungnahme des Jugendamts den Eltern die elterliche Sorge, weil es das Wohl des Kindes für gefährdet hält..

22.1.3.1 Begriff

Ein Beurteilungsspielraum besteht für die Verwaltung bei unbestimmten Rechtsbegriffen, wenn deren Anwendung erfordert:

▶ die Wertung eines **nicht wiederholbaren oder sehr komplexen Sachverhalts** (Prüfungsleistung, Eignung einer Person, oder

▶ eine **prognostische Entscheidung über künftige Risiken.** Die Besonderheit dieses Spielraums besteht in der vorausschauenden Einschätzung einer unklaren Situation (Einschätzungsprärogative).

Das Bundesverfassungsgericht will Beurteilungsspielräume nur „unter ganz besonderen Voraussetzungen" zulassen, weil die eingeschränkte gerichtliche Nachprüfungsmöglichkeit den grundrechtlich gewährleisteten Rechtsschutz der Betroffenen aushöhlen würde (BVerfGE 64, 279; dazu Stober, I, § 31 Rn 16ff. m.w.N.)

22.1.3.2 Beurteilungsspielraum bei psychosozialen Beurteilungen

In der sozialen Arbeit stehen immer wieder Prognosen an, die hohe Unsicherheiten aufweisen, weil das Verhalten von Menschen in Not- und Konfliktlagen letztlich nicht vorhersehbar ist.

Beispiel: Anrufung des Gerichts bei Gefährdung des Kindes (§ 8a SGB VIII; dazu Wiesner/Mörsberger, SGB VIII, § 50 Rn 72),

Entscheidung über die geeignete und notwendige Hilfe zur Erziehung bzw. Hilfe zur Eingliederung (§§ 27, 35a SGB VII; OVG SH Schleswig, 4.7.2006, NJW 2007, 243 m. w. N.; Wiesner, SGB VIII, § 27 Rn 65ff.).

Für die zahlreichen Vorschriften des Jugend- und Sozialhilferechts, in denen pädagogische und sozialarbeiterische Beurteilungen und Prognosen verlangt werden, die eine hohe Komplexität und Dynamik aufweisen, wird ein derartiger Beurteilungsspielraum von einigen Autoren und Gerichten abgelehnt, obwohl § 72 SGB VIII ausdücklich verlangt, dass Jugendhilfeaufgaben von Personen mit entsprechender fachlicher Ausbildung wahrgenommen werden. Dies schließt eine vollständige Überprüfung psychosozialer Prognoseentscheidungen durch insoweit nicht sachkundige Verwaltungs bzw. Strafrichter aus (so aber Kunkel, LPK-SGB VIII, § 27 Rn 5 m. w. N.; → 21.1 und 25.1.2.1).

Auch der Europäische Gerichtshof für Menschenrechte (EGMR) hat festgestellt, dass staatliche Behörden, bei der Beurteilung darüber, was dem Kindeswohl am besten entspricht, einen Beurteilungsspielraum haben und ausdrücklich anerkannt, dass „bei Prüfung der Frage, ob ein Kind in staatliche Fürsorge zu nehmen ist", der Spielraum weiter ist als bei anderen Entscheidungen (13. 7. 2000, NJW 2001, 2315). Das BVerfG hat ausdrücklich erklärt, dass es in der Regel der Rechtsprechung des EGMR folgen will (→ 16.4).

Umfang der gerichtliche Überprüfung

Besteht ein Beurteilungsspielraum, darf ein Gericht die Entscheidung der Verwaltung nur eingeschränkt darauf überprüfen, ob die Behörde

▶ von einem **vollständigen und richtigen Sachverhalt** ausgegangen ist,

Daran fehlt es, wenn übersehen wurde, dass ein Kind unterernährt ist.

▶ die **Verfahrensvorschriften** eingehalten hat,

Nach § 8a Abs. 1 und nach § 36 Abs. 2 SGB VIII müssen Fachkräfte zusammenwirken.

▶ die die **Leistungsadressaten in umfassender Weise beteiligt** worden sind,

▶ die einschlägigen **Rechtsvorschriften zutreffend ausgelegt** hat (BVerfGE 84, 34),

▶ sich von **sachfremden Überlegungen** hat leiten lassen,

Kostengesichtspunkte dürfen die erforderliche Maßnahme nicht ausschließen.

▶ den **Gleichheitssatz, den Grundsatz der Verhältnismäßigkeit und andere Verfassungsgrundsätze** beachtet hat

(BVerwG, NVwZ 2000, 525; VG Hamburg, ZfJ 2000, 277; zum SGB VIII: J. Hoffmann, ZfJ 2003, 41; Wiesner, SGB VIII; § 27 Rn 63ff.).

Die Behörde müssen sich im Rahmen des zur Verfügung stehenden Beurteilungsspielraums mit der Situation des Beteiligten im Einzelnen auseinandersetzten und die einschlägigen Vorschriften richtig anwenden.

22.1.3.3 Beurteilungsspielraum bei Prüfungsentscheidungen

Gerichte haben Prüfern einen Bewertungsspielraum zuzuerkennen, soweit es um prüfungsspezifische Wertungen geht, weil ihnen die komplexen Erfahrungen der Prüfer nicht nachvollziehbar vermittelt werden können. Jedoch muss eine gerichtliche Kontrolle gewährleistet bleiben (BVerfG, NJW 1991, 2005; BVerwG, NJW 1993, 678). Gegen eine Prüfungsentscheidung bzw. dienstliche Beurteilung kann sich der Betroffene nach dieser Rechtsprechung mit Aussicht auf Erfolg nur wehren, wenn ein Rechtsfehler vorliegt, der in der folgenden Übersicht genannt ist.

RECHTSFEHLER BEI PRÜFUNGEN

Es wurde gegen **Verfahrensvorschriften** für die Prüfung verstoßen.

Beispiel: Prüfungsaufgaben sind unverständlich, missverständlich oder mehrdeutig formuliert (BVerfG NJW 1991, 2008 zur Multiple-Choice-Prüfung).

Die Prüfer sind von einem **nicht zutreffenden oder unvollständigen Sachverhalt** ausgegangen.

Beispiel: Bei der Korrektur der Prüfungsarbeit wurde eine Seite der Lösung übersehen (BVerwG, DVBl. 1998, 474).

Die Prüfer haben **allgemeingültige Bewertungsmaßstäbe** verletzt.

Beispiel: Hat ein Kandidat zu einer Frage, zu der unterschiedliche Auffassungen vertreten werden, eine vertretbare und mit gewichtigen Argumenten folgerichtig begründete Lösung vertreten, so darf diese nicht als falsch gewertet werden (BVerfG NJW 1991, 2005; BVerwG, NJW 1997, 2104).

Die Prüfer haben sich von **sachfremden Erwägungen** leiten lassen.

Beispiel: Eine Abwertung wegen gehäufter sprachlicher und orthographischer Mängel beruht allerdings nicht auf einer sachfremden Erwägung und stellt keinen Bewertungsfehler dar, wenn "in der Berufswirklichkeit die Beherrschung der deutschen Sprache ... in Wort und Schrift" verlangt wird (VGH Mannheim, NJW 1988, 2633).

Es wurde gegen das **Prinzip der Gleichbehandlung** (Chancengleichheit) oder den **Grundsatz der Verhältnismäßigkeit** verstoßen (BVerwG, DÖV 1973, 420 und 421, OVG Berlin, DVBl. 1979, 355).

Beispiel: Ein Widerspruch gegen eine Bewertung hat keine Aussicht auf Erfolg, wenn der Student zur Begründung lediglich anführt, andere Prüfer seien nicht so streng, die Aufgabe im Vorjahr sei viel leichter gewesen usw.; denn die Pflicht zur Gleichbehandlung bezieht sich nur auf das konkrete Prüfungsverfahren.

22.2 Gesetzlich ermessensgebundene Verwaltung

Praxis: *Ein Elternpaar beantragt die Übernahme der Reparaturkosten der Waschmaschine in Höhe von 150 Euro (§ 23 SGB II).*

Die Eltern eines 5-jährigen Kindes verlangen von dessen Gruppenleiterin im städtischen Kindergarten eine intensive Vorbereitung auf die Einschulung durch Lese- und Schreibübungen.

Einem freien Träger, der seit fünf Jahren eine Beratungsstelle für sexuell missbrauchte Jungen und Mädchen betreibt, wird der vom Jugendamt bisher gewährte Personalkostenzuschuss im laufenden Jahr um 40 % gekürzt. Das Leitungsteam überlegt, ob es durch Klage vor dem Verwaltungsgericht die Bewilligung des Zuschusses in bisheriger Höhe erzwingen kann.

22.2.1 Begriff des Ermessens

Ermessensspielräume in Rechtsvorschriften

In zahlreichen Rechtsvorschriften werden die Verwaltung und damit auch die Verwaltungsangehörigen nicht zu einem bestimmten Verhalten gegenüber dem Bürger verpflichtet. Vielmehr wird der Verwaltung ein Entscheidungsspielraum (Ermessen) eingeräumt.

Andere Ermessensvorschriften räumen den Jugendämtern und den Trägern der Sozialhilfe die Möglichkeit ein, die erforderlichen Leistungen, Einrichtungen und Veranstaltungen in einer auf die örtlichen Verhältnisse und Möglichkeiten abgestimmten Weise anzubieten (§ 79 SGB VIII).

Ermessensspielräume bei Verwaltungshandeln ohne gesetzliche Grundlage

Ein Entscheidungsspielraum besteht auch, falls für verwaltungsrechtliche Rechtsbeziehungen gesetzliche Regelungen fehlen oder Regelungen lückenhaft sind. Dies trifft für viele Sonderrechtsverhältnisse zu, wie sie z. B. mit Wohnungslosen in Notwohnungen, Jugendlichen in Heimen, Asylbewerber in Gemeinschaftsunterkünften bestehen (→ oben 23.6).

Ausübung des Ermessens

Die Verwaltung kann im Rahmen des Ermessensspielraums aus mehreren Handlungsmöglichkeiten diejenige auswählen, die sie für die zweckmäßigste hält (Stober, I, § 31 IV). Sie hat also eine Wahlmöglichkeit, ist aber nicht frei; denn die Verwaltung muss die gesetzlichen Qualitätsstandards, Zielbestimmungen und die Verfassungsgrundsätze beachten (→ 16.5 und 16.6). Deshalb ist es missverständlich, von "freier" Verwaltung oder „freiem Ermessen" zu sprechen.

Bedeutung für die soziale Arbeit

Ermessensspielräume sind gerade im Jugend- und Sozialhilferecht häufig. Sie geben den SA/SP die **Möglichkeit, aus der Vielzahl der möglichen Verhaltensweisen die im Einzelfall methodisch/pädagogisch angemessene auszuwählen**. Die Fachkräfte bestimmen also aufgrund ihrer Kenntnis der Situation der Betroffenen und ihrer fachlichen Kenntnisse, was in der konkreten Situation angemessen ist (→ 21.2).

Beispiel: *Ist eine alleinerziehende Frau mit einem einjährigen Kind zur Räumung ihrer Wohnung verurteilt worden, weil sie die Miete nicht bezahlt hatte, ist nach § 34 SGB II unter Anwendung sozialarbeiterischer Maßstäbe zu entscheiden, ob und ggfs. In welchem Umfang die Übernahme der Mietschulden durch das Sozialamt geboten ist. Dies ist in der Regel dann der Fall, wenn Obdachlosigkeit droht.*

22.2.2 Arten des Ermessens

Meist wird in der Rechtsvorschrift durch Formulierungen wie "nach pflichtgemäßem Ermessen", "kann", "soll", "darf", "in der Regel", "ist befugt" oder durch ausdrückliche oder sich aus dem Sinn der Vorschrift ergebende Einräumung verschiedener Handlungsmöglichkeiten auf das Ermessen hingewiesen.

Der Ermessensspielraum kann sich darauf beziehen

▶ ob die Behörde tätig wird (**Entschließungsermessen**),

▶ welche von mehreren zulässigen Maßnahmen sie wählt (**Auswahlermessen**).

Beispiele für Entschließungsermessen:

Darlehen "können" bei vorübergehender Notlage gewährt werden (§ 38 SGB XII),

Ein Verwaltungsakt "darf ..... zurückgenommen werden" (§ 45 SGB X).

"Ein Ausländer kann ausgewiesen werden.... " (§ 55 AufenthG),

Beispiele für Auswahlermessen:

"Der Träger der Sozialhilfe soll in der Regel Wünschen nicht entsprechen, deren Erfüllung mit unverhältnismäßigen Mehrkosten verbunden wäre" (§ 9 Abs. 2 Satz 3 SGB XII).

„Die Eingliederungsvereinbarung soll insbesondere bestimmen,...welche Bemühungen der erwerbsfähige Hilfebedürftige ... mindestens unternehmen muss" (§ 15 Abs. 1 SGB II).

Da den Begriffen "Erziehungsberatung", "Soziale Gruppenarbeit", usw. in §§ 27 ff SGB VIII keine **bestimmten Verhaltenspflichten** zugeordnet werden, steht es im Ermessen des Jugendamts zu bestimmen, mit welchen Maßnahmen, Personen und Methoden die gesetzlich festgelegten Ziele erreicht werden sollen.

22.2.3 Umfang des Ermessensspielraums

Kann-Vorschriften

Der Ermessensspielraum ist am größten bei Kann-Vorschriften. Hier liegt keine Bindung der Verwaltung in eine bestimmte Richtung vor. Auch Formulierungen wie *"die Behörde ist berechtigt", "befugt", "darf"* deuten auf einen weiten Spielraum hin.

*Mietschulden **"können"** übernommen werden. Das Sozialamt muss aber nicht übernehmen. Es hat die Wahl zwischen Ablehnung, teilweiser oder vollständiger Übernahme als Beihilfe oder Darlehen (§ 34 Absatz 1 Satz 1 SGB XII).*

Soll-Vorschriften

Bei Soll-Vorschriften („in der Regel", „grundsätzlich") ist die Verwaltung nicht frei: sie muss grundsätzlich der Soll-Vorschrift folgen und darf nur bei Vorliegen besonderer Umstände davon abweichen (BVerwG, 27.7.2007). Diese besonderen Umstände hat sie in der Begründung der Entscheidung anzugeben und zu beweisen (§ 35 Abs. 1 Satz 3 SGBX).

*Mietschulden „**sollen**" übernommen werden, wenn dies gerechtfertigt und notwendig ist und sonst Wohnungslosigkeit einzutreten droht (§ 34 Absatz 1 Satz 2 SGB XII). Eine Ablehnung der Übernahme kann gerechtfertigt sein, wenn in der Vergangenheit schon mehrmals Mietschulden übernommen wurden.*

Der Wortlaut einer Vorschrift lässt allerdings nicht immer eine eindeutige Zuordnung zu. Stets ist es zweckmäßig zu prüfen, ob einschlägige Rechtsprechung oder Literatur weitere Erkenntnisse vermittelt.

22.2.4 Ermessensreduzierung (-schrumpfung)

Der Ermessensspielraum kann in einer konkreten Situation bzw. aufgrund gleichförmiger Ermessensbetätigung so eingeschränkt sein, dass nur noch eine einzige Entscheidung rechtmäßig und jede andere Entscheidung ermessensfehlerhaft ist. In diesem Falle hat der Bürger ein subjektiv-öffentliches Recht auf diese Entscheidung.

Besondere Gefahr für ein hohes Rechtsgut

Eine derartige **"Ermessensschrumpfung auf Null"** kommt bei erheblicher Gefahr für ein hohes Rechtsgut in Betracht (BVerwGE 84, 86; BSGE 73, 211).

Beispiel: Das Ermessen einer Ordnungsbehörde reduziert sich auf eine Pflicht zum Einschreiten, wenn eine wohnungslose Familie mit mehreren Kleinkindern in einem Wohnwagen ohne gesicherten Stromanschluss und unzureichenden sanitären Verhältnissen untergebracht ist (VGH Hessen NJW 1984, 2305).

Selbstbindung der Verwaltung bei gleichförmiger Ermessensbetätigung

Wendet eine Behörde eine Ermessensvorschrift in vielen Fällen gleichförmig an, so tritt dadurch eine Selbstbindung ein (→23.5.2). Diese ist aber nur dann gegeben, wenn die Behörde nach einem bestimmten System gehandelt hat, das nach seinem Inhalt auch den Bürger begünstigt, der z. B. eine Leistung verlangt. Außerdem darf das System nicht selbst rechtswidrig sein (BVerwG, NJW 1979, 561). Eine Abweichung von diesem praktizierten System ist nur bei sachlichem Grund möglich (BVerfG, NJW 1984, 727; Mrozynski, SGB I, § 39 Rn 45).

Beispiel: Hat ein Jugendamt das Jugendzentrum bisher Jugendabteilungen von Sportvereinen für die Durchführung von Veranstaltungen überlassen, darf sie den Antrag der Jugendabteilung eines Box-Clubs grundsätzlich nicht ablehnen. Sachlich gerechtfertigt wäre evtl. eine Ablehnung, wenn bisher bei Veranstaltungen des Boxclubs regelmäßig besonders viel Mobiliar zu Bruch ging.

Die Selbstbindung kann auch eintreten, wenn durch Verwaltungsvorschriften festgelegt ist, wie der Ermessensspielraum auszufüllen ist (→ 16.0).

Keine Gefährdung öffentlicher Interessen

Die Verwaltung kann schließlich eine im Ermessensspielraum liegende günstige Entscheidung für den Bürger nicht ablehnen, wenn diese öffentliche Interessen nicht erheblich berührt, sondern nur vorteilhaft für den Bürger ist (Art. 2 Abs. 1 GG). Wünsche und Interessen des Bürgers sind nicht nur nach § 5 SGB VIII und § 9 Abs. 2 Satz 3 SGB XII, sondern in jedem Fall zu berücksichtigen (BVerwGE 15, 247).

22.2.5 Ermessensausübung

Subjektiv-öffentliches Recht auf pflichtgemäße, fehlerfreie Ermessensbetätigung

Dem Bürger steht ein subjektiv-öffentliches Recht auf fehlerfreie Ermessensausübung zu (§ 39 Abs. 2 Satz 2 SGB I); denn die Behörde ist in ihrer Entscheidung nicht frei, sondern hat bei der Ermessensausübung die allgemeinen verwaltungsrechtlichen und verfassungsrechtlichen Schranken und die gesetzliche Zielbestimmung zu beachten.

Ermessensspielräume haben nur den Sinn, der Verwaltung die Lösung zu ermöglichen, die im Einzelfall der Zielbestimmung des jeweiligen Gesetzes am besten entspricht (§ 39 Abs. 1 SGB I; § 40 VwVfG).

Beispiel: Bei der Anwendung des SGB XII ist dessen Zielbestimmung, Befähigung zur Selbsthilfe, Teilnahme am Leben der Gemeinschaft und Sicherung eines menschenwürdigen Lebens, zu beachten (§ 1 SGB XII).

22.2.6 Ermessensfehler

Eine fehlerhafte Ermessensentscheidung verletzt die Rechte des Bürgers. Sie kann mit Widerspruch sondern auch mit Klage angefochten werden (§§ 113, 114 VwGO; §§ 54 Abs. 2 SGG → 49.0 und 50.0).

Fehler bei der Ausübung des Ermessens

Ein Ermessensfehler liegt vor, wenn die Verwaltung

▶ keine Ermessensentscheidung trifft **(Ermessensunterschreitung)**,

▶ eine Entscheidung trifft, die außerhalb des Rahmens der gesetzlichen Ermächtigung liegt **(Ermessensüberschreitung)**,

▶ dem Zweck der gesetzlichen Ermächtigung nicht entspricht **(Ermessensfehlgebrauch)**.

Ein Ermessensfehler macht den Verwaltungsakt rechtswidrig (§ 39 SGB I; § 114 VwGO; § 54 Abs. 2 Satz 2 SGG).

Fehler bei der Begründung der Ermessensentscheidung

Rechtswidrig ist auch eine Ermessensentscheidung, die unzureichend begründet ist. Formelhafte Wendungen, wie etwa dass "Es bestehen keine Besonderheiten" oder „die Vorschriften lassen eine günstige Entscheidung nicht zu" reichen nicht aus, weil bei derartigen "Leerformeln" nicht nachgeprüft werden kann, ob die Verwaltung von ihrem Ermessen überhaupt und ggf. in einer dem Zweck der ihr erteilten Ermächtigung entsprechenden Weise Gebrauch gemacht hat. Erforderlich ist vielmehr eine auf den Einzelfall eingehende Darlegung, dass und welche Abwägung der einander gegenüberstehenden Interessen stattgefunden hat und welchen Erwägungen dabei die tragende Bedeutung zugekommen ist (BSG, NZA 2000, 994; → 40.4.5).

22.2.7 Rechtsschutz gegen Ermessensentscheidungen

Rechtsposition des Bürgers/Betroffenen

Dem größeren Freiheitsraum der Verwaltung bei Ermessensentscheidungen entspricht eine schwächere Rechtsposition des Betroffenen: Er kann die Verwaltung häufig nicht zwingen, eine bestimmte der verschiedenen rechtmäßigen Entscheidungen im Rahmen des Ermessens vorzunehmen. Er hat insoweit kein subjektiv-öffentliches Recht (→ oben 25.1.1).

Allerdings kommt es nicht selten vor, dass Behörden Ermessensentscheidungen fehlerhaft begründen. Dann kann der Betroffene durch Widerspruch/Klage die Aufhebung der Ermessensentscheidung erreichen.

Widerspruch grundsätzlich zulässig, Klage nur bei Ermessensfehler

Liegt die Entscheidung einer Behörde innerhalb des Ermessensspielraums, hält der betroffene Bürger sie aber für unzweckmäßig, so kann er in der Regel nach § 68 ff VwG0 Widerspruch einlegen (→ unten 49.3).

Bleibt die Behörde bei ihrer Entscheidung, hat eine Klage gegen den ablehnenden Widerspruchsbescheid keine Erfolgschancen, weil der betroffene Bürger nicht in seinen Rechten verletzt ist (§ 42 VwG0).

Hat die Behörde den Ermessensspielraum nicht eingehalten und liegt somit ein Ermessensfehler vor, wird der Verwaltungsakt vom Gericht aufgehoben. In diesem Falle trifft aber in der Regel nicht das Gericht die vom betroffenen gewünschte Entscheidung, sondern verpflichtet die Behörde, eine neue Ermessensentscheidung zu treffen (Bescheidungsurteil). Nur im Falle der Ermessensschrumpfung kann das Gericht ein Verpflichtungsurteil erlassen (→ 25.2.6).

Ermessensunterschreitung
besteht in dem Nichtgebrauch des Ermessens durch Nichterkennen bzw. Nichtausschöpfung des Ermessensspielraums.

Beispiel: Eine Sozialarbeiterin erkennt nicht, dass sie einen Ermessensspielraum hat, weil sie sich an eine Verwaltungsrichtlinie gebunden fühlt (BVerwGE 15, 203). Die Verwaltungs- und Sozialgerichte gehen davon aus, dass die Verwaltung den Ermessensspielraum nicht ausgeschöpft hat, wenn die vorgeschriebene schriftliche Begründung einer negativen Ermessensentscheidung fehlt (BVerwG, NDV 1983, 249; BSG, ZfSH/SGB 1986, 396).

Ermessensüberschreitung
ist bei Anordnung einer von Gesetz nicht vorgesehenen Maßnahme gegeben.

Beispiel: Hat ein Sozialarbeiter bei einem Hausbesuch dem Empfänger von Pflegegeld nach § 61 SGB XII angedroht, die Zahlung werde eingestellt, falls nicht binnen 14 Tagen ein ärztliches Attest eingereicht werde, würde die Einstellung der Zahlung eine Ermessensüberschreitung sein: denn nach § 66 SGB I ist dafür u.a. ein schriftlicher Rechtsfolgenhinweis erforderlich.

Ermessensfehlgebrauch ist gegeben, wenn dem Zweck der gesetzlichen Ermächtigung nicht entsprochen wird

Beispiel: Die darlehensweise Gewährung von Sozialhilfe eines Darlehens ist ermessensfehlerhaft, wenn der Leistungsberechtigte absehbar außerstande ist, das Darlehen zu tilgen (Gutachten 40/04 vom 8.6.2007, www.deutscher-verein.de; Wezh, info-also, 2007, 104).

▶ durch **unsachliche Motive** der Behörde

Beispiel: Ein Antrag auf Übernahme von Mietschulden zur Vermeidung einer Zwangsräumung (§ 34 SGB XII) wird abgelehnt, weil der Antragsteller sich wegen beleidigender Äußerungen des zuständigen Sachbearbeiters bei dessen Vorgesetzten beschwert hatte.

▶ durch **Nichtberücksichtigung der persönlichen Verhältnisse** des Berechtigten oder Verpflichteten, seines Bedarfs, seiner Leistungsfähigkeit, der örtlichen Verhältnisse, sowie der angemessenen Wünsche des Berechtigten oder Verpflichteten (§ 33 SGB I; § 5 SGB VIII).

Beispiel: Wünscht eine Frau, in einem bestimmten Altenheim zu wohnen, soll das Sozialamt diesem Wunsch entsprechen, wenn die Erfüllung keine unverhältnismäßigen Mehrkosten auslöst (§ 9 Abs. 2 Satz 3 SGB XII).

▶ durch **Verstoß gegen höherrangiges Recht** z. B. gegen den Gleichheitssatz, das Rechtsstaats- und Sozialstaatsprinzip, den Grundsatz der Verhältnismäßigkeit gegen einzelne Grundrechte (→ oben 16.5; BVerwGE 57, 40)

Beispiel: Die körperliche Unversehrtheit (Art. 2 Abs. 2 GG) ist gefährdet, wenn ein Sozialamt eine wohnungslose Familie in eine feuchte, nicht ausreichend beheizbare Wohnung einweist bzw. belässt.

23.0 ORGANISATIONS- UND HANDLUNGSFORMEN DER VERWALTUNG

Praxis: Der SA/SP, der in einem städtischen Jugendzentrum angestellt ist, spielt mit Kindern, bespricht mit Jugendlichen deren familiäre Situation, kauft mit den ihm von der Stadtverwaltung dafür überlassenen Mitteln Spielmaterial und mietet einen Saal für den nächsten Auftritt der Spielgruppe (→ 26.3.2.1).

Eine Wohnungsbaugesellschaft (GmbH), deren einzige Gesellschafterin eine Stadt ist, hat 12.000 Mietwohnungen gebaut, darunter 1.300 Wohnungen für ältere Menschen, 300 Miet-Einfamilienhäuser für kinderreiche Familien und 32 Häuser mit rollstuhlgerechter Ausstattung für Behinderte (→ 26.3.2.3).

Die Stadtwerke AG sperrt einer Familie, die seit einigen Monaten keine Zahlungen mehr geleistet hat, die Strom- und Gaszufuhr (→ 26.3.2.3).

Der Antrag eines Ehepaares auf Aufnahme des jüngsten Kindes in den kommunalen Kindergarten wird mit der Begründung abgelehnt, die Aufnahme sei pädagogisch nicht zu verantworten, weil schon die drei älteren Geschwister die Gruppenarbeit erheblich gestört hätten (→ 26.4).

23.1 Allgemeines

Die Träger der öffentlichen Verwaltung werden meist auf Grund von Rechtsvorschriften tätig, die staatliche Behörden verpflichten, bestimmte Aufgaben zu erfüllen. Sie sind jedoch nicht verpflichtet und auch gar nicht in der Lage, die ihnen gesetzlich auferlegten Aufgaben ausschließlich hoheitlich unter Anwendung der Vorschriften des öffentlichen Rechts zu erfüllen. In vielen Verwaltungsbereichen sind deshalb Organisations- und Handlungsformen notwendig bzw. zweckmäßig, die nicht auf dem für die Verwaltung grundsätzlich gelten öffentlichen Recht beruhen, sondern nach BGB, HGB, GmbH- oder Aktienrecht zu beurteilen sind (Privatrecht).

Bedeutung für die soziale Arbeit

SA/SP haben - je nach ihrem Tätigkeitsbereich - mit den unterschiedlichsten Verwaltungshandlungen zu tun. Die Unterscheidung, ob eine Verwaltungshandlung dem öffentlichen Recht oder dem Privatrecht unterliegt, ist von großer Bedeutung für die Praxis; denn von dieser Zuordnung hängt ab,

▶ welche **Rechtsvorschriften** der SA/SP zu beachten hat bzw. auf welche Rechtsvorschriften sich der vom SA/SP beratene Bürger berufen kann.

> *Beispiel: Ist einer wohnungslosen Familie von der Stadtverwaltung eine Wohnung aufgrund eines Mietvertrags nach §§ 535 ff BGB überlassen worden, muss die Stadt die ca. dreimonatige Kündigungsfrist gemäß § 565 BGB einhalten. Erfolgt die Überlassung aufgrund eines sozialhilferechtlichen Nutzungsverhältnisses, kann die Stadt u. U. eine sofortige Räumung durchsetzen (OVG Berlin, NVwZ 1989, 989).*

▶ ob der Betroffene im Falle einer Schädigung Schadensersatz wegen **Amtspflichtverletzung** nach § 839 BGB, Art. 34 GG oder nach den privatrechtlichen Vorschriften über Vertragsverletzungen und unerlaubte Handlungen von dem **Anstellungsträger** oder gemäß § 831 BGB nur vom Bediensteten persönlich verlangen kann (siehe 48.3 und 48.9).

▶ welches **Gericht zuständig** ist. Das Kostenrisiko ist in Verfahren vor einem Zivilgericht sehr viel höher als in Verfahren vor einem Verwaltungsgericht bzw. Sozialgericht (siehe 50.0).

23.2 Unterscheidung von öffentlichem und privatem Recht

Für die Abgrenzung des öffentlichen vom privaten Rechts sind bisher keine klaren Kriterien entwickelt worden. Die Rechtsprechung stellt auf die "Natur des Rechtsverhältnisses" ab. Öffentliches Recht liegt vor, wenn der Sachverhalt von Rechtsnormen bestimmt wird, die überwiegend den Interessen der Allgemeinheit dienen oder sich nur an Hoheitsträger wenden. Privatrecht ist gegeben, wenn der Klageanspruch aus dem Privatrecht abgeleitet wird (BGH 30.1.1997, NJW 1997, 1636).

Beispiel: Private Arbeitgeber sind durch § 312 SGB III der Arbeitsagentur gegenüber verpflichtet, bei Beendigung des Arbeitsverhältnisses eine Arbeitsbescheinigung auszustellen. Weil die Arbeitsbescheinigung hiernach für die Entscheidung über das subjektiv-öffentliche Recht auf Arbeitslosengeld erforderlich, ergibt sich aus der "Natur der Sache", dass der Anspruch des Arbeitnehmers auf **Berichtigung der Arbeitsbescheinigung** *gegen den Arbeitgeber dem öffentlichen Recht zuzurechnen ist. Für die Klage auf Berichtigung sind die Sozialgerichte zuständig (BSG,12.12.1990, NJW 1991, 2101)*

Dagegen ist das Rechtsverhältnis, aus **dem der Anspruch des Arbeitnehmers auf Ausfüllung** *und Erteilung der Arbeitsbescheinigung abgeleitet wird, nach Auffassung des Bundesarbeitsgerichts dem Arbeitsvertragsrecht und damit dem privaten Recht zuzuordnen. Für Klagen auf Erteilung der Arbeitsbescheinigung sind deshalb die Arbeitsgerichte zuständig (BAG, 30.8.2000, NZA 2000, 1359).*

Dem Gebiet des öffentlichen Rechts werden z. B. zugeordnet:

- die Abtretung und Pfändung von Sozialleistungsansprüchen (BSG 23.5.1995 LSK 1996, 190070)

- die Rückforderung zu Unrecht erbrachter Leistungen (BSG 3.9.1986, NVwZ 1987, 735)

- Verträge zwischen öffentlich-rechtlichen Leistungsträgern und privaten Leistungserbringern (§ 73 Abs 2 SGB XI, § 69 SGB V; BSG 6.8.1998, NZS 1999, 298))

Häufig werden vorweg Theorien eingesetzt, die in manchen Fällen bereits eine Abgrenzung ermöglichen, jedoch nicht durchgängig zu angemessenen Ergebnissen führen.

Unterwerfungstheorie (Subordinationstheorie)

Die Unterwerfungstheorie stellt darauf ab, ob ein Verhältnis von rechtlicher Überordnung (des Staates) und Unterordnung (des Bürgers) besteht. Dann liege öffentliches Recht vor. Ein Gleichordnungverhältnis gehöre dem Privatrecht an.

Diese Theorie entspricht nicht der durch das Grundgesetz festgelegten Stellung des Bürgers: Im sozialen Rechtsstaat hat jeder Mensch Rechte gegenüber den staatlichen Stellen Im übrigen existieren auch im Bereich des Privatrechts Über-/Unterordnungsverhältnisse z.b. zwischen Eltern und Kindern, Arbeitgebern und Arbeitnehmern.

Zuordnungstheorie (Sonderrechtstheorie)

Die Zuordnungstheorie knüpft an das Zuordnungssubjekts eines Rechtssatzes an, d. h. es wird darauf abgestellt, ob ein Träger öffentlicher Gewalt Berechtigter oder Verpflichteter ist (daher auch Subjekttheorie). Öffentliches Recht liegt hiernach vor, wenn ein Rechtssatz "nicht jedermann, sondern notwendig nur ein bestimmtes Organ hoheitlicher Gewalt berechtigt und verpflichtet" (Stober I, § 22 III).

Beispiele: § 6 SGB II verpflichtet die Bundesagentur für Arbeit und/oder die kommunalen Träger, die Leistungen nach dem Gesetz zu erbringen.

Die Erfüllung der Aufgaben nach dem SGB VIII obliegt den Trägern der öffentlichen Jugendhilfe (§ 79 SGB VIII). Örtliche Träger der öffentlichen Jugendhilfe sind die Kreise und die kreisfreien Städte (§ 69 Abs. 1 SGB VIII). Werden SA/SP im Rahmen der Aufgaben tätig, die staatlichen Verwaltungsträgern übertragen sind, handeln sie öffentlich-rechtlich.

Beispiel: Öffentlich-rechtlich handeln die Sozialarbeiterin im Allgemeinen Sozialdienst, wenn sie eine Behinderte berät (§ 11 SGB XII), der Erzieher im kommunalen Kinderheim, der mit den Kindern Fußball spielt, und die Sozialpädagogin in der Erziehungsberatungsstelle des Kreises.

Öffentlich-rechtlich handeln sie aber nicht, wenn sie z.B. Spielmaterial kaufen; denn für den Kauf gelten die §§ 433 ff. BGB. Diese Rechtsvorschriften gelten aber nicht notwendig nur für Hoheitsträger, sondern auch für alle Bürger.

Die Sonderrechtstheorie führt allerdings zu nicht zutreffenden Ergebnissen, wenn Privatpersonen öffentlich-rechtliche Pflichten auferlegt werden.

Häufig werden deshalb die einzelnen Theorie-Argumente miteinander kombiniert, da sie verschiedene zutreffende Aspekte der Unterscheidung von öffentlichem und privatem Recht bezeichnen (Zur "Kombinationstheorie" → BVerwGE 13, 47 ff..

23.3 Privatrechtliche und öffentlichrechtliche Verwaltung

Wird die öffentliche Verwaltung auf der Grundlage des öffentlichen Rechts bzw. des privaten Rechts tätig, kann sie dies in verschiedenen Organisations- und Handlungsformen tun.

ORGANISATIONSFORMEN DER ÖFFENTLICHEN VERWALTUNG

Juristische Personen des öffentlichen Rechts Körperschaften, Anstalten, Stiftungen	**Juristische Personen des privaten Rechts** AG, GmbH, Genossenschaft, e.V., Stiftung

Errichtung von juristischen Personen, Arbeitsgemeinschaften, Verbänden

Die juristischen Personen des öffentlichen Rechts können im Rahmen der für sie geltenden gesetzlichen Vorschriften Eigenbetriebe und unselbständige Anstalten einrichten, juristische Personen des öffentlichen Rechts oder des privaten Rechts errichten oder Arbeitsgemeinschaften und Verbände gründen → 10.3 und 26.3).

Beispiele: Der Bund hat die Stiftung des öffentlichen Rechts "Mutter und Kind - Schutz des ungeborenen Lebens" errichtet.

Eine Stadt gründet einen privatrechtlichen Verein, der Rechtsträger eines Bürgerzentrums sein soll, außerdem eine GmbH als Rechtsträger der Jugendzentren und ein Kommunalunternehmen (rechtsfähige Anstalt des öffentlichen Rechts in Bayern, NRW und Schleswig-Holstein) als Träger der Versorgungsbetriebe oder des Krematoriums.

Das Jugendamt bildet eine Arbeitsgemeinschaft nach § 78 SGB VIII.

Unterschiedliche Handlungsformen

Die Behörden können im gesetzlichen Rahmen unterschiedliche Handlungsformen einsetzen, die dem öffentlichen oder dem privaten Recht zuzurechnen sind. Je nach Art der Handlungsform unterliegt die Verwaltung dabei unterschiedlich starken Bindungen an das öffentliche Recht.

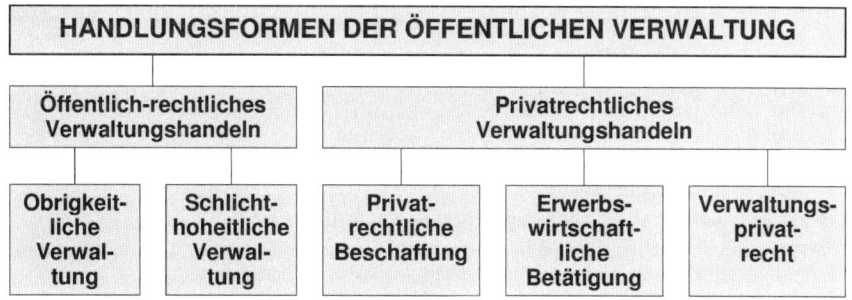

23.3.1 Öffentlich-rechtliches Verwaltungshandeln

Öffentlich-rechtliches Verwaltungshandeln besteht in

▶ dem Erlass von Satzungen und Verwaltungsvorschriften, der Planung,

▶ dem Erlass von **Verwaltungsakten,** dem Abschluss von **öffentlich-rechtlichen Verträgen,** innerdienstlichen Anordnungen,

▶ **Handlungen ohne unmittelbare Rechtswirkung** (auch Realakte oder schlicht-hoheitliches Handeln genannt)

Innerhalb der öffentlich-rechtlichen Verwaltungstätigkeit ist die obrigkeitliche und die schlicht hoheitliche Verwaltung zu unterscheiden.

Obrigkeitliche Verwaltung

Mit dem aus der Zeit der Monarchie stammenden und missverständlichen Begriff "obrigkeitliche Verwaltung" werden die Verwaltungstätigkeiten bezeichnet, die nur ein Träger öffentlicher Verwaltung vornehmen kann. Der Träger obrigkeitlicher Verwaltung greift verbietend, gebietend, Zwang androhend oder anwendend in die Freiheitssphäre des Bürgers ein oder beeinflusst das Leben des Bürgers durch seine Entscheidungen über Anträge. Er tritt in diesem Bereich gegenüber dem Bürger im Verhältnis der Über- und Unterordnung auf (Stober I, § 23 Rn 39).

Beispiel: Einkommensteuerbescheid des Finanzamtes; Ausweisungsverfügung; Bewilligung und Ablehnung von Sozialleistungen; Aufforderung der Polizei an einen gewalttätigen Partner, die Wohnung zu verlassen.

Schlicht hoheitliche Verwaltung

Schlicht hoheitliche Verwaltung ist gegeben, wenn der Träger öffentlicher Verwaltung zwar öffentlich-rechtlich, aber nicht mittels Verwaltungsakt und Verwaltungszwang handelt.

Der Staat und die anderen Träger der öffentlichen Verwaltung tangieren im Bereich der schlichten Hoheitsverwaltung nicht die Rechts- und Freiheitssphäre des Bürgers, sondern informieren und warnen, erbringen Leistungen, fördern einzelne Personen oder private Organisationen finanziell und in anderer Weise.

Beispiele: Erziehungsberatung, Trennungsberatung, Pflegeberatung, methodisches und pädagogisches Handeln im Bereich der Jugendhilfe und der Sozialhilfe, Erstellung von gutachtlichen Stellungnahmen, Schulunterricht, Straßenreinigung, Müllabfuhr.

23.3.2 Privatrechtliches Verwaltungshandeln

Bindung an das Privatrecht

Träger der öffentlichen Verwaltung sind an das Privatrecht gebunden, wenn sie privatrechtlich tätig werden. Dies ist der Fall, wenn sie

▶ Verträge abschließen (z.b. Kauf-, Miet-, Architekten-, Arbeits-, Honorar-, Kindergarten-, Altenheimverträge),

▶ allgemeine Geschäfts-/Vertragsbedingungen festlegen,

▶ privatrechtliche Erklärungen abgeben (z.b. einen Mietvertrag kündigen, einem Angestellten eine Weisung im Rahmen des Arbeitsvertrags erteilen).

Der Träger der Verwaltung handelt in diesen Fällen nicht in Ausübung staatlicher Sonderbefugnisse, sondern nimmt wie ein/e Privatmann/-frau auf der Basis der Gleichordnung am Rechtsverkehr teil. Er ist wie eine Privatperson an die Vorschriften des BGB z. B. über Willenserklärungen, den Abschluss von Verträgen, die Kündigung usw. gebunden. Stellt er Angestellte, Arbeiter und Praktikanten ein, gilt für ihn das allgemeine Arbeitsrecht und das Arbeitsschutzrecht.

Bindung an das öffentliche Recht

Handelt der Staat und die anderen Träger öffentlicher Gewalt privatrechtlich, unterliegt er grundsätzlich den gleichen Rechte und Pflichten wie ein Bürger oder wie ein privatrechtlicher Rechtsträger. Deshalb ist auch er an die öffentlich-rechtlichen Vorschriften gebunden, die allgemein für die konkrete Tätigkeit gelten.

Beispiel: Baut eine Stadt einen Kindergarten mit einem gefährlichen Treppengeländer und verstößt dies gegen öffentlich-rechtliche Bauvorschriften, kann das Bauordnungsamt der Stadt die Genehmigung der Benutzung versagen.

23.3.2.1 Privatrechtliche Beschaffungsgeschäfte

Praxis: Der Kreis kauft ein Grundstück von einem Bürger, um darauf eine Werkstatt für behinderte Menschen zu errichten.
Die Gemeinde schließt einen Zeitarbeitsvertrag mit einer Sozialpädagogin ab.

Beschaffung der Mittel für die Erfüllung der Verwaltungsaufgaben

Die öffentliche Verwaltung bedient sich privatrechtlicher Formen insbesondere zum Abschluss von Hilfsgeschäften zur Beschaffung der für die Aufgabenerfüllung der Verwaltung erforderlichen Mitarbeiter und Sachmittel.

Beschaffungsgeschäfte stehen zwar im Zusammenhang mit öffentlichen Aufgaben. Denn z. B. mit der Beschaffung eines Grundstücks zum Bau eines Kindergartens schafft die Verwaltung die Voraussetzungen dafür, dass sie ihre Aufgabe auch erfüllen kann. Der Abschluss des Kaufvertrags über das Grundstück, dient aber nicht unmittelbar einer öffentlichen Verwaltungsaufgabe. Deshalb bestimmen sich Rechte und Pflichten der Verwaltung im Verhältnis zum Verkäufer ausschließlich nach den Vorschriften des privaten Kaufrechts.

Bindung an Verwaltungsgrundsätze, Rechts- und Verwaltungsvorschriften

Die Vergabe von Bau-, Liefer- und Dienstleistungsverträgen unterliegt zahlreichen rechtlichen Bindungen (z. B. VOB; VOL, VOF = Verdingungsordnungen für Leistungen; Vorschriften über die Vergabe von öffentlichen Aufträgen in §§ 97ff. GWB) → 20.5.3).

Außerdem ist die Verwaltung an ihre allgemeinen Grundsätze gebunden, z. B. an den Grundsatz der Sparsamkeit und Wirtschaftlichkeit, an das Haushaltsrecht und sonstige Rechts- und Verwaltungsvorschriften (BGHZ 91, 84,96f.).

Bindung an Grundrechte

Im Rahmen der fiskalischen Verwaltung sind auch die Grundrechte, insbesondere der Gleichheitsatz (Art. 3) und substantielle öffentlich-rechtliche Grundsätze wie das Koppelungsverbot zu beachten (BVerfG, NJW 1987, 827; BGHZ 155, 166).

Beispiel: *Gegen Art. 3 GG verstößt das Jugendamt, das den gesamten Bedarf für Kindertagesstätten und Kinderheime ausschließlich im Spielwarengeschäft eines Parteifreundes des Jugendamtsleiters deckt.*

23.3.2.2 Erwerbswirtschaftliche Betätigung

Praxis: *Eine Gemeinde vermietet Werbeflächen, die städtische Festhalle an Vereine, Jugendverbände und Parteien. Sie errichtet eine Außenwerbungs GmbH, beteiligt sich an Wirtschaftsunternehmen wie den Bayerischen Wasserkraftwerken AG, dem Rheinisch-Westfälisches Elektrizitätswerk AG.*

Im Rahmen erwerbswirtschaftlicher Betätigung nimmt der Verwaltungsträger am allgemeinen Wirtschaftsleben teil, insbesondere zur Vermehrung des Vermögens der öffentlichen Hand (→ 10.3.2). Er unterliegt insoweit dem Privatrecht.

Während das Bundesverwaltungsgericht eine Grundrechtsbindung bejaht (BVerwGE 113, 208), geht der Bundesgerichtshof von einer schwächeren Bindung aus, die insbesondere das Willkürverbot einschließt (NJW 2004, 1031). Außerdem wendet er das Wettbewerbsrecht an und hält u. a. die Ausnutzung hoheitlicher Befugnisse zur Verdrängung privater Wettbewerber für unzulässig (BGH, NJW 2003, 752).

Die Abgrenzung zum Verwaltungsprivatrecht kann z.B. bei Beschäftigungsgesellschaften, die gewinnorientiert arbeiten, schwierig sein.

23.3.2.3 Verwaltungsprivatrecht

Vor allem im Bereich der Leistungsverwaltung erfüllt heute die öffentliche Verwaltung ihre spezifischen Verwaltungsaufgaben nicht selten in Formen und mit Gestaltungsmitteln des Bürgerlichen Rechts. Der Verwaltungsträger kann in gewissem Umfang zwischen den verschiedenen Rechtsformen wählen. Verwaltungsprivatrecht kommt zur Anwendung, wenn ein Träger öffentlicher Verwaltung in privatrechtlichen Formen z.B. in der Rechtsform des e.V., der GmbH, AG, Genossenschaft oder Stiftung unmittelbar zur Erfüllung öffentlicher Aufgaben tätig wird:

Wirtschaftliche Aufgaben der öffentlichen Verwaltung werden von Wirtschaftsförderungsgesellschaften in der Rechtsform der GmbH, Verkehrsvereinen und auch von Gesellschaften oder Vereinen zur Beratung alternativer Produktions- und Dienstleistungsbetriebe wahrgenommen.

Aufgaben im Bereich der Grundversorgung der Bevölkerung erfüllen die regelmäßig privatrechtlich organisierten Versorgungsbetriebe durch die Lieferung von Wasser, Strom, Gas und Elektrizität, ferner die kommunalen Verkehrsbetriebe und Wohnungsgesellschaften und -genossenschaften.

Beispiel: *Eine Stadt gründet einen Konzern "Stadtwerke GmbH" mit den Töchterunternehmen "Gas, Wasser- und Elektrizitätswerke AG", "Verkehrsbetriebe AG", "Außenwerbung GmbH" und " Wohnungsgesellschaft der Stadtwerke mbH". Ihren Einfluss sichert die Stadt dadurch, dass sie die Aufsichtsräte der Unternehmen mit Ratsmitgliedern und Dezernenten besetzt und den Vorsitz im Aufsichtsrat der Konzernspitze dem Oberbürgermeister überträgt.*

Aufgaben der Jugendhilfe und der Sozialhilfe werden in zunehmenden Umfang von Privatrechtsträgern erfüllt, die von Kommunen gegründet bzw. durch Finanzierungsverträge in ihrer Existenz abgesichert werden.

Beispiel: Eine "Jugendhilfe GmbH", übernimmt 10 bisher städtische Jugendzentren und verwaltet diese weitgehend selbständig.

Ein "Bürgerzentrum e.V." ermöglicht durch seine Satzung eine partielle Mitbestimmung der Besucher hinsichtlich Benutzung und Programm. Die Stadt verpflichtet sich zur Fehlbedarfsfinanzierung und behält sich die Entscheidung aller wichtigen Angelegenheiten mit Kostenfolgen vor.

Grundrechtsbindung der Verwaltung (Keine „Flucht in das Privatrecht")

Die Wahrnehmung öffentlicher Aufgaben durch privatrechtlich organisierte Träger befreit die Verwaltung nicht von allen öffentlich-rechtlichen Bindungen.

Beispiel: Die Gesamtverantwortung des Jugendamts gemäß § 69 SGB VIII für eine bedarfsdeckende Jugendhilfe und die Leistungsansprüche der Berechtigten bleiben auch dann uneingeschränkt erhalten, wenn es mit einem freien Träger vereinbart, dass dieser die ambulanten Hilfen in einem Stadtbezirk übernimmt.

Die Verwaltung bleibt an die Grundrechte gebunden. Sie hat das Willkürverbot (Art. 3 GG), den Grundsatz der Verhältnismäßigkeit und den Grundsatz des rechtlichen Gehörs zu beachten (BGH, 17.6.2003, NJW 2003, 2451; → 16.5 und 16.6).

Beispiel: Eine kommunale Elektrizitätswerk AG darf die Stromlieferung im Falle des Zahlungsverzugs und vorheriger Androhung einzustellen. Jedoch hat sie den Grundsatz der Verhältnismäßigkeit zu beachten (BVerfG NJW 1982, 1511).

Eine Stadtwerke GmbH darf im Hinblick auf Art 3 GG bei Ausgabe verbilligter Schülermonatskarten keine Schule ausschließen (BGHZ 52, 325).

Bindung an Verwaltungsgrundsätze

Weitergehend hat der Bundesgerichtshof entschieden, dass im Bereich des Verwaltungsprivatrechts die Verwaltung auch wichtige Grundsätze des Verwaltungsrechts zu beachten habe. Hierzu gehören

► **der Untersuchungsgrundsatz**

► **der Anspruch auf rechtliches Gehör**

► **das Akteneinsichtsrecht**

► **die Geheimhaltungspflichten**

► **die Beratungs- und Auskunftspflicht der Behörde**

(BGH, NJW 1992, 171 und NJW 2003, 2457; Stober I, § 23 Rn 30 ff. m. w.N.)

Ausschreibung von Aufträgen

Bei der Vergabe von Bau-, Liefer- und Dienstleistungsaufträgen hat die öffentliche Verwaltung das Vergaberecht in §§ 97ff GWB zu beachten, wenn bestimmte Schwellenwerte überschritten werden.

Zur Anwendung des Vergaberechts auf Dienstleistungen freier Träger → 20.5.3.

Zivilrechtsweg

Es ist nahezu unstreitig, dass für Streitigkeiten auf Sachgebieten, für die Verwaltungsprivatrecht gilt, der Zivilrechtsweg nach § 13 GVG gegeben ist (BGHZ 29, 76; BGH, NJW 1969, 2195; BVerwG NVwZ 1991, 59), obwohl es um die Erledigung von Verwaltungsaufgaben geht.

Das ist u.a. deshalb bedenklich, weil bei Klagen bei den Zivilgerichten hohe Gerichtskosten und evtl Anwaltskosten für die Betroffenen anfallen, während Gerichtskosten von Verwaltungsgerichten in verschiedenen sozialen Angelegenheiten nicht erhoben werden (§ 188 VwGO; → 50.7.1).

23.4 Zwei-Stufen-Lehre

Praxis: Die Entscheidung über die Aufnahme eines Kindes in den kommunalen Kindergarten erfolgt durch Verwaltungsakt (erste Stufe).

Über die Betreuung des Kindes und die Zahlungspflicht der Eltern kann ein privatrechtlicher Kindergartenvertrag geschlossen werden (zweite Stufe).

Die Träger der öffentlichen Verwaltung sind nicht verpflichtet, in einer Angelegenheit auf den verschiedenen Handlungsstufen einheitlich nach öffentlichem oder privatem Recht vorzugehen.

Anwendung in der Leistungsverwaltung

Dies gilt besonders im Rahmen der Leistungsverwaltung z.b. bei der Gewährung von Subventionen und Zuschüssen sowie bei der Benutzung von kommunalen Einrichtungen. Nach der Zwei-Stufen-Lehre kann die Verwaltung einen Lebenssachverhalt in zwei verschiedene Vorgänge aufspalten:

Erste Stufe	Entscheidung über die Bewilligung der Leistung nach öffentlichem Recht
Zweite Stufe	Gewährung der Leistung nach privatrechtlichen Vorschriften

Erste Stufe

Die Bewilligung der Leistung und die Zulassung zur Benutzung sowie die Ablehnung sind stets nach öffentlichem Recht zu beurteilen; denn über das subjektiv-öffentliche Recht auf die Leistung oder auf die Zulassung zur Benutzung bzw. das subjektiv-öffentliche Recht auf ermessensfehlerfreie Entscheidung kann nur öffentlich-rechtlich entschieden werden (BGH, NJW 1997, 328; BVerwG, NJW 1990, 134).

Beispiel: Die Bewilligung eines Darlehens durch die Stadt an einen freien Träger zur Errichtung einer Altentagesstätte erfolgt in der ersten Stufe durch Bewilligungsbescheid (Verwaltungsakt).

Zweite Stufe

Soweit auf der zweiten Stufe Privatrecht gilt, handelt es sich stets um Verwaltungsprivatrecht; denn auch auf der zweiten Stufe wird eine unmittelbare Aufgabe öffentlicher Verwaltung erfüllt, nämlich die Durchführung des auf der ersten Stufe erlassenen Verwaltungsaktes.

Beispiel: Auf der 2. Stufe wird zwischen der Stadt und dem freien Träger ein privatrechtlicher Darlehensvertrag abgeschlossen, in dem Rückzahlung, Zinssatz u.a. geregelt werden.

Deshalb dürfen in der zweiten Stufe keine privatrechtlichen Gestaltungsmöglichkeiten vorgesehen werden, die öffentlich-rechtlich unzulässig sind.

Beispiel: Rechtswidrig ist die Vorschrift einer Kindergartenordnung, wonach die Stadt den Kindergartenvertrag jederzeit mit Monatsfrist kündigen kann; denn die Zulassung zum Kindergarten ist ein Verwaltungsakt, den die Stadt nur bei Vorliegen der gesetzlichen Voraussetzungen aufheben kann (v. Zezschwitz NJW 1983, 1879; Dawin NVwZ 1983, 401). Diese sind in §§ 44 ff. SGB X festgelegt (siehe unten 44.6).

Verknüpfung der Stufen

Die beiden Stufen sind miteinander verknüpft:

▶ Der Bewilligungsbescheid wird unter der aufschiebenden Bedingung erlassen, dass ein Darlehensvertrag zustande kommt.

▶ Für den Fall der Aufhebung oder sonstigen Unwirksamkeit des Bewilligungsbescheids steht dem Darlehensgeber das Recht zur fristlosen Kündigung zu.

(BVerwG, 8.9.2005NJW 2006, 536)

Gerichtszuständigkeit

Streitigkeiten auf der **1. Stufe sind nach öffentlichem Recht** zu beurteilen und werden von den den Verwaltungsgerichten bzw. den Sozialgerichten entschieden

Beispiel: Wird die Zulassung eines ortsfremden Kindes zum Kindergartenbesuch wegen des Vorrangs einheimischer Kinder aufgehoben, so handelt es sich um eine öffentlich-rechtliche Streitigkeit.

Für Streitigkeiten auf der **2. Stufe ist der Zivilrechtsweg** gegeben.

Beispiel: Hebt der Verwaltungsträger, z. B. wegen falscher Angaben bei der Antragstellung, den Bewilligungsbescheid der 1. Stufe auf und wird daraufhin der Darlehensvertrag gekündigt, so kann der Darlehensgeber durch Leistungsklage beim ordentlichen Gericht die Rückforderung des gewährten Darlehens erreichen. Die Rückforderung kann nicht durch Leistungsbescheid geltend gemacht werden (BVerwG, 8.9.2005, NJW 2006, 536).

VIERTER ABSCHNITT
TRÄGER DER FREIEN JUGEND- UND SOZIALHILFE

24.0 TRÄGER DER FREIEN JUGEND- UND SOZIALHILFE - BEGRIFF UND BEDEUTUNG

Praxis: *Ein Caritasverband ist Träger von Erziehungs- und Ausländerberatungsstellen, Sozialstationen, Kindertagesstätten, Jugendzentren und Altenheimen.*
Orts- und regionale Verbände der Paritätischen Wohlfahrtsverbandes erstellen Armutsberichte, in denen dargestellt, welche schädlichen Folgen materielle Armut für Kinder und Erwachsene haben kann.
Die Bundesarbeitsgemeinschaft der freien Wohlfahrtspflege nimmt Stellung zu Gesetzentwürfen und aktuellen sozialpolitischen Themen z. B. zu Kinderregelsätzen, zur Gendiagnostik, zur Bildung und Erziehung von Kindern.

24.1 Begriff und Selbstverständnis

"Freie Wohlfahrtspflege" ist die Gesamtheit aller sozialen Hilfen, die auf freigemeinnütziger Grundlage und in organisierter Form in der BRD geleistet werden.
Die Wohlfahrtsverbände sind überwiegend im 19. Jahrhundert entstanden, als die Industrialisierung zu einer sozialen Verelendung vieler Menschen führte. Zunächst wurden die Kirchen sozial tätig, später auch wohlhabende Bürger und Selbsthilfegruppen.
Freie Wohlfahrtspflege unterscheidet sich einerseits von gewerblichen - auf Gewinn ausgerichteten - Angeboten und andererseits von öffentlichen Trägern.

"Bei aller Unterschiedlichkeit ihrer weltanschaulichen Grundlagen verbindet die in der Bundesarbeitsgemeinschaft kooperierenden Verbände der Freien Wohlfahrtspflege ein Wohlfahrtsverständnis, das nicht nur die Sozialpflicht des Staates sieht"
„Den Spitzenverbänden ... ist gemeinsam, dass sie nicht nur Träger sozialer Dienste und Einrichtungen repräsentieren. Sie motivieren darüber hinaus Menschen zum Einsatz für das Gemeinwohl und verstehen sich als Anwalt für Hilfsbedürftige – dem Gedanken sozialer Gerechtigkeit folgend".
„Die Spitzenverbände der freien Wohlfahrtspflege bekennen sich zu dem Sozialstaat der Bundesrepublik Deutschland und setzen sich für seine Weiterentwicklung unter Beachtung der diesen tragenden Prinzipien Solidarität, Subsidiarität und Personalität ein".
(www.bagfw.de: Selbstverständnis und Aufgaben der freien Wohlfahrtspflege

24.1.1 Bekenntnis zum Sozialstaat

Freie Wohlfahrtspflege erschöpft sich nicht in Wohlfahrtspflege nach der staatlichen Vorgabe vom „schlanken", „"aktivierenden", „fordernden Staat".
Für sie sind Solidarität, Subsidiarität und Personalität nach wie vor Grundlagen des Sozialstaats. Sie vertritt Interessen und Bedürfnisse von Gruppen, die sich wegen ihrer Behinderung oder Benachteiligung nicht durchsetzen können.

24.1.2 Anwaltschaft für Benachteiligte

Die Anwaltsfunktion der freien Wohlfahrtspflege umfasst

▶ die **Interessenvertretung zum Wohl Benachteiligter bei Parlament, Regierung, Verwaltung und Öffentlichkeit** durch Aufzeigen sozialer Probleme, Einbringen von Fachwissen und drängen auf politische Lösungen,

▶ die **individuelle Hilfe in Einrichtungen und Diensten,** auch für Menschen, bei denen keine Refinanzierungsmöglichkeit besteht („Illegale"),

▶ die **persönliche Anwaltschaft** bei der Wahrung und Durchsetzung der Bürger- und Menschenrechte der Betrofenen gegen staatliche Stellen.

Beispiel: „Wir können es uns nicht leisten, 1,7 Millionen Kinder auf einem Einkommensniveau zu belassen, das ihnen schlicht Zukunftchancen nimmt". „Als Sofortmaßnahme sind Sozialhilfe, Arbeitslosengeld II und Sozialgeld um mindestens 19 Prozent anzuheben." (DPWV, „Zu wenig für zu viele", Expertise vom 26. 8. 2005).

24.2 Bundesarbeitsgemeinschaft der freien Wohlfahrtspflege

Die meisten Verbände der Freien Wohlfahrtspflege gehören einem der sechs Spitzenverbände an. Die sechs Spitzenverbände arbeiten in der "**Bundesarbeitsgemeinschaft der Freien Wohlfahrtspflege**" (BAG FW) zusammen.

▶ Arbeiterwohlfahrt (AWO)
▶ Deutscher Caritasverband (DCV)
▶ Der Paritätische Wohlfahrtsverband (DPWV)
▶ Deutsches Rote Kreuz (DRK)
▶ Diakonisches Werk der Evangelischen Kirche in Deutschland (DW)
▶ Zentralwohlfahrtsstelle der Juden in Deutschland (ZWSt)".

Die Spitzenverbände sind föderalistisch strukturiert, d. h. ihre Gliederungen und Mitgliedsorganisationen sind überwiegend rechtlich selbständig.

Ihnen gehören Orts-, Bezirks-, Fach- und Landesverbände mit mehr als 91.200 sozialen Diensten und Einrichtungen und einer Gesamtkapazität von mehr als 3,2 Millionen Plätzen oder Betten an.

24.2.1 Beschäftigte

In ca. 100.000 Einrichtungen der freien Träger arbeiten mehr als 1.4 Millionen Beschäftigte, davon 47 % in Teilzeit: In der Jugend- und Familienhilfe arbeiten ca. 340.000, in der Alten- und Behindertenhilfe ca. 600.000 und in der Gesundheitshilfe ca. 370.000 Mitarbeiter.

Die Zahl der ehrenamtlichen Mitarbeiter wird auf 2,5 bis 3 Millionen geschätzt (Stand: 1.1.2004 Gesamtstatistik der Freien Wohlfahrtspflege - www.bagfw.de).

24.2.2 Leistungen

Die materiellen und immateriellen Leistungen der freien Wohlfahrtspflege bestehen zu einem großen Teil aus **Eigenleistungen**, die in Form von Geldleistungen, selbst finanzierten Hilfen, Einsatz von Eigenkapital, unbezahlten Arbeitsleistungen von ehrenamtlichen Mitarbeitern, selbstfinanzierter Fortbildung und Supervision, Auffüllung gesetzlicher unzureichender Leistungen auf ein menschenwürdiges Maß (Spiegelhalter, 1999, 19, 32).

Ein weiterer großer Teil besteht aus Leistungen, die mit öffentlichen Mitteln ganz oder teilweise finanziert werden (Leistungsentgelte, Zuwendungen).

→ BAGFW (Hrsg), Die Freie Wohlfahrtspflege – Profil und Leistungen, Freiburg 2002

24.2.3 Beispiel: Jugendhilfe

Die Gesamtzahl der Einrichtungen der Kinder- und Jugendhilfe (ohne Einrichtungen der Kindertagesbetreuung) hat sich in Deutschland am 31. 12. 2006 gegenüber 2002 um rund 4% erhöht. Insgesamt gab es rund 28.200 Einrichtungen unter anderem für Heimerziehung, Jugendarbeit, Frühförderung sowie Jugendzentren und Jugendräume, Familienferienstätten und Erziehungs-, Jugend- und Familienberatungsstellen.

Die Zahl der Einrichtungen in öffentlicher Trägerschaft sank um rund 5%, die der freien Träger erhöhte sich um rund 8%

Die freien Träger betrieben ca. drei Viertel der Einrichtungen (76%, ohne Jugendhilfeverwaltungen).

Die Träger der öffentlichen Jugendhilfe verfügen– abgesehen von Jugendzentren, Kinderheimen und dem Allgemeinen Sozialdienst - über nur wenige Jugendhilfe-Einrichtungen und Dienste und Hilfen. Insoweit wird Jugendhilfe weit überwiegend von den freien Trägern geleistet.

(Quelle: Pressemitteilung vom 23. 1. 2008 -www.destatis.de)

24.2.4 Selbsthilfe und alternative Gruppen

In den letzten 30 Jahren haben zunehmend mehr Bürger Initiativ-, Selbsthilfe- oder alternative Gruppen gegründet. Dies ist eine Folge konkreter gesellschaftlicher Defizite, auf die die staatlichen Träger und auch die etablierten Träger der freien Jugend- und Sozialhilfe nicht in einer für die Betroffenen akzeptablen Weise reagiert haben.

24.2.5 Freie Träger in der öffentlichen Meinung

Die Wohlfahrtsverbände genießen in der öffentlichen Meinung einen hohen Stellenwert. Bei einer von McKinsey durchgeführten Online-Befragung mehrerer hunderttausender Bundesbürger gehören die Wohlfahrtsverbände zu den Organisationen/Institutionen, denen die Bürger am meisten vertrauen.

Nach dem ADAC nehmen das Deutsche Rote Kreuz, Caritas und Diakonie und Greenpeace Spitzenplätze ein, während der gesetzlichen Krankenversicherung, der Kommunalverwaltung, der Evangelichen und der Katholischen Kirche, den Gewerkschaften und den politischen Prateien überwiegend Misstrauen entgegengebracht bzw. Verbesserungsbedarf bescheinigt wurde (www.perspektive-deutschland.de).

25.0 ALLGEMEINE RECHTSSTELLUNG FREIER TRÄGER

25.1 Rechtsformen freier Träger

Die freien Träger sind regelmäßig als Zusammenschlüsse von privaten natürlichen und juristischen Personen in den *Rechtsformen des Privatrechts* organisiert:

Arbeiterwohlfahrt Bezirksverband e.V. = eingetragener Verein,

Caritasverband für die Stadt Köln e.V. = eingetragener Verein,

Stiftung Gute Hand = Stiftung bürgerlichen Rechts,

Jugendhilfe GmbH = Gesellschaft mit beschränkter Haftung.

Sie unterliegen als privatrechtliche Organisationen dem staatlichen Vereins-, Stiftungs- bzw. GmbH-Recht.

25.2 Gesetzesbindung freier Träger

Freie Träger sind als juristische Personen des Privatrechts an die Vorschriften des Bürgerlichen Recht und des Verwaltungsrechts gebunden, die für ihre Tätigkeit bzw. Einrichtung gelten.

25.2.1 Rechtsbeziehungen zu Rat- und Hilfesuchenden

Rechtsbeziehungen der freien Träger

Meist werden die Rechtsbeziehungen zwischen den freien Trägern und den Menschen, denen sie personenbezogene Jugendhilfe bzw. Sozialhilfeleistungen erbringen, rechtlich als Verträge oder als vertragsähnliche Beziehungen zu qualifizieren sein. Für diese gelten der verfassungsrechlich begründete Grundsatz der Vertragsfreiheit (Art. 2 GG) und die Vorschriften des BGB über Schuldverhältnisse, insbesondere die über Verträge (§§ 305 ff. BGB).

Beispiele: Die Betreuung eines Kindes in dem Kindergarten einer katholischen Kirchengemeinde erfolgt auf der Grundlage eines Kindergartenvertrags.

Die Betreuung und Pflege eines alten Menschen in einem Altenheim der Arbeiterwohlfahrt erfolgt auf der Grundlage eines Heimvertrag.

Auf "soziale Beratungs-, Betreuungs- und Pflegeverhältnisse", sind u.a. die Vorschriften des BGB über entsprechende Verträge anzuwenden (z. B. die §§ 611 ff. BGB über den Dienstvertrag, die §§ 535 über den Mietvertrag).

Rechtsbeziehungen der Kirchen

Kirchen und andere Religionsgesellschaften sind zwar Körperschaften des öffentlichen Rechts (Art. 140 GG in Verbindung mit Art. 137 Abs. 5 WRV). Jedoch gehören ihre Rechtsbeziehungen zu den Menschen, denen sie als freie Träger personenbezogene Dienstleistungen wie z. B. Beratung, Erziehung oder Pflege erbringen, dem privaten Recht an (BVerwG NJW 1984, 989 mit Anm. von Schatzschneider; BVerwG, NJW 1990, 2082; Müller-Volbehr Jus 1988, 869).

Haftung

Im Falle einer rechtswidrig schuldhaften Vertragsverletzung oder einer unerlaubten Handlung der Organmitglieder des freien Trägers oder eines von diesen Beauftragten kann der freie Träger zum Schadensersatz verpflichtet sein (§§ 276, 278, 249 bzw. §§ 823, 831, BGB).

25.2.2 Staatliche Kontroll- und Eingriffsbefugnisse

Staatliche Kontroll- und Eingriffsbefugnisse gegenüber freien Trägern können sich nur aus **besonderen gesetzlichen Vorschriften** ergeben; denn jeder Eingriff in die Rechtssphäre des freien Trägers, die Auferlegung von Duldungs- und Auskunftspflichten ist nur zulässig, wenn eine hinreichend klare gesetzliche Grundlage dies gestattet (Vorbehalt des Gesetzes siehe 22.6.1.2).

Beispiele: §§ 45 ff. SGB VIII verpflichten den Träger eines Kinderheims, eines Internats oder einer Kinderladen-Elterninitiative zu einer räumlichen und personellen Mindestausstattung der Einrichtung, zur Mitteilung verschiedener Daten an das Landesjugendamt und zur Duldung von Kontrollbesuchen. Das Landesjugendamt kann den Betrieb des Heimes nach § 48 SGB VIII untersagen.

Betreibt dagegen ein freier Träger eine fachlich unqualifizierte Erziehungsberatungsstelle, stehen dem Landesjugendamt diese Möglichkeiten nicht zu, weil es kein Gesetz gibt, das die Schließung von Erziehungsberatungsstellen gestattet.

Heime für alte Menschen und für volljährige Behinderte unterliegen nach § 15 Heimgesetz der Überwachung. Diese kann z. B. durch unangemeldete Prüfungen, Gespräche mit den Heimbewohnern und Befragung der Beschäftigten ausgeübt werden. Der Träger hat diese Maßnahmen zu dulden.

Die Polizei kann zur Abwendung einer gegenwärtigen Gefahr, zur Verfolgung von Straftaten oder zur Aufklärung des Schicksals von Vermissten und Unfallopfern von einem Krankenhaus, Pflegeheim oder einer ähnlichen Einrichtung Auskunft verlangen. Diese Einrichtungen dürfen lediglich mitteilen, ob die gesuchte Person in dem Verzeichnis der aufgenommenen Personen eingetragen ist, nicht aber, wo sich die Person derzeit aufhält oder aufgehalten hat. Andere Einrichtungen sind zu derartigen Auskünften ohne Einwilligung des Betroffenen weder verpflichtet noch berechtigt (§ 16 Abs. 3 Melderechtsrahmengesetz; § 28 Meldegesetz NRW).

Wünscht der freie Träger Förderung oder Entgelte aus öffentlichen Mitteln, kann er eine Bewilligung bzw. Erstattung nur erreichen, wenn er dem öffentlichen Träger darlegt, dass er über erforderlichen Voraussetzungen verfügt. Dies erfordert in der Regel umfangreiche Informationen über Konzeption, Organisation, Leistungsfähigkeit und Qualität der Arbeit (→ 20.3.1.5 und 20.4.2).

25.2.3 Steuer-und gebührenrechtliche Privilegierung

Voraussetzung: Gemeinnützigkeit

Die Träger, aus deren Satzung sich ergibt, dass sie ausschließlich und unmittelbar gemeinnützige, mildtätige oder kirchliche Zwecke verfolgen, sind in verschiedener Hinsicht begünstigt, wenn sie vom Finanzamt anerkannt sind und ihre tatsächliche Geschäftsführung den Satzungsbestimmungen entspricht (§§ 51 ff. Abgabenordnung).

Beispiel: Die Gemeinnützigkeit wird aberkannt, wenn die Verwaltungsaufwendungen nicht angemessen sind, d. h. wenn Spenden zu einem erheblichen Teil für die Spendenwerbung, die Werbung neuer Mitglieder und die Gehälter der Arbeitnehmer und Geschäftsführer ausgegeben wurden. Es kommt auf die Umstände des Einzelfalls an. Die Finanzverwaltung beanstandet es in der Regel nicht, wenn für die Werbung neuer Mitglieder regelmäßig nicht mehr als 10 % der Mitgliedsbeiträge verwandt werden (BFM, BStBl. I, 2000, 814; BFH, BStBl. II 2000, 320).

Zur Problematik und Reform des Gemeinnützigkeitsrechts siehe Dossier der BAG-FW vom 11. 4. 2006 (www.bagfw.de)

Steuerrechtliche Privilegierungen

Unmittelbar werden freigemeinnützige Träger durch Steuerbefreiung bzw.-ermäßigung begünstigt. Sie werden mittelbar dadurch begünstigt, dass Dritten für Spenden, Geschenke und Erbeinsetzungen steuerrechtliche Vorteile eingeräumt werden.

Steuerfreiheit

Steuerfreiheit besteht hinsichtlich der **Körperschafts- und Gewerbesteuer.**

Umsatzsteuerfrei sind nach der EU-Richtlinie 77/388 alle Sozialleistungen, die von einer „Einrichtung mit sozialem Charakter" erbracht werden; der BFH wendet die Richtlinie unmittelbar an, weil der deutsche Gesetzgeber sie in § 4 Nr. 18 UStG nur unzureichend umgesetzt hat (BFH, Soz akt 2006, 146; Griep, Soz akt 2006, 113).

Grundsteuerfreiheit besteht für die Grundstücke, die unmittelbar zu steuerbegünstigten Zwecken genutzt werden, nicht aber für Grundstücke mit Mietwohnungen.

Grunderwerbssteuerfreiheit besteht nicht. Jedoch lässt sich die Verfügungsbefugnis über ein Grundstück durch entsprechende Vertragsgestaltung, z. B. durch eine nicht steuerbelastete langfristige Vermietung, erreichen.

Spenden

Vom Finanzamt anerkannte gemeinnützige Träger dürfen **Spendenbestätigungen** auf den vorgeschriebenen Formularen ausstellen. Steuerbegünstigt sind Spenden bis in Höhe von 20 % der Gesamteinkünfte. Der Spender kann die Spenden im Rahmen der Einkommensteuerveranlagung geltend machen.

Zulässig sind Geld-, Sach-, und Aufwandsspenden.

Der Wert der **Sachspende** richtet sich nach dem Marktwert. Gebrauchtkleidung und Gebrauchtmöbel haben oft keinen Marktwert mehr (BFH, BStBl. 1989 II, 879).

Aufwand für Fahrtkosten, Telefon, Büro-und Arbeitsmaterial wird als Aufwandsspende nur anerkannt, wenn der Spender einen Rechtsanspruch auf Vergütung hat, auf diese aber nachträglich verzichtet (BMF-Schreiben vom 7. 6. 1999, BStBl I, 1999 S. 591; dazu Menges, 2004, 108ff.).

Vergütung für geleistete Arbeit kann ebenfalls nur als Spende berücksichtigt werden, wenn ein Anspruch auf Vergütung besteht und auf diesen verzichtet wird.

Wer **vorsätzlich oder grob fahrlässig eine unrichtige Spendenbestätigungen ausstellt** oder veranlasst, dass Zuwendungen nicht zu den in der Bestätigung angegebenen Zweck verwendet werden, haftet für die entgangene Steuer in Höhe von 30 % des zugewendeten Betrags. Dagegen darf der Spender grundsätzlich darauf vertrauen, dass eine Spendenbestätigung richtig ist (§ 10 b Abs. 4 EStG).

Erbschaften, Schenkungen

Erbschaften und Schenkungen zugunsten gemeinnütziger Träger sind von der Erbschafts- und Schenkungssteuer befreit.

Gebührenrechtliche Privilegierung

Von der Zahlung der Gebühren nach der Kostenordnung und in Justizverwaltungssachen sind **Kirchen und freigemeinnützige Träger** nach landesrechtlichen Vorschriften befreit (z. B. § 1 Gerichtsgebührenbefreiungsgesetz NRW).

Notare sind nach § 144 Kostenordnung zur Gebührenermäßigung verpflichtet.

Kirchen sind von Verwaltungsgebühren befreit (z. B. § 8 Abs. 1 Nr. 4 Gebührengesetz NRW).

26.0 SELBSTBESTIMMUNGSRECHT DER FREIEN TRÄGER

Allen freien Trägern stehen Selbstbestimmungsrechte aufgrund der Verfassung zu. Die kirchlichen freien Träger nehmen unter den freien Trägern eine Sonderstellung ein, weil sie teilhaben an dem kirchlichen Selbstbestimmungsrecht, das durch das Grundgesetz besonders geschützt wird (→ 18.2).

26.1 Selbstbestimmungsrecht aller freien Träger

Allgemeine Grundrechtsgarantie für Vereinigungen
Das Selbstbestimmungsrecht der nichtkirchlichen freien Träger, die den Spitzenverbänden der Arbeiterwohlfahrt, dem Paritätischen Gesamtverband bzw. dem Deutschen Roten Kreuz angeschlossen sind oder einem Spitzenverband nicht angehören, wird durch die **allgemeine Grundrechtsgarantie** der Verfassung gesichert; denn Grundrechte gelten gemäß Art. 19 Abs. 3 GG nicht nur für den einzelnen Menschen, sondern auch für Vereinigungen von Menschen in der **Rechtsform der juristischen Person** (eingetragener Verein, Stiftung, Gesellschaft mit beschränkter Haftung) und für **nichtrechtsfähige Personengruppen**, zumindest insoweit, wie Art. 3 GG eine Gleichbehandlung mit rechtsfähigen Vereinigungen gebietet (BVerfGE 6, 273).

Beispiel: Ein nichtrechtsfähiger freier Träger ist grundsätzlich in gleicher Weise zu fördern wie ein rechtsfähiger; denn das SGB VIII setzt für die Förderung nicht die Rechtsfähigkeit voraus. Verlangt er aber erhebliche Förderungsmittel, so kann die zuständige Behörde dies u.U. mit der Begründung ablehnen, ein etwaiger Rückforderungsanspruch könne nicht ausreichend gesichert werden, und die Förderung vom Erwerb der Rechtsfähigkeit abhängig machen.

Soweit Selbsthilfegruppen und Initiativen in der Jugendhilfe tätig werden, haben sie grundsätzlich gleiche Rechte wie die traditionellen freien Träger (§ 4 Abs. 3 SGB VIII; Papenheim, LPK-SGB VIII, § 4 Rz 18).

26.1.1 Vereinigungsfreiheit

Vereinigungsfreiheit – Vereinsautonomie
Das Grundgesetz schützt das Recht eines jeden Menschen auf Bildung eines Vereins, auf Beitritt zu und Austritt aus einem Verein (individuelle Vereinigungsfreiheit).

Es schützt aber auch das Recht eines jeden Vereins, Verbands oder eines sonstigen privatrechtlichen Zusammenschlusses von Personen, sich eine eigene Ordnung zu geben, d. h. die Organisationsform zu bestimmen, Vereinsorgane zu schaffen, die Aufgaben des Vereins festzulegen, die Rechte und Pflichten der Mitglieder zu gestalten usw. (Vereinsautonomie; BVerfGE 80, 244/253).

Alle Grundrechte, die sich auf Tätigkeiten beziehen, die auch von Personenvereinigungen ausgeübt werden können, stehen diesen zu z. B. die Grundrechte aus Art. 2, 3, 4, 5, 12, 13, 14, 19 Abs. 3 GG (BVerfGE 42, 212).

Eingriffe in die Vereinsautonomie
Einschränkungen des grundrechtlich garantierten freien Betätigungsrechts sind nur durch Gesetz oder auf Grund eines Gesetzes zulässig. Gesetzliche Einschränkungen können z. B. erfolgen durch die Auferlegung von Mitteilungspflichten oder der Pflicht, der Behörde den Zutritt zur Einrichtung zu gestatten.

Das einschränkende Gesetz muss das Grundrecht unter Angabe des Artikels nennen (Art. 19 Abs. 1 GG). Es muss außerdem ausreichend bestimmt, d. h. Inhalt, Zweck

125

und Ausmaß der gesetzlich erteilten Eingriffsermächtigung müssen für die Betroffenen erkennbar sein (BVerfG NJW 2005, 2603; BVerwGE 89, 281, 285).

Beispiel: Artikel 20 KJHG schränkt die Grundrechte der Freiheit der Person (Art. 2 Abs. 2 Satz 2 GG), der Freizügigkeit (Art. 11 GG) und der Unverletzlichkeit der Wohnung (Art. 13 GG) nach Maßgabe des SGB VIII ein. Deshalb ist die klare Regelung der Zutritts-, Frage- und Prüfrechte der zuständigen Behörde in §§ 45 – 46 SGB VIII verfassungsgemäß

Im Umkehrschluss ergibt sich aus dieser Regelung, dass die genannten Kontrollrechte in allen anderen Einrichtungen der Jugendhilfe wegen Fehlens einer gesetzlichen Grundlage nicht bestehen (OVG Hamburg, Soz akt 2005, 77).

26.1.2 Allgemeine Handlungsfreiheit

Selbstbestimmungsrecht

Das Grundrecht der allgemeinen Handlungsfreiheit nach Art. 2 Abs. 1 GG gewährleistet dem freien Träger das Recht auf Verwaltung seiner Angelegenheiten gemäß seinem Selbstverständnis, d. h. er kann seine Organisation selbst gestalten, Arbeitnehmer einstellen und entlassen, soziale Dienste anbieten und Einrichtungen betreiben und hierbei selbstgesetzte Ziele verfolgen.

Kontroll- und Weisungsfreiheit freigemeinnütziger Träger

Das Grundrecht ist zwar durch die verfassungsmäßige Ordnung einschränkbar. Jedoch hat der Gesetzgeber in § 17 Abs. 3 Satz 3 SGB I für den Sozialleistungsbereich ausdrücklich bestimmt, dass die öffentlichen Träger u.a. die Selbständigkeit der freigemeinnützigen Träger in Zielsetzung und Durchführung ihrer Aufgaben zu achten haben (ausgedehnt auf die Organisation in § 4 SGB VIII). Daraus folgt z. B., dass der staatlichen Verwaltung **grundsätzlich keine Beanstandungsrechte** hinsichtlich der Arbeit eines freien Trägers zustehen, wenn diese sich in dem Rahmen hält, der durch das SGB VIII bestimmt wird. Dies gilt grundsätzlich auch, wenn der öffentliche Träger den freien Träger finanziell fördert (→ 20.4).

Die Privilegierung gemäß § 17 Abs. 3 SGB I gilt nicht für **gewerbliche Träger.** Ob die auf traditionelle Träger der Jugendhilfe bezogene Regelung des § 4 SGB VIII für sie gilt, ist zweifelhaft (Münder, FK-SGB VIII, § 4 Rn 2).

26.1.3 Überzeugungs- und Weltanschauungsfreiheit

Nicht einschränkbares Grundrecht

Das Grundrecht aus Art. 4 Abs. 1 und 2 GG ist von größter Bedeutung für die freie Tätigkeit, weil es grundsätzlich nicht einschränkbar ist (BVerfG NJW 1977, 2379).

Geltung für Träger jeder Überzeugung

Das Grundrecht gilt nicht nur für religiöse Gemeinschaften, sondern garantiert die **Freiheit einer jeden religiösen oder weltanschaulichen, auch antireligiösen oder indifferenten Überzeugung.** Die Freiheit der Überzeugung, die diesen Trägern gewährleistet ist, schließt notwendig die Freiheit der Bestimmung über Organisation, Normsetzung, Verwaltung und die Personalhoheit ein (BVerfG NJW 1980, 1895).

Daraus ergibt sich für die nichtkirchlichen Träger, die eine bestimmte Weltanschauung vertreten, ein verfassungsrechtlich gewährleistetes Selbstbestimmungsrecht, das inhaltlich - insbesondere hinsichtlich der staatlichen Eingriffsmöglichkeiten - dem kirchlichen Selbstbestimmungsrecht weitgehend entspricht (siehe unten 10.2). Nur gewerblichen und weltanschaulich neutralen Trägern steht es nicht zu.

26.1.4 Freiheit der Berufsausübung

Das Grundrecht auf freie Berufsausübung des freien Trägers gemäß Art. 12 GG kann von öffentlichen Sozialleistungsträgern verletzt werden (BVerfG, 17.10.2007 – 2 BvR 1095/05, Jus 2008, 365):

▶ Das Grundrecht des freien Trägers wird verletzt, wenn staatliche Stellen öffentliche Aufgaben durch freie Träger erfüllen lassen und Entgelte so niedrig bemessen, dass der freie Träger nicht in der Lage ist, das zur Erfüllung der gesetzlichen Aufgabe erforderliche besonders qualifizierte Personal anzustellen bzw. bereit zu halten.

Beispiel: Wenn die Aufgabe den Einsatz von Diplom-Pädagogen oder Sozialar-beitern erfordert, muss bei der Festsetzung des Stundensatzes berücksichtigt werden, dass der freie Träger den Mitarbeitern eine Vergütung in tariflicher Höhe und fixe Kosten für die Vorhaltung qualifizierten Personals zu tragen hat. Ein Stundensatz von 12- 25 Euro ist unzureichend (BVerfG, NJW 2002, 2091).

▶ Das Grundrecht auf freie Berufsausübung und der Gleichheitsgrundsatz (Art. 3 GG) werden durch hoheitliches Handeln verletzt, das die Ausübung der Tätigkeit des freien Trägers behindert, konkurrierende Bewerber deutlich benachteiligt (BVerfG NJW 1990, 2306; BVerwG NJW 2005, 3134) oder entgegen § 4 Abs. 2 SGB VIII einen Vorrang der Leistungen des öffentlichen Trägers begründen soll. Verletzt wird dadurch auch der Grundsatz der Trägervielfalt (BVerfG, NJW 2004, 1648).

Beispiel: Ein öffentlicher Träger der Jugendhilfe will mit einem Eigenbetrieb die Leistung sozialpädagogischer Familienhilfe vereinbaren und dadurch einen freien Träger von der Leistung ausschließen, der diese Hilfe anbietet (OVG Münster, Soz akt 2005, 107).

26.1.5 Unverletzlichkeit des räumlichen Bereichs

Schutz der Arbeits- und Veranstaltungsräume
Das Grundrecht auf Unverletzlichkeit der Wohnung nach Artikel 13 Abs. 1 GG umfasst bei Verbänden, Vereinen und sonstigen Vereinigungen auch deren Arbeits-, Beratungs- und Veranstaltungsräume. Staatliche Behörden haben deshalb grund-sätzlich nicht das Recht, die Räume der Einrichtungen freier Träger zu betreten.
Beispiel: Die Polizei hat nicht das Recht, einen Kindergarten zu betreten, um festzustellen, ob bei einem Kind Spuren von Misshandlungen zu erkennen sind.
Gesetzliche Einschränkungen
Sehr beschränkte Zutrittsrechte können sich aus Art. 13 Abs. 3 GG in Verbindung mit z. B. dem SGB VIII (§§ 46, 48a), dem Heimgesetz (§ 15), dem Infektions-schutzgesetz (§§ 16, 36) und der Strafprozessordnung (§§ 102 ff.) usw. ergeben.
Polizeiliche Befugnis, Wohn- und öffentlich zugänglichen Räumen zu betreten
Der Polizei kann nach landesrechtlichen Vorschriften das Recht zustehen, öffentlich zugängliche Arbeits- und Geschäftsräume zu betreten und Identitätsfeststellungen vorzunehmen, wenn zwar keine konkrete Gefahr besteht, aber hinreichend präzise aktuelle und dokumentierte Erkenntnisse über demnächst zu erwartende Gefahren oder Straftaten vorliegen (BVerwG, NJW 2005, 454 zum Betreten der vornehmlich von Kurden besuchten Teestube eines Vereins; ablehnend Mittag NVwZ 2005, 649).
Beispiele: Die Polizei kann ein Jugendzentrum betreten, wenn Tatsachen die Annahme rechtfertigen, dass ein Jugendlicher, der gerade einen Ladendieb-stahl begangen hat, sich im Jugendzentrum verbirgt (§ 41 Polizeigesetz NRW).
Die Polizei verstößt gegen den Grundsatz der Verhältnismäßigkeit, wenn sie ohne konkreten Verdacht in niedrigschwellige Einrichtungen freier Träger ein-dringt und Kontrollen durchführt (BVerfG, NJW 1977, 1489).

26.2 Selbstbestimmungsrecht kirchlicher freier Träger

Religionsgesellschaften, d. h. insbesondere Kirchen, ist verfassungsrechtlich die Freiheit garantiert, ihre Angelegenheiten selbständig innerhalb der Schranken des für alle geltenden Gesetzes zu ordnen und zu verwalten. Religonsgesellschaften wird auf Antrag der Status einer Körperschaft des öffentlichen Rechts verliehen, wenn sie durch ihre Verfassung und die Zahl ihrer Mitglieder die Gewähr der Dauer und der Verfassungstreue bieten (Art. 140 GG in Verbindung mit Art. 137 Abs. 3 und 5 WRV; zu Zeugen Jehovas: BVerwG, Beschl. v. 1. 2. 2006).

Auch die Europäische Union hat nach anfänglicher Zurückhaltung anerkannt, dass die Mitgliedsstaaten den religiösen Gemeinschaften einen Sonderstatus einräumen können: *„Die Europäische Union achtet den Status, den Kirchen und religiöse Vereinigungen oder Gemeinschaften in den Mitgliedstaaten nach deren Rechtsvorschriften genießen, und beeinträchtigt ihn nicht." (Erklärung Nr. 11 zur Schlußakte des Vertrags von Amsterdam betreffend den Status der Kirchen und weltanschaulichen Gemeinschaften)*

26.2.1 Geltungsbereich der Selbstbestimmung

Das kirchliche Selbstbestimmungsrecht erstreckt auf die organisierte Kirche und deren rechtlich selbstständige Teile (Diözese, Kirchengemeinde), sowie auf ihre caritativen/diakonischen Einrichtungen. Das Bundesverfassungsgericht spricht insoweit von einem **Grundrecht der freien karitativen Betätigung** (BVerfGE 20, 150).

„Die privatrechtlich organisierten diakonischen und karitativen Werke und Einrichtungen der Kirche haben als Mitglieder des diakonischen Werkes oder des Caritasverbandes unstreitig am kirchlichen Auftrag teil und stehen damit auch unter dem religionsverfassungsrechtlichen Schutz des kirchlichen Selbstbestimmungsrechts, unabhängig davon, ob sie sich einer Organisationsform staatlichen Rechts, hier der Gesellschaft mit beschränkter Haftung, bedienen" (BVerfG, 17.10.2007 – 2 BvR 1095/05, Jus 2008, 365)

Jedoch können sich die in den Rechtsformen des staatlichen Privatrechts organisierten Vereine, Verbände und Gesellschaften auf das kirchliche Selbstbestimmungsrecht nur berufen wenn sie

▶ **bekenntnismäßig mit der Kirche verbunden sind,** d.h. nach kirchlichem Selbstverständnis ihrem Zweck und ihrer Aufgabe nach berufen sind, ein Stück des Auftrages der Kirche wahrzunehmen und zu erfüllen.

Beispiel: Wahrnehmung caritativer/diakonischer Aufgaben z.B. Beratung, Behandlung und Betreuung Hilfesuchender.

▶ **organisatorisch mit der Kirche verbunden sind.** Hierbei kommt es darauf an, ob die jeweilige Vereinigung durch ihre Satzung und deren Bestimmungen über Geschäftsführung, Vertretung, Mitgliedschaft, kirchliche Aufsicht usw. mit der Amtskirche verzahnt und von dieser anerkannt ist (BVerfG NJW 1978, 581; NJW 1980, 1895; NJW 1986, 367).

Beispiel: In der Satzung eines Caritasverbandes ist festgelegt, dass der Vorsitzende vom Bischof bestellt wird, der Geschäftsführer nur mit Zustimmung des Bischofs eingestellt und entlassen werden darf und dass die Haushaltsführung des Verbandes der kirchlichen Aufsicht unterliegt.

Die organisatorische Verbundenheit besteht nicht, wenn ein Verband mit konfessioneller Ausrichtung sich als Laienorganisation versteht und deshalb in seiner Satzung keine Aufsichts- und Eingriffsrechte kirchlicher Behörden vorgesehen hat (z. B. „Pfadfinderschaft St. Georg", „donum vitae e.V.").

26.2.2 Inhalt des Selbstbestimmungsrechts

Das kirchliche Selbstbestimmungsrecht umfasst insbesondere die Freiheit der Bestimmung über Organisation, Normsetzung, Verwaltung und die Personalhoheit.

Grenzen für staatliche Eingriffe
Der Staat darf in den Bereich der Selbstbestimmung grundsätzlich dann nicht eingreifen, wenn die kirchlichen Vereinigungen und Verbände bei der Erfüllung öffentlicher Aufgaben wie z. B. der Jugendhilfe und der Sozialhilfe mitwirken und hierfür öffentliche Mittel erhalten. …Bei kirchlichen Trägern sind staatliche Eingriffe in die Organisations- und Personalhoheit nur zulässig, wenn sie aus **zwingenden Gründen** geboten sind, d. h. wenn ohne sie die öffentliche Aufgabe nicht erfüllt werden kann (BVerfG, 17.10.2007 – 2 BvR 1095/05, Jus 2008, 365).

Beispiel: Da die Benutzung eines Jugendheimes in Trägerschaft einer Kirchengemeinde dem kirchlichen Selbstbestimmungsrecht unterliegt, kann die Kirchengemeinde sich zwar aus freien Stücken bereit erklären, das Heim auch kirchlich nicht gebundenen Jugendlichen zu öffnen. Sie kann aber nicht gegen ihren Willen hierzu verpflichtet werden; denn nicht die Kirchengemeinde, sondern das Jugendamt hat zu gewährleisten, dass für kirchlich nichtgebundene Jugendliche die erforderlichen Einrichtungen zur Verfügung stehen (§ 79 SGB VIII).

26.2.3 Schrankenvorbehalt

Jedermann-Prinzip
Das kirchliche Selbstbestimmungsrecht ist nach der Verfassung nur "innerhalb der Schranken der für alle geltenden Gesetze" gewährleistet.

Normen, die für Religionsgesellschaften bei der Ordnung ihrer eigenen Angelegenheiten gelten, sind nur solche Rechtsnormen, die für die Kirche dieselbe Bedeutung haben wie für **jedermann.** Das BVerfG schließt bei „inneren kirchlichen Angelegenheiten" staatliche Eingriffe aus, lässt sie aber bei anderen Angelegenheiten zu, wenn „zwingende Gründe" vorliegen.

Beispiel: Der staatliche Träger, der einem kirchlichen Altenheim Investitionszuschüsse gewährt hat, darf sich das Recht vorbehalten, freie Plätze zu belegen, wenn nur dadurch gewährleistet werden kann, dass die geförderten Pflegeplätze auch demjenigen Personenkreis zugute kommen, der finanziell darauf angewiesen ist (BVerfG, 17.10.2007 – 2 BvR 1095/05, Jus 2008, 365).

Anerkannt ist in der deutschen Rechtsprechung bisher, dass die Kirchen von ihren **Arbeitnehmern** die Einhaltung einer bestimmten Lebensführung erwarten dürfen (Katholische Kirche: „Grundordnung des kirchlichen Dienstes im Rahmen kirchlicher Arbeitsverhältnisse", Evangelische Kirche: „Richtlinie über die Anforderungen der privatrechtlichen Mitarbeit")

Beispiel: Tritt eine Sozialpädagogin aus der Kirche aus, ist der kirchliche Träger zur fristlosen Kündigung berechtigt (LAG Rheinland-Pfalz, NZA 1998, 149).

Abzuwarten bleibt, ob und inwieweit der EuGH dem folgen wird.

In allen Angelegenheiten, die das kirchliche Selbstbestimmungsrecht nicht erfasst, unterliegt ein kirchlicher Träger den allgemeinen gesetzlichen Vorschriften z. B. dem Baurecht, dem Arbeitsrecht und dem Jugendhilferecht.

Eine kirchliche Kita muss die für Kitas allgemein geltenden Mindestanforderungen für die Räume, das Beschäftigungsmaterial, die Ausbildung des Personals usw. erfüllen. Insoweit unterliegt der kirchliche Träger wie jeder andere Träger der Heimaufsicht nach § 45 ff. SGB VIII.

27.0 VERHÄLTNIS DER FREIEN TRÄGER ZU DEN ÖFFENTLICHEN TRÄGERN

Praxis: Das Jugendamt vereinbart mit einem freien Träger ein "Kooperationskonzept", in dem das Jugendamt sich die Weisungsbefügnis über die vom freien Träger eingestellten Familienhelferinnen vorbehält. Das Jugendamt bestimmt durch einen Sozialarbeiter den zeitlichen und örtlichen Einsatz, die Art und Dauer der Tätigkeit und die Arbeitsabläufe, nimmt Krankmeldungen entgegen, entscheidet über Urlaubswünsche und ordnet die Teilnahme an der Supervision an. Es zahlt an den freien Träger für jede tatsächlich geleistete Stunde einen festen Stundensatz, der erheblich unter dem Betrag liegt, den es für eine angestellte Familienhelferin aufwenden müsste (Auszug aus dem Sachverhalt des Urteils des Bundesarbeitsgerichts vom 11. 6. 1997, NZA 1998, 480).

Hilfe für Arme, Kranke und Behinderte ist lange Zeit von einzelnen Menschen, Vereinigungen und Einrichtungen aus christlicher, bürgerlicher, sozialistischer oder sonstiger humanitärer Solidarität geleistet worden.

Der Staat hat sich erst zum Ende des 19. Jahrhunderts mit der Einführung der Sozialversicherung um eine finanzielle soziale Sicherung seiner Bürger bemüht und insbesondere nach dem Ende des zweiten Weltkriegs, oft in Zusammenarbeit mit freien Trägern, ein umfassendes Sozialleistungssystem aufgebaut.

Die Frage nach dem Verhältnis der öffentlichen Träger zu den freien Trägern ist nach zahlreichen Auseinandersetzungen durch Entscheidungen des Bundesverfassungsgerichts und entsprechenden gesetzlichen Regelungen rechtstheoretisch weitgehend geklärt. In der sozialen Praxis, in der Fachliteratur und von Gerichten werden aber nach wie vor Ansichten vertreten, die sich mit dem einschlägigen Recht kaum vereinbaren lassen.

Viele Vertreter der öffentlichen Träger der Jugend- und Sozialhilfe meinen – manche unverändert seit Jahrzehnten - aus der Gesamtverantwortung des öffentlichen Trägers für die Sozial- und Jugendhilfe ergebe sich für diesen das Recht auf totale Kontrolle des freien Trägers und eine Bindung des freien Trägers, der öffentliche Mittel erhält, an die Konzeption und Weisungen des öffentlichen Trägers. Dieser könne jederzeit Auskünfte und Berichte verlangen und Kontrollen durchführen. Partnerschaft zeige sich darin, dass der freie Träger das erfülle, was der öffentliche Träger verlange und z. B. über seine Arbeit im Einzelfall umfassend informiere, damit im fachlichen Austausch die beste Lösung für die hilfesuchenden Menschen gefunden werde.

Vertreter der freien Jugend- und Sozialhilfe halten diese Auffassung für verfassungswidrig. Sie sind der Auffassung, das Grundgesetz und das Jugendhilfe- und Sozialhilferecht garantiere den Menschen das Recht, Rat und Hilfe bei einem freien Träger zu suchen. Dieser erbringe seine Leistung nicht als verlängerter Arm und Informant des Staates, sondern in eigener Verantwortung gegenüber den Menschen, die sich an ihn wenden. Mit dem Gebot partnerschaftlicher Zusammenarbeit sei eine bevormundende Kontrolle unvereinbar. Aus der Gesamtverantwortung des öffentlichen Trägers ergebe sich zwar dessen Verpflichtung zur Planung, Förderung und Gewährleistung eines bedarfsdeckenden pluralen Angebots, nicht aber zu einer bürokratisch bevormundenden Steuerung und Kontrolle der Arbeit der freien Träger.

27.1 Verfassungsrechtliche Grundlagen

Das Bundesverfassungsgericht hat in seiner Entscheidung vom 18. 7. 1967 Grundsätze zu den verfassungsrechtlichen Grundlagen der Tätigkeit freier Träger und dem Verhältnis der staatlichen und der freien Jugend- und Sozialhilfe aufgestellt:

*"Das **Sozialstaatsgebot** verpflichtet den Staat, für eine gerechte Sozialordnung zu sorgen. Es besagt jedoch nicht, dass der Gesetzgeber für die Verwirklichung dieses Ziels nur **behördliche Maßnahmen** vorsehen darf; es steht ihm frei, dafür auch die **Mithilfe privater Wohlfahrtsorganisationen** vorzusehen".* (NJW 1967, 1795)

Gesamtverantwortung des öffentlichen Trägers, keine Einzelfallverantwortung
Die **behördlichen Träger** der öffentlichen Jugendhilfe und der öffentlichen Sozialhilfe haben die **Gesamtverantwortung** dafür, dass die Einrichtungen und Dienste bereitgestellt werden, die erforderlich sind, um in den Bereichen der Sozial- und der Jugendhilfe die Ziele des Gesetzes zu erreichen. Die Gesamtverantwortung schließt die Planungsverantwortung ein (§ 17 Abs. 1 SGB I; §§ 79, 80 SGB VIII).

Gesamtverantwortung bedeutet nicht, dass das Jugendamt jeden Einzelfall, in dem ein freigemeinnütziger Träger tätig wird, kontrollieren müsste; denn dies wird ihm ausdrücklich durch das Gesetz untersagt (§ 4 Abs.1 Satz 2 SGB VIII; § 5 Abs. 3 Satz 2 SGB XII; OVG Hamburg, Soz akt 2005, 77).

Freiheit der freien Träger
Die **freien Träger** werden durch das staatliche Sozialleistungsrecht nicht zur Schaffung und Unterhaltung bestimmter Einrichtungen und zur Durchführung bestimmter Maßnahmen verpflichtet; sie sind im Rahmen der gesetzlichen Bestimmungen **in der Zielsetzung, in der Durchführung ihrer Aufgaben und in der Gestaltung der Organisationsstruktur frei.**

„Eine staatliche Förderung allein legitimiert keinen Eingriff in das Selbstbestimmungsrecht der Kirchen. Die staatliche Zuwendung ist nämlich kein Akt der Beleihung. Die Verbände der freien Wohlfahrtspflege bleiben gerade hierbei Erfüller staatsunabhängiger, von ihnen selbst definierter Aufgaben". (BVerfG, 17.10. 2007 – 2 BvR 1095/05, Jus 2008, 365)

Caritas/Diakonie übernehmen somit zwar Tätigkeiten, durch die - mit weitgehender staatlicher Unterstützung - die öffentliche Aufgabe sozialstaatlicher Vorsorge und Hilfe erfüllt wird. Die Kirchen wirken dabei als gesellschaftliche, aber in das staatliche Leistungssystem integrierte und insoweit auch von staatlichen Zwecken beeinflusste Kräfte mit.

Auch wenn sie öffentliche Aufgaben wie z. B. die Beratung drogenabhängiger oder arbeitsloser Jugendlicher durchführen und dafür öffentliche Zuschüsse erhalten, werden sie aber insoweit nicht zu Trägern öffentlicher Verwaltung, sondern handeln als private Organisationen, die freie, d. h. die nach ihrem Selbstverständnis gebotene Jugend- bzw. Sozialhilfe leisten.

Sie sind also weder Beauftragte, Beliehene noch Erfüllungsgehilfen der Träger der öffentlichen Verwaltung (Hinrichs, Ev. Jugendhife, 2004, 6; siehe 6.3.1).

Bedingter Vorrang der freien Jugendhilfe und Sozialhilfe (Funktionsschutz)
Die Betätigungsmöglichkeiten der öffentlichen Träger der Jugendhilfe und der Sozialhilfe werden dadurch eingeschränkt, dass anerkannten freien Trägern ein in verschiedener Hinsicht eingeschränkter Vorrang eingeräumt worden ist (§ 4 Abs. 2 SGB VIII, § 5 Abs. 4 SGB XII).

Das BVerfG hat aus dem Grundgesetz, den Grundrechtsbestimmungen und dem Sozialstaatsprinzip Grundsätze für die „gemeinsame Bemühung von Staat und freien Jugend- und Wohlfahrtsorganisationen" abgeleitet. Diese Grundsätze sind rein fiskalisch orientiert und stellen allein auf Effektivität und Effizienz ab, d. h. auf die möglichst wirtschaftliche Verwendung der zur Verfügung stehenden öffentlichen Mittel. Dadurch ergibt sich ein weitgehender Schutz der vorhandenen Dienste und Einrichtungen der öffentlichen Jugendhilfe (BVerfGE 22, 180, 200 ff.).

Hiernach ist das Jugendamt nicht zur Förderung eines freien Trägers verpflichtet, wenn es selbst bereits geeignete Einrichtungen bzw. Veranstaltungen in ausreichendem Maße unterhält. Es darf nach dieser Rechtsprechung bereits vorhandene eigene Einrichtungen und Maßnahmen zeitlich unbegrenzt in eigener Hand behalten, auch wenn freie Träger oder Selbsthilfegruppen die Jugendhilfeaufgabe gleichwertig und kostenneutral übernehmen könnten.

Soweit geeignete Einrichtungen und Leistungsangebote freier Träger bereits unterhalten bzw. gemacht werden, soll das Jugendamt allerdings von eigenen absehen.

Beispiel: Betreibt ein freier Träger seit Jahren eine Beratungsstelle, darf das Jugendamt Eltern, die sich von dieser Stelle beraten lassen wollen, nicht an die eigene Beratungsstelle verweisen (OVG Lüneburg, RsDE 1994, 63).

Neue Dienste und Einrichtungen darf es nur schaffen, wenn trotz seiner Anregungen und Förderungsangebote die freien Träger nicht in der Lage sind, ein geeignetes und ausreichendes Angebot zu gewährleisten .

Ökonomie statt Subsidiarität

Das Bundesverfassungsgericht hat sich allein an Kostengesichtspunkten orientiert und deshalb einen Bestandsschutz staatlicher Einrichtungen angenommen. Dies entspricht nicht dem Subsidiaritätsprinzip, das den Staat auf die Aufgaben beschränkt, die von basisnäheren, freien, gesellschaftlichen Initiativen und Verbänden nicht sachgerecht erfüllt werden können. Ein Bestandsschutz bestehender staatlicher Einrichtungen ist mit dem Subsidiaritätsprinzip nicht vereinbar.

27.2 Gesetzliche Grundlagen

Praxis: Der Leiter der Verwaltung eines westdeutschen Großstadtjugendamtes verkündet den erstaunten Mitgliedern der Jugendhilfeausschuss: "Die freien Träger arbeiten im Auftrag des Jugendamts".

Der Gesetzgeber hat im Sozialgesetzbuch Regelungen getroffen, mit denen er die vom BVerfG entwickelten Grundsätze zur Stellung freier Träger konkretisiert hat (→ 19.1).

27.2.1 Allgemeine Privilegierung freigemeinnütziger Träger

Freigemeinnützige Träger haben – im Unterschied zu freigewerblichen Trägern – im Sozialleistungsrecht eine besonders privilegierte Stellung.

▶ Die öffentlichen Träger haben die **Selbständigkeit der freien Träger in Zielsetzung und Durchführung ihrer Aufgaben** zu achten (§ 17 Abs. 3 Satz 2 SGB I). Eine laufende Kontrolle während der Durchführung ist deshalb ausgeschlossen.

▶ Nimmt ein freier Träger eine öffentliche Aufgabe wahr, indem er z. B. auf Wunsch der Eltern ambulante Erziehungshilfe leistet, so hat der öffentliche Leistungsträger sicherzustellen, wenn er die Kosten übernimmt, dass der freie Träger die **Gewähr für eine sachgerechte Erfüllung der Aufgaben** bietet (§ 97 Abs. 1 SGB X).

▶ § 17 Abs. 3 Satz 4 SGB I bestimmt, dass § 97 Abs. 2 SGB X nicht anzuwenden ist, wenn freigemeinnützige Träger öffentliche Aufgaben wahrnehmen. Demnach sind die in **§ 97 Abs. 2 SGB X** genannten Vorschriften, in denen allgemein die Pflichten Dritter festgelegt sind, die öffentliche Aufgaben wahrnehmen, auf **freigemeinnützige Träger nicht anzuwenden.** Daraus folgt:

> Der öffentliche Sozialleistungsträger ist nicht berechtigt, den freigemeinnützigen Träger jederzeit zu prüfen und an seine Auffassung zu binden.
>
> Der freigemeinnützige Träger ist nicht verpflichtet, dem öffentlichen Träger Mitteilungen zu machen und Auskünfte über die Erbringung der Leistung zu erteilen (insbesondere nicht personenbezogene Mitteilungen zu machen).
>
> Der freigemeinnützige Träger ist nicht verpflichtet, dem öffentlichen Träger nach der Erbringung der Leistung Rechenschaft abzulegen (Er hat nur den Verwendungsnachweis zu erbringen).

Nachweis-, Berichts- und Auskunftspflichten der freien Träger
Der freie Träger, der Zuwendungen aus öffentlichen Mitteln erhalten hat, ist verpflichtet, die **zweckentsprechende Verwendung der Mittel nachzuweisen** (§ 17 Abs. 3 Satz 3 SGB I). Der Nachweis hat gemäß den haushaltsrechtlichen Vorschriften zu erfolgen. Er ist durch einen **Sachbericht** zu ergänzen (→ 28.4.5).
Für Vereinbarungen über Leistungsentgelte gelten die Regelungen in §§ 17 Abs. 2 SGB II, §§ 78aff. SGB VIII, 76ff SGB XII.

27.2.2 Informationspflicht nur aufgrund klarer Rechtsnorm

Die in § 17 Abs. 3 Satz 4 SGB I in Verbindung mit § 97 Abs. 2 SGB X getroffene Regelung gilt für alle Sozialleistungsbereiche. Sie ist eindeutig. Grundsätzlich hat der öffentliche Träger somit gegen den geförderten freien Träger keinen Anspruch auf Information über die Beratung oder Betreuung der Klienten.

Eine Befugnis bzw. Pflicht zur Weitergabe von personenbezogenen Daten der Klienten besteht nur aufgrund einer Rechtsvorschrift, die **Anlass, Zweck und Grenzen der Weitergabe bereichsspezifisch, präzise und normenklar bestimmt** (Bestimmtheitsgrundsatz). Die Anforderungen an die Bestimmtheit und Klarheit der Norm dienen insbesondere auch dazu, die Verwaltung zu binden und ihr Verhalten nach Inhalt, Zweck und Ausmaß zu begrenzen (BVerfG, 13.6.2007, NJW 2007, 2464).

Hinreichend klar erkennbar ist in § 45 SGB VIII beispielsweise, welche Aufsichts- und Kontrollbefugnisse den Jugendämtern gegenüber Pflegeeltern (§ 44 SGB VIII) und gegenüber Einrichtungen zustehen.

Auch § 261 Abs. 5 SGB III bestimmt klar, welche Berichtspflichten der Träger einer ABM-Maßnahme zu erfüllen hat.

Mit im Gesetz nicht vorhandenen, selbstgebildeten Begriffen wie z. B. „Delegation" „derivative Aufgaben" oder „sozialrechtlicher Erfüllungsgehilfe" lässt sich aber Verfassungsrecht nicht aushebeln (so aber Kunkel, LPK-SGB VIII, § 36 Rn 2 m. w. N.); Informations- und Duldungspflichten, Prüf- und Kontrollbefugnisse sowie Garantenpflichten können auch nicht aus Allgemeinbegriffen wie „Wächteramt", „Gesamtverantwortung", „Rechtsaufsicht" abgeleitet werden.

27.2.3 Unkenntnis/Nichtakzeptanz der gesetzlichen Regelung

Trotz der klaren gesetzlichen Regelung und den eindeutigen Entscheidungen des Bundesverfassungsgerichts werden immer noch von Jugendämtern, von Leitungskräften freigemeinnütziger Träger und in der Fachliteratur entgegenstehende Ansichten vertreten.

Auch Gerichte haben versucht, das Jugendhilferecht auszulegen, und dabei aufgrund ihrer Unkenntnis der fachlich geprägten Besonderheiten dieses Rechtsgebietes absolut unpassende Modelle aus dem Arbeitsrecht oder dem Strafrecht in das Jugendhilferecht importiert. Sie hätten angesichts fehlender Fach- und Rechtskenntnis Sachverständigengutachten einholen müssen, um Fehlentscheidungen zu vermeiden. Dazu waren und sind Gerichte verpflichtet, wenn sie mit Rechtsvorschriften, auf denen die Entscheidung beruhen soll, nicht hinreichend vertraut sind (so auch das BVerwG, NVwZ 1999, 187).

Beispiel: Bundesarbeitsgericht

Das Bundesarbeitsgericht hält einen „Kooperationsvertrag" zwischen einem öffentlichen und freien Träger über sozialpädagogische Familienhilfe für jugendhilferechtlich zulässig und wirksam, in dem der freie Träger sich verpflichtet, die von ihm angestellten Familienhelferinnen dem Weisungsrechts und der fachlichen Kontrolle eines Jugendamtsbediensteten zu unterstellen (BAG, NZA 1998, 480).

Es hat nicht erkannt – weil ihm offenbar die erforderlichen Kenntnisse des Jugendrechts fehlen - dass der „Kooperationsvertrag" nichtig ist; denn ein öffentlicher Träger darf sich in einem Kooperationsvertrag nur die Rechte vorbehalten, die er sich sonst durch Erlass eines Verwaltungsakts verschaffen könnte (§ 55 Abs. 2 und § 58 Abs. 1 SGB X).

Kein öffentlicher Träger kann aber durch Verwaltungsakt Weisungsrechte gegenüber einem freien Träger begründen; ein derartiger Verwaltungsakt wäre ein gesetzwidriger Verstoß gegen das Gebot der Achtung der Selbständigkeit des freien Trägers.

Beispiel: Oberlandesgericht Oldenburg

Das Oberlandesgericht Oldenburg hob den Freispruch einer Sozialarbeiterin vom Vorwurf der fahrlässigen Tötung auf, weil noch festgestellt werden müsse, ob sie als Mitarbeiterin des städtischen Jugendamts die Tätigkeit einer Familienhelferin eines freien Trägers ausreichend kontrolliert habe; denn „die gemäß § 3 KJHG weitgehend mögliche Übertragung von Aufgaben der Familienhilfe" könne die „Schutzpflicht" des Staates nicht völlig ablösen" (ZfJ 1997, 55 mit zustimmender Anmerkung von Oehlmann-Austermann).

Das Gericht hat offenbar nicht erkannt, dass die sozialpädagogische Familienhilfe nicht zu den übertragbaren Aufgaben gehört (§ 3 Abs. 3 Satz 2 i. V. m. § 76 Abs. 1 SGB VIII) und dass eine Ausführungskontrolle eines freien Trägers ausgeschlossen ist, wenn er eine Leistung gemäß § 3 Abs. 2 SGB VIII erbringt (so auch Mörsberger/Restemeier, 1997, und Wiesner, "und schuld ist im Ernstfall das Jugendamt" 1999, 17 ff).

Inzwischen ist durch die gesetzliche Regelung in § 8a SGB VIII klargestellt, dass der freie Träger bei Vorliegen einer Gefährdung des Kindes in eigener Verantwortung zu prüfen hat, ob er das Jugendamt informiert. Die gesetzliche Regelung schließt eine (regelmäßige) Kontrolle des freien Trägers aus. Vor Erteilung der Kostenzusage für die Jugendhilfeleistung hat das Jugendamt aber sorgfältig zu prüfen, ob der freie Träger in der Lage ist, die Aufgabe in der gesetzlich gebotenen Weise zu erfüllen. Es darf die Kostenzusage nur erteilen, wenn es davon überzeugt ist, dass der freie Träger verantwortlich handeln wird.

Strafrechtliche Garantenstellung

Aus dem Schutzauftrag des öffentlichen Trägers der Jugendhilfe ergibt sich, dass seine verantwortlichen Mitarbeiter strafrechtlich verantwortlich sind, wenn sie beispielsweise durch das Unterlassen der nach § 8a SGB VIII erforderlichen Schutzmaßnahmen fahrlässig die Misshandlung oder den Tod eines Kindes verursachen (§§ 13, 222, 229 StGB).

Erbringt ein freier Träger Leistungen nach dem SGB VIII, so hat der öffentliche Träger in der Vereinbarung über die Leistungserbringung sicherzustellen, dass die Fachkräfte des freien Trägers den Schutzauftrag entsprechend wahrnehmen (§ 8a Abs. 2 SGB VIII).

Aus der strafrechtlichen Garantenstellung des öffentlichen Trägers kann aber nicht abgeleitet werden, dass der öffentliche Träger bei der Auswahl der Familienhelferin des freien Trägers mitwirken und diese ständig kontrollieren müsse; denn der Bundesgerichtshof hat anerkannt, dass ein Garant nicht zur Kontrolle verpflichtet ist, wenn er darauf vertrauen kann, dass ein anderer, der eine Aufgabe des Garanten durchführt, ordnungsgemäß handelt (BGH, NJW 2002, 1887; a. A. Bringewat, 2000, 61. ff.). Der öffentliche Träger ist aber sogar kraft Gesetzes zur vertrauensvollen Zusammenarbeit mit dem von ihm anerkannten freien Träger und zur Achtung der Selbständigkeit verpflichtet (§ 4 Abs. 1 Satz 2 SGB VIII). Daraus folgt, dass der öffentliche Träger auch keine auf Strafrecht beruhenden Kontrollpflichten gegenüber freien Trägern haben kann, deren Eignung er für die konkrete Aufgabe festgestellt und die er durch Vereinbarung zur Wahrung des Schutzauftrags verpflichtet hat (§ 8a Abs. 2 SGB VIII).

Der freie Träger trägt somit die volle, auch strafrechtliche Verantwortung, wenn er eine Jugendhilfeleistung erbringt. Der öffentliche Träger ist für ein Verschulden der Mitarbeiter des freien Trägers nicht verantwortlich.

Eine hoheitliche Kontrolle psychosozialer Arbeit in Vertrauensbeziehungen würde im übrigen die Wirksamkeit der Hilfe beeinträchtigen und fundamentalen, auf dem Grundgesetz beruhenden Grundsätzen sozialer Arbeit widersprechen. Deren Qualität kann nicht durch kontraproduktive Bevormundung, sondern durch Supervision, Praxisbegleitung, Evaluation, Fortbildung usw. gesichert werden.

"Angesichts der Intimität von Familienhilfe ist elementare Voraussetzung für die Arbeit die Trennung gegenüber allen hoheitlichen Aufgaben und damit gegebenen Kontrollmöglichkeiten. ... Berichtspflicht an das Amt ist mit dem Arbeitsarrangement von Familienhilfe nicht vereinbar"
(Achter Jugendbericht, Bericht der Sachverständigenkommission, S. 14)

27.2.3 Privilegierung freigemeinnütziger Träger im Jugendhilfe- und Sozialhilferecht

Die freigemeinnützigen Träger sind im Jugendhilferecht stärker als nach den allgemeinen Vorschriften privilegiert. Sie

► sollen von den öffentlichen Trägern als **Partner** behandelt werden,

► haben einen **bedingten Vorrang** vor der öffentlichen Jugend- und Sozialhilfe,

► wirken im Jugendhilfeausschuss mit,

► sind an der **Jugendhilfeplanung** zu beteiligen und

► sollen **gefördert** werden

(§§ 4, 71, 73-78, 80 SGB VIII, § 5 SGB XII).

27.2.4 Privat-gewerbliche Träger

Die in den vorstehenden Abschnitten beschriebenen Privilegierungen gelten nicht für privat-gewerbliche Träger und für Einzelpersonen, die öffentliche Aufgaben für das Jugendamt oder das Sozialamt wahrnehmen.

Diese sind, wenn sie öffentliche Aufgaben wahrnehmen, gemäß § 97 Abs. 2 SGB X anders als gemeinnützige Träger Kontroll- und Weisungsrechten unterworfen.

28.0 FINANZIERUNG FREIER TRÄGER

Praxis : Eine Frauenhausinitiative e.V. erhält als Träger eines Frauenhauses vom Land Personalkostenzuschüsse für eine Fachkraft (SA/SP), für eine Erzieherin und für eine Hilfskraft.

Der Kreis, in dessen Gebiet das Frauenhaus liegt, zahlt aufgrund einer Vereinbarung mit dem Trägerverein die Personalkosten für eine weitere Fachkraft und eine Erzieherin sowie die Miete und einen Teil der Betriebskosten.

Den weiteren Bedarf von jährlich ca. 10 000.- Euro deckt der Trägerverein durch Mitgliedsbeiträge, Spenden von Privaten, Frauengruppen und Fraktionen politischer Parteien, Kollekten von Kirchengemeinden und Zahlungen von Straffälligen nach § 56 b StGB.

28.1 Fundraising

Finanzierungsprobleme bei vielen freien Trägern haben in den letzten Jahren zur Entwicklung und Verbreitung des **Fundraising** geführt, eines neuen Managementsbereichs, der für die Beschaffung von Geld außerhalb von öffentlichen Mitteln, Leistungsentgelten usw. zuständig ist (Burmeister, ArchsozArb 1998, 22 m. w. N.).

Oft sind SA/SP in diesem Bereich kreativ tätig und erzielen Einnahmen durch Anregung und Durchführung von Benefizveranstaltungen (z. B. Konzerte, Fußballspiele, Oldie-Nights, Kinderzirkus, Karnevalsveranstaltungen, Basare, Spendenaufrufe in Tageszeitungen für bestimmte Projekte, Altstoffverwertung). Zu beachten ist hierbei u. a., dass die mit der Gemeinnützigkeit verbundenen Steuervorteile verloren gehen, wenn Einnahmen **nicht unmittelbar** gemeinnützigen Zwecken zugeführt werden.

Beispiel: Führt ein freigemeinnütziger freier Träger eine Altkleidersammlung durch und verkauft er die Altkleider an einen gewerblichen Unternehmer, so wird dies vom Bundesfinanzhof als steuerpflichtiger wirtschaftlicher Geschäftsbetrieb betrachtet (BFH, BStBl II 1992, 693). Auch der Verkauf von Gebrauchtwaren auf Basaren ist nicht steuerbegünstigt (§ 64 Abs. 5 AO; Anwendungserlass zur AO; BStBl I 1998, 630, 675). Dagegen wird der Verkauf gesammelter Kleidungsstücke in einer Kleiderkammer als nicht steuerpflichtiger Zweckbetrieb betrachtet, wenn mindestens zwei Drittel der Leistungen der Einrichtung hilfsbedürftigen Personen zugute kommen (BMF-Schreiben, BStBl I 1995, 630).

28.2 Finanzquellen

Die Finanzierung der Leistungen der freien Träger ist je nach der eigenen Finanzausstattung, der Art der Aufgaben und den Förderungsmöglichkeiten sehr unterschiedlich. Wichtige Einnahmequellen sind:

Leistungsentgelte für die Inanspruchnahme der Leistungen eines freien Trägers. Diese werden entweder von den Leistungsempfängern selbst ganz oder teilweise entrichtet oder vom öffentlichen Leistungsträger ganz oder teilweise übernommen.

Beispiel: Die Betriebskosten des Altenheims werden fast vollständig durch die Eigenbeiträge der Bewohner und die in Kostenvereinbarungen festgelegte und von von den Sozialämtern gezahlte Kostenerstattung gedeckt.

Zuwendungen/Zuschüsse aus öffentlichen Kassen der Kommune, des Landes, des Bundes, der Europäischen Union oder anderer öffentlicher Stellen in Form der Förderung oder des Aufwendungsersatzes.

Erträge aus dem Vermögen z. B. Zinsen aus Guthaben, Mieteinnahmen usw.

Spenden und Sammlungserträge aus Haus- und Straßensammlungen.
Über Spenden können gemeinnützig anerkannte Träger Spendenbescheinigungen zum Nachweis der Spende gegenüber dem Finanzamt ausstellen (→ 25.2.3).

Erbeinsetzungen, Vermächtnisse und andere Verfügungen von Todes wegen
Privatpersonen dürfen einen freien Träger zum Erben einsetzen oder bestimmen, dass nach ihrem Tod ein Teil des Nachlasses für bestimmte Zwecke eingesetzt werden soll. Unzulässig und unwirksam sind aber Verfügungen von Todes wegen, die von Bewohnern eines Heims im Sinne des Heimgesetzes mit Wissen des Heimträgers zu dessen Gunsten getroffen werden (§ 14 Abs. 1 HeimG).

Zuschüsse besonderer Finanzierungsinstitutionen - "Deutsche Behindertenhilfe - Aktion Mensch e.V.", "Stiftung Deutsche Behindertenhilfe", "Kuratorium Deutsche Altershilfe", "Stiftung Deutsches Hilfswerk", "Stiftung Deutsche Jugendmarke", Lotterie "Glücksspirale" usw.

Zuschüsse privater und scheinprivater Stiftungen
Zahlreiche Stiftungen, die von privaten Stiftern, Banken, Industrieunternehmen, öffentlichen Sparkassen, Kommunen usw. gegründet worden sind, zahlen Zuschüsse an gemeinnützige Träger.

Rechtlich bedenklich ist es, wenn mit Mitteln öffentlicher Träger, die ihre gesetzlichen Aufgaben nicht erfüllen, Stiftungen z. B. zur Förderung der Jugendhilfe gegründet werden; denn das Stiftungsvermögen wird dem Haushalt der Kommune entzogen und von einem Stiftungsrat, nicht aber vom demokratisch legitimierten Rat verwaltet (→ 10.3.3). Auch kann es vom Jugendhilfeausschuss entgegen der gesetzlichen Regelung weder in die Jugendhilfeplanung einbezogen noch zur Förderung der freien Jugendhilfe eingesetzt werden.

Kirchensteuer
Die Kirchen gewähren den ihnen nahestehenden freien Trägern aus ihren Kirchensteuereinnahmen Zuwendungen zur Finanzierung von Leistungen, die von der staatlichen Sozialbürokratie nicht oder nur unzureichend gefördert werden.

Beispiel: Die Erzdiözese Köln setzt im Haushaltsplan 2006 für soziale Aufgaben ca. 102 Millionen Euro an.

Sie finanzieren Planstellen für Verwaltungsmitarbeiter und die Sachkosten, wenn die staatliche Förderung sich auf die Personalkosten der Fachkräfte beschränkt. Sie gewähren Zuwendungen für die soziale Arbeit mit Menschen, die aus der staatlichen Förderung ausgegrenzt werden (z. B. soziale Arbeit mit Ausländern, mit Asylbewerbern, mit „Illegalen", mit Straffälligen). Sie ermöglichen durch Zuschüsse Fortbildung, Erfahrungsaustausch, Supervision und Praxisbegleitung.

Sozialsponsoring
Sozialsponsoring erfolgt durch Geld- oder Sachzuwendungen privater Unternehmen, die dafür Gegenleistungen des freien Trägers in Form von Werbung oder anderer Imagesteigerung erwarten (zur steuerrechtlichen Behandlung siehe BMF-Schreiben, BStBl. I 1997, 726 und BStBl. I 1998, 212).

Beispiel: Ein Zeitungsverlag vereinbart mit einem freien Träger, dass er Kleinbusse für die Altenbetreuung zur Verfügung stellt. Ihm wird dafür das Recht eingeräumt, Werbetexte auf den Bussen anzubringen.

Bewährungsauflagen bzw. Auflagen bei Einstellung des Strafverfahrens
Strafrichter können Verurteilten bzw. Beschuldigten die Auflage erteilen, einen Geldbetrag zugunsten einer gemeinnützigen Einrichtung zu zahlen. Zweckmäßig ist die Eintragung in die „Bußgeldliste", die bei den Oberlandesgerichten geführt wird. Wirksamer kann es sein, Strafrichter direkt über die Arbeit und den ungedeckten Finanzbedarf zu informieren.

28.3 Finanzielle Beziehungen zwischen freien und öffentlichen Trägern

Freigemeinnützige Träger finanzieren Leistungen für Menschen, für die öffentliche Mittel nicht oder in nur unzureichender Höhe gewährt werden, aus eigenen Mitteln (z. B. „Illegale", Asylbewerber, Wohnungslose).

Auch bei plötzlich plötzlich auftretenden Notlagen setzen sie ihre Mittel ein; denn die staatliche Sozialbürokratie ist wegen ihrer Bindung an das Haushaltsrecht oder wegen enger Budgetierung nach dem Neuen Steuerungsmodell häufig nicht in der Lage, schnell zu helfen.

Ein großer Teil der Leistungen, die freie Träger erbringen, wird aber ganz oder teilweise aus öffentliche Mitteln finanziert. Das geschieht in drei Formen:

▶ **Finanzielle Förderung** der freien Träger (→28.4),

▶ **Kostenerstattung** im Einzelfall als Leistungsentgelt (→ 28.5),

▶ **Aufwendungsersatz** bei Übertragung der Ausführung von Aufgaben auf den freien Träger (→ 28.6).

28.4 Finanzielle Förderung der freien Träger

Rechtsgrundlagen der Förderung

Die Träger der öffentlichen Jugend- bzw. Sozialhilfe sind durch § 17 Abs. 3 SGB I, § 74 SGB VIII und § 5 Abs. 3 SGB XII zur Förderung und Unterstützung der freien Träger verpflichtet. Jedoch begründen diese Vorschriften grundsätzlich *keinen einklagbaren Rechtsanspruch* auf bestimmte Zuwendungen für den einzelnen freien Träger; denn sie räumen den öffentlichen Trägern einen Ermessensspielraum hinsichtlich der Entscheidung ein, ob und welche Zuwendungen einem freien Träger gewährt werden (zur Finanzierung der Jugendhilfe → BMFSFJ, 11. KiJu Bericht; zu Rechtsansprüchen nach dem SGB VIII: Wabnitz 2005).

Ein **einklagbarer Anspruch auf Förderung kann deshalb nur im Falle der Ermessensschrumpfung** bestehen (→ 27.2.6; Steffan, LPK-SGB VIII, § 74 Rn 30).

Subventionsverhältnis

Durch die Gewährung der Zuwendung wird zwischen dem öffentlichen Sozialleistungsträger und dem freien Träger ein öffentlich-rechtliches Verwaltungsrechts-/Subventionsverhältnis mit Rechten und Pflichten für beide Seiten begründet.

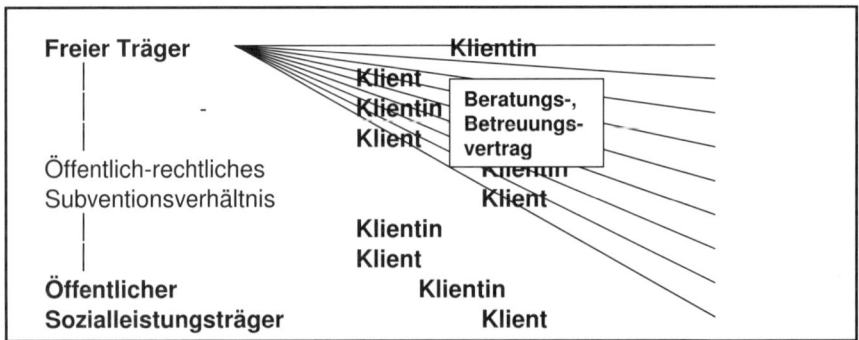

28.4.1 Zuwendungsformen

Zuwendungen können als Darlehen gewährt werden, wenn die Anschaffung bzw. Herstellung langfristig nutzbarer Güter gefördert werden soll.

Beispiele: Baukosten für ein Kinderheim, Altenheim, Wohnheim für Behinderte.

Zuwendungen für die laufenden Betriebskosten z.b. Personalkosten, Miete, Instandhaltung usw. werden in der Regel als Zuschuss gewährt.

28.4.2 Zuwendungsarten

Um Projektförderung handelt es sich, wenn die Zuwendung die Ausgaben für einzelne abgegrenzte Vorhaben deckt.

Beispiel: Personalkosten für einen SA zur Beratung von Asylbewerbern, Kosten der Anschaffung von Inventar für ein Jugendzentrum.

Institutionelle Förderung ist gegeben, wenn die Zuwendung die gesamten bzw. einen nicht abgegrenzten Teil der Ausgaben des freien Trägers decken soll. Dieser wird verpflichtet, seinen Haushalts- und Wirtschaftsplan nach staatlichem Recht zu erstellen und vom öffentlichen Träger verbindlich erklären zu lassen. Dadurch wird eine weitgehende Verstaatlichung des freien Trägers bewirkt.

Beispiel: Eine Stadt gewährt Jugendverbänden zur Deckung der Büro- und sonstigen Verwaltungskosten eine nach der Zahl der Mitglieder gestaffelte Zuwendung.

28.4.3 Finanzierungsarten

Vollfinanzierung wird in aller Regel nicht gewährt. Meist hat der freie Träger eine angemessene Eigenleistung zu erbringen (§ 74 Abs. 1 Satz 1 Nr. 4 SGB VIII). Allerdings kann sich, insbesondere wenn Zuwendungen verschiedener öffentlicher Träger zusammentreffen, ein hoher Anteil an öffentlichen Mitteln ergeben.

Beispiel: Einem freien Träger entstehen für ein Beschäftigungsprojekt Gesamtkosten in Höhe von 150.000 Euro. Er erhält von der Agentur für Arbeit 50.000 Euro für Personalkosten und vom Sozialamt der Stadt eine Zuwendung von 15.000 Euro. Der Rest wird durch Spenden, Bußgelder und Eigenmittel finanziert.

Teilfinanzierung ist als Anteilfinanzierung, als Fehlbedarfsfinanzierung und als Festbetragsfinanzierung möglich. Anteilfinanzierung ist gegeben, wenn der öffentliche Träger einen Bruchteil oder einen bestimmten Prozentsatz der Gesamtkosten übernimmt. Diese hat der freie Träger nachzuweisen.

Beispiel: Schwangerschaftskonfliktberatungsstellen haben Anspruch auf angemessene Förderung in Höhe von 80 % der Personal- und Sachkosten (BVerwG, NJW 2003, 2520 und 2004, 3727).

Bei der Fehlbedarfsfinanzierung deckt der öffentliche Träger die Finanzierungslücke, die nach Einsatz aller Fremd- und Eigenmittel verbleibt. Der freie Träger hat seine finanziellen und wirtschaftlichen Verhältnisse gegenüber dem öffentlichen Träger vollständig offenzulegen.

Beispiel: Die Stadt deckt einen Ausgabenrest von 7.500 Euro für einen Jugendverband, der ein leerstehendes Haus angemietet und in Eigenleistung instandgesetzt hatte.

Festbetragsfinanzierung liegt vor, wenn ein bestimmter Betrag unabhängig von der Höhe der Gesamtkosten und eines etwaigen Fehlbedarfs zugewendet wird.

Beispiel: Je Fachleistungsstunde wird ein Zuschuss von 50 Euro gewährt.

28.4.4 Zuwendungsbescheid

Durch den Zuwendungsbescheid werden in der Regel die Höhe der Zuwendung, der Zuwendungszweck und, wenn es sich um ein Darlehen handelt, die Rückzahlungsverpflichtung festgelegt (§§ 23, 44 Bundeshaushaltsordnung und entsprechende Vorschriften der Länder).

Nebenbestimmungen

Die Bewilligungsbehörden lassen sich entweder schon bei der Antragstellung bestätigen oder machen zum Inhalt des Zuwendungsbescheids, dass der freie Träger sich umfangreichen und sehr differenzierten Verwaltungsvorschriften unterwirft. In NRW werden z. B. **Allgemeine Nebenbestimmungen** ganz oder teilweise und **besondere Nebenbestimmungen**, die auf die konkrete Zuwendungsart abgestellt sind, zum Bestandteil des Bescheids gemacht.

Durch besondere Nebenbestimmungen des Zuwendungsbescheids kann z. B. festgelegt werden

▶ **welche Maßnahmen förderungsfähig** sind (Stadtranderholung, Fortbildung),

▶ wie hoch der **Förderungssatz** und welche **Bemessungsgrundlage** maßgebend ist (je Fortbildungsveranstaltung von mindestens 6 Zeitstunden 200 Euro),

▶ welchen Inhalt der **Verwendungsnachweis** haben muss und bis zu welchem Zeitpunkt er vorzulegen ist (Tätigkeitsbericht, Teilnehmerliste).

Beispiel: In NRW setzt die Gewährung von Personalkostenzuschüssen nach den Zuwendungsrichtlinien für Frauenhäuser u.a. voraus, dass

*1) der Träger eine **rechtsfähige Personenvereinigung** ist (dies erfordert, dass ein gerichtliches Verfahren zur Erlangung der Rechtsfähigkeit durchgeführt wird und die Vorschriften des BGB über den Verein einzuhalten sind, z. B. über die Bestellung des Vorstands, die Mitgliederversammlung, die Satzung),*

*2) der Träger als **gemeinnützig anerkannt** ist (dies erfordert die Durchführung des Anerkennungsverfahrens durch das Finanzamt nach §§ 52 ff. Abgabenordnung und verpflichtet u. a. zur Aufzeichnung sämtlicher Einnahmen und Ausgaben).*

*3) eine **personelle Grundausstattung** vorhanden ist (Team von drei hauptberuflichen Kräften: Sozialarbeiterin/Sozialpädagogin, Erzieherin, eine weitere Mitarbeiterin),*

*4) der **Erstantrag** mit dem Finanzierungsplan über die Kommune eingereicht wird, die zur Notwendigkeit der Zufluchtsstätte Stellung zu nehmen und eine schriftliche Stellungnahme des zuständigen Spitzenverbandes beizufügen hat.*

(Runderlass des Ministeriums für Gesundheit, Soziales, Frauen und Familie NRW MBl. NRW. 2004, 1241).

Besserstellungsverbot

Das **Besserstellungsverbot** beruht auf den Haushaltsgesetzen und ergänzt den Zuwendungsbescheid als allgemeine Nebenbestimmung. Dem Zuwendungsempfänger wird auferlegt, seine Beschäftigten nicht besser zu stellen als vergleichbare Arbeitnehmer der Bewilligungsbehörde. Das bedeutet, dass die für Angestellte im öffentlichen Dienst geltenden tariflichen Regelungen für die Vergütung, die Arbeitszeit, den Erholungsurlaub, das Urlaubsgeld usw. in allen Einzelheiten die **Obergrenze für den freien Träger** darstellen. Dieser darf seinen Beschäftigten zwar schlechtere Arbeitsbedingungen bieten, aber keine besseren, es sei denn, dass für die Beschäftigten des freien Trägers "eine abweichende tarifvertragliche Regelung" besteht.

Beispiele: Vereinbaren die Mitarbeiterinnen eines autonomen Frauenhauses, dass unabhängig von Ausbildung, Alter und Familienstand alle ein gleich hohes Gehalt erhalten sollen, kann die Bewilligungsbehörde dies beanstanden, weil einige Mitarbeiterinnen dann ein höheres Gehalt erhalten als dem TVöD entspricht und weil ein entsprechender Frauenhaustarif nicht existiert.

Einem Caritasverband, der einer Sozialarbeiterin in der SPFH gemäß den AVR-Caritasverband eine höhere Vergütung zahlt als der TVöD vorsieht, darf von der Kreiserwaltung nicht unter Berufung auf das Besserstellungsverbot die Streichung aller Zuschüsse angedroht werden; denn die AVR-Caritas, die AVR-Diakonie und sonstige kirchliche Arbeitsrechtregelungen sind zwar keine Tarifverträge. Jedoch sind sie diesen haushaltsrechtlich gleichzustellen, weil der Staat die Kirchen nicht über das Haushaltsrecht zum Abschluss von Tarifverträgen zwingen kann (so auch Schiedstelle nach § 94 BSHG bei der Bezirksregierung Münster, Beschluss vom 17.6.1996, Recht-INFO 5/1996, 75; OVG Lüneburg, NDV 1991, 359; Schleich NJW 1988, 2366; und Regenhardt ZfSH/SGB 1989, 577).

Rechtliche Grenzen für Nebenbestimmungen

Die Bewilligungsbehörde muss bei der Anordnung von Auflagen das verfassungsrechtlich garantierte Recht des freien Trägers auf Selbständigkeit in Zielsetzung und Durchführung seiner Aufgabe beachten. Einschränkungen dieses Rechts sind nur zulässig, soweit sie im überwiegenden Interesse der Allgemeinheit unter strikter Einhaltung des Verhältnismäßigkeitsgebots getroffen werden (→ 17.18.2).

Beispiel: Beschließt ein Jugendhilfeausschuss, die Bewilligung von Zuschüssen für die Beratungsarbeit eines freien Trägers mit der Auflage zu verbinden, dass als Verwendungsnachweis dem Jugendamtsleiter regelmäßig Berichte vorgelegt werden, in denen die Namen der betreuten Familien und deren Problembelastung mitgeteilt und außerdem die fachliche Arbeit der Beraterinnen des freien Trägers dargestellt werden, so wird dadurch gegen verschiedene fundamentale Grundsätze verstoßen:

Das Persönlichkeitsrecht der Betroffenen wird verletzt (→ 33.0).

Das Jugendamt greift gesetzwidrig in das Selbstbestimmugsrecht des freien Trägers ein, der nicht zu Auskünften über beratene Personen verpflichtet ist (→ 28.5.2).

Der Erfolg der Arbeit des freien Trägers wird gefährdet, weil viele Betroffene sich bewusst an nichtstaatliche Stellen wenden mit der Erwartung, dass ihre Anonymität gegenüber staatlichen Stellen gewahrt wird (9. Tätigkeitsbericht des Landesdatenschutzbeauftragten in NRW, S. 60 f).

Nebenbestimmungen, die den Erfolg der geförderten Arbeit gefährden, verstoßen gegen die wichtige Verpflichtung zum sparsamen und wirtschaftlichen Verwendung der öffentlichen Mittel (z. B. § 7 Haushaltsordnung NRW).

Freie Träger und deren Mitarbeiter, die ohne Zustimmung der Betroffenen personenbezogene Daten staatlichen Zuwendungsgebern mitteilen, können sich wegen Verletzung des allgemeinen Persönlichkeitsrechts nach § 823 BGB und wegen Verletzung der Schweigepflicht aus dem Beratungs- oder Betreuungsverhältnis schadensersatzpflichtig bzw. nach § 203 StGB strafbar machen (→ unten 32.0 und 35.0).

28.4.5 Verwendungsnachweis, Sachbericht und Prüfung

Prüfung durch zuständige Behörde, Verwendungsnachweis und Sachbericht
Der freie Träger muss eine Kontrolle der zweckentsprechenden Verwendung der Zuwendungen zulassen sowie einen Nachweis der zweckentsprechenden Verwendung erbringen. Zusätzlich ist ein **Prüfungsrecht der zuständigen Behörde** festzulegen (§ 44 Abs.1 Satz 3 Haushaltsordnung NRW).

Beispiel: Den Verwendungsnachweis für die Personalkostenzuschüsse hat der Träger des Frauenhauses dadurch zu erbringen, dass er

1) *einen **Sachbericht** vorlegt, der aus dem jährlichen Erhebungsbogen besteht und alle für das Förderprogramm-Controlling notwendigen Angaben zu enthalten hat,*

2) *eine **Finanzierungsübersicht** beifügt, aus der alle Ausgaben und Einnahmen hervorgehen.*

Der Verwendungsnachweis darf sich nur auf den mit der Förderung verfolgten Zweck beziehen und nicht mehr als unbedingt erforderlich die Arbeit des freien Trägers belasten. Dies ergibt sich aus dem Grundsatz der Verhältnismäßigkeit (→ 16.2).

Prüfung durch Rechnungshof
Der freie Träger, der Zuwendungen des Bundes bzw. eines Landes erhält, unterliegt der **Prüfung des Landes- bzw. Bundesrechnungshofs.**

Der Bundesrechnungshof nimmt eine dreistufige Prüfung vor: Zielerreichungs-, Wirkungs- und Wirtschaftlichkeitskontrolle (Allgemeine VV zu § 44 BHO).

Die Prüfung darf sich nach Auffassung des Bundesverfassungsgerichts auf Akten beziehen, in denen der Schweigepflicht unterliegende Patienten- oder Klientendaten gespeichert sind, wenn sonst eine wirksame Kontrolle nicht möglich ist (BVerfG NJW 1997, 1634). Soweit möglich, sind deshalb zum Schutz der Betroffenen getrennte Akten anzulegen.

Widerruf des Zuwendungsbescheids
Der Zuwendungsbescheid kann ganz oder teilweise auch mit Wirkung für die Vergangenheit widerrufen werden, wenn die Leistung nicht alsbald nach der Erbringung oder nicht mehr für den in dem Verwaltungsakt bestimmten Zweck verwendet wird. Dasselbe gilt, wenn mit dem Zuwendungsbescheid eine Auflage verbunden ist und der Begünstigte diese nicht erfüllt (§ 47 Abs. 2 SGB X).

Beispiel: Erhält ein freier Träger Personalkostenzuschüsse für die Schwangerschaftskonfliktberatung, setzt er aber die Beraterinnen in der Ehe- und Jugendberatung ein, muss er mit der Rückforderung der Zuschüsse rechnen.

Zum Ausschluss weiterer Informations- und Kontrollbefugnisse siehe → 19.2.1.

28.5 Kostenerstattung im Einzelfall

Praxis: Eine pflegebedürftige ältere Frau schließt einen Heimvertrag mit einem freien Altenheimträger ab und zieht in das Altenheim ein. Ihre Rente reicht zur Bezahlung der Heimkosten nicht aus. Den fehlenden Betrag hat der zuständige Träger der Sozialhilfe zu zahlen (§ 35 SGB XII).

Bringen Eltern ihren 12jährigen Sohn wegen Erziehungsschwierigkeiten in dem Kinderheim eines freien Trägers unter, so geschieht das auf der Grundlage eines privatrechtlichen Heimvertrages zwischen dem freien Träger und den Eltern. Dieser Vertrag verpflichtet die Eltern zur Zahlung einer Vergütung für die Betreuung. Falls aber das Jugendamt nach § 92 SGB VIII die Kosten der Heimunterbringung ganz oder teilweise zu tragen hat, haben die Personensorgeberechtigten insoweit einen Anspruch gegen das Jugendamt (§§ 27, 34, 39 SGB VIII)

Das Jugendamt bewilligt einer Familie sozialpädagogische Familienhilfe nach § 31 SGB VIII und erteilt die Zusage, die Kosten für die von einem freien Träger geleistete Hilfe zu übernehmen.

Die öffentlichen Sozialleistungsträger sind verpflichtet, zum Wohl der Leistungsempfänger mit gemeinnützigen und freien Einrichtungen und Organisationen zusammen zu arbeiten (17 Abs. 3 Satz 1 SGB I).

Freie Leistungserbringung durch freigemeinnützige Träger

Freigemeinnützige Träger, die auf Wunsch der Leistungsberechtigten Leistungen in der Jugendhilfe, Sozialhilfe oder Gesundheitshilfe erbringen, deren Kosten der öffentliche Sozialleistungsträger übernimmt, erfüllen damit zwar öffentliche Aufgaben, werden aber nicht zu Erfüllungsgehilfen der öffentlichen Träger der Jugend-, Sozial- oder Gesundheitshilfe; denn sie erbringen ihre Leistungen als privatrechtliche Rechtsträger auf der Grundlage privatrechtlicher Beratungs-, Behandlungs- oder Heimverträge selbständig in Zielsetzung und Durchführung nach ihrem Selbstverständnis (§ 17 Abs. 3 Satz 2 SGB I; → 27.2).

Voraussetzungen der Kostenerstattung

Freie Träger werden über die Kostenerstattung im Einzelfall finanziert, wenn sie

► aufgrund **eines privatrechtlichen Vertrags** Menschen Leistungen erbringen, z. B. in Form von Pflege im Altenheim, Erziehung im Kinderheim oder als sozialpädagogische Familienhilfe und

► der Leistungsempfänger ein **subjektiv-öffentliches Recht gegenüber dem öffentlichen Sozialleistungsträger** hat, dass dieser die Kosten der Leistung trägt.

Die Leistungsberechtigten haben das Recht, zwischen Einrichtungen und Diensten verschiedener Träger zu wählen. Den Wünschen soll entsprochen werden, sofern dies nicht mit unverhältnismäßigen Mehrkosten verbunden ist (§ 5 SGB VIII, § 9 Abs. 1 SGB IX; § 9 Abs. 2 SGB XII).

Das Wunsch- und Wahlrecht ist für Hilfen in Einrichtungen und durch Landesrecht einbezogene weitere Hilfen und Maßnahmen auf die Träger beschränkt, mit denen der öffentliche Träger eine Vereinbarung über Inhalt, Umfang, Qualität der Leistungen und die dafür zu entrichtenden Entgelte abgeschlossen hat. Die Beschränkung gilt gemäß § 75 Abs. 4 SGB XII für alle Hilfen in einer Einrichtung und im Bereich der Jugendhilfe für die in § 78 a Abs. 1 und 2 SGB VIII genannten Leistungen.

Sind mit einer vom Berechtigten gewählten Einrichtung derartige Vereinbarungen nicht abgeschlossen, so soll der Wahl nur entsprochen werden, wenn die Erbringung der Leistung im Einzelfall oder nach Maßgabe des Hilfeplans erforderlich ist (§ 5 Abs. 2 Satz SGB VIII; § 75 Abs. 4 Satz 1 SGB XII).

28.5.1 Dreiecksverhältnis

Die drei an der Leistungserbringung Beteiligten, der Leistungsempfänger, der freie Träger und der öffentliche Sozialleistungsträger, stehen in einem Dreiecksverhältnis (→ Papenheim, LPK-SGB VIII, § 5 Rn 16 ff. m. w. N).

Leistungs---**Öffentlicher** -
berechtigter   Öffentlich-rechtliches   **Sozialleistungs-**
       Sozialrechtsverhältnis   **träger**
Privatrechtlicher
Beratungs-,   Kostenerstattungs
Betreuungsvertrag   vereinbarung zwischen dem öffentlichen
       und dem freien Träger

Freier Träger

1.Beziehung zwischen Leistungsempfänger und Sozialleistungsträger

---

Grundlage des Dreiecksverhältnisses ist die Grundbeziehung zwischen dem Leistungsempfänger und dem öffentlichen Sozialleistungsträger. Sie wird dadurch bestimmt, dass der Leistungsempfänger einen **Rechtsanspruch** auf die Leistung hat (z. B. nach § 27 SGB VIII).

Der Rechtsanspruch auf die Leistung des Sozialhilfeträgers verwandelt sich in einen Geldanspruch auf Übernahme der Kosten, wenn der Leistungsberechtigte einen freien Träger für die Leistungserbringung wählt (Wiesner, SGB VIII, Vor § 11 Rn 80).

---

2. Beziehung zwischen Leistungsempfänger und freiem Träger

Wählt der Leistungsberechtigte einen freien Träger und sagt dieser die Leistung zu, so wird dadurch eine **privatrechtliche Vereinbarung** abgeschlossen. Aufgrund dieser Vereinbarung steht dem Leistungsberechtigten - und nicht dem öffentlichen Träger - gegen den freien Träger der Anspruch auf die Leistung zu.

Die Beteiligten können Art, Umfang und Kosten der Leistung grundsätzlich frei bestimmen, soweit dies gesetzlich zulässig ist (Grundsatz der Vertragsfreiheit).

Einschränkungen der Vertragsfreiheit sehen das BGB in §§ 305 ff. und das Heimgesetz zum Schutz der Heimbewohner in §§ 4 - 4 d vor.

Ansonsten können sich Einschränkungen aus §§ 134, 138 BGB ergeben.

---

3. Beziehung zwischen freiem Träger und Sozialleistungsträger

---

Zwischen dem freien Träger und dem Leistungsträger besteht keine Rechtsbeziehung, die für den freien Träger Rechte oder Pflichten begründet; denn der Anspruch auf Kostenerstattung steht nur den Leistungsberechtigten zu.

Der öffentliche Leistungsträger ist vor Erteilung der Kostenzusage verpflichtet zu prüfen, ob die vom freien Träger angebotene Leistung die gesetzlichen Anforderungen erfüllt, und später, ob die Leistung in dem bewilligten Umfang erbracht wird.

Allgemeine Kontroll- und Aufsichtsbefugnisse stehen ihm gemäß § 97 Abs. 2 SGB X gegenüber gewerblichen Trägern zu, nicht aber gegenüber freigemeinnützigen; denn § 97 Abs. 2 SGB X findet auf freigemeinnützige Träger keine Anwendung (§ 17 Abs. 3 Satz 4 SGB I; → 27.2.1).

28.5.2 Leistungs-, Entgelt- und Qualitätsvereinbarungen

Zweck der Vereinbarungen

Zur Vermeidung von Auseinandersetzungen über die Kostenerstattung im Einzelfall und zur Sicherung eines bedarfsdeckenden Angebots sind gemäß § 77 SGB VIII und § 75 Abs. 2 SGB XII Vereinbarungen zwischen der öffentlichen und der freien Jugend/Sozialhilfe abzuschließen.

Für die stationären und teilstationären Einrichtungen und Leistungen, die in § 78 a SGB VIII, und die Einrichtungen und Dienste, die in § 75 Abs. 1 SGB XII genannt sind, ist der Abschluss von Vereinbarungen über Leistung, Entgelt und Qualitätsentwicklung grundsätzlich Voraussetzung der Übernahme der Kosten durch den Träger der öffentlichen Jugend/Sozialhilfe.

Beispiel: Für Heime der Jugendhilfe wird vereinbart, dass eine Gruppe aus 9 - 12 Jugendlichen bestehen soll, dass vier Fachkräfte vorhanden sein müssen, dass ein Ausnutzungsgrad von 80 % vorausgesetzt wird und welche Vergütung für einen Pflegetag berechnet wird.

Inhalt der Vereinbarungen

Die Vereinbarungen haben sich auf die Inhalte zu beschränken, die in § 78 c SGB VIII bzw. § 75 Abs. 3 SGB XII genannt sind:

▶ **Leistungsvereinbarung über Inhalt, Umfang und Qualität der Leistungen,**

▶ **Vergütungsvereinbarung über die Vergütung,**

▶ **Prüfungsvereinbarung über die Prüfung der Wirtschaftlichkeit und Qualität der** Leistungen (Sozialhilfe) bzw. **Qualitätsentwicklungsvereinbarung** über Grundsätze und Maßstäbefür die Bewertung der Qualität der Leistungsangebote sowie über geeignete Maßnahmen zu ihrer Gewährleistung (Jugendhilfe).

Der öffentliche Träger handelt gesetzwidrig, wenn er dem freien Träger Verpflichtungen auferlegen will, die über die Bestimmung der Leistung, der Leistungsentgelte und der Qualitätsentwicklung hinausgehen (Münder, RsDE 34, 1, 20). Unzulässig wäre es z.B. wenn er Zahlungen davon abhängig machen will, dass der freie Träger ihm Berichte über die fachliche Arbeit mit personenbezogenen Informationen über die Leistungsempfänger vorlegt; denn er hat seine Informationen bei den Betroffenen einzuholen (§ 67a Abs. 2 Satz 1 SGB X; § 62 Absatz 2 SGB VIII; → 33.4).

Kontroll- und Prüfungsrechte dürfen nur in dem Umfang vereinbart werden, wie sie durch § 17 Abs. 3 SGB I zugelassen sind (→ 27.2.1).

Vereinbarungszeitraum

Die Vereinbarungen sind für einen künftigen Zeitraum abzuschließen (prospektive Vereinbarungen). Nachträgliche Erhöhungen der Entgelte sind grundsätzlich unzulässig (siehe aber § 78 d Abs. 3 SGB VIII und § 77 Abs. 2 Satz 3, Abs. 3 SGB XII).

Rechtsnatur der Vereinbarungen

Vereinbarungen über Leistungen, Entgelte, Prüfung bzw. Qualitätsentwicklung bzw. sind öffentlich-rechtliche koordinationsrechtliche Austauschverträge zugunsten der Leistungsberechtigten (Münder, FK-SGB VIII, § 78b Rn 29, § 77 Rn 4f.; Diering, LPK-SGB X, § 55 Rn 13). Bei Sozialleistungen, auf die ein Anspruch besteht, dürfen nur Regelungen vereinbart werden, die bei Erlass eines Verwaltungsakts Inhalt einer Nebenbestimmung nach § 32 SGB X sein könnten (§ 55 Abs. 2 SGB X).

Beispiel: Rechtswidrig handelt ein öffentlicher Träger, der die Erstattung der Kosten der Heimunterbringung davon abhängig machen will, dass der Heimträger regelmäßig Berichte über die Entwicklung des Betroffenen einreicht.

Vereinbarungen der Spitzenverbände
Zulässig sind statt der Vereinbarung zwischen einem öffentlichen und einem freien Träger auch Vereinbarungen zwischen den kommunalen Spitzenverbänden und den Verbänden der Leistungserbringer auf regionaler oder Landesebene. Diese haben bindende Wirkung für die Mitglieder (§ 78 e Abs. 3 SGB VIII).

In Rahmenverträgen können die Verbände auch allgemeine Grundsätze vereinbaren (§ 79 SGB XII; § 78 f SGB VIII).

Konfliktlösung durch Schiedsstelle
Können sich der öffentliche Träger und der freie Träger nicht einigen, entscheidet auf Antrag einer Partei die vom Bundesland eingerichtete Schiedsstelle über die strittigen Punkte. Die Entscheidung hat bindende Wirkung (§ 78 g Abs. 2 und 3 SGB VIII, § 77 Abs. 1 und 2 SGB XII).

Der Gesetzgeber hat mit den Schiedsstellen ein neues Konfliktlösungsmodell eingeführt, das die bisher praktizierte hoheitliche Konfliktlösung ersetzen soll (Gottlieb, NDV 2001, 257; ZfF 2002, 1ff.; LPK-SGB VIII, § 78g Rn 2ff.). Einzelheiten regeln die Schiedsstellenverordnungen der Bundesländer.

Rechtsschutz
Die Entscheidung der Schiedsstelle ist ein vertragsgestaltender Verwaltungsakt. Dieser kann mit der Anfechtungsklage ohne vorhergehenden Widerspruch angefochten werden. Die Klage ist gegen die andere Vertragspartei zu richten. Sie hat aufschiebende Wirkung (BVerwG, NVwZ 2003, 492; BSG, NZS 2001,671).

Für Streitigkeiten über den Abschluss und den Inhalt der Vereinbarungen sind in der Sozialhilfe die Sozialgerichte gemäß § 77 Abs. 1 Satz 3 SGB XII und in der Jugendhilfe die Verwaltungsgerichte gemäß § 78g Abs. 2 Satz 2 SGB VIII zuständig.

Die Rechtsprechung billigt den Schiedsstellen einen Beurteilungsspielraum zu. Deshalb hat sich die gerichtliche Überprüfung des Schlichtungsspruchs darauf zu beschränken, ob die Ermittlung des Sachverhalts in einem fairen Verfahren erfolgte, der bestehende Beurteilungsspielraum eingehalten und zwingendes Gesetzesrecht beachtet worden ist. Das erfordert eine hinreichende Begründung der Interessenabwägung, die dem Schiedsspruch zugrunde liegt (BVerwGE 108, 47; BSG, a.a.O.).

28.5.3 Ausschreibung und Vergabe von Aufträgen

Praxis: Der überörtliche Träger der Sozialhilfe beschließt, ein Vergabeverfahren zum Abschluss von Vereinbarungen für das ambulant betreute Wohnen von Suchtkranken durchzuführen und sichert dem wirtschaftlichsten Anbieter das Recht zur alleinigen Betreuung der Zielgruppe in einem bestimmten Gebiet zu.

Öffentliche Träger haben in den letzten Jahren zunehmend Dienstleistungen, die von freien Trägern erbracht werden sollen, öffentlich ausgeschrieben.

Ziel einer Ausschreibung ist es, unter Nutzung des Wettbewerbs zwischen verschiedenen Anbietern von Leistungen das wirtschaftlichste Angebot zu ermitteln. Mit dem wirtschaftlichsten Anbieter wird ein Leistungsvertrag abgeschlossen.

Nationales Vergaberecht
Öffentliche Auftraggeber unterliegen für die Beschaffung von Waren, Bau- und Dienstleistungen grundsätzlich dem Gesetz über Wettbewerbsbeschränkungen. Hiernach sind Dienstleistungen im Wege transparenter Vergabeverfahren zu beschaffen (§ 97 Abs. 1 GWB). Bei der Vergabe von Dienstleistungsaufträgen, die den Schwel-

lenwert von 200.000 Euro übersteigen, sind die Bestimmungen der Verdingungsordnung für Leistungen (VOL/A) anzuwenden.

Ausdrücklich vorgesehen sind Vergabeverfahren z. B. für Verträge im Zusammenhang mit der Einrichtung der "Personal-Service-Agenturen" gem. § 37 c SGB III und bei Eingliederungsmaßnahmen nach § 42 1 SGB III.

Nichtanwendbarkeit des Vergaberechts auf Dienstleistungskonzessionen

Das staatliche Vergaberecht ist nicht anzuwenden, wenn freie Träger mit öffentlichen Trägern vereinbaren, dass sie gegen Kostenerstattung auf Wunsch des Leistungsberechtigten eine **Leistung im Dreiecksverhältnis** erbringen (→ 28.5.1); denn das Vergaberecht gilt, wenn ein öffentlicher Träger auf privatrechtlicher Grundlage Bau- oder Dienstleistungen in Auftrag geben will, nicht aber für Dienstleistungskonzessionen aufgrund öffentlich-rechtlicher Vereinbarungen. Allerdings muss deren Erteilung in einem transparanten Verfahren erfolgen (EuGH, 21. 6. 2005).

Die Vergabe einer Dienstleistung an einen freien Träger unter Ausschluss anderer Anbieter verstößt aber u. a. gegen gesetzlich und verfassungsrechtlich fundierte Grundprinzipien des Jugend-, Sozialhilfe- und sonstigen Sozialrechts und zwar gegen das Wunsch- und Wahlrecht des Leistungsberechtigten, gegen die Trägerselbstbestimmung in Zielsetzung und Durchführung der Aufgaben, gegen die Trägerpluralität, die ein differenziertes Angebot sichern soll, und die den öffentlichen Trägern auferlegte Pflicht zum partnerschaftlichen Umgang mit der freien Wohlfahrtspflege (V. Neumann/Nielandt/Philipp „Erbringung von Sozialleistungen nach Vergaberecht", „neue caritas" 8/2004; VG Münster, Beschl. v. 22. 6. 2004- 5 L 728/04-; .

Gegen Maßnahmen öffentlicher Träger, die zum Ziel haben, Leistungsverträge mit einem oder mehrern Anbietern unter Ausschluss anderer Anbieter abzuschließen, können die in ihrem Grundrecht auf Berufsausübung verletzten freien Träger mit Unterlassungsklagen vorgehen (OVG Hamburg, Soz akt 2005, 77; OVG NRW, Soz akt 2005, 75 und 107; zur Anwendbarkeit des Vergaberechts im Sozialrecht: Glahs, Soz akt 2007, 224).

Geplante Einbeziehung von Dienstleistungskonzessionen

Nach derzeitigem Vergaberecht können Dienstleistungskonzessionen ohne förmliches Vergabeverfahren vergeben werden. Der Auftraggeber ist lediglich gehalten, die dem Vergaberecht innewohnenden Grundprinzipien (Transparenzgebot, Willkürverbot, Gleichbehandlungsgebot) zu beachten.

Die EU-Kommission führt derzeit ein Gesetzesfolgenabschätzungsverfahren durch. Es ist beabsichtigt, Vergabeverfahren auch für Dienstleistungskonzessionen vorzuschreiben. Es ist nicht abzusehen, ob und ggfs. in welchem Umfang Leistungen im Dreiecksverhältnis enbezogen werden.

28.6 Aufwendungsersatz bei Übertragung von Aufgaben

Praxis: Ein Jugendamt vereinbart mit einem freien Träger, dass dieser eine Jugendschutzstelle nach § 42 SGB VIII einrichtet und unterhält.

Zulässigkeit der Beteiligung und Übertragung
Der öffentliche Sozialleistungsträger kann nach § 76 SGB VIII bzw. § 5 Abs. 5 SGB XII die Ausführung gesetzlicher Aufgaben auf einen freien Träger übertragen, wenn dieser damit einverstanden ist. Eine Übertragung von Jugendhilfeaufgaben, die in § 76 SGB VIII nicht ausdrücklich genannt sind, z. B. die sozialpädagogische Familienhilfe, ist ausgeschlossen (§ 3 Abs. 3 SGB VIII).

Verwaltungsakt oder öffentlich-rechtlicher Vertrag
Die Übertragung einer der in § 76 SGB VIII genannten Aufgaben kann durch Verwaltungsakt erfolgen. Jedoch ist der Abschluss eines Vertrags angemessener, weil es um partnerschaftliche Zusammenarbeit geht (kooperationsrechtlicher Vertrag).

Der Vertrag begründet ein *öffentlich-rechtliches Geschäftsbesorgungsverhältnis.* Es verpflichtet den freien Träger zur Ausführung der übernommenen Aufgabe und den öffentlichen Träger zum Aufwendungsersatz (Papenheim in: LPK-SGB VIII, § 76 Rz 13).

Aufwendungsersatz
Der öffentliche Träger hat sich zu verpflichten, die angemessenen Aufwendungen des freien Trägers in voller Höhe zu übernehmen (entsprechend §§ 670, 675 BGB). Anders als bei der Förderung nach § 74 SGB VIII darf er eine Eigenbeteiligung des freien Trägers nicht verlangen.

Rechtsstellung des freien Trägers
Freie Träger dürfen an der Wahrnehmung der Aufgaben des Sozialleistungsträgers nur beteiligt werden, wenn dieser vorher ihre Eignung festgestellt hat (§ 97 Abs. 1 SGB X).

Freigewerbliche Träger sind nach den Vorschriften, auf die § 97 Abs. 2 SGB X verweist, zur Auskunft- und Rechenschaft verpflichtet.

Freigemeinnützige Träger unterliegen keinen Weisungs- und Kontrollrechten; denn überwiegend wird angenommen, dass § 17 Abs. 3 Satz 4 SGB I entsprechend anzuwenden ist, wenn freie Träger keine Leistungen erbringen, sondern andere Aufgaben übernehmen (Schellhorn, SGB VIII, § 76 Rn 8; Münder, LPK-SGB VIII, § 76 Rn 9; so wohl auch: BGH, NJW 2006, 1121; a. A. Wiesner, SGB VIII Rn 15). Weisungs- und Kontrollrechte gegenüber freien Trägern können sich demnach nur aufgrund anderer Vorschriften ergeben.

Beispiele: Zulässig sind die örtliche Prüfung einer Einrichtung nach § 46 SGB VIII und die Prüfung der Wirtschaftlichkeit und Qualität nach §§ 75 SGB XII.

Datenschutz
Die freien Träger unterliegen dem für sie geltenden Datenschutzrecht (→ 35.0). Sie sind nicht als Quasi-Behörde verpflichtet, Sozialdaten im Wege der „Amtshilfe" dem Sozialleistungsträger zu offenbaren (so auch Maas, 1996, S. 304); denn Jugendamt und Sozialamt haben einen angemessenen Schutz der personenbezogener Daten durch den freien Träger sicherzustellen (§ 61 Abs. 3 SGB VIII; § 5 Abs 6 i.V.m. § 4 Abs. 3 SGB XII).

28.7 Problematik staatlicher Finanzierung freier Träger

Praxis: Ein Jugendamt vereinbart mit freien Trägern, dass diese Familienhelferinnen einstellen, die nach Weisung und unter Aufsicht des eines Sozialarbeiters im Jugendamt arbeiten (BAG, NZA 1998, 480).

Der Sozialdezernent einer Stadtverwaltung erklärt, trotz erheblicher Kürzungen der Haushaltsansätze müssten keine Mitarbeiter/innen des Jugendamts entlassen werden. Gleichzeitig gibt er bekannt, dass die Personalkostenzuschüsse für freie Träger um 20 % im Vergleich zum vorigen Jahr gekürzt werden. Die freien Träger sind zur Entlassung zahlreicher Mitarbeiter gezwungen.

Die Finanzierung der Leistungen des freien Trägers durch den staatlichen Träger erzeugt eine wechselseitige Abhängigkeit, die bedenkliche Konsequenzen für die betroffenen Menschen, für die freien Träger und deren Mitarbeiter/innen sowie für die staatlichen Sozialleistungsträger selbst hat.

28.7.1 Abhängigkeit des freien Trägers

Staatlicher Einfluss auf die freie Jugendhilfe und Sozialhilfe
Die öffentlichen Träger üben starken Einfluss auf die Arbeit der freien Träger aus, weil sie die Gewährung von öffentlichen Mitteln in der Regel davon abhängig machen, dass der freie Träger bestimmte Voraussetzungen erfüllt und sich verpflichtet, die öffentlichen Mittel nur für im Voraus festgelegte Zwecke zu verwenden. Dadurch wird der **freie Träger weitgehend auf die formalen und inhaltlichen Vorgaben der staatlichen Sozialbürokratie** festgelegt (→ die Voraussetzungen für die Förderung von Frauenhäusern in NRW oben 20.4.4).

Für den freien Träger besteht in aller Regel nur die Wahl zwischen dem Verzicht auf die finanzielle Förderung oder der Anpassung (bzw. Scheinanpassung). Eine rechtliche Auseinandersetzung wird er meist nicht wagen; denn die Erfolgschancen sind für ihn wegen des regelmäßig weiten Ermessensspielraums des staatlichen Sozialleistungsträgers kaum sicher abzuschätzen. Außerdem muss er befürchten, dass ein meist viele Jahre dauernder Rechtsstreit die weitere Zusammenarbeit zu seinem Nachteil belasten wird.

Jederzeitige Einstellung der Förderung
Eine besondere Unsicherheit ergibt sich für freie Träger und für die Arbeitsplätze der Mitarbeiter daraus, dass der freie Träger keinen Anspruch auf die fortgesetzte Gewährung von Zuwendungen hat, wenn diese auf Grund von Ermessensvorschriften gewährt werden bzw. für jedes Haushaltsjahr von der zuständigen Volksvertretung neu beschlossen werden müssen.

Die Zahlung einer Zuwendung kann vielmehr grundsätzlich jederzeit eingestellt werden, auch wenn dies zur Schließung einer Einrichtung führt, alle Mitarbeiter entlassen werden müssen und ein u. U. wichtiges Angebot der Jugend- oder Sozialhilfe dadurch entfällt.

Sparmaßnahmen zum Nachteil freier Träger und deren Mitarbeiter
Für die von Kürzungen betroffenen freien Träger kann die Übernahme insbesondere jugendhilferechtlicher Aufgaben zu einer Falle werden (ausführlich dazu Münder, BBJConsultINFO, III/IV, 1994):

Freie Träger sind bei Streichung bzw. Kürzung der öffentlichen Mittel oft gezwungen, die Personalkosten zu senken. Dies führt dazu, dass sie soziale, tarifliche und fachliche Standards aufgeben und z. B. nur befristete Arbeitsverträge abschließen, Arbeitsverhältnisse in sozial ungeschützte Honorarverhältnisse umwandeln, Vollzeitarbeit auf Fachleistungsstunden oder kostengünstigere geringfügige Beschäftigungen reduzieren, Urlaubsgeld und Weihnachtszuwendung abbauen oder aus der Tarifbindung bzw. der Bindung an kirchliche Arbeitsrechtsregelungen aussteigen, um Vergütungen in geringerer Höhe zahlen zu können. Dies macht die soziale Arbeit bei freien Trägern zu einem Niedriglohnbereich, lässt qualifizierte Mitarbeiter abwandern und schreckt potentielle Bewerber ab (BMFSFJ, 11. KiJuBericht, 89).

Sind **Mitarbeiter freier Träger von Kündigungen betroffen**, tragen sie weitgehend allein das Arbeitsplatzrisiko und sind nicht sozial abgesichert. Sie sind im Vergleich zu den Mitarbeitern der öffentlichen Träger, die kaum ein Arbeitsplatzrisiko haben, jetzt schon faktisch Arbeitnehmer zweiter Klasse, weil sie keine Chance haben, sich erfolgreich gegen die Entlassung zu wehren; denn der Wegfall von Drittmitteln ist ein betriebsbedingter Grund, der eine Kündigung nach § 1 Abs. 2 KSchG sozial rechtfertigt (BAG, NJW 2000,756). Auch mit den üblichen Abfindungen können die Entlassenen nicht rechnen, weil es freigemeinnützigen Trägern meist nicht möglich ist, entsprechende Rücklagen zu bilden oder auf andere Weise eine Risikominderung zu erreichen (Münder, BBJConsult INFO III/IV 1994, 48 ff., 59 ff).

Ob sich freie Träger, denen über viele Jahre Zuwendungen jeweils für ein Jahr bewilligt worden sind, auf den **Grundsatz des Vertrauensschutzes** berufen können, wenn die Förderung eingestellt wird und ihnen dadurch ein Schaden entsteht, ist nicht abschließend geklärt (verneint von: VGH Kassel, NJW 2005, 1963).

Lediglich gegen einen **abrupten Abbau** wird der freie Träger geschützt; denn die Rechtsprechung hat aus dem Subventionsverhältnis die Pflicht des öffentlichen Trägers abgeleitet, den freien Träger rechtzeitig über die beabsichtigte Beendigung der Förderung zu informieren, wenn der freie Träger sich auf die weitere Gewährung verlassen durfte. Wird diese Pflicht schuldhaft verletzt und entsteht dem freien Träger dadurch ein Schaden, hat er Anspruch auf Schadensersatz (VGH Mannheim, NVwz 2001, 1428; DV-Gutachten, NDV 2001, 266; ausführlich Wabnitz 2005, 284 m.w.N.).

Beispiel: Teilt die Stadt, die seit Jahren die Arbeit eines freien Trägers für sexuell missbrauchte Mädchen und Jungen förderte, ohne Vorwarnung Ende November mit, dass die Förderung mit Ablauf des Jahres eingestellt wird, so kann der freie Träger verlangen, dass ihm die im folgenden Jahr noch entstehenden unvermeidlichen Kosten (z. B. anteilige Personal- und Mietkosten) bis zur Beendigung der Arbeits-, Mietverträge usw. wie bisher erstattet werden.

Rechtsschutz gegen unzureichende Kostenerstattung
Praxis: Freie Träger machen häufig mit, wenn das Jugendamt die fachlichen Standards absenkt, indem sie entsprechende Kostenvereinbarungen abschließen, ihre Standards aufgeben und Fachkräfte entlassen bzw. durch Praktikanten, geringfügig Beschäftigte, Honorarkräfte oder Ehrenamtliche ersetzen

Soweit der öffentliche Träger zur Kostenerstattung verpflichtet ist, besteht zwar ein Anspruch der Leistungsberechtigten auf Übernahme bzw. Erstattung der vollen Kosten für eine den fachlichen Erfordernissen entsprechende Leistung. Jedoch zeigt sich in der Praxis, dass betroffene Personensorgeberechtigte kaum jemals bereit sind, ihren Anspruch durchzusetzen.

Das Bundesverfassungsgericht hat festgestellt, dass freie Träger in ihrem Grundrecht auf freie Berufsausübung aus Art. 12 GG verletzt sind, wenn ihnen nur Vergütungssätze zugebilligt werden, die in Widerspruch zu den gesetzlichen Vorgaben stehen. Es hat ausgeführt, dass Finanzierungsbeträge gewährt werden müssen, die es den freien Trägern ermöglichen, die zur Erfüllung der gesetzlichen Aufgabe erforderlichen Kosten zu decken und Fachkräfte wie Angehörige des öffentlichen Dienstes zu vergüten (NJW 2002, 2090).

Freie Träger, die eine fachlich-qualifizierte Arbeit in ihrer Einrichtung sichern wollen, können deshalb von den öffentlichen Trägern nach §§ 78 a ff SGB VIII und § 75 SGB XII Kostenerstattung in angemessener Höhe verlangen. Wird keine Einigung erzielt, haben sie die Möglichkeit, die Schiedsstelle nach § 78g SGB VIII bzw. § 75ff. SGB XII und notfalls das Verwaltungs- bzw. Sozialgericht anrufen.

Zu beachten ist hierbei, dass die Gesamtverantwortung bei dem staatlichen Träger liegt (§ 95 SGB X; § 79 SGB VIII). Dieser hat zwar, weil ihm das SGB VIII keine konkreten Pflichten beispielsweise hinsichtlich der Heimerziehung auferlegt, einen weiten Ermessensspielraum. Er muss aber pädagogische Qualitätstandards, deren Effizienz und Effektivität, gewährleisten (siehe 27.2).

28.7.2 Abhängigkeit der staatlichen Träger

Finanzieller Wert der Leistungen der freien Träger
Der Staat ist insofern von den freien Trägern abhängig, als er von den freien Trägern wahrgenommenen und oft in erheblichem Umfang aus eigenen Spenden und Kirchensteuermitteln finanzierten Aufgaben in der Jugend- und der Sozialhilfe nicht ohne weiteres übernehmen kann.

Beispiel: Die Summe der materiellen und immateriellen Leistungen der freien Wohlfahrtspflege wurde für das Jahr 1996 auf 170 Milliarden DM = ca 86 Milliarden Euro geschätzt. Der Eigenanteil der Freien Wohlfahrtspflege beliet sich auf 81 Milliarden DM = ca. 40 Milliarden Euro.

Die Kosten eines Arbeitsplatzes in Heimen, Tageseinrichtungen und Ausbildungsstätten lagen bei ca. 250.000 Euro. Für Arbeitsplätze im Bereich der offenen Hilfen waren ca. 35.000 Euro aufzuwenden. Der Neuwert der Arbeitsplätze wurde auf 230 Milliarden Euro geschätzt (Spiegelhalter 1999).

Der Wert der ehrenamtlichen Arbeit, die von mehr als zwei Millionen Menschen in der Jugendarbeit, Jugend-, Sozial-, Behinderten- und Gesundheitshilfe geleistet wird, lässt sich auch nicht annähernd beziffern.

Verpflichtung zur Gewährleistung eines pluralen Angebots
Die staatlichen Träger haben die gesetzlich auferlegte Pflicht, im Rahmen ihrer Gesamtverantwortung ein plurales Angebot zu gewährleisten, damit die Maßnahmen und Hilfen möglichst bedarfsgerecht und wirksam sind. Sie können ein plurales Angebot nur mit freien Trägern verwirklichen und sind insoweit von deren Bereitschaft abhängig, Konzepte für Maßnahmen und Leistungen zu entwickeln, die eine Alternative zu den staatlichen Maßnahmen und Angeboten darstellen.darstellen.

In der Praxis streben staatliche Träger nicht selten eine Einheitsversorgung durch eigene Stellen bzw. den billigsten freien Träger nach ihrer „fachlichen" Vorgabe ohne Berücksichtigung der Kundenwünsche und des fachlichen Potentials der freien Träger an (siehe z. B. OVG NRW Soz akt 2005, 107).

Unter der Flagge der „Neuen Steuerung", die zu einer Kundenorientierung und Qualitätsverbesserung führen soll, geben Kommunen nicht selten Produkt- bzw. „Qualitätsbeschreibungen" vor, die eine Kostensenkung durch Abbau fachlicher Standards bezwecken und den freien Trägern jede Möglichkeit der Qualitätsentwicklung der sozialen Arbeit und den Leistungsberechtigten jede Wahlmöglichkeit nehmen.

„Ausnahmslos wurde von seiten der Geldgeber ein geringeres Maß an Qualitätsbeschreibung gefordert als es von den sozialen Institutionen vermutet oder befürchtet worden war" (Meinhold/Matul, 2003, 31)

Ähnliche Bedenken bestehen auch gegen sozialraumorientierte Planungen, wenn diese bezwecken, das plurale Angebot mehrerer vorhandener Träger durch das Angebot eines einzigen Trägers zu ersetzen, der billiger ist, weil er nicht ausreichend qualifiziertes Personal zu Dumpinglöhnen beschäftigt (→ 10.2.4).

FÜNFTER ABSCHNITT
RECHTSSTELLUNG DES MENSCHEN UND ANDERER
RECHTSSUBJEKTE IM SOZIALLEISTUNGSRECHT

29.0 ALLGEMEINE RECHTSSTELLUNG DES MENSCHEN ALS PERSON, BÜRGER UND GRUNDRECHTSTRÄGER

Praxis: Ein Türke ist wegen Handels mit Rauschgift zu einer Jugendstrafe verurteilt worden. Das Ausländeramt hat ihm einen Ausweisungsbescheid zugestellt.
Eine Arbeitsloseninitiative meldet eine Protestdemonstration an.
Eine schwangere „Illegale" fragt einen Sozialarbeiter, ob er ihr ärztliche Hilfe vermitteln könne.

Fehlen eines Verwaltungsgesetzbuchs
Ein allgemeines Gesetzbuch, das die Rechtsbeziehungen zwischen der öffentlichen Verwaltung und den Menschen regelt, die mit ihr zu tun haben, existiert nicht. Deshalb gibt es im Verwaltungsrecht – anders als im Bürgerlichen Recht – keine allgemeinen Regelungen z. B. der Rechtsfähigkeit, der Beteiligungsfähigkeit, der Handlungsfähigkeit sowie der Rechte und Pflichten aus Verträgen und anderen Rechtsverhältnissen.

Für Teilbereiche der Verwaltungstätigkeit sind allerdings Regelungen getroffen worden.

Regelungen für Teilbereiche
Die Rechte und Pflichten des Bürgers im Verwaltungsverfahren vor Erlass eines Verwaltungsakts bzw. vor Abschluss eines öffentlich-rechtlichen Vertrags sind recht umfassend gesetzlich geregelt (§§ 8 ff VwVG und §§ 8 ff. SGB X).

Dagegen fehlen umfassende Regelungen für das Verwaltungshandeln, das nicht auf den Erlass eines Verwaltungsakts bzw. eines öffentlich-rechtlichen Vertrags gerichtet ist („schlicht-hoheitliche Tärigkeit").

So wird das pädagogische und methodische Handeln der SA/SP in der öffentlichen Verwaltung nur von Einzelregelungen erfasst.

Beispiele: Sozialdatenschutz nach § 35 SGB I, §§ 67ff. SGB X, §§ 61 ff. SGB VIII, Verfahren bei Gefährdung des Kindeswohl nach § 8a SGB VIII, Hilfeplanverfahren nach § 36 SGB VIII.

Lückenausfüllung durch entsprechende Anwendung des allgemeinen Verwaltungsrechts und des Bürgerlichen Rechts (BGB)
Fehlt eine einschlägige verwaltungsrechtliche Regelung, werden gewohnheitsrechtlich anerkannte Grundsätze des allgemeinen Verwaltungsrechts und Vorschriften des des Bürgerlichen Gesetzbuchs, die allgemeine Rechtsgrundsätze enthalten, entsprechend angewandt (BGHZ 58, 386).

Als allgemeine Rechtsgrundsätze, die nicht nur für die Rechtsbeziehungen zwischen Bürgern, sondern auch für die Beziehungen des Bürgers zum Staat gelten, sind ua. die Vorschriften über Rechtsfähigkeit (§ 1 BGB), die Geschäftsführung ohne Auftrag (§§ 677ff. BGB) und über den Verwahrungsvertrag (§§ 688 BGB) anerkannt (ausführlich und differenzierend dazu Stober I, § 32 Rn 14 ff.).

Für öffentliche Verträge ist gesetzlich bestimmt, dass die Vorschriften des Bürgerlichen Rechts ergänzend entsprechend gelten (§ 61 SGB X).

29.1 Rechtsfähigkeit

Verfassungsrechtliche Grundlage
Das Grundgesetz, das die Menschenwürde in den Mittelpunkt seiner Wertordnung stellt, macht den Menschen zum Rechtssubjekt, indem es ihm Rechte gegenüber der Verwaltung verleiht, deren Beachtung er durch Rechtsmittel und Klage erzwingen kann (Art. 1, 19 Abs. 4 GG).

Rechtsfähigkeit natürlicher Personen
Eine allgemeine gesetzliche Regelung der Rechtsfähigkeit im Verwaltungsrecht besteht nicht. Allgemein ist anerkannt, dass jeder Mensch entsprechend dem in Art. 1 und 3 GG und § 1 BGB zum Ausdruck gekommenen Rechtsprinzip rechtsfähig ist.

Rechtsfähigkeit juristischer Personen
Grundsätzlich rechtsfähig sind auch alle juristischen Personen des privaten und des öffentlichen Rechts. Allerdings gelten für die Grundrechtsfähigkeit juristischer Personen funktionsbedingte Einschränkungen (zu den Grundrechten freier Träger → 26.1).

Juristische Personen des öffentlichen Rechts sind nur im Rahmen der ihnen gesetzlich übertragenen Befugnisse rechts- und pflichtenfähig.

Beispiel: Der AStA nimmt soziale Belange der Studenten nach § 41 HRG wahr, wenn er ein Jobticket vereinbart und dessen Kosten auf alle Studenten umlegt, auch wenn einzelne Studenten damit nicht einverstanden sind (BVerfG, NVwZ 2001, 190). Riskant sind allgemeinpolitische Aktivitäten ohne Hochschulbezug; denn die Vergabe von Geldern ohne Hochschulbezug erfüllt den Straftatbestand der Untreue → BGH, NJW 1982, 346 und 1996, 2669; zu weiterer Rechtsprechung → www.studentenpolitik.de.

Teilrechtsfähigkeit
Teilrechtsfähigkeit besteht, wenn ein Gesetz für bestimmte Angelegenheiten oder für einen bestimmten Bereich Rechte und Pflichten auch organisierten Personen- oder Sachgesamtheiten zuordnet, die allgemein nicht rechtsfähig sind.

Beispiele: Die Mitwirkungsgremien in staatlichen Kindergärten, Schulen und Hochschulen sind hinsichtlich der ihnen zustehenden Rechte rechtsfähig.

Eine Gruppe junger Erwachsener möchte einen Altbau zum Jugendzentrum ausbauen und beantragt einen Zuschuss der Gemeinde zu den Kosten.Die Gruppe ist insoweit rechtsfähig; denn nach § 74 SGB VIII können auch nicht als e. V. organisierte Gruppen gefördert werden.

Eine Arbeitsloseninitiative hat ein Recht auf Demonstration, sofern sie die Demonstration vorschriftsgemäß angemeldet hat bzw. wenn es sich um eine Spontandemonstration handelt (Art. 8 GG, §§ 1, 14, 15 Versammlungsgesetz; BVerfG 2002, 1031; Kniesel/Poscher, NJW 2004, 422).

Eine derartige Teilrechtsfähigkeit ist aber nur gegeben, wenn das betreffende Recht der Gruppe, Vereinigung oder sonstigen Organisation als solcher zusteht. Eine Gruppe oder Bürgerinitiative kann deshalb nicht ein Recht geltend machen, dass einem Gruppenmitglied als subjektiv-persönliches Recht z. B. auf Sozialhilfe zusteht.

Eine Sonderregelung gilt für **Verbände, die nach ihrer Satzung behinderte Menschen auf Bundes-oder Landesebene vertreten.** Diese dürfen behinderte Menschen vertreten, die in ihren Rechten nach dem SGB IX verletzt sind (§ 63 SGB IX). Eine Vertretungsbefugnis und ein Verbandsklagerecht besteht auch gemäß §§ 12, 13 des Behindertengleichstellungsgesetz des Bundes (BGG) und den Behindertengleichstellungsgesetzen der Länder.

29.1.1 Rechtsfähigkeit Minderjähriger und Untergebrachter

Rechtsfähigkeit Minderjähriger
Minderjährige sind Inhaber von Rechten, wenn das jeweilige Gesetz das Recht nicht an ein bestimmtes Alter oder an eine sonstige Eigenschaft knüpft, die Minderjährige nicht haben können.

Beispiele: Ein neugeborenes Kind hat Anspruch auf Sozialgeld nach § 28 SGB II, wenn es die gesetzlichen Anspruchsvoraussetzungen erfüllt.

Ein Kind hat Anspruch auf Beteiligung und Beratung durch das Jugendamt (§ 8 SGB VIII).

Dagegen stehen die Ansprüche auf Hilfe zur Erziehung nach § 27 ff SGB VIIIG den Personensorgeberechtigten zu.

Grundrechtsfähigkeit Minderjähriger
Das BVerfG hat festgestellt:

"Das Kind ist ein Wesen mit eigener Menschenwürde und eigenem Recht auf Entfaltung seiner Persönlichkeit im Sinne der Artikel 2 Abs. 1 in Verbindung mit Art. 1 Abs. 1 GG" (NJW 1989, 519; NJW 1968, 2233).

Auch der junge Mensch ist demnach Grundrechtsträger und hat das Recht auf Entfaltung seiner Persönlichkeit. Von der Grundrechtsträgerschaft zu trennen ist die Grundrechtsmündigkeit, d. h. die Möglichkeit der selbständigen Ausübung eines Grundrechts (siehe unten 27.2.4).

Konsequenzen für die Jugendhilfe
SA/SP haben bei der Arbeit mit Kindern und Jugendlichen stets die Grundrechte der Kinder und Jugendlichen zu beachten. Daraus folgt :

▶ Unzulässigkeit der körperlichen Züchtigung (Art. Abs. 2 GG)

▶ Unzulässigkeit des Arrestes als Strafe. Eine Isolierung zum Schutz gegen Selbst- oder Fremdgefährdung kann ausnahmsweise gerechtfertigt sein (Art. 2 Abs. 2 und Art. 104 GG).

▶ Achtung der Glaubens- und Gewissensfreiheit. Niemand darf zur Teilnahme an religiösen Handlungen oder Feiern gezwungen werden (Art. 140 GG i. V. m. Art. 136 WRV).

▶ Ungehinderte Unterrichtung aus allgemein zugänglichen Informationsquellen (Art. 5 Abs. 1 GG).

▶ Unverletzlichkeit des Brief-, Post- und Fernmeldegeheimnisses, sofern nicht eine Beschränkung auf Grund eines Gesetzes angeordnet ist (Art. 10 GG).

Beispiel: Da eine gesetzliche Beschränkung des Brief- und Postgeheimnisses für den Bereich der Jugendhilfe und der Sozialhilfe nicht besteht, ist in Heimen und anderen Einrichtungen eine Brief- und Postkontrolle grundsätzlich nicht zulässig. Die Verletzung des Briefgeheimnisses ist nach § 202 StGB eine mit Strafe bedrohte Handlung, die nur ausnahmsweise gerechtfertigt ist, wenn die Voraussetzungen des § 34 StGB gegeben sind (→ 32.2.3).

Einschränkung der Grundrechte für bestimmte Personengruppen
Durch gesetzliche Vorschrift eingeschränkt sind die Grundrechte auf Freiheit der Person und auf Wahrung des Brief-, Post-, und Fernmeldegeheimnisses für Menschen

▶ die wegen psychischer Erkrankung und Selbst- oder Fremdgefährdung zwangs- weise untergebracht werden, (für NRW in § 27 PsychKG),

▶ im Strafvollzug (§§ 23 ff. StVollzG).

29.1.2 Rechtsstellung der Ausländer

Praxis: Ein türkisches 15-jähriges Mädchen kann wegen seines Grundrechts aus Art. 2 GG die deutschen Gerichte gegen eine Zwangsheirat anrufen (→ www.bmfsfj.de „Zwangsheirat in Deutschland", BayObLG NJW-RR 1986).

Eine schwangere „Illegale" fragt die Sozialberaterin eines freien Trägers, ob sie ihr eine Hebamme ein Krankenhaus empfehlen könne.

Grundsatz

Ausländern, d. h. den Menschen, die nicht Deutsche im Sinne des Art. 116 GG sind, stehen grundsätzlich alle Rechte zu, die in Rechtsvorschriften festgelegt sind und nicht auf Deutsche beschränkt sind.

Menschenrechte

Das Grundgesetz unterscheidet bei den Grundrechten Menschenrechte, die allen Menschen zustehen (Art. 1, 2, 3, 4, 5, 6 GG) und Bürgerrechte.

Beispiele: Zum religiös motivierten Tragen eines Kopftuchs: BAG, NJW 2003, 2815 (Verkäuferin), BVerfG, NJW 2003, 3111; BVerwG NJW 2004, 3581 (Lehrerin), ArbKöln, 6.3.2008, www.justiz-nrw.de (Krankenschwester), LAG Düsseldorf, 11.4.2008 (Schulsozialpädagogin)

Muslimische Mädchen dürfen wegen der durch Art. 4 GG garantierten Glaubensfreiheit nicht zum gemeinsamen Sportunterricht mit Jungen gezwungen werden (BVerwG, NVwZ 1994, 578; zum Ganzkörperschwimmanzug VG Hamburg, 16. 6. 2005, NVwz-RR 2006, 121).

Die Menschenrechte auf körperliche Unversehrtheit und Freiheit der Person sind für Ausländer eingeschränkt (§ 106 AufenthG; § 89 AsylVerfG).

Bürgerrechte

Die Bürgergrundrechte aus Art. 8, 9, 11, 12, 16 GG stehen nur Deutschen zu.

Beispiel: Ausländer können sich auf das Grundrecht auf Versammlungsfreiheit aus Art. 8 GG nicht berufen.

Jedoch kann sich aus der Schutzwirkung des allgemeinen Freiheitsrecht aus Art. 2 Abs. 1 GG ergeben, dass Ausländer beispielsweise demonstrieren dürfen (BVerfGE 78, 179, 196; BVerwGE 74, 165).

Gesetzliche Differenzierungen zwischen Deutschen und Ausländern

Allgemeine Differenzierungen zwischen Deutschen und Ausländern sind trotz des Gleichheitssatzes in Art. 3 GG nach allgemeiner Auffassung sachlich gerechtfertigt:

▶ **Aufenthaltsgesetz:** Ein Nicht-EU-Ausländers benötigt für den Aufenthalt grundsätzlich einen Aufenthaltstitel in Form eines Visums, einer befristeten Aufenthaltserlaubnis oder einer uneingeschränkten Niederlassungserlaubnis abhängig (§§ 4 ff. AufenthaltG). Der Aufenthaltstitel bestimmt, ob eine Erwerbstätigkeit aufgenommen werden darf (§§ 39ff. AufenthG).

▶ **Arbeitsförderungsrecht:** Die Aufnahme einer Arbeitnehmertätigkeit durch Angehörige der 2004 beigetretenen EU-Mitgliedsstaaten bedarf einer Arbeitserlaubnis der Agentur für Arbeit (§§ 284 ff. SGB III; § 39 Abs. 4 AufenthG).

Diese allgemeinen Regelungen sind allerdings auf zahlreiche Ausländer nicht anzuwenden, für die Sonderregelungen gelten.

Bilaterale und multilaterale Abkommen

Viele Ausländer besitzen eine privilegierte Rechtsstellung.aufgrund gesetzlicher Vorschriften, bilateraler oder multilateraler Verträgen, Abkommen und Konventionen, die von der BRD mit anderen Ländern oder im Rahmen internationaler Organisationen abgeschlossen bzw. durch Beitritt der BRD wirksam geworden sind.

Unionsbürger: Angehörige von Mitgliedsstaaten der Europäischen Union benötigen keine Aufenthaltserlaubnis, sofern sie als Arbeitnehmer oder Selbständiger tätig bzw. bzw. finanziell ausreichend gesichert sind (§§ 1, 4 ff. Freizügigkeitsgesetz/EU) und auch keine Arbeitsgenehmigung (§ 284 SGB III). Das Aufenthaltrecht kann nur ausnahmsweise entzogen werden (BVerwG, NVwZ 2005, 220).

Angehörige assoziierter Staaten: Die EU hat mit einigen Staaten Assoziierungs-Abkommen getroffen, die deren Staatsangehörige ausländerrechtlich begünstigen. *Türkische Staatsbürger erhalten Arbeitsgenehmigungen unter erleichterten Voraussetzungen. Ihre Ausweisung ist sehr erschwert (BVerwG, NVwZ 2005, 224).*

„Kontingentflüchtlinge" sind Flüchtlinge aus Krisenregionen, die im Rahmen internationaler humanitärer Hilfsaktionen aufgenommen worden sind. *Sie haben Anspruch auf Aufenthaltserlaubnis und Ausübung einer Erwerbstätigkeit (§§ 22, 23 AufenthG). Für bereits aufgenommene Flüchtlinge gilt weiterhin das „Gesetz über Maßnahmen für im Rahmen von humanitärer Hilfsaktionen aufgenommenen Flüchtlinge".*

Asylbewerber unterliegen dem Asylverfahrens- und dem Asylbewerberleistungsgesetz *Asylbewerber, deren Asylantrag abgelehnt worden ist, die aber nicht abgeschoben werden können, erhalten eine Duldung (§ 60a AufenthG).*

„Illegale" Ausländer ohne Aufenthaltsrecht haben Anspruch auf minimale Sozialhilfe (§ 23 SGB XII). Bei Gewährung droht Ausweisung (§ 55 Abs. 2 Nr. 6 AufenthG). *Die weitgehende Rechtlosigkeit der „Illegalen" schließt soziale Arbeit mit diesen Menschen, die Wahrnehmung der Anwaltsfunktion und materielle und persönliche Hilfe nicht aus (www.joerg-alt.de mit Informationen über positive Entwicklungen in Bundesländern und Kommunen).*

Differenzierungen bei Sozialleistungen
Für einzelne Sozialleistungen sind Regelungen getroffen, die Leistungsansprüche von Ausländern beschränken. EU-Bürger sind oft Inländern gleichgestellt. *Beispiele: § 7 SGB II, § 6 Abs. 2 SGB VIII, § 23 SGB XII, § 2 Abs. 5 und 6 BKGG. Für Asylbewerber sieht das Asylbewerberleistungsgesetz erheblich geringere Leistungen als das SGB XII und den Vorrang von Sachleistungen vor.* Sozialhilfebezug und Inanspruchnahme von Hilfe zur Erziehung außerhalb der eigenen Familie kann die Ausweisung (§ 55 Nrn. 6 und 7 AufenthaltG), der Bezug von SGB II-Leistungen die Nichtverlängerung des Aufenthaltstitels auslösen.

Europäische Abkommen über Jugend- und Sozialhilfe
Staatsangehörige vieler europäischer Länder werden in der Jugendhilfe und der Sozialhilfe Deutschen u.a. durch folgende Abkommen weitgehend gleichgestellt:

▶ **Europäisches Fürsorgeabkommen** (www.auswaertiges-amt.de/europa)
▶ **Europäische Sozialcharta** (www.auswaertiges-amt.de/curopa/europarat)
▶ **Haager Übereinkommen zum Schutz von Minderjährigen.**

Außerdem bestehen zahlreiche internationale Vereinbarungen und Regelungen über Teilbereiche der Jugendhilfe (hierzu Wiesner/Oberloskamp, SGB VIII, § 6 Rn 14 ff.) und der Sozialhilfe (hierzu Brühl/Schoch, LPK-SGB II, § 7 Rn 19ff, § 8 Rn 27ff.).

Abkommen über Soziale Sicherheit
Staatsangehörige der Länder, aus denen früher "Gastarbeiter" angeworben worden sind, und einiger anderer Länder werden durch Abkommen über die Soziale Sicherheit im Bereich der Krankenversicherung, Rentenversicherung und Arbeitslosenversicherung geschützt. Meist ist darin u.a. die Zusammenrechnung von Versicherungs-

zeiten in der Rentenversicherung vorgesehen. Derartige Abkommen sind z. B. abgeschlossen mit Israel, Jugoslawien, Österreich, Schweden, Schweiz, Spanien, USA.

Rechtsschutz für Ausländer

In Gerichtsverfahren hat der Ausländer die gleichen prozessualen Grundrechte sowie den gleichen Anspruch auf umfassenden und effektiven gerichtlichen Schutz wie jeder Deutsche. Allerdings wird erwartet, dass er sich ausreichend um seine Interessen kümmert und z. B. behördliche Schreiben alsbald übersetzen lässt, wenn er sie nicht versteht, und fristgerecht Widerspruch einlegt bzw. Klage erhebt (BSG NJW 1989, 680; BVerfG NVwZ 1992, 263).

Mitteilungspflichten der Angehörigen des öffentlichen Dienstes

Nur Angehörige öffentlicher Stellen, nicht die Mitarbeiter freier Träger, sind verpflichtet, die Ausländerbehörde bzw. die Polizei zu informieren, wenn ihnen beispielsweise bekannt wird, dass ein Ausländer keinen Aufenthaltstitel hat, Sozialhilfe bezieht oder stationäre Hilfe zur Erziehung erhält (§ 87 Abs. 2 AufenthaltsG).

Die Schweigepflichten nach § 203 StGB und nach § 65 SGB VIII haben aber Vorrang vor der Mitteilungspflicht. Deshalb sind SA/SP grundsätzlich weder berechtigt noch verpflichtet, die Ausländerbehörde zu informieren, wenn ein Ausländer sie um Rat oder Hilfe bittet; denn in diesem Falle ist davon auszugehen, dass der Ausländer sein Anliegen im Rahmen der persönlichen oder erzieherischen Hilfe anvertraut (→ 32.0 und 34.4).

29.2 Handlungsfähigkeit

Mit Handlungsfähigkeit im Verwaltungsrecht wird die vom Recht zuerkannte Fähigkeit einer Person bezeichnet, durch eigenes Verhalten gegenüber Verwaltungsbehörden Rechtsfolgen herbeizuführen. Die Handlungsfähigkeit umfasst

▶ **aktiv** - die Fähigkeit, eine Rechtshandlung vorzunehmen, z. B. einen wirksamen Antrag zu stellen, Widerspruch einzulegen, einen Antrag wegen Irrtums anzufechten, einen Antrag zurückzunehmen.

▶ **passiv** - die Fähigkeit, die Rechtshandlung einer Behörde entgegennehmen zu können z. B. einen Bewilligungsbescheid oder einen Ablehnungsbescheid von der Behörde mitgeteilt zu bekommen mit der Folge, dass der Bescheid mit der Bekanntgabe wirksam wird, die Widerspruchsfrist in Lauf gesetzt wird usw.

29. 2. 1 Handlungsfähigkeit natürlicher Personen

Allgemeine Grundsätze

Eine allgemeine gesetzliche Regelung der Handlungsfähigkeit natürlicher Personen für den Bereich des Verwaltungsrechts fehlt. In einzelnen Gesetzen sind aber für den jeweiligen Anwendungsbereich Regelungen getroffen (siehe 27.2.1.1).

Soweit derartige Sondervorschriften fehlen, gelten gewohnheitsrechtlich allgemeine Grundsätze (siehe 27.2.1.2).

29.2.1.1 Sondervorschriften für natürliche Personen

In verschiedenen Gesetzen finden sich Regelungen über Altersstufen der Handlungsfähigkeit:

▶ Die Fähigkeit, durch Willenserklärungen Rechtsfolgen auf dem Gebiet des Verwaltungsrechts zu begründen, ist entsprechend den Vorschriften des BGB über die Geschäftsfähigkeit zu beurteilen (so auch § 11 Abs. 1 Nr. 1 SGB X für das Verwaltungsverfahren). Das bedeutet, dass Personen, die geschäftsfähig im Sinne des BGB sind, auch handlungsfähig im Sinne des Verwaltungsrechts sind. Jedoch können nach BGB beschränkt Geschäftsfähige Willenserklärungen im Bereich des Verwaltungsrechts in der Regel wirksam nur mit Zustimmung des gesetzlichen Vertreters vornehmen bzw. entgegennehmen (§§ 2, 6, 104 ff. BGB; Stober I, § 32 Rn 43).

Beispiele: Antrag, Rücknahme des Antrags, Aufrechnung, Einlegung des Widerspruchs, Abschluss eines öffentlich-rechtlichen Vertrags, Kündigung der Mitgliedschaft zu einer Krankenkasse, Haftungserklärung nach § 68 AufenthG.

▶ Jugendliche, die das 15. Lebensjahr vollendet haben, können gemäß der für die soziale Arbeit wichtigen Regelung in § 36 SGB I sämtliche **Sozialleistungen** geltend machen und verfolgen (siehe 27.2.1.2).

▶ Nach Vollendung des 14. Lebensjahres kann ein Minderjähriger seine **Religion selbst bestimmen** (§ 5 Gesetz über die religiöse Kindererziehung).

▶ Nach Vollendung des 14. Lebensjahres kann ein Minderjähriger ein **polizeiliches Führungszeugnis** beantragen (§ 28 BZRG).

▶ Ausländer können nach Vollendung des 16. Lebensjahres **Verfahrenshandlungen nach dem Aufenthaltsgesetz** vornehmen (§ 80 AufenthG).

▶ In Fragen der **Wehrpflicht** können Minderjährige selbständig handeln (§§ 19 Abs. 5, 44 Abs. 1 Satz 2 Wehrpflichtgesetz).

▶ Sieht ein Gesetz vor, dass Verstöße gegen verwaltungsrechtliche Vorschriften als **Ordnungswidrigkeit oder als Straftat** zu ahnden sind, so ist der Jugendliche nur verantwortlich, wenn er das 14. Lebensjahr vollendet ist und reif genug ist, das Unrecht seiner Handlung einzusehen und nach dieser Einsicht zu handeln (§ 12 OWiG bzw. § 3, 105 JGG).

Beispiel: Nimmt ein alleinlebender 17-jähriger Jugendlicher eine 15-Jährige in seine Wohnung auf, begeht er eine nach § 104 SGB VIII sanktionierte Ordnungswidrigkeit. Zwingt er das Mädchen zur Prostitution, liegt eine nach § 105 SGB VIII mit Strafe bedrohte Handlung vor.

Benutzung öffentlicher Einrichtungen

In Benutzungsordnungen öffentlicher Einrichtungen ist häufig angeordnet, dass Minderjährige wie Volljährige zur Nutzung berechtigt sind. In diesem Fall haben sie die aus dem öffentlich-rechtlichen Nutzungsverhältnis entstehenden Pflichten zu erfüllen und werden nicht wie Minderjährige gemäß dem BGB geschützt.greift.

Beispiel: Lässt die Benutzungsordnung des städtischen Schwimmbades Kinder ab 7 Jahren bei Zahlung der Eintrittsgebühr zu, kann einem Kind, das andere Benutzer belästigt oder gefährdet, unter Beachtung des Grundsatzes der Verhältnismäßigkeit wirksam der Verweis aus dem Schwimmbad erklärt werden.

Der Minderjährige haftet aber nicht, wenn der Träger der Verwaltung seine Aufgaben durch ein Unternehmen erfüllt, das privatrechtlich organisiert ist, oder wenn das Benutzungsverhältnis privatrechtlich gestaltet ist (→ 26.3.2.3 und 26.4).

Beispiel: Der 14jährige, der die Straßenbahn der städtischen Verkehrs-AG ohne Fahrschein benutzt, ist gemäß BGB beschränkt geschäftsfähig. Stimmen die

Eltern dem Beförderungsvertrag nachträglich nicht zu, ist der Vertag unwirksam und der Minderjährige nicht zur Zahlung eines erhöhten Beförderungsentgelts verpflichtet (Amtsgericht Jena, NJW –RR 2001, 1469; Palandt-Heinrichs, BGB, § 107b Rn 9). Bei wiederholter Schwarzfahrt ist allerdings mit einem Strafverfahren wegen Beförderungserschleichung zu rechnen (§ 265a StGB).

Sofortmaßnahmen bei unmittelbarer Gefahr
Ist nach den vorstehenden Ausführungen eine Person nicht handlungsfähig, kann grundsätzlich nur ihr gesetzlicher Vertreter für sie wirksam handeln bzw. behördliche Entscheidungen wirksam entgegennehmen.

Ausnahmsweise sind zur Abwehr einer unmittelbaren Gefahr für den Betroffenen oder andere Personen das Jugendamt, die Polizei und/oder andere Behörden befugt, die erforderlichen Maßnahmen gegen Handlungsunfähige vorzunehmen z. B. Identitätsfeststellung, Durchsuchung, Ingewahrsamsnahme, Platzverweis, sofortige Unterbringung eines psychisch Kranken (§ 42 SGB VIII § 4 PolG NRW, § 17 OBG NRW und die entsprechenden Vorschriften anderer Bundesländer).
Beispiel: *Inobhutnahme eines Kindes, dessen Eltern eine akut notwendige Bluttransfusion verweigern, durch das Jugendamt.*

29.2.1.2 Handlungsfähigkeit bei Fehlen gesetzlicher Vorschriften

Fehlen in einem Gesetz Vorschriften über die Handlungsfähigkeit, so ist diese Lücke in Anlehnung an die Vorschriften des Verwaltungsrechts, des BGB und des StGB über die Geschäftsfähigkeit und die Deliktsfähigkeit auszufüllen. Dabei ist aus dem Sinn und Zweck der gesetzlichen Regelung zu ermitteln, ob und inwieweit sie Jugendliche als handlungsfähig anerkennt.

Es wird angenommen, dass Minderjährige handlungs- und haftungsfähig sind, wenn sie öffentliche Einrichtungen benutzen dürfen und nach ihrem Entwicklungsstand in der Lage sind, die Bedeutung ihrer Handlungen bzw. der gegen sie ergriffenen Maßnahmen zu erkennen (Ehlers DVBl. 1986, 918; BVerwG, DVBl 1996, 1143).
Beispiel: *Der Verweis aus dem Schwimmbad kann einem 13-jährigen geistig nicht behinderten Mädchen auch dann wirksam erklärt werden, wenn die städtische Satzung keine Regelung über die Handlungsfähigkeit enthält.*

Höchstpersönliche Handlungen
Ausgenommen von diesen Grundsätzen sind die **höchstpersönlichen Handlungen** wie z.B. die Einwilligung in eine Freiheitsbeschränkung, in eine Operation, in die Weitergabe personenbezogener Daten, in einen Schwangerschaftsabbruch.

Über höchstpersönliche Angelegenheiten entscheidet nicht der gesetzliche Vertreter, sondern allein der Minderjährige oder der Betreute, wenn er auf Grund seines individuellen Entwicklungsstandes bzw. Einsichtsvermögens in der Lage ist, die Tragweite seiner Entscheidung zu übersehen. Eine bestimmte Altersgrenze lässt sich nicht ziehen (so auch § 8 SGB VIII). Die Rechtsprechung respektiert das Selbstbestimmungsrecht u. U. schon bei bei Kleinkindern.
Beispiel*: Es ist möglich, dass ein fünfjähriges Mädchen die Tragweite seiner Aussage im Strafverfahren wegen sexuellen Missbrauchs erfassen kann. Das Kind hat deshalb ein eigenes Recht, über die Verweigerung der Aussage zu entscheiden (BGH, 22.1.1991, NJW 1991, 2432).*

Das Familiengericht muss bei der Entscheidung über das Umgangsrecht den Willen des dreijährigen Sohnes berücksichtigen (BVerfG, 26.9.2006).

29.2.1.3 Grundrechtsmündigkeit

Grundrechtsschutz gegenüber den Eltern

Die Grundrechte des Minderjährigen sind, soweit er nicht selbst handlungsfähig ist, von den Eltern wahrzunehmen (Art. 6 GG, § 1626 BGB). Als "Wesen mit eigener Menschenwürde und dem eigenen Recht auf Entfaltung seiner Persönlichkeit" hat der Minderjährige jedoch aus Art. 1 und 2 GG einen Anspruch gegen den Staat auf Schutz gegen den Missbrauch des elterlichen Sorgerechts und Misshandlung oder Vernachlässigung durch die Eltern (BVerfG, NJW 1968, 2233 und 1986, 3129). Entsprechende Maßnahmen zum Schutz der Minderjährigen sind im SGB VIII und BGB vorgesehen.

Beispiel: Erziehungsberatung, Erziehungsbeistandschaft, sozialpädagogische Familienhilfe Entziehung der elterlichen Sorge, Unterbringung in einer Pflegefamilie, Inobhutnahme (zu Eilmaßnahmen gegen Eltern: BVerfG, FamRZ 2002, 1021; zum Schutz gegen Genitalverstümmelung:BGH, NJW 2005, 672.

Schutzpflichten des Staates

Jugendamt, Familiengericht oder Vormundschaftsgericht müssen bei einer Gefährdung des Minderjährigen durch die Eltern von Amts wegen tätig werden (Art. 6 Abs. 2 und 3 GG; § 8a SGB VIII; § 1666 BGB).

Eine Information durch den Minderjährigen oder eine andere Person kann diese Stellen demnach zur Prüfung verpflichten, ob Maßnahmen der Jugendhilfe bzw. des Familiengerichts zum Schutz des Minderjährigen erforderlich sind.

Im Jahr 2007 wurden in Deutschland 28 200 Kinder und Jugendliche von Jugendämtern in Obhut genommen, 2 200 (+ 8,4%) mehr als 2006. In 435 Fällen wurden die Kinder gegen den Willen der Sorgeberechtigten in Obhut genommen. In 7000 Fällen erfolgte die Inobhutnahme auf Wunsch des Kindes.

Die betroffenen Kinder und Jugendlichen sind entsprechend ihrem Entwicklungsstand an allen sie betreffenden Entscheidungen der öffentlichen Jugendhilfe zu beteiligen und auf ihre Rechte hinzuweisen (§§ 8, 36, 41, 42 SGB VIII; § 59 FGG).

Grundrechtsschutz gegenüber Vormündern/Pflegern und in Einrichtungen der Träger der öffentlichen Jugendhilfe

Wird das Sorgerecht nicht von den Eltern, sondern von einem staatlich bestellten Vormund oder Pfleger ausgeübt, oder wird der Minderjährige in einer Einrichtung eines Trägers der öffentlichen Jugendhilfe untergebracht, ist er grundrechtsmündig in dem bei der Handlungsfähigkeit (oben 27.2.1) beschriebenen Umfang und damit auch zur selbständigen Ausübung der Grundrechte berechtigt.

Die körperliche Züchtigung von Kindern ist sowohl der öffentlichen Jugendhilfe (Art. 2 Abs. 2 Satz 1 GG) als auch den Eltern untersagt, nachdem das Recht des Kindes auf gewaltfreie Erziehung gegenüber den Eltern anerkannt ist (§ 1631 Abs. 2 BGB). Allerdings sind Eltern im Übrigen nach wie vor nicht bzw. nicht in gleichem Maße zur Beachtung der Grundrechte des Kindes verpflichtet sind wie die erzieherisch tätigen Angehörigen der öffentlichen Verwaltung (Art. 1 Abs. 3 GG).

29.2.1.4 Handlungsfähigkeit von Vereinigungen und juristischen Personen

Handlungsfähigkeit der Vereinigungen und juristischen Personen des Privatrechts

Juristische Personen und Vereinigungen handeln durch ihre gesetzlichen Vertreter oder durch besonders Beauftragte.

Beispiel: Ein e. V. kann durch seinen Vorstand und - bei entsprechender Beauftragung - durch seinen Geschäftsführer handeln (§ 26 Abs. 2 BGB.

Eine GmbH wird durch ihre Geschäftsführer vertreten (§ 35 GmbH-Gesetz).

Handlungsfähigkeit der juristischen Personen des öffentlichen Rechts

Juristische Personen des öffentlichen Rechts handeln durch ihre Dienststellen bzw. Amtsträger, denen durch Gesetz die Behördeneigenschaft verliehen ist. Behörden handeln durch ihre Leiter, deren Vertreter oder Beauftragte.

Wer Leiter einer Behörde bzw. dessen Vertreter ist, bestimmt sich nach dem einschlägigen Organisationsrecht.

Beispiel: In den Gemeindeordnungen ist in der Regel festgelegt, dass eine Gemeinde im Rahmen der laufenden Geschäfte durch den Bürgermeister als Leiter der Gemeindeverwaltung vertreten wird.

Der Bürgermeister kann aufgrund der ihm zustehenden Organisationsgewalt dem Leiter eines Fachbereiches bzw. des Jugendamtes, des Sozialamtes und auch einzelnen oder allen Sachbearbeitern Vertretungsbefugnis einräumen.

Die Bundesagentur für Arbeit wird von ihrem Vorstand gerichtlich und außergerichtlich vertreten (§ 381 SGB III).

29.3 Subjektiv - öffentliche Rechte

Begriff und Bedeutung

Eine rechtsfähige und handlungsfähige Person oder Vereinigung ist erst dann nicht mehr bloßes Objekt, sondern Rechtssubjekt, wenn sie gegenüber einem Träger hoheitlicher Gewalt durchsetzbare Ansprüche hat, ihn also zu einem bestimmten Tun, Dulden oder Unterlassen zwingen kann (subjektiv-öffentliches Recht → 25.1.1).

Beispiel: Ein Student kann, wenn er die gesetzlichen Anspruchsvoraussetzungen erfüllt, das Studentenwerk zu einem bestimmten Tun zwingen; nämlich zur Auszahlung der Ausbildungsförderung in der durch das BAföG festgelegten Höhe.

Wenn Rechtsvorschriften der Verwaltung einen Beurteilungsspielraum oder einen Ermessensspielraum einräumen, besteht das subjektiv-öffentliche Recht lediglich in einem Anspruch auf rechtsfehlerfreies Handeln der Behörde (→ 25.1.3 und 25.2).

Wird der Verwaltung eine Aufgabe zugewiesen, ohne dass den Bürgern ein Rechtsanspruch auf bestimmte Maßnahmen eingeräumt wird, hat der Bürger kein subjektiv-öffentliches Recht auf bestimmte Verwaltungsmaßnahmen.

Beispiel: Das Jugendamt hat zwar im Rahmen seiner Gesamtverantwortung für die erforderlichen Einrichtungen der Jugendhilfe zu sorgen (§ 79 SGB VIII). Jedoch ist aus dieser Verpflichtung des Jugendamts nicht abzuleiten, dass Eltern die Einrichtung einer Erziehungsberatungsstelle oder betroffene Jugendliche die Einrichtung eines Hauses als Zuflucht für sexuell missbrauchte Kinder durch Klage bei Gericht erzwingen können.

Arten der subjektiv-öffentlichen Rechte

1. Mitwirkungsrechte

Mitwirkungsrechte sind z. B.

- das aktive und das passive Wahlrecht zum Bundestag, zum Landtag und zu den Kommunalparlamenten,
- die Mitwirkungsrechte in beratenden bzw. entscheidenden öffentlich-rechtlichen Gremien wie Jugendhilfeausschuss, Gemeinderat, Ausländerbeirat, Fachbereichsversammlung, Senat und Konvent der Hochschulen,
- die Bürgerbeteiligung an der kommunalen Selbstverwaltung durch Bürgerantrag, Bürgerbegehren,
- Ansprüche auf Beteiligung an Verwaltungsverfahren, auf Abschluss von Verträgen und anderen Formen kooperativen Verwaltungshandelns.

2. Freiheitsrechte

Freiheitsrechte sind insbesondere die Grundrechte

- auf Achtung und Schutz der Menschenwürde (der Privatsphäre, des informationellen Selbstbestimmungsrechts)
- auf Entfaltung der Persönlichkeit, auf Freiheit der Person,
- auf Gleichheit und Unterlassung willkürlicher Ungleichbehandlung,
- auf Meinungsfreiheit und Informationsfreiheit,
- auf Koalitionsfreiheit,
- auf Wahrung des Brief-, Post-, Fernmeldegeheimnis,
- auf Freizügigkeit,
- auf freie Berufswahl usw.

3. Positive Ansprüche

Positive Ansprüche hat der Bürger, wenn er ein konkretes Tun oder Unterlassen der öffentlichen Verwaltung verlangen kann. Positive Ansprüche sind in zahlreichen Gesetzen festgelegt.

Beispielsweise seien genannt:

- Ansprüche des Bürgers auf Beratung (§ 14 SGB I), Schutz der Sozialdaten (§ 35 SGB I), Arbeitslosengeld II (§ 19 SGB II), Sozialhilfe (§ 17 SGB XII), Hilfen zur Erziehung (§ 39 SGB VIII), Ausbildungsförderung (§ 1 BAföG),
- Anspruch auf fehlerfreie Ermessensausübung (§ 114 VwGO),
- Anspruch auf Schadensersatz wegen Amtspflichtverletzung (§ 839 BGB),
- Anspruch auf Opferentschädigung, Folgenbeseitigung, Herstellung (→ 48.0).
- Auch Vereinigungen von Bürgern können positive Ansprüche zustehen.
- Freie Träger der Jugend- und Sozialhilfe haben z. B. Ansprüche
- auf Achtung der Selbständigkeit (§ 17 Abs. 3 SGB I),
- auf ermessensfehlerfreie Entscheidung über den Antrag auf Förderung einer Maßnahme bzw. Einrichtung (§ 74 SGB VIII),
- auf ermessensfehlerfreie Entscheidung über den Antrag auf Abschluss einer Kostenerstattungsvereinbarung (§ 77 SGB VIII; § 75 Abs. 2 SGB XII),
- auf Ersatz der Aufwendungen nach § 76 SGB VIII.

29.4 Verwaltungsrechtsverhältnis/Sozialrechtsverhältnis

Praxis: *Der Oberbürgermeister ordnet an, dass 300 Flüchtlinge in Wohncontainern untergebracht werden, deren Nutzung durch Arbeiter wegen „gesundheitsgefährdender Bodenbelastungen" verboten worden war. Die Sozialarbeiterin eines freien Trägers fragt, ob die Flüchtlinge Anspruch auf eine gesunde Unterkunft haben.*

Eine Witwe ist nach dem Tod ihres Mannes vor acht Jahren von einem Sachbearbeiter des Versicherungsamts falsch über ihre Rentenansprüche beraten worden.

Defizite des Verwaltungsrechts

Das Verwaltungsrecht hat sich von jeher auf die behördliche Tätigkeit in Form des Verwaltungsakt konzentriert und vernachlässigt, dass die Verwaltung überwiegend andere Tätigkeiten ausübt.

Beispiele: Beratung, Behandlung, pädagogische Arbeit, Unterstützung.

Nicht selten regeln gesetzliche Vorschriften nur einzelne Rechte und Pflichten oder enthalten keine Regelung hinsichtlich der Rechtsfolgen.

In den §§ 13 - 15 SGB I sind zwar Aufklärungs-, Beratungs- und Auskunftspflichten der Sozialleistungsträger festgelegt, jedoch nicht, was gilt, wenn er wegen falscher Beratung jahrelang nicht die ihm zustehende Rente erhalten hat.

Lückenausfüllung durch das Verwaltungs-/Sozialrechtsverhältnis

Zur Ausfüllung dieser Regelungslücken "durch eine angemessene Verteilung der Verantwortlichkeiten innerhalb des öffentlichen Rechts" haben Verwaltungsrechtswissenschaft und Rechtsprechung den Begriff des Verwaltungsrechtsverhältnisses entwickelt, das im Bereich des Sozialrechts Sozialrechtsverhältnis genannt wird (BGH, NJW 1974, 1816; BSG, NZS 2000, 610).

Gewohnheitsrechtlich ist heute anerkannt, dass sich aus diesem Rechtsverhältnis Reche und Pflichten der Bürger ergeben können (siehe unten 28.2).

29.4.1 Entstehung des Verwaltungs/Sozialrechtsverhältnisses

Das Verwaltungs-, Sozialrechtsverhältnis zwischen Bürger und Behörde kann auf unterschiedliche Weise entstehen:

▶ aufgrund einer Rechtsnorm, die die Behörde zum Tätigwerden verpflichtet,

Beispiel: Dem Träger der Sozialhilfe wird bekannt, dass die Voraussetzungen für die Gewährung der Sozialhilfe vorliegen (§ 18 SGB XII; BVerwGE 77,181).

Ein psychisch Kranker bittet bei der AOK um Beratung (§ 15 SGB I).

▶ durch Beantragung von Sozialleistungen, Erlaubnissen usw.,

Beispiel: Ein Arbeitsloser beantragt Arbeitslosengeld. Dadurch wird ein Verwaltungsverfahrensrechtsverhältnis begründet, das die Behörde zur Einleitung eines Verwaltungsverfahrens verpflichtet (BSG, NZA 1987, 68).

▶ auch gegen den Willen des Bürgers,

Beispiel: Inobhutnahme eines Kindes, Beschlagnahme von Sachen.

▶ durch verwaltungsrechtlichen Vertrag.

Beispiel: Ein freier Träger verpflichtet sich e.V. zur Unterhaltung einer Jugendschutzstelle und das Jugendamt zur Kostenerstattung (§§ 42, 76 SGB VIII).

▶ durch Eingliederungsvereinbarung nach § 16 Abs. 3 SGB II.

Beispiel: Sozialrechtsverhältnis zwischen Agentur und Ein-Euro-Jobber.

Arten der Verwaltungsrechtsverhältnisse

Zu den Verwaltungsrechtsverhältnissen gehören Sozialrechts- und Sozialleistungsverhältnisse, Anstaltsbenutzungsverhältnisse, Subventionsverhältnisse, Polizeirechtsverhältnisse, ferner Rechtsverhältnisse aufgrund Beleihung bzw. Indienstnahme Privater für Zwecke öffentlicher Verwaltung, öffentlich-rechtliche Verträge, die öffentlich-rechtliche Geschäftsführung ohne Auftrag und die öffentlich-rechtliche Verwahrung.

Die Rechtsprechung hat als Verwaltungsrechtsverhältnis u.a. anerkannt:

► zwangsweise Unterbringung eines psychisch Kranken (BGHZ 5, 138),

► öffentlich-rechtliches Benutzungsverhältnis (BGH, NJW 1976, 1631),

► öffentlich-rechtliche Verwahrung (BGH, NJW 1990, 1230 und 2005, 988);

► Schulverhältnis, Beamtenverhältnis

► Wehrdienstverhältnis, Zivildienstverhältnis (BGH, NJW 1998, 298).

Für die Rechtsverhältnisse des **Strafgefangenen** hat sie eine besondere Verpflichtung des Staates abgelehnt (BGHZ 21, 14). Auch **Schüler** sollen nach einer merkwürdigen BGH-Entscheidung nicht in einem Verwaltungsrechtsverhältnis stehen (BGH, NJW 1963, 1828; relativierend BGH; DVBl 1964, 813; ablehnend Stober II, § 68 Rz 11).

29.4.2 Rechte und Pflichten in Verwaltungsrechtsverhältnissen

Vorrang einschlägiger Vorschriften

Der Inhalt der Rechte und Pflichten aus einem Verwaltungsrechtsverhältnis kann sehr unterschiedlich sein. Die Hauptpflichten werden in aller Regel durch den Entstehungstatbestand und die darauf anwendbare Rechtsvorschrift bestimmt (siehe 28.1.).

Beispiele: Wird dem Träger der Sozialhilfe bekannt, dass die Voraussetzungen für die Gewährung der Sozialhilfe vorliegen, erwächst daraus für ihn die Hauptpflicht, Sozialhilfe unverzüglich zu gewähren (§ 18 SGB XII).

Bittet ein psychisch Kranker bei der AOK um Auskunft und Beratung, entsteht daraus die Hauptpflicht, gemäß §§ 14, 16 SGB I Auskunft und Beratung zu erteilen.

Schädigt ein Beamter durch eine Amtspflichtverletzung einen Bürger, besteht die Hauptpflicht des Anstellungsträgers darin, Schadensersatz zu leisten (§ 839 BGB/Art. 34 GG).

Ist in einer Benutzungsordnung für städtische Bäder bestimmt, dass Kinder ab 10 Jahren ohne Begleitung Erwachsener das Schwimmbad benutzen dürfen, besteht die Hauptpflicht darin, die Benutzung des Schwimmbeckens zu gestatten.

Subsidiäre Geltung allgemeiner Grundsätze

Fehlen derartige Regelungen, sind insbesondere aus dem Privatrecht allgemeine Rechtsgrundsätze heranzuziehen, die ähnliche Interessenlagen regeln. Bei der Anwendung dieser Grundsätze sind aber die einschlägigen öffentlichen Interessen zu berücksichtigen, die u. U. zu einer nur eingeschränkten Anwendung führen. Für Verwaltungsrechtsverhältnisse gelten hiernach u. a. folgende allgemeine Rechtsgrundsätze:

► Die Bürger haben aus dem Verwaltungsrechtsverhältnis ein subjektiv-öffentliches Recht darauf, dass die Verwaltung die durch **die Grundrechte geschützten Rechtsgüter achtet und schützt**. Sie hat deshalb die Würde des Menschen, Gesundheit und Eigentum zu schützen und entsprechende bauliche und organisatorische Maßnahmen zu treffen. An das Gleichheitsgebot und den Grundsatz der Verhältnismäßigkeit ist sie gebunden (§ 242 BGB; Stober II, § 68).

Beispiele: Die Eltern der von Ratten gefährdeten Kinder in der Notunterkunft können als gesetzliche Vertreter verlangen, dass ihnen eine rattenfreie Unterkunft zur Verfügung gestellt wird.

Lässt eine städtische Benutzungsordnung 10-jährige Kinder ohne Begleitung Erwachsener zum Schwimmbad zu, besteht für die Stadt die Nebenpflicht, durch eine ausreichende Aufsicht dafür zu sorgen, dass die Kinder sich selbst oder andere Schwimmbadbenutzer nicht gefährden.

▸ Für die **Rechtswirkung von Erklärungen** wie Rücknahme des Antrags, Anfechtung usw. gelten §§ 119, 123, 130 BGB entsprechen (BSG, NZA 1987, 69).

▸ Bei Verletzung behördlicher Auskunfts-, Beratungs- und Betreuungspflichten im Sozialrecht besteht **Anspruch auf Herstellung** des ohne die Pflichtverletzung eingetretenen Zustands. Der Anspruch setzt ein Verschulden der Behörde nicht voraus (→ 48.7, BSG, 24.7.2003, NZS 2004, 110).

▸ Die Bürger haben **Anspruch auf Schadensersatz**, wenn ein Verwaltungsangehöriger die **Pflichten aus dem Verwaltungsrechtsverhältnis schuldhaft verletzt** (entsprechend §§ 276, 278 BGB). Die meist gleichzeitig gegebene Haftung wegen Amtspflichtverletzung kann durch kommunale Satzung nicht ausgeschlossen werden.

> *Beispiel: Unwirksam ist der Ausschluss der Verschuldenshaftung für entwendete Gegenstände in einer städtischen Benutzungsordnung.*

Ein Mitverschulden des Geschädigten wird entsprechend § 254 BGB berücksichtigt.

▸ Die Betroffenen haben Anspruch auf **Schadensersatz wegen Verschulden bei Vertragshandlungen** (entsprechend §§ 276, 278 BGB).

> *Beispiel: Hat ein Verband der freien Wohlfahrtspflege sich langfristig auf eine Zusammenarbeit mit einer Kommune hinsichtlich der Betreuung alter Menschen eingerichtet und bereits einen Erbbaurechtsvertrag mit der Stadt zur Errichtung einer Alteneinrichtung abgeschlossen, so besteht eine Aufklärungspflicht der Stadt aus dem öffentlich-rechtlichen Kooperationsvertrag, wenn der Errichtung planungsrechtliche Hindernisse entgegenstehen.*
>
> *Verletzt die Stadt diese Pflicht, ist sie zum Ersatz des Vertrauensschadens, d.h. der von dem Verband aufgewandten Planungskosten verpflichtet. Jedoch muss sich der Verband ein Mitverschulden gemäß § 276 BGB anrechnen lassen, wenn er in der Durchführung entsprechender Projekte erfahren ist, jedoch eigene planungsrechtliche Überlegungen nicht angestellt hat (BGH, NVwZ 1982, 145; ferner BGH, 26. 10. 2000, Sozialrecht aktuell 2001, 180).*

▸ Die Verwaltung **haftet für Verschulden** eines Organs oder der Personen, die im Verwaltungsrechtsverhältnis für sie tätig wurden (**Erfüllungsgehilfen***)* ohne die Möglichkeit des Entlastungsbeweises (entsprechend § 278 BGB).

▸ Die **Beweislast** wird entsprechend § 282 BGB verteilt. Dies hat für den geschädigten Bürger den Vorteil, dass er zwar eine objektive Pflichtverletzung nachwiesen muss, nicht aber das Verschulden eines bestimmten Bediensteten. Es ist dann Sache der Behörde nachzuweisen, dass kein Verschulden eines Organs bzw. eines Erfüllungsgehilfen vorliegt (BGH, NJW 1990, 1230).

▸ Die **Verjährung** der Ansprüche aus dem Verwaltungsrechtsverhältnis tritt nach 3 Jahren ein (entsprechend § 195 BGB).

▸ Für Schadensersatzansprüche des Bürgers aus dem Verwaltungsrechtsverhältnis sind die **ordentlichen Gerichte** zuständig (§ 40 Abs. 2 Satz 1 VwGO)

Weitere Haftungsgrundlagen

Neben der Haftung aus schuldhafter Verletzung der Pflichten aus der Sonderverbindung kann sich eine Haftung des Verwaltungsträgers wegen Verletzung der allgemeinen Verkehrssicherungspflicht (BGH, NVwZ 1983, 571) oder wegen Amtspflichtverletzung (siehe 48.3.) ergeben.

29.5 Soziale Rechte und Pflichten nach dem Sozialgesetzbuch

Ziele des SGB und dessen inhaltliche Gliederung

Der Gesetzgeber hat versucht, die sozialen Rechte und Pflichten des Bürgers, die in verschiedenen Gesetzen und anderen Rechtsvorschriften geregelt waren, in einem Sozialgesetzbuch zusammenzufassen, um dadurch den Leistungsberechtigten den Überblick zu erleichtern (§ 1 Abs. 1 SGB I).

29.5.1 Inhaltliche Gliederung des Sozialgesetzbuches

Das Sozialgesetzbuch besteht aus Büchern:

Sozialgesetzbuch

SGB I	Allgemeiner Teil
SGB II	Grundsicherung für Arbeitssuchende
SGB III	Arbeitsförderung

SGB IV	Gemeinsame Vorschriften für die Sozialversicherung
SGB V	Gesetzliche Krankenversicherung
SGB VI	Gesetzliche Rentenversicherung
SGB VII	Gesetzliche Unfallversicherung

SGB VIII	Kinder- und Jugendhilfegesetz
SGB IX	Rehabilitation und Teilhabe behinderter Menschen
SGB X	Verwaltungsverfahren
SGB XI	Pflegeversicherung
SGB XII	Sozialhilfe

Außerdem gelten als Teile des Sozialgesetzbuchs die Sozialleistungsgesetze, die in Art. II § 1 SGB I zu besonderen Teilen des Sozialgesetzbuches erklärt wurden, z. B. das Bundesausbildungsförderungsgesetz, das Adoptionsvermittlungsgesetz, das Unterhaltsvorschussgesetz und das Altersteilzeitgesetz.

Das Bundesversorgungsgesetz und andere Gesetze gelten insoweit als besondere Teile, als sie die entsprechende Anwendung der Leistungsvorschriften des Bundesversorgungsgesetzes vorsehen. Dies trifft u. a. für das Opferentschädigungsgesetz zu.

29.5.2 Anwendungsbereich des SGB

Das Sozialgesetzbuch gilt nur für die Anwendungsbereiche der Gesetze, die als besondere Teile des Sozialgesetzbuches in Art. 2 § 1 SGB I genannt sind, und für die Sozialleistungen und Leistungsträger, die in diesen Gesetzen vorgesehen sind.

29.5,2.1 Unanwendbarkeit des SGB auf nicht erfasste Sozialleistungen
---

Die Vorschriften des SGB sind nicht anzuwenden auf in den besonderen Teilen nicht vorgesehene
* Sozialleistungen

  Beispiele: Lastenausgleichs- und Wiedergutmachungsleistungen, landesrechtliche Blinden-, Pflegegelder und Geldleistungen bei Ehe- und Altersjubiläen..
* Leistungsträger

  Beispiele: Kommunen, die kein Jugendamt haben, aber gleichwohl Aufgaben der Jugendhilfe wahrnehmen (z. B. Betrieb eines Kindergartens, Förderung des Jugendzentrums eines freien Trägers).

  Nehmen kreisangehörige Gemeinden und Gemeindeverbände, die nicht örtliche Träger der Jugendhilfe sind, Aufgaben nach dem SGB VIII wahr, sind sie allerdings an die Vorschriften des SGB über den Datenschutz (§ 61 Abs. 1 SGB VIII) und die Vorschriften des SGB VIII über die Zusammenarbeit mit den freien Trägern gebunden (§ 69 Abs. 4 SGB VIII).

Freie Träger sind keine Leistungsträger im Sinne des SGB.

29.5,2.2 Unanwendbarkeit des SGB auf andere Rechtsbereiche

Nicht anwendbar sind die Vorschriften des SGB ferner in den Bereichen, die nicht zum Sozialrecht gehören. Das gilt auch, wenn SA/SP in diesen Bereichen arbeiten z. B.
► im Strafvollzug, in der Bewährungshilfe, in der Gerichtshilfe,
► im Gesundheitswesen (im Gesundheitsamt, im Krankenhaus, in Beratung, Hilfe und Schutz für psychisch Kranke nach den landesrechtlichen Vorschriften),
► in öffentlichen Behörden (im Betriebssozialdienst der Ministerien oder bei der Bundeswehr),
► bei gewerblichen Trägern der Jugend-, Sozial- oder Gesundheitshilfe,
► in der privaten Wirtschaft (in der Betriebssozialarbeit).

Unanwendbar ist das Sozialgesetzbuch auch in den Bereichen des Beamtenrechts, des Bildungsrechts (Schul-, Hochschul-, Weiterbildungsrecht), des Polizei- und Ordnungsrechts, des Ausländerrechts, des Baurechts, Wohnungsbaurechts und Bauplanungsrechts, des Rechts der Wehrpflicht, der Kriegsdienstverweigerung und des Steuerrechts.

Geltung des allgemeinen und des besonderen Verwaltungsrechts
Für die nicht vom Sozialgesetzbuch erfassten Bereichen der öffentlichen Verwaltung gilt das allgemeine und besondere Verwaltungsrecht. Dieses kann im Rahmen dieser Darstellung nicht ausführlich behandelt werden. Jedoch wird bei der Darstellung des Sozialverwaltungsrechts verschiedentlich auf Unterschiede hingewiesen.

29.5.3 SOZIALE RECHTE

"Soziale Rechte" - programmatische Leitvorstellungen

Zur Verwirklichung von sozialer Gerechtigkeit und sozialer Sicherheit werden dem Bürger in §§ 2 bis 10 SGB I „soziale Rechte" zuerkannt. Jedoch können aus diesen Vorschriften keine subjektiv-öffentlichen Rechte abgeleitet werden.

Beispiel: *Aus § 2 Abs. 1 SGB I kann kein Anspruch auf Ausbildungsförderung abgeleitet werden, der über den Anspruch nach dem BAföG (= besonderer Teil) hinausgeht.*

Anspruchsgrundlagen in den besonderen Teilen

Die Voraussetzungen und der Inhalt von Ansprüchen werden durch die Vorschriften der besonderen Teile bestimmt.

Bedeutung haben die Vorschriften in §§ 2 bis 10 SGB I u. a. bei der Auslegung von Vorschriften und bei der Ausfüllung von Ermessensspielräumen im Rahmen des Sozialleistungsrechts (§ 39 SGB I).

29.5. 4 SOZIALLEISTUNGEN

Gegenstand der sozialen Rechte sind die im SGB vorgesehenen Sozialleistungen. Hierzu gehören

- **Dienstleistungen:** persönliche und erzieherische Hilfen in Form von Auskunft und Beratung (§§ 14, 15 SGB I), Leistungen zur Eingliederung in das Erwerbsleben (§ 16 SGB II), persönliche Hilfe (§ 11 SGB XII); Beratung in Fragen der Erziehung, der Partnerschaft usw. (§§ 17, 18, 28 SGB VIII), Vermittlung von Heimplätzen (§§ 71 Abs. 1 Nr. 3 SGB XII); Heimerziehung (§ 34 SGB VIII).

- **Sachleistungen:** Fahrdienste für Behinderte, Bereitstellung einer Übergangswohnung für eine wohnungslose Familie durch Sozialhilfeträger, Heilbehandlung und Berufsförderung durch Sozialversicherungsträger.

- **Geldleistungen:** Sozialleistungen, die in der Zahlung eines Geldbetrages bestehen: Überweisung oder Aushändigung eines Geldbetrages als Arbeitslosengeld II (§ 19 SGB II); Zahlung wirtschaftlicher Jugendhilfe (§ 39 SGB VIII); Zahlung von Arbeitslosengeld (siehe Übersicht über die Entgeltersatzleistungen in § 116 SGB III).

Eine Zusammenstellung wichtiger Sozialleistungen enthalten die §§ 18 bis 29 SGB I, jeweils im ersten Absatz.

29.5.5 LEISTUNGSTRÄGER

Die Sozialleistungen werden von den Körperschaften, Anstalten und Behörden erbracht, die in §§ 18 bis 29 SGB I jeweils im zweiten Absatz genannt sind (§ 12 SGB I).

Die **freien Träger der Jugendhilfe- und Sozialhilfe** erbringen zwar personenbezogene Dienstleistungen in großem Umfang, werden aber nicht durch das SGB dazu verpflichtet.

Die zuständigen **staatlichen Leistungsträger** für Sozialleistungen sind aus der Übersicht auf der folgenden Seite ersichtlich.

Zuständige Leistungsträger für Sozialleistungen

Gesetzliche Grundlage	Zuständige Leistungsträger
BaföG **Bundesausbildungs- förderungsgesetz**	Ämter für Ausbildungsförderung Studentenwerke (für Hochschulen) Landesämter für Ausbildungsförderung
SGB II **Grundsicherung für Arbeitssuchende**	Agenturen für Arbeit und Kommunen in Arbeits- gemeinschaft oder Kommune allein (verfassungs- widrig: BVerfG, 20.12.2007, NVwZ 2008,183)
SGB III **Arbeitsförderung**	Agenturen für Arbeit, Regionaldirektionen, Bundesagentur für Arbeit
SGB V **Gesetzliche Krankenversicherung**	AOK, Betriebs-, Innungskrankenkassen, Seekrankenkasse, Bundesknappschaft, Ersatzkassen
SGB VI **Gesetzliche Rentenversicherung**	Deutsche Rentenversicherung Bund, Deutsche Rentenversicherung Knappschaft-Bahn- See und Regionalträger
SGB VII **Gesetzliche Unfallversicherung**	Berufsgenossenschaften, Bund und Unfallkassen (§ 116 SGB VII)
BKGG **Bundeskindergeldgesetz**	Familienkassen der Agenturen für Arbeit
BEEG **Bundeselterngeld und Elternzeitgesetz**	Versorgungsämter, Agenturen für Arbeit, Jugendämter u.a. *(bestimmt durch Landesrecht)*
WoGG **Wohngeldgesetz**	Wohngeldstellen *(bestimmt durch Landesrecht)*
SGB VIII **Kinder- und Jugendhilfe-**	Kreise, kreisfreie Städte und kreisangehörige Gemeinden als örtliche Träger der Jugendhilfe, überörtliche Träger nach Landesrecht
SGB IX **Rehabilitation und Teilha- be behinderter Menschen**	Rehabilitationsträger (Sozialversicherungsträger, Versorgungsbehörden, Träger der Sozialhilfe und der Jugendhilfe gemäß § 6 SGB IX)
SGB XI **Pflegeversicherung**	Pflegekassen der gesetzlichen Krankenkassen
BVG **Bundesversorgungs- gesetz**	Versorgungsämter, Landesversorgungsämter, orthopädische Versorgungsstellen, Hauptfürsorgestellen
SGB XII **Sozialhilfe**	Örtliche Träger der Sozialhilfe überörtliche Träger der Sozialhilfe *(bestimmt durch Landesrecht)*

30.0 ANSPRÜCHE DES BÜRGERS AUF INFORMATION UND BERATUNG

Praxis: *"Die Obdachlosen fordern die Sozialarbeiter auf, in Besprechungen künftig nur dort Fachausdrücke einfließen zu lassen, wo die deutsche Sprache nicht ausreicht. Sie fühlen sich vom sozialpädagogischen Fachchinesisch überfahren". (Auszug aus einem Bericht an die Gemeindevertretung).*

30.1 Information, Beratung, Unterstützung, Begleitung in der sozialen Arbeit

Die Auflösung traditioneller Lebensformen, der Wegfall familiärer und nachbarschaftlicher Hilfesysteme, der Werte- und Strukturwandel, die gesellschaftlich geforderte Mobilität und Flexibilität, das Aufeinandertreffen unterschiedlicher Kulturen, die Arbeit in unsicheren Arbeitsverhältnissen, der Verlust des Arbeitsplatzes, die zunehmende Armut und viele andere Umstände haben immer mehr Menschen in Lebenssituationen gebracht, die sie nicht allein bewältigen können (Barabas, 2003, 19 ff.).

Zahlreiche gesetzliche Vorschriften verpflichten deshalb Träger der öffentlichen Verwaltung, Bürger zu informieren, zu beraten, zu unterstützen oder zu begleiten.

Eine gesetzliche Definition der Begriffe Beratung, Unterstützung und Begleitung findet sich in § 11 Abs. 2 und 3 SGB XII.

Die persönliche Hilfe kann sich auf alle Lebens- und Problembereiche beispielsweise von den Problemen in der Partnerschaft und Kindererziehung bis zur materiellen Existenzsicherung durch Sozialhilfe erstrecken (ganzheitliche psychosoziale Beratung). Sie kann aber auch auf Teilbereiche oder Krisenintervention beschränkt sein.

Beispiel: Beratung in Fragen der Partnerschaft, Trennung und Scheidung (§ 17 SGB VIII), Schuldnerberatung, Berufsberatung, Arbeitsmarktberatung, Sozialrechtsberatung, Schwangerschaftskonfliktberatung.

Alternative Möglichkeiten zu staatlichen Stellen
Der Bürger kann außer der Information durch staatliche Stellen andere Informationsquellen nutzen. Je nach Art des Informationsbedarfs hat er u.a. folgende Möglichkeiten:

▶ **Sozialberatungsstellen der freien Träger** der Jugend- und Sozialhilfe, Selbsthilfegruppen und Verbraucherzentralen beraten meist kostenlos (→ 30.8).

▶ **Gewerkschaften, Berufsverbände und berufsständische Vereinigungen** bieten nur ihren Mitgliedern im Rahmen ihrer Satzung kostenlosen Rechtsschutz.

▶ **Rechtsanwälte** verlangen Gebühren. Einkommensschwache können aber Beratungshilfe in Anspruch zu nehmen (→ 30.9).

30.2 Allgemeine Grundsätze

Für jede Art persönlicher Hilfe, die von SA/SP im Dienst öffentlicher oder freier Träger erbracht, gelten einige allgemeine Grundsätze. Diese beziehen sich auf

▶ das **Ziel und die Methode** der Beratung und die **Einhaltung fachlicher Standards** (→ 30.2.1 und 30.2.4),

▶ das **Verbot der Therapie** (→ 30.2.2),

▶ das **Abstinenzgebot** (→ 30.2.3)

▶ die **Dokumentationspflicht** (→ 30.2.5)

▶ die **Vertraulichkeit der Beratung** (→ 31.0 ff.).

30.2.1 Ziel und Methode der Beratung

Persönliche Hilfe wird nach Ziel, Methode und Inhalt durch das Menschenbild des Grundgesetzes, das Rechtsstaats- und das Sozialstaatsprinzip bestimmt.

Ziel der persönlichen Hilfe Beratung muss es sein, dem Ratsuchenden die Hilfe zu geben, die er benötigt, um seine Schwierigkeiten eigenverantwortlich und gemeinschaftsfähig selbst überwinden zu können (**Hilfe zur Selbsthilfe**). Dieses Ziel ergibt sich aus Art. 1 Abs. 1 GG und ist beispielsweise in § 1 Satz 2 und § 11 Abs. 2 SGB XII sowie in § 1 Abs. 1 SGB VIII für die Bereiche der Sozialhilfe und der Jugendhilfe übernommen. In einzelnen, nicht in allen Vorschriften werden die Ziele konkret festgelegt.

Die Beratung nach § 17 SGB VIII soll u.a. helfen, ein partnerschaftliches Zusammenleben in der Familie aufzubauen und Konflikte und Krisen in der Familie zu bewältigen.

Verbot der Entmündigung durch die besserwissenden „Experten"
Die Anwendung fürsorgerischer oder autoritärer Methoden ist grundsätzlich unzulässig; denn Bevormundung, wie sie in der sozialen Praxis in Form von gutgemeinten und mit Fachkollegen ohne Beteiligung der Betroffenen abgesprochenen Ratschlägen praktiziert wird, verletzt deren Grundrechte aus Art. 1 Abs. 1 in Verbindung mit Art. 2 Abs. 1 GG.

Jeder Mensch hat Anspruch auf Achtung seines Selbstbestimmungsrechts und seiner personalen Würde. Ihm darf nicht die Rolle eines bloßen Behandlungsobjekts zugewiesen werden (BVerfG, NJW 2005, 1103).

„Umbau des Sozialstaats" – „Fördern und Fordern"
Im SGB II wird die Wahrung der Menschenwürde, oberstes Ziel aller staatlichen Tätigkeit, nicht mehr erwähnt. Die Eigenverantwortung des Hilfebedürftigen wird der zentrale Bezugspunkt. Die Gewährung von Leistungen zur Sicherung des Lebensunterhalts wird davon abhängig gemacht, dass der Hilfebedürftige alle Möglichkeiten ausschöpft, seine Hilfebedürftigkeit zu beenden, und aktiv an allen Maßnahmen zur Eingliederung in Arbeit mitwirkt, die ihm vom Casemanager der Agentur für Arbeit durch Verwaltungsakt auferlegt werden, wenn er ihnen nicht zustimmt (§§ 2 Abs. 1 und 14,15 SGB II; Rixen, Soz akt 2008, 88). Schuldnerberatung, psychosoziale Betreuung und Suchtberatung werden unter Berufung auf § 16 Abs. 2 SGB II nur gewährt, wenn sie für die Eingliederung in das Erwerbsleben erforderlich sind (kritisch: Spindler, info-also 2008, 12 m.w.N.).

Gegen die Neuregelung wird u. a. geltend gemacht, sie mache den Menschen „zum bloßen Objekt staatlichen Handelns" und verletze die Menschenwürde und gegen das Sozialstaatsprinzip (Art. 1 und 20 GG; BVerfGE 30, 1, 40 ff. m. w. N.; Däubler, NJW 2005, 1545; Spindler, Soziale Psychiatrie 3/2008, 8).

30.2.2 Verbot der unerlaubten Therapie

Heilkundliche Psychotherapie (Psychotherapeutengesetz-PsychThG)
Das Psychotherapeutengesetz gestattet die Ausübung der heilkundlichen Psychotherapie nur den Personen, denen die berufsrechtliche Approbation durch die Ärztekammer erteilt ist (Ärzte, psychologische Psychotherapeuten sowie Kinder- und Jugendlichentherapeuten). Das Führen der Kurzbezeichnung Psychotherapeut wird gesetzlich geschützt und den Approbierten vorbehalten.

Als heilkundliche Psychotherapie gilt die nach anerkannten wissenschaftlichen Methoden durchgeführte Feststellung, Heilung oder Linderung von psychischen Störungen mit **Krankheitswert**, bei denen Psychotherapie indiziert ist.

Erlaubnisfreie psychologische und psychosoziale Tätigkeiten
Nicht als Psychotherapie im Sinne des Gesetzes gelten psychologiche Tätigkeiten, die die Aufarbeitung und Überwindung sozialer Konflikte und sonstiger Zwecke außerhalb der Heilkunde zum Gegenstand haben.

Deshalb dürfen SA/SP psychologische, psychozoziale und psychotherapeutische Beratungs- und Behandlungsformen bei Menschen mit **psychischen Störungen ohne Krankheitswert** anwenden z. B. Familientherapie, Gesprächspsychotherapie, Sozialtherapie, Gestalttherapie usw.

Diese theoretische Abgrenzung entspricht nicht der sozialen Praxis; denn häufig wird SA/SP zugemutet, die Lebenssituation psychisch massiv kranker Menschen zu verbessern, denen Psychiater und Psychotherapeuten nicht helfen konnten.

30.2.3 Abstinenzgebot

Abstinenzgebot als fachlicher Standard
Eine wirksame Beratung bzw. Behandlung zur Lösung psychischer oder psychosozialer Schwierigkeiten setzt voraus, dass die beratende Person außerhalb der beruflichen Beziehung keine persönlichen, keine geschäftlichen und keine familiären Beziehungen zur beratenen Person aufnimmt (Barabas, 2006, 93, 190).

Sexuelle Handlungen
Sexueller Missbrauch ist bisher vorwiegend aus dem Bereich der Therapie durch Psychologen und selbsternannte "Therapeuten" bekannt geworden. Das Abstinenzgebot gilt aber auch im pädagogischen Bereich und in psychosozialen Beratungsbeziehungen, die von SA/SP begründet werden (so auch Barabas, 2003, 205).

Ein Missbrauch liegt auch vor, wenn die Initiative von der/dem Beratenen ausgegangen ist bzw. sie/er mit dem Sexualkontakt zunächst einverstanden war (OLG Düsseldorf, NJW 1990, 1543; zum Ausschluss eines „Therapeuten" aus dem Berufsverband der Psychologen siehe Streit 1/1996, 20).

Berufsethische Standards sind auch dann verletzt, wenn die sexuellen Handlungen nicht strafbar sind.

Zivilrechtliche Ansprüche
Die Betroffenen können Ersatz des materiellen Schadens (zumindest Rückzahlung der gezahlten Honorare) und des Nichtvermögensschadens Schadens ("Schmerzensgeld") verlangen (Beispiele bei Barabas, 2006, 91f,). Die Durchsetzung dieser Ansprüche bei den Zivilgerichten ist langwierig und risikoreich.

Liegt eine strafbare Handlung vor, ermöglicht das Strafverfahren die Durchsetzung zivilrechtlicher Schadensersatzansprüche (Ferber, NJW 2004, 2563).

Entschädigungsansprüche können sich auch aus dem Opferentschädigungsgesetz ergeben (→ 48.1.1; dazu Barabas, 2006, 93ff.).

Strafrechtliche Haftung
Durch Strafvorschriften wird der Schutz der Betroffenen verstärkt. SA/SP können sich u. a. nach folgenden Vorschriften strafbar machen:

Bestraft wird nach § 174 StGB, wer sexuelle Handlungen an einer *Person unter achtzehn Jahren*, die ihm zur Erziehung, Ausbildung oder Betreuung in der Lebensführung anvertraut ist, unter Missbrauch seiner Stellung vornimmt.

Beispiel: Ein Sozialpädagoge nimmt im Kinderheim sexuelle Handlungen an einem 11jährigen Mädchen vor.

§ 174a Abs. 1 StGB dehnt den Schutz auf **gefangene oder auf behördliche Anordnung verwahrte Personen** aus, die zur Erziehung, Ausbildung, Beaufsichtigung oder Betreuung anvertraut sind.

Bestraft wird ferner, wer eine Person, die in einer Einrichtung für kranke oder hilfsbedürftige Menschen *stationär* aufgenommen und ihm zur Beaufsichtigung oder Betreuung anvertraut ist, dadurch missbraucht, dass er unter Ausnutzung der Krankheit oder Hilfsbedürftigkeit dieser Person sexuelle Handlungen an ihr vornimmt oder an sich vornehmen lässt.

Beispiel: In einem Landeskrankenhaus droht eine vom Gesundheitsamt untergebrachte Frau dem Sozialarbeiter an, sie werde sich umbringen, wenn er nicht mit ihr schlafe.

§ 174 c StGB dehnt den Schutz auf Personen aus, die wegen einer geistigen, seelischen oder körperlichen *Krankheit oder Behinderung* einschließlich einer Suchtkrankheit beraten, behandelt, betreut oder psychotherapeutisch behandelt werden.

Die Strafdrohung erfasst alle SA/SP, die Kranke oder Behinderte beraten, behandeln oder betreuen, z. B. Berater in einer Drogenberatungsstelle.

Strafrechtlich ungeschützt bleiben sexuell missbrauchte Menschen, die wegen einer geistigen oder seelischen Krise oder akuten Notsituation ihr Vertrauen in in eine Beratung, Behandlung oder Betreuung setzen, ohne geistig oder seelisch krank zu sein.

30.2.4 Gebot der Einhaltung fachlicher Standards

Bei jeder Beratung sind die fachlichen Standards einzuhalten. Dies setzt beim SA/SP voraus, dass er über die erforderlichen fachlichen Kenntnisse und über kommunikative Fähigkeiten verfügt, die es ihm ermöglichen, in der konkreten Situation mit dem Beteiligten angemessene Lösungen zu finden.

Eine Haftung könnte sich für SA/SP im öffentlichen Dienst nach § 839 BGB und für SA/SP im Dienst freier Träger nach §§ 276/278 BGB ergeben, wenn die im Verkehr erforderliche Sorgfalt verletzt wird und infolge falscher Beratung ein Schaden entstanden ist. Nach der Rechtsprechung des BSG kann bei unvollständiger oder unrichtiger rechtlicher Beratung auch ein Herstellungsanspruch bestehen (→ 48.7). Da es aber für die psychosoziale Beratung weder Handlungsschemata noch die Garantie gibt, dass das gewünschte Ergebnis erzielt wird, ist kaum jemals nachweisbar, dass ein Schaden auf einer Pflichtverletzung beruht. Deshalb ist das Haftungsrisiko recht gering.

Erhebliche Haftungsrisiken bestehen aber im Rahmen der Rechtsberatung, wenn aufgrund fehlerhafter Beratung z. B. Klagen nicht rechtzeitig erhoben bzw Ansprüche nicht rechtzeitig geltend gemacht wurden (→ 48.3).

30.2.5 Dokumentation, Aufbewahrung und Akteneinsicht

Zu den fachlichen Standards gehört die Dokumentation der Beratung/Behandlung. Sie muss mindestens Datum, anamnestische Daten, Diagnose, Beratungs-/Behandlungskonzept und die durchgeführten Maßnahmen enthalten.

Die Dokumentation ist eine angemessene Zeit sicher aufzubewahren. Eine gesetzliche Regelung besteht nicht. In Hinblick auf die dreijährige Verjährungsfrist für etwaige Schadensersatzansprüche wird eine Aufbewahrungsfrist von fünf Jahren vorgeschlagen. Für Therapieakten ist in den Berufsordnungen für Psychologische Psychotherapeuten eine Frist von 10 Jahren bestimmt (www.bptk.de).

Die/Der Beratene hat generell Anspruch auf Einsicht in die ihn betreffenden Akten/-Unterlagen. Dies gilt in gesteigertem Maße für Daten über die psychische Verfassung.

Ungeklärt ist, ob der Anspruch auf objektive Befunde beschränkt ist und ob die Einsicht in persönliche Wertungen des Beraters ausgeschlossen werden kann („therapeutischer Vorbehalt", dazu BVerfG, 9.1.2006, NJW 2006, 1116)

30.3 Allgemeine Informations- und Unterstützungspflichten staatlicher Stellen

Informationskrise

Das in zahlreichen Bundes- und Landesgesetzen, Rechtsverordnungen, Satzungen und Verwaltungsvorschriften geregelte Rechtssystem ist für die meisten Bürger undurchsichtig. Die anhaltenden, sich überstürzenden Änderungen von Rechtsvorschriften und die zunehmend schwindende Koordination der verschiedenen Rechtsbereiche machen es für den Bürger, für den SA/SP, aber auch für Verwaltungsmitarbeiter, Justitiare und Richter sehr schwer, sich zuverlässig über die Rechte und Pflichten zu informieren, die in einer konkreten Situation bestehen.

Staatliche Verwaltung ist Dienstleistung für die Bürger/innen

Im sozialen Rechtsstaat ist jede/r im öffentlichen Dienst Tätige verpflichtet, dafür zu sorgen, dass die Bürger zu ihrem Recht kommen. Er hat die bei ihm erscheinenden Bürger richtig, klar und unmissverständlich über ihre Rechte und Pflichten zu informieren und ihnen bei der Erlangung und Wahrung der gesetzlichen Rechte und Vorteile nach Kräften beizustehen; denn im sozialen Rechtsstaat ist der Beamte

"nicht nur Vollstrecker staatlichen Willens und nicht nur Diener des Staates, sondern zugleich Helfer des Bürgers".(BGH, NJW 1985, 1335; OLG Hamm, NJW 1989, 642; unbekannt ist diese Rechtsprechung dem LG Oldenburg, info-also 1998, 20).

Weitergehende Beratungspflicht

Die Verpflichtung zur umfassenden und verständlichen Beratung und Hilfe besteht insbesondere dann,

▶ wenn es sich um *"sozial schwache" Bürger* handelt,

▶ wenn die *Sach- oder Rechtslage besonders kompliziert* ist.

Im Einzelfall kann die Hilfepflicht außer der Information auch die praktische Unterstützung z.B. durch Schreib- und Formulierungshilfe sowie die Motivierung und Befähigung zur Durchsetzung der Rechte umfassen (Maas, 1996, 43).

30.4 Bedeutung der Information und Beratung durch staatliche Stellen im Sozialleistungsbereich

Zentrale sozialstaatliche Bedeutung der Information

Sozialleistungsträger sollen eine möglichst weit gehende Verwirklichung der sozialen Rechte sicherstellen (§ 2 Abs. 2 SGB I). Das Bundessozialgericht hat betont:

"Eine umfassende Beratung der Berechtigten darf nicht deshalb unterbleiben oder eingeschränkt werden, weil diese Verpflichtung nicht "kostenneutral" oder nicht ohne erheblichen Verwaltungsaufwand erfüllt werden kann.".

"Auch wenn das soziale Leistungssystem wegen seiner Kompliziertheit für die Berechtigten häufig nur schrittweise wirksam gemacht werden kann, so darf dies kein Grund sein, seine Verwirklichung noch weiter einzuengen, insbesondere Vergünstigungen auf diejenigen zu beschränken, die sich selbst so weit informieren oder beraten lassen können, dass sie auch ohne Aufklärung und Beratung von Amts wegen die nötigen Kenntnisse erhalten und ihre Rechte wahrnehmen können" (BSG, 28. 2. 1984, ZfSH/SGB 1985, 220; → BSG, 24. 7. 2003, NZS 2004, 110).

Bedeutung der Rechtsverwirklichung für die psychosoziale Hilfe

Für SA/SP, die in der Jugend- bzw. Sozialhilfe oder in anderen Sozialleistungsbereichen Beratungsaufgaben wahrzunehmen haben, gehört es zur täglichen Erfahrung, dass die Beratung hinsichtlich der psychosozialen Probleme nur dann erfolgreich sein kann, wenn die materiellen und in der konkreten Situation existentiellen Probleme des Betroffenen gelöst sind.

Beispiel: *Solange eine Frau mit 3 Kindern nach der Trennung von ihrem Ehemann keine ausreichenden Einkünfte hat und den Verlust ihrer Wohnung befürchten muss, haben helfende Gespräche zur Stärkung der Persönlichkeit nur geringe Erfolgschancen. Zeigt der SA/SP jedoch die Möglichkeit auf, durch Wohngeld und Kindergeld die materielle Existenz bald zu sichern, erübrigt sich u.U. jede weitere Beratung bzw. wird diese erheblich erleichtert.*

Insbesondere bei Bürgern, die der Unterschicht angehören, bestehen erhebliche Schwierigkeiten und Hemmnisse, Rechte geltend zu machen und durchzusetzen. Ob soziale Rechte verwirklicht werden können, hängt bei Menschen, die sich in besonderen Schwierigkeiten befinden, davon ab, ob der SA/SP sie so berät und stärkt, dass sie in der Lage sind, die Barrieren zu überwinden, die den Zugang zu den Sozialleisten erschweren:

▶ die **kulturelle** Schwelle   Unsicherheit wegen Herkunft aus einem Land mit anderer Behördenkultur

▶ die **gesellschaftliche** Schwelle   →   Angst vor sozialer Ausgrenzung,

▶ die **institutionelle** Schwelle   →   Angst vor Behörden,

▶ die **informationelle** Schwelle   →   Unsicherheit im Umgang mit Paragraphen, Merkblättern, Bescheiden, Verfahren

▶ die **bürokratische** Schwelle   →   Angst vor unmenschlichen Bürokraten,

▶ die **subjektive** Schwelle   →   allgemeine Unsicherheit.

Das setzt bei dem beratenden SA/SP die zur Klärung der Situation erforderliche Zeit voraus, ferner Kenntnisse über die Auslegung der Rechtsvorschriften und die Durchsetzung der einschlägigen Rechtsansprüche und schließlich die Fähigkeit, die Betroffenen verständlich zu informieren und die sonstigen Barrieren abzubauen, die einer Geltendmachung und Verwirklichung der sozialen Rechte entgegenstehen

(Zur besonderen Problematik der Rechtsberatung als unterschichtsbezogener Tätigkeit siehe Thust S. 57; zur Beratung in der Sozialhilfe als Aufgabe der Sozialarbeit siehe Spindler in: Lehmann, 2002, 399 ff.).

Verpflichtung der Leistungsträger zur umfassenden Information

Die Leistungsträger erfüllen ihre Pflicht, ihren SA/SP die Arbeitsbedingungen zu verschaffen, die eine den gesetzlichen Ansprüchen entsprechende Beratung sichern, meist nur unzulänglich. Sie verstoßen gegen diese Pflicht, wenn sie Dienste personell unzureichend ausstatten oder nicht die Möglichkeit der ständigen Fortbildung hinsichtlich der Rechte und Pflichten der Bürger nach dem SGB bieten.

Informationspflichten im Sozialleistungsbereich

Die Informationspflichten der Behörden sind im Sozialgesetzbuch allgemein in §§ 13 – 15 SGB I (→ 30.5 – 30.7) und außerdem für einzelne Sozialleistungen in den besonderen Teilen des SGB bestimmt.

30.5 Aufklärung der Bevölkerung (§ 13 SGB I)

Praxis: Informationen der Bundesagentur für Arbeit zum Arbeitslosengeld I und II und zum Kindergeld sind abrufbar unter www.arbeitsagentur.de.

Die Broschüren "Ausbildungsförderung", "Wohngeld", "Ratgeber für Behinderte", "Die gesetzliche Krankenversicherung", „Sozialhilfe" sind bei den Bundesministerien kostenlos erhältlich.

Verpflichtung der Leistungsträger

Die Leistungsträger sind verpflichtet, im Rahmen ihrer Zuständigkeit die Bevölkerung über die Rechte und Pflichten nach dem SGB aufzuklären.

Aufklärung erfolgt durch allgemeine Information, also nicht durch einzelfallbezogene Auskunft. Sie muss so erfolgen, dass der Bürger möglichst konkret seine eigenen Rechte und Pflichten aus der behördlichen Information ableiten kann. Insbesondere muss deutlich werden, was er tun muss, um sein Recht zu verwirklichen (BGHZ 30, 19, 25).

Kein subjektiv-öffentliches Recht der Bürger auf Aufklärung

Der Bürger hat kein eigenes subjektiv-öffentliches Recht auf Aufklärung (seine Bedürfnisse werden durch Auskunft und Beratung abgedeckt (siehe 30.6 und 30.7) und deshalb auch keinen Ersatzanspruch aus unterlassener oder unzureichender Aufklärung (BSGE 42, 224). Auch ein Herstellungsanspruch besteht nicht (→ 48.7; BSG, NZS 2005, 157).

> *Beispiel: Sozialleistungsträger gehen kein Haftungsrisiko ein, wenn sie die Aufklärung rechtswidrigerweise unterlassen.*

Rechtsschutzmöglichkeiten bei unrichtiger Aufklärung

Bei falscher, unvollständiger oder unrichtiger Aufklärung haftet der Leistungsträger auf Schadensersatz wegen Amtspflichtverletzung oder auf Herstellung des bei richtiger Aufklärung voraussichtlich eingetretenen Zustandes (BSG, SGB 1992, 550).

Er ist aber an den Inhalt einer Aufklärungsbroschüre nicht gebunden, wenn diese ihn zu einem gesetzwidrigen Verhalten zwingen würde, es sei denn, dass schutzwürdige Interessen des Bürgers dies gebieten (BSGE 49,76).

Bedeutung für die Praxis der sozialen Arbeit

SA/SP können sich nützliche **Erstinformationen** über Sozialleistungen durch die meist kostenlosen Broschüren verschaffen, die von Leistungsträgern, Ministerien, Presse- und Informationsämtern, der Bundes- und den Landeszentralen für politische Bildung erstellt werden und meist auch im Internet zu finden sind.

In den Broschüren wird der Inhalt der gesetzlichen Vorschriften meist so verständlich dargestellt, dass sie auch zur Information von Ratsuchenden geeignet sind.

Zu beachten ist, dass es sich um **amtliche Informationen** handelt, in den nicht alle Informationen enthalten sind, die für Berechtigte bzw. Betroffene wichtig sind.

30.6 Auskunft (§ 15 SGB I)

Wegweiserfunktion

Auskunft ist zwar über alle sozialen Angelegenheiten zu erteilen (§ 15 Abs. 1 SGB I). Jedoch beschränkt sich die Auskunftspflicht nach § 15 Abs. 2 SGB I auf die Benennung des Sozialleistungsträgers, der für die Sozialleistung zuständig ist. Die Auskunft hat also in erster Linie "Wegweiserfunktion".

Inhalt der Auskunft

Zwar hat die Auskunftsstelle sich im Gespräch zu bemühen, die Sozialleistungen herauszufinden. die für den Bürger möglicherweise in Betracht kommen (Reinhardt, LPK-SGB I, § 15 Rn 8). Zu weiteren Informationen ist sie nicht verpflichtet, aber berechtigt, falls sie dazu imstande ist. Verpflichtet ist sie zur Zusammenarbeit mit anderen Auskunftsstellen und Sozialleistungsträgern, damit eine möglichst umfassende Auskunftserteilung erreicht wird.

> *Beispiel: Die Auskunftsstelle hat sich bei Zweifelsfragen telefonisch bei anderen Leistungsträgern informieren, um möglichst sofort und möglichst umfassend zu informieren (§ 17 SGB I). Sie sollte auch die kostenlosen Informationsbroschüren zu den verschiedenen Sozialleistungen bereithalten und den Ratsuchenden anbieten, damit diese sich weiter informieren können.*

Auskunftsstellen

Auskunftsstellen sind nach § 15 SGB I die **gesetzlichen Krankenkassen** (AOK, Innungskrankenkassen, Ersatzkassen usw.) und die nach Landesrecht zuständigen Stellen (meist **Gemeinden und Kreise/Landkreise**). Dem Bürger sollen ortsnahe Anlaufstellen geboten werden.

Die Kommunen erfüllen ihre Auskunftsverpflichtung auf recht unterschiedliche und nicht immer ausreichende Weise. Manche haben eigene Auskunfts- bzw. Beratungsstellen errichtet.

Andere haben ihre Sozial- und Jugendämter, insbesondere den Allgemeinen Sozialdienst damit befasst. Die SA/SP, die zur Auskunftserteilung verpflichtet sind, müssen sich einen Überblick über das gesamte Sozialleistungssystem und die für Sozialleistungen zuständigen Stellen verschaffen.

Rechtliche Bedeutung der Auskunft

Eine Auskunft kann einen anderen Sozialleistungsträger nicht binden, selbst wenn die Auskunftsstelle dem Bürger eine Sozialleistung in Aussicht stellt: Nur die liche **Zusicherung** der zuständigen Behörde, einen bestimmten Verwaltungsakt später zu erlassen, ist bindend (§ 34 SGB X).

Rechtsschutzmöglichkeiten

Der Bürger hat ein subjektiv-öffentliches Recht auf richtige Auskunft.

Bei unrichtiger, unvollständiger oder missverständlicher Auskunft können Schadensersatzansprüche wegen Amtspflichtverletzung und Verletzung der Betreuungspflicht aus einem Verwaltungsrechtsverhältnis bestehen.

> *Beispiel:*

Ein sozialrechtlicher Herstellungsanspruch wird überwiegend abgelehnt, weil die Auskunft sich in der Regel auf die Leistung eines anderen Sozialleistungsträger bezieht, die von der Auskunftsstelle nicht erbracht werden kann (BeckOK/Hase, SGB I, § 15 Rn 6).

30.7 Beratung (§ 14 SGB I)

§ 14 SGB I verpflichtet den Leistungsträger zu einer Beratung über die Rechte und Pflichten, die ihm gegenüber bestehen.

Eine gesetzliche Krankenkasse hat nur über Fragen der gesetzlichen Krankenversicherung zu beraten.

Der SA/SP im Allgemeinen Sozialdienst muss über alle Ansprüche auf Sozialleistungen beraten, die von seinem Anstellungs-/Sozialleistungsträger gewährt werden d. h. in der Regel über Ansprüche auf Sozialhilfe, Wohngeld, Jugendhilfe, Unterhaltsvorschuss usw.

Für die Beratung sind die Rechtgrundsätze zu beachten, die sich aus Gesetzen bzw. aus allgemeinen Rechtsgrundsätzen ergeben:

Anlass/Beginn der Beratung

Die Verpflichtung zur Beratung setzt ein, wenn ein Bürger um Beratung, Information usw. bittet. Ein ausdrücklicher Antrag ist nicht erforderlich (BSGE 46, 175). Ist aber für den Leistungsträger erkennbar, dass eine günstige Gestaltungsmöglichkeit für den Bürger besteht, muss er von sich aus darauf hinweisen („Spontanberatung"; BSG, NZS 1997, 327).

Beratung Minderjähriger

Eine Altersgrenze für die Beratung bestimmt das Gesetz nicht. Jedoch lässt sich aus § 36 SGB I in Verbindung mit § 11 SGB I schließen, dass auf jeden Fall Minderjährige nach **Vollendung des 15.** Lebensjahres Beratung beantragen und entgegennehmen können, wenn sie Sozialleistungen beantragen wollen.

Im Bereich der Kinder- und Jugendhilfe wird allen Kindern und Jugendlichen - ohne Festlegung einer Altersgrenze das Recht eingeräumt, sich in Fragen der Erziehung und Entwicklung an das Jugendamt zu wenden und - u. U. ohne Kenntnis der Eltern - sich beraten zu lassen (§ 8 Abs. 2 und 3 SGB VIII).

Form der Beratung

Die Beratung kann mündlich oder schriftlich erfolgen. Es steht im Ermessen des Sozialleistungsträgers, sie schriftlich zu bestätigen.

Ist eine mündliche Beratung nicht möglich oder nicht zumutbar oder ist der Sachverhalt oder die Rechtslage sehr kompliziert und für den Betroffenen nicht fassbar, kann eine Ermessensreduzierung eintreten, die zur schriftlichen Beratung verpflichtet.

Die aus der Verfassung abgeleitete im Arzt-Patientenverhältnis bestehende Pflicht zur schriftlichen Information bei Verständnisschwierigkeiten gilt entsprechend im Verhältnis Bürger-Verwaltung (BVerfG, 18.11.2004, NJW 2005, 1103).

Inhalt der Beratung

Die Beratung besteht in der individuellen Unterrichtung des Bürgers über dessen konkrete Rechte und Pflichten gegenüber dem Leistungsträger, dessen Beratung der Bürger wünscht. Der Mitarbeiter des Sozialleistungsträgers hat den Bürger also evtl. über Ansprüche "gegen" den Sozialleistungsträger zu beraten.

Beispiel: Der SA/SP im ASD hat eine Schwangere darüber zu informieren, dass sie Anspruch auf eine Erstausstattung hat, wenn sie sich wegen ihrer finanziellen Notlage beraten lässt.

Die Beratung umfasst

* die Unterrichtung über **tatsächliche Umstände**, die dem Sozialleistungsträger, aber nicht dem Bürger bekannt sind,

* die Unterrichtung über die **Rechtslage,** über Mitwirkungs-und Auskunftspflichten, Anrechnung von Einkommen und Vermögen und Heranziehung von Unterhaltsver-

pflichteten. Dazu gehört auch die umfassende Information über Verwaltungsvorschriften zumindest dann, wenn diese zu veröffentlichen sind (→ 20.4)

- die Unterrichtung über die **Verwaltungspraxis** und die im Rahmen von Ermessensentscheidungen praktizierten Grundsätze des Sozialleistungsträgers.

  Beispiel: Der Sozialhilfeträger hat darüber zu informieren, welche Leistungen er für die Erstausstattung mit Haushaltsgeräten gewährt.

- Hinweise auf absehbare bzw. eingetretene **Rechtsänderungen** und auf rechtlich ungeklärte Fragen.

- Ratschläge über **zweckmäßiges Verhalten** in der konkreten Situation.

- **Hinweise auf naheliegende Gestaltungsmöglichkeiten:** Der Leistungsträger darf sich nicht darauf beschränken, ausdrückliche Fragen zu beantworten. Er muss auch den Sachverhalt weiter ermitteln, um alle Gestaltungsmöglichkeiten aufzeigen zu können (sog. Spontanberatung → BSG, 8.2.2007, NZA-RR 2007, 546).

Eine Verpflichtung, auf Leistungsansprüche gegen andere Behörden hinzuweisen, besteht nach Auffassung des BSG nicht.

Beispiel: Das Jugendamt ist nicht verpflichtet, im Rahmen eines Hilfeplangesprächs nach § 36 SGB VIII auf die Möglichkeit hinzuweisen, einen Nachteilsausgleich für Blinde bei einer anderen Behörde zu beantragen (BSG, NZS 2005, 157; a. A. Münder, SGb 2005, 236).

Umfassend, verständlich und eindeutig

Die Beratung muss umfassend, vollständig, verständlich und eindeutig sein. Der Berater darf sich nicht mit dem Vorlesen von Gesetzestexten begnügen, sondern hat die im Einzelfall bestehenden Rechte und Pflichten aufzuzeigen und deutlich zu machen, wo und wie die Sozialleistung beantragt und notfalls durch Widerspruch und Klage erzwungen werden kann.

Der Leistungsträger darf sich grundsätzlich auf die Übersendung eines **Merkblattes** beschränken. Sie sind nicht ausreichend, wenn sie den besonderen Beratungsbedarf im Einzelfall nicht erfüllen. In diesem Fall besteht Anspruch auf individuelle Beratung (BSG, SozR 3-1200 § 14 Nr. 5).

Das BVerwG hält die Aushändigung eines vereinfachenden Merkblattes nicht für ausreichend, wenn eine einschlägige Verwaltungsvorschrift differenzierte Regelungen enthält (BVerwG, 25.11.2004, NVwZ 2005, 602).

Praktische Hilfestellung

Die Beratung umfasst, wenn und soweit bei behinderten oder mit Behördenangelegenheiten nicht vertrauten Menschen erforderlich, auch Hilfen bei dem Schreiben und Formulieren von Anträgen, dem Ausfüllen von Formularen, der Zusammenstellung der erforderlichen Belege, der Absendung, Weitergabe usw. (§ 17 Abs. 1 Nrn. 3, 4 und Abs. 2 SGB I).

Erkennt ein Sachbearbeiter die Notwendigkeit einer praktischen Hilfestellung, ist es ihm aber nicht möglich, sie selbst zu leisten, hat er die Betroffenen zumindest auf Hilfsmöglichkeiten hinzuweisen z. B. auf Beratungsstellen freier Träger.

Rechtsschutzmöglichkeiten

Der Bürger hat ein subjektiv-öffentliches Recht auf richtige Auskunft.

Bei unrichtiger, unvollständiger oder missverständlicher Beratung kann ein sozialrechtlicher Herstellungsanspruch bestehen (→ 48.7). Bei schuldhafter Amtspflichtverletzung (→ 48.3) oder Verletzung der Beratungspflicht aus einem Sozial-/Verwaltungsrechtsverhältnis (→ 48.5) können stehen dem Betroffenen Schadensersatzansprüche zustehen.

30.8 Rechtliche Information, Rechtsdienstleistungen freier Träger

Die für die öffentliche Verwaltung geltenden Vorschriften über die Pflicht zur Aufklärung, Auskunft und Beratung gelten grundsätzlich nicht für freie Träger. Diese können gemäß ihrem Selbstverständnis grundsätzlich frei darüber entscheiden, ob, wie, wen, in welchen Umfang und mit welcher Verbindlichkeit sie beraten wollen (→ 18.0).

30.8.1 Rechtsdienstleistungsgesetz

Das Rechtsdienstleistungsgesetz (RDG) ersetzt seit 1. 8. 2008 das Rechtsberatungsgesetz, das den Rechtsanwälten ein Beratungsmonopol sicherte.

Nach der gesetzlichen Neuregelung ist die unentgeltliche Rechtsdienstleistung grundsätzlich zulässig. Damit wird caritativen Trägern und deren Mitarbeitern die Möglichkeit einer umfassenden rechtlichen Beratung und Vertretung von Rat- und Hilfesuchenden eröffnet.

Zulässigkeit außergerichtlicher Rechtsberatung und Vertretung
Rechtsdienstleistung ist jede außergerichtliche Tätigkeit in konkreten fremden Angelegenheiten, sobald sie eine rechtliche Prüfung des Einzelfalls erfordert. Das Gesetz gilt somit nicht nur für die **Beratung,** sondern auch für die **rechtliche Vertretung des Rat- und Hilfesuchenden beispielsweise gegenüber Behörden, Arbeitgebern, Vermietern und Kreditinstituten.**

Erlaubt sind u. a. Rechtsdienstleistungen, die

▶ Verbände der freien Wohlfahrtspflege,

▶ anerkannte Träger der freien Jugendhilfe,

▶ anerkannte Verbände zur Förderung der Belange behinderter Menschen im Sinn des § 13 Abs. 3 des Behindertengleichstellungsgesetzes und

▶ anerkannte Schuldnerberatungsstellen,

im Rahmen ihres Aufgaben- und Zuständigkeitsbereichs erbringen (§ 8 Abs. 2 RDG).

Qualitätssicherung durch den Verband
Der Verband/Träger muss über die zur sachgerechten Erbringung dieser Rechtsdienstleistungen erforderliche personelle, sachliche und finanzielle Ausstattung verfügen und sicherstellen, dass die Rechtsdienstleistung

▶ durch eine Person, der die entgeltliche Erbringung dieser Rechtsdienstleistung erlaubt ist (z. B. Rechtsanwalt),

▶ durch eine Person mit Befähigung zum Richteramt („Volljurist" mit erster und zweiter juristischer Staatsprüfung) oder

▶ unter Anleitung einer solchen Person erfolgt (§ 8 Abs. 2 in Verbindung mit § 7 Abs. 2 RDG).

Anleitung erfordert eine an Umfang und Inhalt der zu erbringenden Rechtsdienstleistungen ausgerichtete Einweisung und Fortbildung (§ 7 Abs. 2 in Verbindung mit § 6 Abs. 2 Satz 2 RDG).

Die **Qualität der Rechtsdienstleistung** muss dadurch sicher gestellt sein, dass eine juristisch qualifizierte Person sie erbringt bzw. dass der Berater von einer solchen eingewiesen und fortgebildet wird. Außerdem muss der Berater in einem konkreten Fall auf die besonderen juristischen Kenntnisse der anleitenden Person zurückgreifen können.

Der Berater muss auch **ständig fortgebildet** d. h. über wichtige Änderungen und Gerichtsentscheidungen informiert werden. Diese Information kann beispielsweise durch Fortbildungsveranstaltungen, Fachzeitschriften, Kommentarliteratur, Informationsdienste und/oder einen Internetanschluss geschehen, der den Zugriff auf einschlägige aktuelle Informationen ermöglicht.

Hohe Anforderung an die Beratung, Haftung des Arbeitgebers

Falsche bzw. unvollständige Informationen im Rahmen einer unentgeltlichen rechtlichen Beratung und Vertretung können **Schadensersatzansprüche** der Betroffenen gegen den Arbeitgeber auslösen.

Bisher haben Gerichte die Auffassung vertreten, dass an eine Person oder Vereinigung, die sich als sachkundig für die Bearbeitung alltäglicher Rechtsfragen darstellt, keine geringeren Anforderungen an die Sorgfaltspflicht zu stellen sind als an einen Rechtsanwalt.

Beispiele: Ein Mieterverein ist verpflichtet, die Rechtslage unter Einbeziehung der höchstrichterlichen einschlägigen und aktuellen Rechtsprechung sorgfältig zu prüfen und zu beachten (Bundesgerichtshof, Urteil vom 25. 10. 2006 – VIII ZR 102/06, NJW 2007, 428). Er hat jeden Rechtsirrtum zu vertreten d.h .es kommt nicht darauf an, ob dem Berater subjektiv ein Schuldvorwurf gemacht werden kann (Bundesgerichtshof, NJW 1983, 1665).

Zum Schadensersatz sind Rechtsanwälte und Rechtsschutzsekretäre verurteilt worden, wenn sie Antrags-, Ausschluss- oder Klagefristen nicht beachtet, Ansprüche übersehen bzw. nicht auf rechtliche Risiken und nahe liegende günstige Gestaltungsmöglichkeiten hingewiesen haben (BGH, 18. 12. 2002, NZA 2003, 274; Berliner VGH, 24. 1. 2003, NZA 2003, 509; OLG Brandenburg, 10. 11. 1998, NZA-RR 2003, 102; LG München, 22. 3. 2001, NZA 2003, 589).

Zwar löst eine Empfehlung oder ein Rat, die/der ohne jede rechtliche Bindung erteilt wird, nach § 676 Abs. 2 BGB keine Haftung aus.. Jedoch wird soziale Arbeit, von Kurzkontakten abgesehen, aufgrund vertraglicher oder vertragsähnlicher Beziehungen geleistet (Heimvertrag, Vertrag über die Durchführung einer sozialpädagogischen Familienhilfe, Beratungs- oder Betreuungsverhältnis). Somit haftet der Träger für jeden fahrlässig erteilten unrichtigen oder unvollständigen Rat (§ 276 BGB)

In der Rechtsprechung ist dementsprechend anerkannt, dass die Haftung auch eintritt, wenn ausdrücklich ein Beratungsvertrag nicht abgeschlossen wurde: eine vertragliche/vertragsähnliche Beziehung sei schon anzunehmen, wenn dem Berater erkennbar ist, dass die **Auskunft für den Anfragenden von erheblicher Bedeutung** ist (BGH, NJW 1989, 2882). Diese Voraussetzung wird in der sozialrechtlichen Beratung häufig, wahrscheinlich sogar in den meisten Fällen erfüllt sein. Deshalb birgt jeder im Rahmen einer unentgeltlichen Sozialrechtsberatung erteilte unrichtige Rat ein hohes Haftungsrisiko.

Beispiele: Versäumt ein Sozialarbeiter, der einen gerade zu Unrecht aus dem Arbeitsverhältnis entlassenen 50jährigen Ratsuchenden berät, auf die dreiwöchige Frist für die Kündigungsschutzklage hinzuweisen und wird deshalb Klage erst vier Wochen nach Zugang der Kündigung erhoben, verliert der Betroffene, wenn er keinen neuen Arbeitsplatz mehr findet u. U. für 17 Jahre den Anspruch auf Arbeitsentgelt. Er ist viele Jahre auf Leistungen nach dem SGB II angewiesen. Seine Altersrente verringert sich erheblich. Psychische Belastungen als Folge der Langzeitarbeitslosigkeit können hinzukommen (und lebenslange Wut und Ärger über die Person/Stelle, die ihm sein Leben zerstört hat).

Möglicherweise noch schädlicher kann es für eine Familie sein, wenn sie ausgewiesen wird, weil die Frist für die Einlegung des Widerspruchs gegen einen rechtswidrigen Ausweisungsbescheid infolge fahrlässiger Falschauskunft des Sozialarbeiters versäumt worden ist.

Risikobegrenzung durch Dienstanweisung und Haftpflichtversicherung

SA/SP werden in aller Regel nicht über sichere Kenntnisse aller Rechtsgebiete verfügen, die in der Sozialberatung einschlägig sein können (Sozialrecht, Mietrecht, Familienrecht, Verbraucherrecht, Aufenthaltsrecht, Strafrecht usw. usw.)

Wegen der unabsehbaren Risiken einer falschen Beratung sollte deshalb zwischen Arbeitgeber und Mitarbeiter eindeutig festgelegt werden, ob und ggfs. in welchem umfang der Mitarbeiter berechtigt bzw. verpflichtet ist, Hilfesuchende rechtlich zu beraten und zu vertreten.

In jedem Fall sollte eine ausreichende Haftpflichtversicherung abgeschlossen werden, damit Betroffene im Schadensfall entschädigt werden können und das Risiko für den Arbeitgeber und den SA/SP begrenzt wird.

30.8.2 Prozessvertretung in Gerichtverfahren

Die Regelungen der Prozessordnungen über den Anwaltszwang in Gerichtsverfahren werden durch das Rechtsdienstleistungsgesetz nicht verändert.

Verfahren ohne Anwaltszwang

Kein Anwaltszwang besteht u. a. in Verfahren vor den Arbeitsgerichten, Sozialgerichten, dem Landessozialgericht und den Verwaltungsgerichten.

Soweit kein Anwaltszwang besteht, kann eine Partei sich in Gerichtsverfahren vertreten lassen

• durch einen ihrer Beschäftigten,

• durch einen unentgeltlich tätigen Familienangehörigen,

• durch einen unentgeltlich tätigen Volljuristen.

Verfahren mit Anwaltszwang

Anwaltszwang besteht u. a. in zivilrechtlichen Prozessen vor dem Landgericht und in einigen familiengerichtlichen Verfahren vor dem Amtsgericht sowie durchweg in Verfahren vor den höheren Instanzen aller Gerichtszweige.

Vor dem Oberverwaltungsgericht und dem Bundesverwaltungsgericht sowie im Strafverfahren können die Beteiligten sich durch einen **Rechtslehrer an einer deutschen Hochschule** (Universität, Fachhochschule) mit Befähigung zum Richteramt vertreten lassen (§§ 73 SGG, § 67 VwGO, § 138 StPO).

In arbeits- und sozialgerichtlichen Verfahren können als Prozessbevollmächtigte auch Mitglieder und Angestellte von Gewerkschaften, Arbeitgeberverbänden sowie von Verbänden der Leistungsempfänger nach dem sozialen Entschädigungsrecht und der behinderten Menschen (§ 73 Abs 2 SGG; § 11 ArbGG).

Begleitung/Teilnahme an Gerichtsverhandlungen

Grundsätzlich zulässig ist es, dass Mitarbeiter eines freien Verbandes auf Wunsch eines Menschen, der sich vor Gericht unsicher fühlt, an der Gerichtsverhandlung teilnimmt und psychischen Beistand leistet.

Ausgenommen sind lediglich Verfahren, bei denen die Öffentlichkeit ausgeschlossen ist.

30.9 Beratungshilfe nach dem Beratungshilfegesetz

Praxis: Ein marokkanischer Arbeitnehmer ist von seinem Arbeitgeber entlassen worden und hat einen Sperrzeitbescheid der Agentur für Arbeit erhalten. Er will sich dagegen wehren, wagt aber aus Angst vor den Kosten nicht, einen Rechtsanwalt aufzusuchen.

Anspruch auf Beratungshilfe

Bürger mit geringem Einkommen haben Anspruch auf nichtbehördliche Beratungshilfe gemäß dem Beratungshilfegesetz.

Diese besteht in Rechtsberatung und/oder außergerichtlicher Vertretung, die in der Regel von einem freigewählten Rechtsanwalt wahrgenommen wird.

In Bremen und Hamburg wird statt dessen öffentliche Rechtsberatung erteilt.

In Berlin kann der Bürger zwischen Beratungshilfe oder öffentlicher Rechtsberatung wählen.

Angelegenheiten der Beratungshilfe

Die Beratungshilfe erstreckt sich auf die Gebiete des **Zivil-. Verwaltungs-, Sozial- und Verfassungsrechts** (§ 2 Abs. 2). In Strafrechts- und Ordnungswidrigkeitsangelegenheiten wird nur Beratung, keine Vertretung gewährt.

Ausschluss des Anspruchs

Ausgeschlossen ist der Anspruch, wenn der Ratsuchende eine andere kostenlose und zumutbare Beratungsmöglichkeit hat, z. B. bei einem freien Träger, auf Grund einer Rechtsschutzversicherung oder der Mitgliedschaft in einer Gewerkschaft oder einem Verband, der in sozialrechtlichen Angelegenheiten Rechtsschutz erteilt (BSG, NZS 1997, 45; siehe auch 50.8).

Die immer wieder von einzelnen Amtsgerichten vertretene Auffassung, Beratung und Vertretung durch einen Rechtsanwalt in sozialrechtlichen Angelegenheiten sei nicht erforderlich, weil der Berechtigte Anspruch auf Beratung durch den Leistungsträger habe, ist verfassungswidrig, weil sie den Grundsatz der »Waffengleichheit« zwischen den Beteilig¬ten verletzt (so zur vergleichbaren Prozesskostenhilfe: BVerfG, 22. 6. 2007, NZS 2008, 88; AG Wiebaden, info-also 2006, 229; Herbe, info-also 2006, 209).

Verfahren

Der Ratsuchende hat die Wahl zwischen zwei Möglichkeiten:

1. Er kann **bei dem zuständigen Amtsgericht** die Ausstellung eines Berechtigungsscheins für Beratungshilfe durch einen Anwalt seiner Wahl beantragen. Das Amtsgericht kann selbst Beratung durch sofortige Auskunft, Hinweise usw. erteilen (§ 3 Abs. 2). Erledigt es die Angelegenheit nicht, erhält der Rechtsuchende, der die gesetzlichen Voraussetzungen erfüllt, den Berechtigungsschein (§ 6).

2. Der Ratsuchende kann auch **unmittelbar einen Rechtsanwalt aufsuchen** und durch diesen nachträglich den Antrag stellen lassen (§ 4 Abs. 2). In diesem Falle muss er dem Anwalt vor Beginn der Beratung mitteilen, dass er Beratung/Vertretung nach dem Beratungshilfegesetz wünscht. Er hat dem Anwalt die in § 7 genannten Angaben zu machen..

Der Antrag muss auf dem vorgeschriebenen Vordruck gestellt werden. Bezieher von Leistungen zur Sicherung des Lebensunterhalt nach dem SGB II und Bezieher von Hilfe zum Lebensunterhalt nach dem SGB XII müssen die Abschnitte C – G des Vordrucks nicht ausfüllen, wenn sie den letzten Bewilligungsbescheid beifügen (§ 2 Beratungshilfevordruckverordnung)

Der Antrag kann auch nachträglich gestellt werden (BVerfG, NJW 2006, 694).

Einkommensgrenzen

Beratungshilfe erhalten Bürger, denen Prozesskostenhilfe ohne einen eigenen Beitrag zu den Kosten gemäß § 114 ZPO zu gewähren ist.

Deshalb kann Beratungshilfe beanspruchen, dessen Einkommen und Vermögen die gesetzlich bestimmten Grenzen nicht übersteigt. Die Einkommensgrenzen werden jährlich im Bundesgesetzblatt bekannt gemacht (Prozesskostenhilfebekanntmachung - BGBl. I 2008, S. 1025).

Es gelten folgende monatliche Einkommensgrenzen:

Einkommensgrenzen der Beratungshilfe	1. 7. 2008 bis 30. 6. 2009
Für den Antragsteller, Ehegatten und eingetragenen Lebenspartner	386 Euro
Für jede **weitere Person**, der der Antragsteller aufgrund gesetzlicher Unterhaltspflicht Unterhalt leistet	270 Euro

Die Einkommensgrenzen erhöhen sich um die

Zum **Einkommen** gehören alle Einkünfte in Geld oder Geldeswert. Abzusetzen sind

▶ Kosten der Unterkunft und Heizung, soweit diese nicht in einem auffälligen Missverhältnis zu den Lebensverhältnissen der Partei stehen.

▶ Lohn-/Einkommenssteuer,

▶ Pflichtbeiträge zur Sozialversicherung und sonstige Versicherungsbeiträge in angemessener Höhe.

▶ bei Parteien, die Einkommen aus Erwerbstätigkeit erzielen, 50 vom Hundert des Regelsatzes für den Haushaltsvorstand (§ 1 Abs. 2 in Verbindung mit § 115 Abs. 1 Nr. 1 ZPO). Das sind z. Z. 176 Euro .

▶ weitere Beträge, die mit Rücksicht auf besondere Belastungen angemessen sind

Vermögensgrenzen

Vermögen ist einzusetzen, soweit dies zumutbar ist (§ 115 Abs. 3 ZPO i. V. m. § 90 SGB XII). Zum Vermögen gehören auch Unterhaltsansprüche (BAG, NZA 2006, 694).

▶ **Kleinere Barbeträge und Geldwerte** bis zur Höhe von 2.600 Euro für den Rechtssuchenden und 256 Euro für jede weitere unterhaltsberechtigte Person sind nicht einzusetzen (§ 1 Nr.1 der VO zur Durchführung des § 90 Abs. 2 Nr. 9 SGB XII; LAG Sachsen, Beschl. vom 10.11.2006 m. w. N.).

▶ **Schulden** können in voller Höhe abgesetzt werden (§ 115 Abs. 1 Nr. 4 ZPO; LSG Niedersachsen, info-also 1989, 261).

▶ Der **Verkauf eines Hausgrundstücks** kann in aller Regel nicht verlangt werden (LAG Nürnberg, NZA-RR 2005, 497).

Gebühren

Der rechtsuchende Bürger hat dem Rechtsanwalt, der Beratungshilfe gewährt, eine **Gebühr von 10.- Euro** zu zahlen. Der Rechtsanwalt kann diese Gebühr erlassen.

Aus der Staatskasse erhält der Anwalt eine zusätzliche Pauschale von 30 Euro für mündlichen oder schriftlichen Rat oder eine Auskunft, von 70 Euro für Fertigen und Unterzeichnen von Schriftsätzen sowie für Mitwirken bei mündlichen Verhandlungen und Besprechungen, und von 125 Euro für Einigung oder Erledigung der Angelegenheit (Nr. 2601 – 2606 des Gebührenverzeichnisses zum RVG)

Sechster Abschnitt
Grundrecht auf informationelle Selbstbestimmung

31.0 ANSPRÜCHE DES BÜRGERS AUF PERSÖNLICHKEITSSCHUTZ DURCH DATENSCHUTZ

Praxis: "Frau M. erklärte, es sei zwar schlimm, ohne Stromanschluss zu sein und den kranken Mann und die kleinen Kinder nicht richtig versorgen zu können. Aber sie ertrage dies alles lieber als zum Sozialamt zu gehen. Auch vor dem Jugendamt habe sie Angst und keinerlei Vertrauen. Alle Daten und Ereignisse würden nach Belieben von einer Behörde zur anderen gereicht" (Aus dem Bericht einer Praktikantin SA).

Das Ausländeramt ersucht das Jugendamt um Mitteilung, ob die Kinder einer türkischen Familie Straftaten begangen haben.

Ein SP, der im städtischen Kinderheim tätig ist, soll als Zeuge in einer Jugendstrafsache darüber aussagen, ob die Jugendlichen im Heim ihm von einem Ladendiebstahl und einen Handtaschenraub erzählt haben.

Unsicherheiten in der Praxis

Entscheidungen des Bundesverfassungsgerichts und anderer Gerichte, schlecht formulierte gesetzliche Regelungen und interessenbestimmte Stellungnahmen der verschiedensten Gruppen ("Datenschutz ist Tatenschutz"), haben den Datenschutz zu einem der umstrittensten Bereiche des Rechts der sozialen Arbeit gemacht. Dies hat dazu geführt, dass SA/SP ihre Handlungsmöglichkeiten und Handlungsrisiken kaum noch übersehen können und – selbst wenn sie sich rechtmäßig verhalten – zum Gegenstand massiver Vorwürfe der Medien werden oder sogar von Staatsanwälten und Strafrichtern in belastende Strafverfahren verwickelt werden.

Auch viele Angehörige sozialer Berufe halten den Datenschutz für eine lästige Einschränkung ihrer fachlichen Autonomie. Zwar distanzieren sie sich verbal von der alten Fürsorge, aber praktizieren hinter dem Rücken der Betroffenen den „bewährten kollegialen Austausch" in der festen Gewissheit, dass sie allein wissen, was für die Betroffenen gut ist (Kopp, ZfSH/SGB 1992, 289, Busch, 1997, 13).

31.1 Verfassungsrechtliche Grundlagen

Der Schutz personenbezogener Daten ist verfassungsrechtlich geboten:

• Die **Würde des denkenden und freiheitlich handelnden Menschen** verpflichtet alle staatlichen Stellen, den Schutz des Kernbereichs der privaten Lebensgestaltung zu gewährleisten, in dem der Mensch seine Persönlichkeit in der Kommunikation mit anderen konstituieren kann (31.1.2).

• Das **Rechtsstaats- und Demokratieprinzip** erfordern den Schutz der Staatsbürger vor staatlicher Erfassung, weil sonst die Gefahr besteht, dass er aus Angst vor staatlichen negativen Reaktionen in seiner Freiheit gehemmt wird (31.1.1).

• Aus dem **Sozialstaatsprinzip** ist ableitbar, dass in Beratungs- und Hilfebeziehungen die Vertrauensgrundlage geschützt werden muss, weil Vertraulichkeit und Verschwiegenheit Voraussetzung einer wirksamen Hilfe sind (31.1.3).

Der Schutz personenbezogener Daten ist somit ein wesentlicher Bestandteil der freiheitlich demokratischen Grundordnung in einem sozialen Rechtsstaat und ein Element der Fachlichkeit sozialer Arbeit.

31.1.1 Informationelle Selbstbestimmung als Grundlage einer freiheitlichen Demokratie

Das Bundesverfassungsgericht hat in seiner Grundsatzentscheidung zum Datenschutz festgestellt, dass zur Freiheit des Bürgers im demokratischen Staat das Recht gehört, selbst darüber zu bestimmen, wer, was und wann über persönliche Lebenssachverhalte erfährt, und zu wissen, ob, was und was staatliche Stellen wissen (NJW 1984, 419).

"Im Mittelpunkt der grundgesetzlichen Ordnung stehen Wert und Würde der Person, die in freier Selbstbestimmung als Glied einer freien Gesellschaft wirkt. Ihrem Schutz dient ... die in Artikel 2 Absatz 1 in Verbindung mit Artikel 1 Absatz 1 Grundgesetz garantierte allgemeine Persönlichkeitsrecht... Es umfasst auch die aus dem Gedanken der Selbstbestimmung folgende Befugnis des einzelnen, grundsätzlich selbst zu entscheiden, wann und innerhalb welcher Grenzen persönliche Lebenssachverhalte offenbart werden ...

Mit dem Recht auf informationelle Selbstbestimmung wäre eine Gesellschaftsordnung und eine diese ermöglichende Rechtsordnung nicht vereinbar, in der Bürger nicht mehr wissen, wer, was, wann und bei welcher Gelegenheit über sie weiß. Wer unsicher ist, ob abweichende Verhaltensweisen jederzeit notiert und als Information dauerhaft gespeichert, verwendet oder weitergegeben werden können, wird versuchen, nicht durch solche Verhaltensweisen aufzufallen. Dies würde nicht nur die Entwicklungschancen des Einzelnen beeinträchtigen, sondern auch das Gemeinwohl, weil Selbstbestimmung eine elementare Funktionsbestimmung eines auf Handlungs- und Mitwirkungsfähigkeit seiner Bürger begründeten freiheitlichen demokratischen Gemeinwesens ist".

31.1.2 Schutz des Kernbereichs privater Lebensgestaltung

Aus der verfassungsrechtlichen Pflicht zur Achtung und zum Schutz der Menschenwürde ergibt sich, dass die Entfaltung der Persönlichkeit im Kernbereich der privaten Lebensgestaltung unantastbar und dem Zugriff staatlicher Stellen entzogen ist. Der Mensch muss die Möglichkeit haben, Empfindungen und Gefühle sowie Überlegungen, Ansichten und Erlebnisse höchstpersönlicher Art zum Ausdruck zu bringen, und zwar ohne Angst, dass staatliche Stellen dies überwachen. Vom Schutz umfasst sind auch Gefühlsäußerungen, Äußerungen des unbewussten Erlebens sowie Ausdrucksformen der Sexualität (BVerfG, 3.3.2004, NJW 2004, 999; dazu Kutscha, NJW 2005, 20).

Der Kernbereich umfasst u. a.

- die **höchstpersönliche Lebensgestaltung**, den Intimbereich, zu dem Tagebuchaufzeichnungen (einschränkend BVerfG, NJW 1990, 563) und Selbstgespräche gehören (§§ 103c-d StPO; BGH, NJW 2005, 3295).
- die Konstituierung der Persönlichkeit in **Kommunikation mit Partner, Geschwistern und Verwandten in gerader Linie** (Art. 1, 6, 13; BVerfG, 3.3.2004, NJW 2004, 999).
- die **Kommunikation mit anderen Personen des besonderen Vertrauens,** mit Freunden, Bekannten und beruflichen Geheimnisträgern wie Pfarrern, Ärzten, SA/SP (BVerfG, 23.11.2006, NJW 2007, 1194).
- die **Privatwohnung** als **räumlichen Bereich,** in dem jedermann das Recht hat, in Ruhe gelassen zu werden (Art. 1, 13 GG; BVerfG, NJW 2005, 1637).
- die **Vertraulichkeit und Integrität der Computerdaten** (BVerfG, 27.2.2008, NJW 2008, 822; Kutscha, NJW 2008, 1042.

31.1.3 Schutz des Vertrauens bei Beratung und Hilfe

Im abendländischen Kulturkreis (Eid des Hippokrates) ist seit langem anerkannt, dass Angehörige der Berufe, die Rat und Hilfe in persönlichen Angelegenheiten anbieten, nur wirksam beraten und helfen können, wenn die Ratsuchenden ihnen vertrauen können.

Das Sozialstaatsprinzip des Grundgesetzes verpflichtet den Staat zur Hilfe für Menschen, die Rat und Hilfe suchen. Das Bundesverfassungsgericht hat die Bedeutung persönlichen Vertrauens für die soziale Hilfe wie folgt beschrieben:

„Unabdingbare Voraussetzung für die Arbeit solcher Stellen ist die Bildung eines Vertrauensverhältnisses zwischen Berater und Klienten. ... Muss der Klient damit rechnen, dass seine während der Beratung gemachten Äußerungen ... Dritten zugänglich gemacht werden, so wird er regelmäßig gar nicht erst bereit sein, von der Möglichkeit, sich beraten zu lassen, Gebrauch zu machen. Darüberhinaus kann er vom Berater wirksame Hilfe nur erwarten, wenn er sich rückhaltlos offenbart. ... Die grundsätzliche Wahrung des Geheimhaltungsinteresses der Klienten ist deshalb Vorbedingung des Vertrauens, das sie um ihrer selbst willen dem Berater entgegenbringen müssen, und damit zugleich Grundlage für die funktionsgerechte Tätigkeit der Beratungsstelle" (BVerfGE 44, 353 = NJW 1977, 1489).

In Konkretisierung dieses Prinzips hat der Gesetzgeber u.a. Seelsorgern, Ärzten und Rechtanwälten, seit 1975 auch Psychologen, Sozialarbeitern und Sozialpädagogen, eine besondere berufliche Schweigepflicht auferlegt, deren Verletzung mit Strafe bedroht ist.

Datenschutz als Grundlage der Fachlichkeit

In der sozialen Arbeit – vom Bundesverfassungsgericht klar erkannt – hängt der Erfolg weitgehend von der Bereitschaft der Adressaten ab, sich zu öffnen und dem SA/SP personenbezogene Informationen aus dem privaten und intimen Bereich zu geben. Diese Bereitschaft setzt wiederum das Vertrauen voraus, dass die anvertrauten Daten nicht ohne Einwilligung des Betroffenen an Dritte weitergegeben werden.

„Die Achtung vor der Selbstbestimmung des Klienten ist deshalb auch zugleich Grundlage der Fachlichkeit sozialer Arbeit. Datenschutz und Fachlichkeit sind also keine Gegensätze, sondern bedingen sich gegenseitig. Sie verlangen eine Transparenz des Hilfeprozesses, schaffen damit Vertraulichkeit und sichern den Leistungserfolg." (Deutscher Verein, NDV 1995, 317 Abschnitt 7)

Besonderer verfassungsrechtlicher Schutz psychosozialer Daten

Alle Angehörigen sozialer Berufe, alle Sozialleistungsträger und sonstige staatliche Stellen sowie die freien Träger haben stets zu beachten, dass psychosoziale Daten am stärksten zu schützen sind; denn personenbezogene Daten über die seelische Verfassung und den Charakter eines Menschen stehen nach der Rechtsprechung des Bundesverfassungsgerichts dem unantastbaren Bereich privater Lebensführung noch näher als die rein medizinischen Daten (NJW 1993, 2365):

"Artikel 2 Abs. 1 gewährleistet in Verbindung mit Art. 1 Abs. 1 GG das allgemeine Persönlichkeitsrecht. Dieses Recht schützt grundsätzlich vor der Erhebung und Weitergabe von Befunden über den Gesundheitszustand, die seelische Verfassung und den Charakter...

Der Psychologe erforscht zunächst den Lebenslauf, Elternhaus, Ausbildung, Beruf, Familienstand, Kinder, besondere Krankheiten, Operationen, Alkohol, Rauchen, finanzielle Verhältnisse, Freizeitverhalten. Sodann werden Ablauf und Ursachen etwaiger Gesetzesverstöße und die vom Betroffenen daraus gezogenen Lehren erörtert...

Diese Befunde stehen dem unantastbaren Bereich privater Lebensgestaltung noch näher als die rein medizinischen... Sie sind deswegen stärker von Art. 2 Abs. 1 in Verbindung mit Art. 1 Abs. 1 GG geschützt."

Der Schweigepflicht der Psychologen, Sozialarbeiter und Sozialpädagogen kommt somit in der Wertung der Verfassung ein höherer Rang zu als der Schweigepflicht der Ärzte. Ein Wertungswiderspruch besteht darin, dass das BVerG trotz der höheren Schutzbedürftigkeit psychosozialer Daten die gesetzliche Regelung, die nur Ärzten, nicht aber den SA/SP ein Zeugnisverweigerungsrecht im Strafverfahren einräumt, für verfassungsgemäß gehalten hat (dazu Papenheim in: Lehmann, 2002, 285 ff)

Absoluter Schutz des Kernbereichs der privaten Lebensgestaltung (Intimsphäre)

Absolut geschützt gegen jeden staatlichen Eingriff ist der Kernbereich der privaten Lebensgestaltung. Zu ihm gehören Tagebuchaufzeichnungen, Selbstgespräche und Gespräche in der Privatwohnung mit engsten Familienangehörigen und anderen Personen des besonderen Vertrauens, wie Freunde und Bekannte, aber auch Berufsgeheimnisträger. Jede Erhebung von Daten der Intimsphäre ist unzulässig, jede Verwendung ausgeschlossen. Unzulässigerweise erhobene Daten müssen sofort gelöscht werden. Ausnahmen können nach der Rechtsprechung allenfalls dann gelten, wenn es um die Aufklärung von Kapitalverbrechen geht (zu weiteren Einzelheiten und Einschränkungen → BVerfG, 3.3.2004, NJW 2004, 999; BVerfG, 23.11.2006, NJW 2007, 1194; BGH, 10.8.2005, NJW 2005, 3295).

Im sozialarbeiterischen Alltag ist die Intimsphäre unantastbar.

31.2 Rechtsgrundlagen des Datenschutzes für SA/SP

Das informationelle Selbstbestimmungsrecht und berufliche Vertrauensbeziehungen werden durch verschiedene gesetzliche Vorschriften über Datenschutzpflichten der Träger, über Schweigepflichten bestimmter Personengruppen und über Zeugnisverweigerungsrechte geschützt. Diese gelten teilweise für alle Mitarbeiter/innen öffentlicher und freier Träger und zum anderen Teil nur für bestimmte Personengruppen und für bestimmte Bereiche.

Die Darstellung ist wegen der großen Zahl gesetzlicher Vorschriften auf Regelungen beschränkt, die für die soziale Arbeit besonders bedeutsam sind.

	Sozialleistungs-träger	Sonstige öffent-liche Träger	Freie Träger
Allgemeine Pflicht (Mitarbeiter/innen, Träger)	§ 823/§ 831 BGB (bei privatrecht-licherTätigkeit)	§§ 823/§ 831 BGB (bei privatrecht-licherTätigkeit)	§ 823 BGB § 831 BGB
Amtspflicht der Mitarbeiter/innen	§ 839 BGB/ Art. 34 GG	§ 839 BGB/ Art. 34 GG	
Pflicht des Trägers zum Datenschutz	§ 35 SGB I, §§ 67 ff. SGB X und bereichsspezifische Regelungen wie §§ 61 – 68 SGB VIII	Bundes-/Landesda-tenschutzgesetz und bereichsspezifische Regelungen wie § 30 VwVfG	Nebenpflicht aus dem Beratungs-, Behandlungs-, Heimvertrag
Pflicht katholischer Rechtsträger			Anordnung über den kirchlichen Datenschutz
Pflicht katholischer Rechtsträger der Jugendhilfe			Anordnung über den Sozialdatenschutz in der katholischen freien Jugendhilfe
Pflicht evangelischer Rechtsträger			Kirchengesetz über den Datenschutz der Evangelischen Kirche
Arbeits/dienst-rechtliche Pflicht der Mitarbeiterin	Nebenpflicht aus dem Arbeitsvertrag	Nebenpflicht aus dem Arbeitsvertrag	Nebenpflicht aus dem Arbeitsvertrag
Strafrechtliche Pflicht der SA/SP, Gehilfen, Berufs-praktikanten	§ 203 Abs.1 und 3 StGB § 85 SGB X	§ 203 Abs.1 und 3 StGB § 43 BDSG	§ 203 Abs.1 und 3 StGB
Strafrechtliche Pflicht sonstiger Mitarbeiter/innen	§ 203 Abs. 2 StGB § 85 SGB X	§ 203 Abs. 2 StGB § 43 BDSG	
Sonstige strafrechtliche Pflichten	§ 201 StGB - Briefgeheimnis §§ 202, 206 StGB - Telefon- und Telekommunikationsgeheimnis		

32.0 STRAFRECHTLICHE SCHWEIGEPFLICHT (§ 203 StGB

Der Gesetzgeber hat dem SA/SP als Berater in psychosozialen Schwierigkeiten genau so wie dem Arzt als Berater in Fragen der Gesundheit, dem Rechtsanwalt als Rechtsberater und dem Psychologen als Berater in psychischen Schwierigkeiten in § 203 Abs. 1 StGB eine persönliche Schweigepflicht auferlegt.

SA/SP gehören damit zu den Berater/innen, denen der Gesetzgeber für den Fall der Verletzung Geld- oder Freiheitsstrafe bis zu einem Jahr androht. Die Vorschrift hat ihre Bedeutung aber nicht so sehr wegen der Bedrohung, die sie enthält, sondern vorwiegend wegen des Schutzes, den sie Ratsuchenden und den SA/SP gegen Auskunftsverlangen Dritter bietet.

32.1 Anwendungsvoraussetzungen des § 203 Absatz 1 StGB

1. Anwendungsvoraussetzung: Zugehörigkeit zu den schweigepflichtigen Personen

Angehörige bestimmter Berufe und bestimmte Berater/innen

Die strafrechtliche Schweigepflicht gilt für die in § 203 Abs. 1 Nr. 1 - 6 StGB genannten Personen, also für Psychologen und SA/SP im öffentlichen Dienst, im Dienst freier Träger und sonstiger Arbeitgeber sowie für selbständig tätige Psychologen und SA/SP, ferner für die in den Nr. 4 und 4a genannten Berater/innen.

Personen, die von § 203 Abs. 1 StGB nicht erfasst sind, wie z. B. Erzieherinnen, Diplom-Pädagogen und die Angehörigen anderer nicht ausdrücklich genannter Berufe, können nach § 203 Abs. 1 StGB nicht bestraft werden, jedoch nach § 203 Abs. 2 StGB, wenn sie im öffentlichen Dienst stehen.

Berufsmäßige Gehilfen und Personen in Vorbereitung auf den Beruf

Schweigepflichtig sind auch die berufsmäßig tätigen Gehilfen der SA/SP und die Personen, die bei ihnen zur Vorbereitung auf den Beruf tätig sind. Nicht abschließend geklärt ist, ob dazu außer Berufspraktikanten auch die im Rahmen einer Schul- oder Hochschulausbildung tätigen Studenten im Vor-, Zwischenpraktikum und im Praxissemester gehören (§ 203 Abs. 3 StGB).

Schweigepflicht der Mitarbeiter in der Jugendhilfe

Der Gesetzgeber hat in § 65 SGB VIII allen Mitarbeitern der Träger der **öffentlichen Jugendhilfe**, also auch Erzieherinnen, Diplom-Pädagoginnen, Mitarbeitern in der Verwaltung und Hauswirtschaft, eine persönliche Schweigepflicht auferlegt, die der Schweigepflicht aus § 203 StGB in den Voraussetzungen ähnlich ist. Die Jugendämter sollen in Vereinbarungen mit **freien Trägern** der Jugendhilfe sicherstellen, dass diese die personenbezogenen Daten in entsprechender Weise schützen. Somit unterliegen – bei entsprechender Vereinbarung - auch alle Mitarbeiter in der Jugendhilfe freier Träger unabhängig von ihrer Ausbildung und Tätigkeit der Schweigepflicht gemäß § 65 SGB VIII.

Die folgenden Abschnitte zu den **Anwendungsvoraussetzungen** des § 203 StGB gelten deshalb entsprechend für die Schweigepflicht der Mitarbeiter in der öffentlichen und der freien Jugendhilfe. Jedoch ist zu beachten, dass die §§ 8a und 65 SGB bei Gefährdung des Kindeswohls weitergehende **Übermittlungsbefugnisse bzw. Übermittlungspflichten** vorsehen (→ 32.4).

2. Anwendungsvoraussetzung: "fremdes Geheimnis"

Informationspflicht des SA/SP über seine Rolle (Transparenzgebot)

SA/SP sind verpflichtet, bei jedem Kontakt zunächst klarzustellen, in welcher Rolle sie auftreten, weil für die Betroffenen oft nicht zu unterscheiden ist, ob sie es mit ermittelnden und kontrollierenden Behördeninformanten oder mit schweigepflichtigen und vertrauenswürdigen persönlichen Berater/innen zu tun haben. Diese Pflicht ist zwar nur in § 62 Abs. 2 SGB VIII für den Bereich der öffentlichen Kinder- und Jugendhilfe gesetzlich festgelegt, ergibt sich aber aus dem für den gesamten Datenschutz geltenden Transparenzgebot und gilt insbesondere dann, wenn der SA/SP eine Ermittlungs-, Kontroll- bzw. Berichtspflicht hat.

Beispiele für Berichts- und Ermittlungsaufgaben: Berichtspflichten gegenüber dem Jugend-, dem Familien- und dem Vormundschaftsgericht (§ 50-52 SGB VIII), Kontroll- und Aufsichtspflichten gegenüber Pflegeeltern (§ 44 Abs. 3 SGB VIII) im Rahmen der Hilfen außerhalb der eigenen Familie (§ 37 Abs. 3 SGB VIII) und der Heimaufsicht (§§ 45 ff. SGB VIII),

Ermittlungspflichten im Rahmen der Aufgaben nach SGB II und SGB XII wie Prüfung der Einkommensverhältnisse, des Vorliegens eine eheähnlichen gemeinschaft, der Notwendigkeit einer Erstausstattung, der Pflegebedürftigkeit usw.

Begriff des Geheimnisses

Die Schweigepflicht umfasst fremde Geheimnisse. Als fremdes Geheimnis ist jede auf eine andere natürliche oder juristische Person bezogene Tatsache mit Ausnahme der Tatsachen anzusehen, die offenkundig oder jedermann ohne weiteres zugänglich sind. Offenkundig sind solche Tatsachen, von denen verständige und erfahrene Menschen ohne weiteres Kenntnis haben oder von denen sie sich jederzeit durch Benutzung allgemein zugänglicher, zuverlässiger Quellen unschwer überzeugen könne. Allgemein zugänglich sind Zeitschriften, Bibliotheken, Adreß- und Telefonbücher etc. Öffentliche Register gehören dann nicht zu den allgemein zugänglichen Quellen, wenn die Einsichtnahme von einem berechtigten Interesse abhängig ist (BGH, NJW 2003, 226).

Somit liegt ein Geheimnis regelmäßig vor, wenn eine Information weitergegeben wird, die dem Adressaten noch nicht bekannt war (so auch Proksch, 1996, 162).

Tatsachen

Zu den Tatsachen, die ein Geheimnis sein können, gehören Name, Vorname, Alter, Beruf, Krankheiten, Probleme, Verhaltensweisen, Alkoholkonsum, Charaktereigenschaften, auch Meinungen, Wertungen, Diagnosen, Prognosen. Es kommt nicht darauf an, ob die Information richtig ist und ob sie bewusst gegeben wird.

Beispiele: Ein Geheimnis ist die Tatsache, dass ein SA/SP in einer Erziehungsberatungsstelle eine bestimmte Telefonnummer gewählt hat (BAG NDV 1987, 33), ferner die Tatsache, dass eine Frau einen Arzt oder eine Beratungsstelle aufgesucht hat (BGH, 17. 2. 2005, ZIP 2005, 727).

Geheimnisse sind die Verhaltensweisen von Jugendlichen in einer Gruppe, der Zustand einer bei einem Hausbesuch besuchten Wohnung. Ein Geheimnis kann auch der Verdacht sein, dass ein Kind sexuell missbraucht wird.

3. Anwendungsvoraussetzung: "anvertraut oder sonst bekanntgeworden"

Anvertrauen in Zusammenhang mit der beruflichen Qualifikation

Nicht alle Tatsachen unterliegen der strafrechtlichen Schweigepflicht, sondern nur diejenigen, die der Schweigepflichtigen in seiner Eigenschaft als SA/SP aufgrund seiner beruflichen Vertrauensstellung erfahren hat.

Anvertraut als Geheimnis sind Tatsachen, die dem SA/SP im Rahmen der persönlichen Hilfe, für die absolute Verschwiegenheit methodische Voraussetzung der Arbeit ist, mitgeteilt werden.

Beispiele: Absolute Verschwiegenheit erwarten die Menschen, die Erziehungs-, Lebens-, Drogen- und ähnliche Beratungsstellen aufsuchen, von dem dort tätigen SA/SP. Aber auch von einem SA/SP im Allgemeinen Sozialdienst oder in einem Heim der öffentlichen Erziehung wird diese Verschwiegenheit erwartet, wenn er als persönlicher Berater angesprochen wird.

"Angesichts der Intimität von Familienhilfe ist elementare Voraussetzung für die Arbeit die Trennung gegenüber allen hoheitlichen Aufgaben und damit gegebenen Kontrollmöglichkeiten. Pflicht und Recht zur Verschwiegenheit gegenüber dem Amt sind unverzichtbar" (Achter Jugendbericht, S. 140).

Sonst bekanntgeworden sind alle Tatsachen, die anders als durch eine bewusste Mitteilung, aber im Zusammenhang mit der persönlichen, beruflichen Vertrauensbeziehung dem SA/SP bekannt werden. Es ist also keine bewusste mündliche oder schriftliche Mitteilung erforderlich (BGH, NJW 2005, 1948). Hat der SA/SP im Rahmen des ihm erteilten Arbeitsauftrages Verschwiegenheit zugesichert, sind alle auf dieser Basis erlangten Informationen als anvertraut anzusehen (Grundsatzthesen des Deutschen Vereins Nr. 29, NDV 1986, 227).

Beispiel: Die Schweigepflicht einer Familienhelferin bezieht sich auf alles, was sie in der Familie sieht, hört oder vermutet (OLG Hamm, FamRZ 1992, 201).

Nicht anvertraut und geheim zu halten sind Informationen, deren Weitergabe für den Betroffenen eindeutig ohne Belang sind bzw. erkennbar an andere Personen bzw. Stellen weitergeben werden sollen.

Beispiel: Beantragt ein Arbeitsloser ergänzende Sozialhilfe bei dem Sozialamt und beauftragt dieses einen SA, die Einkommensverhältnisse zu klären, so ist für den Arbeitslosen erkennbar, dass der SA die Informationen, die er bei einem Hausbesuch erhält, an das Sozialamt weitergeben wird.

Eine Weitergabe von Daten im kollegialen oder gesellschaftlichen Rahmen wird von der Schweigepflicht wegen fehlenden Berufsbezugs nicht erfasst.

Aufklärungspflicht bei unklarer Sachlage

Ist nicht eindeutig, ob eine mitgeteilte Tatsache als Geheimnis anvertraut ist, hat der SA/SP den Betroffenen zu befragen, ob und in welchem Umfang er Kollegen, Vorgesetzte, Vertreter und Nachfolger im Amt die Information erhalten können (BGH, NJW 1992, 737; Deutscher Verein, NDV 1986, 227 Nr. 30).

Beispiel: Spricht ein Arbeitsloser anlässlich der Ausfüllung eines Antrags auf Sozialhilfe schwere psychische Belastungen an, , dass er z. B. äußerst aggressiv reagiere und Frau und Kinder misshandle, muss der SA ihn befragen, ob und mit welchem Ziel die Informationen an das Sozialamt weitergeleitet werden dürfen.

Lässt sich eine Klärung nicht erreichen, z. B. weil der Aufenthalt des Mitteilenden unbekannt ist, ist davon auszugehen, dass ein anvertrautes Geheimnis vorliegt, es sei denn, dass ein Geheimhaltungsinteresse ausgeschlossen werden kann.

Strikte Rollentrennung erforderlich

Die strikte Rollentrennung, die erforderlich wäre, um dem SA/SP Konflikte zu ersparen, ist oft nicht organisatorisch gesichert, aber eine zwingende Forderung an die Anstellungsträger der SA/SP denn der Arbeitgeber eines nach § 203 StGB schweigepflichtigen Arbeitnehmers ist kraft seiner Fürsorgepflicht gehalten, alles zu unterlassen, was den Arbeitnehmer in einen Konflikt mit seiner Geheimhaltungspflicht bringen kann (BAG, NDV 1987, 333; Gutachten des deutschen Vereins, NDV 1997, 22).

4. Anwendungsvoraussetzung: "offenbart"

Begriff des Offenbarens

Offenbart ist ein Geheimnis, wenn es in irgendeiner Weise an einen anderen gelangt ist und vom Empfänger der Mitteilung einer oder mehreren bestimmten Personen zugeordnet werden kann.

Beispiele: Ein Schuldnerberater informiert seine Kollegin über das seltsame Verhalten eines Betreuen.

Eine Sozialarbeiterin lässt Beratungsakten offen auf seinem Tisch liegen, so dass Kollegen, Besucher und Reinigungskräfte sich über das Innenleben der Familen informieren können, die er berät.

Mitteilungen an Kolleginnen, Vorgesetzte, Hilfskräfte

Ein Offenbaren liegt vor bei der Mitteilung an Praktikanten, Kolleginnen, Schreibkräfte, Vorgesetzte, Praxisanleiter, Supervisoren, Arbeitgeber, usw. Deshalb sind derartige Mitteilungen nur zulässig, wenn eine Offenbarungsbefugnis besteht. Dies gilt auch dann, wenn der Empfänger der Mitteilung selbst schweigepflichtig ist.

Beispiel: Die Mitteilung eines Psychologen an die schweigepflichtigen Kollegen im Heimteam über sexuelle Beziehungen des Heimleiters zu einer Klientin stellt eine strafbare Verletzung der Schweigepflicht dar (BayObLG, NJW 1995, 1623).

Die Mitteilung von anvertrauten Geheimnissen an Urlaubs-, Schwangerschafts- und Krankheitsvertretungen und Nachfolger/innen am Arbeitsplatz ist eine grundsätzlich unzulässige Offenbarung (BGH, NJW 1992, 737).

Fall- und Problemerörterung in der Praxis

Die Schweigepflicht verhindert nicht eine Besprechung fachlicher Probleme in Form der Praxisberatung, Teambesprechung, Supervision oder Hilfeplankonferenz, Supervision; denn dafür ist nicht erforderlich, dass die Teilnehmer an der Besprechung wissen, um welche Person es sich handelt. Daraus folgt, dass jeder fachliche Austausch über Problemsituationen möglich ist, wenn infolge Anonymisierung oder Pseudonymisierung nicht erkennbar ist, welche Person das Problem hat.

Beispiel: Schildert eine Sozialarbeiterin die Situation einer psychisch kranken Frau aus ihrem Bezirk bei der Besprechung im Team, so liegt darin keine Offenbarung anvertrauter Geheimnisse, wenn die anderen Teammitglieder die Schilderung nicht auf eine bestimmte Person beziehen können.

In Hilfeplangesprächen/Teamkonferenzen ist der Einzelfall grundsätzlich anonymisiert zu beraten. Ist eine Anonymisierung nicht möglich, muß die Einwilligung der Betroffenen zu einer Übermittlung der personenbezogenen Informationen an die Teilnehmer/innen der Teamkonferenz eingeholt werden (siehe "Empfehlungen des Deutschen Vereins zur Hilfeplanung nach § 36 KJHG", NDV 1994, 317 Abschnitt 7).

Eine Anonymisierung ist sinnlos und ungeeignet, wenn zwar keine Namen genannt werden, die Information es den Empfängern aber ohne besondere Schwierigkeiten ermöglicht, die Personen zu bestimmen, auf die sich die Information bezieht.

Beispiel: Arbeitet eine Sozialpädagogin als Familienhelferin nur in zwei Familien, die den Kolleginnen bekannt sind, können diese ziemlich leicht erkennen, um welche Personen es sich handelt.

In diesem Falle hat der Arbeitgeber des Schweigepflichtigen für qualitätssichernde externe Praxisberatung, Supervision usw. zu sorgen; denn zur fachlichen Qualität gehört der verfassungsrechtlich und spezialgesetzlich gebotenen Schutz der Vertrauensgrundlage in Beratungs- und Hilfebeziehungen.

32.2 Offenbarungsbefugnisse

Nach § 203 Abs. 1 StGB ist nur die **unbefugte** Offenbarung anvertrauter Geheimnisse mit Strafe bedroht. Deshalb scheidet eine Bestrafung aus, wenn eine der in den nächsten Abschnitten dargestellten Offenbarungsbefugnisse besteht.

32.2.1 Einwilligung der Betroffenen

Vorherige Zustimmung

Die Weitergabe anvertrauter Geheimnisse ist allgemein zulässig, wenn die Betroffenen vor der Weitergabe die Einwilligung erteilt haben. Eine nachträgliche Zustimmung beseitigt die Rechtswidrigkeit nicht (OLG Köln, NJW 1993, 793).

Zustimmung der Betroffenen

Die Einwilligung kann nur von der durch das Geheimnis geschützten Person erteilt werden. Sie muss nicht identisch sein mit der anvertrauenden Person.

> *Beispiele: Vertraut eine Ehefrau einer Sozialarbeiterin an, dass ihr Ehemann alkoholgefährdet sei, ist zur Weitergabe dieser Information die Einwilligung des Ehemannes erforderlich. Über die Tatsache, dass die Ehefrau die Alkoholgefährdung behauptet hat, darf die Sozialarbeiterin Dritte nur mit Einwilligung der Ehefrau informieren.*
>
> *Informationen über ihre Arbeit darf eine Familienhelferin nur mit Einwilligung aller Familienangehörigen, die einwilligungsfähig sind, dem Jugendamt mitteilen.*

Bei **Minderjährigen** und sonstigen nicht voll geschäftsfähigen Personen reicht für die Wirksamkeit der Einwilligung die natürliche Einsichts- und Urteilsfähigkeit aus, sofern der höchstpersönliche Lebensbereich betroffen ist (siehe oben 27.2.1.2).

Ausdrückliche, konkludente und mutmaßliche Einwilligung

Die Einwilligung kann ausdrücklich oder durch schlüssiges Handeln (konkludent) erteilt werden. Ist der Anvertrauende nicht erreichbar, ist eine Weitergabe ausnahmsweise erlaubt, wenn seine Einwilligung zu vermuten ist (BGHZ 29, 46).

> *Beispiel: Eine konkludente Zustimmung darf angenommen werden, wenn ein Drogenabhängiger darüber informiert wird, dass der Berater im Team wichtige Fragen einzelner Abhängiger erörtern will und der Drogenabhängige dagegen keine Bedenken erhebt (empfehlenswert ist aber, bei brisanten Informationen nachzufragen, ob das Team informiert werden darf).*

Unzulässige pauschale Einwilligungserklärungen

Eine Einwilligung ist unwirksam, wenn der Betroffene nicht weiß und wissen kann, auf welche Informationen sich die Einwilligung bezieht.

Pauschale Einwilligungserklärungen und solche, die sich auf zukünftige ungewisse Ereignisse und Handlungen beziehen, sind deshalb grundsätzlich unwirksam (BGH, NJW 1986, 46; Däubler, BDSG 2006, § 4a Rn 18). Unzulässig sind aus diesem Grunde die überaus beliebten Vorabpauschaleinwilligungen. Sie sind auch fachlich bedenklich, weil sie den Betroffenen das Selbstbestimmungs – und Mitgestaltungsrecht nehmen und insoweit entmündigen.

> *Beispiele: Eine ASD-Mitarbeiterin lässt sich die Einwilligung zur Weitergabe der über die Familie vorhandenen mehrbändigen Akte an die Jugendgerichtshilfe geben, obwohl die Familienangehörigen nicht wissen, welchen Inhalt die Akte hat.*
>
> *Ein Jugendamt verlangt von allen Personensorgeberechtigten, die erzieherische Hilfen erhalten wollen, dass sie den SA/SP der freien Träger, die wunschgemäß die Hilfe erbringen, die Einwilligung erteilen, regelmäßig über die Familien zu berichten (dazu Maas, 1996, S. 295).*

32.2.2 Pflicht zur Anzeige geplanter schwerer Straftaten (§ 138 StGB)

Ausnahmsweise Pflicht zur Anzeige geplanter schwerer Straftaten
Wird einer SA/SP anvertraut, dass eine der in § 138 StGB abschließend aufgezählten Straftaten geplant wird und noch verhindert werden kann, ist sie zur Anzeige gegenüber der Behörde, z.b. der Polizei, oder gegenüber der bedrohten Person verpflichtet.

Beispiel: Erklärt ein Jugendlicher der Sozialarbeiterin, die in der Jugendberatungsstelle eines freien Trägers arbeitet, dass er älteren Frauen am Postamt die Taschen wegreißen wolle, besteht eine Anzeigepflicht, weil der Jugendliche eine anzeigepflichtige Straftat, nämlich einen Raub plant (§ 249 StGB).

Erklärt er weiter, dass er am Vortage einem Touristen die Geldbörse gestohlen habe, besteht insoweit keine Anzeigepflicht, weil einmal die Tat bereits ausgeführt ist und zum anderen der Diebstahl nicht zu den anzeigepflichtigen Straftaten gehört.

Straftaten, deren Planung nach § 138 Strafgesetzbuch	
Anzeigepflichtig ist	**nicht anzeigepflichtig ist**
1. Vorbereitung eines Angriffskriegs, Hochverrat, Landesverrat,	1. Vergewaltigung, sexueller Missbrauch,
2. Geld- oder Wertpapierfälschung,	2. Körperverletzung,
3. Anwerbung oder Entführung in das Ausland, um das Opfer dort zu sexuellen Handlungen zu nötigen,	3. Kindesentziehung,
	4. Diebstahl, schwerer Diebstahl, Unterschlagung,
4. Mord, Totschlag oder Völkermord,	5. Begünstigung und Hehlerei,
5. Menschenraub, Verschleppung in das Ausland, Erpresserischer Menschenraub und Geiselnahme,	6. Betrug und Urkundenfälschung,
	7. Hausfriedensbruch und Sachbeschädigung,
6. Raub, räuberische Erpressung,	8. Falsche uneidliche Aussage und Meineid,
7. Gemeingefährliche Straftaten wie Brandstiftung, Eingriffe in den Bahn-, Schiffs- oder Straßenverkehr, um einen Unglücksfall herbeizuführen.	9. Verstöße gegen das Betäubungsmittelgesetz

Keine Befugnis zur Anzeige begangener Straftaten
SA/SP sind in aller Regel nach § 203 StGB auch zur Verschwiegenheit verpflichtet, wenn ihnen anvertraut wird, dass die anvertrauende oder eine andere Person eine Straftat begangen hat, selbst wenn es sich um Mord, Vergewaltigung, Diebstahl oder Betrug handelt.

Beispiel: Gegen § 203 StGB verstößt eine Sozialarbeiterin, die ihren Vorgesetzten informiert, nachdem sie in einem Gespräch mit einer alleinerziehenden Frau über Erziehungsprobleme erfahren hatte, dass diese eine Beschäftigung ausübt und dadurch Einnahmen erzielt, die sie der Arbeitsagentur nicht anzeigt.

Besteht zwar keine Anzeigepflicht, aber die konkrete Gefahr, dass durch eine geplante Straftat ein anderer erheblich gefährdet wird, kann sich eine Offenbarungsbefugnis aus § 34 StGB (→ 32.2.3) und im Falle der Gefährdung eines Kindes für Mitarbeiter in der Jugendhilfe eine Mitteilungspflicht aus § 8a SGB VIII ergeben (→ 32.4).

32.2.3 Befugnis zur Offenbarung zur Abwendung einer gegenwärtigen Gefahr (§ 34 StGB)

Befugnis zur Offenbarung, keine Offenbarungspflicht

Im Falle einer gegenwärtigen Gefahr für das Leben, die Gesundheit, die Freiheit, das informationelle oder das sexuelle Selbstbestimmungsrecht oder ein anderes wichtiges Rechtsgut sind SA/SP berechtigt, aber nicht verpflichtet, ohne Einwilligung der Betroffenen eine dritte Person oder Stelle über anvertraute Geheimnisse zu informieren (BGH, NJW 2005, 1948).

Es ist in die persönliche Entscheidung des Schweigepflichtigen gestellt, ob er das anvertraute Geheimnis unter Bruch der Schweigepflicht Dritten mitteilt, um die Gefahr abzuwenden, oder ob er schweigt, weil er hofft, dass ein Schaden nicht eintritt.

Für Mitarbeiter der Jugendhilfe besteht unter den Voraussetzungen des § 8a SGB VIII eine Pflicht zur Information Dritter (→ 32.2.4).

Voraussetzungen des rechtfertigenden Notstandes

Gerechtfertigt ist die Offenbarung eines anvertrauten Geheimnisses nur unter folgenden Voraussetzungen.

▶ Es muss eine **gegenwärtige Gefahr** bestehen.

Diese Voraussetzung ist erfüllt, wenn ein Schaden in allernächster Zeit eintreten kann, aber z. B. nicht erfüllt, wenn die Gefahr breits abgewendet ist.

Die Feststellung, ob eine Gefahr gegeben ist und wie wahrscheinlich der Eintritt eines Schadens ist, erfordert eine **auf Fachwissen gestützte Prognose in der konkreten Handlungssituation**. Die bloße Möglichkeit eines Schadens reicht nicht aus. Der Eintritt eines Schadens muss "naheliegen", in eine bedrohliche Nähe" gerückt sein. Zum Beurteilungsspielraum bei fachlichen Prognosen siehe 21.5.3).

▶ Bei einer **Abwägung** überwiegt das zu schützende Interesse das beeinträchtigte wesentlich.

Beispiel: Vertraut eine alleinerziehende Frau einer Sozialpädagogin an, dass ihr Mann sie häufig misshandelt, so hat die Sozialpädagogin abzuwägen, ob der Schutz der Frau durch Einschaltung der Polizei oder der Bruch der Schweigepflicht schwerer wiegt. Sie muss u.a. bedenken, dass die Frau grundsätzlich selbst zu bestimmen hat, ob und welche Problemlösung sie wählt und dass der Bruch der Schweigepflicht dazu führen kann, dass die Frau zukünftig sich Sozialpädagogen nicht mehr anvertraut und dadurch langfristig nicht geschützt werden kann.

▶ Der Geheimnisbruch ist ein **angemessenes Mittel**, die Gefahr abzuwenden. Nicht angemessen ist der Geheimnisbruch, wenn er nicht geeignet oder nicht erforderlich ist, um die Gefahr abzuwenden.

Beispiel: Zulässig kann es sein, dass ein Sozialarbeiter das Gesundheitsamt gegen den Widerstand einer psychisch kranken Betroffenen darüber informiert, dass Hilfen oder Maßnahmen erforderlich erscheinen, um eine erhebliche Selbstgefährdung abzuwenden.

§ 34 StGB begründet keine Offenbarungspflicht, sondern nur eine Offenbarungsbefugnis. Deshalb handeln SA/SP rechtmäßig, wenn sie trotz erheblicher akuter Gefährdung nach sorgfältiger fachlicher Prüfung zu dem Ergebnis kommen, dass die Einschaltung von Dritten ohne Einwilligung der Betroffenen langfristig voraussichtlich schädliche Folgen haben wird.

32.2.4 Pflicht zur Offenbarung bei akuter Gefährdung (§ 323c StGB)

Eine Offenbarungspflicht besteht ausnahmsweise dann, wenn Leben, Gesundheit, Freiheit oder die sexuelle Selbstbestimmung eines Menschen akut gefährdet sind und eine - auf das absolut Notwendige beschränkte - Offenbarung den Schaden verhindern kann (unterlassene Hilfeleistung nach § 323 c StGB). Die Offenbarung darf nur darauf gerichtet sein, die akute Gefährdung abzuwenden, und keine anderen Ziele verfolgen.

Beispiel: Findet ein Drogenberater bei einem Hausbesuch einen Fixer bewusstlos vor, ist er berechtigt, einen Arzt zu informieren, weil dieser die Lebens - bzw. Gesundheitsgefahr abwenden kann. Er ist in diesem Falle nicht berechtigt, die Polizei zu informieren, weil die Polizei dem Bewusstlosen nicht helfen kann, sondern ein Strafverfahren einleiten muss.

32.2.5 Befugnis- bzw. Pflicht zur Offenbarung aufgrund des Erziehungsrechts der Eltern

Elternrecht
Mitarbeiter/innen öffentlicher Träger sind durch Art. 6 Abs. 2 GG, §§ 1 Abs. 2 und § 9 SGB VIII verpflichtet, das Erziehungsrecht der Eltern zu beachten. Das Bundesverfassungsgericht hat daraus eine sehr weitgehende Informationspflicht der öffentlichen Träger gegenüber den Eltern abgeleitet (NJW 1982, 1375; kritisch dazu Frommann in Sozialdatenschutz, 182 ff.).

Recht des Kindes
In der Praxis der Jugendhilfe wird immer wieder festgestellt, dass jede Hilfe durch Beratung für Jugendliche aus Problemfamilien bzw. mit entwicklungsbedingten Problemen unmöglich ist, wenn die Beraterinnen ohne Einwilligung des Jugendlichen die Eltern informieren. Bei einem Konflikt zwischen Elternrecht und Kindeswohl hat das Wohl des Kindes Vorrang (BVerfG, NJW 1988, 125). Deshalb darf eine Information der Eltern unterbleiben, wenn dadurch der Beratungszweck vereitelt würde (§ 8 Abs. 3 SGB VIII).

Freie Träger
Die Regelung des SGB VIII gilt unmittelbar nur für die öffentliche Jugendhilfe, kann aber sinngemäß auch von SA/SP bei freien Trägern herangezogen werden.

32.2.6 Befugnis zur Offenbarung nach dem Tod des Betroffenen

Mit dem Tode des Betroffenen erlischt dessen Persönlichkeitsrecht. Es geht nicht auf die Erben über.

Demgemäß bestimmt das Gesetz, dass die Verpflichtung zur Verschwiegenheit auch nach dem Tod des Betroffenen besteht (§ 203 Abs. 4 StGB – postmortaler Persönlichkeitsschutz). Daraus folgt, dass eine Geheimnisoffenbarung nach dem Tod des Betroffenen grundsätzlich rechtswidrig ist. Für die ärztliche Schweigepflicht wird angenommen, dass die Hinterbliebenen nicht über den Persönlichkeitsbereich des Verstorbenen verfügen können, dass aber der Arzt als Zeuge in Nachlassangelegenheiten zur Aussage verpflichtet sein kann, wenn es um „vermögenswerte Geheimnisse" geht (BGH, NJW 1983, 2627; a. A. OLG Naumburg, NJW 2005, 2017 und Spickhoff, NJW 2005, 1982, die auf die mutmaßliche Einwilligung des Verstorbenen abstellen).

32.2.7 Sonstige Offenbarungsbefugnisse/-pflichten

Im übrigen kann sich eine Offenbarungspflicht aus speziellen gesetzlichen Vorschriften, überragenden Interessen des Gemeinwoh oder vorrangigen Belangen Dritter ergeben, wenn dem Interesse an der Mitteilung der Vorrang vor dem individuellen Interesse an der Geheimhaltung einzuräumen ist. Beispielsweise seien genannt:

- **Aussage als Zeuge**: Die Pflicht, in einem Gerichtsverfahren als Zeuge eine Aussage zu machen, ist eine allgemeine staatsbürgerliche Pflicht, die durch Vorschriften in den Prozessordnung konkretisiert wird. Diese Pflicht ist aber für Angehörige sozialer Berufe in sehr unterschiedlicher Weise eingeschränkt (→ 36.0).

- **Auskunft aus Verzeichnis**: Die Leiter von Krankenhäusern, Pflegeheimen und ähnlichen Einrichtungen sind verpflichtet, den nach Landesrecht zuständigen Behörden Angaben über die Identität der aufgenommenen Personen zu machen. Die Angaben dürfen nur zur Abwehr einer erheblichen und gegenwärtigen Gefahr, zur Verfolgung von Straftaten oder zur Aufklärung des Schicksals von Vermissten und Unfallopfern erforderlich ist (§ 16 Abs. 2 Melderechtsrahmengesetz und Meldegesetze der Länder). Im Umkehrschluss ergibt sich aus dieser Regelung, dass alle anderen Einrichtungen nicht zu Angaben über die Identität der aufgenommenen Personen verpflichtet sind.

- **Meldung einer ansteckenden Krankheit**: Die Leiter von Heimen, Lagern, Sammelunterkünften und ähnlichen Einrichtungen sind verpflichtet, das zuständige Gesundheitsamt zu informieren, wenn eine meldepflichtige Krankheit auftritt (§§ 6 ff. Infektionsschutzgesetz). Eine HIV-Infektion und eine AIDS-Erkrankung sind nicht meldepflichtig.

- **Mitteilung des Abbruchs der Drogentherapie**: Die behandelnden Personen in Drogentherapieeinrichtungen sind verpflichtet, den Strafrichter zu informieren, wenn ein Patient die Behandlung abbricht (§ 35 Abs. 4 Satz 2 BtMG).

- **Prüfung durch Rechnungshöfe**: Akten müssen von freien Trägern, die Zuwendungen öffentlicher Träger erhalten haben, den Rechnungshöfen zur Prüfung gemäß den haushaltsrechtlichen Vorschriften - z. B. §§ 23, 44, 91 Landeshaushaltsordnung NW - vorgelegt werden, auch wenn sie anvertraute Geheimnisse im Sinne von § 203 StGB enthalten (BVerfG, NJW 1997, 1634). Deshalb ist eine Trennung der Daten, die der Prüfung unterliegen, und der sonstigen Daten zweckmäßig und geboten.

- **Wahrung berechtigter Interessen**: Der Schweigepflicht unterliegende anvertraute Geheimnisse dürfen in entsprechender Anwendung des § 193 StGB offenbart werden, wenn und soweit dies erforderlich ist, um berechtigte eigene oder fremde Interessen zu wahren z. B. um sich gegen unberechtigte Vorwürfe des Anvertrauenden zu schützen oder um Geldforderungen in Verwaltungs- oder Gerichtsverfahren durchzusetzen.

32.2.8 Innerdienstliche Schweigepflicht

Die grundsätzlich bestehende arbeits/dienstrechtliche Pflicht des SA/SP, den Dienstherrn über alle dienstlich bedeutsamen Tatsachen aufzuklären, kann eine Verletzung der strafrechtlichen Schweigepflicht nicht rechtfertigen; denn ein Arbeitgeber hat nicht die Rechtsmacht, staatliche Rechtsvorschriften über die Strafbarkeit eines Verhaltens, das der Gesetzgeber für sozialschädlich hält, für seinen Bereich außer Kraft zu setzen.

Dies ist vom Bundesarbeitsgericht für einen bei einem Landkreis tätigen Psychologen eindeutig entschieden worden, gilt aber in gleicher Weise für die SA/SP im öffentlichen Dienst und im Dienst freier Träger:

"Der Arbeitgeber ist kraft seiner Fürsorgepflicht gegenüber dem angestellten Psychologen gehalten, alles zu unterlassen, was diesen in Konflikt mit seiner Geheimhaltungspflicht bringen kann. Er darf .... nicht Auskunft darüber verlangen, wer ihn in seiner Eigenschaft als Berater in Anspruch genommen hat. Er muss die Arbeitsbedingungen so gestalten, dass der angestellte Diplom-Psychologe seiner Geheimhaltungspflicht auch nachkommen kann und bei Erfüllung seiner Arbeitspflicht mit den ihm zur Verfügung gestellten Arbeitsmitteln nicht notwendig und unvermeidbar von ihm zu wahrende Geheimnisse offenbart." (BAG NDV 1987, 333).

Nicht selten kommt es zu Konflikten zwischen SA/SP, die im Vertrauensverhältnis zu Klienten stehen, und ihren Arbeitgebern, die darin eingreifen wollen. Es ist ein unerträglicher Zustand, dass SA/SP oft nur die Wahl haben zwischen der Gefährdung bzw. dem Verlust ihres Arbeitsplatzes und dem Vertrauensbruch gegenüber dem Klienten. Dieser ist nicht nur beruflich und menschlich unanständig, sondern kann auch zu einer strafrechtlichen Verurteilung führen (Busch, 1997, 81; Deutscher Verein, NDV 1997, 22).

32.3 Schweigepflicht nach § 203 Abs. 2 StGB

Schweigepflichtige Personen

§ 203 Abs. 2 StGB erweitert den Kreis der Schweigepflichtigen. In die strafrechtliche Schweigepflicht werden Amtsträger und für den öffentlichen Dienst besonders Verpflichtete einbezogen, auch wenn sie nicht die Ausbildungsvoraussetzungen erfüllen, die in Absatz 1 genannt sind. Sie sind wie die nach Absatz 1 Schweigepflichtigen verpflichtet, anvertraute fremde Geheimnisse nicht unbefugt zu offenbaren.

Nach dieser Vorschrift unterliegen der erweiterten Schweigepflicht z. B. die im öffentlichen Dienst tätigen Diplom-Pädagogen, Heilpädagogen, Erzieher, Familienhelfer (siehe Maas NDV, 1986, 359). Aber auch Sachbearbeiter mit Verwaltungsausbildung und Polizisten können sich nach Absatz 2 strafbar machen. Allerdings setzt die Bestrafung voraus, dass der Betroffene einen Strafantrag stellt (§ 205 StGB).

Beispiel: Ein Polizist, der im Polizeicomputer die Vorstrafen seines Nebenbuhlers ermittelt und darüber seine Frau und seine Schwiegermutter informiert, wird zu einer Geldstrafe von 60 Tagessätzen verurteilt (OLG Koblenz, 3.6.2008, NJW 2008, 2794)

Die Schweigepflicht verletzt ein Sozialarbeiter, der eine Liste der ihm bekannten Spätaussiedler einer Möbelfirma aushändigt.

Ausweitung der Schweigepflicht auf alle personenbezogenen Daten

Die Schweigepflicht nach Absatz 2 erfasst nicht nur Geheimnisse, sondern alle personenbezogenen Daten. Unzulässig ist also auch die Offenbarung von Daten, die weder allgemein bekannt noch offenkundig sind (BGH, NJW 2003, 226).

Beispiel: Die Schweigepflicht wird verletzt, wenn ein Sozialarbeiter eine Liste der ihm bekannten Spätaussiedler einer Möbelfirma aushändigt.

Erleichterte Datenweitergabe innerhalb der öffentlichen Verwaltung

Im Unterschied zu den in Abs. 1 genannten Personen, die auch innerdienstlich zum Schweigen verpflichtet sind, dürfen die von Abs. 2 erfassten Personen anvertraute Geheimnisse offenbaren, wenn dies zur Erfüllung der Aufgaben der öffentlichen Verwaltung erfolgt und das Gesetz dies nicht untersagt.

Eingeschränkt wird die Datenweitergabe innerhalb der öffentlichen Verwaltung aber durch die Vorschriften über die allgemeinen Vorschriften über den Sozialdatenschutz (→ 33.0) und über den Datenschutz und die Schweigepflicht in der Kinder- und Jugendhilfe (34.0).

Ausgenommen von der Mitteilungspflicht sind generell Einzelangaben über die Intimsphäre der Betroffenen; denn diese genießt absoluten Schutz gegen jeden staatlichen Eingriff (BVerfGE, 80, 367, 373; 89, 69, 82 f.).

32.4 Schweigepflicht im Bereich der Kinder- und Jugendhilfe

Persönliche Schweigepflicht aller Mitarbeiter/innen

Im Bereich der **öffentlichen Kinder- und Jugendhilfe** besteht eine persönliche Schweigepflicht für **alle Mitarbeiter**, denen Sozialdaten zum Zweck persönlicher und erzieherischer Hilfe anvertraut werden.

Persönliche und erzieherische Hilfe

Persönliche und erzieherische Hilfe wird nicht nur in besonderen Einrichtungen wie z.B. in Erziehungsberatungsstellen erwartet und geleistet, sondern auch im Kindergarten, im ASD oder im Rahmen der Familien- oder Jugendgerichtshilfe.

Weitergabebefugnisse

Zur Weitergabe von persönlich anvertrauten Sozialdaten sind die Mitarbeiter befugt,

► mit der Einwilligung dessen, der die Daten anvertraut hat,

► unter den Voraussetzungen, unter denen eine Weitergabe nach § 203 StGB zulässig wäre,

Insoweit besteht kein Unterschied zu den Offenbarungsbefugnissen gemäß § 203 StGB (→ 32.2).

Verfahren bei Gefährdung eines Kindes

Bei Vorliegen gewichtiger Anhaltspunkte für die Gefährdung eines Kindes oder Jugendlichen ist das Jugendamt verpflichtet, wie folgt zu verfahren:

• Es hat eine **Abschätzung des Gefährdungsrisikos** durchzuführen. Diese Abschätzung ist durch mehrere geeignete Fachkräfte durchzuführen (§ 8a Abs. 1 Satz 1 SGB VIII). Diese dürfen auch dann über die Gefährdungssituation informiert werden, wenn insoweit an sich eine Schweigepflicht besteht. Gehören sie nicht dem Jugendamt an, sind die Informationen zu anonymisieren oder zu pseudonymisieren, soweit die Aufgabenerfüllung dies zulässt (§ 64 Abs. 2a SGB VIII).

Eine Information und Beteiligung von Nicht-Fachkräften ist nicht vorgesehen (§ 65 Abs. 1 Nr. 4 SGB VIII). Erfolgt sie dennoch, liegt ein Verfahrensfehler vor.

• Die **Personensorgeberechtigten sowie das Kind oder der Jugendliche sind in die Risikoabschätzung einzubeziehen**, soweit dadurch der Schutz des Kindes/Jugendlichen nicht in Frage gestellt wird (§ 8a Abs. 1 Satz 1 SGB VIII).

Beispiel: Im Gespräch mit den Beteiligten oder durch ergänzende Untersuchungen ist abzuklären, welche Gefährdungsmomente bestehen und welche Hilfen in Betracht kommen.

Kann nach der Einschätzung des Jugendamts die Gefährdung durch Gewährung von Hilfen abgewendet werden, sind diese den Personen-/Erziehungsberechtigten anzubieten (§ 8a Abs. 1 Satz 3 SGB VIII).

• Das Jugendamt hat das **Familiengericht anzurufen**, wenn nach seiner Einschätzung die Gefahr durch die Gewährung von Hilfen nicht abgewendet werden kann bzw. die Personen-/Erziehungsberechtigten nicht bereit oder in der Lage sind, bei der Abschätzung des Gefährdungsrisikos mitzuwirken (§ 8a Abs. 3 Satz 1 SGB VIII).

Das Familiengericht entscheidet nach §§ 1666, 1666a BGB.

• Das Jugendamt ist verpflichtet, das Kind oder den Jugendlichen **in Obhut zu nehmen,** wenn eine dringende Gefahr besteht und die Entscheidung des Gerichts nicht abgewartet werden kann (§ 8a Abs. 3 Satz 2 SGB VIII).

Beispiel: Ein zehnjähriges, gerade schwer misshandeltes Mädchen sucht das städtische Kinderheim auf und bittet um Aufnahme

• Soweit zur Abwendung der Gefährdung das Tätigwerden anderer Leistungsträger der Einrichtungen der Gesundheitshilfe oder der Polizei erforderlich ist, hat das

Jugendamt auf die Inanspruchnahme durch die Personensorgeberechtigten hinzuwirken (§ 8a Abs. 4 Satz 1 SGB VIII).

Beispiel: Ist ein Kind psychisch krank, hat das Jugendamt auf die Inanspruchnahme der Hilfen der Gesundheitsbehörden hinzuwirken.

• Besteht eine akute Gefahr, deren Abwendung ein sofortiges Tätigwerden erfordert, **schaltet das Jugendamt** die anderen zur Abwendung der Gefährdung zuständigen **Leistungsträger, Einrichtungen der Gesundheitshilfe oder der Polizei** selbst ein (§ 8a Abs. 4 Satz 2 SGB VIII).

Beispiel: Lehnen die Eltern es ab, ihr psychisch krankes und behandlungsbedürftiges Kind dem Psychiater des Gesundheitsamtes vorzustellen, darf das Jugendamt das Gesundheitsamt informieren.

Ist die sofortige Herausnahme eines Kindes aus einer Familie erforderlich und ergeht keine Entscheidung des Familiengerichts, darf das Jugendamt die Polizei um Hilfe und notfalls Einsatz von Gewalt bitten, um das Kind herauszuholen.

Weitergabebefugnisse bei Gefährdung eines Kindes

Die Mitarbeiter der öffentlichen Jugendhilfe können bei vermutlicher Gefährdung eines Kindes oder Jugendlichen die ihnen gemäß § 8a SGB VIII auferlegten Pflichten auch dann erfüllen, wenn ihnen die Anhaltspunkte für die Gefährdung im Rahmen persönlicher oder erzieherischer Hilfe anvertraut oder sonst bekannt geworden sind. Sie sind berechtigt und verpflichtet, die entsprechenden Sozialdaten weiterzugeben

▶ an andere Fachkräfte, die zum Zweck der Abschätzung des Gefährdungsrisikos hinzuzuziehen sind (§ 65 Abs. 1 Nr. 4 SGB VIII),

▶ an das Vormundschafts- oder Familiengericht (§ 65 Abs. 1 Nr. 2 SGB VIII),

▶ an den Mitarbeiter, der beim Wechsel der Fallzuständigkeit im Jugendamt oder beim Wechsel der örtlichen Zuständigkeit zuständig wird (§ 65 Abs. 1 Nr. 3 SGB VIII),

Dokumentation zur Vermeidung strafrechtlicher Risiken

Es ist zweckmäßig und dringend anzuraten, alle bedeutsamen Fakten und fachlichen Einschätzungen umfassend zu dokumentieren. Die Dokumentation kann Bedeutung haben nicht nur für die Frage, ob Schweigepflichten verletzt sind, sondern auch für die Frage, ob die SA/SP ihre Pflichten aufgrund ihrer strafrechtlichen Garantenstellung erfüllt haben; denn eine Verletzung von Strafvorschriften kann nicht vorgeworfen werden, wenn nachweisbar ist, dass die SA/SP sich so verhalten haben, wie § 8a SGB VIII es vorschreibt.

Anwendung des § 8a Absatz 1 SGB VIII auf freie Träger der Jugendhilfe

Die Regelung des Absatzes 1 des § 8a SGB VIII sollen auch freie Träger der Jugendhilfe anwenden, die auf Wunsch der Personensorgeberechtigten Leistungen erbringen. Darauf hat das Jugendamt die freien Träger zu verpflichten (§ 8a Absatz 2 Satz 1 SGB VIII). Zusätzlich wird bestimmt, dass der freie Träger bei der Abschätzung des Gefährdungsrisikos eine insoweit erfahrene externe Fachkraft hinziehen muss, wenn seine Fachkräfte nicht fachlich qualifiziert sind, die Gefährdung in Misshandlungs- oder Vernachlässigungsfällen zu beurteilen (§ 8a Abs. 2 Satz 1 SGB VIII).

Kann der freie Träger mit seinen Möglichkeiten die Gefährdung nicht abwenden, hat er das Jugendamt zu informieren (§ 8a Abs. 2 Satz 2 SGB VIII). Insoweit besteht demnach für die Mitarbeiter des freien Trägers eine Offenbarungspflicht.

Der freie Träger und seine SA/SP sind nicht befugt, das Familiengericht nach Absatz 3 oder andere Stellen nach Absatz 4 anzurufen. Dies ist grundsätzlich Sache des Jugendamts. Der freie Träger und seine SA/SP sind aber ausnahmsweise gemäß § 34 StGB dazu berechtigt, wenn das Jugendamt – aus finanziellen oder anderen Gründen – trotz akuter erheblicher Gefährdung nicht die notwendigen Maßnahmen ergreift.

32.5 Allgemeine datenschutzrechtliche Schweigepflicht

Auch Mitarbeiter/innen in Bereichen der öffentlichen Verwaltung, die **nicht vom Sozialgesetzbuch erfasst** werden, müssen stets das verfassungsrechtlich geschützte informationelle Selbstbestimmungsrecht der Betroffenen beachten.

Bundesdatenschutzgesetz und Datenschutzgesetze der Bundesländer
Stellen der öffentlichen Verwaltung haben in der Regel das Bundesdatenschutzgesetz bzw. das für sie einschlägige Landesdatenschutzgesetz zu beachten. Hiernach ist die Erhebung, Verarbeitung und Nutzung personenbezogener Daten ohne Einwilligung der Betroffenen nur aufgrund einer Rechtsvorschrift zulässig (§ 4 Abs. 1 BDSG).

Bereichsspezifische Regelungen
Soweit bereichsspezifische Regelungen bestehen, haben diese Vorrang vor dem Bundes- bzw. Landesdatenschutzgesetz.

Bereichsspezifische Regelungen enthalten z. B. das Aufenthaltsgesetz (§§ 86ff.) das Telekommunikationsgesetz mit der Regelung des fernmeldegeheimnisses (§ 88 TKG) und die Polizeigesetze der Länder .

33.0 Schutz der Sozialdaten nach § 35 SGB I

Praxis: *Der Abteilungsleiter in einem Jugendamt fordert die ihm unterstellten SA/SP auf, ihm die Namen und Anschriften der besuchten Familien aufzulisten und die Gesprächsinhalte stichwortartig zu vermerken. (→ 33.4).*

33.1 Allgemeines

Sozialgeheimnis
Die Regelungen über den Schutz der Sozialdaten (§ 35 SGB I und §§ 67 ff. SGB X) sind bereichsspezifische Konkretisierungen des durch die Verfassung gewährleisteten informationellen Selbstbestimmungsrechts (siehe 31.0). Sie „schotten" die Sozialverwaltung von der sonstigen Verwaltung ab, indem sie die Amts- und Rechtshilfepflichten erheblich einschränken und dadurch in Entsprechung zum Steuergeheimnis ein Sozialgeheimnis schaffen.

Bedeutung für SA/SP
Die Vorschriften über den Sozialdatenschutz richten sich an öffentliche Sozialleistungsträger. Alle, die im Dienst dieser Leistungsträger stehen, z.B. in der öffentlichen Jugend- und Sozialhilfe, sind aufgrund ihres Arbeitsvertrags/Beamtenverhältnisses verpflichtet, diese Vorschriften zu beachten (§ 38 BRRG).
Dem Sozialdatenschutz unterliegen auch die personenbezogenen Daten, die keinen Geheimnischarakter haben. Die persönliche Schweigepflicht nach § 203 StGB bzw. § 65 SGB VIII hat Vorrang vor dem Sozialdatenschutz. Somit darf ein SA/SP, dem ein Geheimnis anvertraut wurde, dieses nicht aufgrund der allgemeinen Vorschriften über den Sozialdatenschutz offenbaren (→ 33.6), sondern nur dann, wenn eine Offenbarungsbefugnis gemäß § 203 StGB bzw. § 65 SGB VIII besteht (→ 32.2).

Rechtsgrundlagen des Sozialdatenschutzes
Die allgemeinen Regelungen des Sozialdatenschutzes sind in § 35 SGB I und §§ 67ff. SGB X enthalten.
Für einzelne Sozialleistungsbereiche gelten bereichsspezifische Regelungen, die Vorrang vor den allgemeinen Vorschriften haben:

► §§ 50 ff. SGB II (Stahlmann info-also 2006, 10 + 61),
► §§ 282, 283, 298, 403 SGB III – Arbeitsförderung,
► §§ 284 – 305 SGB V – gesetzliche Krankenversicherung,
► §§ 147 – 152 SGB VI – gesetzliche Rentenversicherung,
► §§ 199 – 208 SGB VII – gesetzliche Unfallversicherung,
► § 8a und §§ 61 – 68 SGB VIII – Kinder- und Jugendhilfe,
► § 10 Abs. 4 SGB IX – Rehabilitation und Eingliederung behinderter Menschen
► §§ 93 – 108 SGB XI – soziale Pflegeversicherung.

Die **Finanzbehörden** dürfen Leistungsträger informieren, wenn ihnen Tatsachen bekannt werden, die als möglich erscheinen lassen, dass Sozialleistungen oder Subventionen zu Unrecht bezogen worden sind (§§ 31 und 93 AO).
Allgemeine **Datenabgleiche zwischen Sozialleistungsträgern, mit Finanz- und anderen Behörden** sind zulässig z. B. aufgrund § 52 SGB II, § § 41 Abs. 4 BAföG, § 37b WoGG.
Beispiel: *Die Bundesagentur für Arbeit überprüfte 2005 die Einkünfte von 7,5 Millionen Leistungsempfängern und stellte bei 2,5 Millionen weitere Einkünfte fest.*

33.2 Anspruch auf Wahrung des Sozialgeheimnisses

Subjektiv-öffentliches Recht auf Schutz der Sozialdaten
Jeder hat nach § 35 SGB I Anspruch darauf, dass die ihn betreffenden Sozialdaten von den Leistungsträgern nicht unbefugt erhoben, verarbeitet oder genutzt werden.

Anspruchsinhaber
Der Anspruch steht **jedem** zu, von dem Daten bei einer Stelle, die zu den öffentlichen Leistungsträgern im Sinne des SGB gehört, bekannt sind. Er ist also nicht auf die Personen beschränkt, die Sozialleistungen beantragen bzw. empfangen.
Beispiel: Der Name eines jungen Mannes, der mit einer Bezieherin von Arbeitslosengeld II zusammenlebt.

Voraussetzungen des Anspruchs auf Wahrung des Sozialgeheimnisses
Der Anspruch auf Wahrung des Sozialgeheimnisses besteht nach § 35 SGB I in Verbindung mit § 67 Abs. 1 SGB X , wenn

▶ ein **Leistungsträger** oder eine andere in § 35 SGB I genannte Stelle (→ 33.2.1),

▶ **Sozialdaten** einer bestimmten oder bestimmbaren natürlichen Person = Betroffener (→ 33.2.2),

▶ für eine **Aufgabe nach dem SGB erhebt, verarbeitet oder nutzt** (→ 33.2.3).

33.2.1 Erste Anspruchsvoraussetzung: **Leistungsträger oder gleichgestellte Verbände und Behörden**

Zum Sozialdatenschutz sind nur die Leistungsträger und die gleichgestellten Verbände und Behörden verpflichtet.

Leistungsträger und Gleichgestellte
Leistungsträger sind die in §§ 18- 29 SGB I jeweils im zweiten Absatz genannten öffentlichen Verwaltungsträger z. B. die Träger der Jugend- und Sozialhilfe, die Agenturen für Arbeit, die gesetzlichen Krankenkassen, die Integrationsämter.
Außerdem gelten als Leistungsträger die Körperschaften, Anstalten und Behörden, die Leistungen aufgrund von Gesetzen zu erbringen haben, die noch nicht in das SGB eingeordnet sind, als besondere Teile des SGB gelten (§ 68 SGB I).
Beispiele: Bundesausbildungsförderungsgesetz, Bundeskindergeldgesetz, Unterhaltsvorschussgesetz, Wohngeldgesetz, Altersteilzeitgesetz.
Für Gesundheitsämter, Landeskrankenhäuser, Wohnungsämter, Ausländerämter, Polizeibehörden, Finanzämter, Zollbehörden, Strafvollzugsanstalten usw. und Gerichte gelten nicht die Vorschriften über den Sozialdatenschutz, sondern das Bundesdatenschutzgesetz bzw. das Landesdatenschutzgesetz und – wenn und soweit vorhanden - bereichsspezifische Datenschutzvorschriften

Freie Träger
Freie Träger sind keine Leistungsträger im Sinne des SGB. Sie sind nicht an die Vorschriften über den Sozialdatenschutz gebunden, sondern unterliegen den einschlägigen privatrechtlichen bzw. kirchlichen Vorschriften. Diese garantieren evtl. einen besseren Schutz des Persönlichkeitsrechtes als der Sozialdatenschutz, der durch Mitteilungspflichten gegenüber Polizei, Ordnungsbehörden, Ausländerämtern, Staatsanwaltschaften und Gerichten immer mehr durchlöchert wird (siehe 33.0 und 35.0).
Bei **freien Trägern der Jugendhilfe**, die auf Wunsch der Leistungsberechtigten leisten, hat das Jugendamt gemäß § 8a und § 61 Abs. 4 SGB VIII sicherzustellen, dass der Schutz der Sozialdaten in entsprechender Weise gesichert ist (33.7.1).

33.2.2 Zweite Anspruchsvoraussetzung: Sozialdaten

Sozialdaten sind Einzelangaben über persönliche oder sachliche Verhältnisse einer bestimmten oder bestimmbaren natürlichen Person (§ 67 Abs. 1 SGB X).
Betriebs- und Geschäftsgeheimnisse stehen Sozialdaten gleich (§ 35 Abs. 4 SGB I).

Einzelangaben über die Verhältnisse natürlicher Personen

Einzelangaben über die persönlichen und sachlichen Verhältnisse einer natürlichen Person sind z.b.

► **objektive Merkmale des Betroffenen** (Name, Anschrift, Alter, Geschlecht, Familienstand, Zahl der Kinder, Arbeitgeber, Einkommen, Bankverbindung, Ausbildung, Titel, Krankheiten, Verhalten, Vorstrafen, Alkoholkonsum usw.),

► **Meinungen und Wertungen der Betroffenen,** die sich auf ihn selbst oder Dritte beziehen (in Anträgen, Beschwerdeschreiben, Widerspruchsschreiben usw.),

► **Meinungen und Wertungen Dritter,** die sich auf den Betroffenen beziehen (Aktenvermerke, Diagnosen, Prognosen, ärztliche, psychologische und sonstige Gutachten).

Es ist nicht erforderlich, dass die Einzelangaben Geheimnischarakter haben. Deshalb müssen auch die Einzelangaben wie ein Geheimnis behandelt werden, die z.b. im Telefonbuch stehen oder sonstwie leicht zu ermitteln sind. Auch kommt es nicht darauf an, ob der Betroffene ein schutzwürdiges Interesse an der Geheimhaltung hat.

Einzelangaben über Betriebs- und Geschäftsgeheimnisse

Betriebs- und geschäftsbezogene Daten werden wie Sozialdaten geschützt, wenn es sich um Betriebs- oder Geschäftsgeheimnisse handelt, d. h. um Tatsachen, die nur einem begrenzten Personenkreis bekannt sind und an deren Geheimhaltung der Betroffene ein schutzwürdiges Interesse hat. Nicht geschützt werden demnach offenkundige Daten wie Name der Firma, Anschrift, Telefonnummer und sonstige Informationen, die sich z. B. aus Prospekten, Jahresberichten und anderen Veröffentlichungen ergeben.

Beispiele für Betriebs- oder Geschäftsgeheimnisse: geplante Maßnahmen, Vermögen, Spendeneinnahmen, kirchliche Zuschüsse an freie Träger, Umsatz, Gewinn, Werbemethoden usw. bei einem selbständig Tätigen.

Anonymisierte, pseudonymisierte und statistische Daten

Werden Sozialdaten so verändert, dass sie nicht mehr oder nur mit unverhältnismäßig großem Aufwand an Zeit, Kosten und Arbeitskraft einer bestimmten oder bestimmbaren natürlichen Person zugeordnet werden können, fehlt ihnen der Personenbezug. Deshalb besteht bei ihnen keine Pflicht zur Geheimhaltung (siehe § 67 Abs. 8 und 9 SGB X).

Beispiele: Eine ASD-Mitarbeiterin darf im Team die Problematik einer Familie darstellen, wenn nicht erkennbar ist, um welche Familie es sich handelt.

Fachgespräche, auch die Hilfeplankonferenzen, sind – entgegen einer weitverbreiteten Praxis - in aller Regel mit anonymisierten bzw. pseudonymisierten Daten durchführbar (→ § 64 Abs. 2a SGB VIII; Deutscher Verein, NDV 1994, 317).

Der Leistungsträger ist verpflichtet, die Anonymisierung/Pseudonymisierung zu ermöglichen, damit einrichtungsintern Praxisberatung, Supervision oder eine andere Form der Qualitätssicherung unter Wahrung des Sozialgeheimnisses erfolgen kann. Ansonsten sind diese Maßnahmen einrichtungsextern durchzuführen.

33.2.3 Dritte Anspruchsvoraussetzung: Datenerhebung, - verarbeitung oder Nutzung zur Aufgabenerfüllung nach dem SGB

Datenerhebung, Verarbeiten und Nutzen von Daten
Der Sozialdatenschutz erfasst die Datenerhebung, die Datenverarbeitung und die Nutzung von Sozialdaten (Legaldefinitionen in § 67 Abs. 5 – 7 SGB X).

Erfüllung von Aufgaben nach dem SGB
Der Sozialdatenschutz soll die Sozialdaten schützen, die der Leistungsträger bei der Wahrnehmung seiner Aufgaben nach dem SGB erhebt, verarbeitet oder nutzt. Die Leistungsträger und deren Aufgaben sind in den §§ 18 – 29 SGB I zusammengestellt.

Erfüllung anderer Aufgaben
Nicht vom Sozialdatenschutz erfasst werden Daten, die von den Leistungsträgern bei der Erfüllung von Aufgaben erhoben, verarbeitet oder genutzt werden, die nicht zu den Aufgaben des SGB gehören z.B.

▶ Aufgaben, die sich aus **Landesrecht** ergeben.

Beispiele: Durchführung von Landesgesetzen über die Gewährung von Blindengeld, Gehörlosengeld, Unterhaltsbeihilfen für Schüler, Landeserziehungsgeld. Allerdings werden in diesen Gesetzen teilweise die Vorschriften des SGB für anwendbar erklärt.

▶ Aufgaben, die der Leistungsträger in seiner Funktion als **Arbeitgeber** wahrnimmt.

Beispiel: Personenbezogene Daten der Arbeitnehmer, die eine Gemeinde im Personalamt speichert, unterliegen nicht den Vorschriften über den Sozialdatenschutz. Für sie gelten die arbeitsrechtlichen Vorschriften und die von der Rechtsprechung entwickelten Grundsätze über den Schutz der Arbeitnehmerdaten (BAG, 13.1.1987, NDV 1987, 333 zum innerdienstlichen. Datenschutz).

▶ Aufgaben, die der Leistungsträger auf **privatrechtlicher Grundlage** wahrnimmt, wenn er damit nicht unmittelbar Aufgaben nach dem SGB erfüllt (Kunkel, LPK-SGB VIII, § 61 Rn 36).

Beispiele: Mietet die Stadt ein Haus für ein Jugendzentrum und verhandelt sie mit Bewerbern über den Abschluss von Arbeitsverträgen, so gilt für die Daten des Vermieters und der Bewerber der Sozialdatenschutz nicht. Jedoch hat die Stadt die allgemeinen Vorschriften über den Datenschutz und die für die Anbahnung von Arbeitsverhältnissen geltenden Grundsätze des Arbeitnehmerdatenschutzes zu beachten (Gola/Wronka, 2004, 85ff.)

Ist aber Träger des Jugendzentrums ein von der Stadt gegründeter und abhängiger e.V., also ein Träger, der in privatrechtlicher Rechtsform Aufgaben des Jugendamts wahrnimmt, so greift hinsichtlich der Daten der Besucher des Sozialdatenschutz ein, weil auch das privatrechtlich organisierte Jugendzentrum Sozialleistungen im Sinne des SGB erbringt.

Ein Jugendzentrum in freier Trägerschaft erfüllt seine Aufgaben in eigener Verantwortung, auch wenn es ausschließlich mit öffentlichen Mitteln finanziert wird. Es nimmt somit keine Aufgabe des Jugendamts wahr. Deshalb gelten die Vorschriften über den Sozialdatenschutz nicht unmittelbar für das freie Jugendzentrum. Ob das Jugendamt dem freien Träger aufgrund § 61 Abs. 4 SGB VIII aufgeben kann, die Vorschriften entsprechend anzuwenden, ist nicht abschließend geklärt (→ Wilmers-Rauschert, 2004).

33.3 Wahren des Sozialgeheimnisses

Umfassende Verpflichtung
Die Wahrung des Sozialgeheimnisses erfordert, dass Sozialdaten nur unter den Voraussetzungen der §§ 67 – 80 SGB X erhoben, verarbeitet und genutzt werden. Sie umfasst die Verpflichtung, **auch innerhalb des Leistungsträgers** sicherzustellen, dass Sozialdaten nur Befugten zugänglich sind oder nur an diese weitergegeben werden (§ 35 Abs. 1 Satz 2 SGB I).

Technische und organisatorische Maßnahmen, Datenvermeidung
Die Leistungsträger haben die technischen und organisatorischen Maßnahmen zu treffen und die Dienstanweisungen zu erlassen, die erforderlich sind, um das Sozialgeheimnis zu wahren (§ 78 a SGB X).

Sie haben deshalb z. B. für verschließbare Aktenschränke zu sorgen und sicherzustellen, dass nur Befugte Zugang zu Sozialdaten in Akten; Computern, Speichermedien usw. erhalten. Sie müssen verhindern, dass Telefongespräche mitgehört, Zugriffe auf Dateien ermöglicht werden usw. (BAG, 13.1.1987, NDV 1987, 333)

Sozialdaten sind möglichst zu anonymisieren oder zu pseudonymisieren (§ 78b SGB X -Grundsatz der Datenvermeidung und Datensparsamkeit).

Weitergabe an Befugte innerhalb des Leistungsträgers
Befugt ist die Weitergabe von Sozialdaten nur an die Bediensteten, die sich mit der Sache unmittelbar befassen bzw. innerhalb der Behördenorganisation kraft ihrer Aufsichtsbefugnisse für die Sache zuständig sind; denn für alle anderen ist eine Kenntnis nicht erforderlich. Deshalb ist es zulässig, die Bediensteten über Sozialdaten zu informieren, die bei der Erledigung einer Aufgabe mitwirken, z.B. Sachbearbeiter, Beratungs- und Entscheidungsteam, Vorgesetzte und auch Schreibkräfte (Zweckbindungsprinzip; dazu Deutscher Verein, Gutachten, NDV 1999, 97; Proksch, 1996, 59).

Beispiel: Beantragt ein Empfänger von Alogeld II die Übernahme von Mietkosten nach § 22 Abs. 5 SGB II , so darf der Sachbearbeiter im Sozialamt den Sozialarbeiter im Allgemeinen Sozialdienst um einen in der Geschäftsanweisung vorgeschriebenen Bericht bitten. Der Bewilligungsbescheid darf von einer Schreibkraft geschrieben, vom Vorgesetzten des Sachbearbeiters unterschrieben und vom Boten zur Poststelle gebracht werden. Die Stadtkasse darf die Überweisung vornehmen.

Unbefugte Weitergabe
Unzulässig ist eine Information von nicht mit der konkreten Aufgabe befassten Kollegen, auch wenn diese in demselben Zimmer arbeiten oder in einem anderen Amt derselben Behörde tätig sind (Krahmer, LPK-SGB I, § 35 Rn 15). Welche Aufgabe konkret vorliegt, bestimmt sich nach den Vorstellungen desjenigen, der Sozialdaten dem Sozialleistungsträger mitteilt.

Beispiel: Wendet sich eine Frau, die Probleme mit ihrem vierzehnjährigen Sohn hat, an die Bezirkssozialarbeiterin, so geht es um Erziehungsberatung. Die Weitergabe der Sozialdaten, die bei der Beratung bekannt geworden sind, an den Kollegen in der Jugendgerichtshilfe ist nicht gestattet.

In einem Sozialamt sitzen jeweils zwei Sachbearbeiter in einem Zimmer. Falls eine Besucherin wünscht, mit einem Sachbearbeiter ohne Anwesenheit einer dritten Person zu sprechen, muss diesem Wunsche entsprochen werden.

33.4 Erheben von Sozialdaten

Erheben = Beschaffen von Sozialdaten
Erheben ist das Beschaffen von Sozialdaten (§ 67 Abs. 5 SGB X). Das Beschaffen ist möglich z.b. durch Gespräche mit dem Betroffenen, durch Beobachtung seines Verhaltens, durch Befragung Dritter, durch Lesen von Vermerken, Akten oder Dateien.

Vorrang des Sozialdatenschutzes vor der Ermittlung von Amts wegen
Die Vorschriften über die Erhebung, Verarbeitung und Nutzung von Sozialdaten (§§ 67 ff SGB X und §§ 62ff. SGB VIII) haben Vorrang vor den Vorschriften im Ersten Kapitel (§§ 20ff. SGB X), soweit sich die Ermittlung des Sachverhalts auf Sozialdaten erstreckt (§ 37 Satz 4 SGB I). Daraus folgt, dass der Leistungsträger bei der Erhebung von Sozialdaten die folgenden Grundsätze beachten muss:

Erster Grundsatz (§ 67 a Abs. 1 SGB X; § 62 Abs. 1 SGB VIII)

Das Erheben von Sozialdaten ist nur zulässig, wenn ihre Kenntnis zur Erfüllung einer Aufgabe der erhebenden Stelle nach diesem Gesetzbuch erforderlich ist.
Beispiel: Die Durchführung von Hausbesuchen bei allen Personen, die Arbeitslosengeld II beantragen, ist unzulässig. Ein Hausbesuch kann ausnahmsweise zulässig sein, wenn nur durch ihn Tatsachen geklärt werden können, die für den Anspruch bedeutsam sind (VGH Hessen, NJW 2006, 1548 → 38.3.16).

Zweiter Grundsatz (§ 67 a Abs. 2 SGB X; § 62 Abs. 2 - 4 SGB VIII).

Sozialdaten sind bei dem Betroffenen zu erheben (Ersterhebungsgrundsatz).

Ohne seine Mitwirkung dürfen sie nur unter den in § 67 Abs. 2 SGB X bzw. – für die Jugendhilfe in § 62 Abs. 2 SGB VIII - genannten Voraussetzungen bei anderen Personen oder Stellen erhoben werden. In diesem Falle ist von der erhebenden Stelle in geeigneter Form auf diese Erhebungsmöglichkeiten hinzuweisen.

Beispiel: Bittet eine alleinerziehende Frau eine Sozialarbeiterin um Rat in Partnerschafts- und Erziehungsproblemen, darf die Sozialarbeiterin ohne Einwilligung der Betroffenen nicht mit dem Partner und den Kindern Kontakt aufnehmen.

Besteht aber der dringende Verdacht einer gegenwärtigen Gefährdung eines Kindes und ist eine Klärung mit den Personensorgeberechtigten nicht möglich, dürfen Nachbarn, Kindergärtnerinnen usw. befragt werden.

Sind die Eltern bereit, Hilfsangebote des Jugendamts anzunehmen, darf dieses ohne Einwilligung der Eltern andere Personen und Institutionen wie z. B. Kindergarten, Schule, Pflegeeltern usw. nicht befragen; denn soweit es um Leistungen des Jugendamts nach § 2 Abs. 2 SGB VIII geht, sind die Mitwirkungspflichten der Berechtigten in §§ 60 ff SGB I gesetzlich geregelt. Hiernach kann der Berechtigte u.U. verpflichtet sein, in die Befragung Dritter einzuwilligen, aber nur, wenn sonst die Leistungsvoraussetzungen nicht festgestellt werden können. Verweigert er die Einwilligung zu Unrecht, kann die Leistung ganz oder teilweise versagt werden. Das Jugendamt würde aber das Recht auf informationelle Selbstbestimmung verletzen, wenn es - wie in der Steinzeit der Jugendhilfe - ohne Einwilligung der Betroffenen Dritte befragt (so auch Schellhorn, SGB VIII, Rz 34 ff zu §§ 61 – 68).

Dritter Grundsatz (§ 67 a Abs. 3 SGB X; § 62 Abs. 2 SGB VIII)

Der Betroffene ist über die Zweckbestimmung der Erhebung der Sozialdaten zu informieren, wenn diese bei ihm mit seiner Kenntnis erhoben werden.

Beispiele: Sucht eine Sozialpädagogin eine Leistungsempfängerin auf, um festzustellen, ob diese mit einem erwerbstätigen Mann zusammenlebt, hat sie den Zweck ihres Besuchs mitzuteilen (VGH Hessen, 30.1.2006, NJW 2006, 1548).

Macht ein Sozialarbeiter wegen des Verdachts einer Kindesmisshandlung einen Hausbesuch, muss er darüber aufklären, wie er nach § 8a SGB VIII mit den erhobenen Daten verfahren und dass notfalls das Familiengericht informiert werden muss.

Vierter Grundsatz (§ 67 a Abs. 3 SGB X, § 62 Abs. 2 SGB VIII)

Der Betroffene ist vorher über die Rechtsgrundlage der Erhebung aufzuklären.

Er ist darüber zu informieren, ob er zur Auskunft verpflichtet ist und aufgrund welcher Rechtsvorschrift er verpflichtet ist. Ist er nicht zur Auskunft verpflichtet, ist er auf die Freiwilligkeit der Angaben hinzuweisen.

Bringt die Erteilung der Auskunft ihm Rechtsvorteile, ist er über die Folgen der Verweigerung von Angaben zu informieren.

Beispiel: Hat eine Frau eine Leistung zur Erstausstattung der Wohnung nach § 23 SGB II beantragt und ermittelt ein „Bedarfsfeststeller", ob und inwieweit eine Erstausstattung notwendig ist, muss er auf § 20 SGB X als Rechtsgrundlage der Erhebung, auf die Mitwirkungspflichten des Leistungsberechtigten nach §§ 60 ff SGB I und die Folgen einer Ablehnung der Mitwirkung hinweisen.

Die Befragung von Angehörigen im Rahmen der **Jugendgerichtshilfe** stellt eine Vernehmung gemäß § 252 StPO dar. Deshalb muss der Beschuldigte über seine Aussagefreiheit und sonstige Personen über ihre Zeugnisverweigerungsrechte belehrt werden. Anderenfalls sind die Angaben unverwertbar (BGH, 21.9.2004, NJW 2005, 765).

Fünfter Grundsatz (§ 67 a Abs. 4 SGB X)

Werden Sozialdaten statt beim Betroffenen bei einer nicht-öffentlichen Stelle erhoben, so ist die Stelle auf die Rechtsvorschrift, die zur Auskunft verpflichtet, sonst auf die Freiwilligkeit ihrer Angaben hinzuweisen.

§ 4 Absatz 1 S. 1 SGB VIII ist - entgegen einer in Jugendämtern verbreiteten Meinung - keine allgemeine Rechtsgrundlage für Informationsansprüche des Trägers der öffentlichen Jugendhilfe gegen Träger der freien Jugendhilfe (BVerfGE 22, 180; Bernzen, S. 104; Papenheim, LPK-SGB VIII, § 4 RN 26). Das gilt insbesondere für Auskunftsverlangen, deren Erfüllung zu Verletzungen des Persönlichkeitsrechts führen würde.

Beispiel: Verlangt ein Jugendamt von einem freien Träger Auskunft über das Fehlverhalten von Eltern, muss es die Rechtsgrundlage der Auskunftspflicht zu nennen. Im SGB VIII gibt es aber keine Rechtsvorschrift, die zu einer derartigen Auskunft verpflichtet. Deshalb muss das Jugendamt auf die Freiwilligkeit der Angaben hinweisen. Der freie Träger wird demnach in aller Regel nur mit Einwilligung der Betroffenen dem Jugendamt personenbezogene Daten mitteilen dürfen.

33.5 Verarbeitung und Nutzung der Sozialdaten

Praxis: „Als ich am ersten Tag meines Praktikums in der Erziehungsberatungsstelle den Aktenschrank öffnete, las ich viele Namen, die ich persönlich kenne. Die meisten Geschichten zu diesen Namen kannte ich zwar auch, aber es war ein merkwürdiges Gefühl und ich fühlte mich unwohl, als ich plötzlich soviel wusste. ... So begegnete ich nun in meiner Freizeit Bekannten, Sportkameraden etc., von denen ich sehr viel mehr weiß als sie wissen ... (Aus dem Bericht eines Zwischenpraktikanten).

Begriff und Zulässigkeit
Die Verarbeitung von Sozialdaten erfolgt durch Speichern, Verändern, Übermitteln, Sperren und Löschen. Das Nutzen ist jede sonstige Verwendung, z. B. durch Weitergabe innerhalb der speichernden Stelle. Verarbeitung und Nutzung sind nur zulässig,
▶ soweit eine Rechtsvorschrift des SGB dies erlaubt oder anordnet oder
▶ soweit der Betroffene eingewilligt hat (§ 67 b Abs. 1 SGB X).

33.5.1 Einwilligung

Vorherige Zustimmung
Einwilligung ist die vorherige Zustimmung. Eine nachträgliche Zustimmung beseitigt die Rechtswidrigkeit nicht.

Zulässigkeit des Einholens der Einwilligung
Die Einwilligung in die Weitergabe von Sozialdaten und die Einwilligung in die Befragung Dritter durch den Sozialleistungsträger darf nur eingeholt werden, wenn der Betroffene eine notwendige Information selbst nicht geben und auch nicht selbst einholen kann (Grundsatz der Ersterhebung bei dem Betroffenen → 33.4).

Die Einwilligung ist somit nicht das legitime Mittel, mit dem der Leistungsträger den vom Gesetz zwingend vorgeschriebenen Schutz der Privat- und Intimsphäre ausräumen kann. Trotzdem sind Praktiken, die auf der Annahme beruhen, dass Sozialleistungsempfänger potentielle Betrüger und Gespräche mit Eltern verhaltensauffälliger Kinder verschwendete Zeit sind, weit verbreitet.

Beispiele: Das Sozialamt darf ohne konkreten Anlass nicht verlangen, dass der Betroffene in die Einholung einer Bank- oder Vermieterauskunft einwilligt, wenn der Betroffene die erforderlichen Angaben selbst machen und belegen kann (Hessisches OVG, 22. 8. 2005).

Das Jugendamt darf die Bewilligung von Hilfen zur Erziehung nicht davon abhängig machen, dass die Leistungsberechtigten dem freien Träger gestatten, dem Jugendamt regelmäßig über die Arbeit mit den Familienangehörigen zu berichten. Zwar ist das Jugendamt verpflichtet, im Verfahren nach § 36 Abs. 2 SGB VIII gemeinsam mit den Eltern regelmäßig zu prüfen, ob die gewählte Hilfeart weiterhin notwendig ist. Jedoch hat es die dafür erforderlichen Daten bei den Betroffenen zu erheben (§ 62 Abs. 2 SGB VIII).

Hinweispflicht bei Einholen der Einwilligung
Wird die Einwilligung bei dem Betroffenen eingeholt, ist hinzuweisen
▶ auf den Zweck der Speicherung,
▶ auf den Zweck einer vorgesehenen Übermittlung,
▶ auf die Folgen der Verweigerung der Einwilligung.

Beispiel: Verlangt der Träger der Rentenversicherung, dass der Betroffene seinen behandelnden Arzt von der Schweigepflicht entbindet, hat er darauf hinzuweisen, dass die Erfassung des Gesundheitszustands für die Feststellung erforderlich ist, ob die Erwerbsfähigkeit gemindert ist, und ferner, dass im Falle der Verweigerung der Einwilligung diese Feststellung unmöglich oder erschwert ist.

Schriftform
Einwilligung und Hinweis bedürfen der Schriftform, soweit nicht wegen besonderer Umstände eine andere Form angemessen ist (§ 67 b Abs. 2 SGB X).

Hervorhebung der Einwilligungserklärung
Soll die Einwilligungserklärung zusammen mit anderen Erklärungen schriftlich erteilt werden, ist die Einwilligungserklärung im äußeren Erscheinungsbild hervorzuheben.

Bestimmtheitserfordernis (Datentransparenz)
Die Einwilligung muss sich auf einen Einzelfall beziehen, d. h. auf eine konkrete Mitteilung von Daten aus konkretem Anlass (Däubler, BDSG, § 4a Rn 18).
Pauschale Einwilligungen sind unwirksam. Sie bewirken für den Betroffen, dass er nicht mehr wsisen kann, wer was über ihn weiß.

Beispiel: Unwirksam sind alle Einwilligungen, die sich auf Daten oder auf die Weitergabe an Personen beziehen, die der Einwilligende nicht kennt.

Unwirksam sind auch Blanko-Einwilligungen für die Zukunft, wie sie oft vor Beginn einer Beratung den Betroffenen untergeschoben werden: „Ich bin damit einverstanden, dass meine Angelegenheiten im Team besprochen werden"(Däubler, BDSG, § 4a Rn 18).

Einwilligung Minderjähriger
Bei der Einwilligung geht es um einen Eingriff in das Persönlichkeitsrecht. Deshalb handelt es sich um eine höchstpersönliche Handlung. Es genügt die natürliche Einsichtsfähigkeit, d.h. dass der Einwilligende die Bedeutung und Tragweite seiner Entscheidung beurteilen kann (Däubler, BDSG, § 4a Rn 5-6). Diese Voraussetzung dürfte in aller Regel gegeben sein, wenn der Einwilligende einen Antrag auf Sozialleistungen gestellt und das 15. Lebensjahr vollendet hat sowie in anderen Fällen gesetzlich vorgesehener Teilhandlungsfähigkeit (siehe 27.2.1.2).

Bei jüngeren Kindern ist eine individuelle, auf die konkrete Angelegenheit bezogene Prüfung erforderlich. Nach der Rechtsprechung des BGH können auch Kleinkinder über die natürliche Einsichtsfähigkeit verfügen (BGH, NJW 1991, 2432: fünfjähriges Mädchen).

Ist die natürliche Einsichtsfähigkeit gegeben, ist eine Stellvertretung ausgeschlossen. Bei einem Interssenkonflikt mit dem gesetzlichen Vertreter ist ein Verfahrenspfleger zu bestellen (BGH, 14.5.2008, NJW 2008, 2586)

33.5.2 Datenspeicherung, -änderung und -nutzung

Begriff und Zulässigkeit
Die Speicherung von Sozialdaten erfolgt z. B. durch Aufnahme von Gesprächsprotokollen mit Aktenvermerken in die Akten oder in Dateien. Dafür ist grundsätzlich die Einwilligung des Betroffenen erforderlich.

Sie ist ferner zulässig, soweit dies zur Erfüllung der in der Zuständigkeit der speichernden Stelle liegenden gesetzlichen Aufgabe nach dem Sozialgesetzbuch erforderlich ist (§ 67 b SGB X; § 63 Abs. 1 SGB VIII).

Beispiele: Erhält die Mitarbeiterin des ASD einen anonymen Hinweis auf die Misshandlung eines Kindes, darf sie diesen in einem Aktenvermerk festhalten und an den für die Bearbeitung zuständigen Kollegen weitergeben.

Erfährt ein Jugendgerichtshelfer von einem Jugendlichen, dass auch andere Jugendliche Straftaten begangen haben, was bisher nicht bekannt war, so darf diese Information nicht festgehalten werden, wenn sie für den zu erstellenden Bericht ohne Bedeutung ist.

Speicherung, Veränderung oder Nutzung für andere Zwecke
Gespeicherte Daten dürfen von derselben Stelle grundsätzlich nur für die Zwecke geändert oder genutzt werden, für die sie erhoben worden sind.

Für andere Zwecke dürfen sie nur gespeichert, verändert oder genutzt werden, wenn

▶ die Daten für die Erfüllung von Aufgaben nach anderen Rechtsvorschriften des Sozialgesetzbuches erforderlich sind und

▶ der Betroffene im Einzelfall eingewilligt hat (§ 67 c Abs. 1 und 2 SGB X).

Beispiel: Eine Sozialpädagogin darf ohne Einwilligung der zwei Betroffenen im Rahmen eines Sorgerechtsverfahrens das Familiengericht nicht über die Sozialdaten informieren, die im Jugendamt über die vor einiger Zeit durchgeführte Trennungsberatung der Eltern nach § 17 SGB VIII in Form von Gesprächsvermerken gespeichert worden sind.

Die früher weitgehend übliche Verwendung von "Familienakten" für alle anfallenden Aufgaben ist demnach gesetzwidrig.

Für den Bereich der Jugendhilfe ist die Zweckbindung erheblich verstärkt: Unzulässig ist die Weitergabe von Sozialdaten gemäß § 69 SGB zur Erfüllung gesetzlicher Aufgaben auch dann, wenn dadurch der Erfolg einer zu gewährenden Leistung in Frage gestellt wird (§ 64 SGB VIII).

Speicherung, Veränderung oder Nutzung für Aufsichts- und Ausbildungszwecke

Praxis: Hochschullehrer fordern Studierende auf, in Praxisstellen Klientenakten durchzulesen und darüber bei der Praktikumsauswertung in der Hochschule zu berichten.

Die Speicherung, Veränderung oder Nutzung für Aufsichts-, Kontroll-, Rechnungsprüfungs-, für Ausbildungs- und Prüfungszwecke ist zulässig, soweit dies für die verantwortliche Stelle **erforderlich** ist. Zusätzlich setzt die Nutzung für Ausbildungs- und Prüfungszwecke voraus, dass **schutzwürdige Interessen der Betroffen** nicht entgegenstehen (§ 67 c Abs. 3 und 5 SGB X).

▶ **„Erforderlich"** ist die Weitergabe des Namens und Anschrift der Betroffenen in aller Regel nicht, denn der Ausbildungsweck lässt sich auch durch das Lesen anonymisierter/pseudonymisierter Akten erreichen.

▶ **Schutzwürdige Interessen** der Betroffenen stehen einer Nutzung für Ausbildungszwecke in aller Regel entgegen, wenn in der Akte Daten aus der Privat- und Intimsphäre gespeichert sind (LG Bochum, NJW 2005, 999). Das gilt insbesondere, wenn anvertraute Daten im Sinne des § 203 StGB oder § 65 SGB VIII gespeichert sind; denn für die Nutzung zu Ausbildungszwecken gibt es – außer der Einwilligung der Betroffenen - keine Offenbarungsbefugnis (→ 32.2).

Wer Praktikanten zu Ausbildungszwecken Akten zugänglich macht, die anvertraute, durch § 203 StGB besonders geschützte Daten enthalten, begeht eine **strafbare Handlung** (→ 32.0 und 34.5).

Wer unbefugt Sozialdaten zugänglich macht, begeht eine **Ordnungswidrigkeit,** die mit Geldbuße geahndet werden kann (§ 85 Abs. 2 Nr. 1 SGB X).

Außerdem kann der Verstoß gegen das Sozialgeheimnis eine **Schadensersatzpflicht** nach § 82 SGB X und nach § 839 BGB/Art. 34 GG auslösen (→ 48.3).

Veränderung oder Nutzung für Zwecke der wissenschaftlichen Forschung oder Planung im Sozialleistungsbereich

Nur die in § 35 SGB I genannten Stellen (→ 33.2.1), nicht also Hochschulen, dürfen erhobene oder gespeicherte Sozialdaten für Zwecke der wissenschaftlichen Forschung im Sozialleistungsbereich oder der Planung im Sozialleistungsbereich nutzen (zu weiteren Einzelheiten → § 67c Abs. 5 SGB X).

33.6 Übermittlung von Sozialdaten

Praxis: Ein Jugendamt versendet an alle freien Träger, die sozialpädagogische Familienhilfe anbieten, eine Information, in der Name, Anschrift und die Problematik einer Familie dargestellt sind, mit der Aufforderung an den freien Träger mitzuteilen, ob er die Hilfe für die Familie übernehmen möchte.

Eine Sozialpädagogin im städtischen Jugendzentrum teilt einer Polizistin mit, der 16jährige Markus sei vor einer Stunde mit einer Lederjacke, die er bisher noch nicht getragen habei, in den Billiardraum gekommen und halte sich dort noch auf.

Begriff und Zulässigkeit

Eine Übermittlung von Sozialdaten liegt immer dann vor, wenn Personen oder Stellen informiert werden, die für die Bearbeitung der Sache nicht zuständig sind. Sie ist zulässig, wenn der Betroffene gemäß § 67 b SGB X wirksam eingewilligt hat oder die Voraussetzungen der §§ 68 bis 77 SGB X oder einer anderen Rechtsvorschrift des Sozialgesetzbuchs erfüllt sind (§ 35 Abs. 2 SGB I). Diese Vorschriften sind Sondervorschriften für die Übermittlung von Sozialdaten und haben Vorrang vor den allgemeinen Vorschriften.

Deshalb können aus allgemeinen Rechtsvorschriften wie z.B. den Vorschriften über die Amtshilfe und die allgemeine Pflicht zur Zeugenaussage in der StPO, der ZPO und dem FGG, keine Übermittlungspflichten der Leistungsträger abgeleitet werden. Das bedeutet, dass vor jeder Übermittlung zu prüfen ist, ob sich aus einer der SGB-Sondervorschriften eine Übermittlungsbefugnis ergibt.

Beispiel: Ein Jugendamt darf ein Amtshilfeersuchen einer anderen Behörde nur erfüllen, wenn eine Amtshilfepflicht und zusätzlich eine Übermittlungsbefugnis nach einer Rechtsvorschrift des SGB besteht (§§ 68, 69, 70, 71, 73, 74 SGB X).

Keine Auskunftspflicht, keine Zeugnispflicht, keine Vorlagepflicht

Ist nach den SGB-Vorschriften eine Übermittlung nicht zulässig, besteht insoweit auch keine Auskunftspflicht, keine Zeugnispflicht der Mitarbeiter und keine Pflicht zur Vorlegung oder Auslieferung von Schriftstücken (§ 35 Abs. 3 SGB I). In diesem Fall darf keine Aussagegenehmigung erteilt werden (Böhm-Spiertz, BAT, § 9 Rn 31).

Die Erteilung einer Auskunft oder einer Aussagegenehmigung bzw. die Herausgabe eine Akte ist demnach nur zulässig, wenn eine entsprechende Übermittlungsbefugnis besteht. Darüber entscheidet die in der Organisation des zuständigen Leistungsträgers bestimmte Stelle bzw. Person wie z. B. der Sozialdezernent oder der Fachbereichsleiter für Jugend und Familie, nicht etwa der Strafrichter, Verwaltungsrichter oder Familienrichter, eher eine Übermittlung von Sozialdaten verlangt (LG Frankfurt, DAVorm 1993, Spalte 210).

Vorlegung und Beschlagnahme von Behördenakten

Sozialleistungsträger sind nach § 35 Abs. 3 SGB I grundsätzlich nicht verpflichtet, der Staatsanwaltschaft oder einem Strafrichter Akten oder Dateien vorzulegen oder auszuliefern, die Sozialdaten enthalten; denn die Vorschrift lässt die Vorlage von Akten und die Auskunft über den Inhalt von Akten nur insoweit zu, wie eine Übermittlungsbefugnis besteht.

Eine Übermittlungsbefugnis kann sich aus § 69 Abs. 1 Nr. 1 SGB X ergeben, wenn der Leistungsträger selbst ein Gerichtsverfahren einleitet, ferner aus § 71, § 73 und § 74 SGB X. Der Leistungsträger hat aber die zusätzlichen Einschränkungen aus § 76 SGB X, § 64 Abs. 2 SGB VIII und § 65 SGB VIII zu beachten (Kunkel, LPK-SGB VIII, § 61 Rn 208 m.w.N.; OLG Jena, 20.11.2000, NJW 2001, 1290; BGH, NJW 1992, 1973 und 2005, 1917).

Die Bestimmungen der verschiedenen Prozessordnungen über die Vorlegung bzw. Beschlagnahme von Akten sind somit sehr eingeschränkt (z. B. §§ 94ff StPO; § 99

VwGO). In der Regel muss deshalb die von den Gerichten verlangte Vorlage von Akten bzw. Auskunftserteilung über den Inhalt vom Leistungsträger abgelehnt werden.

Gegen gerichtliche Ersuchen, die auf eine unzulässige Vorlage gerichtet sind, kann der Leistungsträger sich durch einen **Sperrvermerk** der zuständigen obersten Dienstbehörde schützen (§ 96 StPO; § 99 Absatz 1 S. 2 VwGO; § 119 SGG). Gegen die Anordnung der Beschlagnahme kann er **Beschwerde** einlegen und beantragen, die Vollziehung der Beschlagnahme auszusetzen (§§ 304, 307 StPO; dazu Kunkel in: Lehmann 2006, 244).

Soweit Sozialdaten Unbeteiligter bei Durchsuchungen oder Beschlagnahmen der Staatsanwaltschaft bekannt werden, kommt zum Schutz des Grundrechtes auf informationelle Selbstbestimmung und zur effektiven Wahrung des Vertrauensverhältnisses der Berufsgeheimnisträger ein **Beweisverwertungsverbot** in Betracht (BVerfG, NJW 2005, 1917).

Unkenntnis der Strafrichter, Zivilrichter und anderer Juristen

Durch den Sozialdatenschutz wird die Sozialverwaltung von anderen Behörden und den Gerichten „abgeschottet". Trotz der klaren Gesetzesregelung haben aber Gerichte immer wieder versucht, sich ohne Berücksichtigung der Folgen für die Arbeit mit den Betroffenen den Zugriff auf vom Sozialdatenschutz erfasste Daten zu erzwingen, indem sie vom Leistungsträger die Vorlage von Akten verlangen, Durchsuchungen anordnen, Akten beschlagnahmen oder SA/SP zu Zeugenaussagen zwingen (Kunkel, LPK-SGB VIII, § 61 Rn 208 m.w.N.; LG Bonn ZfJ 1986, 67).

Dies dürfte häufig darauf zurückzuführen sein, dass die Zivil- und Strafrichter, die Juristen in den Rechtsämtern der Kommunen und die Juristen der freien Träger zwar die von ihnen regelmäßig anzuwendenden Gesetze, nicht aber die Vorschriften des Sozialgesetzbuchs und die einschlägige Rechtsprechung kennen (wollen).

Sehr deutlich und zu Recht nannte das OLG Celle den Beschluss eines Landgerichts, mit dem dieses der Polizei erlaubte, die Räume eines Sozialamts zu durchsuchen und sämtliche Akten zu beschlagnahmen, die auf den Namen eines Angeklagten lauten,

"objektiv willkürlich. Willkür liegt vor, wenn die Entscheidung unter keinem rechtlichen Aspekt rechtlich vertretbar ist und sich der Verdacht aufdrängt, dass sie auf sachfremden Überlegungen beruht" (NJW 1997, 2964).

Rechtsfolgen unzulässiger Datenverarbeitung und -nutzung

Ein unzulässiger Umgang mit Sozialdaten kann die Behörde zum Schadensersatz verpflichten (§ 82 SGB X, § 839/Art. 34 GG).

SA/SP, die unbefugt Daten übermitteln, machen sich evtl. strafbar (§ 85 SGB X; § 203 StGB).

Regelung der Übermittlungsbefugnisse/-pflichten

Die Übermittlungsbefugnisse, die für alle Leistungsträger bestehen, sind in den §§ 67e - 77 SGB X geregelt. Tatsächlich handelt es sich um Übermittlungspflichten; denn die Leistungsträger sind aufgrund Art. 35 GG verpflichtet, allen anderen Behörden Rechts- und Amtshilfe zu leisten. Diese Pflicht wird zwar durch § 35 SGB für personenbezogene Daten grundsätzlich aufgehoben. Jedoch wird in §§ 68-77 SGB X abweichend davon die Übermittlung zugelassen, so dass insoweit die allgemeine Amtshilfepflicht wieder eingreift.

Einschränkungen der Übermittlungsbefugnisse bzw. weitergehende Übermittlungsbefugnise können sich aus den besonderen Teilen des SGB ergeben.

Besonders bedeutsam für die Arbeit in der Kinder- und Jugendhilfe sind die Einschränkungen der Übermittlungsbefugnisse durch § 64 Abs. 2 und § 65 SGB VIII (→ unten 34).

33.6.1 Übermittlung im Rahmen der Amtshilfe (§ 68 SGB X)

Amtshilfeberechtigte Behörden und Gerichte
Zur Übermittlung von Sozialdaten sind Sozialleistungsträger nach § 68 SGB X nur verpflichtet, wenn eine der folgenden Stellen darum ersucht:
► Polizeibehörden, Staatsanwaltschaften, Gerichte, Justizvollzugsanstalten,
► Behörden der Gefahrenabwehr,
► Behörden, die einen öffentlich-rechtlichen Anspruch in Höhe von mindestens 600 Euro gegen den Betroffenen vollstrecken wollen.

Freie Träger
Freie Träger sind keine Behörden. Sie haben kein Recht auf Amtshilfe und sind auch nicht zur Amtshilfe verpflichtet.

Ersuchen im Einzelfall
Das Ersuchen darf sich nur auf einen Einzelfall beziehen und nicht länger als sechs Monate zurückliegen.
Beispiel: Polizisten haben kein Recht auf Auskunft, ob sich ein gesuchter Dieb in der Einrichtung eines freien Trägers aufhält oder aufgehalten hat (zu Auskünften aus dem Meldeverzeichnis → 32.2.7).

Beschränkung der Übermittlung auf harte Daten
Die Übermittlungsbefugnis des Sozialleistungsträgers ist auf Name, Vorname, Geburtsdatum, Geburtsort, derzeitige Anschrift; derzeitiger und künftiger Aufenthalt des Betroffenen sowie die Anschriften der derzeitigen Arbeitgeber beschränkt.
Beispiel: Die Polizei kann die Agentur für Arbeit ersuchen, sie zu informieren, wenn ein bestimmter Mann im Amt erscheint (Deshalb wird ein cleverer Straftäter auf andere - notfalls kriminelle - Weise seinen Lebensbedarf decken).

Einschränkung der Übermittlungsbefugnis
Eine Übermittlung ist ausgeschlossen, soweit Grund zur Annahme besteht, dass dadurch schutzwürdige Interessen des Betroffenen beeinträchtigt werden, z.B. wenn als Anschrift eine Justizvollzugsanstalt genannt werden müsste. Dazu sollte der Betroffene gehört werden.
Die Übermittlung ist auch unzulässig, wenn die ersuchende Stelle die Angaben auf andere Weise beschaffen kann z. B. durch Auskunft aus dem Melderegister.

Hilfeersuchen anderer Stellen derselben Behörde
§ 68 SGB X ist nicht nur auf Ersuchen anderer Behörden anzuwenden, sondern auch auf Ersuchen anderer Stellen derselben Behörde, die Aufgaben der Gefahrenabwehr wahrnehmen.
Beispiel: Das Gesundheitsamt bzw. das Straßenverkehrsamt fragen bei dem Sozialamt nach, ob ein dort bekannter Rentner psychisch auffällig sei.

Entscheidungsbefugnis
Über das Übermittlungsersuchen entscheidet der Leiter der ersuchten Stelle, sein allgemeiner Vertreter oder ein besonders bevollmächtigter Bediensteter.
Beispiel: Unzulässig ist demnach die kurze telefonische Durchgabe von Sozialdaten durch SA/SP im Jugendamt an den Kollegen aus dem Gesundheitsamt.
Weitergehende Übermittlungsbefugnisse können sich u.a. aus §§ 69, 71, 73 SGB X ergeben (siehe 33.6.2, 33.6.3, 33.6.4).

33.6.2 Übermittlung für die Erfüllung sozialer Aufgaben (§ 69 SGB X)

In der Praxis ist § 69 Abs. 1 Nr. 1 SGB X die wichtigste Übermittlungsbefugnis. Die Vorschrift gestattet die Übermittlung von Sozialdaten, sofern und soweit dies für die Erfüllung einer gesetzlichen Aufgabe nach dem Sozialgesetzbuch erforderlich ist. Dabei kann es sich um die Erfüllung einer eigenen Aufgabe des Leistungsträgers oder um die Aufgabenerfüllung eines anderen Leistungsträgers handeln.

Beispiel: Ein Jugendamt ist im Rahmen der Familiengerichtshilfe befugt, gutachtliche Stellungnahmen an das zuständige Gericht zu übermitteln, die Sozialdaten enthalten (§ 50 Abs. 2 SGB VIII). Hat ein zu begutachtendes Kind lange Zeit im Bezirk eines anderen Jugendamtes gelebt, ist dieses auf Ersuchen befugt, die Daten mitzuteilen, die für die Stellungnahme bedeutsam sind.

Umgekehrt ist es einem anderen Jugendamt, das einen Bericht zu erstellen hat, zur Mitteilung der erforderlichen Daten verpflichtet, wenn und soweit es diese Daten übermitteln darf. Sind die Daten z. B. zu einem anderen Zweck erhoben worden, dürfen sie nur mit Einwilligung der Betroffenen übermittelt werden.

Übermittlung zur Erfüllung eigener Aufgaben

Der Leistungsträger bestimmt in eigener Kompetenz, wie er die ihm zugewiesenen gesetzlichen Aufgaben durchführt. Kommt er bei seiner Prüfung zu dem Ergebnis, dass zur Erfüllung einer gesetzlichen Aufgabe nach dem Sozialgesetzbuch die Übermittlung an das Familiengericht, die Staatsanwaltschaft, den Strafrichter usw. nicht erforderlich ist, kann er von diesen nicht gezwungen werden, personenbezogene Daten zu offenbaren (Deutscher Verein, Gutachten, NDV 1989, 239; OLG Frankfurt, NDV 1992, 94).

Die für einen bestimmten Zweck erhobenen Daten dürfen grundsätzlich nicht für einen anderen Zweck verwandt werden (**Zweckbindungsgrundsatz**). Bei einer Verwendung zu einem anderen Zweck ist entweder die Einwilligung des Betroffenen oder eine spezielle gesetzliche Grundlage erforderlich (§ 67 c Abs. 2 SGB X).

Stets ist auch sorgfältig nach dem Erforderlichkeitsgrundsatz (Ersterhebungsgrundsatz) zu prüfen, ob es für die Aufgabenerfüllung erforderlich ist, einen Dritten einzuschalten; denn Informationen, die der Betroffene geben kann, sollen zunächst bei diesem eingeholt werden (Ersterhebungsgrundsatz).

Je nach Art der Aufgabe kann es erforderlich sein, dass ein Leistungsträger Gerichten, Privatpersonen, freien Träger, Arbeitgebern, der Polizei usw. Sozialdaten mitteilt.

Beispiele: Die gesetzliche Aufgabe der Beratung und Unterstützung der Pflegeeltern nach § 37 Abs. 1 SGB VIII erfordert deren Information über die leiblichen Eltern und die bisherige Entwicklung des Pflegekindes.

Die Anzeigepflicht nach § 8a SGB VIII gegenüber dem Familiengericht kann durch Weitergabe personenbezogener Daten hinsichtlich einer Kindesmisshandlung erfüllt werden.

Nimmt das Jugendamt ein Kind gemäß § 42 SGB VIII in Obhut, indem es dieses in dem Heim eines freien Trägers unterbringt, darf das Jugendamt den freien Träger und dessen pädagogische Mitarbeiter über die für die pädagogische Arbeit erforderlichen Daten informieren. Der freie Träger ist derselben Geheimhaltungspflicht unterworfen wie das Jugendamt (§ 78 SGB X).

Eine Übermittlungsbefugnis des Jugendamts besteht nicht, wenn der freie Träger eine eigene Aufgabe durchführt, z.B. Erziehungs-, Jugendberatung anbietet oder Wohnungslose betreut, selbst wenn öffentliche Zuschüsse gezahlt werden.

Übermittlung zur Aufgabenerfüllung eines anderen Leistungsträgers

Das Zweckbindungsprinzip gilt nicht, wenn der Leistungsträger Sozialdaten auf das Amtshilfeersuchen einer anderen in § 35 SGB I genannten Stelle übermittelt, die diese zur Erfüllung ihrer sozialgesetzlichen Aufgaben benötigt.

Beispiel: *Der Träger der Rentenversicherung hat dem Sozialamt die Höhe der Rente mitzuteilen, die ein Sozialhilfebezieher erhält.*

Das Ersuchen ist nur zulässig, wenn der Ersterhebungsgrundsatz beachtet worden ist.

Übermittlung zur Durchführung von Gerichtsverfahren

Der Leistungsträger darf Sozialdaten übermitteln, soweit dies zur Erfüllung einer Aufgabe nach dem Sozialgesetzbuch erforderlich ist, wenn er als Kläger oder Beklagter an einem Gerichtsverfahren beteiligt ist.

Beispiel: *Klagt ein Empfänger von Arbeitslosengeld II auf Aufhebung eines Aufhebungs- und Erstattungsbescheids, so darf der Träger dem Verwaltungsgericht die Sozialdaten übermitteln, die erforderlich sind, um darzulegen, dass die angefochtenen Bescheide rechtmäßig sind; denn es gehört zu den Aufgaben der Leistungsträger, die Erstattung zu Unrecht gezahlter Leistungen durchzusetzen.*

Die **Einleitung von Strafverfahren wegen unberechtigten Leistungsbezugs** gehört grundsätzlich nicht zu den sozialen Aufgaben eines Leistungsträgers. Sie kommt deshalb nur als letzte Möglichkeit in Betracht, wenn die milderen Mittel, die dem Leistungsträger zur Verfügung stehen, wirkungslos geblieben sind.

Beispiel: *Hat ein Sozialhilfeempfänger mehrmals Leistungen durch falsche Angaben erschlichen und kann der Sozialhilfeträger Erstattungsansprüche nicht durchsetzen, darf nach vorheriger Warnung Strafanzeige gestellt werden, um durch das Strafverfahren evtl. zu erreichen, dass in Zukunft die ungerechtfertigte Zahlung von Sozialhilfe vermieden wird.*

Die **Einleitung von Strafverfahren wegen Kindesmisshandlung** gehört grundsätzlich nicht zu den Aufgaben des Jugendamts, das für die Kinder- und Jugendhilfe, nicht aber für die Bestrafung der Eltern zuständig ist. Es ist im Falle einer Kindesmisshandlung gesetzlich verpflichtet, nach § 8a SGB VIII vorzugehen und notfalls das Familiengericht einzuschalten, aber weder berechtigt noch verpflichtet, die Polizei bzw. Staatsanwaltschaft zu informieren.

Die Einleitung eines Strafverfahrens durch SA/SP gegen den Willen der betroffenen Eltern bzw. Kinder zerstört die Vertrauensgrundlage, führt lediglich zu Sanktionen gegen die Eltern, die das Verhältnis zum Kind nicht verbessern und wird häufig zur Ablehnung weiterer sozialer Hilfe zum Nachteil des Kindes führen (BT-Drs. 8/4022, S. 85 zu § 67; Busch, 1997, S. 104). Außerdem kann die Durchführung eines Strafverfahrens das Opfer und die Angehörigen schwer und nachhaltig belasten. Deshalb stellen die Arbeitsgemeinschaft der Obersten Landesjugendbehörden und die Jugendminister und -senatoren der Länder übereinstimmend fest:

"Auch wenn man nach sorgfältiger Prüfung zu dem Ergebnis kommt, dass die Erstattung einer Anzeige zulässig wäre, ist nochmals zu prüfen, ob sie zur Erfüllung der Aufgaben des Jugendamts zweckdienlich ist. Oft kann das Jugendamt ohne sie wirkungsvoller helfen. Dies muss in jedem Einzelfall geprüft werden" (ZfJ 1992, 32).

Besteht jedoch der dringende Verdacht, dass ein Kind z. B. sexuell missbraucht wird, lehnen die Eltern jeden Kontakt mit dem Jugendamt ab und ist das Familiengericht nicht bereit, in der Sache tätig zu werden, bleibt als **letzte Möglichkeit zum Schutz des Kindes die Erstattung einer Strafanzeige** (Kunkel, LPK-SGB VIII, § 61 Rn 115), um mit den Möglichkeiten des Strafverfahren eine Klärung und den Schutz des Opfers zu erreichen: Durchsuchung, Vernehmung der Opfer und des Verdächtigten, Untersuchung, Inhaftierung (§§ 102, 114 StPO).

33.6.3 Übermittlung für die Erfüllung besonderer gesetzlicher Mitteilungspflichten und Mitteilungsbefugnisse (§ 71 SGB X)

Die Übermittlung zur Erfüllung besonderer gesetzlicher Mitteilungspflichten nach § 71 SGB X ist nur in den ausdrücklich genannten Fällen zulässig.

Allgemeine Übermittlungsbefugnisse
Wegen der Übermittlung zur Abwendung geplanter Straftaten wird auf Abschnitt 32.2.2 hingewiesen. Die anderen Übermittlungsbefugnisse in § 71 Abs. 1 SGB X zum Schutz der öffentlichen Gesundheit, zur Sicherung des Steueraufkommens oder zur Wehrüberwachung haben für SA/SP kaum Bedeutung.

Nach § 71 Abs. 3 SGB X ist eine Übermittlung von Sozialdaten zulässig, soweit es nach pflichtgemäßem Ermessen des Leistungsträgers erforderlich ist, dem Vormundschaftsgericht die Bestellung eines Betreuers oder einer anderen Betreuungsmaßnahme zu ermöglichen.

Beispiel: Eine Sozialarbeiterin bemerkt bei einem Gespräch mit einer älteren Frau, dass diese nicht mehr selbständig leben kann.

Einschränkung des Sozialdatenschutzes der Ausländer
Der Kontakt eines Ausländers mit einem Jugend- oder Sozialamt kann unabsehbare ausländerrechtliche Konsequenzen auslösen, weil der Sozialdatenschutz im Verhältnis zum Ausländeramt erheblich eingeschränkt ist.

Leistungsträgern wird in § 71 Abs. 2 und 2a SGB X die Befugnis eingeräumt, zahlreiche Sozialdaten an Ausländerbehörden zu übermitteln.

Alle öffentlichen Stellen sind verpflichtet, auf Ersuchen der Ausländerbehörde alle Umstände mitzuteilen, die für die Erfüllung ausländerrechtlicher Aufgaben erforderlich sind (§ 87 Abs. 1 AufenthG). Ohne Ersuchen haben (Abs. 2) sie die Ausländer- bzw. Polizeibehörde zu unterrichten, wenn sie Kenntnis von einem unerlaubten Aufenthalt eines Ausländers oder sonstigem Ausweisungsgrund erlangen z. B. Bezug von Sozialhilfe, Fremdunterbringung eines Kindes (§§ 87 Abs. 1, 55 AufenthG).

Diese Verpflichtungen bestehen allerdings nicht, soweit gesetzliche Verwendungsregelungen (z. B. die Vorschriften über den Sozialdatenschutz) und die strafrechtliche Schweigepflicht entgegenstehen (§ 88 Abs. 1 AufenthG → 32.0; Kunkel, LPK-SGB VIII, § 61 Rn 136 ff.).

Übergesetzlicher Notstand
Der Gesetzgeber hat bei der Formulierung der Übermittlungsbefugnisse offenbar übersehen, dass es Fälle der akuten Gefährdung wichtiger Rechtsgüter gibt, für die eine Übermittlungsbefugnis nicht besteht.

Es wird die Auffassung vertreten, daß allgemein zwar keine Pflicht, aber eine im pflichtgemäßen Ermessen stehende Befugnis zum Bruch des Sozialgeheimnisses gegeben sei, wenn eine akute, erhebliche und nicht anders abwendbare Gefahr für Leib, Leben, persönliche Freiheit oder ein ähnlich wichtiges Rechtsgut bestehen (ausführlich dazu:Kunkel, LPK-SGB VIII, § 61 Rn 176ff.).

Bei akuter Lebensgefahr und vergleichbar erheblicher Gefahr für ein anderes erhebliches Rechtsgut ist sogar eine Pflicht zur Information eines Angehörigen, eines Arztes oder einer anderen Person, die Hilfe leisten könnte, nach § 323 c StGB anzunehmen (BGH NJW 1983, 350; OLG Frankfurt, 8. 7. 1999, NJW 2000, 875; dazu Spickhoff, NJW 2000, 848 m. w. N.).

33.6.4 Übermittlung für die
Durchführung eines Strafverfahrens (§ 73 SGB X)

Richterliche Anordnung
Der Leistungsträger darf Sozialdaten für die Durchführung eines Strafverfahrens nur aufgrund der Anordnung eines Richters übermitteln. Polizei und Staatsanwaltschaft haben keinen eigenen Anspruch auf Auskunft.

Beispiel: Kommt ein Polizist zu einer städtischen Kindertagesstätte, um unauffällig festzustellen, ob bei einem Kind Spuren von Misshandlungen durch die Eltern sichtbar sind, darf er nicht eingelassen werden.

Polizei und Staatsanwaltschaft können aber eine richterliche Anordnung beantragen. Diese kann auf die Erteilung einer Auskunft, die Herausgabe von Akten oder die Vernehmung von Mitarbeiter/innen des Sozialleistungsträgers gerichtet sein.

Verbrechen oder sonstige Straftat von erheblicher Bedeutung
Liegt eine richterliche Anordnung vor, Sozialdaten zur Durchführung eines Strafverfahrens wegen eines Verbrechens oder einer sonstigen Straftat von erheblicher Bedeutung zu übermitteln, so besteht grundsätzlich eine Übermittlungsbefugnis hinsichtlich aller Sozialdaten.

Verbrechen sind rechtswidrige Taten, die im Mindestmaß mit einer Freiheitsstrafe von einem Jahr oder darüber bedroht sind (§ 12 Abs. 1 StGB).

Beispiele: Vergewaltigung, sexuelle Nötigung, Mord, Totschlag, schwere Körperverletzung, Raub, räuberische Erpressung, Brandstiftung, Handel und Einfuhr von Drogen nach § 30 Betäubungsmittelgesetz.

Ob ein Vergehen von **erheblicher Bedeutung** ist, hat das Jugendamt zu beurteilen; denn es ist seine Aufgabe, das SGB VIII anzuwenden und durchzuführen. Erhebliche Bedeutung wird ein Vergehen regelmäßig haben, wenn der angerichtete Schaden ungewöhnlich hoch ist und ein besonderes Allgemeininteresse an der Strafverfolgung besteht (Wiesner/Mörsberger, SGB VIII, Anhang § 61, § 73 SGB X, Rdnr.11).

Beispiele: Stiehlt eine alleinerziehende Bezieherin von Arbeitslosengeld II Süßigkeiten, kleine Spielsachen oder Schulsachen für ihre Kinder, dürften ihre Vergehen selbst dann keine erhebliche Bedeutung haben, wenn sie rückfällig wird.

Erhebliche Bedeutung dürfte aber das Vergehen des Sozialhilfeempfängers haben, der 10 Jahre lang dem Sozialamt verschwieg, dass er in dieser Zeit aus Vollzeitarbeit Einnahmen von netto 180.000 Euro bezog.

Bestehen im Falle der Kindesmisshandlung bzw. des sexuellen Missbrauchs konkrete Anhaltspunkte dafür, dass mit Hilfe des Jugendamts eine Schadensbegrenzung oder -minderung erfolgen kann, die durch ein Strafverfahren erschwert oder ausgeschlossen würde, hat der Schutz des Opfers Vorrang vor der Strafverfolgung (§ 64 Abs. 2 SGB VIII; Busch, 1997, 52; siehe auch 33.6.2). Das Jugendamt ist nicht verpflichtet, ein Strafverfahren zu fördern, das vom Opfer als erneute Gewalthandlung erlebt wird (zum Opferschutz im Verfahren: Ferber, NJW 2004, 2562).

Vergehen (ohne erhebliche Bedeutung)
Liegt eine richterliche Anordnung vor, die sich auf die Aufklärung eines Vergehens bezieht, das nicht von erheblicher Bedeutung ist, beschränkt sich die Übermittlungsbefugnis auf Angaben über Vor- und Familiennamen, Geburtsdatum, Geburtsort, derzeitige und frühere Anschriften des Betroffenen, Name und Anschriften seiner derzeitigen und früheren Arbeitgeber und erbrachte oder demnächst zu erbringende Geldleistungen.

Vergehen sind rechtswidrige Taten, die im Mindestmaß mit einer geringeren Freiheitsstrafe als einem Jahr oder die mit Geldstrafe bedroht sind (§ 12 Abs. 2 StBG).

Beispiele: Falsche uneidliche Aussage, Beleidigung, Körperverletzung, Kindes-misshandlung, Freiheitsberaubung, Kindesentziehung, Diebstahl einschließlich des besonders schweren Diebstahls, Betrug, Urkundenfälschung, Sachbeschä-digung, Besitz von Drogen nach § 29 Betäubungsmittelgesetz.

Erfordernis der Aussagegenehmigung für Vernehmung eines SA/SP

Ordnet ein Richter die Vernehmung eines SA/SP über dienstlich bekannt gewordene Tatsachen an, so darf der SA/SP als Zeuge nur aussagen, wenn und soweit der Dienstherr eine Aussagegenehmigung erteilt hat (siehe 36.1). Unzulässig ist die Aussage über Sozialdaten, zu deren Übermittlung der Leistungsträger nicht befugt ist (§ 35 Abs. 3 SGB I).

33.6.5 Übermittlung bei Verletzung der Unterhaltspflicht und beim Versorgungsausgleich (§ 74 SGB X)

Übermittlung an ein Gericht

Leistungsträger haben nach § 74 Nr. 1 SGB X Sozialdaten an ein Gericht oder, sofern ein Vollstreckungsverfahren durchgeführt wird, auch an einen Gerichtsvollzieher zu übermitteln, wenn das Verfahren gesetzliche oder vertragliche Unterhaltsansprüche oder Ersatzansprüche bzw. den Versorgungsausgleich betrifft.

Die Vorschrift ist für SA/SP von Bedeutung, die Unterhaltsansprüche gerichtlich gel-tend machen wie z. B. Amts- und Vereinsvormünder, Unterhaltspfleger. Sie können beantragen, dass das Gericht bzw. der Gerichtsvollzieher eine Auskunft beispiels-weise über die Höhe der dem Unterhaltspflichtigen zustehenden Sozialleistungen bei dem Leistungsträger einholt.

Übermittlung an auskunftsberechtigte Privatpersonen

Nach § 74 Nr. 2 SGB X können Sozialdaten eines Betroffenen außerhalb eines ge-richtlichen oder Vollstreckungsverfahrens für die Geltendmachung eines gesetzlichen oder vertraglichen Unterhaltsanspruchs oder eines Ausgleichsanspruchs im Rahmen des Versorgungsausgleichs den Personen bzw. Stellen übermittelt werden, die An-spruch auf Auskunft nach den Vorschriften des BGB haben (Ehegatten und Verwand-te in gerader Linie, Sozialämter als Inhaber übergeleiteter Unterhaltsansprüche).

Voraussetzungen der Übermittlung

Die Übermittlung ist aber erst dann zulässig, wenn der Auskunftsberechtigte dem Lei-stungsträger nachweist, dass der Auskunftsverpflichtete zur Auskunftserteilung auf-gefordert und unter Hinweis auf die Übermittlungsbefugnis der in § 35 SGB I ge-nannten Stelle hieran erinnert worden ist, gleichwohl aber binnen angemessener Frist keine Auskunft erteilt hat (siehe dazu Kunkel, LPK-SGB VIII, § 61 Rn 162).

Beispiel: Ein arbeitsloser Ehemann zahlt an Ehefrau und Kinder keinen Unterhalt. Die Ehefrau kann ihn zur Auskunft auffordern, mahnen, eine angemessene Frist setzen und dann unter Vorlage des Schriftwechsels bei der zuständigen Arbeitsagentur Auskunft über die Höhe des Arbeitslosengeldes, Beginn und evtl. Ende der Zahlung verlangen.

Da dieses Verfahren mehrere Monate dauern kann, ist es für eine Soforthilfe nicht ge-eignet. Diese lässt sich evtl. durch Antrag auf Abzweigung nach § 48 SGB I erreichen (→ 37.6).

33.6.6 Einschränkung der Übermittlungsbefugnis bei besonders schutzwürdigen persönlichen Daten (§ 76 SGB X)

Verlängerter Schutz besonders sensibler Daten
Die Übermittlungsbefugnisse nach §§ 68 bis 75 SGB I bestehen nicht, wenn dem Leistungsträger Sozialdaten von einer Person zugänglich gemacht worden sind, die der Schweigepflicht gemäß § 203 Abs. 1 und 3 StGB unterliegt.

In diesem Falle darf der Träger die ihm mitgeteilten Sozialdaten nur übermitteln, wenn die Voraussetzungen vorliegen, unter denen die übermittelnde Person selbst offenbarungsbefugt wäre, d. h. im Falle der Einwilligung des Betroffenen, einer gesetzlichen Mitteilungspflicht oder des rechtfertigenden Notstandes gemäß § 34 StGB (siehe 32.2.3).

Beispiel: Der Sozialarbeiter eines freien Verbandes, dem ein Jugendlicher Geheimnisse im Sinne des § 203 StGB anvertraut hatte, teilt diese dem Jugendgerichtshelfer im Kreisjugendamt mit, weil er hofft, dadurch für den Jugendlichen die Aussetzung einer drohenden Jugendstrafe zur Bewährung erreichen zu können. Der Jugendgerichtshelfer ist als Mitarbeiter des Leistungsträgers Jugendamt dann nicht befugt, die ihm zugänglich gemachten Geheimnisse ohne Einwilligung des Jugendlichen dem Jugendgericht mitzuteilen.

Trägerinterner Schutz
§ 76 SGB X gilt für SA/SP, die bei einem Leistungsträger angestellt sind, auch innerhalb der Organisation des Leistungsträgers.

33.6.7 Zweckbindung und Geheimhaltungspflicht des Empfängers (§ 78 SGB X)

Grundsatz
Hat ein Leistungsträger Sozialdaten nach den §§ 67 - 77 SGB X übermittelt, so ist der Empfänger verpflichtet, diese Daten nur zu dem Zweck zu verwenden, zu dem sie ihm befugt übermittelt worden sind (§ 78 SGB X).

Beispiele: Hat das Jugendamt Pflegeeltern über die bisherige Entwicklung des Pflegekindes informiert (§ 69 SGB X), so dürfen die Eltern diese Information nur im Rahmen ihrer Erziehungsaufgabe verwenden. Eine Weitergabe an Dritte ist allenfalls zulässig, wenn dies aus pädagogischen Gründen unabweisbar ist, z. B. im Falle großer Schwierigkeiten in der Schule an den Lehrer, um diesem eine angemessene Reaktion zu ermöglichen.

Banken und Sparkassen dürfen bei Überweisung von Sozialleistungen die dadurch bekannt gewordenen Informationen nicht an Dritte weitergeben, z. B. an die Schufa.

Ausnahmen
In Abweichung von diesem Grundsatz sieht § 78 Abs. 1 Satz 2 SGB X vor, dass an Polizeibehörden, Staatsanwaltschaften, Gerichte und Behörden der Gefahrenabwehr übermittelte Sozialdaten unabhängig vom Zweck der Übermittlung für Zwecke der Gefahrenabwehr, für Zwecke der Strafverfolgung und für Zwecke der Strafvollstreckung verarbeitet und genutzt werden dürfen.

Pflichten des Empfängers
Der Empfänger der Sozialdaten muss diese als Sozialgeheimnis schützen und darf sie nicht unbefugt offenbaren. Auf diese Pflichten sind insbesondere Privatpersonen und freie Träger - am besten schriftlich oder durch Verpflichtungserklärung - hinzuwei-

sen. Da selbst Behörden und Gerichten häufig nicht bekannt ist, dass sie durch § 78 SGB X zum Schutz der Sozialdaten verpflichtet werden, wird in der Literatur **dringend** empfohlen, auch diese Stellen auf die Konsequenzen aus § 78 SGB X zu unterrichten (Seidel in LPK-SGB X, § 78 R 8).

Bindung der Behörden und Gerichte
Die Verpflichtung zur Einhaltung der Zweckbindung gilt für Behörden, die nicht Sozialleistungsträger sind, und für die Gerichte (Seidel, LPK-SGB X, § 78 Rn 3).

Sozialleistungsträger haben die speziellen Grundsätze über die Zweckbindung zu beachten, die in § 67 c SGB X festgelegt sind

Verwendungs- und Verwertungsverbot für unzulässig übermittelte Sozialdaten
Ob Daten, die unzulässigerweise übermittelt wurden, verwendet werden dürfen, ist von den Umständen des jeweiligen Einzelfalls abhängig: Die rechtswidrige Erlangung der Information durch Verfahrens-oder Formverstöße allein führt nicht zu einem Verwertungsverbot. Erst wenn durch die Verwertung des Beweismittels ein Eingriff in eine grundrechtlich geschützte Position erfolgt, ist die Verwertung unzulässig (BVerfG, NJW 2000, 3557; BSG, 15.2.2005, NZS 2006, 43).

Beispiel: Hat die Angestellte einer Agentur für Arbeit auf telefonische Anfrage der Polizei mitgeteilt, dass ein wegen des Verdachts des Raubs gesuchter Mann sich in der Agentur aufhalte, so liegt ein Verfahrensverstoß vor; denn über das Übermittlungsersuchen der Polizei durfte nicht die Angestellte, sondern nur der Leiter der Agentur bzw. ein besonders bevollmächtigter Vertreter entscheiden (§ 68 Abs. 2 SGB X).

Gleichzeitig wird aber das Grundrecht auf informationelle Selbstbestimmung des Betroffenen verletzt, wenn der zuständige Vorgesetzte die Auskunft nicht erteilt hätte. Deshalb darf die Polizei die unzulässige Information nicht verwerten.

Unzulässigerweise übermittelte Daten sind, wenn sie gespeichert worden sind, zu löschen (§§ 67c und 84 Abs.2 SGB X).

Ordungswidrigkeit bzw. Strafbarkeit unzulässiger Datenverarbeitung
Die unbefugte Verarbeitung geschützter Sozialdaten stellt eine Straftat bzw. eine Ordnungswidrigkeit dar, die mit Geldbuße bzw. Geldstrafe oder Freiheitsstrafe bis zu einem Jahr geahndet werden kann (§§ 78 Abs. 1 Satz 1 in Verbindung mit § 85 Abs. 1 Nr. 1 SGB X).

Beispiel: Ordnungswidrig handelt die SA/SP, die nicht allgemein zugängliche Dateien ihrer Kollegin mit personenbezogenen Klientendaten abruft, wenn sie für diese Klienten nicht zuständig ist (§ 78 Abs. 2 Nr. 3 SGB X).

33.7 Bereichsspezifische Regelung des Sozialdatenschutzes im Kinder- und Jugendhilferecht

Für die Kinder- und Jugendhilfe sind in §§ 61-68 SGB VIII bereichsspezifische Regelungen getroffen worden. Diese verstärken den Schutz der Sozialdaten, weil die pädagogische Arbeit mit Eltern und Kindern eines geschützen Raumes bedarf.

33.7.1 Anwendungsbereich

Geltung für Träger der öffentlichen Jugendhilfe
Die Regelungen in §§ 61 – 68 SGB VIII Regelungen gelten für **alle Mitarbeiter allee Einrichtungen und Dienste des Trägers der öffentlichen Jugendhilfe**, soweit diese Aufgaben nach dem SGB VIII wahrnehmen d. h. für Krabbelgruppen, Kindergärten, Kinderheime, Jugendzentren, sozialpädagogische Familienhilfe, Erziehungsbeistandschaft, Jugendgerichtshilfe, Amtsvormundschaft usw. usw.

Sie gelten entsprechend für kreisangehörige Gemeinden und Gemeindeverbände, die **nicht örtliche Träger der Jugendhilfe** sind, weil sie kein Jugendamt haben, aber z. B Einrichtungen der Jugendhilfe unterhalten (Kindergarten, Jugendzentrum).

Sonderregelungen für Beistandschaft, Vormundschaft und Pflegschaft
Für den Schutz der Sozialdaten im Rahmen der Tätigkeit des Jugendamts als Beistand, Amtsvormund oder Amtspfleger gilt ausschließlich § 68 SGB VIII (§ 61 Abs. 2 SGB VIII). Daraus folgt, dass diese Personen Sozialdaten nur für die Erfüllung ihrer Aufgaben erheben, verarbeiten oder nutzen dürfen und dass ihnen deshalb nicht erlaubt ist, Sozialdaten zur Erfüllung der Aufgaben anderer Stellen zu übermitteln. , Die §§ 62 – 67 SGB VIII und die §§ 67 – 85 a SGB X sind nicht anwendbar.

Die Schweigepflicht nach § 203 StGB gilt uneingeschränkt (Busch, 1997, 108 ff.).

Keine Sonderregelung für die Jugendgerichtshilfe
Für den Sozialdatenschutz in der Jugendgerichtshilfe gelten die allgemeinen Regelungen des SGB VIII und des SGB X (Zur Belehrungspflicht vor Befragung des Jugendlichen und der Angehörigen → BGH, NJW 2005, 765).

Geltung für freie Träger
Für freie Träger gelten die Vorschriften über den Sozialdatenschutz nicht unmittelbar. Öffentliche Träger haben aber bei Inanspruchnahme von Diensten freier Träger sicherzustellen, dass diese einen entsprechenden Schutz der Sozialdaten gewährleisten (§ 8a Abs. 2 und § 61 Abs. 1 und 3 SGB VIII). Eine Inanspruchnahme freier Träger kann durch die Leistungsberechtigten in Ausübung des Wunsch- und Wahlrechts gemäß § 5 SGB VIII erfolgen.

In diesem Falle hat der öffentliche Träger den freien Träger zu verpflichten, den Datenschutzstandard des SGB VIII einzuhalten. Jedoch ist er nicht berechtigt, die freien Träger zur Weitergabe von personenbezogenen Daten ohne Einwilligung der Betroffenen zu verpflichten. Eine derartige Vereinbarung wäre gesetzwidrig und nichtig (§ 134 BGB).

Selbstverständlich besteht die Verpflichtung des freien Trägers zum Schutz der Sozialdaten auch gegenüber dem Jugendamt. Er darf deshalb dem Jugendamt keine Sozialdaten mitteilen, wenn dadurch der Erfolg seiner Arbeit gefährdet sein könnte (§ 64 Abs. 2 SGB VIII).

Zur vielfältigen Problematik des § 61 Abs. 3 SGB VIII siehe Willmers-Rauschert, Datenschutz in der freien Jugendhilfe, 2004, 71ff.

223

33.7.2 Speicherung in Akten

In einer Jugendamtsakte dürfen grundsätzlich nur die Daten enthalten sein, die für die Erledigung einer bestimmten Aufgabe erforderlich sind (§ 63 Abs. 1 SGB VIII).

Beispiel: Unzulässig ist es, Daten zusammenzufassen, die sich auf unterschiedliche Aufgaben beziehen (Tagespflege, Trennungsberatung, Jugendgerichtshilfe).

Eine Zusammenführung von Daten, die zur Erfüllung unterschiedlicher Aufgaben erhoben wurden, ist nur zulässig, wenn und solange dies wegen eines unmittelbaren Sachzusammenhangs erforderlich ist. Dieser kann bei zeitlicher, personeller oder leistungsmäßiger Verknüpfung bestehen.

Beispiel: Daten über auffälliges Verhalten mehrerer Kinder aus einer Familie dürfen zusammengefasst werden, wenn ein Zusammenhang zwischen der Familiensituation und den Verhaltensauffälligkeiten bestehen kann.

33.7.3 Zweckbindung zur Sicherung des Erfolgs einer Leistung

Zur Sicherung der Effektivität von Leistungen wird in § 64 Abs. 2 SGB VIII bestimmt, dass eine an sich nach § 69 SGB X zulässige Weitergabe von Daten unzulässig ist, soweit dadurch der Erfolg einer zu gewährenden Leistung in Frage gestellt wird.

Beispiel: Ist ein Richter der Auffassung, ein Strafverfahren sei das geeignete Mittel, um Eltern davon abzuhalten, ihre Kinder zu misshandeln, so ist das Jugendamt nicht verpflichtet, nach § 69 SGB X dem Richter Akten über die betreffende Familie herauszugeben oder die Vernehmung des betreuenden Sozialarbeiters zuzulassen, wenn es befürchtet, dass der Erfolg seiner Beratungsarbeit dadurch gefährdet wird.

Das Jugendamt hat als Fachbehörde darüber zu befinden, ob und wie es seine Aufgaben wahrnimmt. Vormundschafts-, Familien- und Jugendrichter haben nicht das Recht zu bestimmen, dass Jugendhilfe nach ihren Vorstellungen zu praktizieren ist (siehe 25.1.2.1).

33.7.4 Besonderer Vertrauensschutz in der persönlichen und der erzieherischen Hilfe

§ 65 SGB VIII ist im Wortlaut an § 203 StGB angelehnt ist und verpflichtet alle Mitar**beiter/innen des Jugendamts persönlich**, anvertraute Sozialdaten nicht an eine dritte Person im Amt, nicht an eine andere Stelle des Trägers der öffentlichen Jugendhilfe und nicht nach außen weiterzugeben.

Geschützt wird wie in § 203 StGB das höchstpersönliche Vertrauensverhältnis als Grundlage jeder persönlichen Hilfe.

Jedoch ergeben sich aus dem Schutzauftrag des Jugendamts bei Gefährdung des Kindes bedeutsame Abweichungen (→ 32.4).

33.7.5 Auskunft an den Betroffenen

Der Betroffene kann jederzeit beantragen, dass ihm Auskunft über die zu seiner Person gespeicherten Daten erteilt wird (§ 67 SGB VIII).

Die Auskunft ist nach Maßgabe des § 83 SGB X zu erteilen. Über die Form ist nach pflichtgemäßem Ermessen zu entscheiden d. h. bei umfangreicher oder schwer verständlicher Datenlage ist Auskunft schriftlich zu erteilen (BVerfG, 18.11.2004, NJW 2005, 1103).

Zur besonderen Schutzwürdigkeit des Betroffenen und seinen Anspruch auf Informationen über die Einschätzung seiner psychischen Verfassung → BVerfG, 9.1.2006, NJW 2006, 1116.

34.0 RECHTSFOLGEN DER VERLETZUNG DES SOZIALGEHEIMNISSES

34.1 Recht auf Anrufung des Datenschutzbeauftragen

Ist jemand der Ansicht, bei der Erhebung, Verarbeitung oder Nutzung seiner personenbezogenen Daten in seinen Rechten verletzt worden zu sein, kann er sich an den für den jeweiligen Fall zuständigen Datenschutzbeauftragten wenden (§ 81 SGB X; § 21 BDSG).

Zuständig können sein

▶ der Bundesbeauftragte für den Datenschutz,

▶ der Landesbeauftragte für den Datenschutz,

▶ der Datenschutzbeauftragte der Kommune/sonstiger öffentlich-rechtlicher Stelle.

34.2 Recht auf Schadensersatz und Schmerzensgeld

Ein Schadensersatzanspruch wegen unzulässiger oder unrichtiger Verarbeitung personenbezogener Daten besteht auch dann, wenn ein Verschulden nicht vorliegt bzw. nicht nachgewiesen werden kann (§ 82 Satz 1 SGB X; § 7 BDSG). Eine verschärfte Haftung, die den Ersatz von Nichtvermögensschäden einschließt, besteht bei automatisierter Datenverarbeitung (§§ 82a Satz 2 SGB X; § 8 BDSG)

Der Betroffene hat ein Recht auf Ersatz des materiellen Schadens, wenn er durch rechtswidriges und schuldhaftes Verhalten in seinem allgemeinen Persönlichkeitsrecht verletzt wird: Vermögensschaden ist zu ersetzen (§ 823 BGB). Ein Anspruch auf Geldentschädigung zum Ausgleich des Nichtvermögensschadens besteht nur bei erheblicher Verletzung des Persönlichkeitsrechts und nur dann, wenn ein Ausgleich bzw. auf Genugtuung auf andere Weise nicht möglich ist (BVerfG, 17.12.2005, NJW 2006, 1580).

Im Falle öffentlich-rechtlicher Tätigkeit richtet sich der Anspruch gegen den Anstellungsträger (§ 839 BGB, Art. 34 GG, siehe 48.3).

Beispiel: Erwähnt ein SA, der einen Jugendlichen betreut, im Gespräch mit dessen Arbeitgeber frühere Straftaten des Jugendlichen und wird deshalb das Arbeitsverhältnis gekündigt, ist der Anstellungsträger zum Ersatz des Verdienstausfalls und u. U. zu einem Ausgleich für die psychischen Belastungen verpflichtet, die infolge des Verlusts des Arbeitsplatzes und etwaiger Dauerarbeitslosigkeit entstehen (Hammer NZA 1986, 305).

34.3 Recht auf Auskunft über gespeicherte Daten

Dem Betroffenen ist auf Antrag unentgeltlich Auskunft zu erteilen über

▶ die zu seiner Person gespeicherten Daten, auch soweit sie sich auf Herkunft oder Empfänger dieser Daten beziehen,

▶ den Zweck der Speicherung (§ 83 SGB X).

Grundsätzlich besteht kein Anspruch auf Preisgabe des Namens eines Informanten z.B. über den Verdacht eines Leistungsbetrugs (BVerwG, 4.9.2003, NJW 2004, 1543). (Zum Akteneinsichtsrecht im Verwaltungsverfahren siehe 38.3.16).

34.4 Recht auf Berichtigung, Löschung und Sperrung von Daten

Unrichtige (Sozial)daten sind zu **berichtigen** (§ 84 Abs. 1 SGB X).

(Sozial)daten sind zu **löschen,** wenn ihre Speicherung unzulässig ist, z. B. weil ihre Erhebung unzulässig war oder weil sie zur Aufgabenerfüllung nicht mehr erforderlich sind

(§ 84 Abs. 2 SGB X; zu Aufbewahrungsfristen → Empfehlungen der kommunalen Spitzenverbände in BW, zitert bei Kunkel, LPK-SGB VIII, § 61 Rn 244).

An die Stelle der Löschung tritt die **Sperrung** (= Nutzungs- und Übermittlungsverbot), wenn die Löschung unzulässig oder unzumutbar ist oder schutzwürdige Interessen beeinträchtigen könnte (§ 84 Abs. 3 u. 4 SGB X).

34.5 Recht, einen Strafantrag wegen Verletzung des informationellen Selbstbestimmungsrecht zu stellen

Der Betroffene kann bei der Polizei oder bei der Staatsanwalt einen Strafantrag gegen denjenigen stellen, der Sozialdaten, die nicht offenkundig sind, unbefugt

▶ speichert, verändert oder übermittelt,

▶ abruft oder sich oder einem anderen aus Dateien verschafft,

▶ sich aufgrund falscher Angaben übermitteln lässt,

▶ für andere Zwecke nutzt, indem er sie übermittelt

(zu weiteren Einzelheiten → § 85 SGB X und § 43 BDSG).

34.6 Recht, einen Strafantrag wegen Vertrauensbruchs zu stellen

Der Betroffene kann bei der Polizei oder bei der Staatsanwalt einen Strafantrag gegen eine nach § 203 schweigepflichtige Person stellen, wenn diese unbefugt ein ihr anvertrautes Geheimnis einem Dritten offenbart hat (§ 205 Abs. 1 StGB).

Der Strafantrag kann auch gegen den Arbeitgeber gerichtet und auf diesen beschränkt werden, wenn dieser zum Vertrauensbruch aufgefordert hat; denn die Aufforderung ist als Anstiftung zur Straftat gemäß § 26 StGB ebenfalls mit Strafe bedroht.

34.7 Recht zur Erhebung der Unterlassungs- und der Folgenbeseitigungsklage

Der Betroffene kann bei einem Verstoß gegen das Verbot unbefugter Erhebung, Verarbeitung oder Nutzung bei dem Verwaltungsgericht bzw. dem Sozialgericht im Wege der allgemeinen Leistungsklage geltend machen:

▶ den Anspruch auf **Unterlassung**, wenn die Besorgnis künftiger Datenschutzverletzungen besteht (Vorbeugende Unterlassungsklage → 50.4.3),

▶ den **Folgenbeseitigungsanspruch** zur Beseitigung der Folgen des rechtswidrigen Verwaltungshandelns (Löschung unbefugt gespeicherter Daten, Verwertungsverbot für unbefugt erhobene bzw. übermittelte Daten → 48.6 und 50.4.3)

Beispiele: Hat ein Jugendamt unter Verstoß gegen die Vorschriften der §§ 67-76 SGB X Akten, die Sozialdaten enthalten, an ein anderes Jugendamt gesandt, ist es verpflichtet, die Akten zurückzufordern. Das andere Jugendamt darf die Daten nicht verwerten, von denen es unbefugt Kenntnis erhalten hat (§ 78 SGB X; siehe 33.6.7).

*Hat eine Behörde **Fotokopien von Klientenakten** angefertigt, die ihr unter Verstoß gegen Datenschutzvorschriften bekannt geworden sind, so hat sie die Kopien herauszugeben bzw. zu vernichten (BVerfG, 24.5.1977, NJW 1977, 1489).*

Personenbezogene Daten, die unter Eingriff in eine verfassungsrechtlich geschützte Rechtsposition erhoben oder übermittelt worden sind, unterliegen grundsätzlich einem Verwertungsverbot (BVerfG, 1.3.2000, NStZ 2000, 489).

35.0 DATENSCHUTZ DURCH FREIE TRÄGER

Praxis: *Eine Polizeistreife fährt bei dem Kindergarten eines freien Trägers vor und möchte die vierjährige Marion sehen, deren Eltern in Verdacht der Kindesmisshandlung stehen.*

Das Jugendamt verlangt von dem freien Träger eines Kinderheims regelmäßige Berichte über die Entwicklung der Kinder.

35.1 Rechtsgrundlagen

Anwendung des Bundesdatenschutzgesetzes

Spezifische gesetzliche Vorschriften über den Datenschutz bei freien Trägern existieren nicht. Deshalb gelten für freie Träger – ausgenommen die kirchlichen Träger - die allgemeinen Regelungen in §§ 27ff. BDSG. Diese sind aber nur anzuwenden auf personenbezogene Daten, die unter Einsatz von Datenverarbeitsanlagen erhoben, verarbeitet oder genutzt werden bzw. auf Daten aus nicht automatisierten Dateien.

Für Daten außerhalb von Dateien bieten die allgemeinen Rechtsgrundlagen einen Schutz (→ 35.2 und 35.3), der dem Sozialdatenschutz der öffentlichen Träger durchweg mindestens gleichwertig ist.

Kirchliche Datenschutzregelungen

Die evangelische und die katholische Kirche vertreten die Auffassung, dass auf den ihrem Selbstbestimmungsrecht unterliegenden Bereich das staatliche Datenschutzrecht nicht anzuwenden ist. Sie haben eigene allgemeine Datenschutzregelungen und Regelungen für einzelne Teilbereiche in Kraft gesetzt, die inhaltlich den staatlichen Regelungen weitgehend zu entsprechen scheinen. Allerdings besteht keine Amtshilfepflicht kirchlicher Stellen gegenüber staatlichen Stellen. Deshalb kann eine kirchliche Stelle nur dann zur Übermittlung personenbezogener Stellen an staatliche Behörden verpflichtet sein, wenn eine staatliche oder eine kirchliche Rechtsvorschrift die Übermittlung nicht nur zulässt, sondern gebietet:

„Datenschutzgesetz der Evangelischen Kirche in Deutschland (DSG-EKD)" und **„Verordnung zur Durchführung des Kirchengesetzes über den Datenschutz der EKD"** (DSVO)

Das von der Synode der Evangelischen Kirche beschlossene Gesetz ist von den Mitgliedskirchen übernommen worden. Es gilt für die verfasste Kirche und die Diakonie (www.ekd.de/Datenschutz).

„Anordnung über den kirchlichen Datenschutz (KDO)"

Die für die verfasste katholische Kirche und die Caritas geltende Anordnung ist vom Ortsbischof jeweils für sein Bistum in Kraft gesetzt worden. Die **„Anordnung über den Sozialdatenschutz in der freien Jugendhilfe in kirchlicher Trägerschaft"** erklärt in einem Akt der Selbstunterwerfung das staatliche Sozialdatenschutzrecht für entsprechend anwendbar (→ www.datenschutz-kirche.de).

Besondere Geheimhaltungspflichten

Die Schweigepflicht gemäß § 203 StGB gilt uneingeschränkt für SA/SP im Dienst freier Träger (siehe 32.0, § 39 BDSG, § 1 Abs. 4 DSG-EKD; § 1 Abs. 4 KDO).

Gewährleistung von Datenschutz in der freien Jugendhilfe

Träger der öffentlichen Jugendhilfe sind verpflichtet, bei Inanspruchnahme freier Träger sicherzustellen, dass der Schutz der Sozialdaten in Entsprechung zum Sozialdatenschutz gewährleistet ist (§ 8a und § 61 Abs. 3 SGB VIII; ausführlich dazu: Willmers-Rauschert, Datenschutz in der freien Jugend- und Sozialhilfe, 2004; → 33.7.1).

35.2 Vertragsrechtlicher Schutz personenbezogener Daten

Praxis: *Die Balkenüberschrift „Oma Inge singt nicht mehr" und Anekdoten aus dem Leben ihrer nach einem Verkehrsunfall verstorbenen Mutter und Großmutter finden die entsetzten Angehörigen in einer Boulevardzeitung. Deren Reporter war in dem Zimmer, in dem die verunglückte Frau gewohnt hatte, von Mitarbeitern des Altenheims informiert worden.*

35.2.1 Vertragliche Schutzpflicht

Die Menschen, die Einrichtungen freier Träger aufsuchen, um sich beraten, behandeln oder betreuen zu lassen, schließen ausdrücklich oder durch schlüssiges Handeln mit dem Rechtsträger der Einrichtung einen Beratungs-, Behandlungs- oder Betreuungsvertrag ab. Da diese Vertragstypen im BGB nicht besonders geregelt sind, gelten für sie die allgemeinen Rechtsgrundsätze für Verträge.

Die Hauptleistungspflicht des Rechtsträgers bezieht sich meist auf die vereinbarte Dienstleistung, z.B. Beratung, pädagogische Betreuung im Kindergarten oder Behandlung und Versorgung im Altenpflegeheim. Aus § 242 BGB wird seit jeher allgemein abgeleitet, dass neben der Hauptpflicht aus dem Vertrag sogenannte Schutzpflichten bestehen, d.h. die Verpflichtung, Leben, Gesundheit, Freiheit, sexuelle Selbstbestimmung, Eigentum und sonstige wichtige Rechtsgüter des Vertragspartners zu schützen und nicht zu verletzen Auch das verfassungsrechtlich geschützte Persönlichkeitsrecht ist ein wichtiges Rechtsgut, das der Vertragspartner nicht verletzen darf (BVerfG NJW 2005, 1103).

Deshalb ergibt sich aus jedem sozialen Vertragsverhältnis für den Rechtsträger die Verpflichtung, alle personenbezogenen Daten, die in Zusammenhang mit der Beratung, Behandlung, Betreuung oder dem Heimaufenthalt bekannt werden, wie ein Geheimnis zu wahren und nicht unbefugt zu offenbaren. Die Mitarbeiter, die der Träger zur Erfüllung seiner Aufgaben einsetzt, sind durch den Dienstvertrag verpflichtet, in ihrer Tätigkeit die dem Rechtsträger obliegende Pflicht nicht zu verletzen (Erfüllungsgehilfen).

Datenerhebung und Datenverarbeitung

Datenerhebung und Datenverarbeitung sind nur zulässig, soweit

▶ eine staatliche oder kirchliche **Rechtsvorschrift dies erlaubt** oder

Beispiel: *Anvertraute Geheimnisse im Sinne des § 203 StGB darf ein SA/SP grundsätzlich nicht weitergeben. Mitteilungen an Kollegen oder eine verwaltungsmäßige Bearbeitung ohne Einwilligung der Betroffenen sind nicht zulässig (Deutscher Verein, NDV 1997, 22).*

▶ der **Betroffene einwilligt** (möglichst schriftlich, zumindest sollte in den Unterlagen vermerkt werden, dass der Betroffene seine Einwilligung erklärt hat).

Beispiel: *Die schriftliche Aufnahme der Personalien, die Anfertigung eines Gesprächsvermerks ist nur zulässig, wenn vorher die schriftliche Einwilligung erteilt und der Ratsuchende über den Verwendungszweck informiert wurden.*

Weitergabe und Nutzung von Daten innerhalb des Rechtsträgers

Daten, die nicht der gesetzlichen Schweigepflicht unterliegen, dürfen innerhalb des Rechtsträgers weitergegeben und genutzt werden, soweit dies erforderlich ist für

▶ Beratung, Behandlung, Betreuung,

▶ verwaltungsmäßige Abwicklung,

Der Rechtsträger hat durch geeignete organisatorische Maßnahmen sicherzustellen, dass in einem Beratungsgespräch erhobene personenbezogene Daten nur den mit der Beratung im konkreten Fall beauftragten Mitarbeitern und den für die verwaltungsmäßige Abwicklung zuständigen Mitarbeiter zugänglich sind.

Übermittlung personenbezogener Daten an Dritte

Die Übermittlung personenbezogener Daten an Dritte ist nur zulässig

▶ wenn der **Betroffene damit einverstanden** ist, ansonsten nur, soweit erforderlich,

▶ zur **Erfüllung von gesetzlichen Pflichten** (§ 138 StGB, Auskunfts- und Meldepflichten nach Meldegesetz, Heimgesetz, SGB VIII, IfSG usw. (siehe 32.2.2),

▶ zur **Abwehr von gegenwärtigen Gefahren** für Leben, Gesundheit oder persönliche Freiheit (Güterabwägung entprechend § 34 StGB; siehe 32.2.3),

▶ zur **Abrechnung und Durchsetzung von Ansprüchen.**

Beispiel: Eine Witwe, die an der Altenfahrt eines freien Träger teilgenommen hat, bezahlt die Rechnung nicht. Der freie Träger darf Klage erheben und dem Gericht die erforderlichen personenbezogenen Informationen mitteilen.

▶ zur **Wahrung sonstiger eigener Interessen,**

Beispiel: Beschweren sich Eltern über die Beratung durch eine SA und verlangt der Arbeitgeber eine Stellungnahme, darf diese - soweit zur Verteidigung ihrer Rechte erforderlich - Tatsachen aus der Beratung mitteilen.

▶ zur **Unterrichtung eines Seelsorgers,** wenn der Betroffene nicht widerspricht (in zahlreichen kirchlichen Einrichtungen nur mit Einwilligung).

Anderen freien Trägern, kirchlichen übergeordneten Stellen, der Polizei, dem Ausländeramt, der Agentur für Arbeit, dem Sozialamt, dem Jugendamt usw. darf der freie Träger ohne Einwilligung des Betroffenen keine personenbezogenen Informationen geben, falls dies nicht ausdrücklich bzw. durch kirchliche Rechtsvorschrift gestattet ist.

Beispiel: Ein Jugendhilfeausschuß darf die Gewährung von Zuschüssen für die Beratungsarbeit eines freien Trägers nicht davon abhängig machen, dass als Verwendungsnachweis dem Jugendamtsleiter die Namen der beratenden Familien und der jeweilige Beratungsschwerpunkt mitgeteilt werden.

Freie Träger der Jugendhilfe sind nach § 8a SGB VIII verpflichtet, das Jugendamt zu informieren, wenn erhebliche Anhaltspunkte für die Gefährdung eines Kindes vorliegen und der freie Träger alle eigenen Möglichkeiten erschöpft hat, die Gefährdung des Kindes zu beseitigen (§ 8a SGB VIII; → 33.4).

35.2.2 Haftung bei Verletzung der Schutzpflicht

Verletzungen des Persönlichkeitsrechts durch unbefugte Weitergabe von personenbezogenen Daten sind Vertragsverletzungen, die zum Schadensersatz verpflichten.

Der freie Träger haftet für seine Vertreter und für seine Erfüllungsgehilfen ohne die Möglichkeit des Entlastungsbeweises auf Schadensersatz (§§ 276, 278 BGB).

Er kann auch auf Unterlassung zukünftiger unbefugter Weitergabe verklagt werden (entsprechend § 1004 BGB).

Die Mitarbeiter haften zwar dem verletzten Dritten nicht aus dem vom freien Träger abgeschlossenen Beratungs-, Betreuungs- oder Heimvertrag. Jedoch kann der freie Träger als Arbeitgeber arbeitsrechtliche Sanktionen verhängen oder Regressansprüche geltend machen (→ 21.5.2).

Bei Verletzung der strafrechtlichen Schweigepflicht macht sich der Mitarbeiter außerdem strafbar (→ 32.0).

35.3 Deliktsrechtlicher Schutz personenbezogener Daten

Praxis: Eine in einem Krankenhaus angestellte Psychologin, die ohne Einwilligung der Betroffenen Befundergebnisse an den Hausarzt weitergab, wurde zur Zahlung eines Schmerzensgeldes in Höhe von 1000.- DM = ca. 500 Euro verurteilt (LG München, Report-Psychologie, 1/1993,10)

Die Verletzung des allgemeinen Persönlichkeitsrechts stellt eine unerlaubte Handlung im Sinne des § 823 Abs. 1 BGB dar; denn das allgemeine Persönlichkeitsrecht ist ein „sonstiges Recht" im Sinne dieser Vorschrift (Palandt-Thomas, § 823 Rn 175 -200).

Der freie Träger und seine Mitarbeiter sind zum Ersatz des materiellen Schadens und zum Ausgleich des Nichtvermögensschadens verpflichtet, wenn sie rechtswidrig und schuldhaft das allgemeine Persönlichkeitsrecht verletzen, indem sie z.b. personenbezogene Daten unbefugt übermitteln. (§§ 823, 831 BGB).

35. 3. 1 Rechtswidrigkeit: Sphärentheorie

Nicht jede Verfügung über personenbezogene Daten eines Menschen ist rechtswidrig.

Rechtswidrig ist aber in der Regel die Weitergabe falscher Tatsachen über eine Person, wenn dies **leichtfertig oder gar vorsätzlich** geschieht.

Beispiel: Die leichtfertig erstellte und unrichtige Diagnose „paranoide Züge" ist ein rechtswidriger Eingriff in das Persönlichkeitsrecht (BGH, 11.4.1989, NJW 1989, 2941).

Im übrigen hängt nach der Rechtsprechung des Bundesgerichtshofes die Rechtswidrigkeit eines Eingriffs davon ab, welche **Sphäre der Persönlichkeit** betroffen ist. Das Gericht unterscheidet drei Persönlichkeitssphären.

Stets ist eine **Güter- und Interessensabwägung** vorzunehmen d. h. es muss im Voraus abgewogen werden, ob die soziale und persönliche Nützlichkeit des Eingriffs in einem angemessenen Verhältnis zur Wahrscheinlichkeit und Größe der zu erwartenden Nachteile steht.

Intimsphäre

Die Intimsphäre, der Kernbereich der privaten Lebensgestaltung, ist grundsätzlich unantastbar. Sie umfasst die innere Gedanken- und Gefühlswelt mit ihren äußeren Erscheinungsformen wie z. B. Tagebuchaufzeichnungen, Selbstgespräche, vertrauliche Briefe und persönlich anvertraute Informationen (→ 31.1.3).

Nur in äußersten Fällen kann ein Eingreifen in die Intimsphäre erlaubt sein.

Beispiel: Liest eine Sozialpädagogin im Kinderheim das Tagebuch eines 14jährigen Mädchens, um genau zu wissen, welche Probleme das Mädchen hat, verletzt sie dessen Intimsphäre. Liegen aber konkrete Anhaltspunkte für eine akute Suizidgefahr vor und sind alle Versuche gescheitert, mit dem Mädchen darüber ins Gespräch zu kommen, kann ein derartiger Eingriff ausnahmsweise erlaubt sein. Dabei ist aber zu berücksichtigen, dass der Eingriff die Vertrauensbasis wahrscheinlich dauerhaft zerstören und für alle Zukunft eine Hilfe erschweren oder unmöglich machen wird"

Die von SA/SP erhobenen Daten zum Lebenslauf, Elternhaus, Ausbildung, Beruf, Familienstand, besondere Krankheiten, Alkohol und Nikotinkonsum, finanzielle Verhältnisse, Freizeitverhalten und zu Gesetzesverstößen stehen der Intimsphäre sehr nahe und zwar noch näher als die rein medizinischen (BVerfG, NJW 1993, 2364):

„Sie sind deswegen stärker von Artikel 2 Absatz 1 in Verbindung mit Artikel 1 Grundgesetz geschützt. Der Schutz ist um so intensiver, je näher die Daten der Intimsphäre des Betroffenen stehen".

Privatsphäre

Die Privatsphäre wird in geringeren Maße als die Intimsphäre geschützt. Sie umfasst das Leben in der Familie, im Freundes- und Bekanntenkreis, in der Nachbarschaft, im Verein und im sonstigen privaten Bereich (BVerfG, 19.12.2004, NJW 2005, 594).

Auch die Privatsphäre darf nicht ohne zwingenden Grund verletzt werden; denn was im vertrauten Kreis mitgeteilt oder sonstwie bekannt wird, ist nicht für Öffentlichkeit bestimmt. Ein Eingriff kann aber befugt sein, wenn er im überwiegenden Interesse eines Menschen oder der Allgemeinheit liegt.

Beispiel: Unzulässig ist in der Regel die Weitergabe von Angaben über finanzielle, Parner-, Ehe- oder Erziehungsprobleme, über die im privaten Kreis gesprochen wurde.

Über die im Bundeszentralregister bereits getilgte Vorstrafe eines Jugendtrainers wegen einer 15 Jahre zurückliegenden Sexualstrataft darf die Mutter eines Kindes der Trainingsgruppe informiert werden (BVerfG, 24. 1.2006, www.bverfg.de)

Individualsphäre

Die Individualsphäre genießt den schwächsten Schutz. Sie schließt die persönliche Eigenart des Menschen in seinen Beziehungen zur Umwelt, sein Verhalten in der Öffentlichkeit und im Beruf ein.

Beispiele: Zulässig ist das z. B. unter Nachbarn, Bekannten und Arbeitskollegen übliche Gespräch einschließlich Klatsch und Tratsch über andere Menschen.

Unzulässig ist die private Information eines Dritten über eine Vorstrafe, einen Suizidversuch oder über Drogenprobleme eines Jugendlichen, wenn kein überwiegendes Interesse des Informanden bzw. des Informierten besteht.

35.3.2 Verschulden

Als Verschulden reicht leichte Fahrlässigkeit aus.

Unverschuldete Unkenntnis kann zwar das Verschulden ausschließen. Jedoch gehört es zu den fundamentalen Berufspflichten der Angehörigen sozialer Berufe, das Persönlichkeitsrecht der Menschen zu achten, die Rat und Hilfe suchen bzw. erhalten. Deshalb wird ein rechtswidriger Eingriff in das Persönlichkeitsrecht durch SA/SP in aller Regel auch verschuldet sein.

35.3.3 Rechte der Betroffenen

Der Betroffene hat ein **Recht auf Auskunft** über die zu seiner Person gespeicherten Daten (BVerfG, 18.11.2004, NJW 2005, 1103).

Kirchliche Träger sind nach den Datenschutzregelungen der Kirchen, andere Träger nach § 34 BDSG zur Auskunft verpflichtet.

Die rechtswidrige und schuldhafte Verletzung des allgemeinen Persönlichkeitsrechts verpflichtet

► zum Ersatz des **Vermögensschadens** (§§ 249 ff. BGB), zum Ausgleich des **Nichtvermögensschadens** durch Geldentschädigung. Nach der problematischen Rechtsprechung besteht die Verpflichtung aber nur bei **schwerwiegenden Eingriffen** in das Persönlichkeitsrecht und nur, wenn sich ein befriedigender Ausgleich auf andere Weise nicht erreichen läßt (BVerfG, 25.8.2006, NJW 2006, 595).

► zur **Unterlassung zukünftiger unrichtiger Tatsachenbehauptungen**. § 1004 BGB wird entsprechend angewandt.

► zum **Widerruf falscher Tatsachenbehauptungen** in entsprechender Anwendung des § 1004 BGB; dazu BVerfG, 17.2.2003, NJW 2003, 1855).

36.0 ZEUGNISVERWEIGERUNGSRECHTE DER SA/SP

Praxis: *Ein SA der Beratungsstelle des Jugendamts für arbeitslose Jugendliche soll in einem Strafverfahren aussagen. Das Verfahren ist gegen einen Jugendlichen eingeleitet, der Autoradios entwendet und anschließend verkauft haben soll.*

Eine SP, die als Familienhelferin bei einem freien Träger beschäftigt ist, wird vom Jugendamt als Zeugin in einem Verfahren benannt, das vom Jugendamt eingeleitet worden ist, um Eltern das Personensorgerecht zu entziehen.

Der von sich überzeugte, aber unwissende Vorsitzende einer Strafkammer belehrt den Sozialarbeiter, der auf die Regelung des Sozialgesetzbuchs hinweist: "Ich bin Strafrichter. Für mich gilt die StPO und nicht das Sozialgesetzbuch".

36.1 Zeugnisverweigerung durch Angehörige des öffentlichen Dienstes

Das Recht der Zeugenaussage und der Zeugnisverweigerung ist allgemein in den Gerichtsverfahrensgesetzen geregelt (ZPO, StPO, FGG, VwGO usw). Es betrifft ausschließlich die Aussage in Gerichtsverfahren; denn die Schweigepflicht gemäß § 203 StGB bzw. § 65 SGB VIII entbindet nicht von der Aussage in Gerichtsverfahren.

Aussagegenehmigung
Angehörige des öffentlichen Dienstes dürfen nur aussagen, wenn und soweit ihnen vom Dienstherrn eine Aussagegenehmigung erteilt worden ist (§ 376 ZPO; § 54 StPO). Das Prozessgericht hat die Aussagegenehmigung bei dem Dienstherrn einzuholen und dem Zeugen bekanntzumachen.

Die Aussagegenehmigung ist in der Regel zu erteilen. Sie darf aber verweigert werden, wenn die Aussage

▶ dem Wohle des Bundes oder eines deutschen Landes Nachteile bereiten oder

▶ die Erfüllung öffentlicher Aufgaben ernstlich gefährden oder erheblich erschweren würde (§ 39 BRRG).

> **Beispiel:** *Ist zu befürchten, dass durch die Aussage eines SA/SP ohne Einwilligung der Betroffenen die weitere Hilfe im Einzelfall, in einem Wohngebiet, oder bei einer bestimmten Klientel erheblich erschwert oder unmöglich wird, darf der Träger der Jugendhilfe die Aussagegenehmigung nicht erteilen.*

Mitarbeiter der Leistungsträger
Mitarbeiter der Sozialleistungsträger dürfen in Gerichtsverfahren nur aussagen, wenn und soweit eine Übermittlung von Sozialdaten zulässig ist (§ 35 Abs. 3 SGB I). Diese Regelung ist leider nicht allen Richtern und Juristen in Rechtsabteilungenbekannt. Deshalb kommt in der Praxis immer wieder zu unrichtigen Auskünften und rechtlich unzulässigen, von Richtern erzwungenen Zeugenaussagen.

§ 35 Abs. 3 SGB I richtet sich an den Leistungsträger. Deshalb hat der Arbeitgeber/-Dienstvorgesetzte vor jeder Zeugenaussage des SA/SP über die Aussagegenehmigung zu entscheiden (§ 54 Abs. 1 StPO). Er muss, wenn und soweit eine Übermittlungsbefugnis nicht besteht, die Aussagegenehmigung verweigern (Wiesner/Mörsberger, SGB VIII, Anhang § 61, § 35 Rn 15).

Sonstige Mitarbeiter im öffentlichen Dienst
SA/SP, die zwar **im öffentlichen Dienst**, aber nicht bei einem Sozialleistungsträger arbeiten, sind nach § 53 StPO zur Aussage verpflichtet (z.B. Bewährungshelfer, SA/SP im Gesundheitsamt, in der Psychiatrie, im Strafvollzug: BVerfG, 19.7.1972, NJW 1972, 2214 und 29.7.1988, NJW 1988, 2945). Das ist verfassungsrechtlich bedenklich.

36.1.1 Sozialdatenschutz im Strafverfahren

Mitarbeiter der Sozialleistungsträger sind nach § 35 Abs. 3 SGB I zur Weitergabe von Sozialdaten im Rahmen einer Zeugenaussage im Strafverfahren nur verpflichtet

► nach § 68 SGB X (beschränkt auf harte Daten → 33.6.1),

► nach § 69 SGB X, wenn durch die Weitergabe an den Strafrichter eine sozialgesetzliche Aufgabe erfüllt wird und § 64 Abs. 2 SGB VIII nicht entgegensteht (→ 33.6.2),

► nach § 73 SGB X, der eine umfassende Aussage nur bei Strafverfahren wegen eines Verbrechens und sonstigen schweren Straftaten zulässt und die Weitergabe bei Strafverfahren wegen eines Vergehens auf harte Daten beschränkt (→ 33.6.4).

Auch in diesen Fällen darf der Mitarbeiter nur aussagen, wenn und soweit der Dienstvorgesetzte eine Aussagegenehmigung erteilt hat.

36.1.2 Sozialdatenschutz in sonstigen Gerichtsverfahren

Grundsatz: Keine Zeugnispflicht
Das Sozialdatenschutzrecht sieht in §§ 67 ff. SGB X und in §§ 61 ff. SGB VIII keine Befugnis zur Weitergabe von Sozialdaten in Zivilverfahren, Verfahren nach dem FGG, in Arbeitsgerichts-, Verwaltungsgerichts- und Sozialgerichtsverfahren vor.

Nur für den Fall der Verletzung der Unterhaltspflicht und für die Durchführung des Versorgungsausgleichs sind Zeugenaussagen nach § 74 SGB X zulässig (→ 34.4.1.5).

Mitarbeiter/innen der öffentlichen Leistungsträger sind deshalb zu Zeugenaussagen in diesen Verfahren weder berechtigt noch verpflichtet (§ 35 Abs. 3 SGB I).

Beispiel: Das Jugendamt ist zwar berechtigt und verpflichtet, das Familiengericht bei Maßnahmen zu unterstützen, die die Sorge für die Person eines Kindes oder eines Jugendlichen betreffen, und darf nach § 69 SGB X die dafür erforderlichen Sozialdaten an die Gerichte weitergeben. Das Gericht ist aber nicht berechtigt, die Sozialarbeiterin als Zeugin über das Verhalten der Mutter und die Erziehungsschwierigkeiten des Kindes zu vernehmen, wenn ihm die Information durch das Jugendamt als nicht ausreichend erscheint.

Persönliches Zeugnisverweigerungsrecht
Ein persönliches Zeugnisverweigerungsrecht aufgrund des § 383 Abs. 1 Nr. 6 ZPO haben

► SA/SP im öffentlichen Dienst, die nach § 203 StGB schweigepflichtig sind,

► Mitarbeiter/innen der öffentlichen Jugendhilfe, die nach § 65 SGB VIII schweigepflichtig sind (→ 32.1, 32.3 und 32.4).

► Anderen Mitarbeiter des öffentlichen Dienstes, denen psychosoziale Daten anvertraut werden, steht das Zeugnisverweigerungsrecht wegen der hohen Schutzbedürftigkeit dieser Daten ebenfalls zu (so auch OLG Hamm JMBl. NW. 1991, 282; OLG Köln, Blätter der Wohlfahrtspflege, 1960, 294; siehe auch BVerfG, 24.6. 1993, NJW 1993, 2365 und 9.1.2006, NJW 2006, 1116).

Aussagegenehmigung
Eine Aussage über dienstliche Angelegenheiten ohne Genehmigung des Dienstherrn ist stets unzulässig.

Besteht aufgrund der gesetzlichen Schweigepflicht ein persönliches Zeugnisverweigerungsrecht, wird es durch eine Aussagegenehmigung des Dienstherrn nicht aufgehoben. Nur wenn der betroffene Klient von der Schweigepflicht entbunden und der Dienstherr eine Aussagegenehmigung erteilt hat, sind SA/SP zur Zeugenaussage berechtigt und verpflichtet.

36.2 Zeugnisverweigerungsrechte der SA/SP im Dienst freier Träger

Praxis: *Eine Sozialarbeiterin, die eine alkoholabhängige Frau in der Beratungsstelle eines freien Trägers beraten hat, soll in einem Strafverfahren wegen des Diebstahls von drei Flaschen Magenbitter aussagen.*

36.2.1 Zeugnisverweigerung nach ZPO, FGG, ArbGG, VerwGO, SGG

Zivilprozess
Für das Zeugnisverweigerungsrecht im Zivilprozess gilt § 383 Absatz 1 ZPO:
"Zur Verweigerung des Zeugnisses sind berechtigt ....
6. Personen, denen kraft ihres Amtes, Standes oder Gewerbes Tatsachen anvertraut werden, deren Geheimhaltung durch ihre Natur oder durch gesetzliche Vorschrift geboten ist, in betreff der Tatsachen, auf welche die Verpflichtung zur Verschwiegenheit sich bezieht".

SA/SP sind durch § 203 StGB, also "durch gesetzliche Vorschrift" zur Geheimhaltung anvertrauter Tatsachen verpflichtet. Deshalb sind sie insoweit zur Verweigerung des Zeugnisses berechtigt und verpflichtet (OLG Hamm, FamRZ 1991, 201)

Zeugnisverweigerungsrechte aufgrund öffentlich-rechtlicher Vereinbarung
Sind freie Träger aufgrund öffentlich-rechtlicher Vereinbarungen mit dem Jugendamt gemäß § 8a und § 61 Abs. 3 SGB VIII verpflichtet, einen gleichwertigen Datenschutz zu gewährleisten, sind die Mitarbeiter in gleichem Maße wie die Mitarbeiter der öffentlichen Jugendhilfe zur Zeugnisverweigerung berechtigt (Riehle, ZfJ 2000, 293; Wilmers-Rauschert, 2004, 138).

Freiwillige Gerichtsbarkeit, Arbeits-, Verwaltungs- und Sozialgerichtsbarkeit
Die Regelung des Zeugnisverweigerungsrechts der Zivilprozessordung gilt auch für alle anderen Gerichtsverfahren mit Ausnahme des Strafverfahrens (§ 15 FGG; § 98 VwGO; § 118 SGG; § 46 Abs. 2 ArbGG).

SA/SP haben also in den meisten Verfahren keine Aussagepflicht hinsichtlich anvertrauter Tatsachen. Der Gesetzgeber schützt so das Vertrauensverhältnis als wichtige Grundlage der sozialen Arbeit.

Beispiele: *Sozialarbeiterinnen im Frauenhaus, Eheberater, Erziehungsberater, Familienhelferinnen, Schuldnerberater, SP in Einrichtungen der Jugend- oder Behindertenhilfe sind nicht zur Aussage über anvertraute Geheimnisse verpflichtet.*

Nicht anvertraute Tatsachen
Die Aussagepflicht der SA/SP hinsichtlich der Tatsachen, die nicht im Rahmen eines Vertrauensverhältnisses anvertraut worden sind, ist allgemein nicht eingeschränkt.

Ist jedoch zu befürchten, dass durch die Erzwingung der Aussage der SA/SP die Fortführung sozialer Arbeit in einer Familie oder in einem Wohnbezirk gefährdet oder unmöglich wird, kann sich eine Begrenzung der Aussagepflicht unmittelbar aus dem Verhältnismäßigkeitsgrundsatz ergeben. Dies hat das Bundesverfassungsgericht zwar nur in Hinblick auf die Zeugenaussage im Strafverfahren entschieden (NJW 1972, 2214), gilt aber auch für andere Verfahren, weil der Grundsatz der Verhältnismäßigkeit als verfassungsrechtlicher Grundsatz allgemein gilt (→ 22.6.2).

36.2.2 Zeugnisverweigerung im Strafverfahren

Beispiel: *Der Vorsitzende einer Strafkammer drohte einer Sozialpädagogin und einem Psychologen Beugehaft an, nachdem diese auf Wunsch der Betroffenen die Aussage in einem Strafverfahren wegen sexuellen Missbrauchs verweigert hatten. Er forderte sie auf, ihre Weigerung zu überdenken und, wenn sie dabei blieben, zum nächsten Termin Handtuch und Zahnbürste mitzubringen.*
Die Strafkammer verhängte im nächsten Termin eine Ordnungsstrafe von 400,- DM = ca. 200 Euro, nachdem die beiden Zeugen ihre Weigerung bekräftigt hatten.

Grundsatz: Aussagepflicht nach der StPO
In der Strafprozessordnung sind SA/SP bei der Aufzählung der Zeugnisverweigerungsberechtigten in § 53 StPO nicht genannt. Lediglich die Mitarbeiter/innen in anerkannten Schwangerschaftskonfliktberatungsstellen und Berater für Betäubungsmittelabhängigkeit in anerkannten Beratungsstellen haben ein Zeugnisverweigerungsrecht über das, was ihnen in dieser Eigenschaft anvertraut worden ist.
Daraus hat das BVerfG abgeleitet, dass SA/SP im Dienst freier Träger grundsätzlich kein Zeugnisverweigerungsrecht haben.

Ausnahme: Zeugnisverweigerungsrecht aufgrund Verfassungsrechts
Ausnahmsweise kann nach der Rechtsprechung des BVerfG ein Zeugnisverweigerungsrecht direkt aus der Verfassung abgeleitet werden:
▶ bei **"Bagatellstrafsachen"** aus dem Verhältnismäßigkeitsgrundsatz BVerfG, 19.7.1972, NJW 1972, 2214 und 29.7.1988, NJW 1988, 2945),
▶ bei **Fragen zum Privat- und Intimleben des Zeugen**, insbesondere des Opfers der Straftat, damit „die Belange des Opfers gewahrt werden" (BGH, 11.1.2005, NJW 2005, 1519).

Verfassungsrechtliche Bedenken
Gegen die Rechtsprechung, die SA/SP ein Zeugnisverweigerungsrecht im Strafverfahren verweigert, bestehen stärkste verfassungsrechtliche Bedenken; denn es verstößt u. a. gegen das Willkürverbot, dass der Staat seine Bediensteten durch das Sozialdatenschutzrecht weitgehend von der Zeugnispflicht befreit (siehe 36.1.1), aber die Mitarbeiter freier Träger zwingt, entgegen deren Selbstverständnis bei der staatlichen Aufgabe der Strafverfolgung mitzuwirken und dadurch die Vertrauensbasis für die soziale Arbeit zu zerstören (Papenheim in: Lehmann, 2006, 285 ff.).
Beispiel: *Die bei einem freien Träger angestellte Beraterin einer alkoholabhängigen Frau hat nach der Rechtsprechung kein Zeugnisverweigerungsrecht im Strafverfahren wegen fortgesetzten Diebstahls.*
Der Sozialarbeiterin, die im kommunalen Allgemeinen Sozialdienst dieselbe Frau berät, darf nicht aussagen, weil ihr Dienstvorgestzter wegen Fehlens einer Übermittlungsbefugnis nach §§ 68 ff SGB X keine Aussagegenehmigung erteilen darf.
Außerdem liegt ein Wertungswiderspruch darin, dass Ärzten vom Gesetz ein Zeugnisverweigerungsrecht zuerkannt wird, dieses aber vom Bundesverfassungsgericht Psychologen, Sozialarbeitern und Sozialpädagogen versagt wird, obwohl dieses Gericht selbst festgestellt hat, dass psychologische und psychosoziale Daten der Intimsphäre näher stehen und deshalb stärker zu schützen sind als rein medizinische Daten ($\rightarrow$ 31.2, BVerfG, 24.6.1993, NJW 1993, 2365).

Aussagegenehmigung für SA/SP im Dienst kirchlicher Träger
Mitarbeiter/innen kirchlicher freier Träger dürfen vor Gericht nur aussagen, wenn ihnen von der zuständigen Stelle eine Aussagegenehmigung erteilt worden ist.
In § 376 ZPO und § 54 StPO ist zwar nur der öffentliche Dienst genannt. Jedoch umfasst dieser Begriff auch den Dienst bei Kirchen als Körperschaften des öffentlichen

Rechts und bei den privatrechtlichen Vereinigungen, die den Kirchen rechtlich zugeordnet sind wie z.b. die Verbände der Caritas und die Diakonischen Werke (BVerfGE 46, 73, 87; OLG Zweibrücken, FamRZ 1995, 679; OLG Köln, Soz akt, 6/1998, 29).

Zwangsmaßnahmen bei Verweigerung der Aussage

Das Gericht kann Ordnungsstrafen bzw. Beugehaft bis zu sechs Monaten androhen, wenn SA/SP eine Aussage als Zeuge unberechtigt verweigern.

Allerdings sind Gerichte der höheren Instanzen bisher recht zurückhaltend gewesen, wenn es um derartige Zwangsmittel ging.

So hat das **Oberlandesgericht Köln** einen Beschluss des Landgerichts über die die Verhängung von Ordnungsstrafen gegen Mitarbeiter einer kirchlichen Beratungsstelle aufgehoben, nachdem die Mitarbeiter ein Schreiben des kirchlichen Vorgesetzten vorgelegt hatten, aus dem sich ergab, dass er keine Aussagegenehmigung erteilte. Es begründete seine Entscheidung damit, dass die Mitarbeiter wegen der Nichterteilung der Aussagegenehmigung in einen für sie **nicht auflösbaren Konflikt** geraten seien, so dass ihnen ein Verschulden nicht vorgeworfen werden könne. Nur ein schuldhafter Verstoß gegen die Zeugnispflicht könne aber die Verhängung von Ordnungsmitteln rechtfertigen (Strafverteidiger-Forum, 1999, 90 = Soz akt 6/1998, 29).

Der **Bundesgerichtshof** hat in derselben Strafsache eine weitere goldene Brücke aufgebaut. Er hat festgestellt, dass eine Strafkammer zwar regelmäßig ihre Aufklärungspflicht verletzt, wenn sie davon absieht, Beugehaft gegen Zeugen zu verhängen und notfalls auch zu vollstrecken. Ausnahmsweise sei aber die Verhängung von Ordnungsmitteln nicht erforderlich, wenn Zeugen glaubhaft erklären, "dass sie aus prinzipiellen Gründen selbst dann keine Aussage machen würden, wenn die ihnen angedrohte Beugehaft verhängt und vollzogen würde". In diesem Falle seien die Zeugen "**völlig ungeeignete Beweismittel**". Die Aufklärungspflicht sei nicht verletzt, wenn die Strafkammer auf die Verhängung und Vollstreckung der Beugehaft verzichte, weil ein Erfolg nicht zu erwarten gewesen sei (NStZ, 1999, 46).

Rechtsmittel bei Verwertung unzulässiger Aussagen

Personenbezogene Daten unterliegen grundsätzlich einem Beweisverwertungsverbot, wenn sie unter Eingriff in eine verfassungsrechtlich geschützte Rechtsposition erhoben oder übermittelt worden sind (BVerfG, NStZ 2000, 489).

Deshalb sind strafgerichtliche Urteile rechtsfehlerhaft, die Zeugenaussagen von Personen verwerten, denen ein Zeugnisverweigerungsrecht zum Schutz des verfassungsrechtlich gewährleisteten Persönlichkeitsrechts eingeräumt ist. Die Urteile sind auf Berufung bzw. Revision der Verurteilten aufzuheben.

Auf diese rechtliche Möglichkeit sollten Strafrichter hingewiesen werden, die SA/SP zu Zeugenaussagen zwingen wollen.

36.2.3 Beschlagnahme von Datenträgern

In Strafverfahren gegen einen Beschuldigten ist die Beschlagnahme von Datenträgern, die personenbezogene Daten von Personen enthalten, die am Strafverfahren nicht beteiligt sind, zwar grundsätzlich zulässig. Der Zugriff auf für das Verfahren bedeutungslose Daten muss dabei aber möglichst vermieden werden.

Zum Schutz des Grundrechts auf informationelle Selbstbestimmung der Betroffenen und des Vertrauensverhältnisses zum Berufsgeheimnisträger besteht ein Beweisverwertungsverbot zumindest bei einer schwer fehlerhaften Durchsuchung und Beschlagnahme von Datenträgern (BVerfG, 12.4.2005, NJW 2005, 1917).

SIEBTER ABSCHNITT
SOZIALLEISTUNGSRECHT

37.0 GRUNDSÄTZE DES SOZIALLEISTUNGSRECHTS

Praxis: *Eine alleinerziehende Mutter beantragt Wohngeld. Sie erklärt der Wohngeldstelle, sie könne die fällige Miete nicht bezahlen, weil sie von ihrem Mann keinen Unterhalt erhalten habe. Der Sachbearbeiter weist sie darauf hin, dass in 2 bis 3 Monaten gezahlt werde. Bis dahin müsse sie sich gedulden (siehe 37.2).*

Ein SA/SP stellt beim Besuch einer älteren Frau, die bisher als Putzhilfe tätig war und erstmals Sozialhilfe beantragt, fest, dass die Frau seit 20 Jahren Anspruch auf Rente, aber keinen Antrag gestellt hat (siehe 37.5).

37.1 Allgemeines

In den §§ 38 ff SGB I sind Grundsätze des Leistungsrechts festgelegt, die für alle Teile des Sozialgesetzbuchs gelten, sofern nicht im jeweils einschlägigen besonderen Teil eine abweichende Regelung getroffen ist (§ 37 SGB I).

Im Rahmen dieser Darstellung werden die Grundsätze des Leistungsrechts nicht vollständig behandelt. In den folgenden Abschnitten wird lediglich auf einige Grundsätze, und bei der Behandlung dieser auch nur auf einige praxisbedeutsame Probleme und Rechtsmöglichkeiten hingewiesen.

37.2 Beschleunigte Gewährung von Sozialleistungen

Praxis: *Nach dem plötzlichen Tod ihres Mannes stellt der Rentenversicherungsträger bei der Bearbeitung des Antrags auf Witwenrente fest, dass die Klärung aller Fragen zum Versicherungsverlauf voraussichtlich einige Monate dauern wird.*

Möglichkeiten der beschleunigten Gewährung von Sozialleistungen
Nach der Rechtsprechung des Bundessozialgerichts ist die Sozialverwaltung durch § 17 Abs. 1 Nr. 1 SGB I ermächtigt und u. U. wegen der Besonderheit des Einzelfalls verpflichtet, einstweilige Regelungen zu treffen, wenn und soweit ein endgültiger Verwaltungsakt noch nicht ergehen kann und darf (BSG, Urteil vom 28. 6. 1990 – 4 RA 57/89 -

Die einstweilige Regelung kann erfolgen durch Gewährung

► eines **Vorschusses** nach § 42 SGB I (37.2.1 ,

► einer **Vorwegzahlung** auf der Grundlage des § 17 Absatz 1 Nr 1 SGB I (37.2.2),

► **vorläufiger Leistungen** nach § 43 SGB I bei Zuständigkeitsstreit (37.3).

37.2.1 Vorschuss

Vorschusszahlung nach Ermessen
Der Leistungsträger kann nach § 42 Abs. 1 Satz 1 SGBI Vorschüsse zahlen, wenn

► die **gesetzlichen Voraussetzungen einer Geldleistung** nachgewiesen sind,

Das Bundessozialgericht wendet § 42 SGB I über den Wortlaut hinaus auch dann an, wenn noch nicht feststeht, ob die Anspruchsvoraussetzungen vorliegen, dies jedoch sehr wahrscheinlich ist (Urteil vom 12. 8. 1992 – 2 RU 7/92 –).

► aber zur **Feststellung der Höhe einer Geldleistung voraussichtlich längere Zeit** erforderlich ist (etwa zwei Monate: BeckOK/Gutzler, § 42 SGB I, Rn 7).

Die Leistung kann auf den Betrag beschränkt werden, der mindestens zu zahlen ist.

237

Zahlungspflicht und Zahlungsfrist bei Antrag

Beantragt der Berechtigte Vorschüsse, so muss der Leistungsträger spätetens nach **Ablauf des Kalendermonats** nach Eingang des Antrags zahlen.

Beispiel: Wird der Antrag am 9. 2. gestellt, ist spätestens am 31.3. zu leisten.

Der insoweit gegebene Ermessensspielraum kann, wenn die Geldleistung zur Existenzsicherung erforderlich ist, so eingeschränkt sein, dass sofort gezahlt werden muss. Der Listungsträger darf den Antrag nicht deshalb ablehnen, weil der Berechtigte Leistungen nach dem Recht der Sozialhilfe (§ 2 Abs. 2 Satz 2 SGB XII) bzw. der Grundsicherung für Arbeitslose geltend machen kann (§ 5 Abs. 1 Satz 2 SGB XII).

Er ist verpflichtet, den Berechtigten auf das Recht auf Vorschusszahlung hinzuweisen, wenn die Notsituation erkennbar ist. Unterlässt er dies, darf er sich nicht auf den fehlenden Antrag berufen. (BSG DVBl. 1973, 793; BVerwGE 9, 89). Lehnt der Leistungsträger gleichwohl die Zahlung ab, kann der Berechtigte Antrag auf einstweilige Anordnung beim zuständigen Gericht stellen (→ 50.4.5).

Erstattung des überzahlten Betrags

Die Vorschüsse sind auf die zustehende Leistung anzurechnen. Die für die Aufrechnung/Verrechnung nach §§ 51, 52 SGB I geltenden Einschränkungen sind nicht zu berücksichtigen (Krahmer, SGB I, § 42 Rn 12).

Sind Vorschüsse gezahlt worden, die höher sind als die dem Berechtigten zustehende Leistung, so ist der überzahlte Betrag nicht in jedem Falle und nicht sofort zurückzuzahlen (§ 42 Abs. 3 SGB I i.V. m. § 76 Abs. 2 SGB IV).

Der Erstattungsanspruch ist je nach der Situation im Einzelfall

▶ zu **stunden** gegen angemessene Zinsen und in der Regel gegen Sicherheitsleistung,

▶ **niederzuschlagen**, wenn feststeht, dass die Einziehung keinen Erfolg haben wird oder wenn die Kosten der Einziehung unverhältnismäßig sind,

▶ **zu erlassen**, wenn die Einziehung unbillig wäre. Dies dürfte der Fall sein, wenn em Betroffenen weniger verbleibt als nach den Vorschriften über die Pfändung unpfändbar ist. Insoweit ist § 54 SGB I entsprechend anzuwenden.

Besondere Teile

Für den Bereich der **Ausbildungsförderung** gilt die Sondervorschrift des § 51 Abs. 2 BAföG, für **Leistungen nach dem SGB III** die Regelung in § 328 Abs. 1 Nr. 3 SGB III (ausführlich dazu: Mrozynski, SGB I, § 42 Rn 20).

In der **Sozialhilfe** kommen Vorschüsse in Betracht, wenn durch eine Geldleistung ein Bedarf unmittelbar und zeitnah gedeckt werden kann (DV, NDV 1998, 62).

In der **Jugendhilfe** werden kaum Geldleistungen erbracht. Deshalb hat § 42 SGB I geringe praktische Bedeutung.

37.2.2 Vorwegzahlung

Eine "Vorwegzahlung" ist auf Antrag zu leisten, wenn eine endgültige Leistung zu erwarten ist, dem Berechtigten aber nicht zugemutet werden kann, die endgültige Entscheidung abzuwarten (BSG, SGb 2000, 617; Mrozinsky, SGB I, § 42 Rn 22ff.).

Der Leistungsträger hat dem Betroffenen deutlich zu machen, dass

▶ noch nicht feststeht, ob ihm überhaupt ein Recht auf die Geldleistung zusteht,

▶ ihm nur einstweilig etwas bewilligt wird,

▶ nicht darauf vertraut werden kann, dauerhaft auch nur einen Teil des Wertes des jetzt gezahlten Geldes behalten zu dürfen (BSG, 17.7.1996, NZS 1997, 82).

37.3 Vorläufige Leistungen (§ 43 SGB I)

Praxis: Nach der Geburt eines Kindes, dass erhebliche Behinderungen aufweist, erklären die Eltern in einer Universitätsklinik, dass sie wegen der erheblichen Behinderungen die Sorge für das Kind nicht übernehmen würden. Der für das Kind bestellte Pfleger findet eine geeignete Pflegefamilie. Gemäß der heute üblichen Praxis lehnen das Jugendamt am Ort der Klinik, das Jugendamt am Wohnort der leiblichen Eltern und das Jugendamt am Wohnort der potentiellen Pflegeltern die Zahlung von Pflegegeld ab.

Leistungspflicht des zuerst angegangenen Leistungsträgers
Der Zuständigkeitsstreit zwischen Leistungsträgern soll nicht auf Kosten des Bürgers ausgetragen werden, wenn feststeht, dass ein Anspruch besteht.

Deshalb **kann** in diesem Fall der Leistungsträger, bei dem der Anspruch zuerst geltend gemacht wurde, vorläufige Leistungen erbringen.

Er ist auf Antrag (entsprechend § 42 SGB I) dazu **verpflichtet**, wenn der geltend gemachte Bedarf nach den für ihn geltenden Vorschriften abgedeckt werden kann und der Berechtigte zweifelsfrei gegen einen der möglichen Leistungsträger einen Anspruch hat. Überwiegend wird angenommen, dass eine Vorleistung ausgeschlossen ist, wenn die Enscheidung über die Sozialleistung in das Ermessen des Leistungsträgers gestellt ist (dazu Mrozynski, SGB I, § 43 Rn 16).

Anwendungsbereich der Vorschrift
Eine Sonderregelung zur Zuständigkeitsregelung für Leistungen zur Rehabilitation ist in § 14 SGB IX getroffen (BSG, 26.6.2007 – B 1 KR 34/46).
§ 43 SGB I gilt u. a. für den Fall, dass mehrere Sozialhilfeträger (BVerwG, NDV 1992, 129), Jugendamt und Sozialamt (VGH Kassel NVwZ-RR 1993, 145; OVG Münster, info-also 1996, 144) oder die gesetzliche Krankenkasse und ein Sozialhilfeträger sich über die Zuständigkeit streiten (NVwZ 1993, 358).

37.4 Verzinsung von Geldleistungen (§ 44 SGB I)

Praxis: Wird über einen Anspruch auf Sozialhilfe erst nach mehr als sechs Jahren abschließend zugunsten des Berechtigten entschieden, hat der Träger der Sozialhilfe nicht nur den Geldbetrag, sondern auch Zinsen zu zahlen (zum Sachverhalt siehe BVerfG, info-also 2004, 23).

Grundsatz
Ansprüche auf einmalige und laufende Geldleistungen sind nach Ablauf eines Kalendermonats nach dem Eintritt ihrer Fälligkeit (§§ 40, 41 SGB I) bis zum Ablauf des Kalendermonats vor der Zahlung mit vier von Hundert zu verzinsen.

Beginn der Verzinsung
Die Verzinsung beginnt frühestens nach Ablauf von sechs Kalendermonaten nach Eingang des vollständigen Leistungsantrags beim zuständigen Leistungsträger. Vollständig ist der Antrag, wenn die entsprechenden Antragsformulare ordnungsgemäß ausgefüllt und unterschrieben bzw. alle für die Feststellung und Zahlung der Leistung erheblichen Fragen beantwortet. Die Vorlage von Belegen wie z. B. einer Gehaltsbescheinigung ist für den Antrag nicht erforderlich (Mrozynski, SGB I, § 44 Rn 11).

Sozialhilfeleistungen
Auch Sozialhilfeleistungen sind zu verzinsen (BVerwG, ZfSG/SGB 1983, 54).

37.5 Verjährung (§ 45 SGB I)

Praxis: *Hat eine Frau aufgrund falscher Beratung nach dem Tod ihres Mannes im Jahre 1995 keine Witwenrente beantragt und holt sie den Antrag im Jahre 2006 nach, kann sie Nachzahlung der Rente nur ab 1. 1. 2002 verlangen, wenn der Versicherungsträger sich auf die Verjährung beruft.*

Verjährungsfrist

Ansprüche auf Sozialleistungen verjähren in vier Jahren nach Ablauf des Kalenderjahres, in dem sie entstanden sind.

Zu beachten ist, dass einige Sozialleistungen nicht oder nur einen bestimmten Zeitraum rückwirkend gewährt werden (z. B. § 37 SGB II, § 117 SGB III, § 18 Abs. 2 SGB XII; § 27 Abs. 2 WoGG).

Die Verjährung wird u. a. durch schriftlichen Antrag auf die Sozialleistung oder durch Erhebung des Widerspruchs gehemmt (§ 45 Abs. 2 und 3 SGB I).

Die Verjährung der Ansprüche wegen Verletzung des sexuellen Selbstbestimmungsrechts nach dem OEG ist bis zur Vollendung des 21. Lebensjahres bzw. bis zur Aufhebung der häuslichen Gemeinschaft gehemmt (entsprechend § 208 BGB: BSG, 28.4.2005, NJW 2005, 2574).

Ermessensentscheidung

Die Entscheidung darüber, ob der Leistungsträger sich auf die Verjährung beruft, steht in seinem pflichtgemäßen Ermessen. Seine Ermessensentscheidung muss er begründen (§ 35 Abs. 1 Satz 3 SGB X). Zu berücksichtigen ist u. a. ob der Leistungsberechtigte sich in wirtschaftlich schlechter Lage befindet und ob den Leistungsträger ein Mitverschulden an der verspäteten Geltendmachung trifft.

Er darf sich auf die Verjährung nicht berufen, wenn deren Geltendmachung gegen Treu und Glauben verstößt. Dies kann zutreffen, wenn der Leistungsberechtigte durch eine falsche Auskunft davon abgehalten wurde, den Anspruch rechtzeitig geltend zu machen (BSGE 34, 124). Das BSG meint aber, die Geltendmachung der Verjährung verstoße nicht gegen Treu und Glauben, wenn die erteilte Auskunft sich erst später aufgrund neuer Rechtsprechung als unrichtig erweist (BSG, NVwZ 1987, 2103).

Unverjährbarkeit des Stammrechts

Ein Stammrecht, z. B. der Rentenanspruch als solcher, ist unverjährbar. Der Verjährung unterliegen nur die Ansprüche auf die jeweils fälligen Beträge (BSGE 34, 1).

Verjährung von Ansprüchen auf Erstattungvon Sozialleistungen

Zur Verjährung von Erstattungsansprüchen → 45.0.

37.6 Auszahlung bei Verletzung der Unterhaltspflicht (§ 48 SGB I)

Praxis: *Erhält ein Unterhaltspflichtiger Alogeld II und Kindergeld und zahlt er keinen Unterhalt, kann die Ehefrau bei der Arbeitsagentur beantragen, dass ihr ein angemessener Teil des Alogeldes II und das gesamte Kindergeld ausgezahlt wird.*

Grundsatz

Erfüllt der Leistungsberechtigte seine gesetzliche Unterhaltpflicht gegenüber dem Ehegatten oder seinen Kindern nicht, **kann** der Leistungsträger durch Verwaltungsakt nach § 48 SGB I bestimmen, dass laufende Geldleistungen, die zur Sicherung des Lebensunterhalts bestimmt sind, in angemessener Höhe den Unterhaltsberechtigten ausgezahlt werden (Abzweigung). Dies gilt entsprechend, wenn er für Kinder, denen er nicht kraft Gesetzes unterhaltspflichtig ist (z. B. Pflegekinder) Geldleistungen erhält.

Bei der Ermessensausübung sind Umfang und Dauer der unterbliebenen Unterhaltszahlung und die persönlichen und wirtschaftlichen Verhältnisse zu berücksichtigen.

Verletzung der Unterhaltspflicht

Eine einmalige Verletzung der Unterhaltspflicht rechtfertigt die Anordnung in der Regel nicht, jedoch ausnahmsweise dann, wenn erkennbar ist, dass mit einer regelmäßigen Unterhaltsleistung nicht zu rechnen ist. Eine schuldhafte Verletzung der Unterhaltspflicht wird nicht vorausgesetzt.

Anhörung des Leistungsberechtigten

Vor Erlass der Auszahlungsanordnung ist der Leistungsberechtigte anzuhören (siehe 38.3.19). Ihm ist eine angemessene Äußerungsfrist Wochen einzuräumen. Es ist nicht ermessensfehlerhaft, wenn der Leistungsträger die Abzweigung erst nach Ablauf der Frist beginnen lässt (BSG, ZfSH/SGB 1988, 194).

Rechtsschutz des Betroffenen

Die Auszahlungsanordnung bzw. deren Ablehnung sind als Verwaltungsakte von den jeweils Betroffenen durch Widerspruch und Klage anfechtbar (siehe 49.3 und 50.0).

Geldleistungen für Kinder

Geldleistungen für Kinder können, auch wenn die Unterhaltspflicht nicht verletzt wird, an die Person, die den Kindern Unterhalt gewährt bis zur Höhe des auf das jeweilige Kind entfallenden Betrages ausgezahlt werden. (§ 48 Abs. 1 Satz 3 SGB I).

Angemessene Höhe

Durch den Begriff "in angemessener Höhe" wird dem Sozialleistungsträger ein Beurteilungsspielraum auch hinsichtlich der Höhe des an die Unterhaltsberechtigten auszuzahlenden Betrages eingeräumt. Liegt ein vollstreckbarer Unterhaltstitel vor, hat der Leistungsträger diesen zu beachten. Liegt er noch nicht vor, hat der Leistungsträger die gesetzliche Unterhaltspflicht nach den Vorschriften des BGB und unter Berücksichtigung der Düsseldorfer Tabelle und der Unterhaltsrichtlinien der Oberlandesgerichte (BSGE 55, 246; 59, 30; Düsseldorfer Tabelle NJW 2008, 1045).

Rechtsschutz

Die Abzweigung ist ein Verwaltungsakt mit Doppelwirkung (BSGE 84,16). Er kann mit Widerspruch und Anfechtungsklage von dem angefochten werden, der belastet ist. Im Fall der Abzweigung ist dies der Leistungsberechtigte, im Fall der Ablehnung der Abzweigung in der beantragten Höhe ist dies der Unterhaltsberechtigte.

37.7 Aufrechnung (§ 51 SGB I)

Praxis: Hat ein Student im Antrag auf Ausbildungsförderung Vermögen nicht angegeben und deshalb zuviel Ausbildungsförderung erhalten hat, hat das Studentenwerk Anspruch auf Erstattung. Diesen Anspruch kann es gegen den Anspruch auf die laufende Ausbildungsförderung aufrechnen.

Aufrechnung mit Ansprüchen auf Erstattung von Sozialleistungen

Hat der Leistungsträger Ansprüche auf Erstattung zu Unrecht erbrachter Sozialleistungen gegen den Berechtigten und dieser Ansprüche auf laufende Geldleistungen gegen den Leistungsträger, so kann der Leistungsträger gemäß § 51 Abs. 2 SGB I aufrechnen bis zur Höhe der Hälfte der laufenden Geldleistungen.

Beispiel: Ist Kindergeld überzahlt worden und hat der Berechtigte noch Anspruch auf laufende Zahlung von 154 Euro, kann die Familienkass in Höhe von 77 Euro aufrechnen

Die Aufrechnung ist ausgeschlossen, wenn der Leistungsberechtigte nachweist, dass er dadurch hilfebedürftig im Sinne der Vorschriften über die Grundsicherung (SGB II) oder die Grundsicherung (SGB XII) wird.

Aufrechnung mit Ansprüchen auf Erstattung von Geldleistungen zur Sicherung des Lebensunterhalts

▶ Eine Aufrechnung, die zur Kürzung des Anspruchs auf laufende Hilfe zum Lebensunterhalt nach SGB II oder SGB XII führt, ist nur zulässig, wenn es sich um Ansprüche auf Schadensersatz oder Erstattung handelt, die der Hilfebedürftige oder sein Vertreter durch **vorsätzliche oder grob fahrlässig unrichtige oder unvollständige Angaben** veranlasst hat. In diesem Falle darf die Regelleistung um bis zu 30% (§ 43 SGB II) und die Hilfe zum Lebensunterhalt auf das „jeweils Unerlässliche" § 26 Abs. 2 und 4 SGB XII) für längstens drei Jahre gekürzt werden.

Eine Kürzung ist somit ausgeschlossen, wenn die Überzahlung erfolgte, obwohl der Leistungsberechtigte richtige und vollständige Angaben gemacht hatte (Sozialgericht Koblenz, 5. 4. 2007, PM vom 25.4.2007).

▶ Die Hilfe zum Lebensunterhalt nach dem SGB XII kann außerdem bis auf ds jeweils Unerlässliche gekürzt werden, wenn der Leistungsträger Leistungen für einen **Bedarf übernommen werden, der durch vorangegangene Leistungen bereits gedeckt** war (§ 26 Absatz 3 SGB XII).

Beispiel: Der Träger der Sozialhilfe übernimmt Mietschulden, weil der Hilfeempfänger die ihm in der Vergangenheit gewährten Leistungen für die Unterkunft nicht zur Bezahlung der Miete eingesetzt hatte..

Eine Aufrechnung ist ausgeschlossen, soweit dadurch der Gesundheit dienende Leistungen gefährdet werden (§ 26 Abs. 4 SGB XII).

Aufrechnung mit anderen Ansprüchen

Stehen dem Sozialleistungsträger andere Erstattungs- oder Beitragsansprüche zu, so kann er nur nach § 51 Abs. 1/ § 54 Abs. 2 und 4 SGB I aufrechnen (→ 37.9).

Beispiel: Infolge eines Eingabefehlers hat die Arbeitsagentur einen zu hohen Betrag überwiesen.

In der Regel wird eine Aufrechnung bei SGB II- und SGB XII-Empfängern wegen der Höhe der unpfändbaren Beträge ausgeschlossen sein.

Rechtsschutz

Die Aufrechnung steht im Ermessen des Leistungsträgers. Ihre Rechtsnatur ist umstritten.

Das **BSG** hält die Aufrechnung für einen Verwaltungsakt, der die Entziehung des aufgerechneten Anspruchs bewirke (BSG, NJW 1997, 3397).

Der betroffene Leistungsberechtigte hat demnach im Bereich des SGG die Möglichkeit des **Widerspruchs**. Dieser hat in den Fällen des § 86 Abs. 2 SGG aufschiebende Wirkung. Der Sozialleistungsträger ist somit nicht berechtigt, die Sozialleistung zu kürzen, solange nicht über den Widerspruch und eine etwa anschließende Anfechtungsklage abschließend entschieden ist (siehe 49.3 und 50.0.).

Beispiel: Erklärt der Rentenversicherungsträger wegen einer Rentenüberzahlung die Aufrechnung mit der laufenden Rente und legt der Betroffene dagegen Widerspruch ein, muss der Rentenversicherungsträger die Rente ungekürzt weiterzahlen. Hat er vor der Einlegung des Widerspruchs gekürzt, ist der Kürzungsbetrag sofort nachzuzahlen.

Das **BVerwG** hält die Aufrechnung für eine verwaltungsrechtliche Willenserklärung, die nicht hoheitlich verbindlich und deshalb kein Verwaltungsakt sei (BVerwG, NJW 1983, 776; dazu Mrozynski, SGB I, § 51 Rn 8ff.). Der Betroffene könne deshalb ohne vorherigen Widerspruch Leistungsklage auf die Leistung erheben und in diesem Verfahren geltend machen, dass die Aufrechnung unzulässig sei.

37.8 Verrechnung (§ 52 SGB I)

Praxis: *Hat das Sozialamt Erstattungsansprüche gegen einen Berechtigten, so kann es die Agentur für Arbeit ermächtigen, die Erstattungsansprüche mit dem Anspruch des Berechtigten auf Arbeitslosengeld zu verrechnen.*

Ermächtigung

Der Leistungsträger kann mit Ermächtigung eines anderen Sozialleistungsträgers dessen Ansprüche gegen den Berechtigten mit den Ansprüchen des Berechtigten verrechnen (§ 52 SGB I).

Die Verrechnung unterliegt denselben Beschränkungen wie die Aufrechnung.

Das BSG vertritt die Auffassung, der ermächtigte Leistungsträger dürfe sein Ermessen nur gegenüber dem Bürger ausüben. Er sei grundsätzlich verpflichtet, dem Verrechnungsersuchen eines Leistungsträgers nachzukommen (BSGE 53, 208 und 69, 238; Mrozynski, SGB I, § 52 Rn 6f.).

Zur Rechtsnatur der Verrechnung und zum Rechtsschutz siehe 37.7.

37.9 Pfändung (§ 54 SGB I)

Praxis: *Ein Kreditinstitut erwirkt die Pfändung und Überweisung des Anspruchs auf Arbeitslosengeld I.*

Voraussetzung der Pfändung -Vollstreckungstitel

Die Pfändung des Anspruchs auf eine Sozialleistung ist ein Akt der staatlichen Zwangsvollstreckung. Sie setzt einen Vollstreckungstitel voraus.

Vollstreckungstitel in diesem Sinne sind u. a.

▶ vollstreckbare **Urteile**, die z.B. auf die Klage einer Teilzahlungsbank gegen einen Kreditnehmer oder von einem Sozialgericht wegen Nichterstattung überzahlten Kindergeldes erlassen wurden,

▶ unanfechtbare oder sofort vollziehbare **Verwaltungsakte,** die z. B. von einer Stadtverwaltung gegen Eltern wegen Nichtzahlung des Kindergartenbeitrags erlassen werden.

Je nach Art des Vollstreckungstitels entscheiden unterschiedliche Gerichte bzw. Behörden über die Pfändung. So erfolgt die Pfändung wegen eines zivilrechtlichen Anspruchs (z. B. einer Bank) durch das Amtsgericht - Vollstreckungsgericht - nach §§ 828 ff. ZPO. Dagegen wird die Pfändung wegen einer öffentlich-rechtlichen Forderung nach den Verwaltungsvollstreckungsgesetzen der Länder durch Verwaltungsgerichte bzw. Vollstreckungsbehörden ausgesprochen (→ 46.0).

Die Gerichte haben bei der Entscheidung über die Pfändung eines sozialrechtlichen Anspruchs die Regelung des § 54 SGB I zu beachten.

Unpfändbarkeit von Sach- und Dienstleistungen

Ansprüche auf Dienst- und Sachleistungen sind nicht pfändbar. Hierbei handelt es sich um Ansprüche auf Leistungen, die unmittelbar, d. h. nicht auf dem Umweg über den Kostenvorschuss bzw. Kostenersatz bedarfsdeckend sind.

Beispiel: *persönliche Betreuung und Beratung; Arzneimittel, Krankenhauspflege, Hilfsmittel wie Brillen, Rollstühle usw. in der Krankenversicherung.*

Pfändbarkeit von einmaligen Geldleistungen

Ansprüche auf einmalige Geldleistungen (z.B. Rentenabfindungen) sind nur pfändbar. soweit dies der *Billigkeit* entspricht. Hierbei sind u. a. zu berücksichtigen die

▶ **Einkommens- und Vermögensverhältnisse des Sozialleistungsberechtigten**
Mindestens muss der notwendige Lebensunterhalt gesichert sein.

▶ **Einkommens- und Vermögensverhältnisse des Gläubigers,**

Beispiel: Ist der Gläubiger eine Bank, die höhere als übliche Zinsen verlangt, kann eine Pfändung ganz oder teilweise für unzulässig erklärt werden (KG MDR 1981, 505).

▶ **Art des beizutreibenden Anspruchs,**

Beispiel: Unbillig kann die Pfändung sein, wenn eine Bank ein hohes Darlehen trotz niedrigen Einkommens gewährt hat.

▶ **Zweckbestimmung der Sozialleistung.**

Beispiel: Gegen die Zweckbestimmung verstößt die Pfändung des Anspruchs eines Behinderten auf den Zuschuss zur Anschaffung eines PKWs.

Pfändbarkeit laufender Geldleistungen

Ansprüche auf **laufende Geldleistungen** wie Krankengeld, Arbeitslosengeld. Unterhaltsgeld während einer Umschulungsmaßnahme, Sozialversicherungsrenten können grundsätzlich wie Arbeitseinkommen gepfändet werden, d.h. unter Beachtung der Vorschriften über die Lohnpfändung in §§ 850 ff. ZPO. Der unpfändbare Betrag ist aus der Lohnpfändungstabelle abzulesen (Anlage zu § 850c ZPO).

Beispiel: Bei einem monatlichen Nettoeinkommen von 1000 Euro sind bei einem nicht unterhaltspflichtigen Schuldner 49 Euro pfändbar. Hat er er zwei Personen Unterhalt zu gewähren und verdient er 1.500 Euro netto, können nur 10 Euro gepfändet werden.

Auf Antrag des Gläubigers sind Arbeitseinkommen und laufende Geldleistungen vom Vollstreckungsgericht zusammenzurechnen, soweit diese pfändbar sind (§ 54 Abs. 4 SGB I; § 850e Nr. 2a ZPO; BGH, FamRZ 2005, 1244).

Einschränkung der Pfändbarkeit laufender Geldleistungen

Unpfändbar sind Ansprüche auf **Sozialhilfe** (§ 17 Abs. 1 Satz 2 SGB XII) und Ansprüche auf Geldleistungen, die einen durch einen **Gesundheits- oder Körperschaden** bedingten **Mehraufwand** abgelten sollen (§ 54 Abs. 3 Nr 3 SGB I),

Ansprüche auf **Elterngeld,** auf vergleichbare Leistungen der Länder und auf Mutterschaftsgeld können nicht gepfändet werden (§ 54 Abs. 3 Nr. 1 und 2 SGB I).

Unpfändbar sind auch die Ansprüche auf **Leistungen der Stiftung "Mutter und Kind"** und vergleichbare Leistungen (§ 5 des Gesetzes zur Errichtung einer Stiftung Mutter und Kind).

Ein Anspruch des Leistungsberechtigten auf **Kindergeld, Kinderzuschläge und vergleichbare Rentenbestandteile** kann **nur wegen gesetzlicher Unterhaltsansprüche** eines Kindes, das bei der Festsetzung der Geldleistungen berükichtigt wird, gepfändet werden (→ § 54 Abs. 5 Nr. 1 und 2 SGB I; BGH, 5.4.2005, FamRZ 2005, 1244)).

Für die Pfändung von Sozialleistungen **wegen gesetzlicher Unterhaltsansprüche** gilt § 850 d ZP0. Hierzu haben verschiedene Oberlandesgerichte Unterhaltstabellen entwickelt, aus denen sich ableiten lässt, welcher Betrag dem Unterhaltsschuldner verbleiben soll (→ 37.6).

Pflichten des Sozialleistungsträgers

Der Sozialleistungsträger ist verpflichtet, die Sozialleistungen dem Berechtigten möglichst weitgehend zu erhalten, die Rechtmäßigkeit der Pfändung zu überprüfen und evtl. den Berechtigten zur Stellungnahme aufzufordern.

Nimmt er die Interessen des Berechtigten nicht in vollem Umfange wahr, ist er zur Folgebeseitigung bzw. zum Schadensersatz wegen Amtspflichtverletzung verpflichtet (Wolber, NJW 1980, 24).

Rechtsschutz

Hat das Vollstreckungsgericht bzw. die vollstreckende Behörde eine zu weitgehende Pfändung ausgesprochen, können sowohl der Leistungsträger, bei dem der Anspruch gepfändet wird, als auch der Betroffene die zulässigen Rechtbehelfe einlegen (Erinnerung nach § 766 ZPO, sofortige Beschwerde nach § 793 ZPO, Widerspruch gegen Pfändung durch Behörde).

Außerdem kann der Betroffene nach § 850 f ZPO bei dem Vollstreckungsgericht beantragen, dass ihm ein Teil des pfändbaren Betrags belassen wird,

▶ wenn er nachweist, dass sonst der notwendige Lebensunterhalt im Sinne SGB II bzw. SGB XII nicht gedeckt ist oder

▶ der besondere Umfang der gesetzlichen Unterhaltspflichten des Betroffenen, insbesondere die Zahl der Unterhaltsberechtigten, dies erfordern oder

▶ besondere Bedürfnisse des Schuldners aus persönlichen oder beruflichen Gründen bestehen.

37.10 Kontenpfändung und Pfändung von Bargeld (§ 55 SGB I)

Praxis: Eine Frau, der am 1. eines Monats Alogeld II überwiesen worden ist, hebt einen Teilbetrag ab und lässt den Rest auf dem Konto stehen. Als sie am 12. des Monats einen weiteren Teilbetrag abheben will, erklärt ihr der Bankangestellte, ihr Guthaben sei von einer Kreditbank gepfändet worden.

Kontenschutz für sieben Tage

Wird eine Geldleistung von einem Sozialleistungsträger auf das Konto des Berechtigten bei einem Geldinstitut überwiesen, so ist die Forderung, die durch das Guthaben entsteht, für die Dauer von sieben Tagen seit der Gutschrift unpfändbar (§ 55 Abs. 1 SGB I).

Auch eine Aufrechnung und Verrechnung durch das Geldinstitut ist ausgeschlossen (Hess. OVG NJW 1986, 147; ausnahmsweise zulässig bei fehlender Schutzbedürftigkeit: OVG Münster, NJW 1988, 156; → Mrozynski, SGB I, § 55 Rn 3ff.).

Während dieses Zeitraums kann der Berechtigte die überwiesene Sozialleistung abheben, auch wenn eine Pfändung des Kontoguthabens ausgesprochen ist.

Nachweispflicht des Berechtigten

Das Geldinstitut ist dem Berechtigten zur Auszahlung des Sozialleistungsguthabens nur soweit verpflichtet, als der Berechtigte die Unpfändbarkeit nachweist oder diese dem Geldinstitut bekannt ist (Krahmer/Timme, SGB I, § 55 Rn 8). Ohne Einwilligung des Berechtigten darf allerdings der Leistungsträger dem Geldinstitut keine Sozialdaten mitteilen.

Beispiel: Unzulässig ist z.B. die Angabe "Sozialhilfe" oder „Sozialleistung" auf dem Überweisungsträger (BVerwG NJW 1995, 410).

Droht eine Pfändung oder ist diese bereits ausgesprochen, ist es Sache des Berechtigten, dem Geldinstitut die Unpfändbarkeit nachzuweisen z.B. durch Vorlage des Bewilligungsbescheides.

Zahlt das Geldinstitut das Guthaben an den Pfändungsgläubiger innerhalb der Schutzfrist von sieben Tagen aus, so kann der Leistungsberechtigte selbst dann die Auszahlung verlangen, wenn dem Kreditinstitut nicht bekannt war, dass die Gutschrift auf einer Sozialleistung beruht (§ 55 Abs. 3 SGB I). Notfalls muss er den Betrag beim Amts- bzw. Landgericht einklagen.

Kontenschutz nach Ablauf von sieben Tagen nur auf Antrag

Nach Ablauf von sieben Tagen nach der Gutschrift sind laufende Geldleistungen insoweit nicht der Pfändung unterworfen, als ihr Betrag dem unpfändbaren Teil der Leistungen für die Zeit von der Pfändung bis zum nächsten Zahlungstermin entspricht. (§ 55 Abs. 4 SGB I). Dies gilt aber nur, wenn der Leistungsberechtigte den Rechtsbehelf der Erinnerung gemäß § 766 ZPO einlegt und das Vollstreckungsgericht daraufhin den Pfändungsbeschluss ändert, indem es den Geldbetrag bestimmt, der dem Leistungsberechtigten pfandfrei zu belassen ist. Ein einmaliger Antrag reicht aus (BGH, 20.12.2006, NJW 2007, 604).

Beispiel: *Wird eine monatliche Sozialleistung in Höhe von 1.200 Euro gezahlt und am 15. eines Monats gepfändet, so muss dem alleinstehenden Schuldner für die zweite Hälfte des Monats die Hälfte des nach der Lohnpfändungstabelle unpfändbaren Betrags verbleiben.*

Bei einem monatlichen Nettoeinkommen von 1.200 Euro sind 150,40 Euro pfändbar, so dass monatlich 1.049,60 Euro unpfändbar sind. Für die zweite Hälfte des Monats ist dem Schuldner die Hälfte dieses Betrags in Höhe von 524,80 Euro zu belassen.

Der Pfändungsschutz gilt auch für Sozialleistungen, die auf dem Konto eines Dritten eingehen, muss aber geltend gemacht werden.

Pfändungschutz für Bargeld

Die Regelung in gilt für die Pfändung von Bargeld entsprechend (§ 55 Abs. 4 SGB I; § 811 Abs. 1 Nr. 8 ZPO).

Pfändungsschutz für Sozialleistungen auf Drittkonto

Hat der Leistungsberechtigte kein eigenes Konto und wird auf seinen Wunsch die Sozialleistung auf das Konto eines Dritten überwiesen, so kann er nach § 765a ZPO beantragen, dass ihm zur Vermeidung einer unbilligen Härte Pfändungsschutz entsprechend § 55 SGB I gewährt wird (BGH, 4.7.2007, NJW 2007, 2703).

Kontenpfändung von Arbeitseinkommen

Die kontoführende Bank darf Arbeitseinkommen, das auf ein Girokonto überwiesen wird, sofort in vollem Umfang kontokorrentmäßig verrechnen. Sie hat weder die Pfändungsgrenzen zu beachten noch dem Kontoinhaber einen Betrag zur Sicherung des Existenzminmums zu belassen (BGH, NJW 2005, 1862).

Der Arbeitnehmer kann beim Vollstreckungsgericht beantragen, dass Verrechnung bzw. Pfändung auf den pfändbaren Teil des Arbeitseinkommens beschränkt werden (§ 850k ZPO).

ACHTER ABSCHNITT:
VERWALTUNGSVERFAHREN, VERWALTUNGSAKT,
VERWALTUNGSZWANG

38.0 VERWALTUNGSVERFAHREN NACH DEM SOZIALGESETZBUCH

Praxis: Eine Alogeld II-Bezieherin, die heftige Auseinandersetzungen mit ihrem Fallmanager hatte, nimmt ihre Freundin zur nächsten Besprechung mit. Der Fallmanager erklärt, die Freundin dürfe an der Besprechung nicht teilnehmen; denn über die Eingliederungsvereinbarung werde nicht öffentlich verhandelt.

Ein „Bedarfsfeststeller" will die Wohnung eines Beziehers von Alogeld II betreten, um festzustellen, ob er in eheähnlicher Gemeinschaft lebt.

38.1 Anwendungsbereich der Vorschriften über das Verwaltungsverfahren im SGB X

Die Vorschriften über das sozialrechtliche Verwaltungsverfahren der §§ 8-66 SGB X regeln das öffentlich-rechtliche, nach außen wirkende Verwaltungshandeln der Behörden, das gerichtet ist auf

▶ den Erlass eines Verwaltungsakts (→ 40.0) oder

▶ auf den Abschluss eines öffentlich-rechtlichen Vertrags (→ 39.0).

Beispiele: Das Handeln eines Sozialamts ist auf einen Verwaltungsakt gerichtet, wenn es durch Bedarfsfeststeller prüfen lässt, ob eine Hauhaltsgemeinschaft besteht (§ 16 SGB XII).

Das Handeln eines Jugendamtes ist auf Abschluss eines öffentlich-rechtlichen Vertrags gerichtet, wenn es die Eignung eines freien Trägers prüft, dem eine Aufgabe gemäß § 76 SGB VIII übertragen werden soll.

Behörde
Behörde im Sinne des Verwaltungsverfahrensrechts ist jede Stelle, die Aufgaben der öffentlichen Verwaltung wahrnimmt (§ 1 Abs. 2 SGB X). Sie ist zu unterscheiden vom Rechtsträger (= Bund, Land, Kreis, Gemeinde) und von den "Ämtern" im kommunalen Bereich.

Beispiele: Behörden sind die Finanzämter, Bezirksregierungen. Die Sozialämter und Jugendämter sind keine Behörden. Behörde ist der Bürgermeister.

Die Agenturen für Arbeit sind eine verfassungswidrige Mischverwaltung und müssen bis zum 31.12.2010 durch ein neues Modell ersetzt werden (BVerfG, 20.12.2007, NJW 2008, 1212; siehe dazu NDV 2008, 195).

Freie Träger sind auch dann keine Behörden, wenn sie auf Wunsch des Leistungsberechtigten öffentliche Aufgaben wie z. B. die psychosoziale Beratung nach § 16 Abs. 2 SGB II oder erzieherische Hilfen nach §§ 27ff. SGB VIII erbringen (siehe 16.0 ff.).

Ausgenommene sozialrechtliche Verwaltungstätigkeiten
Die Vorschriften über das sozialrechtliche Verwaltungsverfahren gelten nicht für die sonstige Tätigkeit der Verwaltung insbesondere nicht für die "schlicht-hoheitliche" Tätigkeiten, weil diese nicht auf Verwaltungsakte gerichtet sind.

Beispiel: Auszahlung des bewilligten Betrags, Erteilung einer Auskunft, Beratung, Betreuung, pädagogische Arbeit, Warnung vor einer Sekte.

Sie gelten auch nicht für die Verwaltungstätigkeit, die der Vorbereitung einer *gerichtlichen* Entscheidung dient

> *Beispiel: Gutachterliche Tätigkeit für das Jugend-, das Familien- und das Vormundschaftsgericht gemäß §§ 50, 52 SGB VIII.*

Für diese Verwaltungshandlungen fehlen besondere Verfahrensvorschriften. Da aber die Vorschriften für das Verwaltungsverfahren z. T. allgemeine Grundsätze enthalten, die gewohnheitsrechtlich für alle Verwaltungshandlungen gelten, können sie u. U. sinngemäß angewandt werden. Dies wird z. B. für die Regelungen über ausgeschlossene und befangene Personen, den Untersuchungsgrundsatz und die Ermessensausübung angenommen (differenzierend Stober, 2000, § 57 Rn 22f). Stets sind die Grundrechte und Verfassungsgrundsätze zu beachten (→ 22.5 und 22.6).

Verwaltungstätigkeit außerhalb des Anwendungsbereichs des SGB
Nicht anwendbar sind die Vorschriften des SGB X auf Verwaltungstätigkeiten, die nicht vom SGB X erfasst werden (Strafvollzug, Bewährungshilfe, Polizeirecht, Ausländerrecht, Steuerrecht usw. → 29.2).

Für diese Verwaltungstätigkeiten außerhalb des Anwendungsbereichs des SGB gelten, soweit nicht eine spezielle Bundes- oder Landesregelung eingreift, das Verwaltungsverfahrensgesetz des Bundes (VwVfG) bzw. das des jeweiligen Bundeslandes.

> *Die landesrechtlichen Vorschriften können aber die Anwendung des SGB anordnen.*

Die Verwaltungsverfahrensgesetze der Länder stimmen inhaltlich mit dem VwVfG im Wesentlichen überein. Sie gelten für den Vollzug von Bundes- und Landesrecht durch die Landesverwaltung also z. B. für den Vollzug des AufenthaltG, des Schul- und Hochschulrechts des Landes und des Ordnungs- und Polizeirechts (→ 5.3).

Ausgenommene privatrechtliche Verwaltungstätigkeiten
Die sozialrechtlichen Vorschriften über das Verwaltungsverfahren gelten nicht unmittelbar für die privatrechtliche Tätigkeit der öffentlichen Sozialleistungsträger.

Jedoch ist eine entsprechende Anwendung zumindest auf privatrechtliches Handeln geboten, das der Erfüllung von Aufgaben im Sinne des SGB dient (→ 26.3.2.3).

38.2 Unterschiede zum allgemeinen Verwaltungsverfahrensrecht

Verfahrensmäßige Erleichterungen
Das Verfahrensrecht des SGB unterscheidet sich nur in wenigen Punkten vom allgemeinen Verwaltungsverfahrensrecht. Überwiegend handelt es sich hierbei um Erleichterungen und Besserstellungen z.B. bei der Antragstellung, der Amtssprache, dem verstärkten Vertrauensschutz bei rechtswidrigen Verwaltungsakten. Diese Privilegierungen verschaffen einen erhöhten sozialen Schutz.

Weitergehende Pflichten
Jedoch werden im SGB auch weitergehende Pflichten festgelegt, z. B. die Mitwirkungspflichten nach §§ 60 - 67 SGB I. Auch nichtbeteiligte Dritte werden stärker herangezogen. So sind Zeugen verpflichtet, in einem sozialrechtlichen Verwaltungsverfahren auszusagen, während diese Verpflichtung gegenüber der Polizei, dem Ordnungs- und dem Ausländeramt nach den einschlägigen Vorschriften nicht besteht.

> *Beispiel: Das Ausländeramt lädt den Nachbarn eines Ausländers zur Vernehmung vor. Der Nachbar ist zur Aussage nicht verpflichtet (§ 26 Abs. 3 VwVfG).*
>
> *Die Arbeitsagentur lädt die Freundin einer Leistungsempfängerin zur Vernehmung darüber vor, ob die Leistungsempfängerin erwerbstätig sei. Die Freundin ist zur Aussage verpflichtet (§ 21 Abs. 3 Satz 2 SGB X).*

38.3 Verfahrensgrundsätze

Verfahrensgrundsätze für das sozialrechtliche Verwaltungsverfahren sind in §§ 8 – 25 SGB X festgelegt. Weitere allgemein geltende Verfahrensvorschriften finden sich im SGB I (z. B. §§ 16, 17, 36 SGB I) Diese sind in die folgende Darstellung einbezogen (→ 38.3.4 und 38.3.8).

Stets ist zu beachten, dass die allgemeinen Verfahrensvorschriften des SGB nicht anzuwenden sind, wenn und soweit die besonderen Teile des SGB Spezialregelungen treffen (§ 37 SGB I).

Beispiel: Die allgemeine Regelung über die Formfreiheit in § 9 SGB X gilt nicht für den Antrag auf Ausbildungsförderung; denn in § 46 BAföG ist für diesen Antrag die Schriftform vorgeschrieben.

Die allgemeine Regelung, dass Dritte nicht auskunftspflichtig sind, wird durch § 117 SGB XII und durch §§ 60, 61 SGB II verdrängt. In diesen Vorschriften werden Personen und Stellen zu Auskünften verpflichtet, die unterhaltspflichtig sind bzw. möglicherweise Angaben zu Einkünften oder Vermögen des Leistungsberechtigten machen können.

38.3.1 Zuständigkeit

Praxis: Nach der Kündigung des Arbeitsverhältnisses meldet der Betroffene sich bei der Arbeitsagentur am Sitz des Arbeitgebers als arbeitsuchend (§ 37b SGB III).

Die Regelung der Zuständigkeiten ist nicht nur für die Verwaltung, sondern auch für die Leistungsberechtigten wichtig (siehe 38.3.3); denn eine Behörde darf im Verwaltungsverfahren nur im Rahmen der ihr durch Rechtsvorschrift eingeräumten Zuständigkeit tätig werden.

Eine allgemeine Regelung des räumlichen Anwendungsbereichs des SGB ist in § 30 SGB I enthalten.

Örtliche Zuständigkeit
Zur Vermeidung von Kompetenzkonflikten von örtlich zuständigen Behörden zu Lasten des Bürgers sieht § 2 SGB X für einige Konfliktfälle Regelungen vor.
Die örtliche Zuständigkeit ist meist dem einschlägigen Gesetz zu entnehmen.
Beispiele: § 16 SGB II, §§ 86-88 SGB VIII; § 98 SGB XII, § 45 BAFöG

Sachliche Zuständigkeit
Auch die sachliche Zuständigkeit ist meist durch spezielle Vorschriften bestimmt.
Beispiele: § 6 SGB II, § 85 SGB VIII, §§ 97 SGB XII; § 41 ff. BAföG

Instanzielle Zuständigkeit
Schließlich richtet sich auch die Verteilung der Zuständigkeiten zwischen verschiedenen Behörden desselben Sachbereichs nach den einschlägigen Vorschriften.
Beispiele: Jugendamt - Landesjugendamt (§ 85 SGB VIII), örtlicher und überörtlicher Träger der Sozialhilfe (§ 97 SGB XII).

Schutz des Leistungsberechtigten
Der Leistungsberechtigte, der oft nicht weiß, welche Behörde zuständig ist, wird durch die Regelung in § 16 SGB I vor Nachteilen geschützt, die entstehen könnten, wenn er den Antrag an eine unzuständige Stelle richtet (→ 38.3.3).
Für Leistungen der Rehabilitation gilt die Sonderregelung des § 14 SGB IX zur Sicherung einer schnellen Klärung der Zuständigkeit.

Folgen der Verletzung von Vorschriften über die Zuständigkeit
Die Verletzung der Vorschriften über die örtliche Zuständigkeit löst keine rechtlichen Folgen aus, wenn sie die Sachentscheidung nicht beeinflusst hat (§ 42 SGB X).

Dagegen ist ein Verwaltungsakte bei sachlicher oder instanzieller Unzuständigkeit rechtswidrig, so dass er von der Behörde zurückzunehmen bzw. auf Widerspruch aufzuheben ist (bwVGH, NVwZ –RR 1992, 602).

38.3.2 Beginn des Verfahrens (§ 18 SGB X)

Praxis: *Eine Frau, die sich von ihrem Ehemann getrennt hat, kommt zur Sozialarbeiterin eines freien Trägers und fragt, was sie tun müsse, um für sich und ihre Tochter den Lebensunterhalt zu sichern.*

Grundsatz (Legalitäts- und Opportunitätsprinzip)
Eine Pflicht zur Durchführung eines Verwaltungsverfahrens (Legalitätsprinzip) besteht nur, wenn die Behörde aufgrund von Rechtsvorschriften

▶ von **Amts wegen** tätig werden muss (z. B. § 18 SGB XII),

▶ auf **Antrag** tätig werden muss (z. B. § 17 SGB II).

Im übrigen steht es im pflichtgemäßen Ermessen einer Behörde, ob und wann sie ein Verwaltungsverfahren durchführt (Opportunitätsprinzip).

Die Entgegennahme von Erklärungen oder Anträgen darf der Leistungsträger nicht verweigern, weil er sie für unzulässig oder unbegründet hält, sondern muss über das Anliegen entscheiden, wenn der Betroffene dies verlangt (§ 20 Abs. 3 SGB X).

Beispiel: Der Arbeitslose verlangt einen „rechtsmittelfähigen Bescheid" über die Ablehnung eines Kühlschranks als Erstausstattung, nachdem der Sachbearbeiter versucht hat, ihn mündlich abzuwimmeln.

Antragsprinzip
Im Unterschied zum sonstigen Verwaltungsrecht, das meist die Wahrung von Belangen der Allgemeinheit bezweckt, stehen im Sozialleistungsrecht die Ansprüche einzelner Personen im Vordergrund: Verwaltungsverfahren über die Feststellung bzw. Bewilligung der meisten Sozialleistungen dürfen nur auf Antrag des Leistungsberechtigten eingeleitet werden.

Beispiele: Arbeitslosengeld II (§ 17 SGB II); Arbeitslosengeld (§ 323 SGB III); Grundsicherung (§ 41 SGB XII), Wohngeld (§ 1 WoGG); Kindergeld (§ 9 BKGG); Ausbildungsförderung (§ 46 BAFöG); Leistungen der Sozialversicherung mit Ausnahme der Unfallversicherung (§ 193 SGB VII),

Ein ohne den erforderlichen Antrag erlassener Verwaltungsakt ist nichtig, wenn der Antrag eine unabdingbare Verfahrenshandlung ist und der Verwaltungsakt den Betroffenen zumindest überwiegend belastet. In anderen Fällen liegt Rechtswidrigkeit vor, wobei Heilung durch nachträgliche Antragstellung möglich ist (§ 41 Abs. 1 Nr. 1 SGB X; → 42.2).

Legalitätsprinzip
Der Leistungsträger muss tätig werden, wenn hinreichende Anhaltspunkte für eine sozialhilferechtliche Notlage bzw. für eine Kindesgefährdung vorliegen (VGH Baden-Württemberg, info-also 1996, 78).

Beispiel: Das Sozialamt muss prüfen, ob Sozialhilfe zu leisten ist, wenn eine Frau mitteilt, dass ihre Nachbarin eine Witwenrente bezieht, von der sie nicht leben kann (§ 18 SGB XII).

Ist ein Kind akut gefährdet, muss das Jugendamt nach § 8a SGB VIII vorgehen.

Opportunitätsprinzip

Ist ein Antrag für die Einleitung eines Verfahrens zum Erlass eines Verwaltungsaktes z.b. zur Gewährung einer Sozialleistung nicht erforderlich, was regelmäßig für Leistungen der Sozialhilfe und der Kinder- und Jugendhilfe zutrifft, so kann der Sozialleistungsträger auch dann tätig werden, wenn er Informationen von Minderjährigen, Nachbarn, Lehrern und Ärzten erhält, auf Grund derer er die Einleitung eines Verfahrens für zweckmäßig hält.

Beispiel: Das Jugendamt bestimmt nach pflichtgemäßem Ermessen, ob es ein Verwaltungsverfahren zur Prüfung einleitet, ob Maßnahmen erforderlich sind, wenn es von der Polizei die Mitteilung erhält, dass ein Kind einen Ladendiebstahl begangen habe.

38.3.3 Antragstellung (§ 16 SGB I)

Praxis: Ein behinderter Mensch beantragt im September die Übernahme der Kosten der Unterbringung in einem Wohnheim bei einem unzuständigen örtlichen Träger der Sozialhilfe: Dieser leitet, nachdem er eigene Ermittlungen angestellt hat, am 27. Dezember den Vorgang an den zuständigen überörtlichen Träger weiter.

Erleichterungen im sozialrechtlichen Verwaltungsverfahren

Die Regelung in § 16 SGB I erleichtert dem Bürger die Antragstellung und schützt ihn in verschiedener Hinsicht:

Formlose Antragstellung

Anträge sind in der Regel formlos wirksam. Die schriftliche Antragstellung ist allerdings aus Beweisgründen empfehlenswert. Die Verwendung von Vordrucken kann vorgeschrieben werden (§ 60 Abs. 2 SGB I). Jedoch ist auch in diesem Fall der Zeitpunkt der ersten mündlichen oder schriftlichen Antragstellung maßgeblich (Mrozynski, SGB I, § 60 Rn 33f.).

Beispiel: Wird eine Leistung erst ab Antragstellung gewährt, fehlen aber noch erforderliche Unterlagen, ist es zweckmäßig, bereits den Antrag zu stellen und mitzuteilen, dass die fehlenden Unterlagen baldmöglichst nachgereicht werden.

Antragstellung bei unzuständigen Stellen

Anträge können wirksam und fristwahrend auch bei unzuständigen Leistungsträgern und bei den Gemeindeverwaltungen gestellt werden (§ 16 Abs. 1 und 2 SGB I).

Die Regelung gilt nach Ansicht des BVerwG entsprechend für Sozialleistungen, die nicht von einem Antrag abhängig sind, insbesondere für die Sozialhilfe und Jugendhilfe (BVerwG, NVwZ 1996, 402).

Für die Sozialhilfe ist dies gesetzlich in § 18 Abs. 2 SGB XII festgelegt. Nach dieser Vorschrift ist der nicht zuständige Träger der Sozialhilfe bzw. eine nicht zuständige Gemeinde verpflichtet, die ihm/ihr bekannten Umstände dem zuständigen Träger unverzüglich mitzuteilen und vorhandene Unterlagen zu übersenden.

Beispiel: Beantragt ein Leistungsberechtigter Sozialhilfe bei einem unzuständigen Sozialhilfeträger, so sind die zustehenden Leistungen von dem zuständigen Träger von dem Zeitpunkt an zu erbringen, in dem der unzuständige Träger Kenntnis erlangt hat.

Antragstellung bei Rehabilitationsträgern

Der Rehabilitationsträger, bei dem ein Antrag auf Reha-Leistungen gestellt wird, hat binnen zwei Wochen festzustellen, ob er zuständig ist.

Hält er sich für unzuständig, leitet er den Antrag an den nach seiner Auffassung zuständigen Träger weiter, der leisten muss, wenn ein Anspruch besteht. Wird der Antrag nicht fristgemäß weitergeleitet, muss der Träger leisten, bei dem der Antrag gestellt worden ist (§ 14 Abs. 1 und 2 SGB IX).

Beratungspflicht des Leistungsträgers bei unklaren und unvollständigen Anträgen
Bei unklaren und unzweckmäßigen Anträgen sowie unvollständigen Angaben muss die Behörde aufgrund ihrer Betreuungs- und Beratungspflicht unverzüglich auf Berichtigung bzw. Ergänzung hinwirken (§ 16 Abs. 3 SGB I).

Da mit einem Antrag regelmäßig alle aus einem Sachverhalt sich ergebenden und erkennbaren Ansprüche angemeldet werden, ist der Leistungsträger verpflichtet, alle diese Ansprüche zu prüfen (BSG, 6.3.2003, NZS 2004, 149).

Der Leistungsträger ist weitergehend verpflichtet, bei Vorliegen eines konkreten Anlasses auf klar zu Tage tretende Gestaltungsmöglichkeiten hinzuweisen ("Spontanberatung" (BSG, 8.2.2007, NZS 2008, 49; → 30.7).

Anträge in einer fremden Sprache
Geht ein Antrag in einer fremden Sprache ein, gilt er als zum Zeitpunkt des Eingangs bei der Behörde abgegeben, wenn die Behörde ihn entweder versteht oder wenn eine Übersetzung in einer von der Behörde zu setzenden angemessenen Frist vorgelegt wird (§ 19 Abs. 4 SGB X).

Anträge Minderjähriger
Minderjährige können nach Vollendung des 15. Lebensjahres wirksam Anträge auf Sozialleistungen stellen und verfolgen (§ 36 SGB I; →38.3.8).

Für die öffentliche Jugendhilfe sind aber § 8 und § 42 SGB VIII zu beachten, die Kindern unter 15 Jahren Anspruch auf Beratung bzw. Inobhutnahme einräumen. Auch außerhalb der Jugendhilfe sind in höchstpersönlichen Angelegenheiten Kinder antragsberechtigt, soweit keine spezielle Regelung eingreift (siehe 27.2.1.2).

Irrtümlich unterlassene Anträge
Hat ein Leistungsberechtigter eine Sozialleistung nicht beantragt, weil er irrtümlich erwartet hatte, eine andere Sozialleistung zu erhalten, so wirkt ein später fristgemäß nachgeholter Antrag bis zu einem Jahr zurück (§ 28 SGB X).

Beispiel: Beantragt ein Hilfsarbeiter ergänzende Leistungen nach SGB II und stellt sich heraus, dass ihm vorrangig Wohngeld zusteht, so muss dieses ihm nach § 28 SGB X rückwirkend bis zu einem Jahr gewährt werden, obwohl nach § 27 WoGG grundsätzlich nur ab Beginn des Antragsmonats bewilligt wird.

Die Rückwirkung tritt aber nicht ein, wenn für die irrtümlich nicht beantragte Leistung nicht nur ein Antrag vorausgesetzt wird.

Beispiel: Voraussetzung für die Gewährung von Arbeitslosengeld ist nach § 117 SGB III u.a., dass der Arbeitslose sich bei der Arbeitsagentur persönlich arbeitslos gemeldet hat. Wegen dieser weiteren Voraussetzungen kann der Antrag eines Arbeitslosen auf vorgezogenes Altersruhegeld nicht, wenn dieser später abgelehnt wird, zur Nachzahlung von Arbeitslosengeld führen (LSG Sachsen, 11.9.2002, info-also 2004, 140 mit kritischer Anmerkung).

Verspätete Anträge
Ist ein Antrag verspätet gestellt worden, z. B. nach Ablauf der Antragsfrist, so kann er evtl. als rechtzeitig behandelt werden, wenn der Leistungsträger seine Beratungspflicht verletzt hat (Amtspflichtverletzung → 48.3; Herstellungsanspruch → 48.7).

> ### 38.3.4 Beschleunigung des Verfahrens
> ### (§ 17 Abs. 1 Nr. 1 SGB I)

Praxis: Eine Bezieherin von Arbeitslosengeld II hat im Juli dem Sozialamt mitgeteilt, dass sie in der 15. Woche schwanger ist und Leistungen für die Erstausstattung mit Bekleidung benötigt. Als sie im September nachfragt, wird ihr mitgeteilt, dass der Sachbearbeiter erkrankt sei.

Die Agentur für Arbeit entscheidet im Jahre 2005 über einen im Jahre 1986 eingelegten Widerspruch gegen die Rückforderung von Kindergeld.

Grundsatz
Die Sozialleistungsträger müssen in jeder Phase des Verfahrens darauf hinwirken, dass der Bürger die ihm zustehenden Sozialleistungen schnell, d. h. ohne jede vermeidbare Verzögerung erhält. Diese Pflicht gilt auch für das Widerspruchsverfahren.

Verfassungsrechtliche Grundlagen
Das in § 17 Abs. 1 Nr. 1 SGB I enthaltene Beschleunigungsgebot ist eine Konkretisierung des Rechtsstaatsprinzips mit der **Garantie des effektiven Rechtsschutzes** und der Rechtssicherheit (Art. 20 Abs. 3 GG; Art. 19 Abs. 4 GG). Mit diesen Garantien ist es unvereinbar, dass Behörden und Gerichte über geltend gemachte Ansprüche auf Sozialleistungen bzw. über Widersprüche gegen die Ablehnung oder Rückforderung von Sozialleistungen nicht in angemessener Zeit entscheiden. Dies ergibt sich auch aus Art. 6 der Konvention zum Schutz der Menschenrechte und Grundfreiheiten (EGMR, 1.7.1997, NJW 1997, 2809).

Das Bundesverfassungsgericht hat festgestellt (14.10.2003, NJW 2004, 1236):

► Verfahren müssen **in angemessener Zeit** beendet sein. Ob eine Verfahrensdauer noch angemessen ist, ist abhängig u.a. von der Natur des Verfahrens und der Bedeutung der Sache, den Auswirkungen auf die Beteiligten, dem den beteiligten zuzurechnenden Verhalten und dem vom Gericht nicht beeinflussbaren Verhalten Dritter, insbesondere der Sachverständigen.

► Eine staatliche Behörde kann sich nicht auf solche Umstände berufen, die **in ihrem Verantwortungsbereich** liegen. Sie muss alle notwendigen Maßnahmen treffen, damit Verwaltungsverfahren zügig beendet werden können.

► Zu den Rechtsangelegenheiten, die „**wegen ihrer Natur und ihrer Bedeutung für die Betroffenen** eilbedürftig sind, gehören insbesondere **Leistungen zur Sicherung des Lebensunterhalts**, Sozialhilfe, Arbeitslosengeld, Grundsicherung, Kindergeld, Prozesskostenhilfe usw.

Auch der **Vorbehalt späterer Überprüfung** lässt ein Verwaltungsverfahren nur in einem zeitlichen Rahmen zu, der mit dem Anspruch des Betroffenen auf Rechtssicherheit vereinbar ist. Dies folgt auch aus dem in § 32 SGB X enthaltenen Rechtsgedanken, wonach der - als Nebenbestimmung in einem Verwaltungsakt enthaltene - rechtmäßige Vorbehalt einer endgültigen Entscheidung der Behörde nicht das Recht gibt, von einer endgültigen Entscheidung ganz abzusehen bzw. die endgültige Regelung beliebig lange hinauszuzögern (BSG, 16.6.1993, .NZS 1994, 40).

Die nachstehend genannten Gerichtsentscheidungen beziehen sich nur auf die jeweils zur Entscheidung stehende Verfahrensdauer. Sie schließen deshalb nicht aus, dass auch schon erheblich kürzere Verfahren verfassungswidrig sind.

Beispiele aus der Rechtsprechung:
Der **Bundesfinanzhof** hat einen Verstoß gegen den Grundsatz von Treu und Glauben angenommen, wenn die Familienkasse die Rückforderung gezahlten Kindergelds erst mehr als zwei Jahren nach Kenntnis des maßgeblichen Sachverhalts verlangt (BFH, BStBl II, 2002, 174).

Das **Bundesverfassungsgericht** hielt eine Verfahrensdauer von 5 ½ Jahren für verfassungswidrig, wenn es um Hilfe zum Lebensunterhalt geht.

Es ist nicht ausgeschlossen, dass es sich an der Rechtsprechung zu einem strittigen bürgerlich-rechtlichen Unterhaltsanspruch orientieren wird, die Verwirkung schon nach einem Jahr Untätigkeit annimmt (BGH, 23.10.2002, NJW 2003,128)..

Der **Europäische Gerichtshof für Menschenrechte** entschied, dass besonders beschleunigt werden müssen etwa Verfahren über das Sorgerecht für Kinder (EGMR, Slg. 2003-IV Nr. 33 - Niederböster/Deutschland); Verfahren über den Personenstand und die Geschäftsfähigkeit (s. EGMR, Slg. 2002-I Nr. 44 - Mikulic/Kroatien) und über arbeitsrechtliche Streitigkeiten (EGMR, Slg. 2000-VII Nr. 45 – Frydlender/-Frankreich). Er forderte die BRD auf, durch Gesetz eine Untätigkeitsbeschwerde einzuführen (EGMR, 8.6. 2006, NJW 2006, 2389).

Rechtsfolgen überlanger Verfahrensdauer

Die Rechtsfolgen, die eintreten, wenn das Verfahren nicht in angemessener Zeit abgeschlossen wird, hängen von dem Streitgegenstand ab.

Geht es um eine Sozialleistung, ist über diese unverzüglich zu entscheiden.

Ein verspätet erlassener Rückforderungsbescheid ist regelmäßig rechtwidrig und anfechtbar (BSGE 72,271 = NZS 1994, 39; BFH, BStBl II, 2002, 174).

Existenzsichernde und sonstige sofort erforderliche Leistungen

Sind Leistungen zur Existenzsicherung oder aus anderen Gründen sofort erforderlich, ist sofortige, vorschussweise oder vorläufige Gewährung geboten (→ 37.2 und 37.3).

Beispiel: Beantragt eine mittellose Frau Wohngeld, weil sie sonst die fällige Miete nicht bezahlen kann und ist der ihr zustehende Wohngeldbetrag sofort feststellbar, darf sie nicht darauf verwiesen werden, den nächsten Computerdurchlauf in 5 Wochen und die dann beginnende Urlaubszeit der Verwaltungsmitarbeiter/innen abzuwarten.

Rechtsschutz

Der einzelne Bürger hat einen einklagbaren Anspruch auf Beschleunigung des Verfahrens, weil § 17 SGB I die Leistungsträger verpflichtet, das Grundrecht auf effektiven Rechtsschutz zu verwirklichen (so auch Ziekow, DVBl 1998, 1101; a. A. Mrozynski, SGB I § 17 Rn 5 und Krahmer, SGB I, § 17 Rn 7, die nicht die verfassungsrechtliche Grundlage berücksichtigen).

▶ Der Bürger kann versuchen, mit **formlosen Rechtsbehelfen** eine schnelle Bearbeitung zu erreichen (→ 49.2). Er kann nach § 42 SGB I einen **Vorschuss, Vorwegzahlung oder eine vorläufige Leistung** beantragen (→ 37.2).

▶ Wird eine existenzsichernde Leistung nicht unverzüglich ausgezahlt, kann er diese auch gerichtlich durch Antrag auf **Anordnung bzw. Wiederherstellung der aufschiebenden Wirkung des Widerspruchs** oder durch Antrag auf **einstweilige Anordnung** erzwingen (Berlit, info-also 2005, 3ff. → 50.4.5.2).

Ist durch die verzögerte Bearbeitung ein Schaden entstanden, kommt auch ein **Schadensersatzanspruch wegen Amtspflichtverletzung** in Betracht (→ 48.3).

Ruhen des Verfahrens

Wenn eine Behörde die Sache wegen anderer Gerichtsverfahren oder gesetzgeberischer Aktivitäten entgegen ihrer allgemeinen Bearbeitungspflicht nicht bearbeiten will, kann sie in entsprechender Anwendung des § 94 VwGO das Ruhen des Verfahrens anordnen. Auch ein beteiligter kann die Anordnung des Ruhens anregen (Rixen in: LPK-SGB X, § 18 Rn 12).

Die Anordnung ist ein Verwaltungsakt, der dem Betroffenen bekannt gemacht werden muss.

38.3.5 Grundsatz der Nichtförmlichkeit (§ 9 SGB X)

Praxis: *Ein Langzeitarbeitsloser kann den Antrag auf Arbeitslosengeld II mündlich oder schriftlich stellen (§ 37 SGB II).*

Das Verwaltungsverfahren ist im Unterschied zu den gerichtlichen Verfahren nicht an bestimmte Formen gebunden. Soweit keine besonderen Rechtsvorschriften bestehen, darf die Verwaltung die Art des Vorgehens nach pflichtgemäßem Ermessen bestimmen. Hierbei hat sie die besonderen Verhältnisse der Berechtigten bzw. Betroffenen zu berücksichtigen (§ 33 SGB I).

Beispiel: *Unzulässig ist es, einer Frau, die sich erkundigt, ob ihr Kindergeld zusteht, das Merkblatt der Bundesagentur auszuhändigen, wenn erkennbar ist, dass die Frau den Inhalt nicht verstehen kann.*

Bei der Erstellung des Hilfeplans und bei der Wahrnehmung des Schutzauftrags hat das Jugendamt nach § 36 SGB VIII bzw. § 8a SGB VIII zu verfahren.

38.3.6 Grundsatz der Nichtöffentlichkeit

Praxis: *Eine in Verwaltungssachen unerfahrene Frau, die mit dem Sachbearbeiter des Sozialamts über einen Mehrbedarf wegen Krankheit sprechen will, möchte, dass eine Nachbarin am Gespräch teilnimmt, weil sie sich dann sicherer fühlt.*

Verwaltungsverfahren sind auch dann, wenn eine Besprechung bzw. Verhandlung stattfindet, nicht öffentlich. Nichtbeteiligte haben deshalb kein Recht auf Anwesenheit bei Verhandlungen. Ihre Zulassung, die aus Datenschutzgründen die vorherige Zustimmung aller Beteiligten voraussetzt, steht im Ermessen der Verwaltung.

Wünscht die Berechtigte, dass eine Begleiterin an einer Besprechung bzw. Untersuchung teilnimmt und ist nicht zu erwarten, dass die Besprechung durch die Anwesenheit dieser weiteren Person gestört wird, wird die Behörde dem Wunsch entsprechen müssen (Ermessensschrumpfung wegen des verfassungsrechtlichen Anspruchs auf ein faires Verfahren bzw. Schutz der Intimsphäre → LSG RP, 23.2.2006, NJW 2006, 1547).

Bevollmächtigte und Beistände haben ein Recht auf Teilnahme an Verhandlungen (→ 38.3.9).

38.3.7 Beteiligte und Beteiligungsfähigkeit (§§ 10 und 12 SGB X)

Praxis: *An einem Verwaltungsverfahren wegen Arbeitslosengeld II sind der Arbeitslose als Anspruchsteller und die Agentur für Arbeit als Behörde beteiligt.*

38.3.7.1 Beteiligungsfähigkeit (§ 10 SGB X)

Grundsatz
Die allgemeine Fähigkeit, sich an Verwaltungsverfahren zu beteiligen, besitzen
► natürliche und juristische Personen,
► Vereinigungen, soweit ihnen ein Recht zustehen kann,
► Behörden.

Bedeutung der Beteiligtenfähigkeit
Die Beteiligtenfähigkeit ist im Verwaltungsverfahren in verschiedener Hinsicht von Bedeutung: Nur ein Beteiligungsfähiger hat das Recht,

► das Verwaltungsverfahren durch Antrag einzuleiten und durch Antragsrücknahme zu beenden,

► nach § 24 SGB X angehört zu werden,

► nach § 25 SGB X Akteneinsicht zu verlangen,

► Erklärungen im Verwaltungsverfahren abzugeben wie z. B. Verzicht auf eine Leistung.

Nur Beteiligte sind verpflichtet, bei der Ermittlung des Sachverhalts mitzuwirken (§ 21 Abs. 2 SGB X)

Beteiligungsfähigkeit natürlicher und juristischer Personen
Beteiligungsfähig sind rechtsfähige natürliche und juristische Personen (→ 27.1).

Beteiligungsfähigkeit nichtrechtsfähiger Vereinigungen
Zu den Vereinigungen, denen ein Recht zustehen kann, gehören nichtrechtsfähige Gruppen und Vereinigungen, die als freie Träger der Jugendhilfe anerkannt werden wollen bzw. finanzielle Förderung beantragen (§§ 3, 74, 75 SGB VIII; → 27.1).

Behörde
Behörde ist jede Stelle, die Aufgaben der öffentlichen Verwaltung wahrnimmt (§ 1 Abs. 2 SGB X; → 30.1)

38.3.7.2 Beteiligte (§ 12 SGB X)

Beteiligt an den konkreten Verwaltungsverfahren sind die Personen und Vereinigungen, deren rechtliche Interessen durch den Ausgang des Verwaltungsverfahrens unmittelbar berührt werden.

Beteiligte sind u. a.

► der Antragsteller, falls er den Antrag nicht im Interesse der Allgemeinheit oder Dritter, sondern im eigenen Namen und Interesse stellt,

► derjenige, an den die Behörde den Verwaltungsakt richten will oder gerichtet hat,

   Beispiel: Prüft die Agentur für Arbeit, ob eine Sperrzeit eintritt, ist der betroffene Arbeitslose bereits vor Erlass des Bescheides Beteiligter.

► die von der Behörde **als Beteiligte hinzugezogen werden,** weil deren rechtliche Interessen durch den Ausgang des Verfahrens berührt werden (§ 12 Abs. 2 SGB X.

   Beispiel: Ein Arbeitgeber beantragt bei dem zuständigen Integrationsamt die Zustimmung zur Kündigung eines schwerbehinderten Menschen nach § 85 ff. SGB IX. Der Schwerbehinderte ist als Beteiligter hinzuzuziehen.

Sind Personen, Personenvereinigungen oder Behörden im Verwaltungsverfahren lediglich anzuhören, so werden sie dadurch nicht zu Beteiligten (§ 12 Abs. 3 SGB X).

Zeugen und Sachverständige sind nicht Beteiligte, auch nicht das Jugendamt und ein zentraler Träger der freien Jugendhilfe, wenn sie an der Überprüfung von Einrichtungen nach § 46 SGB VIII teilnehmen.

38.3.8 Handlungsfähigkeit (§ 11 SGB X)

Grundsatz
Eine beteiligungsfähige Person oder Vereinigung kann die ihr im Verwaltungsverfahren zustehenden Rechte wahrnehmen, wenn sie handlungsfähig ist; denn fähig zur Vornahme von Verfahrenshandlungen sind nur Handlungsfähige.

   Beispiele für Verfahrenshandlungen: Antragstellung, Abgabe und Entgegennahme einer Erklärung, Rücknahme eines Antrags, Einlegung des Widerspruchs.

Anlehnung an das BGB
Die Regelung der Handlungsfähigkeit in § 11 SGB X verweist auf die Vorschriften des Bürgerlichen Rechts über die Geschäftsfähigkeit (§§ 104ff BGB).

Sonderregelung für Minderjährige
Jedoch besteht für Minderjährige nach § 11 Abs. 1 Nr. 2 SGB X in Verbindung mit § 36 SGB I eine bedeutsame Abweichung: Nach Vollendung des 15. Lebensjahres kann ein Minderjähriger Anträge auf Sozialleistungen stellen und verfolgen (z. B. durch Widerspruch und Klage), solange und soweit der gesetzliche Vertreter diese Handlungsfähigkeit nicht durch schriftliche Erklärung gegenüber dem Leistungsträger eingeschränkt hat. Die Vertretungsbefugnisse des gesetzlichen Vertreters werden durch diese Regelung nicht eingeschränkt (BSG, 28.4.2005, NJW 2005, 2574).

Typischerweise nachteilige Handlungen wie die Rücknahme von Anträgen, der Verzicht auf Sozialleistungen und die Entgegennahme von Darlehen bedürfen der Zustimmung des gesetzlichen Vertreters.

Der Leistungsträger soll den gesetzlichen Vertreter über die Antragstellung und die erbrachten Sozialleistungen unterrichten. Er hat also in der Regel zu unterrichten, jedoch dann nicht, wenn die Unterrichtung eine konkrete Gefährdung des Wohls des Minderjährigen befürchten lässt (BVerfG, NJW 1982, 1375).

In der **Kinder- und Jugendhilfe** gilt die 15-Jahresgrenze nur eingeschränkt; denn für Kinder und Jugendliche gelten die spezialgesetzlichen Regelungen in § 8 Abs. 3, in § 8a Abs. 1 Satz 2 und in § 42 Abs. 2 SGB VIII.

Handlungsunfähige Personen
Verfahrenshandlungen von und gegenüber Handlungsunfähigen, Kindern unter sieben Jahren und psychisch Kranken sind unwirksam (§ 104 BGB; BVerwG, 11.2. 1994, NJW 1994, 2633). Sie müssen gegenüber dem gesetzlichen Vertreter vorgenommen werden).

Juristische Personen und nichtrechtfähige Vereinigungen
Juristische Personen handeln im Verwaltungsverfahren durch ihre gesetzlichen Vertreter. Nichtrechtfähige Vereinigungen werden vertreten durch die, denen für das konkrete Verfahren Vollmacht erteilt wird.

Behörden
Behörden handeln durch ihre Leiter, deren Vertreter oder Beauftragte.

38.3.9 Bevollmächtigte und Beistände (§ 13 SGB X)

Praxis: Eine ausländische Frau erscheint im Sozialamt und erklärt, ihre deutsche Freundin werde für sie sprechen.

Die Sozialarbeiterin eines freien Trägers legt mit Vollmacht der Betroffenen Widerspruch gegen einen ablehnenden Bescheid der Arbeitsagentur ein.

Der Beteiligte hat einen Rechtsanspruch darauf, dass ein Bevollmächtigter oder Beistand ihn im Verwaltungsverfahren unterstützen darf. Die Regelung dient der Sicherstellung eines fairen Verfahrens und ist menschenrechtlich und rechtsstaatlich begründet (Art. 6 EMRK; Art. 103 GG, EGMR, 27.10.1993, NJW 1995, 1413; BVerfG, 21.2. 2001, NJW 2001, 2531). Insoweit besteht kein Ermessensspielraum der Verwaltung.

Bevollmächtigte
Ein Beteiligter kann sich durch einen Bevollmächtigten vertreten lassen. Die Handlungen des Bevollmächtigten haben dann grundsätzlich die gleiche Wirkung wie Handlungen des Beteiligten. Auf Verlangen hat er seine Vollmacht schriftlich nachzuweisen.

Bei Ehegatten und Verwandten in gerader Linie ist die Vollmacht zu vermuten (BT-Drs. 8/2034 S. 31; von Wulffen, SGB X, § 13 Rn 5)).

Im Zweifel vertritt der erwerbsfähige Hilfsbedürftige die Bedarfsgemeinschaft (§ 38 SGB II).

Beistände

Ein Beteiligter kann zu Verhandlungen und Besprechungen mit einem Beistand erscheinen. Das vom Beistand Vorgetragene gilt als vom Beteiligten vorgebracht, soweit dieser nicht unverzüglich widerspricht.

Beispiel: *Ein Beteiligter kann sich einen Bekannten oder den ehrenamtlichen oder hauptamtlichen Mitarbeiter eines freien Verbandes zum Beistand wählen.*

SA/SP freier Träger als Beistände/Bevollmächtigte

SA/SP freier Träger können in Verhandlungen mit Behörden als Beistände bzw. Bevollmächtigte auftreten bzw. für Beteiligte Schreiben aufsetzen.

Beispiel: *Eine SA/SP formuliert für eine schwangere Frau einen Antrag auf Babyausstattung und spricht mit ihr beim Sozialamt vor, um eine baldige Bewilligung zu erreichen.*

Zurückweisung von Bevollmächtigten und Beiständen

Bevollmächtigte oder Beistände können vom Leistungsträger vom Vortrag zurückgewiesen werden, wenn sie hierfür **ungeeignet** sind. Vom mündlichen Vortrag können sie nur zurückgewiesen werden, wenn sie zum **sachgemäßen Vortrag nicht fähig** sind (§ 13 Abs. 6 Satz 1 SGB X).

Dasselbe gilt, wenn sie **unbefugt den Beteiligten rechtlich beraten oder vertreten** (§ 13 Abs. 5 SGB X). SA/SP freier Träger sind nach dem Rechtsdienstleistungsgesetz zur rechtlichen Beratung und Vertretung in Verwaltungsverfahren befugt, wenn sie die gesetzlichen Voraussetzungen erfüllen (→ 30.8).

Besteht diese Befugnis nicht, dürfen sie als Beistand bzw. Vertreter auftreten, wenn sie keine rechtliche Beratung und Unterstützung vornehmen, sondern sich darauf beschränken, dem Klienten bei der Klärung des Sachverhalts, beim Ausfüllen von Formularen, bei der Formulierung von Schreibens, als Formulierungshelfer bei Behördengängen und Verhandlungen beizustehen, um ihn psychisch zu stützen oder auch für ihn zu sprechen, wenn ihm dies z. B. wegen unzureichender Sprachkenntnisse oder Angst vor dem Umgang mit Behörden nicht möglich sei.

Die Zurückweisung ist ein **Verwaltungsakt**, der von dem Zurückgewiesenen angefochten werden kann (von Wulffen, SGB X, § 13 Rn 16; zur aufschiebenden Wirkung des Widerspruchs siehe 49.3.5).

38.3.10 Vertreter von Amts wegen (15 SGB X)

Ist ein Beteiligter infolge körperlicher oder geistiger Gebrechen nicht in der Lage, in dem Verwaltungsverfahren selbst tätig zu werden, hat auf Ersuchen der Behörde das Vormundschaftsgericht einen geeigneten Vertreter zu bestellen.

Beispiel: *Eine psychisch kranke Frau ist nicht in der Lage, Antragsformulare auszufüllen sowie Einkommensbelege und Vermieterbescheinigungen vorzulegen.*

Die Bestellung ist nur zulässig, wenn die Behörde alle Möglichkeiten der Verständigung in Erfüllung ihrer Betreuungs- und Fürsorgepflicht erschöpft hat.

38.3.11 Ausgeschlossene Personen (§ 16 SGB X)

Praxis: *Eine Sozialpädagogin bearbeitet im Jugendamt den Antrag des Jugendverbandes, dem sie angehört, auf Förderung einer von ihr organisierten Ferienmaßnahme.*

In einem Verwaltungsverfahren dürfen u. a. für eine Behörde nicht tätig werden

▶ Beteiligte (→ 38.3.7),

▶ Angehörige von Beteiligten (→ Aufzählung in § 16 Abs. 5 SGB X),

▶ Vertreter von Beteiligten (gesetzliche Vertreter, Vertreter kraft Vollmacht),

▶ Angehörige von Vertretern sowie

▶ alle Personen, die durch die Tätigkeit oder Entscheidung einen unmittelbaren Vorteil oder Nachteil erlangen können.

Maßnahmen bei Gefahr im Verzug
Eine sonst ausgeschlossene Person darf bei Gefahr im Verzuge unaufschiebbare Maßnahmen treffen (§ 16 Abs. 3 SGB X).

Rechtsfolgen der Mitwirkung ausgeschlossener Personen
Der von einem Beteiligten erlassene Verwaltungsakt ist nichtig (§ 40 Abs. 3 Nr. 2 SGB X). Die Mitwirkung anderer ausgeschlossener Personen führt in der Regel zur Aufhebbarkeit des Verwaltungsakts. Jedoch ist Heilung nach § 42 SGB X möglich (→ 42.2).

38.3.12 Besorgnis der Befangenheit (§ 17 SGB X)

Praxis: *Ein Sachbearbeiter im Jobcenter hat einem Arbeitslosen wiederholt unterstellt, dass dieser arbeitsscheu sei. Der Arbeitslose will deshalb mit dem Sachbearbeiter nichts mehr zu tun haben.*

Befangenheitserklärung
Liegt ein Grund vor, der geeignet ist, Misstrauen gegen eine unparteiische Amtsausübung zu rechtfertigen, oder wird von einem Beteiligten das Vorliegen eines solchen Grundes behauptet, so hat derjenige, der für eine Behörde in einem Verwaltungsverfahren tätig werden soll, den Leiter der Behörde oder den von diesem Beauftragten zu unterrichten und sich auf dessen Anordnung der Mitwirkung zu enthalten (§ 17 SGB X).

Die Besorgnis der Befangenheit besteht, sofern ein gegenständlicher vernünftiger Grund vorliegt, der die Beteiligten von ihrem Standpunkt aus befürchten lassen kann, dass der Amtsträger nicht unparteiisch sachlich entscheiden werde.

> **Beispiel:** *Wirft der Sachbearbeiter im Sozialamt der Mutter eines behinderten Kindes vor, dass sie nicht die "Pille" genommen habe, so kann die Mutter den Sachbearbeiter als befangen ablehnen.*

Befangenheitsgründe
Befangenheitsgründe sind z. B:

▶ persönliche oder auf früheren dienstlichen Anlässen beruhende Freundschaft oder Feindschaft zwischen Amtsträger und einem der Beteiligten,

▶ Berührung wirtschaftlicher oder sonstiger persönlicher Belange des Amtsträgers,

▶ vorzeitige Festlegung auf eine bestimmten Rechtsauffassung.

Rechtsfolgen der Mitwirkung befangener Personen
Die Mitwirkung von Befangenen führt in der Regel zur Aufhebbarkeit des Verwaltungsaktes.

38.3.13 Amtssprache (§ 19 SGB X)

Praxis: Ein Russe legt in kyrillischer Schrift Widerspruch gegen die Ablehnung der Hilfe zum Lebensunterhalt ein.

Eine polnische Frau, die von ihrem Mann verlassen wurde, beantragt die Erteilung einer Arbeitsgenehmigung in polnischer Sprache.

Deutsch als Amtssprache
Die Amtssprache ist deutsch. Das bedeutet. dass bei amtlichen Mitteilungen. Entscheidungen, Bescheiden usw. die deutsche Sprache maßgeblich ist und dass die Behörde grundsätzlich die Vorlage einer Übersetzung verlangen kann, wenn in einer fremden Sprache bei ihr Anträge gestellt oder Schriftstücke vorgelegt werden.
Hörbehinderte können die Gebärdensprache verwenden. Der Leistungsträger hat die Kosten für Gebärdendolmetscher und andere Kommunikationshilfen zu tragen (§ 17 Abs. 2 SGB I).

Erleichterungen für Ausländer im Sozialverwaltungsverfahren
Soll durch eine Anzeige, einen Antrag oder eine Willenserklärung, die in fremder Sprache eingehen, zugunsten eines Beteiligten

► eine **Frist gewahrt** werden (Anhörungsfrist, Mitwirkungspflicht, Widerspruchsfrist),

► ein **öffentlich-rechtlicher Anspruch geltend gemacht** oder eine Leistung begehrt werden (Wohngeld oder Kindergeld wird beantragt),

so gelten Anzeige, Antrag oder Willenserklärung als zum Zeitpunkt des Eingangs bei der Behörde abgegeben, falls auf Verlangen der Behörde innerhalb einer von dieser zu setzenden angemessenen Frist eine Übersetzung vorgelegt wird (§ 19 Abs. 2-4 SGB X). Wird eine Übersetzung nicht fristgerecht vorgelegt, kann die Behörde auf Kosten des Ausländers eine Übersetzung anfertigen lassen.
Hat die zuständige Behörde ausreichende Kenntnisse der fremden Sprache, darf sie auf eine Übersetzung verzichten.

Sonderrechte für EG-Angehörige und aufgrund zwischenstaatlicher Abkommen
Angehörige der EG-Staaten und der Staaten, mit denen die Bundesrepublik Deutschland entsprechende Abkommen geschlossen hat, können sich in ihrer Sprache an Behörden und Gerichte wenden.
Zu diesen Staaten gehören u. a. **Türkei, Israel, Marokko, Schweiz, USA, Kanada, Rumänien.**

Verwendung anderer Sprachen
Die Bestimmung der deutschen Sprache zur Amtssprache schließt die Verwendung anderer Sprachen beim Umgang mit Ausländern und in Merkblättern, Informationsschriften usw. nicht aus.

38.3.14 Sonderregelungen für Verwaltungsverfahren

Die allgemeinen Vorschriften zum sozialrechtlichen Verwaltungsverfahren überlassen es grundsätzlich der Behörde, wie sie das Verfahren durchführt (Grundsatz der Formfreiheit → 38.3.5). Nur für einige Aufgaben werden Einzelheiten des einzuhaltenden Verfahrens vorgeschrieben.

Beispiele: Für Hilfen zur Erziehung werden in § 36 und für Maßnahmen bei Gefährdung des Kindeswohls in § 8a SGB VIII Sonderregelungen zur Sicherung der Fachlichkeit und der Einbeziehung der Beteiligten getroffen.

38.3.15 Sachverhaltsermittlung (§§ 20-23 SGB X)

Praxis: Ein Bedarfsfeststeller erscheint unangemeldet bei einer Sozialhilfeempfängerin und verlangt, in die Wohnung eingelassen zu werden, weil er feststellen müsse, ob sie mit einem Mann zusammenlebt.

38.3.15.1 Ermessensentscheidung über Art und Umfang der Ermittlungen

Untersuchungsgrundsatz
Die Behörde ist verpflichtet, den Sachverhalt, d. h. die Tatsachen, die nach dem Gesetz oder anderen Rechtsvorschriften Voraussetzung für das beabsichtigte Verwaltungshandeln sind, von Amts wegen zu ermitteln. Art und Umfang der Ermittlungen bestimmt sie selbst nach pflichtgemäßem Ermessen und ist nicht gebunden an die von dem Beteiligten vorgebrachten Tatsachen, Meinungen, Beweisanträge usw. (§ 20 Abs. 1 SGB X).

Vorrang der Vorschriften über den Schutz der Sozialdaten
Soweit sich die Ermittlung des Sachverhalts auf Sozialdaten erstreckt, haben die Vorschriften über den Schutz der Sozialdaten Vorrang vor den allgemeinen Vorschriften über die Ermittlung des Sachverhalts in §§ 20 ff. SGB X. Dies ist in § 37 Satz 2 SGB I ausdrücklich klargestellt. Daraus folgt u. a., dass die Behörde Sozialdaten zunächst bei dem Betroffenen erheben muss und sich an dritte Personen oder Stellen nur wenden darf, soweit ihr das gesetzlich gestattet ist (→ 33.3; BVerfG, 2.9.2004, FamRZ 2004, 1950).

Beispiel: Wer in der Wohnung eines Hilfeempfängers lebt, ist nicht zu Angaben über sein Einkommen und Vermögen verpflichtet, wenn keine eheähnliche Gemeinschaft besteht .

Nicht alle Leistungsberechtigten sind Betrüger/innen
Der Untersuchungsgrundsatz bedeutet nicht
"jede Behauptung müsste bezweifelt werden und könne erst dann zugrunde gelegt werden, wenn sie bewiesen ist. Die Aufklärungspflicht beschränkt sich insoweit auf die Behebung eigener Zweifel. Die Behörde braucht daher, sofern sich nicht aus der Gesamtlage des Falles Bedenken aufdrängen, einem Tatumstand nicht durch eigene Ermittlungen nachzugehen, wenn er von niemandem bestritten wird." (Begründung zum Gesetzentwurf der Bundesregierung, BT-Drs. 8/2034, S. 32).

Verfassungsrechtliche und gesetzliche Schranken der Ermittlung
Wie bei jeder anderen Ermessensentscheidung hat die Behörde auch bei der Bestimmung der erforderlichen Ermittlungen die verfassungsrechtlich garantierten Grundrechte und die Verfassungsgrundsätze wie z. B. den Grundsatz der Verhältnismäßigkeit zu beachten.

Außerdem sind die gesetzlichen Schranken der Ermessensausübung zu beachten, die eine Individualisierung gebieten und pauschale Unterstellungen diskriminierenden Inhalts ausschließen (§ 39 SGB I).

Ermittlungen ins Blaue hinein sind unzulässig
Ermittlungsmaßnahmen sind deshalb verfassungswidrig, wenn sie ohne begründeten Anlass vorgenommen werden oder sonstwie unverhältnismäßig sind. Nach der ständigen Rechtsprechung des BSG sind weder die Behörden noch die Gerichte der Sozialgerichtsbarkeit verpflichtet, nach Tatsachen zu forschen, für deren Bestehen die Umstände des Einzelfalles keine Anhaltspunkte bieten (BSG, 6. 2. 2003 - B 7 AL 104/01 R - Die Beiträge 2003, Beil S 164).

Zu den umstrittenen Fragen, ob, unter welchen Voraussetzungen für welchen Zeitraum, ungeschwärzt oder teilweise geschwärzt von Alogeld II-Empfängern Kontoauszüge verlangt werden können → Gemeinsame Stellungnahme der Landesbeauftragten für den Datenschutz in den norddeutschen Bundesländern (www.datenschutzzentrum.de/material/Themen) und die einschlägige Rechtssprechung (www.my-sozialberatung.de/Entscheidungsdatenbank)

38.3.15.2 Beweismittel

Als Beweismittel kommen für den Sozialleistungsträger in Betracht:

▶ **Auskünfte** jeder Art (z. B. des Partners des Leistungsberechtigten über Einkommen und Vermögen - § 60 Abs. 3 Nr. 1 SGB II),

▶ **Anhörung** der Beteiligten (z. B. des Arbeitslosen vor der Entscheidung über eine Sperrzeit - § 144 SGB III),

▶ **Vernehmung von Zeugen** (z. B. eines Nachbarn bei Kindesmisshandlungen vor der Entscheidung über die Fremdunterbringung des Kindes - § 34 SGB VIII),

▶ **Gutachten von Sachverständigen** (z. B. über die Erwerbsfähigkeit vor der Entscheidung über den Antrag auf Arbeitslosengeld II - § 44a SGB II),

▶ **Beiziehung von Urkunden und Akten** (z. B. über die bisherige Berufstätigkeit vor der Entscheidung über den Antrag auf berufliche Weiterbildung - § 77 SGB III),

▶ **Einnahme des Augenscheins** (z. B. Überprüfung an Ort und Stelle, ob eine Wohnung für ein Pflegekindes geeignet ist - § 44 Abs. 3 SGB VIII).

38.3.15.3 Einholung von Auskünften

Auskünfte können bei Privaten und bei Behörden eingeholt werden, allerdings nur, wenn der Ersterhebungsgrundsatz gewahrt ist (siehe 33.3.1 und 34.2).

Auskunftserteilung durch Private und sonstige Informationspflichten
Private müssen dem Sozialleistungsträger Auskünfte erteilen und andere Informationen übermitteln, wenn eine entsprechende Vorschrift dies anordnet.

Unterhaltspflichtige Eltern, Großeltern und Kinder und Arbeitgeber müssen dem Sozialamt Auskunft über Einkommens- und Vermögensverhältnisse gemäß § 117 SGB XII Auskunft erteilen und dem Jugendamt gemäß § 97 a SGB VIII. Die Finanzbehörden sind nach § 21 Abs. 4 SGB X zur Auskunft verpflichtet.

Arbeitgeber haben der Agentur für Arbeit nach § 57 SGB II Arbeitsbescheinigungen und den Arbeitnehmern nach § 58 SGB II Einkommensbescheinigungen auszustellen. Weitere Mitwirkungs- und Duldungspflichten ergeben sich aus §§ 312ff SGB III.

Träger von Maßnahmen zur Eingliederung sind nach § 61 SGB II und Träger von Arbeitsbeschaffungsmaßnahmen nach § 261 Abs. 5 SGB III der Agentur für Arbeit auskunftspflichtig.

Weitere Auskunftspflichten treffen Arbeitgeber, Angehörige und sonstige Personen, Ärzte und Angehörige anderer Heilberufe (§§ 98 -100 SGB X).

Ohne eine gesetzliche Regelung sind Private nicht zur Auskunft verpflichtet. Stehen sie in einer vertraglichen oder vertragsähnlichen Beziehung zu dem Beteiligten, stellt die Auskunftserteilung über personenbezogene Informationen in aller Regel die Verletzung einer vertraglichen Schutzpflicht und eine rechtswidrige unerlaubte Handlung, u.U. sogar eine strafbare Handlung dar (siehe 32.0).

Eingeschränkte Auskunftserteilung durch Behörden (Amtshilfe)
Jede Behörde ist grundsätzlich verpflichtet, auf Ersuchen einer anderen Behörde ergänzende Hilfe (Amtshilfe) zu leisten. Für alle Behörden ist diese Pflicht aber durch Regelungen eingeschränkt, die das informationelle Selbstbestimmungsrecht sichern sollen (Bundes-, Landesdatenschutzgesetze).

Für die **Sozialleistungsträger** wird in § 4 Abs. 2 Satz 2 SGB X ausdrücklich die Erteilung von Auskünften über Vorgänge untersagt, die nach einem Gesetz geheimgehalten werden müssen. Deshalb dürfen sie Sozialdaten nur übermitteln, soweit die § 35 SGB I, §§ 67 ff SGB X, §§ 61 ff SGB VIII dies zulassen (siehe 33.4).

38.3.16 Mitwirkungspflichten

Praxis: *Nachdem eine „Arbeitssuchende" für ihre 2-jährige Tochter eine Beihilfe zur Erstausstattung mit einem Kinderbett, Matratze und Bettzeug beantragt hat, führt der Sozialdetektiv einen Hausbesuch durch.*

Die Beteiligten (→ 38.3.7) sollen bei der Ermittlung des Sachverhalts mitwirken, insbesondere ihnen bekannte Tatsachen und Beweismittel angeben. Weitergehende Pflichten bestehen grundsätzlich nicht, können aber durch Rechtsvorschrift begründet werden (§ 21 Abs. 2 SGB X).

38.3.16.1 Allgemeine Mitwirkungspflichten (§ 60ff. SGB I)

Dem Bürger, der Sozialleistungen beantragt oder erhält, werden in §§ 60 - 64 SGB I erhebliche Mitwirkungspflichten auferlegt. Er ist z. B. verpflichtet,

▶ **alle für die Leistung erheblichen Tatsachen anzugeben.** Wirkt er bei der Aufklärung nicht ausreichend mit, darf die Leistung versagt werden, weil deren Voraussetzungen nicht nachgewiesen sind.

▶ der **Auskunftserteilung durch Dritte zuzustimmen** (z. B. durch Arbeitgeber, Ärzte, Krankenhäuser, Sozialarbeiter, Sozialpädagogen).

▶ **Änderungen in den Verhältnissen, die für die Leistung erheblich sind, mitzuteilen** (z. B. Erzielung von Einkünften bei einer einkommensabhängigen Leistung).

▶ **Beweismittel zu bezeichnen** (Zeugen, Urteile, Bescheide, Krankenpapiere).

▶ **persönlich im Amt zu erscheinen,** falls anders eine Aufklärung nicht möglich ist.

▶ **ärztliche und psychologische Untersuchungen zu dulden** (z. B. Untersuchung durch den Medizinischen Dienst der Krankenkasse).

▶ eine **Heilbehandlung einschließlich Operation zu dulden.**

▶ an **Maßnahmen zur Teilhabe am Arbeitsleben** teilzunehmen.

Keine Ermittlungspflicht des Antragstellers
Der Antragsteller bzw. Leistungsempfänger ist nicht zu eigenen Ermittlungen verpflichtet. Seine Auskunftspflicht erstreckt sich nur auf Tatsachen, die ihm selbst bekannt sind. Die Behörde kann von ihm nicht verlangen, Beweismittel wie Nachweise über die Einkommens- und Vermögensverhältnisse eines Dritten oder einen von diesem geschlossenen Mietvertrag vorzulegen (BVerfG, 2.9.2005, FamRZ 2004, 1950).

Keine Mitwirkungspflicht anderer Personen
Mitwirkungspflichtig ist nur, wer Sozialleistungen beantragt oder erhält, nicht dessen Ehegatte. Dies gilt auch, wenn der Ehegatte das Antragsformular ausgefüllt hat.

Partner in eheähnlicher Gemeinschaft, Unterhaltspflichtige und Arbeitgeber können allerdings zu Auskünften, Ausfüllen von Bescheinigungen usw. verpflichtet sein (→ 38.3.15.3).

38.3.16.2 Grenzen der allgemeinen Mitwirkungspflicht

Die Mitwirkungspflicht nach § 65 Abs. SGB I besteht nicht, soweit

► sie **nicht in angemessenem Verhältnis** zu der in Anspruch genommenen bzw. zu erstattenden Sozialleistung steht,

► ihre Erfüllung dem Betroffenen **aus einem wichtigen Grund nicht zugemutet** werden kann,

► der Leistungsträger sich durch einen **geringeren Aufwand** als der Betroffene die erforderlichen Kenntnisse selbst beschaffen kann.

Daraus folgt, dass der Sozialleistungsträger in jedem Einzelfall abwägen muss, ob es im Hinblick auf die Höhe der gewährten bzw. zu gewährenden Sozialleistung angemessen ist, in die verfassungsrechtlich geschützte Persönlichkeitssphäre, die Privat- und Intimsphäre der Betroffenen, das Familienleben, den räumlichen Bereich der Wohnung einzudringen (Art. 1, 2, 6, 13 GG) oder besondere Belastungen aufzuerlegen.

Angemessenheit - Verhältnismäßigkeitprinzip
Die Mitwirkungshandlung muss angemessen, d. h. geeignet, erforderlich und zumutbar sein (→ 22.6.2) sein.

Angemessen: Die verlangte Mitwirkungshandlung muss in einem angemessenen Verhältnis zu der in Anspruch genommenen Sozialleistung stehen.

Beispiele: Nicht angemessen ist die Aufforderung an einen Alogeld II-Empfänger, dessen Frau und einziges Kind wegen lebensbedrohender Krebserkrankung behandelt werden, seine Miete von 487 auf 470 Euro zu reduzieren, sich bei 20 Wohnungsgesellschaften um eine entsprechende Wohnung zu bemühen, Wohnungsangebote in Tageszeitungen zu verfolgen und sich von Vermietern laufend bestätigen zu lassen, dass er die angebotene Wohnung besichtigt hat.

Nicht **erforderlich** ist die Einwilligung in die Auskunftserteilung durch Dritte, wenn der Betroffene die erforderlichen Angaben selbst machen bzw. Unterlagen selbst beschaffen kann oder wenn der Leistungsträger sich die erforderlichen Kenntnisse mit geringerem Aufwand als der Betroffene verschaffen kann, insbesondere wenn es um komplexe Sachverhalte geht z. B. durch Auskunft von Ärzten oder Krankenhäusern (§ 100 SGB X).

Unzumutbar können Mitwirkungshandlungen sein, wenn Gründe in der Person, den Familienverhältnissen, der sozialen Umwelt usw. die Weigerung entschuldigen und als berechtigt erscheinen lassen

Nicht geeignet, nicht erforderlich und unangemessen wegen des Eindringens in den Intimbereich ist die Frage nach geschlechtlichen Beziehungen der Partner einer eheähnlichen Gemeinschaft; denn diese setzt keine geschlechtlichen Beziehungen voraus (BVerwG, 17.5.1995, NJW 1995, 2802; BVerfG, 17.11. 1992).

Nicht zumutbar können Umschulungsmaßnahmen sein, wenn der Betroffene kurz vor Erreichen der Altersgrenze steht oder die Umschulung die Chancen auf den Arbeitsmarkt nur unerheblich verbessert.

Das BVerwG hält es in der Regel für zumutbar, dass die Mutter eines Kindes dem Leistungsträger den Namen des Vaters nennt, damit Unterhaltsansprüche durchgesetzt werden können (BVerwG, 5.5.1983, NJW 1983, 2954). Bei Weigerung der Mutter sei es aber nicht gerechtfertigt, dem Kind Sozialhilfe zu verweigern (BVerwG, 21.11.1991, NJW 1992, 1522).

Hausbesuch
Die Duldung des Hausbesuchs ist gesetzlich nicht als Mitwirkungshandlung vorgesehen und deshalb in der Regel unzulässig (LSG Hessen, NJW 2006, 1548; Mrozynski, SGB I, § 60 Rn 10). Gleichwohl wird der Hausbesuch zunehmend mit unterschied-

licher Etikettierung praktiziert ("zur Verhinderung von Sozialmissbauch", "zur Feststellung, ob der Hilfeempfänger mit anderen Personen in Wirtschaftsgemeinschaft zusammenlebt", "zur besseren Beratung der Hilfsbedürftigen), dient aber überwiegend der Kosteneinsparung; denn Leistungen werden nicht (mehr) gewährt bzw. gekürzt, wenn der Zutritt zur Wohnung verweigert wurde.

Der Hausbesuch ist ein schwerwiegender Eingriff in die verfassungsrechtlich geschützte Sphäre der Wohnung (zur Verfassungsproblematik siehe 22.5.18). Er ist deshalb nur ausnahmsweise unter folgenden Voraussetzungen zulässig:

▶ Durch den Hausbesuch sollen Tatsachen festgestellt werden, die für den Anspruch auf Sozialleistung bedeutsam und noch klärungsbedürftig sind und nur durch den Hausbesuch und nicht auf andere Weise aufgeklärt werden können.

▶ Der Betroffene muss vorher darüber informiert werden, welche Tatsachen klärungsbedürftig sind und welche festgestellt werden sollen (§ 67a SGB X).

▶ Der Betroffene muss vorher darüber informiert werden, dass er zwar nicht zur Duldung des Hausbesuchs verpflichtet ist, die Leistung aber verweigert werden kann, wenn anspruchsbegründende Tatsachen nicht festgestellt werden können.

(zur diskriminierenden Wirkung des Hausbesuchs: Armborst in: LPK-SGB II, Anhang Verfahren Rn 17; LSG Hessen, NJW 2006, 1548).

38.3.16.3 Mitwirkung bei Behandlungen und Untersuchungen

Ablehnen darf der Antragsteller bzw. Leistungsempfänger gemäß § 65 Abs. 2 SGB X Behandlungen und Untersuchungen, die verbunden sind

▶ mit einem nicht unerhebliches Risiko für Leben und Gesundheit,

Beispiele: Starke Strahlenbelastung, Hirnkammerfüllung, nicht aber Blutentnahme, Ultraschalluntersuchung.

▶ mit erheblichen Schmerzen,

Beispiele: Nicht unerhebliche chirurgische Eingriffe.

▶ mit einem erheblichen Eingriff in die körperliche Unversehrtheit.

Beispiele: Amputation eines Fingers (Mrozynski, SGB I, § 65 Rn 20).

Der Leistungsträger muss den Betroffenen über sein Ablehnungsrecht, der Arzt über die gesundheitlichen Risiken informieren (KK/Seewald, § 65 SGB I, Rn 10).

38.3.16.4 Folgen fehlender Mitwirkung

Bei fehlender Mitwirkung kann der Leistungsträger nach § 66 SGB I die Leistung ohne weitere Ermittlungen ganz oder teilweise versagen oder entziehen, sofern

▶ dadurch die **Aufklärung des Sachverhalts erheblich erschwert** wird und

▶ der Leistungsberechtigte **schriftlich darauf hingewiesen** worden ist, dass die Leistung bis zur Nachholung der Mitwirkung versagt oder entzogen wird, wenn er

▶ seiner Mitwirkungspflicht **nicht innerhalb einer ihm gesetzten angemessenen Frist nachgekommen** ist.

Schriftlicher Hinweis

Die schriftliche Rechtsfolgenbelehrung muss konkret, richtig und vollständig sein und dem Betroffenen in verständlicher Form erläutern, welche unmittelbaren und konkreten Auswirkungen bei fehlender Mitwirkung eintreten (BSGE 84, 270, 276 = SozR 3-4100 § 119 Nr 19 mwN). Auch die erwartete Mitwirkungshandlung und die Frist für das Tätigwerden sind deutlich machen (LSG Sachsen-Anhalt, 22.4.2005, NDV 2005, 318).

Die Versagung bzw. Entziehung der Leistung ist eine Ermessensentscheidung. Bei Nachholung der Mitwirkung ist eine Nachgewährung möglich. Jedoch ist der Leistungsträger dazu nicht verpflichtet (BVerwG, NDV 1985, 269).

Anhörung
Eine Anhörung gemäß § 24 SGB I ist erforderlich, wenn die Entziehung einer Leistung beabsichtigt ist (BSGE 76, 16). In diesem Falle muss dem Betroffenen die Möglichkeit einer Stellungnahme eingeräumt werden (→ 38.3.19).

Verfassungsrechtlich bedenkliche Praxis
Es ist verfassungsrechtlich bedenklich, dass Behörden auch solchen Menschen versagen bzw. entziehen, die nicht in der Lage sind, Schreiben von Behörden zu verstehen; denn der Leistungsträger muss zumindest aufklären, ob der Leistungsberechtigte überhaupt fähig ist zu erkennen, was von ihm verlangt wird. Versagt oder entzieht er die Leistung, ohne dies aufgeklärt zu haben, verletzt er seine Pflicht zur vollständigen Ermittlung des Sachverhalts (BSG, 26.8.1994, NJW 1995, 2511).

38.3.16.5 Beweislast

Hat eine Behörde alle Möglichkeiten der Aufklärung des Sachverhalts erschöpft, bleibt aber eine Tatsache, die gesetzliche Voraussetzung des Verwaltungsakts ist, unbewiesen, so geht das zu Lasten der Partei, für die diese Tatsache günstig ist (BVerwGE 45, 131, NJW 1983, 2954).

Die **Ungewissheit über eine anspruchsfördernde Tatsache** wirkt sich deshalb im Sozialleistungsbereich zu Lasten des Bürgers aus, der die Sozialleistung verlangt.

Beispiele: Ist die Pflegebedürftigkeit nicht nachweisbar, muss der Antrag auf Pflegegeld abgewiesen werden (§ 64 SGB XII).

Ist aber eine **Tatsache nicht nachweisbar, die dem Anspruch des Bürgers entgegensteht,** so trägt insoweit die Behörde die Beweislast, d. h. die Leistung ist trotz der Ungewissheit zu gewähren.

Beispiel: Die Arbeitsagentur vermutet, dass der Arbeitslose Einkünfte aus Gelegenheitsjobs erzielt, kann dies aber nicht nachweisen. Sie muss Arbeitslosengeld in voller Höhe zahlen

Wird durch Gesetz eine **Vermutung** aufgestellt, so verschiebt sich die Beweislast.

Beispiel: Die Vermutung, dass eine eheähnliche Gemeinschaft besteht, wenn ein Paar länger als ein Jahr zusammenlebt (§ 7 Abs. 3 SGB II), kann nur durch den vom Betroffenen zu erbringenden schwierigen Nachweis entkräftet werden, dass eine Verantwortungsgemeinschaft nicht besteht.

Rechtsfolgen unvollständiger Aufklärung
Hat eine Behörde den Sachverhalt unvollständig aufgeklärt oder die erhobenen Beweise fehlerhaft gewürdigt, ist der auf dieser Grundlage erlassene Verwaltungsakt rechtswidrig, jedoch nach § 42 SGB X heilbar (→ 42.2).

Das Verwaltungsgericht darf in diesem Falle den Verwaltungsakt nicht aufheben, sondern hat den Sachverhalt selbst vollständig aufzuklären (BVerwGE 10, 202).

38.3.17 Verhaltenspflichten nach SGB II und SGB III

Praxis: *Die Zahl der Sperrzeiten, die von Arbeitsagenturen verhängt wurden, stieg von 367.000 im Jahr 2004 auf 639.000 im Jahre 2007, davon 170.000 wegen Arbeitsaufgabe, 185.000 wegen Ablehnung zumutbarer Arbeit bzw. Abbruch einer Fortbildungsmaßnahme und 239.000 wegen verspäteter Arbeitsuchendmeldung.*

Wer Arbeitslosengeld I oder II beziehen will, hat außer den verfahrensrechtlichen Mitwirkungspflichten versicherungsrechtliche Verhaltenspflichten (Obliegenheiten) zu erfüllen (BSG, 31.1.2006, NZS 2006, 603).

Verhaltenspflichten nach SGB III
Das SGB III fordert u.a. folgendes Verhalten:

▶ Arbeitnehmer, deren Arbeitsverhältnis demnächst endet, haben sich spätestens drei Monate vor der Beendigung persönlich bei der Agentur für Arbeit als **arbeitsuchend zu melden** Liegt zwischen der Kenntnis von der Beendigung und der Beendigung ein kürzerer Zeitraum, haben sie sich binnen drei Tagen arbeitsuchend zu melden (§ 37b SGB III). Bei schuldhafter Verletzung der Pflicht tritt eine Sperrzeit von einer Woche ein (§ 144 Abs. 1 Satz 2 Nr. 7 SGB III).

▶ Der Anspruch auf Arbeitslosengeld setzt u. a. eine **persönliche Meldung bei der Agentur für Arbeit** voraus (§ 122 SGB III)

▶ Arbeitslosengeld erhält der Arbeitslose nicht, der die **Arbeitslosigkeit vorsätzlich oder grobfahrlässig herbeigeführt**, ein **Arbeitsangebot nicht angenommen**, sich an einer Maßnahme zur **beruflichen Eingliederung nicht beteiligt** oder die Teilnahme abgebrochen hat (Sperrzeit gemäß § 144 SGB III).

Verhaltenspflichten nach SGB II
Dem Arbeitsuchenden droht Absenkung oder Wegfall des Anspruchs auf das Alogeld II, wenn er trotz Belehrung folgende Verhaltenspflichten nicht erfüllt (§ 31 SGB II):

▶ Abschluss der Eingliederungsvereinbarung mit dem vom persönlichen Ansprechpartner bestimmten Inhalt,

▶ Erfüllung der in der Eingliederungsvereinbarung festgelegten Pflichten, insbesondere Nachweis ausreichender Eigenbemühungen,

▶ Aufnahme einer zumutbaren Arbeit, Ausbildung oder Arbeitsgelegenheit,

▶ Ausführung einer zumutbaren zusätzlichen Arbeit im öffentlichen Interesse,

▶ Teilnahme an einer zumutbaren Maßnahme zur Eingliederung in Arbeit,

▶ Befolgung einer schriftlichen Aufforderung, sich bei der Agentur zu melden,

▶ Befolgung einer schriftlichen Aufforderung, zu einem ärztlichen oder psychologischen Untersuchungstermin zu erscheinen.

Zumutbar ist jede Arbeit und Maßnahme zur Eingliederung in Arbeit gemäß § 10 SGB II. Unzumutbarkeit liegt aber nicht nur in den im Gesetz genannten Fällen vor, sondern auch z. B. bei einem Verstoß gegen Verfassungsgrundsätze.

Beispiele: *Gegen den Grundsatz der Verhältnismäßigkeit verstößt es, Eigenbemühungen zu verlangen, die keine Aussicht auf Erfolg haben.*

Das Gebot der Sicherung des Existenzminimums schließt es aus, dass die Kosten der Eigenbemühungen in Form von Schreib-, Kopier-, Porto- und Reisekosten von dem Arbeitsuchenden getragen werden müssen.

Unzumutbar können auch Tätigkeiten sein, die Persönlichkeitsrechte berühren (Arbeiten, die den Aufbau einer Vertrauensbeziehung erfordern) oder gegen persönliche politische, sittliche, weltanschauliche oder religiöse Grundüberzeugungen verstoßen (Herstellung von Minen, Arbeit bei einer ausländerfeindlichen Organisation, Arbeit am Sex-Telefon).

38.3.18 Vernehmung von Zeugen und Sachverständigen

Recht und Pflicht zur Auskunftserteilung

Für Auskunftspersonen (Zeugen, Sachverständige) besteht eine Pflicht zum Erscheinen oder zur Auskunftserteilung nur, wenn diese ausdrücklich durch Rechtsvorschrift festgelegt ist. Eine allgemeine Rechtspflicht ergibt sich aus § 21 Abs. 3 SGB X: Nach dieser Vorschrift besteht die Pflicht zur Aussage und zur Erstattung des Gutachtens, wenn Aussage bzw. Gutachten zur Entscheidung über die Entstehung, Erbringung, Fortsetzung, das Ruhen, die Entziehung oder den Wegfall einer Sozialleistung sowie deren Höhe unabweisbar ist. Für Weigerungsrechte und Entschädigung gelten die Vorschriften der Zivilprozessordnung entsprechend.

Beispiel: Hat das Sozialamt den Verdacht, dass eine Sozialhilfeempfängerin seit längerer Zeit in ihre Wohnung einen Mann aufgenommen hat, kann es diesen sowie Nachbarinnen, Bekannte und Freunde u. U. zur Aussage zwingen, um festzustellen, ob die Voraussetzungen des § 20 SGB XII erfüllt sind.

Grundsatz der Verhältnismäßigkeit

Stets ist der Grundsatz der Verhältnismäßigkeit zu beachten. Insbesondere sind die sozialen Beziehungen der Beteiligten zu Freunden, Nachbarn usw. zu berücksichtigen, die durch Vorladungen zur Vernehmung und dem Zwang zur Aussage gefährdet bzw. auf Dauer gestört werden können.

Beispiel: Das Gebot der Achtung der Privat- und Intimsphäre und der Grundsatz der Verhältnismäßigkeit sind verletzt, wenn der Freund einer Frau, die Arbeitslosengeld II bezieht, in einem halben Jahr sechsmal zur Vernehmung vorgeladen und jeweils befragt wird, ob er ständig in der Wohnung lebt. Dies gilt auch dann, wenn die zuständige SA/SP bei einem Hausbesuch eine zweite Zahnbürste und einen Rasierapparat im Kleiderschrank entdeckt hat.

Rechtsschutz

Die Ladung zur Zeugenaussage ist ein Verwaltungsakt und von dem Zeugen durch Widerspruch und Klage anfechtbar. Auch der Beteiligte, dessen persönliche oder sonstige schutzwürdige Beziehungen zu den Zeugen durch die Vernehmung gefährdet sind, ist insoweit beschwert und kann Widerspruch einlegen.

Zeugnisverweigerungsrecht der SA/SP im Verwaltungsverfahren

SA/SP haben in sozialrechtlichen Verwaltungsverfahren ein Zeugnisverweigerungsrecht, wenn ihnen *Tatsachen anvertraut* worden sind, deren Geheimhaltung durch gesetzliche Vorschriften geboten ist (§ 22 Abs. 1 SGB X in Verbindung mit § 203 StGB und § 383 Abs. 1 Nr. 6 ZPO; OLG Hamm, FamRZ 1991, 201; zum Zeugnisverweigerungsrecht in gerichtlichen Verfahren → 36.0).

Hinsichtlich *nicht anvertrauter Informationen* besteht für Mitarbeiter im Dienst von Leistungsträgern eine Aussagepflicht meist nicht, weil die Vorschriften über den Sozialdatenschutz nur in seltenen Fällen eine Offenbarung personenbezogener Daten zulassen (§ 35 Abs. 3 SGB I; § 65 SGB VIII). Demgegenüber sind Mitarbeiter freier Träger nach der verfassungsrechtlich bedenklichen Gesetzeslage insoweit zur Aussage verpflichtet (→ 36.2).

Zeugniszwang

Verweigert ein Zeuge oder Sachverständiger die Aussage oder die Erstattung eines Gutachtens trotz bestehender Zeugnis- bzw. Gutachtenspflicht, kann die Behörde das zuständige Sozial- oder Verwaltungsgericht um Vernehmung ersuchen (§ 22 SGB X). Das Gericht kann die in der ZP0 vorgesehenen Zwangsmittel zur Erzwingung der Aussage einsetzen (Kostenpflicht, Ordnungsgeld, Ordnungshaft nach §§ 380, 390, 409, 411 ZPO).

38.3.19 Anhörung Beteiligter (§ 24 SGB X)

Praxis: Ein Sozialamt stellt fest, dass eine Sozialhilfeempfängerin 400 Euro monatlich in einer Putzstelle verdient, ohne das Sozialamt darüber informiert zu haben. Es hebt sofort die Bewilligungen für die Zeit der Putztätigkeit auf und verlangt Rückzahlung der überzahlten Sozialhilfe.

Grundsatz

Vor Erlass eines Verwaltungsakts, der in die Rechte eines Beteiligten eingreift, ist diesem Gelegenheit zu geben, sich zu den für die Entscheidung erheblichen Tatsachen zu äußern (§ 24 SGB X; § 28 VwVfG; BSG, NJW 1992, 2444). Dadurch soll der Betroffene vor Überraschungsentscheidungen geschützt werden und Gelegenheit erhalten, durch seine Stellungnahme die vorgesehene Entscheidung der Verwaltung zu beeinflussen (BVerfG, 20.2.2007).

Anhörung aller Beteiligten

Die Behörde muss die Beteiligten, deren gesetzliche Vertreter und die nach § 12 Abs. 1 SGB X notwendig hinzuzuziehenden Personen anhören (→ 38.3.7).

38.3.19.1 Anhörungspflichtige Verwaltungsakte

Zu den Verwaltungsakten, bei denen vor Erlass eine Anhörung durchzuführen ist, gehören insbesondere die für den Beteiligten ungünstigen Bescheide nach §§ 48-52, 66 SGB I, nach §§ 38, 40 Abs. 5, 45, 47, 50 SGB X und allgemein:

▶ Verwaltungsakte, die bestehende **Rechte einschränken oder entziehen,**

Beispiel: Absenkung und Entziehung des Arbeitslosengeldes II (§ 31 SGB II), Aufhebung der Bewilligung (§§ 44ff. SGB X), Abzweigung, Überleitung, Aufrechnung und Verrechnung von Sozialleistungen (§§ 48 - 52 SGB I).

▶ Verwaltungsakte, die **Pflichten auferlegen,**

Beispiele: Ein Sozialhilfeempfänger soll zur Erstattung überzahlter Sozialhilfe verpflichtet werden (§ 50 SGB X). Der erwerbsfähige Hilfebedürftige wird aufgefordert, eine Arbeit aufzunehmen (§ 16 Abs. 3 SGB II).

▶ Verwaltungsakte, durch die ein **Antrag auf eine Leistung abgelehnt wird.** (BVerwGE 66,184),

Beispiel: Der Antrag eines Studenten auf Ausbildungsförderung nach § 1 BAföG soll abgelehnt werden.

Anzuhören ist nur dann, wenn die Behörde von den Angaben des Antragstellers abweicht oder neue Tatsachen bzw. Umstände ermittelt hat (BSGE 68, 42)

▶ Verwaltungsakte, durch die **eine ungünstige Ermessensentscheidung getroffen wird** (BVerwG, 9.8.1990, InfAusR 1990, 300).

Beispiel: Das Sozialamt hat vor, die beantragte Übernahme von Mietschulden darlehensweise zu gewähren (§ 34 Abs. 1 Satz 3 SGB XII).

Ablauf der Bewilligungsdauer

Eine Anhörung ist nicht erforderlich, wenn der Zeitraum endet, für den eine Leistung bewilligt worden ist. Erforderlich ist die Anhörung, wenn die Leistung während des Bewilligungszeitraums eingestellt werden soll.

Beispiel: Das für sechs Monate bewilligte Alogeld II soll nach zwei Monaten eingestellt werden.

Absehen von der Anhörung

Die Behörde kann von der Anhörung absehen, wenn diese nach den Umständen des Einzelfalles nicht geboten ist (§ 24 Abs. 2 SGB X).

38.3.19.2 Form und Inhalt der Anhörung

Gelegenheit zur Äußerung ist dem Beteiligten in der Weise zu geben, dass ihm
▶ der **wesentliche Inhalt des beabsichtigten Verwaltungsaktes und die Tatsachen, auf die dieser gestützt werden soll**, mitgeteilt werden.

Beispiel: Soll der Verwaltungsakt auf ein Gutachten eines Sachverständigen oder die Stellungnahme eines SA/SP gestützt werden, so sind den Beteiligten zumindest die wesentlichen Inhalte mitzuteilen. Auf begründete Anforderung ist ferner eine Kopie des Gutachtens bzw. der Stellungnahme zu übersenden (BSG, SozR 1300 § 24 Nr. 2). Auch das Ergebnis des Gutachtens muss mitgeteilt werden (BSGE 69, 247; BSG, NZS 1999, 354).

▶ **anheim gestellt wird, sich zu den erheblichen Tatsachen zu äußern**. In der Regel wird die Behörde ihrer Anhörungspflicht genügen, wenn sie dem Beteiligten Gelegenheit zur schriftlichen Stellungnahme gibt. Das LSG NRW hält eine mündliche Anhörung sogar bei erheblichen Rückforderungen für zulässig (NVwZ- RR 1989, 2). In besonderen Fällen, z.B. wenn der Beteiligte Schwierigkeiten im schriftlichen Ausdruck hat, ist Gelegenheit zu einer mündlichen Äußerung zu geben.

▶ in den Fällen der **Aufrechnung** außerdem der Inhalt des § 51 Abs. 2 SGB I und die Möglichkeit mitgeteilt wird, dass der Betroffene darlegen kann, inwieweit er durch die vorgesehene Aufrechnung hilfebedürftig im Sinne der Vorschriften des SGB XII über die Hilfe zum Lebensunterhalt wird.

Bei der Anhörung können Bevollmächtigte und Beistände mitwirken (siehe 38.3.9). Allerdings sind Rechtsfragen nicht notwendiger Gegenstand der Anhörung. Ihre Einbeziehung kann aber zweckmäßig sein (Lang, LPK-SGB X, § 24 Rn 12).

ANHÖRUNGSFRIST

Grundsatz
Die Frist für die Äußerung muss angemessen sein, d.h. es muss dem Beteiligten möglich sein, sich mit der Sache vertraut zu machen, sich weiter zu informieren (z. B. bei dem behandelnden Arzt), sich rechtlich beraten zu lassen und sich zu äußern.

Einzelfallabhängige Dauer
Je nach Umfang und Schwierigkeitsgrad der erheblichen Tatsachen, der Sachkunde des Beteiligten, seiner Informations- und Beratungsmöglichkeiten usw. kann die Anhörungsfrist unterschiedlich zu bemessen sein. Eine Frist von einer Woche wird als zu kurz gewertet (BSG, NVwZ 1986, 596). Im Schrifttum werden ein Monat oder zwei Wochen als grundsätzl ausreichende Äußerungsfrist angesehen (Krasney, KK, SGB X, § 24 Rn.

Das BSG vertritt die Auffassung, dass eine Anhörungsfrist zwei Wochen zuzüglich der Postlaufzeiten nicht unterschreiten darf, wenn der Betroffene auch zu medizinischen Umständen angehört werden soll (BSG, NJW 1993, 1614) Es hat eine Anhörungsfrist von einer Woche für die beabsichtigte Entziehung einer Verletztenrente aufgrund eines medizinischen Gutachtens für zu kurz gehalten und in diesem Fall eine Zweiwochenfrist als Untergrenze bezeichnet (BSGE 71, 104).

Fristverlängerung auf begründeten Antrag des Betroffenen
Der Beteiligte hat die Möglichkeit, die Verlängerung auch einer angemessenen Frist zu beantragen, wenn er wegen besonderer Umstände die Frist nicht einhalten kann (z. B. Krankenhausaufenthalt oder Urlaub des Hausarztes, BSG, NJW 1993, 1614).

RECHTSFOLGEN FEHLERHAFTER ANHÖRUNG

Praxis: *„Von einer Anhörung nach § 24 SGB X kann bis zu einem etwaigen Widerspruchsverfahren abgesehen werden" heißt es in einem Rundbrief an die Sachbearbeiter in der Agentur für Arbeit, die sich mit Sperrzeiten befassen (SG Mannheim, info-also 2004, 115).*

Heilung durch Nachholung
Die unterlassene oder inhaltlich oder wegen zu kurzer Fristeinräumung mangelhafte Anhörung kann im Widerspruchs- und im Gerichtsverfahren nachgeholt werden (§ 41 Abs. 1 Nr. 3 und Abs. 2 SGB X; kritisch dazu BSG, 31.10.2002, NJ 2003, 446).

Die Nachholung kann im Rahmen des Widerspruchsverfahrens durch den Widerspruchsbescheid oder im Gerichtsverfahren erfolgen (§ 41 Abs. 1 Nr 3 und Abs. 2 SGB X).

Ausschluss der Heilung bei bewusster Verletzung der Anhörungspflicht
Ausgeschlossen ist die heilende Nachholung der Anhörung, wenn die Behörde die Anhörungspflicht vorsätzlich, rechtsmissbräuchlich oder durch Organisationsverschulden verletzt hat (BSG, Urteil vom 31. 10. 2002, NJ 2003, 446).

Wiederholter Erlass
Nach Aufhebung des fehlerhaften Verwaltungsakts kann die Behörde ein ordnungsgemäßes Anhörungsverfahren einleiten, um hiernach einen inhaltlich identischen Verwaltungsakt zu erlassen. Dieser wird aber erst mit seiner Bekanntgabe wirksam.

Der Erlass eines inhaltlich identischen Verwaltungsaktes ist jedoch ausgeschlossen, wenn der Verwaltungsakt binnen bestimmter Fristen zu erlassen ist und diese Fristen inzwischen abgelaufen sind (z. B. nach Ablauf der Ein-Jahres-Frist in § 45 Abs. 4 SGB X → 44.3)

38.3.20 Akteneinsicht (§ 25 SGB X)

Praxis: Ein Vater, der im Verdacht steht, seine Töchter sexuell missbraucht zu haben, verlangt Einsicht in die Sorgerechtsakte des Jugendamts, um den Informanten festzustellen.

Grundsatz: Recht auf Einsicht in die Verfahrensakte

Anspruch der am Verfahren Beteiligten
Jeder am Verfahren Beteiligte hat nach § 25 SGB X grundsätzlich einen Anspruch auf Einsicht in die Akten und Aktenteile, deren Kenntnis zur Geltendmachung oder Verteidigung seiner rechtlichen Interessen erforderlich ist. Er ist aber auf das laufende Verwaltungsverfahren beschränkt. Weitergehende Einsichts- und Auskunftsansprüche können sich aus anderen Rechtsgrundlagen ergeben (z. B. § 83 SGB X → 33.7; zu Informationsfreiheitsgesetzen → 20.4).

Der Anspruch erstreckt sich nicht auf Einsicht in Entwürfe zu Entscheidungen, Beratungsprotokolle und Arbeiten zur unmittelbaren Vorbereitung von Entscheidungen.

Kopien, Abschriften, Auskunft
Neben oder statt einer Akteneinsicht können die Beteiligten sich auf ihre Kosten Fotokopien und Abschriften erteilen lassen (§ 25 Abs. 4 SGB X).

Geheimhaltungspflicht

Berechtigte Interessen Dritter
Die Behörde ist zur Gestattung der Akteneinsicht weder berechtigt noch verpflichtet, soweit dies zu einem Bekanntwerden von Vorgängen führt, die nach einem Gesetz oder ihrem Wesen nach, namentlich wegen der berechtigten Interessen der Beteiligten oder dritter Personen, geheimgehalten werden müssen (§ 25 Abs. 3 SGB X).

Gesetzliche Geheimhaltungsvorschriften sind insbesondere die Vorschriften über den Schutz der Sozialdaten (§ 35 SGB I, §§ 67 ff SGB X, §§ 61 ff. SGB VIII), nicht aber die beamtenrechtlichen Vorschriften über die Amtsverschwiegenheit (BVerwG, NJW 1966, 1634).

Beispiel: Enthält die beim Jugendamt geführte Akte über einen Antrag auf sozialpädagogische Familienhilfe einen Vermerk über die Information einer Nachbarin über die Misshandlung eines Kindes, darf dieser Vermerk den Familienangehörigen nicht ohne Einwilligung der Nachbarin zugänglich gemacht werden (BVerwG, NJW 2004, 1543 = BVerwGE 119,11).

Entscheidung über die Gewährung der Akteneinsicht

Ausschluss der isolierten Anfechtung
Die Ablehnung der Gewährung der Akteneinsicht ist ein Verwaltungsakt, der von den Beteiligten nur zusammen mit der Sachentscheidung angefochten werden kann (§ 44 a VwGO). Nichtbeteiligte können die Ablehnung selbständig anfechten (BSG, SozR 3- 1500 § 144 SGG Nr. 3).

Verfassungsrechtliche Bedenken
Der Ausschluss der Anfechtbarkeit kann dazu führen, dass für den Betroffenen Nachteile eintreten, die nicht mehr beseitigt werden können, wenn ihm erst nach der Sachentscheidung Einblick in die Akten gewährt wird. Ein Anspruch auf Akteneinsicht ist deshalb wegen der Garantie des effektiven Rechtsschutzes gemäß Art. 19 Abs. 4 GG auch dann gegeben, wenn die Einsicht zur gerichtlichen Rechtsverfolgung erforderlich ist (BVerfG, NJW 1991, 415).

Akteneinsicht in anderen Fällen

Besteht kein Anspruch gemäß § 25 SGB X, steht die Gewährung von Einsicht in die Verfahrensakte im Ermessen der Behörde (BVerwG, NJW 1981, 535; OVG Münster, 31.1.2005, NJW 2005, 2028). Jedoch kann sich ein Anspruch auf Einsicht aus anderen Vorschriften ergeben.

Weitergehende Auskunftsrechte

Das auf das sozialrechtliche Verwaltungsverfahren begrenzte Recht auf Akteneinsicht wird dem Recht auf informationelle Selbstbestimmung nicht gerecht (→ 31.1.1). Jeder hat einen verfassungsrechtlich gewährleisteten Anspruch auf Einsicht in die ihn betreffenden Akten. Krankenunterlagen und – in verstärktem Maße - Informationen über die psychische Verfassung dürfen dem Betroffenen nur vorenthalten werden, wenn gewichtige Belange dem entgegenstehen (BVerfG, 9.1.2006, NJW 2006, 1116).

Auch in neueren Gesetzen sind Auskunftsrechte vorgesehen, die nicht an ein Verwaltungsverfahren anknüpfen und auch nicht nur den daran Beteiligten vorbehalten sind.

► Jeder hat Anspruch darauf, dass ihm Auskunft über die zu seiner Person gespeicherten **Sozialdaten** erteilt wird (§ 83 SGB X). Die Form der Auskunftserteilung steht im Ermessen der Behörde. Auskunft kann z. B durch Aushändigung eines Aktenauszugs, durch Akteneinsicht oder Zusendung von Kopien aus den Akten erteilt werden (siehe 33.5.3).

► Jeder hat Anspruch auf Akteneinsicht gemäß dem einschlägigen **Informationsfreiheitsgesetz** (→ 30.3).

Beispiel: In NRW hat jeder Anspruch auf Einsicht in Akten über die Verwaltungstätigkeit der Gemeinde. Dazu gehört auch die Mitwirkung des Jugendamts in Verfahren vor den Familiengerichten (OVG Münster, 31.1.2003, NJW 2005, 2028).

Stets ist zu beachten, dass die Akteneinsicht sich nicht auf personenbezogene Daten Dritter erstrecken darf.

Rechtsfolgen der Gewährung unerlaubter Akteneinsicht

Gewährt ein SA/SP oder auch ein Praktikant Akteneinsicht und verletzt er dadurch das Recht der Betroffenen auf Geheimhaltung der personenbezogenen Daten, verstößt er gegen die Pflichten aus dem Arbeitsvertrag und begeht gleichzeitig eine Amtspflichtverletzung nach § 839 BGB, die zum Schadensersatz verpflichten kann.

Die unbefugte Weitergabe von Sozialdaten an Dritte ist ferner nach § 85 SGB X strafbar (siehe 33.5.6). Wird durch die Akteneinsicht unbefugt ein fremdes, anvertrautes Geheimnis offenbart, ist auch eine Bestrafung auf Antrag des Betroffenen möglich (§ 203 StGB siehe 32.0).

Akteneinsicht während Gerichtsverfahren

Für die Beteiligten und deren Bevollmächtigte bestehen weitgehende Akteneinsichtsrechte, wenn es zu einem Gerichtsverfahren kommt. Die Akteneinsicht erstreckt sich auch auf vom SA/SP geführte Verwaltungs-/Klientenakten, die von den Gerichten beigezogen werden (§§ 99, 100 VwGO; 119, 120 SGG; § 299 ZPO).

Dem Familien-/Vormundschaftsgericht ist es gestattet, die Strafverfolgungsbehörden zu informieren (§ 69n FGG; § 70 Sätze 2 und 3 JGG).

Zur Datenschutzpflicht der Gerichte → OLG Stuttgart, NJW 30/2006, XIV; Kunkel in: Lehmann 2002, 244, 251 und der Rechtsanwälte → OLG Braunschweig, 3.6.2008, NJW-RR 2008, 474)

38.3.21 Fristen, Termine, Wiedereinsetzung (§§ 26, 27 SGB X)

Praxis: Eine Sperrzeit von zwölf Wochen wird gegen einen Arbeitslosen festgesetzt, der das Arbeitsverhältnis auf eigenen Wunsch beendete (§ 144 SGB III).

Ein ausländischer Arbeitnehmer legt der Sozialarbeiterin einen Bescheid über die Ablehnung der Aufenthaltserlaubnis vor, der vor sechs Wochen zugestellt wurde.

Berechnung der Fristen

Grundsatz
Für die Berechnung von Fristen und die Bestimmung von Terminen gelten gemäß § 26 Abs. 1 SGB X die allgemeinen Vorschriften der §§ 187-193 BGB.

Für Fristen, die von einer Behörde gesetzt sind, gelten § 26 Abs. 2-5 SGB X.

Fristen
Fristen sind Zeiträume mit einem Anfangs- und einem Endzeitpunkt.

Beispiele: Widerspruchs-, Verjährungs-, Anhörungs- und Mitwirkungsfrist.

Bei Fristen, bei denen **für den Beginn ein im Verlauf eines Tages eintretendes Ereignis** maßgebend ist, wird dieser Tag nicht mitgerechnet (§ 188 Abs. 1 BGB)

Beispiel: Bei der Widerspruchsfrist, die mit der Bekanntgabe des Verwaltungsaktes beginnt, wird der Tag der Bekanntgabe nicht mitgerechnet.

Nach Tagen bemessene Fristen enden in diesen Fällen mit Ablauf des letzten Tages der Frist, nach Wochen, Monaten oder anderen Zeiträumen bemessene Fristen mit dem Tag, der durch seine Benennung oder Zahl dem Tag entspricht, in den das Ereignis fällt (§ 188 Abs. 2 BGB).

Beispiel: Ist ein Verwaltungsakt am 5. 4. zugegangen, endet die Monatsfrist für den Widerspruch mit Ablauf des 5.5.

Ist der **Beginn eines Tages für den Anfang einer Frist** maßgebend, wird der Tag ab 00.00 Uhr mitgerechnet: Das gilt auch für den Tag der Geburt bei der Berechnung des Lebensalters (§ 188 Abs. 2 BGB).

Beispiel: Ein Arbeitnehmer, der eine neue Tätigkeit an einem Tag um 8.00 Uhr aufnimmt, ist bereits ab 0.00 Uhr gesetzlich krankenversichert (§ 188 SGB V).

Der Anspruch auf Kindergeld besteht für den Tag, an dem das Kind geboren ist.

In diesen Fällen endet die Frist an dem Tag vor dem Tag, der durch seine Benennung oder Zahl dem Tag vor dem Anfangstag der Frist entspricht.

Beispiel: Ein am 1. Januar geborenes Kind vollendet sein erstes Lebensjahr am 31.12.

Alle Fristen im SGB laufen erst am nächstfolgenden Werktag ab, wenn das Ende der Frist auf einen Samstag, Sonntag oder gesetzlichen Feiertag fällt (26 Abs. 3 SGB X)

Termine
Termine sind Zeitpunkte, an denen etwas geschehen soll bzw. eine Wirkung eintritt.

Beispiel: Aufforderung, am 12.3. im Jugendamt persönlich zu erscheinen.

Gesetzliche Fristen

Gesetzliche Fristen sind die durch Rechtsvorschrift bestimmten Fristen wie die Einmonats- bzw. Einjahresfrist für die Einlegung des Widerspruchs, die Frist für die Erhebung der Anfechtungsklage und die Fristen für die Einlegung von Berufung und Revision.

Wiedereinsetzung bei unverschuldeter Versäumung

Werden gesetzliche Fristen versäumt, ist auf Antrag Wiedereinsetzung in den vorigen Stand zu gewähren, sofern der **Betroffene ohne Verschulden verhindert** war, die gesetzliche Frist einzuhalten und der Antrag binnen 2 Wochen nach Wegfall des Hindernisses gestellt wird.

Ausgeschlossen ist die Wiedereinsetzung bei Versäumung einer **Antragsfrist** (LSG NRW, 17.4. 2008), bei Versäumung einer **Ausschlussfrist** nur, wenn die Wiedereinsetzung im Gesetz ausgeschlossen ist (BSG, 23.1.2008).

Aus der Rechtsschutzgarantie des Art. 19 Abs. 4 GG ist abzuleiten, dass der Rechtsweg nicht in unzumutbarer Weise durch übersteigerte Anforderungen an die Einhaltung von Fristen erschwert werden darf (BVerfG, 4.5.2004, NJW 2004, 2887).

*Beispiele: Wird ein Verwaltungsakt während einer **vorübergehenden Abwesenheit (bis zu 6 Wochen)**, darf Wiedereinsetzung wegen Versäumnis der Widerspruchsfrist nicht versagt werden (BVerfG, 20.12.2001,NJW-RR 2002, 1005). Bei längerer Abwesenheit hat der Adressat sicherzustellen, dass ihn Post erreicht z. B. Post-Nachsendeantrag, Bestellung eines Bevollmächtigte (BSG, 26.3.1992 NJW 1992, 3120).*

*Bei einer **Verzögerung bei der Briefbeförderung** durch die Post ist Wiedereinsetzung zu gewähren, sofern bei normalem Beförderungsablauf die Frist gewahrt worden wäre (BVerfG, 23.8.1993, NJW 1999, 3701).*

*Keine Wiedereinsetzung wurde einem **ausländischen Arbeitnehmer** gewährt, weil es ihm möglich sei, sich einen Bescheid übersetzen bzw. sich von einem freien Träger oder dem Sozialamt beraten zu lassen (BSG, NJW 1989, 680).*

*Aus dem Gebot eines fairen Verfahrens folgt, dass Behörde und Gericht aus **eigenen Fehlern, Unklarheiten, Versäumnissen** oder technischen Mängeln keine Nachteile ableiten dürfen (BVerfG, 4.5.2004, NJW 2004, 2887).*

Verschuldete Versäumung

Verschuldet sind nach der Rechtsprechung Versäumnisse, die z. B. wegen unvollständiger Adressierung oder fehlender Postleitzahl eintreten (BVerwG, NJW 1990,1747).

Ist die Frist infolge des **Verschuldens eines Vertreters** (Sorgeberechtigte, Amtsvormund usw.) nicht eingehalten worden, wird dessen Verschulden dem Betroffenen zugerechnet (§ 27 SGB X; BGH, 17.1.2006, NJW 2006, 1519).

Dies gilt nicht für minderjährige Gewaltopfer (BSG, 28.4.2005, NJW 2005, 2574).

Antrag auf Wiedereinsetzung und gleichzeitige Nachholung der Handlung

Der Antrag auf Wiedereinsetzung ist binnen zwei Wochen nach Wegfall des Hindernisses zu stellen. Gleichzeit ist die versäumte Handlung nachzuholen z. B. der Antrag zu stellen oder der Widerspruch einzulegen (§ 27 Abs. 2 SGB X).

Behördliche Fristen

Behördliche Fristen sind die Fristen, deren Dauer die Behörde nach pflichtgemäßem Ermessen bestimmt. Sie können - auch nach Fristablauf - verlängert werden.

Beispiel: Wegen urlaubsbedingter Abwesenheit seines Facharztes bittet ein Arbeitsloser um Verlängerung der Anhörungsfrist nach § 24 SGB X.

Entscheidung über die Verlängerung

Die Entscheidung über die Verlängerung steht im pflichtgemäßen Ermessen der Behörde. Sie ist ein Verwaltungsakt.

Ist die Frist ohne Verschulden des Betroffenen abgelaufen, kann die Verlängerung in aller Regel nicht abgelehnt werden (§ 26 Abs. 7 SGB X; BSGE 60, 266).

39.0 ÖFFENTLICH-RECHTLICHE VERTRÄGE

Praxis: *Die Landesregierung NRW verpflichtet sich in einer Zuwendungsverein-barung zur Zahlung von 13,1 Millionen Euro an die Spitzenverbände der Freien Wohlfahrtspflege. Diese verpflichten sich zur Steuerung und Weiterentwicklung des sozialen Dienstleistungsangebots.*

In Verwaltung und Gesetzgebung besteht seit einer Reihe von Jahren die Tendenz, die Erfüllung öffentlicher Aufgaben nicht mehr auf der Grundlage einer einseitigen hoheit-lichen Entscheidung in Form eines Verwaltungsakts, sondern auf der Grundlage von Vereinbarungen mit den Leistungsberechtigten bzw. mit freien Trägern wahrzunehmen (kooperatives Verwaltungshandeln).

39.1 Rechtsgrundlagen, Form, Inhalt

Der öffentlich-rechtliche Vertrag ist in §§ 53 ff. SGB X (§§ 54 ff. VwVfG) sehr lücken-haft geregelt.

Der öffentlich-rechtliche Vertrag ist schriftlich zu schließen (§ 56 SGB X). Er kann die Begründung, die Änderung oder Aufhebung eines Rechtsverhältnisses auf dem Gebiet des öffentlichen Rechts zum Inhalt haben.

Im Sozialleistungsrecht sind Vereinbarungen mit Leistungsberechtigten nur zulässig, wenn die Leistung im Ermessen des Leistungsträgers steht (§ 53 Abs. 2 SGB X).

Beispiele: *Ein Kreis vereinbart mit dem Träger eines Frauenhauses eine Festbe-tragsfinanzierung.*

Auf den öffentlich-rechtlichen Vertrag sind die Vorschriften des Verwaltungsverfah-rensrechts anzuwenden, soweit diese auf Verträge passen bzw. den Rechtsschutz der Be-troffenen gewährleisten sollen (z. B. § 13 - Vertretung durch Bevollmächtigte, § 26 – Fristen und Termine, § 35 Begründungspflicht, §§ 67 - 85 – Sozialdatenschutz). Er-gänzend gelten die Vorschriften des BGB über Willenserklärungen und Verträge ent-sprechend (zur Anpassung und Kündigung → 39.3).

39.2 Arten der öffentlich-rechtlichen Verträge

Den **koordinationsrechtlichen** Vertrag schließen gleichgeordnete Partner ab.

Beispiele: *Vereinbarungen mit freien Trägern nach § 17 Abs. 2 SGB II, nach §§ 77, 78b SGB VIII, nach § 75 Abs. 3 SGB XII.*

Beim **subordinationsrechtlichen** Vertrag stehen die Vertragspartner in einem Über-/Unterordnungsverhältnis, das die Behörde berechtigen würde, einen Verwaltungsakt zu erlassen und in die Rechtssphäre des Betroffenen einzugreifen (§ 53 Abs.2 SGB X).

Beispiele: *Eingliederungsvereinbarung nach § 15 SGB II (so Berlit, Soz akt 2006, 41 m. w. N.; ablehnend Spellbrink, Soz akt 2006, 52: „normersetzendes Handeln in pseudokonsensueller Form"; zur fachlichen Problematik: Krahmer, NDV 2006, 507).*

Vereinbarung über die Gewährung einer Zuwendung nach § 74 SGB VIII, Vertrag über die Aufnahme in einen kommunalen Kindergarten.

Vereinbarung der Übernahme von Mietschulden (§ 22 Abs. 5 SGB II)

Der **Vergleichsvertrag** nach § 54 SGB X kommt bei Ungewissheit über die Sach- oder Rechtslage in Betracht, wenn beide Seiten zum Nachgeben bereit sind. Er ist auch über Leistungen zulässig, die nicht im Ermessen der Behörde stehen.

Austauschverträge nach § 55 SGB X haben im Sozialleistungsrecht keine große Be-deutung.

39.3 Anpassung und Kündigung

Ein Recht auf Anpassung des Vertrags besteht nur, wenn sich die Verhältnisse, die für die Festsetzung des Vertragsinhalts maßgebend waren, sich seit Abschluss des Vertrags so wesentlich geändert haben, dass einer Vertragspartei das Festhalten an der ursprünglichen Vereinbarung nicht zuzumuten ist (§ 59 Abs. 1 SGB X).

Die Anpassung erfolgt nicht durch einseitige Erklärung, sondern durch Einigung der Vertragspartner, die der Schriftform bedarf.

Eine Kündigung kommt erst in Betracht, wenn eine Anpassung nicht möglich bzw. nicht zumutbar ist. Sie ist nicht jederzeit, sondern nur unter erschwerten Bedingungen möglich (BayVGH, BayVBl. 1995, 659).

Beispiel: Handelt es sich bei der Eingliederungsvereinbarung um einen öffentlich-rechtlichen Vertrag (→ 39.2), so kann der persönliche Ansprechpartner des Arbeitsuchenden sie nach § 15 SGB II nicht jederzeit, sondern nur bei wesentlicher Änderung der Verhältnisse anzupassen versuchen bzw. kündigen.

Die Kündigung bedarf der Schriftform. Sie **soll** begründet werden, d. h. sie muss in der Regel begründet werden (§ 59 Abs. 2 SGB X; → 25.2.3).

Das Gesetz nennt keine Kündigungsfrist. Manche Schwierigkeiten und Auseinandersetzungen lassen sich durch Vereinbarung einer Kündigungsfrist vermeiden

Beispiel: In einem Zuwendungsvertrag mit einem freien Träger kann vereinbart werden, dass sich der Vertrag jeweils um ein Kalenderjahr verlängert, wenn er nicht bis zum 30. 9. des vorhergehenden Jahres schriftlich gekündigt worden ist.

39.4 Rechtsschutz

Der Rechtsschutz richtet sich nach der Art des Anspruchs, den der Betroffene geltend machen will:

► **Leistungsansprüche** und **Schadensersatzansprüche** wegen Verletzung vertraglicher Pflichten werden durch eine Leistungsklage geltend gemacht.

► Die **Anpassung eines Vertrags** an wesentlich veränderte Verhältnisse ist bei Weigerung einer Partei durch Leistungsklage auf Anpassung durchzusetzen (BVerwGE 97, 331).

► Die **Feststellung der Unwirksamkeit** einer vertraglichen Vereinbarung oder der Kündigung, kann durch eine Feststellungsklage erreicht werden.

Der Betroffene hat die Möglichkeit, eine **einstweilige Anordnung** zu beantragen, wenn eine sofortige Regelung erforderlich ist, um wesentliche Nachteile abzuwenden (→ 50.4.5).

40.0 VERWALTUNGSAKT

Praxis: *Die Bewilligung von Ausbildungsförderung, Arbeitslosengeld, Pflegegeld, Hilfe zum Lebensunterhalt, Grundsicherung usw., die Bewilligung von Betriebs- und Personalkostenzuschüssen für eine Einrichtung eines freien Trägers und die Erteilung einer Aufenthaltserlaubnis erfolgent durch **begünstigenden** Verwaltungsakt.*

Auch die Zulassung zur Nutzung einer kommunalen Einrichtung (Kindertagesstätte, Jugendzentrums, Altenheim) ist ein begünstigender Verwaltungsakt.

*Die Ablehnung des Antrags auf Wohngeld, die Entziehung einer Verletztenrente, die Feststellung einer Sperrzeit gegen einen Arbeitslosen und die Ausweisung eines Ausländers sind **belastende** Verwaltungsakte.*

40.1 Begriff, Bedeutung, Rechtswirkungen und Arten der Verwaltungsakte

Begriff

Die gesetzliche Definition des Verwaltungsaktes ist für alle Verwaltungsbereiche gleichlautend (§ 31 SGB X; § 35 VwVfG und entsprechende Ländervorschriften):

Verwaltungsakt ist jede Verfügung, Entscheidung oder andere hoheitliche Maßnahme, die eine Behörde zur Regelung eines Einzelfalles auf dem Gebiet des öffentlichen Rechts trifft und die auf unmittelbare Rechtswirkung nach außen gerichtet ist.

Bedeutung

Der Verwaltungsakt bestimmt das Recht bzw. die Pflicht im konkreten Verwaltungs-/Sozialrechtsverhältnis. Er hat besondere Bedeutung für die Praxis der SA/SP, weil

▶ die Verwaltung alle für den Bürger und für freie Vereinigungen **verbindlichen Regelungen** begünstigender und belastender Art nur durch Verwaltungsakt treffen kann und weil

▶ der Bürger gegen belastende Verwaltungsakte einen **umfassenden Rechtsschutz** genießt (durch Widerspruch und Anfechtungsklage → unten 49.3 und 50.0).

Materielle Bestandskraft

Der Verwaltungsakt regelt für die konkrete Situation verbindlich die Rechte und Pflichten der erlassenden Behörde und des beteiligten Bürgers.

Beispiel: *Wird durch Bescheid Alogeld II in Höhe von 850 Euro bewilligt, ist die Verwaltung zur Zahlung dieses Betrags verpflichtet. Der Bürger hat Anspruch auf Zahlung dieses Betrags und kann die Zahlung notfalls durch Klage erzwingen.*

Verbindlich ist grundsätzlich auch der **rechtswidrige Verwaltungsakt**.

Beispiel: *Die rechtswidrig zu hohe oder zu niedrige Bewilligung von Alogeld II ist für Verwaltung und Bürger verbindlich.*

Der Bürger kann die Verbindlichkeit eines rechtwidrig belastenden Verwaltungsakts durch fristgerechte Anfechtung beseitigen (→ 40.0).

Die Verwaltung darf einen wirksamen Verwaltungsakt nur aufheben, wenn und soweit ihr das durch gesetzliche Vorschriften gestattet ist (→ 44.0).

Tatbestandswirkung

Darüber hinaus ist der Verwaltungsakt als hoheitliche Verwaltungsentscheidung auch für andere staatliche Behörden, die Zivilgerichte und andere Gerichte bindend, solange er nicht durch die zuständige Behörde oder das zuständige Verwaltungs- oder Sozialgericht aufgehoben ist (BAG, 2.3.2006, NZA 1211).

Beispiel: Stellt die zuständige Behörde einen Grad der Behinderung von 50 % fest, so sind Finanzbehörden und andere Behörden an diese Feststellung ge.-bunden, wenn der Behinderte z. B. Steuervergünstigungen oder erhöhtes Wohngeld wegen seiner Behinderung beansprucht (BSG, 19.12.2001, info-also 2002, 171).

Formelle Bestandskraft
Nach Ablauf der Rechtsbehelfsfristen bzw. nach Ausschöpfung aller Rechtsbehelfe und Rechtsmittel kann der Bürger in der Regel die Änderung oder Aufhebung eines Verwaltungsaktes nicht mehr erzwingen, selbst wenn dieser rechtswidrig ist. Die Behörde kann entsprechende Anträge unter Hinweis auf den erlassenen und nicht mehr anfechtbaren Verwaltungsakt zurückweisen (→ aber 43.0 und 44.0).

Titelfunktion (Vollstreckbarkeit)
Ein Verwaltungsakt, der formell bestandskräftig bzw. für sofort vollziehbar erklärt worden ist, kann vollstreckt werden (→ 40.4.7). Die Verwaltung verschafft sich demnach, soweit sie zum Erlass von Verwaltungsakten befugt ist, die Vollstreckungstitel selbst. Sie muss dafür nicht das Gericht anrufen.

Hemmung der Verjährung durch Verwaltungsakt
Ein Verwaltungsakt, der zur Feststellung oder zur Durchsetzung des Anspruchs eines öffentlich-rechtlichen Rechtsträgers erlassen worden ist, hemmt die Verjährung dieses Anspruchs. Die Hemmung endet mit Eintritt der Unanfechtbarkeit oder sechs Monate nach seiner anderweitigen Erledigung (§ 52 Abs. 1 SGB X).

Die Hemmung besteht nicht für unbegrenzte Zeit. Hat der Betroffene Widerspruch eingelegt, ist die Behörde wegen des Grundsatzes der Rechtssicherheit verpflichtet, darüber in angemessener Zeit und nicht z. B. erst nach 10 Jahren zu entscheiden.

Ist ein derartiger Verwaltungsakt unanfechtbar geworden, beträgt die Verjährungsfrist 30 Jahre (§ 52 Abs. 2 SGB X).

Kooperatives Verwaltungshandeln
In der letzten Zeit besteht eine Tendenz, statt der hoheitlichen Regelung durch Verwaltungsakt Vereinbarungen bzw. Absprachen über die beiderseitigen Rechte und Pflichten zuzulassen bzw. vorzuschreiben („kooperatives Verwaltungshandeln").

Beispiele: Eingliederungsvereinbarung (§ 15 SGB II), Eingliederungsvereinbarung (§ 35 SGB III), Hilfeplan (§ 36 SGB VIII), Koordinierung von Leistungen (§10 SGB IX), Leistungsabsprache (§ 12 SGB XII),Gesamtplan (§ 58 SGB XII).

Über den Rechtscharakter dieser Absprachen und Vereinbarungen, insbesondere auch über den Rechtsschutz der Betroffenen besteht weitgehend Unklarheit.Zur Problematik der Regelung in § 15 SGB II: Berlit, LPK-SGB II, § 15 Rn 7ff.).

Umstritten ist auch, ob der Hilfeplan nach § 36 SGB VIII als Verwaltungsakt (Schellhorn § 36 Rz 15), als Nebenbestimmung (Maas, ZfJ 1996, 119), Realakt (Kunkel, LPK-SGB VIII, § 36 Rn 30) oder als kooperatives Verwaltungshandeln anzusehen ist (Wiesner, SGB VIII, § 36 Rz 61 ff m. w. N).

Übersicht: Arten der Verwaltungsakte

Unterscheidung nach dem Inhalt

Befehlende Verwaltungsakte enthalten ein Ge- oder Verbot oder verpflichten den Betroffenen zu einem bestimmten Verhalten (Tun, Dulden oder Unterlassen)

Tätigkeitsuntersagung, Beschäftigungsverbot, Aufenthaltsverbot, Ausweisung.

Gestaltende Verwaltungsakte: begründen, ändern oder beseitigen ein Rechtsverhältnis

Erteilung/Entziehung einer Pflegeerlaubnis, Zustimmung des Integrationsamtes zur Kündigung eines schwerbehinderten Menschen ermöglicht Arbeitgeberkündigung.

Feststellende Verwaltungsakte: legen einen Anspruch oder eine rechtserhebliche Eigenschaft einer Person oder Sache verbindlich fest

Feststellung des Grades der Pflegebedürftigkeit, staatliche Anerkennung der SA/SP.

Unterscheidung nach der Wirkung für den Betroffenen

Begünstigende Verwaltungsakte: begründen oder bestätigen ein Recht oder ein rechtlich erheblichen Vorteil

Bewilligung von Sozialleistungen, Erteilung der Betriebserlaubnis

Belastende Verwaltungsakte wirken sich für den Betroffenen nachteilig aus

Aufhebung der Bewilligung von Sozialhilfe, Ablehnung von Pflegegeld

Verwaltungsakte mit Dritt- oder Doppelwirkung wirken begünstigend und belastend

Ausweisung eines Ausländers beeinträchtigt das Grundrecht der deutschen Ehefrau, eine Baugenehmigung die Rechte der Nachbarn.

Wird einem Antrag nur teilweise entsprochen, ist die Teilbewilligung begünstigend und die Teilablehnung belastend

Unterscheidung nach der Gesetzesbindung

Gebundene Verwaltungsakte muss die Behörde erlassen.

Bewilligung von Regelleistungen und Leistungen für Mehrbedarfe.

Ermessensverwaltungsakte stehen im pflichtgemäßen Ermessen der Behörde steht

Übernahme von Mietschulden, Erteilung der Aufenthaltserlaubnis aus humanitären Gründen.

Unterscheidung nach der Wirkungsdauer

Verwaltungsakte mit Dauerwirkung begründen oder ändern Rechtsverhältnisse für eine bestimmte Dauer

Bewilligung von Alg II für sechs Monate, Rentenbescheid, Betriebserlaubnis.

Verwaltungsakte ohne Dauerwirkung verwirklichen einmalig eine bestimmte Rechtsfolge

Bewilligung der Erstausstattung einer Wohnung, Widerruf, Rücknahme.

Unterscheidung nach der Beteiligung

Mitwirkungsbedürftige Verwaltungsakte werden nur auf Antrag oder mit Zustimmung des Betroffenen erlassen

Bewilligung von Arbeitslosengeld, Einbürgerung eines Ausländers

Einseitige Verwaltungsakte: werden ohne Mitwirkung des Betroffenen erlassen

Aufhebung einer Bewilligung, Verbot einer Versammlung

40.2 Begriffselemente des Verwaltungsakts

Behörde	Hoheitliche Maßnahme	Regelung mit unmittelbarer Rechtswirkung	Einzelfall-regelung	Rechts-wirkung nach außen

40.2.1 Behörde

Behörde
Behörde ist jede Stelle, die für einen Träger der öffentlichen Verwaltung Aufgaben der öffentlichen Verwaltung wahrnimmt (§ 1 Abs. 2 SGB X → 38.1).

Freie Träger
Die freien Träger der Jugend- und Sozialhilfe sind keine Behörden (siehe 16.0). Ihre Maßnahmen sind privatrechtlicher Natur (→ 17.2.1) und auch dann keine Verwaltungsakte, wenn sie im Rahmen einer Übertragung nach § 76 SGB VIII bzw. § 5 Abs. 5 SGB XII durchgeführt werden (zur Inobhutnahme: BGH, 23.2.2006, NJW 2006, 1121; a. A. Neumann, 1992, 226).

40.2.2 Maßnahme auf dem Gebiet des öffentlichen Rechts

Maßnahme auf dem Gebiet des öffentlichen Rechts ist jede Verwaltungshandlung, die der obrigkeitlichen oder der schlicht-hoheitlichen Verwaltung zuzurechnen ist. Privatrechtliche Verwaltungshandlungen (→ 26.2) sind keine Verwaltungsakte.

40.2.3 Regelung mit unmittelbarer Rechtswirkung

Regelung ist jede einseitige verbindliche Anordnung, die eine unmittelbare rechtliche Wirkung für einen oder mehrere Beteiligte hat.

Die Maßnahme muss unmittelbare rechtliche Auswirkungen auf die Rechtsstellung eines Beteiligten haben. Das subjektiv-öffentliche Recht bzw. das Recht auf eine rechtmäßige und zweckmäßige Ermessensentscheidung müssen berührt sein.

Beispiel: Der Widerruf der Betriebserlaubnis für einen Kinderhort durch die zuständige Behörde wegen nicht ausreichender pädagogischer Betreuung der Kinder (§ 45 SGB VIII) hat im Hinblick auf den Träger unmittelbare rechtliche Wirkung, weil dessen Recht auf Betrieb des Kindergartens betroffen ist. Die Eltern der den Kindergarten besuchenden Kinder werden nur mittelbar betroffen, ebenso die Mitarbeiter, die ihren Arbeitsplatz verlieren.

Der Vorschlag/Die Zuweisung einer Arbeitsgelegenheit nach § 16 Abs. 3 SGB II ist kein Verwaltungsakt, weil erst die Ablehnung durch den Betroffenen eine Kürzung des Alogeldes II auslösen kann (SG Köln, Soz akt 2006, 72; Berlit in Stahlmann, Handbuch Ein-Euro-Jobs m.w.N..; a. A. SG Hamburg, Soz akt 2006, 70)

Eine unflexible verbindliche Regelung lässt die für die Kinder- und Jugendhilfe im pädagogischen, kooperativen Prozess gebotene ständige Anpassung an die Situation nicht zu. Deshalb sollte die verbindliche Regelung auf die Anerkennung des Anspruchs beschränkt, die konkrete Ausgestaltung aber der situationsbezogenen Vereinbarung überlassen werden ("prozessoffener Verwaltungsakt", dazu J. Hoffmann, ZfJ 2004, 41).

FALLGRUPPEN

Ein Recht wird begründet (insbesondere bei Ermessensvorschriften).
Beispiele: Die Agentur für Arbeit übernimmt Reisekosten zu Vorstellungsgesprächen (§ 45 SGB III).
Hilfe zum Lebensunterhalt wird bewilligt (§§ 27 ff. SGB XII).

Eine Pflicht wird begründet.
Beispiel: Das Studentenwerk fordert die Rückzahlung geleisteter Förderungsbeträge, weil der Student anrechenbares Arbeitseinkommen nicht angegeben hat (§ 20 BAföG).
Die Agentur für Arbeit zieht einen Hilfebedürftigen zur Arbeit im öffentlichen Interesse heran (§ 16 Abs. 3 SGB II).

Ein Recht wird entzogen.
Beispiel: Das Arbeitslosengeld II wird um 30 % abgesenkt (§ 31 SGB II).
Ein Bewilligungsbescheid über Ausbildungsförderung wird rückwirkend aufgehoben (§.53 BAföG).

Ein Recht oder eine rechtlich erhebliche Tatsache wird festgestellt.
Beispiele: Die Agentur für Arbeit stellt fest, dass der Hilfebedürftige erwerbsfähig ist (§ 44a SGB II).
Der Grad der Behinderung eines behinderten Menschen wird festgestellt (§ 69 SGB IX).
Eine Frauengruppe, die ein Frauenhaus betreibt wird, als freier Träger der Jugendhilfe durch Bescheid des Jugendamts öffentlich anerkannt (§ 75 SGB VIII).

Ein Antrag wird abgelehnt, sofern dadurch die rechtliche Stellung eines Beteiligten berührt wird.
Beispiele: Durch die Ablehnung des Antrags auf Arbeitslosengeld wird das Recht des Antragstellers aus § 117 SGB III berührt.
Das Sozialamt lehnt die Übernahme von Mietschulden ab, obwohl die Ermessensvorschrift des § 22 Abs. 5 SGB II eine Übernahme gestattet.

Eine Maßnahme wird zur Abwehr einer gegenwärtigen Gefahr ohne vorhergehenden Verwaltungsakt sofort durchgeführt.
In der Durchführung der Maßnahme liegt gleichzeitig das Gebot, diese zu dulden (Begründung einer Pflicht)
Beispiele: Ein hochaggressiver Jugendlicher im kommunalen Kinderheim wird von mehreren Erziehern kurzfristig gefesselt, um die anderen Kindern vor seinen akut drohenden Gewaltausbrüchen zu schützen.
Ein Betrunkener wird in Polizeigewahrsam genommen.

Vorbereitungshandlungen

Keine unmittelbare Rechtswirkung haben Verwaltungshandlungen, die der Vorbereitung eines Verwaltungsakts bzw. einer gerichtlichen Entscheidung dienen.

Beispiele: Erstellung eines Berichts nach § 50 SGB VIII für das Familiengericht wegen Streits der Eltern über die elterliche Sorge nach Scheidung.

Aufforderung der Agentur für Arbeit an den Träger einer Arbeitsbeschaffungsmaßnahme, die Teilnehmerbeurteilungen binnen drei Wochen einzureichen, da sonst die gewährten Zuschüsse zurückgefordert würden.

Mitwirkungshandlungen

Eine Regelung liegt nicht vor, wenn die Behörde bestimmte Mitwirkungshandlungen des Bürgers verlangt, um einen begünstigenden Verwaltungsakt erlassen zu können.

Beispiel: Das Amt für Ausbildungsförderung verlangt Einkommensnachweise, um über den Antrag auf Ausbildungsförderung entscheiden zu können.

Der Betroffene kann entscheiden, ob er die Mitwirkungshandlung vornimmt oder ob er sie unterlässt mit dem Risiko, dass er die Sozialleistung nicht erhält. Unterlässt er sie, kann die Behörde den begünstigenden Verwaltungsakt ganz oder teilweise versagen (§§ 66, 67 I SGB). Die Mitwirkungshandlung darf aber nicht - wie ein verpflichtender Verwaltungsakt - im Wege des Verwaltungszwangs erzwungen werden (BVerwG, MDR 1970, 532).

Ausführungshandlungen

Verwaltungsmaßnahmen, die der Verwirklichung des durch den Verwaltungsakt bestimmten Rechts oder der Durchsetzung der darin festgelegten Pflicht dienen, sind keine Verwaltungsakte.

Beispiele: Auszahlung des Arbeitslosengeldes; Aushändigung des Schwerbehindertenausweises durch das Versorgungsamt; Erteilung einer Auskunft und Beratung nach §§ 13 bis 15 SGB I.

Methodische und sozialpädagogische Arbeit, Beratung und Betreuung

Die Arbeit der SA/SP in der öffentlichen Verwaltung besteht zu einem großen Teil in der Ausführung von Verwaltungsakten, ohne dass dies den Beteiligten bewusst ist.

Beispiele: Beratung wird auf Grund eines Verwaltungsakts erteilt, der allerdings meist nicht ausdrücklich erlassen wird.

Die erzieherischen Hilfen nach §§ 27 ff SGB VIII werden durch Verwaltungsakt bewilligt und anschließend in Ausführung des Verwaltungsakts gewährt.

Die soziale Arbeit in ambulanten und stationären Einrichtungen setzt voraus, dass dem Hilfesuchenden durch Verwaltungsakt die Nutzung der Einrichtung gestattet worden ist (→ 51.2.4).

40.2.4 Regelung eines Einzelfalls

Konkrete Situation

Die Regelung eines Einzelfalls liegt vor, wenn die Maßnahme sich auf einen bestimmten konkreten Lebenssachverhalt bezieht.

Beispiele: Einem Arbeitslosen wird Arbeitslosengeld bewilligt.

Ein Polizist spricht gegenüber einem gewalttätigen Mann eine Wohnungsverweisung aus.

Allgemeinverfügung

Richtet sich die Maßnahme in einer konkreten Situation an einen nach allgemeinen Merkmalen bestimmten oder bestimmbaren Personenkreis, handelt es sich um eine Allgemeinverfügung (§ 31 Satz 2 SGB X).

Beispiel: Die Stadt K. ordnet an: „Personen, die der sog. „Punk-Szene" zuzuordnen sind, dürfen sich ab 6. Juli 2009 bis zum 31. Oktober 2009 auf dem Kronen-
platz nicht aufhalten".

Widmung
Eine Allgemeinverfügung ist auch der Verwaltungsakt, der keinen bestimmten oder
bestimmbaren Personenkreis hat, sofern er die öffentlich-rechtliche Eigenschaft einer
Sache oder deren Benutzung durch die Allgemeinheit betrifft (Widmung).

Beispiel: Die Stadtverwaltung bestimmt, dass ein Fabrikgebäude als Jugendzentrum genutzt werden soll.

Rechtssatz
Ist eine Verwaltungsmaßnahme nicht auf eine konkrete, sondern eine abstrakt bestimmte Situation bezogen, ist sie kein Verwaltungsakt, sondern ein Rechtssatz, z. B.
eine Satzung oder Verordnung (siehe oben 23.2 und 23.3)

Beispiel: Die Ordnungsbehörde erlässt eine Verordnung, in der verboten wird,
auf Parkbänken zu liegen oder zu schlafen.

40.2.5 Rechtswirkung nach außen

Rechtswirkung nach außen hat eine Verwaltungsmaßnahme, wenn Adressat ein Bürger
oder eine Behörde außerhalb des Hoheitsbereichs der erlassenden Behörde ist und seine
persönliche Rechtsstellung berührt ist.

Interbehördliche Maßnahmen
Interbehördliche Maßnahmen wie Weisungen an nachgeordnete Behörden und Amtshilfeersuchen zwischen Behörden desselben Rechtsträgers sind wegen fehlender Außenwirkung keine Verwaltungsakte (BVerwG, DVBl 1957, 321).

Intrabehördliche Maßnahmen
Intrabehördliche Maßnahmen wie Weisungen des Vorgesetzten an nachgeordnete Beamte, die sich lediglich auf die Stellung des Beamten als Amtsträger beziehen und lediglich dessen Gehorsamspflicht mit organisationsinterner Wirkung konkretisieren,
sind keine Verwaltungsakte.

Beispiele: Weisung an einen beamteten SA, einen Hausbesuch zu machen,
einen Jugendgerichtshilfebericht nach einem bestimmten Muster zu schreiben,
Ablehnung einer Dienstreisegenehmigung, Übertragung eines anderen Dienst-
postens bei der gleichen Behörde (Umsetzung).

Maßnahmen im Beamtenverhältnis mit unmittelbarer Rechtswirkung
Verwaltungsakte sind aber die innerdienstlichen Anordnungen, die sich unmittelbar
auf die Stellung des Beamten als eine dem Dienstherrn mit selbständigen subjektiven
Rechten gegenüberstehende Rechtspersönlichkeit erstrecken (BVerwG, NJW 1962,
1313; BVerwGE 36, 192; Stober, 2000, § 45 Rn 86 f.)

Beispiele: Berufung in das Beamtenverhältnis, Beförderung, Entfernung aus
dem Dienst, Verbot des Tragens eines Kopftuchs durch Lehrerin (BVerfG, NJW
2003, 3111; BVerwG, NJW 2004, 3581), Verbot von sichtbaren Tätowierungen im
Strafvollzugs- (OVG Rheinland.-Pfalz, 10.6.2005, PM 34/2005), und des Tragens
langer Haare im Polizeidienst (BVerwG, 2.3.2006, DÖV 2006, 694).

Maßnahmen im Sonderrechtsverhältnis
Bei Maßnahmen im Sonderrechtsverhältnis, d.h. bei besonders starker Abhängigkeit
des Betroffenen von der Verwaltung (Schüler, Studenten, Wohnungslose, Strafgefan-
gene usw.) ist wie bei intrabehördlichen Maßnahmen zu differenzieren:

Keine Außenwirkung haben Maßnahmen, die lediglich die organisatorische Abwicklung betreffen, so z. B. die Stellung des Schülers im Unterrichtsbetrieb einer Schule oder die Stellung des Wohnungslosen als Benutzer einer Notunterkunft.

Beispiele: Ein Hilfebedürftiger, der zu zusätzlichen Arbeiten herangezogen worden ist, wird von einer Arbeitsgruppe in eine andere verwiesen.

Die Klassenarbeit eines Schülers wird mit "nicht ausreichend" bewertet (BVerwG, NVwZ 1984, 307).

Eine unmittelbare Rechtswirkung nach außen liegt jedoch vor, wenn die Maßnahme auf unmittelbare Bewirkung einer Rechtsfolge gerichtet ist, also die subjektiven Rechte des Betroffenen berührt. Da für Sonderrechtsverhältnisse oft gesetzliche Vorschriften über die Rechte und Pflichten nicht bestehen, kann in diesen Fällen direkt auf die durch die Verfassung gewährleisteten Grundrechte zurückgegriffen werden.

Beispiel: Eine wohnungslose Familie wird von einer Notwohnung in eine andere gemeindliche Unterkunft umgesetzt (Art. 2 GG - BVerwG, NJW 1964, 315). Eine Muslimin soll am koedukativen Schwimmunterricht teilnehmen (Art. 4 - BVerwG, 25.8.1993

Zum Schulausschluss: wegen Graffiti-Malens (OVG Lüneburg, 25.4.2007, NVwZ-RR 2007, 529), Faustschlag gegen Lehrerin: VGH Mannheim, NJW 2004, 89; Gewalt gegen Mitschüler, (VGH Mannheim, NJW 2004, 630 und 1059), Einbruchsdiebstahls in der Schule (VGH Mannheim, 8.12.2006, NVwZ 2007, 251.

40.3 Nebenbestimmungen des Verwaltungsakts

Praxis: Eine Rente wegen Erwerbsminderung wird für zwei Jahre bewilligt.

Einem Asylbewerber wird in der Aufenthaltsgestattung die Auflage erteilt, in einer bestimmten Einrichtung zu wohnen.

Arten der Nebenbestimmungen				
Befristung	Bedingung	Widerrufs-vorbehalt	Auflage	Auflagen-vorbehalt

40.3.1 Zulässigkeit der Nebenbestimmungen

Nebenbestimmungen zum Verwaltungsakt sind grundsätzlich zulässig, wenn kein Anspruch auf den Verwaltungsakt besteht. Besteht ein Anspruch auf Erlass, so sind Nebenbestimmungen nach § 32 SGB X und § 36 VwVfG nur zulässig, wenn sie

► durch **Rechtsvorschrift zugelassen** sind,

Beispiel: Eine Arbeitserlaubnis wird befristet (§ 284 SGB III).

► sicherstellen sollen, dass die **gesetzlichen Voraussetzungen des Verwaltungsakts erfüllt werden** z. B. zur Sicherung des Zwecks einer Zuwendung.

Beispiel: Das Jugendamt gewährt einem Jugendverband einen Zuschuss zu einer Ferienmaßnahme mit der Auflage, dass die Verwendungsnachweise spätestens 3 Wochen nach Beendigung des Treffens einzureichen sind.

In jedem Fall darf die Nebenbestimmung dem Zweck des Verwaltungsakts nicht zuwiderlaufen (§ 32 Abs. 3 SGB X und § 36 Abs. 3 VwVfG).

Beispiel: Das Jugendamt gewährt den Zuschuss unter der Bedingung, dass der Jugendverband den vollständigen Nachweis der Kosten vor Beginn des Treffens erbringt, obwohl dies dem Verband nicht möglich ist.

40.3.2 Inhalt und Wirkung der Nebenbestimmungen

Befristung

Die Befristung ist eine Nebenbestimmung, die für die Wirksamkeit des Verwaltungsakts einen Anfangs- oder Schlusstermin bestimmt.

Beispiele: „Die Leistungen zur Sicherung des Unterhalts werden für sechs Monate bewilligt" (§ 42 Abs. 1 Satz 3 SGB II).

„Die Rente wegen verminderter Erwerbsfähigkeit wird ab 1. 12. 2009 für die Dauer von 2 Jahren gewährt."

Nach Ablauf der Frist wird der Verwaltungsakt unwirksam. Ein Widerruf ist nicht erforderlich.

Bedingung

Die Bedingung macht die Wirksamkeit bzw. das Ende der Wirksamkeit des Verwaltungsakts von einem zukünftigen, ungewissen Ereignis abhängig.

Beispiele: Die Aufenthaltsgenehmigung eines Ausländers mit der auflösenden Bedingung "Erlischt bei Beendigung der Ausbildung" verliert ihre Wirkung automatisch bei Abbruch bzw. ordnungsgemäßer Beendigung der Ausbildung.

Widerrufsvorbehalt

Der Widerrufsvorbehalt ermöglicht der Verwaltung auch nach Eintritt der Unanfechtbarkeit, die Wirkung des Verwaltungsakts zu beseitigen. ohne dass ein Entschädigungsanspruch besteht (→ 44.5). Er ist zweckmäßig, wenn die Behörde einerseits den Verwaltungsakt nicht versagen, andererseits aber eine Dauerbindung vermeiden will. Besonders häufig kommt er bei Bewilligungen, Erlaubnissen usw. vor.

Ein Widerrufsvorbehalt ist nicht zulässig, wenn die Verwaltung zum Erlass eines bestimmten Verwaltungsakts gesetzlich verpflichtet ist, z.B. Bewilligung von Hilfe zum Lebensunterhalt. Zulässig ist er z. B. dann, wenn die Dauerwirkung des Verwaltungsakts ungewiss ist, weil zukünftig Änderungen in der Sachlage eintreten können. Der Widerrufsvorbehalt darf sich nur auf diese unsicheren Tatsachen beziehen.

Beispiele: Ausbildungsförderung wird unter Vorbehalt gewährt, wenn ein Steuerbescheid über das Einkommen der Eltern noch nicht vorliegt (§ 24 Abs. 2 BAföG).

Der Widerruf der Bewilligung von Personalkostenzuschüssen wird vorbehalten für den Fall, dass für die Schülerbetreuung nicht spätestens zum 1. Januar eine pädagogische Fachkraft eingestellt wird.

Der Widerrufsvorbehalt gibt deshalb der Verwaltung nicht eine uneingeschränkte Möglichkeit des Widerrufs. Er bleibt vielmehr auf die Fälle beschränkt, in denen die Widerrufsvoraussetzungen vorliegen und zumindest ein dringendes öffentliches Bedürfnis für den Widerruf besteht. Auch der Grundsatz der Verhältnismäßigkeit ist zu beachten.

Auflagen

Die Auflage ist ihrem Inhalt nach ein belastender Verwaltungsakt, der einem begünstigendem hinzugefügt wird und in dem der Begünstigte zu einem bestimmten Tun oder Unterlassen aufgefordert wird..

Beispiele: Der Aufenthaltstitel eines Ausländers enthält die Auflage "Politische Betätigung wird untersagt, soweit sie sich gegen die Rechtsordnung der BRD richtet" (§ 47 Abs. 1 AufenthG).

Die Erlaubnis zur Errichtung eines Informationsstandes wird mit der Auflage erteilt: "Der Gebrauch von Lautsprechern kann nicht gestattet werden" (OLG Celle, NJW 1977, 444).

Bloße Hinweise auf ein gesetzlich vorgeschriebenes Verhalten sind nicht als Auflage zu werten.

Beispiel: Der Zusatz „Erwerbstätigkeit nicht gestattet" bei einer Duldung ist als bloßer Hinweis auf die gesetzliche Regelung keine Auflage (OVG NRW, 18. 1. 2006, www.justiz.nrw.de).

Die Auflage muss wie der Verwaltungsakt inhaltlich hinreichend bestimmt sein. Daran fehlt es, wenn aufgegeben wird, ein Merkblatt zu beachten, das allgemeine Informationen und Empfehlungen enthält (BVerwG, NVwZ 1990, 855).

Verhält sich der Begünstigte nicht entsprechend der Auflage, hat das auf die Wirksamkeit des Verwaltungsakts keinen Einfluss. Jedoch kann die Behörde in diesem Falle die Erfüllung der Auflage im Wege des Verwaltungszwangs durchsetzen (→ 46.0) oder u. U. wegen Nichterfüllung der Auflage den Verwaltungsakt widerrufen. Hierbei hat sie den Grundsatz der Verhältnismäßigkeit zu beachten.

Rechtsschutz gegen Nebenbestimmungen

Die Rechtsprechung, die zunächst nur die selbständige Anfechtung der Auflage zugelassen hatte, geht zunehmend davon aus, dass gegen alle belastenden Nebenbestimmungen die Anfechtungsklage gegeben ist ((BVerwG, 22. 11. 2000, NVwZ 2001, 429).

Die Klage führt zur Aufhebung der Nebenbestimmung, wenn diese rechtswidrig ist, z. B. ohne Ermächtigungsgrundlage ergangen ist. Voraussetzung ist allerdings nach der Entscheidung, dass Haupt-Verwaltungsakt und Nebenbestimmung teilbar sind d. h. ob der begünstigende Verwaltungsakt ohne die Nebenbestimmung sinnvoller- und rechtmäßigerweise bestehen bleiben kann.

40.4 Inhalt und Form des Verwaltungsakts

Praxis: Ein arbeitsloser Diplomsoziologe wird von der Agentur für Arbeit aufgefordert, sich stundenweise im Rahmen einer Hausaufgabenhilfe zur Verfügung zu stellen und die Arbeitszeit und Arbeitsleistung mit dem Fallmanager abzusprechen.

40.4.1 Bestimmtheit der Regelung

Bestimmtheit des Verfügungssatzes
Die von der Behörde durch den Verwaltungsakt getroffene Regelung muss bestimmt, klar, verständlich, vollständig und widerspruchsfrei sein (§ 33 Abs. 1 SGB X - § 37 Abs. 1 VwVfG). Sie muss so deutlich formuliert sein, dass für den Adressaten eindeutig erkennbar ist, was ihn erwartet bzw. was von ihm erwartet wird. Die Regelung wird durch den **Verfügungssatz** getroffen, der sich auf bestimmte Adressaten, einen bestimmten Sachverhalt und auf eine bestimmte Anordnung beziehen muss.

> *Beispiele: "Der Antrag wird abgelehnt". "Ihnen wird Hilfe zum Lebensunterhalt in Höhe von 610 Euro je Monat bewilligt."0"*

Von dem Verfügungssatz ist die **Begründung des Verwaltungsakts** zu unterscheiden (→ 40.4.5). Eine unklare oder falsche Begründung ist kein Verstoß gegen den Bestimmtheitsgrundsatz.

Auslegung unbestimmter Verfügungssätze
Ist der Verfügungssatz nicht eindeutig, muss der Inhalt durch Auslegung ermittelt werden. Dazu ist auch die Begründung heranzuziehen (BSG, 29.1.1997, NZS 1997, 488). Der Verwaltungsakt muss so ausgelegt werden, wie er nach dem **objektiven, im Ausspruch geäußerten Erklärungswillen und Erklärungswert** von einem verständigen Empfänger aufzufassen ist. Maßgebend ist nicht, was die Behörde ausdrücken **wollte**. Die Auslegung muss zu einem klaren Ergebnis führen (BSG, 31.7.-2002, NZS 2003, 278).

Unklarheiten gehen zu Lasten der Verwaltung: bei mehreren Auslegungsmöglichkeiten gilt die den Betroffenen am wenigsten belastende (BSG, NVwZ 1987, 927).

> *Beispiele: Inhaltlich hinreichend bestimmt ist die Heranziehung zur zusätzlichen Arbeit gemäß § 16 Abs. 3 SGB II nur dann, wenn die Art der zu leistenden Arbeit, der zeitliche Umfang, die zeitliche Verteilung und die Höhe des Arbeitsentgelts bzw., wenn Hilfe zum Lebensunterhalt weitergewährt wird, die Höhe der Entschädigung für Mehraufwand genau festgelegt wird (BVerwG, NDV 1993, 161; LSG Hamburg, info-also 2005, 272).*
>
> *Da die Ansprüche auf SGB II-Leistungen nicht der Bedarfsgemeinschaft, sondern den einzelnen Mitgliedern zustehen, ist ein Verwaltungsakt inhaltlich nicht hinreichend bestimmt, der von der Bedarfsgemeinschaft die Rückzahlung eines überzahlten Betrags verlangt (BSG, 7 11.2006, NZS 2007, 328).*

Bei Bewilligung, Abzweigung und Rückforderung eines Geldbetrags muss erkennbar sein, wer der Adressat ist, welche Leistungen wem bewilligt und welche abgelehnt bzw. abgezweigt werden.

Rechtsfolgen inhaltlicher Unbestimmtheit
Ein Verstoß gegen das Bestimmtheitsgebot des § 33 Abs 1 SGB X ist nicht heilbar. Je nach dem Grad der Unbestimmtheit kann Nichtigkeit oder Anfechtbarkeit vorliegen. Wegen der Unsicherheit der Abgrenzung ist die Einlegung eines Widerspruchs stets zweckmäßig. Ob eine Ersetzung durch einen neuen korrekten Bescheid möglich ist (dazu BVerwGE 87, 241 ff). hat das BSG offen gelassen, ist aber anzunehmen (BSG, 13.7.2006, NZS 2007, 167).

40.4.2 Form des Verwaltungsakts

Grundsatz der Formfreiheit
Nur für einige Verwaltungsakte ist die schriftliche Form vorgeschrieben z. B. Zusicherung (§ 34 SGB X), Wohngeldbescheid (§ 26 WoGG). Im Übrigen kann der Verwaltungsakt schriftlich, mündlich oder in anderer Form erlassen werden (§ 33 Abs. 2 S. 1 SGB X = § 37 Abs. 2 VwVfG).

Beispiel: Wird Kindergeld oder Krankengeld antragsgemäß überwiesen, so ist daraus zu schließen, dass es durch einen Verwaltungsakt bewilligt worden ist, der auf andere Weise erlassen worden ist (BSG, NJW 1989, 2349).

Die elektronische Kommunikation ist zulässig, soweit der Empfänger hierfür einen Zugang eröffnet hat (36a SGB I; § 3a VwVfG; Roßnagel NJW 2003, 469).

Schriftliche Bestätigung und Begründung mündlicher Verwaltungsakte
Die Behörde hat einen mündlich erlassenen Verwaltungsakt schriftlich oder elektronisch zu bestätigen, wenn der Betroffene ein berechtigtes Interesse daran hat und die Bestätigung unverzüglich verlangt. Auch ein elektronisch erlassener Verwaltungsakt ist auf Verlangen schriftlich zu bestätigen (§ 33 Abs. 2 S. 1 und 2 SGB X).

Beispiel: Der Betroffene hat ein berechtigtes Interesse, wenn er den Verwaltungsakt Dritten gegenüber nachweisen muss bzw. sich über Anfechtungsmöglichkeiten rechtlich beraten lassen will.

Verlangt der Betroffene die schriftliche Bestätigung, ist die Behörde gemäß § 35 SGB X evtl. auch zur Begründung verpflichtet (→ 40.4.5).

Rechtsfolgen von Formfehlern
Die Folgen von Formfehlern sind in §§ 40 Abs. 2, 42 SGB X sowie §§ 44 Abs. 2, 46 VwVfG geregelt (→ 42.0). Nichtig ist der Verwaltungsakt nur, wenn die Schriftform den Schutz des Adressaten bezweckt (Waschull in LPK-SGB X, § 33 Rn 19).

40.4.3 Erkennbarkeit der Behörde

Gebot für schriftliche Verwaltungsakte
Ein schriftlicher oder elektronischer Verwaltungsakt muss die erlassende Behörde erkennen lassen (§ 33 Abs. 3 SGB X = § 37 Abs. 3 VwVfG).
In aller Regel ist die Behörde im Briefkopf bezeichnet. Ihre Bezeichnung ist meist durch Rechts- und Verwaltungsvorschrift festgelegt.

Beispiele: Die Bezeichnung "Agentur für Arbeit" beruht auf § 367 SGB III, die Bezeichnung der Landesbehörden beruhen auf Landesrecht.

Nichtigkeit bei Nichterkennbarkeit
Bei Nichterkennbarkeit der erlassenden Behörde ist der Verwaltungsakt nichtig (§ 40 Abs. 2 SGB X; § 44 Abs. 2 Nr. 1 VwVfG).

40.4.4 Unterschrift oder Namenswiedergabe

Grundsatz
Ein schriftlicher oder elektronischer Verwaltungsakt muss enthalten die Unterschrift oder die Namenswiedergabe

▶ des Behördenleiters (z. B. Bürgermeister, Landrat),

▶ seines Vertreters mit dem Zusatz i.V. (z. B. Sozialdezernent) oder

▶ seines Beauftragten mit dem Zusatz i. A. (z. B. Sachbearbeiter im Sozialamt).

Die Unterschrift muss nicht leserlich sein, aber es muss sich um einen individuellen Schriftzug handeln, der charakteristisch ist und sich als Namenszug darstellt. Sie muss nicht in Maschinenschrift wiederholt werden (Engelmann, KK, SGB X, § 33 Rn 22)

Wird für einen Verwaltungsakt, für den die Schriftform angeordnet ist, die elektronische Form verwendet, muss auch das der Signatur zugrundeliegende Zertifikat oder ein zugehöriges qualifiziertes Attributzertifikat die erlassende Behörde erkennen lassen (§ 33 Abs. 3 SGB X = § 37 Abs. 3 VwVfG).

Bei Verwaltungsakten, die mit Hilfe automatischer Einrichtungen erlassen werden, dürfen Namenswiedergabe und Unterschrift fehlen (§ 33 Abs. 5 SGB X).

Zeichnungsrecht
Wer innerhalb einer Behörde zur Unterschrift berechtigt ist, ergibt sich meist aus besonderen Anordnungen des Behördenleiters.

Die Verwaltungspraxis ist sehr unterschiedlich: in Behörden mit autoritären Führungsstil haben nur die Amtsleiter bzw. andere Vorgesetzte ein Zeichnungsrecht, in Behörden mit kooperativem Führungsstil darf jeder Sachbearbeiter grundsätzlich alle von ihm bearbeiteten Vorgänge unterschreiben. Für besonders wichtige Angelegenheiten kann dem Vorgesetzten das Zeichnungsrecht vorbehalten sein.

Beglaubigung
Die Unterschrift eines Zeichnungsberechtigten ist nicht erforderlich, wenn der Vorgang im Wege der Aktenverfügung erledigt wird. Dann zeichnet der zur Unterschrift Berechtigte nur die in den Akten enthaltene innerdienstliche Verfügung, danach wird der Text von einer Schreibkraft in Reinschrift übertragen und beglaubigt.

> ***Beispiel:*** *gez. Mohl*   *beglaubigt Wette*
>
> *(Sozialinspektor)*   *(Verwaltungsangestellte)*

Rechtsfolgen des Fehlens der Unterschrift
Fehlt die Unterschrift bzw. die Namenswiedergabe auf dem Schreiben, das dem Adressaten zugeht, ist der Verwaltungsakt nur dann nichtig, wenn zweifelhaft ist, ob die Behörde ihn erlassen wollte. In der Regel wird der Fehler nach § 42 geheilt. (BSG, NJW 1995, 1275).

40.4.5 Begründung des Verwaltungsakts

Begründungspflicht
Schriftliche oder elektronische sowie schriftlich bestätigte Verwaltungsakte sind zu begründen (§ 35 SGB X, § 39 VwVfG).

Eine Begründung ist nicht erforderlich, wenn der Rechtsschutz des Bürgers dies nicht erfordert (siehe § 35 Abs. 2 und 3 SGB X; § 39 Abs. 2 VwVfG).

Form und Inhalt der Begründung
Die Begründung erfordert die Mitteilung der für die Entscheidung der Behörde wesentlichen

▶ **tatsächlichen Gründe,**

> ***Beispiel:*** *Mitteilung der Höhe des Einkommens, das die Behörde ihrer Berechnung zugrundelegt.*

▶ **rechtlichen Gründe.**

> ***Beispiel:*** *"Die bewilligte Ausbildungsförderung ist nach § 20 Abs. 1 Nr. 3 BAföG zu erstatten, weil Einkommen in Höhe von 6.000 Euro erzielt wurde, das bei der Bewilligung nicht berücksichtigt worden ist."*

Tatsächliche Gründe sind die Tatsachen, auf denen die Entscheidung beruht, z. B. dass die Arbeitsagentur er Bedarfsfeststeller ein Herrenpyjama im Schlafzimmer entdeckt hat und deshalb eine eheähnliche Gemeinschaft nachgewiesen sei.

Für die **rechtliche Begründung** ist einerseits die Wiederholung des Gesetzestextes nicht ausreichend. Andererseits ist die Angabe der konkreten Rechtsgrundlage nicht zwingend erforderlich, wenn diese sich aus den übrigen Angaben ergibt (BVerwG, NVwZ 1985, 905).

Angesichts der Schwierigkeit des Normalbürgers, die Rechtsvorschriften und die Gerichtsentscheidungen zu finden, wird eine bürgerorientierte rechts- und sozialstaatliche Verwaltung die Rechtsvorschriften, Literatur und Rechtsprechung mit Fundstelle angeben. Hat die Behörde ihre Entscheidung auf eine bestimmte Vorschrift gestützt, die nicht zutrifft, kann sie später nicht auf eine andere Vorschrift ausweichen.

Begründung von Ermessensentscheidungen

Bei Ermessensentscheidungen muss die Begründung die Gesichtspunkte erkennen lassen, von denen die Behörde bei der Ausübung ihres Ermessens ausgegangen ist. Es muss deutlich werden,

▶ dass die Behörde **Ermessen ausgeübt** hat (BSG, 25.1.1994, NZS 1994, 466),

▶ welcher **Sachverhalt** angenommen,

▶ welche **öffentlichen und privaten Interessen** berücksichtigt und

▶ wie die **Interessen abgewogen** worden sind.

Die Begründung muss auf den Einzelfall bezogen sein. Formelhafte Begründungen genügen nicht. Auch die Berufung auf ermessenskonkretisierende Verwaltungsvorschriften ist nicht ausreichend, weil diese etwaigen Besonderheiten des Einzelfalls nicht gerecht werden können (BSGE 73, 211).

Das BVerwG und das BSG halten eine Begründung nicht für erforderlich, wenn der Vertrauensschutz zu versagen ist und für eine Ermessensausübung keine Gesichtspunkte übrig bleiben sind. In diesem Falle sei das Ermessen auf Null reduziert und nur eine Entscheidung richtig (BSGE 77, 102, 107)

> *Beispiel: Für die Begründung der Rücknahme eines rechtswidrigen begünstigenden Verwaltungsaktes genügt in der Regel, dass der Begünstigte grob fahrlässig falsche Angaben gemacht hat (§ 45 Abs. 2 Satz 3 Nr. 2 SGB X).*

Eine Begründung ist nur erforderlich, wenn der Begünstigte auf ihn entlastende Umstände hingewiesen hat z.B. dass nicht er, sondern sein gesetzlicher Vertreter falsche Angaben gemacht hat, dass er plötzlich arbeitslos geworden ist usw. (BSG, ZfSH/-SGB 1986, 396; BSG, SozVers 1999, 331).).

Rechtsfolgen fehlender Begründung

Fehlt die gebotene Begründung, kann sie noch im Gerichtsverfahren nachgeholt werden § 41 SGB X). Die Behörde kann somit auch Begründungsdefizite bei Ermessensentscheidungen bis zur gerichtlichen Entscheidung beheben. Da außerdem eine Aufhebung des Verwaltungsaktes ausgeschlossen ist, wenn die Verletzung der Begründungspflicht die Entscheidung in der Sache offensichtlich nicht beeinflusst hat, löst eine fehlende/fehlerhafte Begründung nur in seltenen Fällen Rechtsfolgen aus.

Ein Nachschieben und Auswechseln von Begründungen ist zulässig, sofern der Verwaltungsakt durch die neue Begründung nicht in seinem Wesen verändert wird (BVerwG, 5.2.1993, NVwZ 1993, 976)..

.

40.4.6 Rechtsbehelfsbelehrung

Pflicht zur Erteilung der Rechtsbehelfsbelehrung
Schriftliche Rechtsbehelfsbelehrungen sind für folgende Verwaltungsakte vorgeschrieben:

▶ schriftliche Verwaltungsakte nach dem SGB (§ 36 SGB X),

▶ schriftliche Verwaltungsakte der Bundesbehörden (§ 59 VwGO),

▶ schriftliche Widerspruchsbescheide (§ 73 VwGO, § 85 Abs. 3 SGG),

▶ schriftliche Polizei- und Ordnungsverfügungen (nach den meisten Ländergesetzen).

Fehlt eine entsprechende Gesetzesvorschrift, besteht keine Pflicht zur Erteilung einer schriftlichen Rechtsbehelfsbelehrung.

Das Fehlen einer vorgeschriebenen Rechtsbehelfsbelehrung macht den Verwaltungsakt nicht rechtswidrig, sondern bewirkt lediglich, dass sich die Widerspruchsfrist verlängert (§ 58 VwGO; § 66 SGG).

Regelwiderspruchsfrist
Bei einem Verwaltungsakt mit korrekter Rechtsbehelfsbelehrung ist ein Widerspruch innerhalb eines Monats nach Zustellung zulässig.

Rechtsbehelfsbelehrung – Musterformulierung

"Gegen diesen Bescheid kann innerhalb eines Monats nach Zustellung Widerspruch erhoben werden. Der Widerspruch ist schriftlich oder zur Niederschrift bei dem Sozialamt im Rathaus, 50235 Neustadt, Gladbacher Str. 36, einzulegen. Falls die Frist durch das Verschulden eines von Ihnen Bevollmächtigten versäumt werden sollte, so würde dessen Verschulden Ihnen zugerechnet."

Verlängerung der Widerspruchsfrist bei fehlender Belehrung
Ist eine schriftliche Rechtsbehelfsbelehrung nicht erfolgt, kann der Widerspruch binnen eines Jahres nach Zustellung eingelegt werden (§§ 58, 70 VwGO; § 66 SGG).

Verlängerung der Widerspruchsfrist bei fehlerhafter Belehrung
Ist die schriftliche Rechtsbehelfsbelehrung unvollständig oder enthält sie irreführende oder Zusätze, die geeignet sind, die Einlegung des Rechtsbehelfs zu erschweren, so gilt sie als nicht erteilt (BSG, 31.8.2000, NJOZ 2001, 126).

In diesem Fall gilt die einjährige Frist für die Einlegung des Widerspruchs auch dann, wenn im konkreten Fall die unrichtige Belehrung nicht ursächlich war für die Nichteinlegung des Rechtsbehelfs.

Beispiele: Die Formulierung "Der Widerspruch ist schriftlich einzulegen" widerspricht dem Gesetz und kann einen Bürger davon abhalten, die Möglichkeit des Widerspruchs durch Niederschrift bei der Behörde wahrzunehmen.

Dasselbe gilt für die Zusätze "Es wird gebeten, den Widerspruch zu begründen" (BSG, 31.8.2000, NJOZ 2001, 126) oder

"Dem Widerspruch sind drei Abschriften beizufügen" (BVerwG, NJW 1980, 1707).

Verlängerung der Widerspruchsfrist bei fehlerhafter Belehrung
Bei Versäumung der Rechtsbehelfsfrist ist evtl. Wiedereinsetzung in den vorigen Stand möglich (siehe 38.3.17).

| **40.4.7. Anordnung der sofortigen Vollziehung** |

Praxis: Die Arbeitsagentur fordert den Hilfebedürftigen zur Leistung zusätzlicher Arbeit auf und ordnet gleichzeitig die sofortige Vollziehung an.

Vollziehung von Verwaltungsakten
Soweit ein Verwaltungsakt ein Tun oder Unterlassen gebietet, kann er von der Verwaltung vollzogen werden (siehe 46.2).

Die Durchsetzung gegen den Willen des Betroffenen ist grundsätzlich nur zulässig, wenn der Verwaltungsakt unanfechtbar ist oder wenn dem Widerspruch keine aufschiebende Wirkung beigelegt ist (§ 6 BVwVG; siehe unten 46.0); denn der Betroffene soll im Regelfall die Möglichkeit haben, die Rechtmäßigkeit der Maßnahme im Widerspruchs- und Klageverfahren überprüfen zu lassen.

Die Anordnung der sofortigen Vollziehung ist deshalb nur ausnahmsweise bei Vorliegen besonderer Voraussetzungen zulässig.

Sofortige Vollziehung im Anwendungsbereich des Sozialgerichtsgesetzes
Im Anwendungsbereich des Sozialgerichtsgesetzes, der u. a. die Leistungen nach den SGB II - VII, XI und XII, dem BKGG und dem BEEG umfasst, ist die Anordnung der sofortigen Vollziehung von großer praktischer Bedeutung; denn Widerspruch und Klage gegen zahlreiche Verwaltungsakte der Leistungsträger haben keine aufschiebende Wirkung (§ 86 Abs. 2 Nrn. 1 – 5 SGG; § 39 SGB II; § 336a SGB III).

Beispiel: Wird ein Arbeitsuchender nach § 309 SGB III aufgefordert, sich bei der Agentur für Arbeit persönlich zu melden, kann er durch Einlegung des Widerspruchs keinen Aufschub erreichen.

In diesen Fällen kann der Betroffene bei der erlassenden Behörde oder mit Einlegung des Widerspruchs bei der Widerspruchsbehörde die Aussetzung der sofortigen Vollziehung beantragen (§ 86a Abs. 3 SGG).

Hat er damit keinen Erfolg, bleibt ihm die Möglichkeit, bei dem für die Hauptsache zuständige Sozialgericht die Anordnung der aufschiebenden Wirkung zu beantragen (§ 86b Abs. 1 Nr. 2 SGG).

Das Sozialgericht kann nach § 86b Abs. 1 SGG auf Antrag,
• die sofortige Vollziehung anordnen, wenn Widerspruch oder Anfechtungsklage aufschiebende Wirkung haben,
• die aufschiebende Wirkung ganz oder teilweise anordnen, wenn Widerspruch oder Anfechtungsklage keine aufschiebende Wirkung haben.

Sofortige Vollziehung im Anwendungsbereich der VwGO
Die Anordnung der sofortigen Vollziehung durch die Behörde setzt im Anwendungsbereich der VwGO voraus (§ 80 Abs. 2 Nr. 4 und Abs. 3 VwGO) :
▶ Die sofortige Vollziehung muss **besonders angeordnet** werden.
▶ Die sofortige Vollziehung muss **im öffentlichen Interesse oder im überwiegenden Interesse eines Beteiligten** liegen. Dafür reicht es nicht aus, dass die Behörde von der Rechtmäßigkeit des Verwaltungsakts überzeugt ist oder dass sie Tatsachen und Wertungen anführt, die für die Begründung des Verwaltungsakts schon erforderlich sind. Sie muss insbesondere ein besonderes, gerade die Unaufschiebbarkeit der Maßnahme kennzeichnendes öffentliches Interesse darlegen.

Beispiele: Ein öffentliches Interesse an der sofortigen Abschiebung besteht nach Auffassung des BVerfG bei einem unverheirateten, volljährigen, kinderlosen Ausländer der zweiten Generation, der zu einer mehrjährigen Freiheits- oder Jugendstrafe verurteilt worden ist und die Sprache des Staates seiner Staatsangehörigkeit zumindest in Grundzügen versteht (DVBl. 2004, 1097)

Das Jugendamt ordnet die Inobhutnahme eines unfallverletzten Kindes und die sofortige Vollziehung an, um dem Arzt trotz verweigerter Zustimmung der Eltern eine lebensrettende Bluttransfusion zu ermöglichen (§ 42 Abs.3 SGB VIII).

• Das besondere Interesse an der sofortigen Vollziehung ist **schriftlich zu begründen**.

Die schriftliche Begründung ist nicht erforderlich, wenn die Behörde bei **Gefahr im Verzug**, insbesondere bei drohenden Nachteilen für Leben, Gesundheit oder Eigentum **vorsorglich eine als solche bezeichnete Notstandsmaßnahme im öffentlichen Interesse** trifft.

▶ Vor Anordnung der sofortigen Vollziehung ist der Betroffene **anzuhören** (BVerwG, NVwZ 1989, 904; → 38.3.15). Die Anhörung kann allerdings unterbleiben, wenn eine sofortige Entscheidung wegen Gefahr im Verzug oder im öffentlichen Interesse notwendig erscheint (§ 24 Abs. 2 Nr. 1 SGB X; ähnlich § 28 Abs. 3 VwVfG).

Sind diese Voraussetzungen nicht erfüllt, darf die Behörde den Verwaltungsakt nicht sofort vollziehen. Deshalb ist die Praxis mancher Behörden, vor Ablauf von Rechtsmittelfristen bzw. vor Entscheidung über den Widerspruch vollendete Tatsachen zu schaffen und z. B. bewilligte Leistungen einzustellen, zu verrechnen bzw. aufzurechnen, rechtlich äußerst bedenklich.

Rechtsschutz

Die Anordnung der sofortigen Vollziehung ist als selbständiger Verwaltungsakt für sich anfechtbar. Der Betroffene kann bei der Widerspruchsbehörde bzw. beim Verwaltungsgericht die Aussetzung der Vollziehung beantragen (§ 86a Abs. 3 SGG; § 80 Abs. 4 und 5 VwGO).

Ob eine Aussetzung erfolgt, hängt zunächst von den Erfolgsaussichten eines Widerspruchs- bzw. der Klage gegen den Verwaltungsakt ab (§ 86a Abs 2 Satz 2 SGG). Ist die Rechtslage unklar, wird darauf abzustellen sein, ob die Aussetzung zur Vermeidung schwerer Nachteile erforderlich ist (entsprechend § 32 BVerfGG).

Beispiel: *Ist unklar, ob die Ausweisung eines Ausländers gerechtfertigt ist, wird die Abschiebung zur Vermeidung schwerer Nachteile auszusetzen sein. Schiebt die Behörde rechtswidrig dennoch ab, ist sie zum Schadensersatz verpflichtet (BGH, 18.5.2006, NVwZ 2006, 960).*

40.5 Wirksamkeit des Verwaltungsakts

Praxis: *Ein Student lehnt die Rückzahlung von Ausbildungsförderung mit der Begründung ab, der Rückforderungsbescheid des Studentenwerks sei ihm von der Post nicht zugestellt worden.*

Bekanntgabe an Beteiligte
Der Verwaltungsakt ist dem Beteiligten bekanntzugeben, für den er bestimmt ist oder der von ihm betroffen wird (§ 37 SGB X, § 41 VwVfG).

Wirksamwerden mit Bekanntgabe
Mit der Bekanntgabe wird der Verwaltungsakt wirksam. Er wird mit dem Zeitpunkt der Bekanntgabe verbindlich. Die Rechtsbehelfsfristen beginnen zu laufen. Er kann aufgrund besonderer Anordnung sofort vollzogen werden (siehe 40.1, 40.4.7).

Wird ein Verwaltungsakt einem Betroffenen nicht zugestellt, wird er diesem gegenüber nicht wirksam. Rechtsbehelfsfristen beginnen erst zu laufen, wenn die Bekanntgabe nachgeholt wird.

40.5.1 Begriff der Bekanntgabe

Eine wirksame Bekanntgabe liegt vor, wenn der Verwaltungsakt mit Wissen und Willen der erlassenden Behörde so in den Machtbereich des Empfängers gelangt ist, dass bei Annahme gewöhnlicher Verhältnisse damit zu rechnen war, dass er von ihm Kenntnis nehmen konnte (BVerwG, SGb 1995, 206). Nicht erforderlich ist, dass der Empfänger tatsächlich von dem Inhalt Kenntnis nimmt.

Beispiel: *Vernichtet die Ehefrau eines Rentenantragstellers den ordnungsgemäß in den Briefkasten eingeworfenen Brief, in dem sich der Rentenbescheid befindet. Weil sie meint, es handele sich um eine unwichtige Drucksache, so wird der Bescheid gleichwohl wirksam. Die Rechtsmittelfrist beginnt zu laufen und läuft u. U. ab, bevor der Betroffene von dem Bescheid Kenntnis erhält.*

Andererseits kann eine wirksame Bekanntgabe vorliegen. wenn der Postbote dem 11-jährigen Bruder des Adressaten einen Einberufungsbescheid aushändigt und der Bruder den Brief nicht an den Adressaten weitergibt (BVerwG, NJW 1983, 1574).
In der Überweisung eines Geldbetrags kann die ausreichende Bekanntgabe eines Bewilligungsbescheids liegen, wenn für den Empfänger dessen Inhalt bestimmbar ist (BSG, NVwZ 1987, 927).

40.5.2 Form der Bekanntgabe

Grundsatz der Formfreiheit
Es liegt grundsätzlich im Ermessen der Behörde, wie sie den Verwaltungsakt bekannt gibt, ob

▶ mündlich,

▶ durch einfachen Brief oder Einschreibebrief,

▶ durch elektronische Übermittlung,

▶ durch Zustellung,

▶ durch öffentliche Bekanntgabe.

Besondere Zustellungsformen
Für eine Reihe von Verwaltungsakten ist eine besondere Form der Bekanntgabe vorgeschrieben, meist die Zustellung, die in der Regel in der Übergabe bzw. Vorlegung

eines Schriftstücks durch die Post oder eine Behörde besteht. So müssen beispielsweise Widerspruchsbescheide nach § 85 Abs. 3 SGG bzw. § 73 Abs. 3 VwGO zugestellt werden.

Auch bei anderen Verwaltungsakten ist eine förmliche Zustellung für die Verwaltung zweckmäßig, weil sonst das Wirksamwerden der Entscheidung und der Ablauf der Rechtsmittelfrist nicht nachgewiesen und deshalb die Entscheidung oft erst nach nochmaliger Bekanntgabe und Ablauf der Rechtsmittelfrist vollzogen werden kann.

Zustellung

Ist die Zustellung vorgeschrieben oder zweckmäßig, gilt das Verwaltungszustellungsgesetz des Bundes bzw. des Landes (§ 65 SGB X). Die Zustellung kann auf unterschiedliche Weise erfolgen:

Die Zustellung durch die Post mit Zustellungsurkunde ist auch dann wirksam, wenn der Empfänger nicht in der Wohnung angetroffen wird bzw. die Annahme verweigert. Die Behörde erhält die Zustellungsurkunde von der Post und hat damit den Nachweis der Zustellung und deren Zeitpunkt in den Akten (§ 3 BVwZG i.V.m. §§ 177 - 182 ZPO)

Die Zustellung kann durch die Post mittels Einschreiben erfolgen. Beim Einschreiben mit Rückschein genügt zum Nachweis der Zustellung der Rückschein. Beim „Übergabe-Einschreiben" erhält die Behörde keinen Rückschein. Im Zweifel muss sie nachweisen, dass das Schreiben dem Adressaten zugestellt worden ist (§ 4 Abs. 2 Satz 3 BwZG).

Für die Zustellung durch die Behörde gegen Empfangsbekenntnis gelten die Ausführungen zur Postzustellung entsprechend (§ 5 BwZG) .

Die Zustellung im Ausland erfolgt mittels Ersuchen der zuständigen Behörde des fremden Staates oder der in diesem Staat befindlichen konsularischen oder diplomatischen Vertretung des Bundes (§ 9 BwZG).

Die öffentliche Zustellung durch öffentliche Bekanntmachung ist zulässig z.B. bei unbekanntem Aufenthaltsort des Empfängers und bei Allgemeinverfügungen (siehe § 37 Abs. 3 und 4 SGB X, § 41 Abs. 3 und 4 VwVfG).

40.5.3 Zeitpunkt der Bekanntgabe

Zeitpunkt der Bekanntgabe bei verschiedenen Bekanntgabeformen

Der Zeitpunkt der Bekanntgabe, mit der der Verwaltungsakt wirksam wird und der Lauf der Widerspruchsfrist beginnt, hängt von der Art der Bekanntgabe ab.

Die Bekanntgabe ist bzw. gilt als bewirkt

► bei **mündlicher** Bekanntgabe im Zeitpunkt der Bekanntgabe,

► bei **förmlicher Zustellung** im Zeitpunkt der Zustellung,

► bei **öffentlicher Zustellung** zwei Wochen nach der ortsüblichen Bekanntmachung (§ 37 Abs. 4 SGB X, § 41 Abs. 4 VwVfG),

► bei **Übermittlung durch die Post in der Bundesrepublik** bzw. bei **elektronischer Übermittlung** am dritten Tage nach der Aufgabe zur Post bzw. nach der Absendung. Dieser Zeitpunkt gilt auch dann, wenn der Brief früher zugegangen ist. Behauptet der Bürger, den Brief nicht oder später als drei Tage nach dem Aufgabezeitpunkt erhalten zu haben, hat die Behörde den Zugang und den Zeitpunkt des Zugangs nachzuweisen (§ 37 Abs. 2 SGB X, § 41 Abs. 2 VwVfG; BSG, NJW 1991, 63).

► bei **Übermittlung durch Einschreibebrief** mit der Aushändigung bzw. Abholung. Eine Bekanntgabe gilt als bewirkt, wenn der Adressat durch treuwidriges Verhalten die Bekanntgabe verhindert (BSGE 51, 260, 262).

Beispiel: Hat der Postbote, der den Empfänger nicht angetroffen hatte, den Einschreibebrief bei der Postanstalt niedergelegt und einen Benachrichtigungszettel hinterlassen, ist eine Bekanntgabe erst bei Abholung erfolgt, die z.b. erst 5 Tage nach der Aufgabe des Briefes erfolgen oder ganz unterbleiben kann (BSG, 23.5.2001, NZS 2001, 53).

40.5.4 Bekanntgabe an den Adressaten und an den Betroffenen

Der Verwaltungsakt ist dem Adressaten und dem Betroffenen bekannt zu geben (§ 37 Abs. 1 SGB X, § 41 Abs. 1 VwVfG). Die Behörde trägt die Beweislast. Kann sie den Zugang nicht beweisen, ist der Verwaltungsakt nicht wirksam (BSG, 31.7.2002).

Adressat

Adressat ist der, an den sich der Verwaltungsakt unmittelbar richtet. Der Begriff des Adressaten deckt sich mit dem des Beteiligten nach § 12 Abs. 1 Satz 2 SGB X (BSG, NVwZ 1986, 421; siehe 38.3.7).

Betroffener

Betroffener ist, wer durch die Regelung der Rechtsposition des Adressaten zugleich eine Beeinträchtigung der eigenen Rechtsposition erfährt.

Beispiel: Weist das Ausländeramt einen Ausländer aus, der mit einer deutschen Frau verheiratet ist, so werden auch deren Rechte aus Art. 3 Abs. 2 und Art. 6 GG beeinträchtigt (BVerfGE 76, 147 f.).

Mehrere Betroffene

Ist der Verwaltungsakt mehreren Personen bekannt zu geben, so wird er für jeden Betroffenen jeweils erst mit der Bekanntgabe wirksam. Richtet sich ein Verwaltungsakt an **Ehegatten**, reicht die Bekanntgabe einer gemeinsamen Ausfertigung an einen nicht aus (BVerwG, NJW 1993, 2884)

Unterbleibt die Bekanntgabe gegenüber einem Betroffenen, so ist der Verwaltungsakt diesem gegenüber unwirksam.

Das gilt auch für Betroffene, die an dem **Verwaltungsverfahren nicht beteiligt** worden sind. Wird der Verwaltungsakt diesen später bekannt gemacht, beginnt die Widerspruchs-/Klagefrist erst zu diesem Zeitpunkt (BVerwG, NJW 1981, 1000). Nur in Ausnahmefällen kann das Anfechtungsrecht verwirkt sein (BSG, NJW 1972, 2103; BVerwGE 44, 294).

Bekanntgabe an Handlungsunfähige

Die Bekanntgabe gegenüber einem Handlungsunfähigen ist unwirksam (→ 27.2; BSGE 82, 293, Waschull in LPK-SGB X, § 37 Rn 20). Die Bekanntgabe ist gegenüber dem gesetzlichen Vertreter vorzunehmen. Das Vertretungsverhältnis muss aus dem Verwaltungsakt hervorgehen:

Beispiel: An "Marianne Kreier als gesetzliche Vertreterin ihrer Tochter Astrid".

Hat ein Handlungsunfähiger mehrere gesetzliche Vertreter, so genügt die Bekanntgabe gegenüber einem von ihnen (§ 6 Abs. 3 VwZG).

Beispiel: Wird ein handlungsunfähiger Minderjähriger von seinen Eltern gesetzlich vertreten, genügt die Zustellung an einen Elternteil (BFH, NJW 1977, 544).

Bekanntgabe an Empfangsboten

Der Verwaltungsakt kann auch einem Empfangsboten zugestellt werden. Empfangsbote ist eine Person, die vom Empfänger zur Entgegennahme von Erklärungen bestellt oder nach der Verkehrsanschauung als bestellt anzusehen ist. Dazu zählen bei schriftlichen Erklärungen zumindest alle in der Wohnung des Empfängers lebenden Angehörigen und Haushaltsmitglieder (BSG, 7.10.2004, NJW 2005, 1303).

Bekanntgabe an Vertreter/Bevollmächtigte
Bei Bekanntgabe an Vertreter oder Bevollmächtigte muss der Empfänger mit einer jeden Zweifel ausschließenden Sicherheit erkennen können, an wen der Verwaltungsakt gerichtet ist. Wird der Adressat im Anschriftenfeld nicht zweifelsfrei benannt, muss der sonstige Inhalt des Bescheids Klarheit verschaffen.
Beispiel: Wird ein Bescheid über die Aufhebung der Bewilligung einer Waisenrente der Mutter einer volljährigen Tochter übersandt, so ist die Aufhebung unwirksam, wenn die Mutter als nicht rechtskundige Person daraus nicht zweifelsfrei erkennen konnte, gegen wen sich die Aufhebung richtet (BSG, NVwZ 1986, 421).

Die Behörde kann sich darauf beschränken, den Verwaltungsakt nur dem Bevollmächtigten oder nur dem Adressaten oder Betroffenen bekannt zu geben. Sie muss den Verwaltungsakt dem Betroffenen zustellen, wenn dies gesetzlich bestimmt ist.

Bekanntgabe an juristische Personen
Bei juristischen Personen erfolgt die Bekanntgabe gegenüber dem zur Entgegennahme von Erklärungen zuständigen Organ.
Beispiel: Bei einem e.V. genügt die Bekanntgabe gegenüber einem Vorstandsmitglied (§ 28 Abs. 2 BGB).

40.5.5 Heilung von Zustellungsmängeln

Heilung durch Kenntnisnahme
Ist eine formgerechte Zustellung nicht nachweisbar oder sind zwingende Zustellungsvorschriften verletzt worden, so gilt ein Verwaltungsakt in dem Zeitpunkt als zugestellt, in dem der Empfangsberechtigte ihn nachweislich erhalten hat (§ 8 Abs. 1 VwZG; BVerwG, NJW 1988, 1612; DVBl. 1994, 810).
Beispiel: Wird nur dem Ehegatten ein Rückforderungsbescheid zugestellt, ergibt sich aber aus dessen Inhalt, dass er auch die an die Ehefrau gewährten Sozialhilfeleistungen betrifft, so gilt die Zustellung als bewirkt, wenn die Ehefrau sich bei dem zuständigen Sachbearbeiter gegen die Rückforderung wendet. Dies gilt nicht, wenn die Ehefrau als Adressat des Verwaltungsakts nicht klar erkennbar ist (BSG, NVwZ 1986, 421; zur Beweislast siehe VG Bremen NVwZ 1994, 1236).

Keine Heilung bei Klage- und Rechtsmittelfristen
Auch wenn die Kenntniserlangung nachweisbar ist, tritt eine Heilung nicht ein, wenn mit der Zustellung eine Frist für die Erhebung einer Klage, eine Berufungs-, Revisions- oder Rechtsmittelbegründungsfrist beginnt (§ 9 Abs. 2 VwZG).
Beispiel: Wird ein Widerspruchsbescheid fehlerhaft zugestellt, beginnt die Klagefrist nicht zu laufen (BVerwG, NJW 1983, 1076).

Verhinderung der Bekanntgabe als unzulässige Rechtsausübung
Ein Beteiligter kann sich nicht darauf berufen, dass der Verwaltungsakt nicht oder nicht ordnungsgemäß zugestellt worden sei, wenn es sich um unzulässige Rechtsausübung handelt (BVerwG, NVwZ 1987, 793).
Beispiel: Teilt eine Frau, die ein BaföG-Darlehen erhalten hat, trotz ausdrücklicher Aufforderung durch das Bundesverwaltungsamt die Änderung ihrer Anschrift nicht mit und wird deshalb ein Bescheid durch die Post per Einschreiben der Mutter unter der früheren Anschrift zugestellt, läuft die Widerspruchsfrist ab diesem Zeitpunkt, obwohl eine ordnungsgemäße Bekanntgabe nicht erfolgt ist (OVG Münster, NVwZ-RR 1988, 57).

Entsprechendes gilt, wenn der Adressat die Annahme eines Einschreibebriefes am Postschalter bewusst ablehnt und später behauptet, ihm sei der Bescheid nicht bekannt (LSG NRW, NJW 1990, 407).

41.0 BESTANDSKRAFT UND ERLEDIGUNG VON VERWALTUNGSAKTEN - ÜBERBLICK

Praxis: Die Arbeitsagentur bewilligt Arbeitslosengeld II für die Zeit vom 1. Februar bis zum 31. Juli. Der Hilfebedürftige findet zum 1. April einen neuen Arbeitsplatz (→ 40.2).

Das Sozialamt bewilligt einer Witwe, die eine niedrige Witwenrente erhält, ergänzende Hilfe zum Lebensunterhalt nach § 17 ff. SGB XII. Nach einiger Zeit wird bekannt, dass sie mit einem Witwer zusammenlebt. Das Sozialamt stellt daraufhin die Sozialhilfe gemäß §§ 20, 36 SGB XII ein (→ 40.2.1).

41.1 Bestandskraft von Verwaltungsakten

Grundsatz: Rechtmäßige und rechtswidrige Verwaltungsakte sind verbindlich
Mit Ausnahme des nichtigen Verwaltungsakts bleibt ein Verwaltungsakt wirksam, solange und soweit er nicht aufgehoben oder auf andere Weise erledigt ist (§ 39 Abs. 2 SGB X = § 43 Abs. 2 VwVfG)

Bestandskraft
Diese Wirkung, die auch als Bestandskraft bezeichnet wird und weitgehend der Rechtskraft einer gerichtlichen Entscheidung entspricht (BVerfGE 60, 269), kann grundsätzlich von der erlassenden Behörde auch dann nicht durchbrochen werden, wenn diese erkennt, dass der Verwaltungsakt rechtswidrig ist.

41.2 Allgemeine und besondere Erledigungsgründe

Der Wegfall der Bestandskraft eines Verwaltungsakts tritt nur in folgenden Fällen ein:
- ▶ **Zeitablauf** oder **Eintritt einer auflösenden Bedingung** nach § 32 Abs. 3 SGB X,
- ▶ **Rücknahme** bzw. **Widerruf** seitens der erlassenden Behörde durch Erlass eines neuen Verwaltungsakts (→ 44.0),
- ▶ **Aufhebung durch Widerspruchsbescheid** der Widerspruchsbehörde (→ 49.3.5) oder durch **Urteil des Sozialgerichts** bzw. **Verwaltungsgerichts** (→ 50.4.1),
- ▶ **Verzicht** nach § 46 SGB I,
- ▶ **Tod** bei höchstpersönlichen Ansprüchen nach §§ 56-59 SGB I,
- ▶ **Ausreise** für längere Zeit als sechs Monate bewirkt in der Regel das Erlöschen der Aufenthaltserlaubnis nach § 51 Abs. 1 Nr. 7 AufenthG.

Änderung der Verhältnisse - Grundsatz
Grundsätzlich führt eine Änderung der bei Erlass des Verwaltungsakts bestehenden Verhältnisse nicht zu einer Änderung des Verwaltungsakts. Vielmehr kann die erlassende Behörde in der Regel nur durch Erlass eines neuen Bescheids, der nur unter bestimmten gesetzlichen Vorschriften zulässig ist, den ursprünglichen Verwaltungsakt ändern (z.B. § 48 SGB X → 44.6; § 51 VwVfG, § 53 BAföG).

Bescheide über Grundsicherung im Alter und bei Erwerbsminderung
Leistungen der Grundsicherung im Alter und bei Erwerbsminderung nach §§ 41 ff. SGB XII werden in der Regel für zwölf Monate bewilligt (§ 44 Abs. 1 Satz 1 SGB XII).
Die Einstellung oder Änderung während des Bewilligungszeitraums ist ein Verwaltungsakt. Widerspruch und Anfechtungsklage haben aufschiebende Wirkung.

Bescheide über Grundsicherung für Arbeitssuchende

Leistungen der Grundsicherung für Arbeitssuchende werden in der Regel für sechs Monate bewilligt (§ 41 Abs. 1 Satz 3 SGB II).

Während dieses Zeitraums ist eine vorläufige Einstellung ohne Bescheid zulässig, wenn die Arbeitsagentur Kenntnis von Tatsachen erhält, die zum Wegfall des Leistungsanspruchs geführt haben können (§ 40 Abs. 1 Nr. 2 SGB II in Verbindung mit § 331 SGB III).

Gegen Entziehung oder Kürzung der Leistungen während des Bewilligungszeitraums in anderen Fällen sind Widerspruch und Anfechtungsklage zulässig. Sie haben gemäß § 39 SGB II keine aufschiebende Wirkung.

Bei Existenzgefährdung kann in diesen Fällen vom Betroffenen einstweiliger Rechtsschutz beantragt werden (→ 50.4.5).

41.3 Auswirkung von Rechtsfehlern auf die Bestandskraft des Verwaltungsakts

Ein Verwaltungsakt kann in sehr unterschiedlicher Weise in Widerspruch zum geltenden Recht stehen.

Anders als im Bürgerlichen Recht, das die Nichtigkeit eines gesetzwidrigen Rechtsgeschäfts anordnet (§ 134 BGB), ist im Verwaltungsrecht der gesetzwidrige Verwaltungsakt in der Regel wirksam.

Je nach der Art des Gesetzesverstoßes tritt aber eine unterschiedliche Bindungswirkung des Verwaltungsakts ein:

Unbeachtliche Rechtsfehler

Lässt sich der Rechtsfehler beheben, ohne dass der Rechtsschutz bzw. Vertrauensschutz des Bürgers beeinträchtigt wird, ist die Behörde nicht an den ursprünglich erlassenen fehlerhaften Verwaltungsakt gebunden.
(siehe 42.0)

Besonders schwere Rechtsfehler

Ist der Rechtsfehler besonders schwerwiegend und offenkundig, tritt ausnahmsweise Nichtigkeit ein mit der Rechtsfolge, dass der nichtige Verwaltungsakt keine Bestandskraft und keine Bindungswirkung hat.
(siehe 43.0)

Sonstige Rechtsfehler

Sonstige Rechtsfehler führen zur Aufhebbarkeit des Verwaltungsakts.
Die Aufhebung kann der Betroffene dadurch erreichen, dass er fristgerecht
► Widerspruch einlegt (siehe 49.3.2) und bei Erfolglosigkeit
► Anfechtungsklage erhebt (siehe 50.4.1).
Unabhängig davon ist die Behörde u. U. berechtigt bzw. verpflichtet, den rechtswidrigen Verwaltungsakt aufzuheben.
(siehe 44.0)

Ermittlung von Rechtsfehlern eines Verwaltungsakts

Für die Prüfung, ob ein Verwaltungsakt fehlerhaft ist, kann die Verwendung eines Prüfschemas zweckmäßig sein, das die verschiedenen Fehlermöglichkeiten systematisch erfasst (siehe nächste Seite).

I. ERSTER PRÜFSCHRITT

Stets ist, falls nicht von der Behörde mitgeteilt, zunächst die besondere gesetzliche Vorschrift zu suchen (siehe Abschnitt I des Schemas), auf die sich die behördliche Maßnahme, meist Leistung oder Eingriff, stützen könnte, weil davon Zuständigkeiten und andere Verfahrensfragen abhängen können (siehe Abschnitte II und III des Schemas).

Beispiele: Lehnt das Jugendamt die Übernahme der Kosten der Kinderbetreuung während des Krankenhausaufenthalts der Mutter ab, kann § 20 SGB VIII die Anspruchsgrundlage sein. Daraus folgt, dass für das Zustandekommen des Verwaltungsaktes und für das einzuhaltende Verfahren die Vorschriften des SGB X gelten.

Die Erteilung einer Aufenthaltsgenehmigung und deren Entziehung, Ausweisung und Abschiebung eines Ausländers sind nicht im Sozialgesetzbuch, sondern im Aufenthaltsgesetz geregelt. Deshalb gelten insoweit dieses Gesetz und das Verwaltungsverfahrensgesetz des jeweiligen Bundeslandes.

II. ZWEITER PRÜFSCHRITT

Im zweiten Schritt ist zu prüfen, ob die Behörde vor dem Erlass des Verwaltungsakts die für sie geltenden Verfahrensvorschriften beachtet hat (Abschnitt II des Schemas).

II. DRITTER PRÜFSCHRITT

Daran schließt sich die Prüfung an, ob die Maßnahme ein Verwaltungsakt ist, ob dieser den notwendigen Inhalt hat und ob er wirksam zustande gekommen ist (Abschnitt III).

IV. VIERTER PRÜFSCHRITT

Bestimmte Fehlern eines Verwaltungsakts haben keine rechtliche Bedeutung oder können geheilt werden. Dies ist im vierten Schritt zu prüfen. (Abschnitt IV des Schemas).

V. FÜNFTER PRÜFSCHRITT

Die Prüfung, ob die materiellen Voraussetzungen der gesetzlichen Vorschrift im konkreten Fall erfüllt sind, erfolgt erst im fünften und letzten Schritt (siehe Abschnitt V des Schemas).

Hierbei kann sich die Frage stellen, ob die anzuwendende Vorschrift mit höherrangigem Recht z. B. mit der Verfassung vereinbar ist (V.3).

Auch ist es möglich, dass eine behördliche Maßnahme zwar dem Wortlaut eines Gesetzes entspricht, im konkreten Fall aber rechtswidrig ist, weil sie gegen höherrangiges Recht z.B. den Gleichheitssatz oder den Verhältnismäßigkeitsgrundsatz verstößt (V.4).

Eine abschließende Beantwortung dieser Frage wird aber dem SA/SP kaum jemals möglich sein, weil die verfassungsrechtliche Prüfung sehr schwierig ist und selten eine sichere Prognose der Erfolgschancen zulässt. Bei verfassungsrechtlichen Bedenken sollte deshalb der Rat eines verfassungsrechtlich versierten Juristen eingeholt werden.

Prüfschema zur Ermittlung von Rechtsfehlern eines Verwaltungsakts

I.	Welche spezialgesetzliche Grundlage kommt für die behördliche Leistung bzw. den behördlichen Eingriff in Betracht?

II.	Hat die Behörde die für sie geltenden Verfahrensvorschriften beachtet? (§§ 8 - 25 SGB X)
1.	Ist die Behörde sachlich zuständig?
2.	Ist die Behörde örtlich zuständig?
3.	Durfte die Behörde tätig werden?
4.	Sind die Beteiligten beteiligungsfähig?
5.	Sind die Beteiligten handlungsfähig?
6.	Haben ausgeschlossene Personen mitgewirkt?
7.	Haben befangene Personen mitgewirkt?
8.	Hat die Behörde den Sachverhalt unzureichend aufgeklärt?
9.	Sind die Beteiligten ordnungsgemäß angehört worden?

III.	Ist der Verwaltungsakt wirksam zustande gekommen? (§§ 31 - 37 SGB X)
1.	Ist die Maßnahme ein Verwaltungsakt ?
2.	Ist der Verwaltungsakt inhaltlich hinreichend bestimmt ?
3.	Ist er in der richtigen Form ergangen ?
4.	Ist die erlassende Behörde erkennbar und die erforderliche Unterschrift bzw. Namenswiedergabe vorhanden (nur bei Schriftform) ?
5.	Ist die erforderliche Begründung mitgeteilt (nur bei Schriftform) ?
6.	Ist der Verwaltungsakt wirksam bekannt gegeben ?

IV.	Sind Form-, Verfahrens- oder sonstige Fehler unbeachtlich oder heilbar bzw. geheilt (§§ 38, 41, 42 SGB X)

V.	Entspricht der Verwaltungsakt inhaltlich dem geltenden Recht?
1.	Sind die einzelnen rechtlichen Voraussetzungen, die sich aus der gesetzlichen Grundlage für Eingriff bzw. Leistung ergeben, erfüllt ?
2.	Ist der Verwaltungsakt an den richtigen Adressaten gerichtet ?
3.	Hat die Behörde, falls ihr ein Ermessensspielraum zusteht, diesen fehlerfrei ausgefüllt ?
4.	Nur bei besonderem Anlass: Ist die gesetzliche Grundlage mit höherrangigem Recht vereinbar, z.B. mit dem Grundgesetz, mit europäischem Recht ?
5.	Nur bei besonderem Anlass: Ist die gesetzlich anscheinend zulässige Maßnahme im konkreten Fall wegen Verstoß gegen höherrangiges Recht nicht rechtmäßig, z.B. wegen Verstoß gegen den Gleichheitssatz, den Verhältnismäßigkeitsgrundsatz ?

42.0 UNBEACHTLICHE RECHTSFEHLER DES VERWALTUNGSAKTS

Praxis: *Das Studentenwerk bewilligt einem Studenten Ausbildungsförderung in Höhe von 3.100 Euro statt 310 Euro monatlich und zahlt regelmäßig aus.*

42.1 Offenbare Unrichtigkeiten

Grundsatz

Die Behörde ist nicht an den Verwaltungsakt gebunden, soweit dieser offenbar unrichtig ist und deshalb der Betroffene auf die Richtigkeit und Rechtmäßigkeit nicht vertrauen konnte. Deshalb darf sie offenbare Unrichtigkeiten jederzeit berichtigen (§ 38 SGB X = § 42 VwVfG).

Voraussetzungen der Berichtigung

Die Berichtigung ist nur zulässig, wenn

▶ der **Fehler in der Verlautbarung des Willens** liegt, die Behörde also etwas anderes aussagt als sie sagen wollte oder etwas nicht aussagt, was gewollt war. Typische derartige Unrichtigkeiten sind Schreib-, Rechen- und Programmierfehler. Sie müssen aber für den Beteiligten offensichtlich sein.

Fehler in der Tatsachenbewertung und in der rechtlichen Bewertung, die im Bereich der Willens**bildung** liegen, können nicht nach § 38 SGB X berichtigt werden. Bereits die ernsthaft in Betracht kommende Möglichkeit eines derartigen Tatsachen- oder Rechtsirrtums schließt die Berichtigung aus. Zweifel gehen zu Lasten der Behörde (BSGE 24, 203, 204).

▶ die **Unrichtigkeit offenbar** ist. Auch außerhalb des Verwaltungsakts liegende Umstände können herangezogen werden. wenn sich daraus für die Beteiligten die offenbare Unrichtigkeit ergibt.

Beispiel: *Beantragt ein Student die Einschreibung für das Studienfach Wirtschaftswissenschaften und werden ihm daraufhin der Studentenausweis und der Stammdatenausdruck mit Studienbescheinigung für das Studienfach Zahnmedizin ausgehändigt, so ist eine Berichtigung zulässig, obwohl der Fehler für einen Außenstehenden nicht erkennbar ist (BVerwG, NVwZ 1986, 199).*

Rechtsschutz

Die Berichtigung ist kein Verwaltungsakt; denn sie macht nur den richtigen Inhalt des Verwaltungsakts deutlich (BSG, 19.10.2000; BVerwGE 21, 316). Sie steht grundsätzlich im Ermessen der Behörde. Jedoch muss sie berichtigen, wenn dies im berechtigten Interesse des Beteiligten liegt (§ 38 Satz 2 SGB X).

▶ Ein **Berichtigungsbescheid** (§ 38 SGB X) setzt eine neue Rechtsbehelfsfrist in Gang, wenn erst die berichtigte Fassung des Verwaltungsakts die Beschwer erkennen lässt (BSG, 19.10.2000, NZS 2001, 336).

▶ Die **Ablehnung einer Berichtigung**, die für den Beteiligten günstig ist, ist ein Verwaltungsakt.

"Berichtigt" die Behörde, obwohl **keine offenbare Unrichtigkeit** gegeben ist, liegt darin eine Änderung des Verwaltungsakts. Diese ist aber nur zulässig, wenn ein gesetzlicher Aufhebungsgrund vorliegt (→ 44.0). Trotzdem versuchen Sachbearbeiter und Behörden immer wieder, begangene Fehler durch "Berichtigung" aus der Welt zu schaffen, obwohl eine offenbare Unrichtigkeit nicht vorliegt.

In diesen Fällen kann sich der Betroffene mit Widerspruch und Anfechtungsklage gegen die Änderung wehren.

Erstattung zu Unrecht erbrachter Sozialleistungen
Wurden aufgrund des offenbar unrichtigen Verwaltungsaktes Sozialleistungen zu Unrecht erbracht, kann die Behörde - nach oder gleichzeitig mit dem Berichtigungsbescheid - deren Erstattung verlangen (§ 50 Abs. 5 SGB X; BSG, ZBR 1993, 269).

Das BSG ist der Auffassung, dass der Behörde insoweit ein Ermessensspielraum zusteht und dass sie die Folgen einer Erstattung für den Betroffenen berücksichtigen muss (BSG, 31.5.1990, NVwZ-RR 1991, 1).

Der Erstattungsanspruch verjährt gemäß § 50 Abs. 4 SGB X in vier Jahren.

42.2 Verletzung von Form- und Verfahrensvorschriften

Unbeachtliche Form- und Verfahrensfehler
Allgemein ist die Verletzung von Verfahrens-, Form- und Vorschriften über die örtliche Zuständigkeit bei dem Zustandekommen eines Verwaltungsaktes unbeachtlich, wenn offensichtlich ist, dass die Verletzung die Entscheidung in der Sache nicht beeinflusst hat (§ 42 SGB X und § 46 VwVfG; Ziekow, NVwZ 2005, 264).

Beispiel: Ist Ausbildungsförderung mit unzureichender Begründung zurückgefordert worden, so bleibt dieser Fehler ohne Rechtsfolge, wenn die Rückforderung berechtigt ist.

Die Vorschrift gilt auch **für Verwaltungsakte, für die ein Ermessens- bzw. Beurteilungsspielraum** gegeben ist (KK/Steinwedel, SGB X, § 42, Rn 8).

Heilung durch Nachholung der Verfahrenshandlung
Hat die Behörde bestimmte Form- oder Verfahrensvorschriften verletzt, so ist dieser Fehler unbeachtlich, wenn er durch Nachholung der erforderlichen Handlungen geheilt wird. Die Nachholung ist bis zum Ende des gerichtlichen Verfahrens vor dem OVG bzw. LSG zulässig (§ 41 Abs. 2 SGB X und § 42 VwVfG).

Die Heilung wirkt auf den Zeitpunkt zurück, zu dem der Verwaltungsakt erlassen wurde, wenn die Nachholung die versäumte Verwaltungshandlung funktional angemessen ersetzen kann (BVerwGE 66, 291 = NJW 1983, 2516; BSG, 6.4.2006).

Beispiel: Das BSG hielt einen Rückforderungsbescheid, der ohne die notwendige Anhörung ergangen war, nach erfolgter Anhörung von dem Zeitpunkt an für wirksam, zu dem er erlassen worden war (SozR 1200 § 34 aF Nr.13).

Erlass eines neuen Bescheids bei Ausschluss der Heilung
Häufig wird die Behörde nach Aufhebung des nicht heilbaren Bescheids einen neuen Bescheid gleichen Inhalts erlassen.

Jedoch ist ihr dies nicht mehr möglich, wenn der Erlass des Verwaltungsaktes nur innerhalb bestimmter Fristen zulässig ist, z.B. nach § 45 Abs. 3 und § 45 Abs. 4 SGB X. Dies kann dazu führen, dass sie einen rechtswidrigen Verwaltungsakt nicht mehr aufheben kann.

43.0 SCHWERE FEHLER DES VERWALTUNGSAKTS (NICHTIGKEITSGRÜNDE)

Grundsatz
Nichtig ist ein Verwaltungsakt, soweit er an einem besonders schwerwiegenden Fehler leidet und dies bei verständiger Würdigung aller in Betracht kommenden Umstände offenkundig ist (§ 40 Abs. 1 SGB X, § 44 Abs. 1 VwVfG).

Gesetzlicher Nichtigkeitskatalog
In § 40 Abs. 2 und 3 SGB X ist bestimmt, dass ohne Rücksicht auf die Offenkundigkeit des Fehlers Verstöße der in Abs. 2 genannten Art stets zur Nichtigkeit und Verstöße der in Abs. 3 genannten Art grundsätzlich nicht zur Nichtigkeit führen.

Nichtigkeit in anderen Fällen
In anderen Fällen setzt die Nichtigkeit voraus:

▶ Der Verwaltungsakt muss einen **besonders schwerwiegenden Fehler** aufweisen. Dies trifft für den sog gesetzlosen Verwaltungsakt zu. Bei ihm hat unter keinem denkbaren Gesichtspunkt eine gesetzliche Ermächtigung für seinen Erlass vorgelegen (BVerwG, NVwZ 1998, 1061; BSG 12.9.1995 NJW 1996, 2596).

▶ Die Fehlerhaftigkeit muss **offensichtlich** sein. Das bedeutet, dass die schwere Fehlerhaftigkeit des Verwaltungsakts für einen unvoreingenommenen, mit den in Betracht kommenden Umständen vertrauten, verständigen Beobachter ohne weiteres ersichtlich sein muss (BVerfGE 34, 25).

Beispiele: Unverständlichkeit (BSGE 56, 20); Unbestimmtheit des Adressaten (BVerwG, DVBl. 1994, 810); absolute sachliche Unzuständigkeit (BVerwG DÖV 1974, 565; OLG München 24.4.1981, NVwZ 1982, 150)

Rechtswirkungen und Rechtsschutz
Ein nichtiger Verwaltungsakt hat **keine Rechtswirkungen** und bindet weder Adressat, Behörde, Gericht oder Dritte. Da auch ein nichtiger Verwaltungsakt zunächst den Rechtsschein der Gültigkeit für sich haben kann, kann die Behörde die Nichtigkeit jederzeit von Amts wegen oder auf Antrag des Betroffenen feststellen (§ 40 Abs. 5 SGB X, § 44 Abs. 5 VwVfG).

Der Betroffene kann aber auch die allgemeinen Rechtsbehelfe (Widerspruch, Anfechtungsklage) einsetzen oder auf Feststellung der Nichtigkeit klagen (§ 43 Abs. 1 VwG0, § 55 Nr. 4 SGG; BSG, NVwZ 1989, 902).

Erstattungspflicht
Sind Sozialleistungen aufgrund eines nichtigen Verwaltungsakts gewährt worden, ist der Empfänger grundsätzlich erstattungspflichtig. Jedoch wird ihm der gleiche Vertrauensschutz garantiert, wie bei einer Leistung aufgrund eines wirksamen Verwaltungsaktes (§ 50 Abs. 2 in Verbindung mit §§ 45 und 47 SGB X). Dies wirkt sich zugunsten des Betroffenen z. B. dann aus, wenn dieser die Nichtigkeit nicht ohne weiteres erkennen konnte (siehe 45.2).

Schwierigkeiten für die Praxis
Wegen der inhaltlich sehr unbestimmten rechtlichen Regelungen ist es in der Praxis meist nicht möglich, eindeutig zu bestimmen, ob ein Verwaltungsakt nichtig ist. Deshalb sollten SA/SP, um Nachteile für die Betroffenen zu vermeiden, alle Rechtsbehelfe wahrnehmen, auch wenn sie von der Nichtigkeit überzeugt sind.

44.0 AUFHEBUNG VON VERWALTUNGSAKTEN

Praxis: Ein SA/SP bemerkt, als er sich einen vor drei Jahren erlassenen Renten-bescheid über Altersruhegeld ansieht, dass darin nur 35 Versicherungsjahre statt der nachgewiesen 43 Beschäftigungsjahre berücksichtigt sind. Der Rentner teilt dies dem Rentenversicherungsträger mit, der den Rentenbescheid aufhebt, eine höhere Rente bewilligt und die Differenzbeträge nachzahlt.

Die Arbeitsagentur erfährt durch automatisierten Datenabgleich nach § 52 SGB II, dass eine Frau, die Arbeitslosengeld II erhält, eine Unfallrente bezieht. Nach Anhö-rung der Betroffenen hebt sie die Bewilligung von Alogeld II für die Vergangenheit in Höhe der Unfallrente auf und verlangt Erstattung des überzahlten Betrags.

44.1 Allgemeines

Begriff der Aufhebung nach den allgemeinen Vorschriften im SGB X
Die allgemeinen verwaltungsverfahrensrechtlichen Vorschriften fassen unter dem Begriff der Aufhebung

▶ die **Rücknahme** rechtswidriger Verwaltungsakte und

▶ den **Widerruf** rechtmäßiger Verwaltungsakte

zusammen, wobei sie zwischen begünstigenden und nicht begünstigenden Verwal-tungsakten unterscheiden.

Rücknahme und Widerruf nur aufgrund gesetzlicher Vorschriften
Ein mit Bekanntgabe wirksam gewordener Verwaltungsakt bindet die erlassende Be-hörde (siehe 41.1). Die Bindung besteht auch, wenn der Verwaltungsakt rechtswidrig ist. Er darf nur aufgehoben werden, wenn eine gesetzliche Vorschrift dies erlaubt.
Die allgemeinen Regelungen über Rücknahme und Widerruf von Verwaltungsakten im Sozialleistungsbereich sind in §§ 44 – 51 SGB X enthalten.

Vorrang spezieller Regelungen
Spezielle gesetzliche Vorschriften über Aufhebung und Widerruf gehen den allge-meinen vor.
Derartige Sonderregelungen enthalten z. B. § 40 Abs. 1 Nr. 1 SGB II, § 330 SGB III, § 20 BAföG, § 20 Abs. 4 BKKG, § 30 Abs. 4 WoGG. Diese Regelungen schränken den allgemeinen Vertrauensschutz ein bzw. lassen eine rückwirkende Aufhebung bzw. eine Rückforderung ohne gleichzeitige Aufhebung des Bewilligungsbescheids zu (zu § 20 BAföG → BVerwG, NVwZ-RR 1990, 251).

Aufhebung von Subventionsbescheiden
Freie Träger der Jugend- oder Sozialhilfe erhalten Zuwendungen zur Erfüllung be-stimmter Zwecke. Verwenden sie die Zuwendung zweckwidrig, kann der Zuwen-dungsbescheid widerrufen (§ 47 Abs. 2 SGB X) und der Empfänger zur Erstattung verpflichtet werden (§ 50 Abs. 1 SGB X).

Beispiel: Ein freier Träger hat Eingliederungszuschüsse erhalten. Der Mitarbeiter hat aber die Tätigkeit abgebrochen.

Der erstattungspflichtige Träger ist zur Zahlung von recht hohen Zinsen verpflichtet, wenn Leistungen zur Förderung von Einrichtungen oder ähnliche Leistungen erbracht worden sind. Die Behörde kann von der Geltendmachung des Zinsanspruchs absehen, insbesondere wenn der Erstattungspflichtige in Bezug auf den aufgehobenen Verwal-tungsakt sich „nichts hat zu Schulden kommen lassen" (§ 50 Abs.2a Satz 2 SGB X, § 49a Abs.3 Satz 2 VerwVfG).

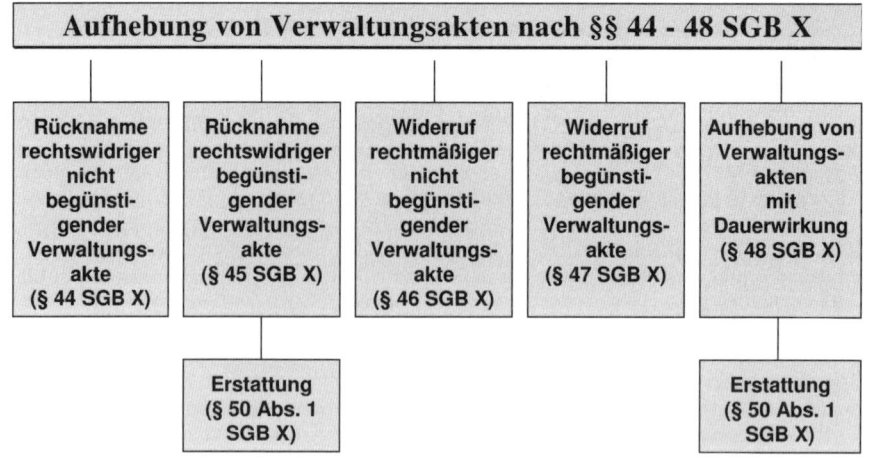

| Rücknahme rechtswidriger nicht begünstigender Verwaltungsakte (§ 44 SGB X) | Rücknahme rechtswidriger begünstigender Verwaltungsakte (§ 45 SGB X) | Widerruf rechtmäßiger nicht begünstigender Verwaltungsakte (§ 46 SGB X) | Widerruf rechtmäßiger begünstigender Verwaltungsakte (§ 47 SGB X) | Aufhebung von Verwaltungsakten mit Dauerwirkung (§ 48 SGB X) |

Aufhebung von Verwaltungsakten nach §§ 44 - 48 SGB X

Erstattung (§ 50 Abs. 1 SGB X)

Erstattung (§ 50 Abs. 1 SGB X)

44.1.1 Rechtmäßige - rechtswidrige Verwaltungsakte

Begriff

Ein Verwaltungsakt ist **rechtmäßig**, wenn er mit dem geltenden Recht übereinstimmt d. h. keine beachtlichen formellen oder materiellen Fehler aufweist (→ 41.0).

Er ist **rechtswidrig**, wenn er durch unrichtige Anwendung von Rechtsvorschriften zustande gekommen ist. Das gilt auch, wenn die Bediensteten, die den Verwaltungsakt erlassen haben, keinerlei Verschulden trifft.

Maßgeblicher Zeitpunkt

Maßgebend für die Beurteilung der Rechtmäßigkeit ist die Sach- und Rechtslage zum Zeitpunkt des Erlasses (BSGE 57, 274).

Eine nachträgliche Änderung der Sach- und Rechtslage wirkt sich nicht auf die bis dahin bestehende Rechtmäßigkeit des Verwaltungsaktes aus (BVerwGE 45, 235), kann aber dessen Aufhebung rechtfertigen (→ 44.6 und 44.7).

Maßgeblicher Zeitpunkt in Gerichtsverfahren

Kommt es zu einem gerichtlichen Verfahren, in dem sich der Betroffene gegen einen **belastenden Verwaltungsakt** wendet, so beurteilt sich die Rechtmäßigkeit im Rahmen der **Anfechtungsklage** grundsätzlich nach der Sach- und Rechtslage im Zeitpunkt des Erlasses (BSGE 51, 147).

Dagegen kommt es grundsätzlich auf den Zeitpunkt der letzten mündlichen Verhandlung im Gerichtsverfahren an, wenn **einmalige oder Dauerleistungen** im Rahmen einer **Leistungsklage** abgelehnt wurden (Keller in: Meyer-Ladewig, Sgg, § 54 Rn 32ff.).

44.1.2 Begünstigende - nicht begünstigende Verwaltungsakte

Begünstigender Verwaltungsakt
Ein Verwaltungsakt ist begünstigend, soweit er ein Recht oder einen rechtlich erheblichen Vorteil begründet oder bestätigt (§ 45 Absatz 1 SGB X).
Alle anderen Verwaltungsakte sind „nicht begünstigend". Das gilt auch für „**neutrale Verwaltungsakte**", die eine Feststellung enthalten, die weder begünstigt noch belastet (OVG Lüneburg, NVwZ 1990, 675, aber strittig).

Belastender Verwaltungsakt
Daraus ergibt sich im Umkehrschluss, dass ein Verwaltungsakt nicht begünstigend ist, soweit er eine Pflicht oder einen rechtlich erheblichen Nachteil begründet oder bestätigt oder einen begünstigenden Verwaltungsakt abgelehnt hat (belastender Verwaltungsakt).

Verwaltungsakt mit Mischwirkung
Ein begünstigender Verwaltungsakt kann "insoweit" eine Belastung enthalten wie er eine geringere als die gesetzlich zustehende Leistung gewährt.
Beispiel: Die Agentur für Arbeit bewilligt ein zu niedriges Arbeitslosengeld.
Soweit er eine Begünstigung enthält, sind die Vorschriften über begünstigende Verwaltungsakte anzuwenden (z. B. § 45 SGB X). Soweit er eine Belastung enthält, sind die Vorschriften über nicht begünstigende Verwaltungsakte anzuwenden (z. B. § 46 SGB X).

Verwaltungsakt mit Doppelwirkung
Ein Verwaltungsakt kann eine Person begünstigen und eine andere belasten.
Beispiel: Die Abzweigung eines Teilbetrags nach § 48 SGB I ist für die unterhaltsberechtigte Ehefrau günstig, aber für den rentenberechtigten Ehemann belastend.

Verwaltungsakt mit Drittwirkung
Drittwirkung hat ein Verwaltungsakt, wenn er nicht nur gegenüber dem Adressaten, sondern auch gegenüber einer anderen Person, eine unmittelbare, begünstigende oder belastende Rechtswirkung hat.
Beispiele: Die deutsche Ehefrau kann durch die Ausweisung des ausländischen Ehemanns in ihren Grundrechten aus Art. 2 und 6 GG unmittelbar beeinträchtigt sein, wenn der Grundsatz der Verhältnismäßigkeit nicht gewahrt wurde (BVerfG, 3.5.1973, NJW 1973, 2077).

Die auf Antrag des Arbeitgebers von der zuständigen Arbeitsschutzbehörde abgegebene Erklärung der Zulässigkeit der Kündigung einer schwangeren Arbeitnehmerin ist ein privatrechtsgestaltender Verwaltungsakt, der für den Arbeitgeber günstig und für die Schwangere belastend ist (§ 9 MuSchG; BAG, 17.6.2003, NJW 2004, 796).

44.2 Rücknahme eines rechtswidrigen nicht begünstigenden Verwaltungsakts

Praxis: Aufgrund einer ärztlichen Fehldiagnose hatte die Berufsgenossenschaft die Zahlung einer Unfallrente abgelehnt. Nach Feststellung des Fehlers nimmt sie die Ablehnung zurück und zahlt die Rente nach.

Ein Arbeitgeber hat für einen Studenten, der in der vorlesungsfreien Zeit acht Wochen bei ihm tätig war, Sozialversicherungsbeiträge abgeführt, obwohl keine Beitragspflicht bestand. Der Student kann auch nach Unanfechtbarkeit des Beitragsbescheids die Rückzahlung von der Einzugsstelle verlangen.

Zu Unrecht nicht gewährte Sozialleistungen und zu Unrecht erhobene Beiträge
In Abweichung von dem allgemeinen Grundsatz, dass der Bürger nach Eintritt der Unanfechtbarkeit des Verwaltungsakts dessen Aufhebung nicht erzwingen kann, ist der Sozialleistungsträger nach § 44 Abs. 1 SGB zur Rücknahme eines rechtswidrigen nicht begünstigenden Verwaltungsakts auch für die Vergangenheit verpflichtet, wenn

▶ **Sozialleistungen zu Unrecht nicht gewährt** oder

▶ **Beiträge zu Unrecht erhoben** wurden,

weil bei Erlass des Verwaltungsakts das Recht unrichtig angewandt oder von einem unrichtigen Sachverhalt ausgegangen worden ist.
Der Betroffene hat in diesem Falle Anspruch auf Rücknahme und auf einen neuen Bescheid über seine Ansprüche auf Sozialleistungen bzw. über seine Beitragspflicht.

Sonderregelung für Arbeitsförderung und Grundsicherung für Arbeitsuchende
Verwaltungsakte über Leistungen der Arbeitsförderung oder der Grundsicherung müssen nur für die Zukunft aufgehoben werden, wenn der Verwaltungsakt auf einer Norm beruht, die vom BVerfG für verfassungswidrig erklärt wird bzw. in ständiger Rechtsprechung anders als durch die Arbeitsagentur ausgelegt wird (§ 330 Abs. 1 SGB III und § 40 Abs. 1 Nr. 1 SGB II).

Beispiel: Eltern, die aufgrund der verfassungswidrigen Berücksichtigung der abgeführten Sozialversicherungsbeiträge als Einkommen des Kindes kein Kindergeld erhalten hatten, konnten die Zahlung nur für die Zeit nach der Entscheidung des BVerfG vom 11. 1. 2005 verlangen (NJW 2005, 1923).

Sonstige Verwaltungsakte nach dem SGB
Andere rechtswidrige nicht begünstigende Verwaltungsakte muss der Sozialleistungsträger für die Zukunft zurücknehmen. Er kann sie auch für die Vergangenheit zurücknehmen (§ 44 Abs. 2 SGB X).

Beispiel: Feststellung des Grads der Behinderung nach § 69 SGB IX (BSGE 69, 14).

Nicht begünstigend ist ein Verwaltungsakt, der dem Antrag auf Leistung, Feststellung usw. nicht in vollem Umfang entsprochen hat.
Bei Verwaltungsakten mit Doppelwirkung hat die Rücknahme gegenüber dem Belasteten nach § 44 SGB X und die Rücknahme gegenüber dem begünstigten nach § 45 SGB X zu erfolgen.

Zeitlich begrenzte Nachgewährung von Leistungen
Bei Rücknahme für die Vergangenheit werden Sozialleistungen längstens für die vier Kalenderjahre vor dem Jahr der Rücknahme bzw. der Antragstellung gewährt (§ 44 Abs. 4 SGB X).

Rechtsschutz

Der Bürger kann die Rücknahme beantragen und notfalls durch Widerspruch und Klage durchsetzen. Der Sozialleistungsträger ist aber auch von Amts wegen zur Rücknahme verpflichtet, wenn er die Rechtswidrigkeit des Verwaltungsakts bei einer internen Überprüfung feststellt. Dies gilt entsprechend. wenn er bei der Überprüfung einer Ermessensentscheidung neue Tatsachen ermittelt, die zu einer günstigeren Entscheidung geführt hätten.

Rückwirkende Gewährung von Grundsicherungsleistungen und Sozialhilfe

§ 44 SGB X ist vom BVerwG auf die Sozialhilfe nicht angewandt worden, weil Sozialhilfe Nothilfe sei und deshalb grundsätzlich einen gegenwärtigen Bedarf voraussetze (BVerwG, info also 2004, 261). Jedoch hat das BSG § 44 SGB X auf Leistungen der Grundsicherung im Alter und bei Erwerbsminderung angewandt (BSG U v 16. 10. 2007 – B 8/9 b SO 8/06 R; siehe auch LSG NRW, 25.2.2008, info-also 2008, 129). Der Grundsicherungträger ist hiernach zur rückwirkenden Korrektur bestandskräftiger, rechtswidriger Leistungsablehnungen im Recht der Grundsicherung im Alter und bei Erwerbsminderung nach dem SGB XII verpflichtet.

Eine rückwirkende Gewährung von Leistungen zur Grundsicherung für Arbeitsuchende nach SGB II und von Sozialhilfe nach SGB XII ist grundsätzlich ausgeschlossen:

- Leistungen der Grundsicherung für Arbeitsuchende werden nicht für Zeiten vor der Antragstellung erbracht (§ 37 Abs. 2 SGB II).
- Sozialhilfe setzt erst ein, wenn dem Träger bekannt wird, dass die Voraussetzungen für die Leistung vorliegen(§ 18 SGB XII).

Eine rückwirkende Gewährung kann der Berechtigte ausnahmsweise verlangen, wenn er wegen falscher oder unvollständiger Beratung seinen Anspruch nicht rechtzeitig geltend gemacht hat. In diesem Fall können Leistungsansprüche ab dem Zeitpunkt entstehen, zu dem der Antrag bei richtiger Beratung gestellt worden wäre (→ 48.7 zum **sozialrechtlichen Herstellungsanspruch** und 48.3 zum Anspruch auf **Schadensersatz wegen Amtspflichtverletzung** - OLG Karlsruhe info-also 1999, 35)

Rückwirkende Übernahme von Kosten selbstbeschaffter Hilfe zur Erziehung

Das Jugendamt ist zur Übernahme der Kosten bereits durchgeführter erzieherischer Hilfen nur unter den Voraussetzungen des § 36a SGB VIII verpflichtet.

Rücknahme außerhalb des SGB

Außerhalb des Sozialleistungsbereichs steht die Rücknahme eines seit Erlass rechtswidrigen nicht begünstigenden Verwaltungsakts nach § 48 VwVfG im Ermessen der Behörde.

Der Betroffene hat lediglich Anspruch auf eine ermessensfehlerfreie Entscheidung.

In der Praxis führt dies dazu, dass die Behörden häufig die Rücknahme offenbar rechtswidriger belastender Verwaltungsakte unter bloßem Hinweis auf die Unanfechtbarkeit ablehnen.

44.3 Rücknahme eines rechtswidrigen begünstigenden Verwaltungsakts

Praxis: Die Agentur für Arbeit stellt fest, dass eine Frau, die seit fünf Jahren Leistungen zur Sicherung des Lebensunterhalts bezogen hat, während der gesamten Zeit als Kassiererin im Supermarkt tätig war und monatlich 300 Euro verdient hat.

Die Familienkasse bemerkt, dass versehentlich Kindergeld für ein Kind weitergezahlt worden ist, das die Altersgrenze für das Kindergeld längst überschritten hat.

Grundsatz

Die Rücknahme **rechtswidrig begünstigender** Verwaltungsakte ist wegen des Vertrauensschutzes des Bürgers erheblich eingeschränkt (§ 45 SGB X, § 48 Abs. 1 S. 1, Abs. 2-4 VwVfG). Der Grundsatz des Vertrauensschutzes verlangt eine Abwägung zwischen dem Interesse des Bürgers an dem Bestand des Verwaltungsakts und dem öffentlichen Interesse an der Rücknahme Die Rücknahme ist eine Ermessensentscheidung. Es ist deshalb stets zu prüfen, ob sie im Einzelfall angemessen ist.

Erste Rücknahmevoraussetzung: Vertrauensschutz

Die Rücknahme setzt eine Abwägung zwischen dem Vertrauensschutz des Begünstigten und dem öffentlichen Interesse an der Rücknahme voraus (§ 45 Abs. 2 SGB X).

Das **Vertrauen ist in der Regel schutzwürdig**, wenn der Begünstigte

▶ erbrachte Leistungen bereits verbraucht oder

▶ eine Vermögensdisposition getroffen hat, die er nur unter unzumutbaren Nachteilen rückgängig machen kann.

Beispiel: Hat eine gutgläubige Witwe eine Rentennachzahlung zur Finanzierung einer Urlaubsreise eingesetzt, ist ihr Vertrauen schutzwürdig. Hat sie dagegen die Nachzahlung auf ihrem Sparkonto angelegt, kann sie keinen Vertrauensschutz beanspruchen, weil sie den Betrag problemlos zurückzahlen kann (BVerwG, 28.1.1993, DÖV 1994, 42).

Nicht schutzwürdig ist das Vertrauen, wenn der Begünstigte entweder den Verwaltungsakt durch vorsätzlich oder grob fahrlässig unrichtige oder unvollständige Angaben erwirkt hat (im VwVfG ist insoweit kein Verschulden erforderlich) oder er die Rechtswidrigkeit des erlassenen Verwaltungsakts kannte oder infolge grober Fahrlässigkeit nicht kannte.

Grobe Fahrlässigkeit liegt nur dann vor, wenn die erforderliche Sorgfalt in besonders schwerem Maß verletzt ist. Hierbei ist auf die individuellen Fähigkeiten des Einzelnen abzustellen, auf seine persönliche Urteils- und Kritikfähigkeit, sein Einsichtsvermögen und Verhalten sowie auf die besonderen Umstände des Falles (BSGE 35, 108). Von Menschen mit Volksschul- oder Hauptschulabschluss wird erwartet, dass sie einfache Fragen beantworten können. Wer die Reifeprüfung abgelegt hat und als gehobener Angestellter tätig war, handelt u. U. grob fahrlässig, wenn er Fragen nach seiner subjektiven Meinung beantwortet, ohne sich bei der Behörde zu erkundigen, wie die Frage zu verstehen ist (LSG NRW, NVwZ-RR 1989, 2).

Beispiele: Kein grobes Verschulden liegt vor, wenn ein promovierter Diplom-Volkswirt der irrigen Ansicht ist, ein Kinderzuschuss werde bis zur Vollendung des 27. Lebensjahres gezahlt, und deshalb den Leistungsträger nicht auf die Vollendung des 25. Lebensjahres seiner Tochter hinweist, da dem Leistungsträger das Geburtsdatum der Tochter bekannt war (LSG Niedersachsen, NJW 1989, 1109).

Enthält ein Formular, das dem Antragsteller von der Behörde vorgelegt wird, nicht alle Fragen, die für die Inanspruchnahme einer Sozialleistung erheblich sind, stellt

es keine grobe Fahrlässigkeit dar, dass der Antragsteller keine zusätzlichen Angaben gemacht hat (BVerwGE 92, 81).

Enthält ein Formular dagegen eine bestimmte Frage und ist diese nicht beantwortet worden, so liegt darin eine grobe Fahrlässigkeit, wenn der Begünstigte nach seinen individuellen Fähigkeiten zur Beantwortung in der Lage war. Das gilt auch dann, wenn die Rechtsmaterie kompliziert und das Formular und die zugehörigen Erläuterungen sehr umfangreich sind (BFH, BStBl II 1984, 693).

Grobe Fahrlässigkeit ist auch dann gegeben, wenn versehentlich statt für drei Kinder Kindergeld für vier Kinder ausgezahlt wird und der Empfänger angibt, er habe gedacht, das werde wohl stimmen.

Hat ein **gesetzlicher Vertreter** grob fahrlässig falsche Angaben gemacht und dadurch z. B. bewirkt, dass Sozialleistungen an den Vertretenen als Begünstigten gewährt wurden, hat sich der Vertretene das Handeln des Vertreters zurechnen zu lassen mit der Folge, dass sein Vertrauen nicht schutzwürdig ist (BVerwG, NVwZ-RR 1989, 284; BSGE 57, 274).

Allerdings ist im Rahmen der Ermessensprüfung zugunsten des Vertretenen zu berücksichtigen, ob ihn ein Mitverschulden trifft oder ob ihm kein Schuldvorwurf gemacht werden kann, ob ihm Vermögensvorteile zugeflossen sind und ob ihm die Rückzahlung zugemutet werden kann (BSGE 73,41).

Beruht der Verwaltungsakt auf **schuldhaft unrichtigen Angaben Dritter**, so beeinträchtigt das den Vertrauensschutz für den Begünstigten grundsätzlich nicht.

Beispiel: *Füllt die unterhaltspflichtige Mutter einer behinderten volljährigen Frau die Erklärung über ihr Einkommen und Vermögen nicht vollständig aus und wird daraufhin Sozialhilfe bewilligt, kann das Sozialamt den Bewilligungsbescheid nicht wegen grober Fahrlässigkeit der Mutter aufheben. Vielmehr muss es bei der Bewilligung verbleiben, es sei denn, diese ist für die Tochter erkennbar offenbar unrichtig (→ 42.1). Die Mutter ist u. U. nach § 104 SGB XII zur Erstattung der zu Unrecht gezahlten Beträge verpflichtet.*

**Zweite Rücknahmevoraussetzung:
Überwiegendes öffentliches Interesse**

Soweit das Vertrauen des Begünstigten unter Abwägung mit dem öffentlichen Interesse schutzwürdig ist, darf ein Verwaltungsakt nach Abs 2 Satz 1 **nicht rückwirkend** zurückgenommen werden.

Jedoch wird ein überwiegendes öffentliches Interesse in der Regel bejaht für Verwaltungsakte, soweit diese auch **für die Zukunft** zu laufenden Leistungen verpflichten d. h. ein **Vertrauensschutz für die Zukunft** wird verneint (BSGE 81, 156). War allerdings die Begünstigung ursächlich für eine dauernde Änderung der Lebensführung des Begünstigten oder würde sie den Betroffenen von Hilfe zum Lebensunterhalt abhängig machen, kann dies gegen die Rücknahme für die Zukunft sprechen (BSGE 59, 157; Schütze in: von Wulffen, SGB X, § 45 Rn 39ff. m.w.N.).

Bei einem „Bösgläubigen" wird grundsätzlich kein schutzwürdiges Interesse rechtlich anerkannt, das schuldhaft zu Unrecht Erlangte ganz oder teilweise zu behalten. Das gilt auch, wenn die Rücknahme/Rückforderung zu wirtschaftlichen Härten führen kann (BSG, DVBl. 1994, 42; a. A. VG Gelsenkirchen, info-also 2002, 119).

Nur in absoluten Ausnahmefällen können die privaten Interessen des Begünstigten das öffentliche Interesse an der Rücknahme/Rückforderung überwiegen. Dies setzt voraus, dass dem Begünstigten nur grobe Fahrlässigkeit vorzuwerfen ist und dass seine Lebensgrundlage vernichtet würde, wenn ihm ein langjährig zugeflossener, für die Lebensführung ausschlaggebend gewesener Rechtsvorteil entzogen wird

Dritte Rücknahmevoraussetzung: Ermessensausübung

Ermessensausübung gegenüber Gutgläubigen

Soweit der Vertrauensschutz reicht, steht der Behörde kein Ermessen zu (Abs. 2: "darf nicht"; Abs. 3: "kann nur"; Abs. 4: "wird nur"). Der den Gutgläubigen begünstigende Verwaltungsakt bleibt also für die Vergangenheit als Rechtsgrund für die rechtswidrig erhaltenen Leistungen in Kraft.

Aber auch die Rücknahme für die Zukunft liegt bei Gutgläubigen nicht im Ermessen der Behörde, soweit Vertrauensschutz besteht. Insoweit bleibt daher der begünstigende Verwaltungsakt zukunftsgerichtet bestehen und eine Rücknahme ausgeschlossen.

Eine Ermessensentscheidung kann nur die Abwägung des öffentlichen Interesses an der Rücknahme der Begünstigung mit vom Vertrauensschutz nicht erfassten sonstigen billigen Interessen des gutgläubig Bereicherten zum Gegenstand haben. Sie kann dazu führen, dass die rechtswidrige Begünstigung auch für die Zukunft erhalten bleibt (BSG, DVBl 1994, 42).

Ermessensausübung gegenüber Bösgläubigen

Eine Rücknahme der Begünstigung für die Vergangenheit und die Zukunft ist nur bei bösgläubig Bereicherten zugelassen; denn sie können sich auf Vertrauen nicht berufen (Abs. 4 Satz 1 i.V.m. Abs. 2 Satz 3 aaO.).

Das Bundessozialgericht hatte zunächst angenommen, dass der Sozialleistungsträger den rechtswidrig begünstigenden Verwaltungsakt in jedem Fall zurücknehmen müsse. Das in § 45 Abs. 1 SGB X vorgesehene Ermessen sei grundsätzlich auf Null reduziert (SozR-3-1300 § 50 Nr. 16).

Das Gericht nimmt aber inzwischen an, dass auch bei Bösgläubigkeit eine Ermessensentscheidung erforderlich ist (BSG, SozR 3-1300 § 45 Nr 5; Steinwedel/KK, § 45 SGB X, Rn 39ff). Bei der Ermessensentscheidung sind die Umstände des Einzelfalls zu prüfen, z. B. Alter, Krankheit, besonderer Arbeitseinsatz, wirtschaftliche Zumutbarkeit. Auch das Verschulden ist in die Ermessensabwägung einzubeziehen. Zugunsten des Betroffenen ist zu berücksichtigen, dass ohne sein Wissen der gesetzliche Vertreter oder ein Bevollmächtigter falsche Angaben gemacht hat (BSG, DVBl 1994, 1246).

Sonderregelungen für Arbeitsförderung und Grundsicherung für Arbeitssuchende

§ 45 SGB X wird durch § 40 SGB II und § 330 Abs. 2 SGB III modifiziert: die Ermessensausübung hat in den Fällen des § 45 Abs. 2 Satz 3 SGB X zu unterbleiben mit der Folge, dass bei "Bösgläubigkeit" eine Aufhebung - auch mit Wirkung für die Vergangenheit – erfolgen muss (BSG, 1.6.2006, NZS 2007, 104).

Vierte Rücknahmevoraussetzung: Keine Einschränkung der Rücknahme

Rücknahme für die Vergangenheit nur bei grobem Verschulden

Für die Vergangenheit ist eine Rücknahme nur bei vorsätzlichem oder grob fahrlässigem Verhalten des Bürgers möglich (§ 45 Abs. 4 S. 1 SGB X).

Beispiel: Infolge fehlerhafter Ermittlungen der Behörde erhält A einen Bescheid über die Eigenschaft als schwerbehinderter Mensch mit einem Grad der Behinderung von 50 % und nimmt die in den verschiedenen Vorschriften für schwerbehinderte Menschen vorgesehenen Leistungen in Anspruch. Eine Aufhebung dieses Bescheides ist nur für die Zukunft zulässig (§ 69 Abs. 4 SGB IX).

Rücknahmefrist

Die Rücknahme für die Vergangenheit muss **binnen eines Jahres** seit Kenntnis der die Rücknahme rechtfertigenden Tatsachen erfolgen (§ 45 Abs. 4 S. 2 SGB X; BSG, 31.1.2008, www.bsg.de). Ist der Rücknahmebescheid formell rechtswidrig, z. B. wegen unterlassener Anhörung oder fehlender Ermessensausübung, so kann die Behörde die Rücknahmefrist einhalten, wenn der Fehler rechtzeitig geheilt wird. Die Heilung kann wegen der Rückwirkung der Heilung auch nach Ablauf der Ein-Jahres-Frist erfolgen (→ 42.2).

Rücknahmefrist für Verwaltungsakte mit Dauerwirkung

Dauerwirkung hat ein Verwaltungsakt, der über den Zeitpunkt der Bekanntgabe bzw. Bindungswirkung hinaus Wirkungen zeigt.

Die Rücknahme rechtswidriger begünstigender Verwaltungsakte mit Dauerwirkung ist im Sozialleistungsbereich in der Regel nur innerhalb von 2 Jahren nach ihrer Bekanntgabe zulässig, ausnahmsweise innerhalb von 10 Jahren (§ 45 Abs. 3 SGB X).

Ein Verwaltungsakt mit Dauerwirkung liegt vor, wenn

▶ sich der Verwaltungsakt nicht in einem einmaligen Gebot oder Verbot oder in einer einmaligen Gestaltung der Rechtslage erschöpft, sondern ein auf Dauer berechnetes oder in seinem Bestand von dem Verwaltungsakt abhängiges Rechtsverhältnis begründet oder inhaltlich verändert.

Beispiele: Feststellung der Behinderung (§ 69 SGB IX), Bescheid, der zur Arbeit in einem Ein-Euro-Job verpflichtet (§ 16 Abs. 3 SGB II), Feststellung der Erwerbsfähigkeit (§ 44a SGB II) .

▶ ein Verwaltungsakt nicht eine einmalige Leistungsgewährung, sondern den Leistungsbezug für eine bestimmte oder unbestimmte Dauer zum Gegenstand hat.

Beispiele: Bewilligung von Arbeitslosengeld II und Sozialgeld (§ 41 Abs. 1 Satz 3 SGB II; Bewilligung von Grundsicherung (§ 44 Abs. 1 Satz 1 SGB XII).

Rechtsschutz

Die Rücknahme ist durch Widerspruch und Klage anfechtbar. Vollzieht die Behörde sie, so kann auf Antrag des Bürgers das zuständige Gericht die Vollziehung der Rücknahme einstweilen ganz oder teilweise aussetzen (§ 86b Abs. 1 SGG, § 80 Abs. 5 VwGO).

Rücknahme außerhalb des Sozialleistungsbereichs

Die Regelung des VwVfG weicht teilweise von der Regelung des SGB X ab (siehe § 48 Abs. 2-6 VwVfG; BVerwG, NVwZ 1987).

44.4 Widerruf eines rechtmäßigen nicht begünstigenden Verwaltungsakts

Praxis: *Nach mehrmonatiger Abzweigung eines Teils des Arbeitslosengeldes beantragt der Arbeitslose bei der Agentur für Arbeit, ihm zukünftig einen höheren Betrag auszuzahlen.*

Grundsatz
Der Widerruf belastender rechtmäßiger Verwaltungsakte für die Zukunft ist grundsätzlich jederzeit möglich. Er steht im Ermessen der Behörde. Die freie Widerruflichkeit ist ausgeschlossen, wenn ein Verwaltungsakt gleichen Inhalts neu erlassen werden müsste oder der Widerruf aus anderen Gründen unzulässig ist (§ 46 SGB X, § 49 VwVfG).

Anwendungsbereich der Vorschrift
Im wesentlichen kommt ein Widerruf nur bei Ermessensentscheidungen in Betracht, wenn die Behörde im Rahmen des Ermessensspielraums zu einer anderen, für den Betroffenen günstigeren Entscheidung kommt.

Beispiele: *Widerruf einer Aufrechnung, Widerruf der Versagung von Sozialleistungen wegen fehlender Mitwirkung.*

Ändert sich die Sach- und Rechtslage, ist § 48 SGB X anzuwenden. § 46 SGB X erlaubt somit in beschränktem Maße Änderungen aus anderen Gründen.

44.5 Widerruf eines rechtmäßigen begünstigenden Verwaltungsakts

Praxis: *Die gesetzliche Krankenkasse bewilligt unbefristetes Kinderkrankengeld und behält sich den Widerruf für den Fall vor, dass das Kind sechs Monate nach der Bewilligung noch lebt (§ 45 Abs. 4 SGB V).*

Widerruf mit Wirkung für die Zukunft
Der Widerruf rechtmäßig begünstigender Verwaltungsakte für die Zukunft ist nach § 47 Abs. 1 SGB X nur zulässig, wenn

▶ der Widerruf durch Rechtsvorschrift zugelassen oder im Verwaltungsakt vorbehalten ist (→ 41.3.2)

    Beispiel: *Wird Ausbildungsförderung unter Vorbehalt bewilligt und ist das maßgebliche Einkommen höher als angenommen, ist der Widerruf in Höhe des bewilligten Mehrbetrags zulässig.*

▶ der Begünstigte eine mit dem Verwaltungsakt verbundene Auflage nicht oder nicht fristgerecht erfüllt (→ 41.3.2).

Widerruf mit Wirkung für die Vergangenheit
Der Widerruf rechtmäßig begünstigender Verwaltungsakte, die eine Geld- oder Sachleistung zur Erfüllung eines bestimmten Zwecks zuerkennen, ist mit Wirkung für die Vergangenheit nach § 47 Abs. 2 SGB X nur zulässig, wenn

▶ die Leistung nicht, nicht alsbald oder nicht mehr für den bestimmten Zweck verwendet wird,

▶ mit dem Verwaltungsakt eine Auflage verbunden ist und der Begünstigte diese nicht oder nicht innerhalb der gesetzten Frist erfüllt.

Mit dieser Regelung soll das Ziel einer sparsamen und sachgerechten Verwendung öffentlicher Mittel erreicht werden, die bei einem bloß in die Zukunft wirkenden Widerruf nicht gewährleistet wäre. Entscheidend ist eine im Verwaltungsakt konkret zum Ausdruck gelangende Zweckbestimmung der Verwendung von Geld- und Sachleistungen. Es genügt nicht der Hinweis im Bescheid auf die Rechtsgrundlage, aus der die Sozialleistung erbracht wird. Es reicht auch nicht, dass der Verwaltungsakt die allgemeine Zweckbestimmung des Gesetzes wiederholt oder durch eine bloße Nebenbestimmung ergänzt.

Als zweckgebundene Leistungen kommen in Betracht z.b. Leistungen im Bereich der Arbeitsförderung wie Einarbeitungszuschüsse, Zuschüsse zu ABM-Maßnahmen. Dagegen sind nicht zweckbestimmt Leistungen mit Lohnersatzfunktion (Arbeitslosengeld, Unterhaltsgeld). Eine gesetzliche Zweckbindung besteht auch nicht bei Leistungen nach dem Kindergeldgesetz, Elterngeld, Unterhaltsvorschussgesetz.

Der Widerruf ist nicht zulässig, wenn das Vertrauen des Begünstigten auf den Bestand des Verwaltungsakts für die Vergangenheit schutzwürdig ist. Deshalb ist eine Vertrauensschutzabwägung ähnlich wie bei der Rücknahme eines rechtswidrigen Verwaltungsakts gemäß § 45 SGB X erforderlich.

Widerruf außerhalb des Sozialleistungsbereichs
Die Regelung des § 48 Abs. 4 VwVfG weicht teilweise ab.

44.6 Aufhebung eines Verwaltungsakts mit Dauerwirkung bei Änderung der Verhältnisse

Praxis: Einem behinderten Menschen ist ein Grad der Behinderung von 40 % anerkannt worden. Nachdem sich sein Gesundheitszustand erheblich verschlechtert hat, beantragt er Neufestsetzung des Grads der Behinderung auf 100 %.

Ein Arbeitsuchender hat Arbeitslosengeld II bezogen, obwohl er einige Zeit nach Eintritt der Arbeitslosigkeit Einkommen aus einem Arbeitsverhältnis erzielte. Die Arbeitsagentur hebt die Bewilligung des Arbeitslosengeldes auf.

Anwendungsbereich
Im Unterschied zu den §§ 44 - 47 SGB X, die auf die bei Erlass des Verwaltungsakts gegebene Rechtmäßigkeit bzw. Rechtswidrigkeit abstellen, erfasst § 48 SGB X die Fälle, in denen sich nach dem Erlass des Verwaltungsakts die rechtserheblichen Verhältnisse ändern. (BSG, SGb 2000, 281; Waschull, LPK-SGB X, § 48 Rn 13ff.).

Wesentlich ist eine Änderung. die zum Wegfall der Rechtsgrundlage für den ursprünglich erlassenen Verwaltungsakt führt.

Beispiele für Änderung der tatsächlichen Verhältnisse: Ein Arbeitsuchender macht ohne die erforderliche vorherige Zustimmung der Arbeitsagentur vier Wochen Urlaub auf Kreta. Dadurch entfällt sein Anspruch auf Alogeld II.

Beispiel für Änderung der rechtlichen Verhältnisse: Ein Gesetz, eine Rechtsverordnung, eine Satzung, die Richtlinien des Gemeinsamen Bundesausschusses nach § 91 SGB V oder die Anhaltspunkte für die ärztliche Gutachtertätigkeit im sozialen Entschädigungsrecht und nach dem SGB IX werden zugunsten oder zuungunsten des Berechtigten geändert (BSGE 75, 176).

Aufhebung für die Zukunft
Ein rechtmäßiger Verwaltungsakt mit Dauerwirkung ist nach § 48 SGB X für die Zukunft aufzuheben, soweit in den tatsächlichen oder rechtlichen Verhältnissen, die bei seinem Erlass vorgelegen haben, eine wesentliche Änderung eintritt (→ zur Dauerwirkung 44.3).

Zugunsten-Aufhebung bei Änderung der Rechtsprechung
Nur zugunsten des Beteiligten ist **für die Zukunft** aufzuheben, wenn der zuständige oberste Gerichtshof des Bundes in ständiger Rechtsprechung nachträglich das Recht anders auslegt als die Behörde bei Erlass des Verwaltungsakts (Abs. 2).
Das BSG ist der Auffassung, dass Abs. 2 eine **Aufhebung für die Vergangenheit** nicht ausschließt, wenn die Änderung der Rechtsprechung auf der Erkenntnis beruht, dass die bisherige Rechtsprechung schon bei Erlass des Verwaltungsaktes "unrichtig" war; denn in diesem Falle sei § **44 SGB X** anwendbar mit der Folge, dass auch *für die Vergangenheit* aufzuheben ist (BSGE 78, 109).

Rückwirkende Zugunsten-Änderung bei Änderung der Verhältnisse
Der Verwaltungsakt „soll" rückwirkend vom Zeitpunkt der Änderung der Verhältnisse aufgehoben werden, wenn die Änderung zugunsten des Betroffenen erfolgt (§ 48 Abs. 1 Satz 2 Nr. 1 SGB X).

Rückwirkende Zuungunsten-Änderung bei grobem Verschulden
Eine rückwirkende Aufhebung „soll" nach § 48 Abs. 1 Satz 2 Nrn. 2 – 4 SGB X zu Ungunsten des Betroffenen erfolgen, wenn dieser

▶ Mitteilungspflichten vorsätzlich oder grob fahrlässig nicht erfüllt,

▶ Einkommen oder Vermögen erzielt oder

▶ er trotz Kenntnis bzw. grob fahrlässiger Unkenntnis der Nichtberechtigung weiter die Vorteile entgegengenommen hat.

Das Wort "soll" bedeutet, dass der Leistungsträger in der Regel den Verwaltungsakt rückwirkend aufheben muss, jedoch in **atypischen Fällen** nach seinem Ermessen hiervon abweichen kann. Ein atypischer Fall liegt vor, wenn der Einzelfall auf Grund seiner besonderen Umstände von dem Regelfall der Tatbestände nach Abs 1 Satz 2, signifikant abweicht und die vorgesehene Rechtsfolge für den Betroffenen eine unverhältnismäßige Härte darstellen würde.

Beispiel: *Atypisch ist es, wenn die Bewilligung von Erziehungsgeld wegen Bösgläubigkeit des Ehemanns aufgehoben werden soll und die Ehefrau für denselben Zeitraum Anspruch auf Erziehungsgeld hat (BSG, 5. 10. 2006, www.bsg.de).*

Sonderregelungen für Arbeitsförderung und Grundsicherung für Arbeitssuchende
§ 48 SGB X wird durch § 40 Abs. 1 Nr. 1 SGB II und § 330 Abs. 3 SGB III modifiziert: die Ermessensausübung hat in den Fällen des § 48 Abs. 1 Satz 2 SGB X zu unterbleiben mit der Folge, dass eine Aufhebung mit Wirkung für die Vergangenheit erfolgen muss.

44.7 Wiederaufgreifen des Verfahrens außerhalb des SGB

Außerhalb des Sozialgesetzbuches sind die Möglichkeiten des Bürgers. nach Eintritt der Unanfechtbarkeit des Verwaltungsakts dessen Aufhebung oder Änderung zu erreichen, erheblich eingeschränkt.

Grundsatz
Grundsätzlich steht es im Ermessen der erlassenden Behörde, ob sie einen unanfechtbaren Verwaltungsakt überprüft, wenn ein Bürger darum bittet (§ 51 VwVfG). Für Folge- und Zweitanträge der Asylbewerber gilt die Sonderregelung in §§ 71, 72 AsylVfG).

Voraussetzungen des Wiederaufgreifens des Verfahrens
Nur in den Fällen des § 51 Abs. 1-3 VwVfG hat der Betroffene, sofern er einen entsprechenden Antrag stellt, Anspruch auf Wiederaufgreifen des Verfahrens:

▶ **bei nachträglicher Änderung der Sach- oder Rechtslage** zugunsten des Betroffenen

Eine **Änderung der Sachlage** liegt vor, wenn nach Eintritt der Unanfechtbarkeit Umstände eingetreten sind, die zu einer anderen Entscheidung geführt hätten.

Beispiel: Sind im ersten Asylverfahren Abschiebungshindernisse unanfechtbar verneint worden, so hat die Behörde das Verfahren wiederaufzugreifen, wenn nach Erlass des Ablehnungsbescheids sich neue Abschiebungshindernisse ergeben haben (BVerwG, NVwZ 2000, 940).

Eine **Änderung der Rechtslage** liegt vor, wenn sich die Rechtsvorschriften geändert haben, auf denen der Verwaltungsakt beruhte, nicht aber wenn sich aus einer neuen höchstrichterlichen Rechtsprechung nachträglich ergibt, dass der Verwaltungsakt rechtswidrig ist (BVerwG, NVwz-RR 1995, 1097).

► Bei **Vorliegen neuer Beweismittel**, die zu einer günstigen Entscheidung führen würden. Als neue Beweismittel in diesem Sinne sind auch solche zu verstehen, die während des abgeschlossenen Verwaltungsverfahrens zwar schon vorhanden waren, aber ohne Verschulden des Betroffenen nicht oder nicht rechtzeitig beigebracht werden konnten (BVerwG NJW 1982, 2204).

Beispiel: Nachdem ein Asylantrag mangels Nachweis der politischen Verfolgung unanfechtbar abgelehnt ist, entdeckt ein Ausländer einige Landsleute, mit deren Aussage er den Nachweis von Folterungen erbringen kann.

Bei einer Entscheidung über das Wiederaufgreifen des Verfahrens zur Feststellung eines Abschiebungshindernisses ist das Ermessen regelmäßig auf Null reduziert, wenn der Ausländer an einer schweren Krankheit erkrankt ist, die im Heimatland nicht behandelt werden kann (BVerwG, NVwZ 2008, 330).

► bei **Wiederaufnahmegründen entsprechend § 580 ZP0 (selten zutreffend).**

Beispiel: Beruht die unanfechtbare Ablehnung des Asylantrags darauf, dass eine verfälschte Urkunde vorgelegt wurde oder dass politische Gegner als Zeugen vorsätzlich falsch aussagten, es bestehe keine Gefahr politischer Verfolgung, so besteht ein Anspruch auf Wiederaufgreifen des Verfahrens entsprechend § 580 Abs. 1 Nr. 2 und 3 ZP0.

Zweitbescheid nach Wiederaufgreifen des Verfahrens

Hält die Behörde die Voraussetzungen des Wiederaufgreifens für gegeben oder greift sie - ohne dazu verpflichtet zu sein - das Verfahren wieder auf und führt eine erneute Sachprüfung durch, ist die für den Verwaltungsakt gegebene Rechtslage maßgeblich. Es steht dann nicht mehr im Ermessen der Behörde, wie sie entscheidet.

Der neue, bestätigende oder aufhebende "Zweitbescheid" tritt an die Stelle des ursprünglichen Verwaltungsakts. Der Zweitbescheid ist wie ein neu ergangener Verwaltungsakt durch Widerspruch und ggfs. Anfechtungsklage anfechtbar (BVerwG, NJW 1985, 780).

Ablehnung des Wiederaufgreifens durch wiederholende Verfügung

Lehnt die Behörde das Wiederaufgreifen und damit die erneute Prüfung des erlassenen Verwaltungsakts ab und beruft sie sich somit auf die Unanfechtbarkeit des Verwaltungsakts, so ist der neue Bescheid eine sog. wiederholende Verfügung, die Verwaltungsaktscharakter hat und mit Widerspruch und Klage anfechtbar ist (BVerwGE 57, 342; BSG, SozR 3- 4100 § 94 Nr. 1 → 50.4).

45.0 ERSTATTUNG UND KOSTENERSATZ

Praxis: Eine arbeitslose Sozialpädagogin hat Arbeitslosengeld bezogen. Da sie der Agentur für Arbeit nicht mitgeteilt hatte, dass sie umgezogen war, hat die Agentur die Bewilligungsbescheide aufgehoben und sie aufgefordert, das nach dem Umzug erhaltene Arbeitslosengeld zurückzuzahlen. Sie teilt der Agentur mit, dass sie nichts zurückzahlen könne.

§ 50 SGB X gilt für die Erstattung von Sozialleistungen und setzt deshalb voraus, dass der Empfänger der Leistung in einem sozialrechtlichen Leistungsverhältnis zum Leistungsträger steht oder vermeintlich steht (BVerwGE 84, 274). Die Vorschrift ist deshalb nicht anwendbar auf Zahlungen und andere Leistungen an Personen, die nicht in einem sozialrechtlichen Leistungsverhältnis stehen (→ 45.3).

45.1 Erstattung von Sozialleistungen nach Aufhebung des bewilligenden Verwaltungsakts

Grundsatz
Der Empfänger hat Sozialleistungen zu erstatten, wenn und soweit der Verwaltungsakt, mit dem sie bewilligt wurden, aufgehoben ist. Sach- und Dienstleistungen sind in Geld zu erstatten (§ 50 Abs. 1 SGB X).

Zur Erstattungspflicht von Erben, Unterhaltspflichtigen usw. → Rechtsprechungsnachweise bei Schützein:v. Wulffen, SGB X, § 50 Rn 15f.

Erstattungsbescheid
Die zu erstattende Leistung ist durch schriftlichen Verwaltungsakt festzusetzen. Dieser soll mit dem Aufhebungsbescheid verbunden werden (§ 50 Abs. 3 SGB X).

Dem Leistungsträger steht kein Ermessen zu, ob und in welchem Umfang er den Erstattungsanspruch geltend macht (§ 50 Abs. 1 SGB X). Allerdings kann er den Erstattungsbetrag nach Haushaltsrecht stunden, erlassen oder niederschlagen (BSG, DVBl 1994, 1246).

Für den Erstattungsanspruch nach Abs. 1 ist ohne Bedeutung, dass der Betroffene die erhaltene Leistung verbraucht hat. Auch seine allgemeine finanzielle Situation muss nicht berücksichtigt werden (BSGE 63, 224).

Verwaltungskosten sind nicht zu erstatten (LSG NRW, Breith 1998, 503).

Aufrechnung, Verrechnung, sonstige Durchsetzung der Erstattungsforderung
Der Leistungsträger kann nach §§ 51, 52 SGB I aufrechnen bzw. verrechnen, wenn der Empfänger Sozialleistungen bezieht (→ 37.7 und 37.8).

Zahlt der Betroffene nicht freiwillig, kann die Behörde die Zwangsvollstreckung betreiben (→ 46.3).

Verzinsung von Leistungen zur Förderung von Einrichtungen
Einrichtungen sind zur Zahlung von Zinsen verpflichtet, wenn Leistungen zur Förderung zu erstatten bzw. nicht alsbald zweckentsprechend eingesetzt worden sind (§ 50 Abs. 2 a SGB X).

Andere Leistungsempfänger müssen keine Zinsen zahlen.

Verjährung
Der Erstattungsanspruch verjährt in vier Jahren nach Ablauf des Kalenderjahres, in dem der Erstattungsbescheid unanfechtbar geworden ist (§ 50 Abs. 4 SGB X). Auch nach Eintritt der Unanfechtbarkeit erbrachte Leistungen unterliegen der Verjährung. Eine Sonderregelung ist in § 52 SGB X getroffen.

45.2 Erstattung der ohne Verwaltungsakt erbrachten Sozialleistungen

Praxis: *Das Sozialamt zahlt versehentlich Leistungen der Grundsicherung im Alter doppelt aus.*

Die Agentur für Arbeit zahlt Arbeitslosengeld, obwohl der Anspruch wegen einer Sperrzeit ruht.

Grundsatz

Sind Sozialleistungen ohne Verwaltungsakt und zu Unrecht erbracht worden, besteht für den Empfänger eine Erstattungspflicht (§ 50 Abs. 2 SGB X).

Zu Unrecht ist eine Sozialleistung erbracht, wenn der Empfänger keinen Anspruch auf die Leistung hatte.

Vertrauensschutz

Die Erstattungspflicht des Empfängers ist beschränkt; denn das Gesetz erklärt die Vorschriften über den Vertrauensschutz für entsprechend anwendbar, die für begünstigende Verwaltungsakte gelten (§ 50 Abs. 2 Satz 2 SGB X).

Diese Vorschriften beschränken eine Rückforderung gewährter Leistungen auf den Fall eines grob schuldhaften Verhaltens des Empfängers (§ 45 Abs. 2 und 3 SGB X; → 44.3) und den Fall der nachträglich rechtswidrig gewordenen Leistung (§ 48 SGB X; → 44.6).

Berücksichtigung der wirtschaftlichen und persönlichen Verhältnisse

Aus den entsprechend anwendbaren §§ 45 und 48 SGB X ergibt sich, dass der Leistungsträger insbesondere bei gutgläubigen Empfängern nach pflichtgemäßen Ermessen darüber zu entscheiden hat , ob und in welcher Höhe eine Erstattung verlangt wird.

Er hat hierbei die wirtschaftlichen und persönlichen Verhältnisse des Betroffenen zu berücksichtigen. Deshalb hat er diesen vor Erlass des Rückforderungsbescheids anzuhören und Gelegenheit zu geben, die persönlichen und wirtschaftlichen Verhältnisse darzulegen. Ein ohne Berücksichtigung der wirtschaftlichen Verhältnisse des Betroffenen erlassener Bescheid ist rechtswidrig. Eine Rückforderung ist nur vertretbar, soweit die wirtschaftlichen Verhältnisse diese als zumutbar erscheinen lassen. Ansonsten hat der Leistungsträger die Forderung niederzuschlagen, zu stunden oder ganz oder teilweise zu erlassen (BSG, 23.9.1997, NZS 1998, 300; → 46.3).

Dagegen ist Ermessen ist nicht auszuüben, wenn bei entsprechender Anwendung des § 48 Abs. 1 Satz2 SGB X 2 kein atypischer Fall vorliegt (BVerwG, Urt v 22. 11. 2001, NJW 2002, 1292). Ferner ist eine Ermessensausübung ausgeschlossen, soweit dies ausdrücklich bestimmt ist Auch nicht, wenn das Ermessen bei Rücknahme für einen Bereich ausgeschlossen ist, wie durch § 40 Abs. 1 Nr. 1 SGB II; § 330 Abs 2 und § 328 Abs. 3 Satz 2 Halbsatz 1 SGB III)

45.3 Erstattung von Leistungen in anderen Fällen

Praxis: Ein Mitarbeiter des Sozialamts, der gerne Spielhallen besucht und schnelle Autos liebt, überweist auf Konten, die er bei verschiedenen Banken für nicht existierende Personen eröffnet hat, ca. 100.000 Euro und hebt das Geld ab.

Ausbildungsförderung, die der Studentin Martina Müller bewilligt worden ist, wird an eine Altenheimbewohnerin gleichen Namens überwiesen.

Bei irrtümlicher Leistung an einen Nichtberechtigten, der weder zu dem Leistungsträger noch zu dem Berechtigten in einer Rechtsbeziehung steht, kann der Leistungsträger Erstattung entweder aufgrund des öffentlich-rechtlichen Erstattungsanspruchs oder nach den Vorschriften über die ungerechtfertigte Bereicherung in §§ 812ff. BGB verlangen.

Anwendungsbereich des allgemeinen öffentlich-rechtlichen Erstattungsanspruchs
Der allgemeine öffentlich-rechtliche Erstattungsanspruch ist gewohnheitsrechtlich anerkannt. Er verpflichtet zur Erstattung, wenn eine unmittelbare Vermögensverschiebung von einer Behörde an eine (Zivil)Person durch Leistung oder in sonstiger Weise ohne Rechtsgrund erfolgt ist (BVerwG, 12.3.1985, NJW 1985, 2436).

Das Bundesverwaltungsgericht fordert einschränkend, dass ein öffentlich-rechtliches Leistungsverhältnis zwischen der leistenden Behörde und dem Leistungsempfänger besteht (BVerwG, NJW 1990, 2482).

Der allgemeine Erstattungsanspruch hat im Sozialleistungsrecht wegen des Vorrangs des § 50 SGB X kaum Bedeutung.

Anwendung der BGB-Vorschriften über die ungerechtfertigte Bereicherung
Besteht kein tatsächliches oder vermeintliches sozialrechtliches Leistungsverhältnis , kann der Sozialleistungsträger seine Erstattungsansprüche nicht durch Verwaltungsakt (Leistungsbescheid) geltend machen, sondern durch bürgerlich-rechtliche Willenserklärung und Klage bei dem ordentlichen Gericht. Rechtsgrundlage sind in diesem Fall die bürgerlich-rechtlichen Vorschriften über die ungerechtfertigte Bereicherung. Hiernach kann sich der Zahlungsempfänger einerseits bei Gutgläubigkeit auf den Wegfall der Bereicherung berufen, haftet aber bei Bösgläubigkeit nach § 819 BGB, der - anders als § 50 Abs. 2 SGB X – soziale Umstände nicht berücksichtigt.

Beispiele: Ein sozialrechtliches Leistungsverhältnis liegt nach Auffassung des BVerwG nicht vor, wenn Wohngeld auf das Konto einer Wohngeldberechtigten überwiesen wird, die verstorben ist, und der Alleinerbe das Guthaben später auf sein Konto überweist. Weil der Bewilligungsbescheid an die Berechtigte gerichtet gewesen sei, könne der Leistungsträger ohne Aufhebung des Bewilligungsbescheids Erstattung nach den Vorschriften des BGB über die ungerechtfertigte Bereicherung verlangen (BVerwG, NJW 1990, 2482).

Sonderregelung im Rentenrecht
Rentenversicherungsträger haben einen öffentlich-rechtlichen Anspruch auf Rückzahlung gegen Personen, die unberechtigt Geldleistungen nach dem Tod des Berechtigten empfangen haben (§ 118 Abs. 4 Satz 1 SGB VI). Ein Vertrauensschutz steht diesen Personen zu.

Der Rückforderungsanspruch gegen die Erben des Rentenberechtigten bleibt unberührt (§ 118 Abs. 4 Satz 6 SGB VI). Daraus folgt, dass den Erben Vertrauensschutz zustehen kann und dass bei der Ermessensentscheidung über die Rückforderung die persönlichen und wirtschaftlichen Verhältnisse des Betroffenen zu berücksichtigen sind (BfA u.a., SGB X, § 50 Erl. 7.2).

Verjährung
Der allgemeine öffentlich-rechtliche Erstattungsanspruch verjährt entsprechend § 195 BGB in drei Jahren (BVerwG, 15.6.2006, NJW 2006, 3225).

45.4 Übergang von Ansprüchen und Ersatz von Kosten

Gesetzlicher Übergang von Ansprüchen
Ansprüche des Leistungsempfängers, die zur Sicherung deren Lebensunterhalts zu dienen bestimmt sind, gehen aufgrund gesetzlicher Regelung in § 33 SGB II und § 94 SGB XII auf den Leistungsträger über. Eine Überleitungsanzeige ist nicht erforderlich. Der Leistungsträger kann die Ansprüche gegen die Unterhaltsverpflichteten geltend machen. Die Regelungen erfassen insbesondere familienrechtliche Unterhaltsansprüche.

Übergang von Ansprüchen aufgrund schriftlicher Anzeige
Träger der Sozialhilfe und der Jugendhilfe können den **Übergang von Ansprüchen** gegen andere Personen **durch schriftliche Anzeige** bewirken, um die Erstattung von Kosten zu erreichen (§ 94 SGB XII; §§ 95ff SGB VIII).

Kostenerstattung und Schadensersatz
Außerdem ist in zahlreichen Vorschriften festgelegt, dass Sozialleistungsträger **Ersatz ihrer Kosten oder Schadensersatz** verlangen können.

SGB II: Schadensersatzpflichtig ist, wer eine Einkommensbescheinigung nicht richtig ausfüllt oder unrichtige Auskünfte über Vermögen und Einkommen des Leistungsberechtigten und dessen Partner erteilt (§ 62 SGB II).

SGB VIII: Zu den Kosten der Kinder- und Jugendhilfe - Teilnehmerbeiträge und Gebühren – werden Kinder und Eltern nach §§ 90ff. SGB VIII herangezogen.

SGB II und SGB XII: Zum Ersatz der Leistungen nach dem SGB II bzw. der Kosten der Sozialhilfe sind Erben des Empfängers der Leistungen verpflichtet. Die Ersatzpflicht ist gemäß § 34 Abs. 2 SGB II bzw. § 102 SGB XII beschränkt. Die Ersatzpflicht gemäß § 35 SGB II/§ 102 SGB XII besteht für einen Zeitraum von zehn Jahren vor dem Erbfall. (→ Klinger/Maulbetsch, NJW-Spezial 2004, 301).

SGB II: Zum Schadensersatz sind Personen verpflichtet, die dem Leistungsträger unrichtige Auskünfte über das Einkommen/Vermögen eines Leistungsempfängers erteilen (§§ 60/62 SGB II

SGB II und SGB XII: Wer nach Vollendung des 18. Lebensjahres vorsätzlich oder grob fahrlässig die Voraussetzungen der Hilfebedürftigkeit bzw. die Zahlung von Leistungen ohne wichtigen Grund herbeigeführt hat, ist zum Ersatz der Leistungen bzw. Kosten verpflichtet (§ 34 SGB II, § 103 SGB XII).

Nach Auffassung des Bundesverwaltungsgerichts soll nur ein **sozialwidriges** Verhalten die Ersatzpflicht auslösen (BVerwG, NDV 1977, 198). Die bisherige Rechtsprechung beschränkt aber die Ersatzpflicht nicht auf Fälle, in denen die Sozialhilfebedürftigkeit schuldhaft herbeigeführt wurde, sondern lässt es ausreichen, dass beispielsweise gegen arbeitsrechtliche, sozialrechtliche, familienrechtliche oder strafrechtliche Pflichten oder Obliegenheiten verstoßen worden ist.

__Beispiele:__ Sozialwidriges Verhalten ist angenommen worden bei Arbeitslosen, die durch eigenes schweres Verschulden die Arbeitsstelle verloren haben (OVG Lüneburg, ZfF1998, 82), ferner bei Unterhaltspflichtigen, die wegen einer Straftat inhaftiert sind, weil für die Unterhaltsberechtigten Hilfe zu gewähren ist (OVG Lüneburg, FEVS 43, 246), und bei Arbeitnehmern, die einen angemessenen Beruf zugunsten einer Zweitausbildung aufgeben, wenn dieses unter Vernachlässigung der Interessen der Familie erfolgt (BVerwGE 51, 61)

Weitere Nachweise bei Link in: Eicher/Spellbrink, SGB II, § 34 Rn 23ff).

Von der Heranziehung zum Kostenersatz kann der Sozialhilfeträger absehen, soweit sie eine Härte bedeuten würde (§ 34 Abs. 1 Satz 2 SGB II; § 103 Abs. 1 Satz 3 SGB XII).

46.0 VERWALTUNGSZWANG, VERWALTUNGSVOLLSTRECKUNG

Praxis: *Die Agentur für Arbeit droht dem Partner eines Leistungsberechtigten ein Zwangsgeld in Höhe von 200 Euro für den Fall an, dass er nicht binnen zwei Wochen Auskunft über sein Einkommen und Vermögen erteilt (§ 60 Abs. 4 SGB II; →46.3).*

Das Sozialamt fordert 8.000 Euro zurück, die es als Hilfe zum Lebensunterhalt zu Unrecht gezahlt hatte, und pfändet den PKW des Leistungsempfängers (→ 46.4).

46.1 Abgrenzung: Vollziehung, Mitwirkung, Verwaltungsvollstreckung

Verwaltungsvollstreckung
Die Verwaltungsvollstreckung verfolgt den Zweck, durch Verwaltungsakt begründete Gebote und Verbote, also Handlungspflichten des Bürgers, die freiwillig nicht erfüllt worden sind, zwangsweise durchzusetzen.

Verwaltungsbehörden können Verpflichtungen des Bürgers, soweit sie durch Verwaltungsakt festgesetzt werden können, selbst vollstrecken. Die Vollstreckungsgewalt der Verwaltung reicht so weit wie ihre Verfügungsgewalt.

Für SA/SP sollte Zwang stets nur das letzte Mittel sein.

Vollziehung von Verwaltungsakten durch die Verwaltung
Zahlreiche Verwaltungsakte können von der Verwaltung selbst vollzogen werden. Die Vollziehung besteht in der faktischen Umsetzung der Regelung des Verwaltungsakts.

Beispiele: *Auszahlung der monatlichen Grundsicherung in Vollziehung des Bewilligungsbescheids gemäß § 44 SGB XII.*

Kürzung des Auszahlungsbetrags des Arbeitslosengeldes II in Vollziehung eines Absenkungsbescheids gemäß § 31 SGB II.

Durchführung der sozialpädagogischen Familienhilfe nach Bewilligung im Hilfeplan.

Nichtvollziehbare Verwaltungsakte
Manche Verwaltungsakte, insbesondere feststellende, werden mit ihrem Erlass wirksam. Weitere Verwaltungshandlungen zu ihrer Vollziehung sind nicht erforderlich.

Beispiele: *Feststellung eines Grads der Behinderung von 50 % durch das Versorgungsamt, staatliche Anerkennung als Sozialpädagogin.*

Keine zwangsweise Durchsetzung von Mitwirkungspflichten
Werden in gesetzlichen Vorschriften demjenigen, der Sozialleistungen beantragt oder erhält, Mitwirkungshandlungen auferlegt, so wird dadurch kein Anspruch des Leistungsträgers auf Vornahme dieser Handlung begründet. Vielmehr kann die Nichtvornahme der Mitwirkungshandlung Sanktionen bis zum vollständigen Verlust des Leistungsanspruchs auslösen (→ 38.3.15). Eine zwangsweise Durchsetzung der Mitwirkung ist aber unzulässig.

Beispiel: *Die Anordnung der sofortigen Vollziehung, eine zusätzliche Tätigkeit aufzunehmen, ist unzulässig; denn das Gesetz sieht für diesen Fall als Rechtsfolge die Absenkung des Arbeitslosengeldes II vor (§ 31 Abs. 1 Nr. 1 c SGB II; VG Hamburg, info-also 2003, 270 mit Anmerkung von Spindler).*

46.2 Rechtsgrundlagen der Verwaltungsvollstreckung

Für die Verwaltungsvollstreckung bestehen unterschiedliche Rechtsgrundlagen. Bundesbehörden vollstrecken nach dem Verwaltungsvollstreckungsgesetz des Bundes, Landes- und Gemeindebehörden nach dem Vollstreckungsgesetz des jeweiligen Bundeslandes, das im wesentlichen Inhalt dem Bundesgesetz entspricht.

Rechtsgrundlage im Sozialrecht
Rechtsgrundlage der Vollstreckung im Sozialrecht ist § 66 SGB X, der "zu einem völligen Wirrwarr von Zuständigkeiten und Rechtsschutzmöglichkeiten geführt hat". Dieser Wirrwarr wird hier nicht eingehend, sondern nur in Grundzügen, dargestellt.

Arten der Verwaltungsvollstreckung
In der Verwaltungsvollstreckung ist zu unterscheiden zwischen

▶ der **Vollstreckung von Geldforderungen** (46.4),

▶ dem **Verwaltungszwang**, d. h. der Erzwingung von Handlungen, Duldungen oder Unterlassungen (46.3).

Im Sozialrecht werden Handlungen nur selten unter Anwendung des Verwaltungszwangs erzwungen. Da die Rechtsgrundlagen weitgehend übereinstimmen, werden im folgenden Abschnitt auch andere praxisbedeutsame Rechtsbereiche einbezogen.

46.3 Erzwingung von Handlungen, Duldungen und Unterlassungen

Praxis: Das Versorgungsamt verlangt die Herausgabe des Schwerbehindertenausweises unter Androhung eines Zwangsgeldes in Höhe von 100 Euro für den Fall, dass der Ausweis nicht binnen zwei Wochen zurückgegeben wird.

Die Polizei entfernt einen gewalttätigen Mann gewaltsam aus der Wohnung.

In einem kommunalen Altenheim wird nachts am Bett einer Frau ein Bettgitter angebracht. Tagsüber wird die Frau mit einer Personenortungsanlage beaufsichtigt.

46.3.1 Voraussetzungen des Verwaltungszwangs

Der Gesetzgeber hat die Verwaltungsvollstreckung in ihren Voraussetzungen und in ihrer Durchführung strengen Vorschriften unterworfen, damit der Bürger vor rechtswidriger bzw. unangemessener Gewalt möglichst bewahrt bleibt (§§ 6 - 18 BVwVG: in den Bundesländern gelten in Einzelheiten abweichende Verwaltungsvollstreckungsgesetze).

Erste Voraussetzung: Vollstreckungsfähigkeit

Zwangsweise durchgesetzt werden kann ein Verwaltungsakt, der ein Tun, eine Duldung oder ein Unterlassen zum Inhalt hat. Gegenstand der Handlungspflicht kann sein

▶ die **Herausgabe einer Sache**,

Beispiele: Der Schwerbehindertenausweis ist herauszugeben, wenn der Grad der Behinderung neu festgesetzt worden ist (§ 51 SGB X; § 69 Abs. 5 Satz 4 SGB IX).

Die Krankenversicherungskarte bzw. die elektronische Gesundheitskarte sind bei Beendigung des Versicherungsschutzes herauszugeben (§ 291 Abs. 4 SGB V).

▶ die **Vornahme einer Handlung**,

Beispiele: Das Sozialamt fordert den unterhaltspflichtigen Sohn nach § 117 SGB XII auf, über seine Einkommens- und Vermögensverhältnisse Auskunft zu geben.

Ein Polizist spricht einen Wohnungsverweis aus.
Die Durchsetzung der Ausweisung eines Ausländers durch Abschiebung erfolgt nach der Sonderregelung in §§ 58 ff. AufenthG

▶ eine **Duldung,**

Beispiel: *Wird ein Pflegekind nach § 43 SGB VIII aus der Pflegestelle entfernt, haben die Pflegeeltern dies zu dulden.*

▶ eine **Unterlassung.**

Beispiel: *Ein Beamter des Ordnungsamts verbietet einem Jugendlichen, der in alkoholisiertem Zustand Passantinnen belästigt, sich auf dem Markt aufzuhalten.*

Zweite Voraussetzung: Vollstreckbarkeit

Ein vollstreckungsfähiger Verwaltungsakt ist erst dann vollstreckbar, wenn

▶ er **unanfechtbar** ist oder

▶ sein **sofortiger Vollzug besonders angeordnet** wurde (§ 80 Abs. 2 Nr. 4 VwGO; § 97 Abs. 3 SGG; → 41.4.7) oder

▶ ein gegen den Verwaltungsakt eingelegter **Rechtsbehelf keine aufschiebende Wirkung** hat (§ 80 Abs. 2 Nr. 1-3 VwGO; § 86 Abs. 2 SGG; § 39 SGB II → 49.3.4).

Dritte Voraussetzung: Aufforderung, Androhung und Festsetzung

---

Sind Vollstreckungsfähigkeit und Vollstreckbarkeit gegeben, darf Verwaltungszwang grundsätzlich erst dann angewandt werden, wenn folgende drei Verwaltungsakte vorher bestandskräftig geworden sind:

▶ die **Aufforderung** kann schon im ursprünglichen Verwaltungsakt enthalten sein.

Beispiel : *"Sie werden aufgefordert, über Ihre Einkommens- und Vermögensverhältnisse Auskunft zu erteilen." (§ 117 SGB II)*

▶ die **Androhung** kann auch bereits im ursprünglichen Verwaltungsakt erfolgen, aber ebenfalls getrennt ausgesprochen werden.

Beispiel: *"Falls die vollständige Auskunft nicht spätestens bis zum 2. 12. 2008 eingereicht wird, werden wir ein Zwangsgeld in Höhe von 300 Euro verhängen. "*

▶ die **Festsetzung** berechtigt zur Anwendung des angedrohten Zwangsmittels und soll erst nach Ablauf der in der Androhung genannten Frist vorgenommen werden. Sie kann mit der Androhung eines weiteren Zwangsmittels verbunden werden.

Beispiel: *"Da Sie die Auskunft nicht fristgemäß eingereicht haben, wird das angedrohte Zwangsgeld in Höhe von 300 Euro festgesetzt. Sollten Sie weiterhin unsere Aufforderung nicht befolgen, wird hiermit ein weiteres Zwangsgeld von 500 Euro angedroht, falls Sie die Auskunft nicht bis zum 15. 1. 2009 einreichen."*

Aufforderung, Androhung und Festsetzung können getrennt erfolgen und sind selbständig anfechtbar (BVerwG, NVwZ-RR 1989, 337). Meist werden Aufforderungen und Androhung verbunden, während die Festsetzung nach fruchtlosem Ablauf der mit der Androhung gesetzten Frist erfolgt. Rechtsmittel gegen die Androhung und Festsetzung haben in den meisten Fällen keine aufschiebende Wirkung.

Verwaltungszwang ohne vorhergehenden Verwaltungsakt
Ohne vorausgehenden Verwaltungsakt ist Verwaltungszwang nur ausnahmsweise zulässig, wenn der sofortige Vollzug zur Verhinderung strafbarer Handlungen oder zur Abwendung drohender Gefahren erforderlich ist (§ 6 Abs. 2 BVwVG).

Beispiel: *Wegtragen eines Demonstranten, Einziehung des Führerscheins eines betrunkenen PKW-Fahrers, Abschleppen eines verkehrswidrig abgestellten PKW.*

Der Betroffene soll benachrichtigt werden. Die Benachrichtigung ist kein Verwaltungsakt. Der Betroffene kann gegen die Ausführung selbst mit Widerspruch und Klage vorgehen (§ 18 Abs. 2 BVwVG). Ist die Ausführung abgeschlossen, kann er die Rückgängigmachung verlangen oder – wenn er ein berechtigtes Interesse an der Feststellung der Rechtswidrigkeit hat – Fortsetzungsfeststellungsklage erheben (§ 113 Abs. 1 Satz 2 und 3 VwGO, § 131 Abs. 1 SGG; siehe 50.4.4).

46.3.2 Zwangsmittel (§§ 9-12 BVwVG)

Bei der Auswahl der Zwangsmittel steht der Verwaltung ein Ermessensspielraum zu. Sie muss bei der Ausübung des Ermessens insbesondere den Grundsatz der Verhältnismäßigkeit beachten (§ 9 Abs. 2 BVwVG).

Unmittelbarer Zwang gegen Personen kommt deshalb nur als letztes Mittel in Betracht.

Zwangsgeld

Ein Zwangsgeld kann verhängt werden, wenn eine Handlung, Duldung oder Unterlassung erzwungen werden soll. Der Höchstbetrag richtet sich nach den einschlägigen Vorschriften. Er beträgt in Nordrhein-Westfalen 50.000 Euro.

Das Zwangsgeld ist keine Strafe, sondern ein Beugemittel. Es darf grundsätzlich nicht im Voraus „für jeden Fall der Zuwiderhandlung" angedroht werden (BVerwG, 26.6.1997, NVwZ 1998, 393). Ist aber eine Androhung für jeden Fall der Zuwiderhandlung gesetzlich zugelassen, darf es solange wiederholt angedroht, festgesetzt und beigetrieben werden, bis der Betroffene die Aufforderung befolgt.

Beispiel: Bei wiederholten Verstößen gegen ein polizeiliches Aufenthaltsverbot kann z. B. in Bremen und Rheinland-Pfalz nach jedem Verstoß erneut ein Zwangsgeld festgesetzt werden.

Kann das Zwangsgeld nicht beigetrieben werden, ist ausnahmsweise bei Vorliegen besonderer Umstände **Ersatzzwangshaft** möglich, sofern bei Androhung des Zwangsgeldes darauf hingewiesen wurde (Mindestdauer ein Tag, Höchstdauer zwei Wochen nach § 16 BVwVG).

Beispiel: Hat ein Mann nach einer Wohnungsverweisung mehrfach gegen das Rückkehrverbot verstoßen und seine Lebensgefährtin körperlich misshandelt, ist Ersatzzwangshaft gerechtfertigt (OVG NRW, 30.1.2006, NJW 2006, 2569).

Ersatzvornahme

Ersatzvornahme ist nur bei vertretbaren Handlungen möglich, d. h. bei solchen, deren Vornahme durch einen Dritten möglich ist.

Beispiel: Ein verbotswidrig auf einem Behindertenparkplatz abgestelltes Fahrzeug darf sofort abgeschleppt werden, auch ohne dass der Aufenthaltsort des Verantwortlichen z.B. durch Halteranfrage ermittelt werden muss (OVG SH, 19.3.2002, NJW 2003, 3289, BVerwG, 18.2.2002, NJW 2002, 2122).

Die Höhe der voraussichtlichen Kosten der Ersatzvornahme ist bei der Androhung mitzuteilen. Jedoch sind die Kosten auch dann zu erstatten, wenn der veranschlagte Kostenbetrag wesentlich überschritten wird (BVerwG, 13.4.1984, NJW 1984, 2591). Nach der Ersatzvornahme werden die Kosten durch Verwaltungsakt festgesetzt und im Verwaltungszwangsverfahren beigetrieben. Auch die vorschussweise Beitreibung der Kosten ist zulässig (BVerwG, 16.1.1976, NJW 1976, 1703).

Der Vollstreckungsbeamte kann Widerstand, der gegen die Durchführung der Ersatzvornahme geleistet wird, mit Gewalt brechen.

Unmittelbarer Zwang

Begriff

Unmittelbarer Zwang kann sich gegen Personen (z.B. gewaltsame Entfernung eines gewalttätigen Manns aus der Wohnung) oder gegen Sachen richten (Beschlagnahme von Rauschgift). Er wird ausgeübt durch körperliche Gewalt, durch Hilfsmittel (z. B. Wasserwerfer, Diensthunde, Dienstpferde) oder durch Waffen (z. B. Hieb- und Schusswaffen, Reizstoffe, Explosivmittel).

Die Anwendung unmittelbaren Zwangs ist überwiegend Aufgabe der Polizei bzw. der Ordnungsbehörden. Diese haben u. a. den Grundsatz der Verhältnismäßigkeit zu beachten und dürfen in Grundrechte der Betroffenen nur eingreifen, soweit dies zur Abwehr einer erheblichen Gefahr für wesentliche Rechtsgüter erforderlich ist.

Beispiele für unmittelbaren Zwang: Festhalten einer Person, Fesselung, Faustschläge, Eintreten einer Tür, Einschlagen einer Fensterscheibe usw., polizeilicher Gewahrsam; zum "Berliner Kessel" siehe KG 29.1.1999, NVwZ 2000, 468); nicht zulässig: Abschuss eines Luftfahrzeugs, soweit tatunbeteiligte Menschen betroffen sind (BVerfG, NJW 2006, 751).

Rechtliche Zulässigkeitsvoraussetzungen

Die Ausübung des unmittelbaren Zwangs ist durch Bundes- und Landesrecht weitgehend übereinstimmend geregelt. Für die Vollzugsbeamten des Bundes gilt das Gesetz über den unmittelbaren Zwang bei Ausübung öffentlicher Gewalt.

Für die Polizei gelten die jeweiligen Polizeigesetze. Für die übrige Verwaltung gelten die Verwaltungsvollstreckungsgesetze.

In *Nordrhein-Westfalen* gilt folgende Regelung (§§ 66 ff VwVG-NRW).

Unmittelbarer Zwang kommt nur in Betracht, wenn Zwangsgeld oder Ersatzvornahme nicht zum Ziele führen oder untunlich sind. Die Anwendung unmittelbaren Zwangs ist nur zulässig, wenn

▶ er **gesetzlich zugelassen** ist

▶ er von **Vollzugsdienstkräften** ausgeübt wird,

▶ **Vollstreckungs-, Aufsichts-, Pflege- oder Erziehungsaufgaben** gegenüber Personen durchgeführt werden, deren Unterbringung in einem psychiatrischen Landeskrankenhaus, einer Entziehungsanstalt für Suchtkranke oder in einer abgeschlossenen Krankenhaus/Teil eines Krankenhauses angeordnet ist.

Unzulässig ist unmittelbarer Zwang gegenüber Personen, die nicht aufgrund behördlicher oder gerichtlicher Anordnung untergebracht sind, sondern sich freiwillig in Behandlung begeben haben, sowie in Einrichtungen der Jugend- und Behindertenhilfe. Zulässig ist er ausnahmsweise bei erheblicher Selbst- oder Fremdgefährdung

SA/SP als Vollzugsdienstkräfte

SA/SP können nach § 68 VwVG –NRW Vollzugsdienstkräfte sein, wenn

▶ sie mit der Durchführung von Vollstreckungs-, Aufsichts-, Pflege- oder Erziehungsaufgaben in den genannten Einrichtungen beauftragt sind,

▶ die Anstellungsbehörde ihnen die Befugnisse der Dienstkräfte der Ordnungsbehörden übertragen hat. Sie müssen bei der Ausübung unmittelbaren Zwangs einen behördlichen Ausweis bei sich führen und außerdem einen von der Vollzugsbehörde ausgestellten Vollzugsauftrag, falls ein Verwaltungsakt vollstreckt werden soll,.

Alle anderen SA/SP sind somit nicht befugt, unmittelbaren Zwang auszuüben. Sie setzen sich der Gefahr strafrechtlicher Verfolgung wegen Körperverletzung, Freiheitsberaubung usw. und arbeits-/dienstrechtlicher Sanktionen aus, wenn sie ihre Befugnisse überschreiten.

Anwendung des unmittelbaren Zwangs
Der Vollzugsbeamte kann notfalls körperliche Gewalt anwenden. Die Polizei hat ihm auf Verlangen Amtshilfe zu leisten.

Rechtsfolgen und Rechtsschutz
Der Betroffene, der Widerstand leistet, macht sich nach § 113 StGB strafbar. Das gilt nicht, wenn die Diensthandlung nicht rechtmäßig ist (→ § 113 Abs. 3 und 4 StGB).
Bei rechtswidrig schuldhaftem Verhalten der Vollzugsdienstkraft stehen dem Betroffenen evtl. Schadensersatzansprüche wegen Amtspflichtverletzung zu (→ 48.3).

46.4 Vollstreckung wegen Geldforderungen (§§ 1 - 5 BVwVG)

Praxis: *Gepfändet wird der neue Flachbildfernseher des Arbeitslosen, der zur Erstattung von 3.000 Euro überzahlten Arbeitslosengeldes verpflichtet ist. Im Austausch erhält er ein gebrauchtes Schwarz-Weiß-Gerät.*

Gepfändet wird der Arbeitslohn des Angestellten, der die Unterhaltsverpflichtung gegenüber seinem Kind nicht erfüllt hat, so dass vom Jugendamt Unterhaltsvorschuss gezahlt werden musste.

Beitreibung von öffentlich-rechtlichen und privatrechtlichen Forderungen
Im Verwaltungsvollstreckungsverfahren werden öffentlich-rechtliche Forderungen und - nach Maßgabe des jeweiligen Landesrechts - auch privatrechtliche Forderungen beigetrieben.

Beispiele für öffentlich-rechtliche Forderungen: *Rückforderung von überzahlten Sozialleistungen, Gebühren für die Nutzung einer städtischen Notwohnung (Nutzungsgebühren), Zwangsgelder, Kosten der polizeilichen Räumung eines besetzten Hauses.*

Beispiele für privatrechtliche Forderungen: *Übergegangene Unterhaltsansprüche, Elternbeitrag für Kita bei privatrechtlichem Benutzungsverhältnis, Entgelt für Betreuung und Pflege im kommunalen Altenheim aufgrund des Heimvertrags.*

46.4.1 Voraussetzungen der Vollstreckung

Die Einleitung der Vollstreckung durch **Vollstreckungsanordnung** ist nur zulässig, wenn folgende Voraussetzungen erfüllt sind (§ 3 BVwVG):

► Leistungsbescheid, der die **Aufforderung zur Leistung** enthält,

► **Fälligkeit der Leistung,**

► **Ablauf einer Woche** seit Bekanntgabe des Leistungsbescheides (bei späterer Fälligkeit - eine Woche nach Fälligkeit)

► Außerdem soll eine **Mahnung mit einer weiteren Zahlungsfrist** von einer Woche vorausgehen.

46.4.2 Durchführung der Vollstreckung

Rechtsgrundlagen
Das Verwaltungsvollstreckungsgesetz des Bundes verweist für die Durchführung der Vollstreckung auf Vorschriften der Abgabenordnung.
Das Verwaltungsvollstreckungsgesetz des Landes Nordrhein-Westfalen enthält eigene Regelungen.

Durchsuchung
Der Vollziehungsbeamte darf die Wohnung des Schuldners betreten (nicht aber eines Dritten, OLG Köln, NJW 1977, 825). Durchsuchen darf er die Wohnung ohne Einwilligung des Schuldners grundsätzlich nur auf richterliche Anordnung. Bei der Durchsuchung darf er verschlossene Türen und Behältnisse öffnen lassen (§ 14 Abs. 1 VwVG NRW)

Bei Widerstand kann der Vollziehungsbeamte Gewalt anwenden und hierbei um Unterstützung durch die Polizei nachsuchen (§ 14 Abs. 3 VwVG NRW). Bei Abwesenheit des Schuldners oder bei Widerstand muss er zwei Zeugen hinzuziehen (§ 15 VwVG NRW).

Vollstreckung in Sachen
Die Vollstreckung in Sachen geschieht durch Pfändung. Sie muss unterbleiben, wenn zu erwarten ist, dass die Kosten der Zwangsvollstreckung höher sind als der zu erwartende Erlös aus der Verwertung (§ 21 VwVG NRW).

Geld, Wertpapiere und Kostbarkeiten sind wegzunehmen. Andere Sachen bleiben meist im Gewahrsam des Schuldners und werden dann mit einem Pfandsiegel versehen (§ 28 VwVG NRW). Sie sind frühestens eine Woche später nach öffentlicher Bekanntmachung öffentlich zu versteigern (§§ 30, 31 VwVG NRW).

Unpfändbare Sachen
Für das Verwaltungszwangsverfahren gelten die §§ 811 – 813b der ZPO über die Unpfändbarkeit (§ 27 VwVG NRW). Sie sind Ausfluss der in Artikel 1 und 2 GG normierten Grundrechte und des Sozialstaatsprinzips und sollen dazu beitragen, im konkreten Fall dem Vollstreckungsschuldner zu seinen verfassungsgemäßen Rechten zu verhelfen (BFH, NJW 1990, 1871).

Unpfändbar sind Gegenstände, die zum notwendigen Hausrat gehören, Haushaltsvorräte für 4 Wochen, Arbeitsgeräte, Prothesen, Haustiere und auch ein Farbfernsehgerät im Hinblick auf die Grundrechte in Art. 2 und 5 GG (BFH, NJW 1990, 1871).

Unpfändbar ist auch der PKW eines außergewöhnlich Gehbehinderten (BGH, FamRZ 2004, 870)

Gepfändet werden darf ein notwendiger Gegenstand in einer besonders kostspieligen Ausführung gegen Überlassung einer Normalausführung (Austauschpfändung).

Pfändung von Forderungen
Die Pfändung von Forderungen (z.B. Lohnpfändung) erfolgt durch Pfändungsbeschluss der Vollstreckungsbehörde. Aufgrund des Pfändungsbeschlusses kann die Behörde die Forderung des Schuldners einziehen. Dieser hat ihr alle notwendigen Auskünfte zu erteilen und kann dazu durch Zwangsgeld angehalten werden (§§ 40ff. VwVG NRW).

Bei der Pfändung von Sozialleistungen ist § 54 SGB I zu beachten (siehe 37.9).

Vollstreckung in Grundstück
Die Vollstreckung in Grundstücke (unbewegliches Vermögen) erfolgt nach dem Zwangsversteigerungsgesetz durch das Amtsgericht auf Antrag der Vollstreckungsbehörde (§§ 51ff. VwVG NRW).

46.4.3 Stundung, Niederschlagung und Erlass

Die Haushaltsgesetze/-ordnungen des Bundes, der Länder und der Gemeinden sehen weitgehend übereinstimmend Möglichkeiten der finanziellen Entlastung des Bürgers vor, die den SA/SP häufig nicht bekannt sind und deshalb nicht genutzt werden (§ 59 Bundeshaushaltsordnung, § 59 Landeshaushaltsordnung NRW, § 26 Gemeindehaushaltsverordnung NRW; für die Sozialversicherung § 76 Abs. 2 SGB IV).

Aus diesen Regelungen leitet das Bundessozialgericht ein subjektives öffentliches Recht auf fehlerfreie Ermessensentscheidung über die Stundung, den Erlass oder die Niederschlagung von Forderungen ab, wenn die Einziehung nach Lage des einzelnen Falles für den Anspruchsgegner eine besondere Härte bedeuten würde. Es hält die Leistungsträger für verpflichtet, von sich aus Ermittlungen anzustellen, wenn der Sachverhalt Anhaltspunkte dafür bietet, dass der Zahlungspflichtige nicht oder nur unter großen Schwierigkeiten in der Lage ist, seinen Zahlungspflichten nachzukommen und nach pflichtgemäßen Ermessen darüber zu entscheiden, ob Erleichterungen gewährt werden können

Die Vorschriften gelten entsprechend auch für zivilrechtliche Erstattungs- und Regressansprüche der Sozialleistungsträger und anderer Behörden (BSG, 19.6.1989,NJW 1990, 342).

In der sozialen Arbeit können sie den Menschen Erleichterung verschaffen, die verpflichtet sind, Zahlungen an einen öffentlichen Träger zu leisten, aber dazu aus besonderen Gründen nicht in der Lage sind.

Zulässig sind:

► die **Stundung**, wenn die sofortige Einziehung bei Fälligkeit eine erhebliche Härte für den Schuldner bedeuten würde und der Anspruch durch die Stundung nicht gefährdet erscheint (BSGE 69, 221).

> *Beispiel: Die Arbeitsagentur bewilligt einem schwerbehinderten Menschen, der wegen vorsätzlich unterlassener Mitteilung von Einkünften aus einer Trinkhalle 6.000 Euro Arbeitslosengeld zu Unrecht erhalten hatte, monatliche Raten von 15 Euro.*

► **die Niederschlagung, d. h. die befristete oder unbefristete Zurückstellung der Weiterverfolgung eines Anspruchs**, wenn feststeht, dass die Einziehung keinen Erfolg haben wird oder die Kosten der Einziehung außer Verhältnis zur Höhe des Anspruchs stehen.

> Die Niederschlagung ist ein verwaltungsinterner Vorgang, der in der Regel dem Schuldner nicht mitgeteilt wird. Die spätere Verfolgung des Anspruchs wird hierdurch nicht ausgeschlossen.

> *Beispiel: Ein Sachbearbeiter vermerkt in der Akte über die Rückzahlung der BAföG-Darlehen, dass der rückzahlungspflichtige Sozialarbeiter einen schweren Unfall erlitten hat und deshalb nach Ablauf eines Jahres erneut geprüft werden soll, ob die Rückzahlung des Darlehens verlangt wird.*

► **der Erlass**, wenn die Einziehung der Forderung nach Lage des einzelnen Falles unbillig wäre.

> *Beispiele: Der Empfänger überzahlter Sozialleistungen hätte ohne diese Bezüge Anspruch auf Sozialhilfe gehabt, deren Nachzahlung er nicht verlangen kann (BSG, 27.2.1996, NZS 1996, 587).*

> *Verlangt die Berufsgenossenschaft von einem PKW-Fahrer, der einen unfallversicherten Arbeitnehmer auf dem Weg zur Arbeit bei einem Verkehrsunfall schuldhaft verletzt hatte, 10.000 Euro Schadensersatz, kann der PKW-Fahrer den Erlass des Regressanspruchs nach § 76 Abs. II Nr. 3 SGB IV beantragen (BSG, 19.6.1989, NJW 1990, 342).*

> *Das Sozialamt erlässt einem durch frühere Ratenzahlungsverpflichtungen hoch verschuldeten Wohnungslosen einen Teil der nichtgezahlten Nutzungsgebühr unter der Bedingung, dass er die anderen Schulden regelmäßig abträgt.*

Der Erlass wird meist nur bei "unverschuldeter" wirtschaftlicher Notlage und nur dann gewährt, wenn die Voraussetzungen für eine eine Stundung nicht gegeben sind (BSG, 9.2.1995, NZS 1996, 39).

Die Entscheidung über den Erlass erfolgt durch Verwaltungsakt.

47.0 GELDBUßEN, GELD- UND FREIHEITSSTRAFEN UND ANDERE SANKTIONEN

Praxis: *Die Arbeitsämter haben 2007 mehr als 639.000 Sperrzeiten verhängt, davon 170.000 wegen Arbeitsaufgabe, 185.000 wegen Meldeversäumnis und 239.000 wegen verspäteter Arbeitsuchendmeldung. Der Anstieg gegenüber dem Jahr 2006 betrug 21,5 % (Geschäftsbericht der Bundesagentur für Arbeit 2007)..*

Ein Student, der im BAföG-Antrag sein Vermögen von ca. 25.000 Euro nicht angegeben hatte, wird wegen Betrugs zu einer Geldstrafe von 120 Tagessätzen zu 46 Euro verurteilt (BayObLG, 23.11.2008, NJW 2005, 309)

Die Verwaltungsbehörden können in der Regel mit ihren eigenen Mitteln einschließlich der Zwangsmittel ihre Aufgaben erfüllen. Sie können aufgrund entsprechender Vorschriften zusätzlich Bußgelder verhängen bzw. der Strafverfahren einleiten.

47.1 Verhängung von Bußgeldern

Bei Verstoß gegen Verhaltenspflichten, die den Bürgern in verwaltungsrechtlichen Vorschriften bzw. durch Verwaltungsakt auferlegt sind, kann von der zuständigen Verwaltungsbehörde aufgrund §§ 111 ff. des Gesetzes über Ordnungswidrigkeiten bzw. besondere gesetzlicher Regelung eine Geldbuße verhängt werden,. Im Sozialrecht finden sich derartige Vorschriften meist am Ende eines Gesetzes.

Beispiele für derartige Regelungen: § 63 SGB II, § 404 SGB III, § 306ff. SGB V, § 209 SGB VII, § 104 SGB VIII; § 117 Abs. 6 SGB XII; § 58 BAföG; § 98 AufenthG; § 86 AsylVfG.

Beispiel für mit Bußgeld bedrohte Zuwiderhandlungen gegen Verwaltungsakte: Ein Ausländer, dem der Aufenthalt im Bezirk der Ausländerbehörde gestattet ist, besucht eine befreundete Familie außerhalb des Bezirks. Ihm wird ein Bußgeld von 500 Euro auferlegt (§ 86 AsylVfG).

Durch Geldbußen werden Verstöße gegen verwaltungsrechtliche Pflichten geahndet (Verwaltungsungehorsam).

Der Bußgeldbescheid ist zwar ein Verwaltungsakt. Jedoch sind dagegen nicht die verwaltungsrechtlichen Rechtsbehelfe statthaft, sondern der Einspruch nach § 67 ff des Gesetzes über Ordnungswidrigkeiten, über den das Amtsgericht entscheidet.

47.2 Verhängung von Geld- oder Freiheitsstrafen

Schwere Verstöße gegen verwaltungsrechtliche Pflichten werden als kriminelles Unrecht nach besonderen gesetzlichen Vorschriften mit Geld- oder Freiheitsstrafe bedroht.

Beispiele: § 105 SGB VIII; §§ 95ff. AufenthG; §§ 84, 85 AsylVfG.

Leistungsberechtigte können im Rahmen ihrer Kontakte mit der Verwaltung auch gegen allgemeine Strafvorschriften verstoßen und sich strafbar machen.

Beispiele: Widerstand gegen Vollstreckungsbeamte (§ 113 StGB), Hausfriedensbruch durch unbefugtes Eindringen in öffentliche Gebäude (§ 123 StGB), Beleidigung eines Sachbearbeiters (§ 185 StGB), Körperverletzung eines Amtsleiters (§ 223 StGB), Betrug durch falsche Angaben im Antrag auf Sozialleistungen (§ 263 StGB), Urkundenfälschung durch Vorlage gefälschter Belege (§ 267 StGB), Sachbeschädigung durch Zerstörung des Büromobiliars (§ 303 StGB).

47.3 Einleitung von Strafverfahren durch SA/SP

SA/SP haben weder den beruflichen noch den gesetzlichen Auftrag, Straftaten zu verfolgen. Jedoch kann in äußersten Fällen die Einleitung eines Strafverfahrens für den SA/SP ein Mittel zum Schutz gefährdeter Menschen sein

Schutz von Kindern und Jugendlichen .
Die Einleitung des Strafverfahrens kommt insbesondere dann in Betracht, wenn ein dringender Verdacht besteht, jedoch ausreichende Beweismittel fehlen; denn Staatsanwälte und Strafrichter haben im Strafverfahren umfassende Ermittlungsmöglichkeiten. Sie können z. B. die Durchsuchung der Wohnung, eine Vernehmung und Untersuchung des Opfers und anderer Personen sowie Untersuchungshaft anordnen (§§ 102, 114 StPO).

Beispiel: Besteht der dringende Verdacht, dass ein Kind misshandelt oder sexuell missbraucht wird, lehnen die Eltern jeden Kontakt mit dem Jugendamt ab und ist das Familiengericht nicht bereit, in der Sache tätig zu werden, kommt als letzte Möglichkeit zum Schutz des Kindes die Einschaltung der Polizei in Betracht, die Sofortmaßnahmen zum Schutz des Kindes ergreifen und ein Strafverfahren einleiten kann (§ 8a Abs. 4 SGB VIII).

Zu bedenken ist, dass die Einleitung eines Strafverfahrens gegen ein Familienmitglied durch SA/SP in der Regel jede weitere soziale Arbeit mit den Eltern und Kindern unmöglich macht und damit letztlich nicht dem Kindeswohl dient, sondern dem Kind schadet.

SA/SP müssen ferner berücksichtigen, dass Opfer von körperlicher oder sexueller Misshandlung nicht selten die Vernehmungen, Untersuchungen, Begutachtungen und die Teilnahme an den Gerichtsverhandlungen in Anwesenheit des Täters als außerordentlich belastend, demütigend und als einen Eingriff in ihre Intimsphäre erleiden.

Schutz sonstiger bedrohter Menschen
Er kann sich gegen Personen (z.B. gewaltsame Entfernung eines gewalttätigen Manns aus der Wohnung) oder gegen Sachen richten (Beschlagnahme von Rauschgift).

Beispiel: Der Betreuer von Wohnungslosen, die Spuren von körperlichen Misshandlungen aufweisen, erstattet mit Zustimmung der Opfer Strafanzeigen gegen die Polizisten der Altstadtwache und erreicht dadurch die Verurteilung der Polizisten und eine Beendigung der Misshandlungen.

Allerdings ist große Vorsicht geboten; denn der in einer solchen Anzeige Beschuldigte kann u. U. mit einer Gegenanzeige reagieren, die für den Anzeigenden zu einer Bestrafung führen kann (zu den strafrechtlichen Risiken der Anzeigeerstattung: Koch, NJW 2005, 943).

Beispiel: Fehlen einem Demonstranten nach einer Fahrt im polizeilichen Streifenwagen einige Zähne und beschuldigt er die Polizisten der Körperverletzung, so kann das Strafverfahren gegen die Polizisten mit einem Freispruch enden, während der Demonstrant auf die Strafanzeige der Polizisten wegen übler Nachrede im Sinne von § 186 StGB zu einer Geldstrafe von 300 Euro verurteilt wird, wenn er nicht die Körperverletzung durch die Polizisten nachweisen kann.

NEUNTER ABSCHNITT
ÖFFENTLICH-RECHTLICHE AUSGLEICHSVERHÄLTNISSE

48.0 STAATSHAFTUNG UND SONSTIGE ÖFFENTLICH-RECHTLICHE AUSGLEICHSVERHÄLTNISSE

Praxis: Mit einer wegen langjähriger Misshandlung psychisch kranken und dauerhaft erwerbsunfähigen jungen Frau überlegt die Beraterin, ob und welche staatlichen Hilfen ihr zustehen (48.1.1).

*Ein Sozialarbeiter "übersieht", als ihn eine Witwe wegen ihrer niedrigen Witwen-
rente um Rat fragt, dass die Witwe Wohngeld und eine Rente wegen ihrer eigenen
Erwerbstätigkeit und Kindererziehung beantragen könnte. Sie fordert später Schadensersatz (48.3).*

Bedeutung für SA/SP
Der Staat haftet und zahlt Schadensersatz bzw. Entschädigungen, wenn Menschen
durch Gewaltakte anderer Menschen, bei sozial als wertvoll eingeschätzten Tätigkeiten, durch Verwaltungsmaßnahmen bzw. das Verhalten von Verwaltungsmitarbei-
ter/innen Schäden erleiden. SA/SP sollten Grundkenntnisse des Rechts der Staatshaftung und der anderen Ausgleichsansprüche besitzen, damit sie die Betroffenen entsprechend informieren können; denn oft wissen die Betroffenen nicht, dass sie Ausgleichsansprüche haben bzw. wie und mit welchem Risiko sie sich gegen schädigende
Verwaltungsmaßnahmen wehren können.

Komplizierte und lückenhafte Regelungen
Das Staatshaftungsrecht gehört zu den kompliziertesten Materien des Verwaltungsrechts. Der Gesetzgeber hat bisher keine umfassende gesetzliche Regelung des Staatshaftungsrechts getroffen.

Staatshaftungsrecht in den alten Bundesländern
In den alten Bundesländern gelten eine Reihe von gesetzlichen Regelungen, die sich
mit Ausgleichsleistungen für spezielle Verwaltungsmaßnahmen bzw. besonderen Ge-
fahrensituationen befassen (→ 48.2). Außerdem gelten allgemeine gesetzliche bzw.
gewohnheitsrechtlich anerkannte Regelungen, die aber insgesamt nur einen lücken-
haften Schutz der durch staatliche Verwaltungshandlungen geschädigten Menschen
bieten

Weitergehende Staatshaftung nach fortgeltendem DDR-Recht
Die Fortgeltung des Staatshaftungsgesetzes - DDR war im Einigungsvertrag vereinbart worden. Inzwischen wird es nur in Mecklenburg-Vorpommern noch vollständig
sowie modifiziert in Brandenburg und Thüringen angewandt (→ 48.4). Nach diesem
Gesetz haften die Träger der öffentlichen Verwaltung für jeden Schaden, den ihre
Bediensteten in Ausübung öffentlich-rechtlicher Tätigkeit einem Menschen rechtswidrig zufügen.

Diese generelle Regelung der Haftung des Staates für rechtswidriges Verhalten seiner
Verwaltungsangehörigen ist erheblich bürgerfreundlicher als das in den alten Bundesländern geltende Staatshaftungsrecht, das für die gesetzlich geregelte Amtshaftung
den Nachweis des Verschuldens eines Verwaltungsangehörigen voraussetzt und im
Übrigen aus verschiedenen zusammenhanglosen Bruchstücken besteht.

48.1 Spezielle Grundlagen für staatliche Ausgleichsleistungen

48.1.1 Opferentschädigungsgesetz (OEG)

Gesundheitsschäden durch einen vorsätzlichen, rechtswidrigen tätlichen Angriff auf eine Person werden nach dem Gesetz über die Entschädigung für Opfer von Gewalttaten ausgeglichen. Das Gesetz gilt nicht für Gewalttaten im Ausland (§ 1 OEG). **Beispiele:** *Vergewaltigung, gewaltloser sexueller Missbrauch (BSG, 18.10.1995, NJW 1996, 1621; 28.4.2005, NJW 2005, 2574), vorsätzliche Körperverletzung, Kindesmisshandlung, -vernachlässigung (BArbBl 5/2002), Freiheitsberaubung.*

Bei überwiegendem Selbstverschulden des Opfers, z.b. bei bewusstem Einlassen auf eine Schlägerei (BSG, 6.12.1989, NJW 1990, 1501). oder AIDS-Erkrankung nach freiwilligem, ungeschütztem Geschlechtsverkehr mit einer Zufallsbekanntschaft (BSG, NJW 1996, 1619 ist der Anspruch ausgeschlossen.

Die Entschädigung umfasst Heilbehandlung, Psychotherapie, Beschädigtenrente, Pflegezulage, Hinterbliebenenversorgung gemäß dem Bundesversorgungsgesetz.

Sie muss binnen eines Jahres nach Eintritt der Schädigung beantragt werden. Die Jahresfrist verlängert sich um den Zeitraum, während dessen der Beschädigte unverschuldet verhindert war, die Entschädigung zu beantragen (§ 60 Abs. 1 S.2 BVG). Bei Verletzung des sexuellen Selbstbestimmungsrechts beginnt die Frist entsprechend § 208 BGB mit Vollendung des 21. Lebensjahres bzw. mit Aufhebung der häuslichen Gemeinschaft mit dem Täter (BSG, 28.4.2005, NJW 2005, 2574)

48.1.2 Gesetzliche Unfallversicherung (SGB VII)

Anspruch auf die Leistungen der gesetzlichen Unfallversicherung (SGB VII), haben zunächst alle Arbeitnehmer, die einen Arbeitsunfall erleiden oder an einer Berufskrankheit erkranken. Die Unfallversicherten erhalten u. a. Heilbehandlung, Leistungen zur Teilhabe am Arbeitsleben und am Leben in der Gemeinschaft, Leistungen bei Pflegebedürftigkeit sowie Verletztengeld und Verletztenrenten (§§ 2, 26ff. SGB VII).

Kinder in Kindertageseinrichtungen, Schüler, Studenten
Kinder sind während des Besuchs von Kindertageseinrichtungen, Schüler während des Besuchs von allgemeinbildenden Schulen und Studierende während der Aus- und Fortbildung an Hochschulen gesetzlich unfallversichert (§ 2 Abs. 1 Nr. 8 SGB VII).

Beispiel: *Erleidet ein Kind auf dem Weg zur Kita, ein Schüler bei einer Schlägerei während einer Klassenfahrt oder eine Studentin in der Hochschule einen Unfall, der eine Behinderung zur Folge hat, sind außer Heilbehandlung evtl. lebenslang Verletztenrenten zu zahlen (BSG, 5.10.1995, NJW 1996, 2678).*

Nothelfer, Verwaltungshelfer
Gesetzlich unfallversichert sind Personen, die bei Unglücksfällen oder gemeiner Gefahr oder Not Hilfe leisten oder einen anderen aus gegenwärtiger Lebensgefahr oder erheblicher gegenwärtiger Gefahr für Körper oder Gesundheit retten sowie Blut- und Organspender (§ 2 Abs. 1 Nr. 13 SGB VII). Auch Verwaltungshelfer (siehe 6.2.3) sind gesetzlich unfallversichert.

Ehrenamtlich Tätige
Der gesetzliche Unfallversicherungsschutz ehrenamtlich Tätiger ist lückenhaft. Zwar sind nach dem Gesetzeswortlaut ehrenamtlich in der Wohlfahrtspflege Tätige (§ 2

335

Abs. 1 Nr. 9) und ehrenamtlich für öffentliche Träger oder öffentlich-rechtliche Religionsgemeinschaften gesetzlich unfallversichert (§ 2 Abs. 10 SGB VII).

Das BSG schließt aber Ehrenamtliche, die als Mitglied eines Vereins/eines Jugendverbands Verantwortung übernehmen, aus dem Schutz der gesetzlichen Unfallversicherung mit der Begründung aus, die Erfüllung der Pflichten eines Vereinsmitglieds, die sich aus der Satzung, aber auch aus der Vereinsübung ergeben können, werde vom Gesetz nicht erfasst.

Beispiel: Das BSG wies die Klage einer jungen Frau die ein dreiwöchiges Pfadfinderlager geleitet und sich dabei schwer verletzt hatte, mit der Begründung ab, die Frau habe sich mit der Übernahme der Leitung der Gruppe gegenüber dem Pfadfinderstamm verpflichtet, jedes Jahr für drei Wochen das Sommerzeltlager zu leiten (BSG, 24.3.1998, NJW 1999, 446).

Nach dieser unverständlichen Rechtsprechung werden nur die ehrenamtlich Tätigen geschützt, die gelegentlich ehrenamtlich aktiv werden, sich aber zu nichts verpflichten. Wer auf Dauer Verantwortung übernimmt, wird grundsätzlich nicht geschützt.

Manche Kommunen und einige Bundesländer schließen private Unfallversicherungsverträge zur Sicherung der Ehrenamtler ab.

Der Schutz der gesetzlichen Unfallversicherung besteht aber, wenn der Ehrenamtler bzw. Verein im Auftrag oder mit ausdrücklicher Einwilligung einer öffentlich-rechtlichen Religionsgemeinschaft, deren Einrichtungen oder privatrechtliche Organisationen tätig wird (§ 2 Abs. 1 Nr. 10b SGB VII).

48.1.3 Infektionsschutzgesetz (IfSG)

Verdienstausfälle, die ansteckungsverdächtige Beschäftigte in Kinderheimen, Kindergärten, Jugendwohnheimen, Ferienlagern usw. durch ein Beschäftigungsverbot erleiden, werden nach §§ 56 ff. des Infektionsschutzgesetzes entschädigt.

Beispiel: Der Betreuer in einem Kinderferienlager hat Anspruch auf Entschädigung in Geld, wenn das Gesundheitsamt ihm ein Beschäftigungsverbot erteilt,

---

48.1.4 Gesetz über die Entschädigung für Strafverfolgungsmaßnahmen (StrEG)

Schäden, die durch Strafverfolgungsmaßnahmen entstanden sind, die sich als nicht gerechtfertigt erweisen, werden nach dem Gesetz über die Entschädigung für Strafverfolgungsmaßnahmen (StrEG) ausgeglichen.

Beispiel: Ein Erzieher wird wegen des Verdachts sexuellen Missbrauchs festgenommen und mehrere Stunden verhört. Ihm entsteht dadurch ein Verdienstausfall.

Vermögensschäden werden ersetzt. Für den Nichtvermögensschaden wird für jeden angefangenen Tag der Freiheitsentziehung eine Entschädigung von 12 Euro gewährt, wenn die Freiheitsentziehung nicht gerechtfertigt war.

48.1.5 Polizei- und Ordnungsbehördengesetze

Entschädigung für Gesundheits- und Vermögensschäden durch rechtmäßige bzw. rechtswidrige Maßnahmen der Polizei/Ordnungsbehörden wird nach den landesrechtlichen Polizei- bzw. Ordnungsbehördengesetzen gewährt (Überblick bei: Tettinger, 2004, 285).

Die Ansprüche setzen ein Verschulden der Polizei nicht voraus.

Beispiel: Bei einer polizeilichen Durchsuchung werden Schränke aufgebrochen. Irrtümlicherweise dringen Polizisten in das Zimmer eines harmlosen Hotelgastes ein und erschießen ihn.

48.2 Allgemeine Grundlagen für staatliche Ausgleichsleistungen

Die allgemeinen Haftungsgrundlagen für staatliche Ausgleichsleistungen sind von Bedeutung, wenn eine spezielle Haftungsgrundlage nicht anwendbar ist oder nur zu einer teilweisen Entschädigung führt.

Allgemeine Ausgleichsleistungen

1. **Schadensersatz wegen Amtspflichtverletzung → 48.3.**

2. **Haftung für Schäden, die in Ausübung staatlicher Tätigkeit rechtswidrig zugefügt werden – nur in einigen Beitrittsländern → 48.4.**

3. **Schadensersatz wegen Verletzung der Pflichten aus einem Verwaltungsrechtsverhältnis/ Sozialrechtsverhältnis → 48.5.**

4. **Beseitigung der Folgen rechtswidrigen Verwaltungshandelns - Folgenbeseitigungsanspruch → 48.6.**

5. **Beseitigung der Folgen, die wegen fehlerhafter Beratung durch die Verwaltung entstanden sind - Herstellungsanspruch → 48.7.**

6. **Entschädigung wegen Enteignung, Aufopferung bzw. enteignungs- oder aufopferungsgleichen Eingriff → 48.8 und 48.9).**

Haftung für rechtswidrige Maßnahmen der DDR-Staatsorgane
Der Bundesgerichtshof vertritt die Auffassung, dass die DDR als Staat untergegangen und die BRD nicht Rechtsnachfolger der DDR ist. Deshalb haften der Bund, die Länder und die Kommunen für rechtswidrige Maßnahmen der DDR-Staatsorgane nur, soweit dies sich aus dem Einigungsvertrag ergibt bzw. gesetzlich vorgesehen ist (→ 48.1.4 und 48.1.6).

Beispiel: Die BRD haftet nicht für Gesundheitsschäden, die NVA-Soldaten durch DDR-Radaranlagen erlitten haben, weil die BRD zwar das Vermögen der DDR, nicht aber die Haftung für Schäden übernommen habe, die durch Vermögensgegenstände verursacht seien (BGH, 7.2.2008 – www.bundesgerichtshof.de)

48.3 Schadensersatz wegen Amtspflichtverletzung

Praxis: *Eine Sozialarbeiterin weiß im Sozialrecht kaum Bescheid. Deshalb informiert sie eine Frau, die von ihrem arbeitslosen Mann für sich und ihre Kinder keinen Unterhält erhält, nicht über die Möglichkeiten, den Kindergeldanspruch überzuleiten, Unterhaltsvorschuss und Wohngeld zu beantragen und einen Teilbetrag des Arbeitslosengeldes abzuzweigen.*

Der Anspruch auf Schadensersatz wegen Amtspflichtverletzung kann für SA/SP durchaus unterschiedliche Bedeutung haben. Wenn sie Bürger beraten, die durch rechtswidriges Verwaltungshandeln einen Schaden erlitten haben, kann es zu ihren Pflichten gehören, die Betroffenen auf die Möglichkeit der Amtshaftungsklage hinzuweisen. Arbeiten sie aber im öffentlichen Dienst und verletzen sie ihre Amtspflicht, so kann der Betroffene seinen Amtshaftungsanspruch gegenüber dem Arbeitgeber des SA/SP geltend machen.

48.3.1 Schadensersatzpflicht, Haftung des Anstellungsträgers, Regress

Nach § 839 BGB hat ein Beamter, der eine ihm einem Dritten gegenüber obliegende Amtspflicht schuldhaft verletzt, diesem den erwachsenen Schaden zu ersetzen.

Trotz des Wortlauts dieser Vorschrift haftet der Beamte dem Geschädigten aber nicht persönlich; denn aufgrund Art. 34 GG wird die Ersatzpflicht des Beamten bei öffentlich-rechtlicher Tätigkeit grundsätzlich von dem öffentlichen Anstellungsträger übernommen. Dieser kann allerdings Erstattung verlangen (Regress), wenn die Amtspflichtverletzung vorsätzlich oder grob fahrlässig begangen wurde (Art. 34 Satz 2 GG).

Nicht behandelt wird im Rahmen dieser Darstellung wegen der geringen Bedeutung die Haftung des Beamten bei privatrechtlicher Tätigkeit

Ein Anspruch auf Schadensersatz wegen Amtspflichtverletzung gegen den staatlichen Träger besteht, wenn die in 48. 3.2 – 48.3.6 genannten Voraussetzungen erfüllt sind:

48.3.2 Ausübung öffentlich-rechtlicher Tätigkeit

Beamter
Beamter im Sinne dieser Vorschrift ist jeder, der öffentlich-rechtlich handelt, d. h. auch Angestellte, Arbeiter, Praktikanten im öffentlichen Dienst und alle Verwaltungshelfer (→ oben 6.3.2). Es ist also nicht erforderlich, dass die Handlung von einem Beamten im Sinne des Beamtenrechts vorgenommen wird.

Öffentlich-rechtliches Verwaltungshandeln
Die Amtspflichtverletzung ist durch jede Art öffentlich-rechtlichen Verwaltungshandelns möglich (→ oben 26.3.1).

Beispiel: Die Veranstaltung einer Kinderferienmaßnahme durch das städtische Jugendamt ist den öffentlich-rechtlichen Aufgaben der Stadt zuzuordnen. Die hierbei eingesetzten Arbeitnehmer, die betreuenden Studentinnen und Schülerinnen sind Beamte im Sinne des § 839 BGB (LG Duisburg VersR 1977, 46).

Die Schädigung muss in Ausübung eines öffentlichen Amtes erfolgen. Auch der Missbrauch des Amtes zu schikanösen, persönlichen oder strafbaren Zwecken wird der Amtsausübung zugerechnet, selbst wenn jeder dienstliche Anlass fehlt.

Beispiel: Ständige Beleidigungen einer unterstellten Beamtin durch den Vorgesetzten (BGH, NJW 2002, 3172).

48.3.3 Verletzung einer gegenüber dem Geschädigten bestehenden Amtspflicht

Eine Amtspflicht gegenüber dem Geschädigten ist stets verletzt, wenn in ein subjektiv-öffentliches Recht eingegriffen wird (→ oben 25.1.1). Besteht ein Ermessensspielraum, kann eine Pflichtverletzung nur bei Ermessensfehlgebrauch vorliegen (→ 25.2.6)

Die Amtspflicht kann auf Gesetz oder sonstiger Rechtsvorschrift, Verwaltungsvorschrift oder Einzelweisung beruhen. Stets ist **Drittbezogenheit** erforderlich, d. h. die Amtspflicht darf nicht nur dem Schutz der Allgemeinheit oder dem Interesse des Staates an einer ordentlichen Amtsführung dienen, sondern muss zumindest auch die Interessen des Einzelnen berücksichtigen (BHG, 11.1.2007, NJW 2007, 830).

Beispiele für Amtspflichten

Informations- und Beratungspflicht: Pflicht aller staatlichen Stellen, Bürger über ihre Rechte richtig, klar, unmissverständlich und vollständig zu informieren (z. B. §§ 13 - 15 SGB I; zur Haftung des Rentenversicherungsträgers wegen einer falschen Auskunft → BGH, NJW 2003, 3049, des Sozialhilfeträgers → OLG Naumburg, 16.9.2007, MDR 2008, 321).

Allgemeine Rechtspflicht: Pflicht, keine im Sinne der §§ 823 ff. BGB unerlaubte oder strafbare Handlung zu begehen, z. B. durch Verletzung des Persönlichkeitsrechts, der persönlichen Freiheit, der sexuellen Selbstbestimmung, der Gesundheit, des Eigentums.

Pflicht zur Beachtung der einschlägigen Rechtsvorschriften: Schutzpflicht nach § 8a SGB VIII; Pflicht der Sozialpädagogen, zeitnah nach einem Umzug die Pflegefamilie zu überprüfen, ob das Kindeswohl gesichert ist (BGH, 21.10.2004 NJW 2005, 68);

48.3.4 Verschulden

Der Bedienstete muss schuldhaft (vorsätzlich oder fahrlässig) gehandelt haben. Hierbei kommt nicht darauf an, ob dem Bediensteten ein persönlicher individueller Vorwurf gemacht werden kann. Entscheidend ist, ob der Bedienstete die Verhaltensstandards verletzt hat, die für die Aufgabenerfüllung gelten (objektiver Verschuldensmaßstab).

Beispiel: Eine erhebliche Arbeitsüberlastung kann das Verschulden eines SA/SP ausschließen. In diesem Fall verlagert sich die Haftung auf die vorgesetzten Stellen, denen die Überlastung bekannt war oder bekannt sein musste („Organisationsverschulden" siehe BGH, 11.1.2007, NJW 2007, 830).

*Überlastete SA/SP beschränken durch eine **Überlastungsanzeige** ihr Haftungsrisiko.*

"Der pflichtgetreue Durchschnittsbeamte"

Verschulden liegt z. B. dann vor, wenn der Bedienstete die für seinen Tätigkeitsbereich erforderlichen fachlichen Kenntnisse nicht besitzt, zu denen die Rechts- und Verwaltungskenntnisse gehören, und wegen seiner Unkenntnis rechtswidrig handelt.

Die Rechtsprechung stellt auf den "pflichtgetreuen Durchschnittsbeamten" ab, der die für sein Aufgabengebiet geltenden Gesetze kennt, klare Vorschriften richtig auslegt und die höchstrichterliche Rechtsprechung beachtet. Deshalb liegt kein Verschulden vor, wenn ein Gesetz unklar und die Auslegung noch nicht geklärt ist (BGH, NVwZ 2000, 1206). Verschulden ist aber gegeben, wenn SA/SP geltende und geplante Rechtsvorschriften und Gerichtsentscheidungen nicht kennen bzw. nicht anwenden können, die für die Menschen in ihrem Arbeitsbereich wichtig sind.

Anderweitige Ersatzmöglichkeit bei fahrlässiger Pflichtverletzung
Bei nur fahrlässigem Handeln entfällt der Ersatzanspruch, wenn der Geschädigte auf andere Weise Ersatz erlangen kann. Jedoch ist es der Anstellungskörperschaft nicht gestattet, z. B. auf gesetzliche oder private Versicherungen (BGHZ 79, 26), die Lohnfortzahlungspflicht des Arbeitgebers oder auf die Haftung eines anderen Hoheitsträgers zu verweisen (BGH, NJW 1996, 3208).

48.3.5 Mitverschulden

Hat der Betroffene den Schaden mitverschuldet, greift § 254 BGB ein.

Eine Sonderregelung für einen Fall des Mitverschuldens enthält § 839 Abs. 3 BGB. Versäumt der Betroffene schuldhaft, den Schaden durch **Einlegung eines Rechtsmittels** abzuwenden, so entfällt der Ersatzanspruch.

Unter Rechtsmittel sind alle förmlichen und formlosen Rechtsbehelfe zu verstehen, die den Schaden abwenden können: Widerspruch und Klage, Antrag auf einstweilige Anordnung bzw. Aussetzung der Vollziehung. Jedoch kann auch die Gegenvorstellung und die Dienstaufsichtsbeschwerde ausreichen (BGH, 13.5.1997, NJW 1997, 2327).

Ist ein Schaden durch Einlegung von Rechtsbehelfen nicht abzuwenden, liegt kein Mitverschulden vor, wenn kein Rechtsbehelf eingelegt wird (BGH, NJW 1986, 1924).

48.3.6 Schaden

Als Folge der Amtspflichtverletzung muss ein Schaden entstanden sein (Kausalität). Für den Inhalt des Ersatzanspruchs aus § 839 BGB gelten die allgemeinen Grundsätze des §§ 249 ff. BGB. Jedoch ist der Anspruch grundsätzlich nicht auf Naturalrestitution, sondern auf Schadensersatz in Geld gerichtet (BGH, 18.2.1999, NVwZ 2000, 689).

Im Falle der **Körperverletzung oder Freiheitsentziehung** ist gemäß § 253 BGB auch der Nichtvermögensschaden (Schmerzensgeld) zu ersetzen.

Eine Geldentschädigung auch bei **Verletzungen des Persönlichkeitsrechts** gemäß Art. 1 und 2 GG ist nur zu zahlen, wenn die Verletzung schwerwiegend und ein Ausgleich auf andere Weise nicht möglich ist (BVerfG, 27.12.2005, NJW 2006, 1580).

Beispiel: Die Bezeichnung als "Neonazi" ist eine schwere Persönlichkeitsrechtsverletzung. Das Gericht verurteilte zur Zahlung von ca 5.000 Euro Geldentschädigung (LG Berlin, NJW-RR 1998, 316).

48.3.7 Verjährung

Der Anspruch auf Schadensersatz wegen Amtspflichtverletzung verjährt in der Regel nach **drei Jahren** (§ 195 BGB). Die Verjährungsfrist beginnt mit dem Schluss des Jahres, in dem der Geschädigte von dem Schaden und der Person des Ersatzpflichtigen Kenntnis erlangt (§ 199 Abs. 1 BGB). Sie wird gemäß §§ 203 ff. BGB gehemmt.

Bei Verletzung des Lebens, des Körpers, der Gesundheit oder der Freiheit verjährt der Anspruch in dreißig Jahren nach der Pflichtverletzung (§ 199 Abs. 2 BGB).

48.3.8 Gerichtliche Zuständigkeit

Für Klagen auf Schadensersatz wegen Amtspflichtverletzung sind die Landgerichte zuständig. Es besteht Anwaltszwang und Kostenvorschusspflicht (→ 50.7.3).

48.4 *(gilt nur für die neuen Bundesländer)* Schadensersatz wegen rechtswidriger Schadenszufügung in Ausübung staatlicher Tätigkeit

In der Anlage II des Einigungsvertrags zwischen der BRD und der DDR ist vereinbart, dass das Staatshaftungsgesetz der DDR in einer erweiterten Neufassung in den neuen Bundesländern fortgelten soll.

Dieses Gesetz hatte zwar in der Rechtspraxis der DDR kaum Bedeutung erlangt, war aber besser als die BRD-Regelung, die auf das Verschulden eines Beamten abstellt, weil sie eine

"... unmittelbare und verschuldensunabhängige Staatshaftung für schädigende Folgen rechtwidrigen hoheitlichen Verhaltens eingeführt hat... Dieser neue dogmatische Ansatz ist seit langem Ziel der Reformbemühungen um das Staatshaftungsrecht auch in der BRD. ... Der Wunsch der DDR, das dort Erreichte, das auch aus der Sicht der BRD rechtspolitisch wünschenswert scheint, bis zu der angestrebten Reform des Staatshaftungsrechts im geeinten Deutschland zu bewahren, ist zu respektieren. Das Staatshaftungsgesetz wird auch nicht etwa durch die Einführung von § 839 BGB i.V.m. Art. 34 GG verdrängt ... Nach der Einführung der Amtshaftung besteht vielmehr Anspruchskonkurrenz zwischen Amtshaftungsansprüchen und Staatshaftungsansprüchen "
(Amtliche Begründung BT-Drs. 11/7817 S. 63)

Wortlaut des § 1 Abs. 1 des Staatshaftungsgesetzes
"Für Schäden, die einer natürliche oder einer juristischen Person hinsichtlich ihres Vermögens oder ihrer Rechte durch Mitarbeiter oder Beauftragte staatlicher oder kommunaler Organe in Ausübung staatlicher Tätigkeit rechtswidrig zugefügt werden, haftet das jeweils zuständige staatliche oder kommunale Organ".

Umfassende Haftung für staatliches Unrecht
Die Regelung des Staatshaftungsgesetzes würde in den neuen Bundesländern die komplizierten BRD-Anspruchsgrundlagen der Amtshaftung und der zu ihrer Korrektur und Ergänzung entwickelten Rechtsinstitute des Folgenbeseitigungs- und Herstellungsanspruchs sowie des enteignungsgleichen Eingriffs weitgehend überflüssig machen.

Änderungen durch neue Bundesländer
Das Staatshaftungsgesetz gilt nur noch in Mecklenburg-Vorpommern in der Fassung des Einigungsvertrags. Brandenburg, Sachsen-Anhalt und Thüringen haben das Gesetz geringfügig geändert, Berlin und Sachsen haben es aufgehoben.

Das Gesetz hat keine große praktische Bedeutung (Rotermund, 2004, S. 150 ff.).

48.5 Verletzung der Pflichten aus einem Verwaltungsrechtsverhältnis

Praxis: Infolge einer Verwechslung wird der Koffer, in dem sich die Kleidung und Wäsche eines Jugendlichen befindet, vom Erzieher in einem städtischen Kinderheim zum Müll gegeben.

Verwaltungsrechtsverhältnis

Verwaltungs-/Sozialrechtsverhältnisse bestehen u. a., wenn öffentliche Einrichtungen benutzt werden, wenn durch Antragstellung ein Verwaltungsverfahren in Gang gesetzt wird, bei öffentlich-rechtlicher Verwahrung und öffentlich-rechtlicher Beaufsichtigung (→ oben 28.1).

Schadensersatzpflicht

Verletzt eine Behörde rechtswidrig und schuldhaft die Sorgfalts-, Treue- oder Fürsorgepflichten aus einem Verwaltungsrechts- bzw. Sozialrechtsverhältnis (siehe oben 28.0), so ist sie in entsprechender Anwendung der Vorschriften des Bürgerlichen Rechts über die Schadenshaftung bei schuldhafter Vertragsverletzung dem Betroffenen zum Ersatz des daraus entstehenden Schadens verpflichtet.

Für die Verletzung der Pflichten aus einem öffentlich-rechtlichen Vertrag gelten §§ 54ff. VwVfG bzw. §§ 53 ff. SGB X.

Dieser heute als Gewohnheitsrecht anerkannte Schadensersatzanspruch ist von der Rechtsprechung entwickelt worden, weil der Schadensersatzanpruch nach § 839 BGB von den Betroffenen häufig nicht durchsetzbar war, wenn z.B. das Verschulden eines bestimmten Beamten nicht nachweisbar war oder weil nach langen Auseinandersetzungen mit der Behörde der Anspruch verspätet geltend gemacht wurde.

Vorteile für die Betroffenen

Durch die entsprechende Anwendung der BGB-Vorschriften über Verträge ergeben sich bedeutsame Unterschiede zum Amtshaftungsanspruch:

▶ Nicht der Betroffene ist beweispflichtig für das Verschulden, sondern die Behörde muss ihr Nichtverschulden beweisen (§§ 282, 285 BGB). Ist eine Sache aus ungeklärten Gründen abhanden gekommen, haftet die Behörde (BGH, 9.10.1989, NJW 1990, 1230).

▶ Die Behörde haftet für Verschulden der von ihr eingesetzten Bediensteten. Kommunen können allerdings die Haftung durch Satzung auf Vorsatz und grobe Fahrlässigkeit beschränken (BGH, 21.7.2007, NVwZ 2008, 238).

▶ Die Haftungseinschränkungen des § 839 Abs. 1 Satz 2 und Abs. 3 BGB gelten nicht.

Anspruchskonkurrenz

Der Schadensersatzanspruch wegen schuldhafter Verletzung der Sonderverbindung steht selbständig neben dem Anspruch aus schuldhafter Amtspflichtverletzung. Durch dieselbe Verwaltungshandlung kann deshalb u.U. die Staatshaftung wegen schuldhafter Verletzung der Sonderverbindung und die Staatshaftung wegen schuldhafter Amtspflichtverletzung begründet werden.

Zuständigkeit der ordentlichen Gerichte

Für Schadensersatzansprüche der Betroffenen aus verwaltungsrechtlichen Schuldverhältnissen sind die ordentlichen Gerichte zuständig (§ 40 Abs. 2 Satz 1 VwGO).

Dagegen sind für Schadensersatzansprüche aus öffentlich-rechtlichen Verträgen die Verwaltungsgerichte zuständig (BVerwG, 22.4.2003, NVwZ 2003, 1383).

48.6 Folgenbeseitigungsanspruch

Praxis: Das Ordnungsamt, das einen Wohnungslosen für drei Monate in eine leerstehende beschlagnahmte Wohnung eingewiesen hat, muss nach Ablauf der Einweisungsfrist dafür sorgen, dass der Wohnungslose die Wohnung räumt (BGH, NJW 1995, 2918).

Eine Behörde, die öffentlich vor einer „neuen Jugendsekte" gewarnt hat, obwohl es sich dabei um einen religiösen Verein handelte, der sich kritisch mit der Amtskirche auseinandersetzte, ist zu einer korrigierenden Darstellung verpflichtet (BVerwG, 23.5.1989, NJW 1989, 2272).

Inhalt und Rechtsgrundlagen

Der Folgenbeseitigungsanspruch verpflichtet die Verwaltung, die tatsächlichen Folgen eines nichtigen bzw. als rechtswidrig aufgehobenen Verwaltungsakts oder eines rechtswidrigen sonstigen Verwaltungshandelns zu beseitigen und den früheren Zustand wiederherzustellen, soweit das möglich und zumutbar ist (BVerwG, 12.7.2004, NVwZ 2004, 1511). Es kann weder Schadensersatz noch Entschädigung verlangt werden, wenn die Wiederherstellung des ursprünglichen Zustands nicht möglich ist (BVerwG, 26.8.1993, NVwZ 1994, 275).

Er ist vom Bundesverwaltungsgericht als verfassungsrechtliches Rechtsinstitut anerkannt, das Lücken im Haftungssystem schließen soll (BVerwG, DVBl 1984, 1178).

Ein besonderer Vorteil für den Bürger besteht darin, dass der Anspruch *kein Verschulden* voraussetzt. Es genügt der Nachweis rechtswidrigen Verwaltungshandelns.

1. Fallgruppe:

Die Behörde ist verpflichtet, die Folgen eines rechtswidrigen oder durch Zeitablauf unwirksam gewordenen Verwaltungsaktes zu beseitigen.

Beispiel: Anwohner haben einen Anspruch auf Folgenbeseitigung d.h. auf Verhinderung unzumutbarer Belästigungen, wenn eine Gemeinde eine öffentliche Einrichtung errichtet hat z.b. Spielplatz, Sportplatz, Wohnheim für Asylbewerber oder Aussiedler (zum Sportplatz BVerwG, NVwZ 1990, 858; zum Bolzplatz OVG SH, 4.5.1994, NVwZ 1995, 1019).

2. Fallgruppe:

Die Behörde ist verpflichtet, die Folgen eines sonstigen rechtswidrigen hoheitlichen Verwaltungshandelns zu beseitigen

Beispiele: Ist ein Arbeitsloser zur Leistung gemeinnütziger zusätzlicher herangezogen worden und war die Heranziehung unzulässig, so steht ihm Anspruch auf Vergütung der geleisteten Arbeit in tariflicher Höhe zu. Er muss sich aber die Hilfe zum Lebensunterhalt anrechnen lassen, die er für sich und seine Familienangehörigen bezogen hat (BVerwG, 16.12.2004, NVwz-RR 2005, 416).

Für die in einer hessischen Kommune angelegte Sammlung erkennungsdienstlicher Daten von Kindern, die alterstypische Rechtsbrüche begangen haben, verletzt das Recht auf informationelle Selbstbestimmung. Sie ist rechtswidrig und muss gelöscht werden (Apel/Eisenhardt, StV 2006, 490).

Zuständigkeit der Verwaltungsgerichte

Zuständig für Ansprüche auf Folgenbeseitigung sind die Verwaltungsgerichte (BAG, 14.12.1988, NJW 1989, 2909).

48.7 Herstellungsanspruch

Praxis: *Klärt die Arbeitsagentur einen Leistungsberechtigten bei der Vorsprache anlässlich eines beabsichtigten Umzugs nicht darüber auf, dass die Übernahme einer Mietkaution nur erfolgen kann, wenn eine vorherige schriftliche Zusicherung erteilt worden ist und schließt der Berechtigte den Mietvertrag ohne vorherige Zusicherung der Arbeitsagentur ab, ist sie aufgrund des Herstellungsanspruchs verpflichtet, die Kaution zu übernehmen (Sozialgericht Lüneburg, info-also 2007, 78).*

Eine Witwe macht 10 Jahre lang den Anspruch auf Witwenrente nicht geltend, weil sie im Versicherungsamt der Stadt die falsche Auskunft erhalten hatte, die Anwartschaft auf die Witwenrente sei nicht erfüllt. Sie hat Anspruch auf Nachzahlung der Rente für ca. vier Jahre.

48.7.1 Anwendungsbereich

Der Herstellungsanspruch ist von den **Sozialgerichten** entwickelt worden, um Lücken im Rechtsschutz zu schließen. Es gibt keine ausdrückliche gesetzliche Grundlage.

Das **Bundesverwaltungsgericht** wendet bei fehlerhafter Beratung durch eine Behörde die Vorschriften des § 27 Abs. 3 SGB X über die Wiedereinsetzung in den vorigen Stand an. Hiernach kann der Betroffene, der auf Grund falscher Beratung eine Frist versäumt hat Wiedereinsetzung beantragen, wenn er erfährt, dass er falsch beraten worden ist. Er muss den Antrag auf Wiedereinsetzung aber binnen zwei Wochen nach Kenntniserlangung stellen (BVerwG, 18.4.1997, NJW 1997, 2966; Rothkegel, Soz akt 2004, 113 → 38.3.21).

Der Herstellungsanspruch hat somit nur Bedeutung, soweit die Sozialgerichte zuständig sind.

48.7.2 Voraussetzungen

Der Herstellungsanspruch besteht unter folgenden Voraussetzungen

▶ **Verletzung** einer dem Leistungsträger aus dem Sozialleistungsverhältnis obliegenden **Haupt- oder Nebenpflicht insbesondere zur Auskunft und Beratung**, die er sich zurechnen lassen muss.

Beispiele: Unrichtige oder unvollständige Auskunft oder Beratung, unterlassener Hinweis auf naheliegende Gestaltungsmöglichkeiten, Ausgabe eines unrichtigen oder missverständlichen Merkblattes.

Die Pflichtverletzung einer anderen Behörde, die in das Verwaltungsverfahren eingeschaltet ist, muss sich der Leistungsträger zurechnen lassen z. B. die falsche Auskunft des Versicherungsamts über Rentenansprüche (BSGE 51, 89). Jedoch muss sich ein Rentenversicherungsträger nicht zurechnen lassen, dass seine Sachbearbeiterin nicht auf Ansprüche nach dem OEG hingewiesen hat (BSG, SGB 2000, 676).

• **Fehlverhalten des Berechtigten**, z. B. verspätete oder unzweckmäßige Antragstellung, unzweckmäßige Beitragsentrichtung;

▶ Eintritt eines **rechtlichen Schadens oder Nachteils** beim Berechtigten.

Der Schaden kann darin bestehen, dass eine Leistung in geringerer Höhe oder für eine kürzere Zeit gewährt oder eine Verpflichtung auferlegt wurde.

• **Kausalität** zwischen rechtswidrigem Verhalten des Leistungsträgers, Fehldisposition des einzelnen und dem Nachteil oder Schaden.

Es wird vermutet, dass der richtig beratene Bürger den Rat befolgt hätte.

▶ **Möglichkeit der Herstellung des Zustands**, der ohne die Pflichtverletzung eingetreten wäre. Die Herstellung des früheren Zustands kann nicht verlangt werden (BSGE 56, 61).

▶ Ausgeschlossen ist der Anspruch bei **grober Fahrlässigkeit und Vorsatz,** z. B. wenn der Berechtigte unvollständige oder falsche Angaben gemacht ha (BSGE 34, 124, 128 ff = NJW 1972, 1389).

48.7.3 Herstellungspflicht

Der Herstellungsanspruch verpflichtet die Verwaltung zur Gewährung der Leistung, die wegen des pflichtwidrigen Verhaltens der Verwaltung nicht schon früher gewährt worden ist, wenn die Nachgewährung wegen der Verjährung oder wegen des Ablaufs von Antrags- oder Ausschlussfristen an sich rechtlich nicht zulässig ist.

Die Verwaltung hat den Bürger in diesem Falle so zu stellen, als sei der Antrag rechtzeitig gestellt worden (BSG, 12.6.1992, NZS 1992, 148).

Beispiel: Hat eine Witwe ihren Rentenanspruch aufgrund falscher Beratung vor drei Jahren nicht gestellt, ist ihr die Rente nachzuzahlen, die bei richtiger Beratung und entsprechender Antragstellung gezahlt worden wäre.

Jedoch wird der durch ein Fehlverhalten des Leistungsträgers bewirkte Nachteil nur dann ausgeglichen, wenn die Korrektur bzw. Ersetzung der fehlenden Anspruchsvoraussetzung mit dem jeweiligen Gesetzeszweck in Einklang steht. Das kann u. a. bei verspäteter Antragstellung, verspäteter Beitragsentrichtung oder verspäteter Vorlage von Unterlagen der Fall sein.

Ein Herstellungsanspruch besteht aber nicht, wenn eine gesetzliche Anspruchsvoraussetzung nachträglich nicht ersetzt werden kann (BSG, 11.3.2004, NZS 2005, 318; LSG Rhld.-Pfalz, 1.3.2007, NZS-RR 2007, 443)

Beispiele: Ein Arbeitsloser hat sich nicht persönlich arbeitslos gemeldet, er hat die Anwartschaftszeit nicht erfüllt oder ist nicht verfügbar.

Bei schuldhafter Verletzung von Auskunfts- oder Beratungspflichten kann ein Anspruch auf Schadensersatz wegen Amtspflichtverletzung gegeben sein (→ 48.3).

48.7.4 Zeitliche Begrenzung von Nachzahlungen

Für den Herstellungsanspruch gilt § 44 Abs. 4 SGB X entsprechend. Nachzahlungen werden deshalb nur für etwa vier Jahre gewährt (BSG, 27.3.2007, NZS 2008, 274).

48.7.5 Zuständigkeit der Sozialgerichte

Für den Herstellungsanspruch sind die Sozialgerichte zuständig.

48.8 Enteignung und enteignungsgleicher Eingriff

Praxis: Bei ordnungsgemäß im Auftrag der Gemeinde durchgeführten Kanalbau-arbeiten wird die Außenwand des Kinderheims eines freien Trägers eingedrückt.

Bedeutung

Ansprüche auf Entschädigung wegen Enteignung und enteignungsgleichen Eingriffs haben in der sozialen Beratung keine große Bedeutung. Soweit Sonderregelungen bestehen – z. B. über Entschädigungen wegen polizeilicher Maßnahmen – haben diese Vorrang (→ 48.1.5).

Enteignung - Begriff und Bedeutung

Enteignung ist ein rechtmäßiger hoheitlicher Eingriff in das Eigentum oder ein vermögenswertes Recht, der dem Betroffenen entgegen dem Gleichheitssatz ein Sonderopfer zugunsten der Allgemeinheit auferlegt (Art. 14 GG). Aus fiskalischen Gründen oder allgemeinen Zweckmäßigkeitserwägungen heraus darf nicht enteignet werden (BVerfG, 18.11.1998, NJW 1999, 1176)

Der **Eingriff** kann in der Entziehung des Eigentums, der Zerstörung oder Beschädigung von Sacheigentum, in Nutzungs- oder Verfügungsbeschränkungen bestehen.

Zu den **vermögenswerten Rechten** gehören auch die auf eigenen Beitragsleistungen beruhenden Ansprüche gegen die gesetzliche Rentenversicherung und auf Arbeitslosengeld (BVerfGE 88, 384, 401).

Enteignung zugunsten freier Träger

Ob eine Behörde ein Grundstück enteignen darf, um es einem freien Träger zur Errichtung einer sozialen Einrichtung zu überlassen, ist nicht abschließend geklärt.

Beispiel: Das Grundstück, auf dem ein freier Träger ein Jugendzentrum betreibt, wird wegen Ausbau des städtischen Straßennetzes enteignet. Ein Ersatzgrundstück steht nicht zur Verfügung.

Der Bundesgerichtshof hat die Enteignung eines Privatgrundstücks zur Errichtung einer Waldorfschule mit Kindergarten für zulässig erklärt (BGH, NJW 1989, 216).

Enteignung zugunsten gewerblicher Unternehmen zur Schaffung von Arbeitsplätzen

Das BVerfG hat es bisher abgelehnt, Enteignungen zugunsten gewerblicher Unternehmen zuzulassen, die sich verpflichten, Arbeitsplätze zu schaffen, weil die Enteignung nur zulässig sei, wenn ein „besonders schwerwiegendes, dringendes öffentliches Interesse" bestehe (BVerfG NJW 1987, 1251; zum Airbus-Projekt: OVG Hamburg, NVwZ 2005, 105; dazu Lenz, NJW 2005, 257).

Enteignender bzw. enteignungsgleicher Eingriff

Enteignungsgleicher Eingriff ist ein rechtswidriger oder rechtmäßiger hoheitlicher Eingriff (schuldlos oder schuldhaft) in das Eigentum oder in vermögenswerte Rechte des Einzelnen, der diesem ein Sonderopfer auferlegt.

Anspruch auf Entschädigung

Bei einer Enteignung bzw. einem enteignungsgleichen Eingriff hat der Betroffene Anspruch auf angemessene Entschädigung (OLG Frankfurt/Main, 26.3.2007, NVwz-RR 2007, 705). Der EGMR erkennt grundsätzlich volle Entschädigung zu (29.3.2006, NJW 2007, 1259).

Rechtsweg und Verjährung

Für die Höhe der Entschädigung ist der Zivilrechtsweg gegeben.

Die Verjährungsfrist beträgt regelmäßig 3 Jahre.

48.9 Aufopferung

Praxis: *Eine Krankenversicherte hat Anspruch auf Entschädigung in Form von Heilbehandlung ohne Eigenbeteiligung, wenn sie einen gesundheitlichen Schaden dadurch erlitten hat, dass der Arzt nach dem Krankenversicherungsrecht nur eine einzige Behandlungsmethode anwenden durfte (BVerfG, 14.8.1998: NJW 1999)*

Bedeutung

Ansprüche auf Entschädigung wegen Aufopferung haben zunehmend an Bedeutung verloren, weil gesetzliche Vorschriften in Kraft getreten sind, die Versicherungs- bzw. Entschädigungsleistungen für früher vom Aufopferungsanspruch erfasste Schäden vorsehen (Impfschäden - § 60 IfSG → 48.1.3; unschuldig erlittene Freiheitsstrafe → 48.1.4; Verletzung eines Passanten bei der Verbrecherjagd → 48.1.5).

Begriff und Voraussetzungen des Anspruchs

Ein Anspruch auf Entschädigung wegen Aufopferung wird vom BVerfG u. a. aus Art. 2 Abs. 2 Satz 1 GG abgeleitet. Der Entschädigungsanspruch besteht, wenn

► durch **hoheitlichen Eingriff**, rechtmäßig oder rechtswidrig, schuldlos oder schuldhaft (BGH, NJW 1993, 2173),

► **in ein nichtvermögenswertes Rechtsgut** wie Leben, Geundheit und Freiheit,

Eine Ausweitung der Aufopferungsansprüche auf andere als die in Art. 2 Abs. 2 GG genannten Rechte hat das BVerfG abgelehnt (NJW 1997, 2102).

► dem Betroffenen ein **Sonderopfer** in Gestalt eines Vermögensschadens auferlegt wird.

Beispiel: Ein Jugendlicher wird infolge einer Namensverwechslung zwangsweise in ein Aufnahmeheim überführt und bis zur Aufdeckung des Irrtums eine Woche festgehalten.

Entschädigung

Zur Beschränkung der Entschädigungspflicht hat die Rechtsprechung das Erfordernis der Unmittelbarkeit entwickelt, d. h. die hoheitliche Maßnahme muss die einzige wesentliche Bedingung des Schadens sein. Eine adäquate Verursachung reicht nicht aus (BGHZ 54, 332; 55, 29).

Wie bei dem enteignungsgleichen Eingriff ist der Anspruch auf angemessene Entschädigung beschränkt. Bei dauernden Körperschäden hat der Bundesgerichtshof das Bundesversorgungsgesetz entsprechend angewandt (BGH, NJW 1970, 1231).

Die Entschädigung umfasst nicht den Ersatz für immateriellen Schaden in Form des Schmerzensgeldes. Ein Anspruch auf Schmerzensgeld besteht aber, wenn der eingreifende Hoheitsträger auch wegen Amtspflichtverletzung haftet (→ 48.3.5; BGH, NJW 1993, 2173).

Rechtsweg und Verjährung

Für den Aufopferungsanspruch sind die Zivilgerichte zuständig (§ 40 Abs. 2 VwGO). Die Verjährungsfrist beträgt wohl 3 Jahre; denn die 30jährige Verjährungsfrist gemäß § 199 Abs. 2 BGB gilt für Schadensersatzansprüche wegen Verletzung des Lebens, der Gesundheit und der Freiheit, nicht aber für Entschädigungsansprüche.

48.10 Haftung für privatrechtliches Verwaltungshandeln

Praxis: *In einem städtischen Kinderhort mit privatrechtlicher Benutzungsordnung verlässt die Erzieherin den Gruppenraum bei geöffnetem Fenster. Ein vierjähriges Kind klettert auf die Fensterbank und stürzt aus dem Fenster auf die asphaltierte Straße (48.10.1 und 2).*

48.10.1. Haftung des öffentlichen Trägers

Bei privatrechtlichem Handeln (→ 26.3.2) haftet der Staat grundsätzlich nicht anders als juristische Personen des Privatrechts.

Haftung des Dienstherrn bei privatrechtlichem Verwaltungshandeln			
innerhalb eines Schuldverhältnisses		außerhalb eines Schuldverhältnisses	
Vertreter §§ 31, 89, 276 BGB	Sonstige Bedienstete § 278 BGB	Vertreter §§ 823, 89, 31 BGB	sonstige Bedienstete § 831 BGB

Vertragliche Haftung

Die Vorschriften des BGB über die vertragliche Haftung gelten nicht nur bei Abschluss eines privatrechtlichen Vertrags mit freien Trägern, sondern auch z. B. wenn eine Stadt die Zulassung zu einer öffentlichen Einrichtung (Kindergarten, Jugendzentrum, Mutter-Kind-Häuser, Kulturzentren, Sportstätten) zwar durch Verwaltungsakt regelt, das Benutzungsverhältnis selbst aber privatrechtlich gestaltet (→ 26.4).

Die vertragliche Haftung des öffentlichen Trägers hängt davon ab, ob für ihn ein "verfassungsmäßig berufener Vertreter" im Sinne des § 31 BGB oder ein sonstiger Bediensteter gehandelt hat.

Vertreter

Als Vertreter sind die Bediensteten anzusehen, die aufgrund von Rechtsvorschriften zur Vertretung der juristischen Person befugt sind, aber auch die nicht vertretungsberechtigten, die bedeutsame Aufgaben selbständig d.h. ohne Überwachung wahrnehmen und dadurch die juristische Person repräsentieren. Das ist u.U. auch durch einen Sachbearbeiter, Leiter eines Heims usw. möglich (BGH, NJW 1972, 334 und NJW 1977, 2260).

Für die verfassungsmäßig berufenen Vertreter haftet der Dienstherr innerhalb eines Schuldverhältnisses nach §§ 276, 89, 31 BGB.

Sonstige Bedienstete

Für alle anderen Bediensteten haftet der Verwaltungsträger nach § 278 BGB.

Haftung wegen unerlaubter Handlung

Außerhalb eines Schuldverhältnisses haftet der öffentliche Träger für das Handeln der Vertreter nach §§ 823, 89, 31 BGB. Für sonstige Bedienstete haftet er nach § 831 BGB, so dass ihm die Möglichkeit des Entlastungsbeweises gegeben ist.

Beispiel: Weist die Stadtverwaltung nach, dass sie bei Auswahl und Überwachung einer Erzieherin in der Kita nicht fahrlässig gehandelt hat, bestehen keine Ansprüche gegen die Stadtverwaltung aus unerlaubter Handlung. Wohl haftet die Stadt aufgrund des Kita-Vertrags mit den Eltern nach § 278 BGB auf Schadensersatz.

48.10.2 Haftung des Bediensteten

Haftung aus unerlaubter Handlung, nicht aus Vertrag
Der Bedienstete haftet nicht persönlich wegen Verletzung der Pflichten aus dem Vertrag, den der Arbeitgeber abgeschlossen hat, z.B. Kindergarten-, Heimvertrag usw.; denn er ist nicht Vertragspartner, sondern Erfüllungsgehilfe nach § 278 BGB (zur Aufsichtpflicht bei verhaltensgestörten Jugendlichen siehe BGH, NJW 1997, 2047).

Er haftet zwar persönlich nach §§ 823ff. BGB. Jedoch ist der Arbeitgeber aufgrund des Arbeitsvertrags in der Regel zur teilweisen oder vollständigen Haftungsfreistellung verpflichtet.

Das gilt auch, wenn der öffentliche Träger den Entlastungsbeweis nach § 831 BGB führen kann. In diesem Falle haftet zwar nur der Mitarbeiter dem Geschädigten. Jedoch kann er vom Arbeitgeber in der Regel Freistellung von der Haftung verlangen.

Haftungsbeschränkung
Beamte und Angestellte im öffentlichen Dienst haften bei privatrechtlicher Tätigkeit nur, wenn sie den Schaden vorsätzlich oder grob fahrlässig herbeigeführt haben (§ 46 BRRG; § 3 Abs. 6 TVöD).

Wird der Dienstherr von einem Geschädigten in Anspruch genommen, kann er nur bei grober Fahrlässigkeit sowie bei Vorsatz des Beamten/Angestellten Rückgriff nehmen.

Beispiel: Eine Sozialpädagogin haftet nach §§ 823 und 253 BGB persönlich, wenn sie die Aufsichtpflicht im städtischen Kinderheim verletzt und ein Kind dadurch einen Knochenbruch erlitten hat.

Wird die Stadt in Anspruch genommen, kann sie bei Vorsatz oder grober Fahrlässigkeit der Sozialpädagogin Rückgriff nehmen und Erstattung verlangen.

Grob fahrlässig handelt, wer die erforderliche Sorgfalt nach den gesamten Umständen in ungewöhnlich hohem Maße verletzt (BAG, NJW 1997, 1012)

Beispiel: Grob fahrlässig ist es, einen Geldtasche oder einen anderen Wertgegenstand unbeaufsichtigt an einer Stelle abzulegen, an der Publikumsverkehr herrscht (BAG, 15.11.2001, NJW 2002, 2900).

Grobe Fahrlässigkeit liegt nicht vor, wenn der Schaden zurückzuführen ist z.B. auf Arbeitsüberlastung infolge zu hoher Gruppenstärke, ständige personelle Unterbesetzung, plötzlich auftretende Gefahrensituation, unzureichende Information und Fortbildung.

Bei grober Fahrlässigkeit wird der Rückgriff der Höhe nach beschränkt, wenn es dem Bediensteten wegen der geringen Höhe seines Einkommens nicht zumutbar ist, den gesamten Schaden zu tragen (BAG, NJW 2002, 2900).

ZEHNTER ABSCHNITT
RECHTSSCHUTZ DES BÜRGERS

49.0 RECHTSSCHUTZ DURCH DIE VERWALTUNG UND DIE VOLKSVERTRETUNG

Praxis: *Ein Sachbearbeiter bearbeitet einen Antrag auf Erstausstattung mit Elektroherd und Kühlschrank drei Monate nicht (→ 49.2).*
Das Amt für Ausbildungsförderung fordert den Förderungsbetrag zurück, weil der Student Einkünfte verschwiegen haben soll (→ 49.3).

49.1. Verfassungsrechtliche Grundlagen

Rechtsschutzgarantie
Der Bürger hat ein Grundrecht auf gerichtlichen Rechtsschutz nur gegen Maßnahmen der Verwaltung und der Volksvertretung, die ihn in seinen subjektiven Rechten verletzen (Art. 19 Abs.4 GG).

Bürgerbegehren und Bürgerentscheid - Volksbegehren und Volksentscheid
Soweit der Bürger nicht unmittelbar betroffen ist, steht ihm nach unterschiedlichen länderrechtlichen Vorschriften die Möglichkeit zu, ein Bürgerbegehren bzw. einen Bürgerentscheid einzuleiten, um das Kommunal- bzw. Landesparlament zu zwingen, bestimmte Beschlüsse zu fassen bzw. aufzuheben. Erforderlich ist in der Regel eine große Zahl von Unterschriften.
Zu weiteren Einzelheiten → www.datenbank-buergerbegehren.de

Petitionsrecht
Jedermann hat das Recht, sich mit Bitten oder Beschwerden an die zuständigen Stellen und die Volksvertretung zu wenden (Art. 17 GG und entsprechende Vorschriften der Länderverfassungen und der Gemeindeordnungen). Daraus ergibt sich, dass jeder berechtigt ist, die Verwaltung darauf hinzuweisen, dass bestimmte Maßnahmen rechtswidrig, unzweckmäßig oder sonstwie belastend oder verfehlt sind. Je nach der Situation sind unterschiedliche Rechtsbehelfe angebracht bzw. erforderlich.

Verwaltungsinterne Kontrollen
Unabhängig von Rechtsbehelfen, die von Bürgern eingelegt werden, ist die Verwaltung gemäß dem Grundsatz der Gesetzmäßigkeit verpflichtet, durch interne Kontrollen sicherzustellen, dass das Verwaltungshandeln rechtmäßig ist.

Rechtsschutzmöglichkeiten durch Verwaltung und Volksvertretung		
Formlose Rechtsbehelfe	**Förmliche Rechtsbehelfe**	**verwaltungsinterne Kontrollen**
1. Gegenvorstellung	1. Widerspruch	1. durch Vorgesetzte
2. Fachaufsichtbeschwerde	2. Einspruch	2. durch Rechnungsprüfung
3. Dienstaufsichtsbeschwerde	3. Beschwerde	3. durch übergeordnete Behörde
4. Petition		4. durch Aufsichtsbehörde

49.2. Formlose Rechtsbehelfe

Formlos, fristlos von jedermann und jederfrau einlegbar
Formlose Rechtsbehelfe sind an keine Form und keine Frist gebunden. Sie können nicht nur von dem Betroffenen, sondern von jedem Interessierten, Empörten oder von mehreren Interessierten, z. B. von einer Bürgerinitiative, eingelegt werden. Sie können auch neben einem förmlichen Rechtsbehelf wie z. B. dem Widerspruch eingesetzt werden. Durch Einschaltung von Presse, Rundfunk, Fernsehen wird es der Verwaltung erschwert, die Problemlösung ohne Sachargumente abzulehnen.

Rechtsbehelf gegen Verwaltungsakt
Will ein Bürger sich gegen einen Verwaltungsakt wenden, so ist darauf zu achten, dass die Frist zur Anfechtung des Verwaltungsakts nicht abläuft. Deshalb ist sorgfältig abzuklären, ob der Bürger

▶ den zulässigen Rechtsbehelf (z.b. Widerspruch) einlegen will, der u.U. Kosten verursacht, anderseits aber die einzige Möglichkeit ist, eine gerichtliche Prüfung zu erzwingen, oder

▶ sich mit einem formlosen Rechtsbehelf begnügen will, der nichts kostet, aber einen weiteren Rechtsschutz ausschließt, wenn die meist kurzen Rechtsmittelfristen abgelaufen sind.

In Zweifelsfällen muss die Verwaltung den Bürger unter Hinweis auf die unterschiedlichen Rechtsfolgen um eine klärende Stellungnahme bitten.

49.2.1 Gegenvorstellung, Fachaufsichtsbeschwerde, Dienstaufsichtsbeschwerde

Gegenvorstellung
Die Gegenvorstellung wendet sich unmittelbar an die handelnde Behörde mit der Bitte, die beanstandete Maßnahme zu überprüfen, ggfs. zu ändern oder aufzuheben, oder im Falle einer Unterlassung tätig zu werden.

Beispiel: Ein Arbeitsloser, der seine Miete nicht bezahlt hat, bittet das Sozialamt, die Ablehnung der Übernahme der Mietschulden aufzuheben, damit seine Familie nicht in eine Notunterkunft eingewiesen werden muss.

Fachaufsichtsbeschwerde
Die Fachaufsichtsbeschwerde richtet sich an die Behörde, der die Aufsicht über die Behörde zusteht, die für eine Einrichtung zuständig ist bzw. eine Maßnahme getroffen hat. Sie wendet sich gegen den sachlichen Inhalt einer Maßnahme bzw. gegen die Unterlassung.

Beispiel: Eine Bürgerinitiative hat erfolglos bei der Kreisverwaltung gegen gesundheitsgefährdende Zustände in einer Gemeinschaftsunterkunft für Asylbewerber protestiert. Sie legt Aufsichtsbeschwerde bei der Bezirksregierung ein.

Dienstaufsichtsbeschwerde
Die Dienstaufsichtsbeschwerde richtet sich gegen einen Verwaltungsmitarbeiter persönlich. Sie hat zum Ziel, dass der Bedienstete angewiesen wird, sich ordnungsgemäß zu verhalten und - weitergehend - dass eine dienstrechtliche Sanktion verhängt wird.

Beispiel: Ein Beamter des Sozialamts äußert öffentlich, die Bewohnerinnen eines Frauenhauses hätten die Prügel ihrer Männer verdient.

Ein anderer macht einer behinderten schwangeren Studentin zum Vorwurf, dass sie nicht abgetrieben habe, um der Gesellschaft nicht zur Last zu fallen.

351

"Formlos, fristlos, erfolglos"
Die Gegenvorstellung bzw. die Aufsichtsbeschwerden sind an die erlassende Behörde bzw. die vorgesetzte Behörde zu richten. Diese entscheidet über die Eingabe nach pflichtgemäßem Ermessen. Es besteht deshalb kein Rechtsanspruch des Bürgers auf dienstaufsichtliche Maßnahmen gegen einen Verwaltungsbediensteten.

Allerdings hat die angegangene Stelle die Eingabe nicht nur entgegenzunehmen, sondern sachlich zu prüfen und dem Bürger zumindest die Art der Erledigung innerhalb einer angemessenen Frist schriftlich mitzuteilen (BVerfG, 15.5.1992, NJW 1992, 3033). Jedoch sind derartige Mitteilungen oft formelhaft und nichtssagend.

Aus diesem Grunde werden die formlosen Rechtsbehelfe innerhalb der Verwaltung, aber auch von Betroffenen als "formlos, fristlos, erfolglos" bezeichnet. Diese Einschätzung ist oft, aber durchaus nicht in allen Fällen zutreffend.

Wirkung formloser Rechtsbehelfe
Trotz der oft geringen sichtbaren Wirkung formloser Rechtsbehelfe sollten SA/SP nicht stets darauf verzichten, gegen Verwaltungsmitarbeiter vorzugehen, die Menschen rechtswidrig behandeln.

Die Einschaltung von Vorgesetzten und Aufsichtsbehörden wird von den Bediensteten, gegen die sich der formlose Rechtsbehelf richtet, meist als unangenehm empfunden. Dies kann dazu führen, dass sie das beanstandete Verhalten ändern. Außerdem kann der formlose Rechtsbehelf interne Rügen und Maßnahmen auslösen, die dem Bürger zwar nicht mitgeteilt werden, jedoch durchaus wirksam sein können.

Stets muss aber mit den Betroffenen abgeklärt werden, ob ein derartiges Vorgehen letztlich in deren Interesse liegt. Insbesondere in den Fällen, in denen der Betroffene weiterhin von Entscheidungen der Verwaltung abhängig ist (z. B. im Rahmen der Grundsicherung), kann selbst eine berechtigte Beschwerde dazu führen, dass der Betroffene anschließend lange Zeit von Verwaltungsangehörigen durch Nichtbearbeitung oder „Verlust" von Anträgen, Auferlegung unverhältnismäßiger Nachweispflichten, ungünstige Ausfüllung von Handlungsspielräumen usw. "bestraft" wird.

Beispiel: *"Ich habe aus den Akten entnommen, dass Sie häufig Schwierigkeiten mit dem Sozialamt hatten. Das ist sehr schlecht für Sie; denn meist hat das Sozialamt einen großen Entscheidungsspielraum, den es gegen Sie nutzen kann. Dann kann kein Gericht Ihnen mehr helfen" (Vorsitzender Richter des OVG NRW zu einer Frau, die sich beharrlich dagegen gewehrt hatte, dass ihre nach Auffassung des OVG berechtigten Ansprüche vom Sozialamt nicht anerkannt wurden).*

49.2.2 Petition

Rechtsgrundlage und Ziel
Nach Art. 17 GG kann sich jedermann schriftlich auch an die Volksvertretung wenden (Bundestag, Landtag, Kreistag, Gemeinderat oder deren Ausschüsse). Eine Petition kann sich gegen eine konkrete Verwaltungsmaßnahme richten oder auf eine Gesetzeslücke oder eine verfehlte gesetzliche Regelung hinweisen.

Einlegung der Petitionen
Petitionen werden normalerweise schriftlich eingereicht. Dem Petitionsausschuss des Bundestags können Petitionen auch per E-Mail zugesandt werden (Informationen über Rechtsgrundlagen, Einreichung Petitionen und deren Erledigung www.bundestag.de/Petitionen).

Behandlung von Petitionen
Bei Petitionen an die Volksvertretung kann in der Regel mit einer sachlichen Prüfung gerechnet werden. Der Petitionsausschuss des Bundestags veröffentlicht Petitionen von allgemeinem Interesse im Internet und stellt sie zur Diskussion.

Oft kritisieren die Petitionsausschüsse des Bundestags und der Länderparlamente die Verwaltung oder weisen das Parlament auf gesetzgeberische Fehlleistungen oder Unterlassungen hin. Sie setzen sich in Einzelfällen für Bürger ein oder informieren bzw. unterstützen durch Rat, Auskunft oder Zusendung von Informationsmaterial.

Beispiel: Auf Petition der Eltern dreier Kinder, die erfolglos eine Rehabilitationsmaßnahme für ihre Kinder beantragt hatten, wandte sich der Petitionsausschuss an die BfA. Diese bewilligte die Rehabilitationsmaßnahme, nachdem bei einer erneuten Prüfung der medizinischen Befunde ein Rehabilitationsbedarf bei allen drei Kindern festgestellt worden war (BT-Drs. 15/3150, S. 41).

Stellt ein Petitionsausschuss auf Grund einer Eingabe fest, dass Rechtsvorschriften lückenhaft sind oder bei der Anwendung zu ungerechten Ergebnissen führen, überweist er die Eingabe an die Bundes/Landesregierung oder den Bundestag bzw. das Landesparlament, damit im Gesetzgebungsverfahren geprüft werden kann, ob eine Änderung oder eine Aufhebung der Rechtsvorschriften erfolgen soll. Dies geschieht recht häufig.

Beim Petitionsausschuss des Bundestags gingen im Jahr 2007 ca. 16.260 Petitionen ein. Davon wurden ca. 3000 positiv für den Petenten erledigt. In knapp 1000 Fällen ersuchte der Ausschuss, die Bundesregierung, sich der Petition noch einmal anzunehmen (BT-Drs. 16/9500).

Rechtsschutz und Rechtsweg

Für Streitigkeiten über die ordnungsgemäße Behandlung einer Petition ist der Verwaltungsrechtsweg gegeben (BVerwG, 1.9.1976, NJW 1977, 118).

Ein ablehnender Petitionsbescheid ist jedoch kein Verwaltungsakt, da er nichts mit unmittelbarer rechtlicher Außenwirkung regelt, sondern nur die tatsächliche Erfüllung der Verpflichtung aus Art. 17 GG darstellt (BVerwG, 1.9.1976, NJW 1977, 118).

Besondere Beschwerde- und Rechtsschutzinstanzen

Betrifft die Petition eine Frage, für die besondere Beschwerdeinstanzen bestehen, ist es meist zweckmäßig, diese zunächst anzurufen bzw. anzuschreiben. Derartige Stellen, die über sich z. B. **im Internet** informieren, sind u. a.

Gleichstellungsbeauftragte des Bundes, der Länder und der Kommunen
Datenschutzbeauftragte des Bundes, der Länder und der Kommunen Bundesbeauftragter für Informationsfreiheit
Beauftragte der Bundesregierung für Migration, Flüchtlinge und Integration
Beauftragter der Bundesregierung für die Belange behinderter Menschen
Beauftragte der Bundesregierung für die Belange der Patientinnen und Patienten
Bundesbeauftragte für den Zivildienst
Kinderschutzkommission des Bundestags, Kinderbeauftragte der Kommunen
Bürgerbeauftragte/r (in mehreren Bundesländern)

49.3 Förmliche Rechtsbehelfe (Widerspruch)

Praxis: Unzureichende Qualifikation, Überbelastung der Sachbearbeiter infolge unbesetzter Planstellen und fehlerhafte Software sind einige der Ursachen dafür, dass die Bescheide der Arbeitsagenturen in ungewöhnlichem Maße fehlerhaft sind. Widersprüche sind nach Schätzungen zu 30 – 50 % erfolgreich.

Gegen einen belastenden Verwaltungsakt gibt es grundsätzlich nur einen einzigen förmlichen Rechtsbehelf, den **Widerspruch**. (im Steuerrecht: Einspruch).

Eingeschränkt ist die Möglichkeit des Widerspruchs im Aufenthaltsrecht (§§ 83/84 AufenthG). Der Widerspruch gegen Maßnahmen und Entscheidungen nach dem Asylverfahrensgesetz ist generell ausgeschlossen (§ 11 AsylVG). Die Betroffenen haben nur die Möglichkeit, sofort Klage gegen belastende Bescheide zu erheben.

49.3.1 Rechtsgrundlagen und Bedeutung

Unterschiedliche Rechtsgrundlagen
Rechtgrundlagen für den Widerspruch sind gemäß § 62 SGB X

▶   für den **Bereich des SGG**, der u. a. die Grundsicherung für Arbeitssuchende, Arbeitsförderung, die Sozialversicherung, die Sozialhilfe und das Kindergeld umfasst, die **§§ 83 - 86 SGG**,

▶   für die **sonstigen Verwaltungsbereiche** z. B. Ausbildungsförderung, Wohngeld-, Jugendhilfe-, Schul-, Hochschul-, Polizei-, Ausländerrecht, die **§§ 68 - 77 VwGO.**

Bedeutung des Widerspruchs
Im Gegensatz zum formlosen Rechtsbehelf verpflichtet der Widerspruch die Verwaltung nicht nur zu einer - oft nichtssagenden - Mitteilung über die Art der Erledigung, sondern zu einer sachlichen Entscheidung über Rechtmäßigkeit und Zweckmäßigkeit des angefochtenen Verwaltungsakts.

Außerdem verhindert er, wenn er aufschiebende Wirkung hat, bis zur Entscheidung über den Widerspruch die Vollziehung des Verwaltungsakts (→ 49.3.5).

Widerspruch als Klagevoraussetzung (Vorverfahren)
Seine besondere Bedeutung liegt schließlich darin begründet, dass ohne vorheriges Widerspruchsverfahren (= Vorverfahren) meist eine Klage gegen den Verwaltungsakt nicht zulässig ist.

Ausnahmen nach VwGO und SGG
Ausnahmsweise sind Vorverfahren nicht erforderlich (§ 68 VwGO, § 78 SGG), wenn

▶   ein Bundes- oder Landesgesetz dies bestimmt.

   Der Widerspruch ist ausgeschlossen z. B. gegen die Versagung des Visums (§ 83 AufenthG) sowie gegen Maßnahmen nach dem Asylverfahrensgesetz (§ 11 AsylVerfG*)*.

   Die Mehrzahl der Bundesländer hat den Widerspruch insbesondere für Bereiche ausgeschlossen, in denen die Länder für die Gesetzgebung zuständig sind (Holzner, DVBl 2008, 217).

▶   der Verwaltungsakt von einer obersten Bundes- oder Landesbehörde erlassen worden ist, sofern nicht ein Gesetz die Nachprüfung anordnet (z.B. § 126 BRRG),

▶   ein Dritter durch einen Widerspruchsbescheid beschwert ist (gilt nur im Anwendungsbereich der VwGO).

49.3.2 Prüfung der Erfolgsaussichten des Widerspruchs

Zulässigkeit und Begründetheit

Ein Widerspruch hat Aussicht auf Erfolg, wenn er *zulässig* und *begründet* ist.
Er ist zulässig, wenn die in Abschnitt 49.3.3 genannten Voraussetzungen erfüllt sind.
Er ist begründet, wenn der angefochtene Verwaltungsakt rechtswidrig oder unzweckmäßig ist (49.3.4).

49.3.3 Zulässigkeit des Widerspruchs

Der Widerspruch ist zulässig, wenn folgende Voraussetzungen erfüllt sind (§ 70 VWGO, § 84 SGG):

Erste Voraussetzung: Verwaltungsakt

Die angefochtene Maßnahme muss ein Verwaltungsakt sein (→ 39.0).

Beispiel: Bezeichnet der Sachbearbeiter der Arbeitsagentur einen Arbeitslosen als arbeitsscheuen Alkoholiker, ist dies kein Verwaltungsakt, so dass ein Widerspruch nicht zulässig ist. Der Betroffene muss deshalb überlegen, ob er sich auf formlose Rechtsbehelfe beschränken (Dienstaufsichtsbeschwerde) oder gerichtliche Rechtsschutzmöglichkeiten wahrnehmen will (Abwehrklage in Form der Leistungsklage, (siehe 50.4.3), Schadensersatz wegen Amtspflichtverletzung (siehe 48.3) und/oder Strafanzeige wegen Beleidigung).

Zweite Voraussetzung: Beschwer

Der Widerspruchsführer muss durch den Verwaltungsakt beschwert sein. Eine Beschwer (analog § 42 Abs. 2 VwGO) liegt vor, wenn der Widerspruchsführer geltend macht, dass der Verwaltungsakt

► seine **subjektiv-öffentlichen Rechte beeinträchtigt**, also rechtswidrig ist (→ 25.1.1) oder

► **zweckwidrig ist,** d. h. also den Ermessensspielraum in einer für ihn ungünstigen Weise ausnutzt (→ 25.2.4 ff.).

Der Widerspruch kann sich also nicht nur gegen rechtswidrige, sondern auch gegen rechtmäßige, aber den Bürger unnötig belastende Verwaltungsakte richten.

Dritte Voraussetzung: **Einlegung in Schriftform oder zur Niederschrift**

Der Widerspruch muss in der richtigen Form eingelegt sein, d.h. schriftlich oder zur Niederschrift bei der Behörde, die den Verwaltungsakt erlassen hat.

Beispiel: Ein ausländischer Arbeitnehmer, der nicht in der Lage ist, einen Widerspruch zu schreiben bzw. zu formulieren, kann die zuständige Behörde aufsuchen und sein Anliegen erklären. Die Behörde hat dann den Widerspruch zu Protokoll zu nehmen. Es genügt nicht, dass der Widerspruch mündlich erklärt und darüber ein Aktenvermerk angelegt wird (OVG Saarlouis, 22.3.1985, NVwZ 1986, 578).

Ein Widerspruchsschreiben, das mit einfacher E-Mail ohne qualifizierende elektronische Signatur übermittelt wird, genügt nicht den Erfordernissen der Schriftlichkeit (VGH Kassel, 3.11.2005, NVwZ-RR 2006, 377).

Vierte Voraussetzung: Einlegung innerhalb der Widerspruchsfrist

---

Der Widerspruch muss fristgerecht eingelegt werden d.h. **innerhalb eines Monats nach Bekanntgabe**. Enthält der Verwaltungsakt allerdings keine oder nur eine unvollständige bzw. unrichtige Rechtsbehelfsbelehrung, kann der Widerspruch innerhalb eines Jahres seit der Bekanntgabe eingelegt werden (→ 40.5.1).

Bei unverschuldeter Nichteinhaltung der Monatsfrist kann **Wiedereinsetzung in den vorigen Stand** beantragt werden (→ 38.3.21; BVerwG, NJW 1997, 2966).

Nach **Ablauf der Jahresfrist** kommt Wiedereinsetzung grundsätzlich nicht in Betracht, es sei denn, dass höhere Gewalt vorliegt.

Beispiel: Die Frist wurde wegen fehlerhafter Rechtsbehelfsbelehrung bzw. unrichtiger Rechtsauskunft der Behörde versäumt (BVerwG, 18.4.1997, NJW 1997,2966).

Fünfte Voraussetzung: Einlegung bei der zuständigen Behörde

Der Widerspruch ist bei der zuständigen Behörde einzulegen, und zwar bei der Behörde, die den **Verwaltungsakt erlassen hat**, oder bei der Behörde, die **den Widerspruchsbescheid zu erlassen** hat.

Ist jedoch die nächsthöhere Behörde eine **oberste Bundes- oder Landesbehörde**, so erlässt den Widerspruchsbescheid die Behörde, die den Verwaltungsakt erlassen hat.

In **Selbstverwaltungsangelegenheiten des eigenen Wirkungskreises** erlässt den Widerspruchsbescheid die Selbstverwaltungsbehörde, soweit nicht durch Gesetz anderes bestimmt wird. Sie legt fest, wer den Widerspruch bearbeiten soll ("Widerspruchsstelle") und kann bestimmen, , dass der für den Erlass des Verwaltungsaktes zuständige Sachbearbeiter auch über den Widerspruch entscheidet bzw. diesen weitgehend beeinflusst.

Folgen von Formfehlern

Erfüllt ein Widerspruch eine oder mehrere der genannten Voraussetzungen nicht, so ist er unzulässig. Bei Einlegung des Widerspruchs bei einer unzuständigen Behörde hat diese die Sache allerdings an die zuständige Behörde abzugeben.

Ist ein Widerspruch unzulässig, hat die Verwaltung zu prüfen, ob die Eingabe des Bürgers nicht als formloser Rechtsbehelf zu behandeln ist (→ 49.2).

49.3.4 Begründetheit des Widerspruchs

Ein Widerspruch hat Erfolg, wenn er nicht nur zulässig, sondern auch begründet ist. Begründet ist er, wenn der angefochtene **Verwaltungsakt im Zeitpunkt seines Erlasses rechtswidrig oder unzweckmäßig** war (§§ 72, 73 VwGO, § 85 SGG; → 41.0 und 25.2).

Hält die erlassende Behörde den Widerspruch für begründet, so entspricht sie ihm und entscheidet über die Kosten.

Hilft die erlassende Behörde nicht ab oder kann sie über den Widerspruch nicht selbst entscheiden, so gibt sie die Sache an die **Widerspruchsbehörde** ab.

Diese überprüft die Rechtmäßigkeit und die Zweckmäßigkeit des Verwaltungsakts.

Die Widerspruchsbehörde kann regelmäßig (Ausnahmen bestehen z.B. für den Bereich der Selbstverwaltungskörperschaften in Bayern, Baden-Württemberg, Saarland) auch Ermessensentscheidungen der Ausgangsbehörde durch eine andere ersetzen. So ermöglicht der Widerspruch schnelle, weitgehende und endgültige Abhilfe. Jedoch wird diese Möglichkeit von den Widerspruchsbehörden oft nicht genutzt.

49.3.5 Wirkung des Widerspruchs

Die Wirkung des Widerspruchs ist in der VwGO und im SGG unterschiedlich geregelt:

Aufschiebende Wirkung nach § 80 VwGO

Der Widerspruch nach der VwGO hat in der Regel aufschiebende Wirkung, d. h. die Behörde darf den Verwaltungsakt nicht vollziehen. Jedoch ist der Verwaltungsakt mit der Bekanntgabe wirksam(§ 37 SGB X, BVerwGE 13,1).

Beispiel: Der Arbeitgeber kann einer schwangeren Arbeitnehmerin die Kündigung erklären, sobald ihm die behördliche Zulässigerklärung vorliegt, auch wenn die Schwangere Widerspruch eingelegt hat (BAG, NJW 2004, 244).

Die aufschiebende Wirkung entfällt aber u.a.

▶ bei der **Anforderung von öffentlichen Abgaben und Kosten** (Steuern, Gebühren, Kostenbeiträgen), nicht aber bei anderen öffentlich-rechtlichen Geldforderungen wie Erstattung überzahlter Sozialleistungen,

▶ bei **unaufschiebbaren Anordnungen und Maßnahmen der Polizeivollzugsbeamten.** Das gilt nicht, wenn die Polizei für eine andere Behörde (z.B. Jugendamt) im Wege der Vollzugs- oder Amtshilfe tätig wird.

▶ wenn durch Bundes- oder Landesgesetze die aufschiebende Wirkung des **Widerspruchs ausgeschlossen** ist.

▶ wenn der Widerspruch gegen die Ablehnung des Antrags auf Erteilung der Aufenthaltserlaubnis eingelegt ist (§ 84 AufenthG).

▶ wenn die erlassende oder die Widerspruchsbehörde **die sofortige Vollziehung angeordnet hat**, weil dies im öffentlichen Interesse oder im überwiegenden Interesse eines Beteiligten geboten ist. (→ oben 39.4.7).

Die Widerspruchsbehörde bzw. das Gericht können jedoch in diesen Fällen auf Antrag des Betroffenen die aufschiebende Wirkung des Widerspruchs anordnen bzw. wiederherstellen (§ 80 Abs. 4-7 VwGO). Die Gerichte setzen die Vollziehung aus, wenn nach summarischer Prüfung ein Erfolg des Antragstellers im Hauptverfahren wahrscheinlicher ist als sein Unterliegen (BVerwG, 17.9.2002, NVwZ 2002, 153).

Aufschiebende Wirkung nach § 86a SGG

Der Widerspruch nach dem SGG hat ebenfalls grundsätzlich aufschiebende Wirkung. Dies gilt auch für rechtsgestaltende und feststellende Verwaltungsakte sowie für Verwaltungsakte mit Drittwirkung (§ 86a Abs. 1 SGG; Berlit, info-also 2005, 3).

Die aufschiebende Wirkung entfällt u. a. bei Entscheidungen (§ 86a Abs. 2 SGG)

▶ über Versicherungs-, Beitrags- und Umlagepflichten,

▶ über die Entziehung oder Herabsetzung einer laufenden Leistung der Sozialversicherung bzw. der Bundesagentur für Arbeit,

▶ wenn die die Behörde die sofortige Vollziehung angeordnet hat,

▶ in anderen durch Bundesgesetz vorgeschriebenen Fällen z. B. bei Entscheidungen über Leistungen der Grundsicherung für Arbeitsuchende und über den Übergang eines Anspruchs (§ 39 SGB II; siehe auch § 88 Abs. 4 SGB IX).

Aussetzung der Vollziehung nach § 86a Abs. 3 und § 86b SGG

Die zuständigen Behörden können die Vollziehung des Verwaltungsakts einstweilen ganz oder teilweise gemäß § 86a Abs. 3, das für die Hauptsache zuständige Gericht kann gemäß § 86b Abs. 1 und 2 SGG die Vollziehung aussetzen bzw. aufheben.

49.3.6 Widerspruchsbescheid (§ 73 VwG0, § 85 SGG)

Die Widerspruchsbehörde entscheidet nach Prüfung der Rechtmäßigkeit und Zweckmäßigkeit des Verwaltungsakts durch Widerspruchsbescheid.

Für das Widerspruchsverfahren gelten in erster Linie die Vorschriften der VwGO und des SGG, soweit nicht durch Gesetz etwas anderes bestimmt ist. Im übrigen gelten die Vorschriften des Sozialgesetzbuches (§ 62 SGB X).

Verbösung
Im Widerspruchsverfahren darf ein Verwaltungsakt nicht nur entsprechend dem Antrag des Widepruchsführers zu dessen Gunsten, sondern auch zu dessen Ungunsten abgeändert werden, wenn und soweit durch Gesetz nichts anderes geregelt ist („Verbösung"; BVerwG, NJW 1977, 1894; Schröder, NVwZ 2005, 1029).

Entscheidung über den Widerspruch
Die Entscheidung kann lauten:

> *"Der Widerspruch wird als unzulässig zurückgewiesen".*

> *"Der Widerspruch wird als unbegründet zurückgewiesen".*

> *"Der angefochtene Bescheid wird aufgehoben (abgeändert)."*

Form und Inhalt des Widerspruchsbescheids
Der Widerspruchsbescheid ist ein Verwaltungsakt. Er muss nach § 73 Abs. 3 VwG0 bzw. § 85 Abs. 3 SGG

▶ schriftlich erlassen werden,

▶ begründet werden,

▶ eine Rechtsmittelbelehrung enthalten,

▶ zugestellt werden,

▶ eine Kostenentscheidung enthalten, soweit dies rechtlich zulässig ist.

Klagefrist
Die Klage ist **binnen eines Monats nach Zustellung bzw. Bekanntgabe des Widerspruchsbescheids** zu erheben.

Bei Zustellung oder Bekanntgabe im Ausland beträgt die Klagefrist im Geltungsbereich des SGG drei Monate (§ 74 VwGO; § 87 SGG).

Klagen gegen Entscheidungen nach dem AsylVfG sind binnen zwei Wochen nach Zustellung der Entscheidung zu erheben. Die Klage gegen die Ablehnung der Anordnung der aufschiebenden Wirkung einer Abschiebungsandrohung muss binnen einer Woche erhoben werden (§ 74 AsylVfG).

Fehlt die Rechtsmittelbelehrung oder unterbleibt die Zustellung, gilt für die Klagefrist nicht die Monats-, sondern die Jahresfrist.

Wird innerhalb angemessener Zeit über den Widerspruch nicht entschieden, so kann der Betroffene unmittelbar klagen (Untätigkeitsklage: § 75 VwGO, § 88 SGG).

Die in deutscher Sprache erteilte Rechtsmittelbelehrung setzt die Klagefrist auch gegenüber **Ausländern** in Lauf (BVerfG, 2.6.1992, NVwZ 1992, 1080).

49.3.7 Kosten des Widerspruchs

Kostenfreiheit des Widerspruchsverfahrens nach SGB
Der Widerspruchsführer hat im Anwendungsbereich des Sozialgesetzbuchs Gebühren und Auslagen für das Widerspruchsverfahren nicht zu zahlen, weil das Verfahren einschließlich des Widerspruchsverfahrens im SGB kostenfrei ist (§ 64 SGB X). Jedoch können ihm persönlich Kosten entstanden sein. Notwendige Kosten werden ihm erstattet, soweit der Widerspruch erfolgreich war. Soweit er nicht erfolgreich war, hat der Betroffene die Kosten selbst zu tragen

Kostenpflicht außerhalb des SGB
Außerhalb des SGB hat der Widerspruchsführer der Behörde die notwendigen Aufwendungen zu erstatten, soweit der Widerspruch erfolglos geblieben ist (§ 80 Abs. 1 Satz 3 VwVfG). In diesem Falle hat aber der Widerspruchsführer evtl. einen Schadensersatzanspruch aus § 839 BGB, falls ein Amtsträger durch z.b. falsche Rechtsmittelbelehrung oder falsche Sachbehandlung den Widerspruch ausgelöst hat (→ 48.3)

Vermeidung der Kostenrisiken durch Beratungshilfe
Zur Vermeidung der Kostenrisiken ist es für Bürger mit geringem Einkommen empfehlenswert, Beratungshilfe zu beantragen, um die Kosten des Anwalts zu decken (→ 30.5).

Kostenentscheidung
Die Behörde, die über die Kosten eines Vorverfahrens zu entscheiden hat, hat drei Entscheidungen zu treffen:

• die Kosten(grund)entscheidung, die Entscheidung darüber, ob die **Vorverfahrenskosten dem Grunde nach als notwendige Aufwendungen** erstattet werden (§ 63 I 1 und II iVm § 63 III 1 Halb. 1 SGB X),

• Kosten(grund)entscheidung, die Entscheidung darüber, ob die **Hinzuziehung eines Rechtsanwalts oder eines sonstigen Bevollmächtigten** notwendig war (§ 63 III 2 iVm § 63 III 1 Halbs. 1 SGB X),

• in der Kostenfestsetzungsentscheidung die Entscheidung darüber**, in welcher Höhe, dh mit welchem Geldbetrag**, die zu erstattenden Aufwendungen festzusetzen sind (§ 63 III 1 Halbs. 1 SGB X).

Die Entscheidung darüber, wer die Kosten zu tragen hat, ist in jedem Fall im Abhilfe- bzw. Widerspruchsbescheid zu treffen. Sie ist als Verwaltungsakt durch Widerspruch und Anfechtungsklage anfechtbar (BSG, 17.10.2006, NVwZ-RR 2007, 441).

Die Entscheidung darüber, in welcher Höhe Aufwendungen zu erstatten sind (Kostenfestsetzungsbescheid), ergeht nur, wenn sie von Erstattungsberechtigten beantragt wird (§ 63 Abs. 3 SGB X; § 80 Abs. 3 VwVfG). Sie ist ebenfalls ein Verwaltungsakt und selbständig anfechtbar (BVerwGE 77, 268).

Wird der Rechtsstreit vor dem Verwaltungsgericht fortgesetzt, kann dieses in seiner Kostenentscheidung auch über die Kosten des Widerspruchsverfahrens einschließlich der Kosten der Vertretung durch einen Bevollmächtigten entscheiden (§§ 161, 162 VwGO; § 193 SGG).

Erstattungspflicht der Behörde
Dem Widerspruchsführer sind gemäß § 63 SGB X bzw. § 80 VwVfG die notwendigen Aufwendungen zur zweckentsprechenden Rechtsverteidigung zu erstatten,

► soweit der Widerspruch erfolgreich ist,

► wenn der Widerspruch nur deshalb keinen Erfolg hat, weil die Behörde einen Verfahrens- bzw. Formfehler nach § 41 SGB X, § 45 VwVfG) geheilt hat.

Notwendige Beiziehung eines Rechtsanwalts oder eines sonstigen Bevollmächtigten

Das BSG hat festgestellt (20.11.2001, NZS 2002, 668):

„Anknüpfungspunkt kann ... nur die objektive Schwierigkeit der Rechtssache sein, die darüber entscheidet, welche Anforderungen im konkreten Fall an eine zweckentsprechende Rechtsverfolgung gestellt werden. Dabei darf kein zu strenger Maßstab angelegt werden, denn dem Gesetz ist kein Hinweis dafür zu entnehmen, dass die Erstattung der Kosten der Vertretung im Widerspruchsverfahren auf Ausnahmen beschränkt bleiben soll. Der Gesetzgeber hat dadurch, dass er die Kostenerstattung von der Notwendigkeit der Vertretung im Widerspruchsverfahren abhängig gemacht hat, lediglich zum Ausdruck gebracht, dass eine Kostenerstattung nicht stets, sondern nach der rechtlichen Schwierigkeit der jeweiligen Angelegenheit anzuerkennen ist. Soweit das BVerwG zu § 80 VwVfG ursprünglich eine restriktive Auffassung vertreten hatte, weil es der Herstellung völliger "Waffengleichheit" zwischen dem rechtsuchenden Bürger und der Behörde in diesem Verfahrensstadium (noch) nicht bedürfe (BVerwGE 61, 100, 101), hat es daran in neueren Entscheidungen nicht mehr festgehalten und ausdrücklich betont, diese Auffassung berücksichtige nicht ausreichend die Funktion des Widerspruchsverfahrens, das gerade auch dem Rechtsschutz des Betroffenen dienen solle (so neuerdings Urteil vom 24. 5. 2000 - 7 C 8/99 – NJ 2000, 611)."

Generell bejaht wurde die Notwendigkeit der Zuziehung in Angelegenheiten der

▶ **Schwerbehinderten** (BSG, 8.10.1987, a.a.O.),

▶ **Kriegsdienstverweigerung** (BVerwG Buchholz 316 § 80 Nr. 26) und

▶ **gesetzlichen Rentenversicherung** (Verbandskommentar der Rentenversicherungsträger, SGB X, Anmerkung 3.3 zu § 63)

Für Widersprüche in SGB II- und SGB XII- Sachen folgt, dass die Zuziehung eines Anwalts regelmäßig sachgerecht sein wird, wenn der Leistungsberechtigte nach seinen individuellen Kenntnissen und Fähigkeiten nicht ohne weiteres in der Lage ist, den Bescheid zu verstehen, zu überprüfen und einen Widerspruch schriftlich zu begründen (so das BVerfG, 22.6.2007, NZS 2008, 88 zur Beiordnung eines Rechtsanwalts im Rahmen der Prozesskostenhilfe).

Die Notwendigkeit der Zuziehung eines Bevollmächtigten ist deshalb nicht nur in schwierigen und umfangreichen Sachen, sondern für eine rechtsunkundige Partei in der Regel zu bejahen

Erstattungsfähige Kosten

Erstattungsfähig sind Gebühren und Auslagen aller Personen, die auf Grund Bevollmächtigung für den Widerspruchsführer im Vorverfahren tätig geworden sind, wenn die Zuziehung notwendig war (§ 63 Abs. 2 SGB X).

Beistandschaft nach § 13 Abs 4 SGB X oder Beratung ist nicht ausreichend. In diesem Fall können jedoch angefallene Aufwendungen nach Abs 1 ersetzt werden (v. Wulffen/Roos, SGB X § 63 Rn 26).

Nach § 63 Abs 1 SGB X können auch die Auslagen des Mitarbeiters freien Verbandes erstattungsfähig sein, der nach dem Rechtsdienstleistungsgesetz zur Vertretung befugt ist (→ 30.8; BSG, 29.3.2007).

Zu den notwendigen und erstattungsfähigen Kosten gehören Reisekosten, Verdienstausfall, Telefon-, Schreib-, Fotokopie-, Portokosten, Kosten für Dolmetscher usw., ausnahmsweise auch die Kosten eines Privatgutachtens (Diering in LPK-SGB X, § 63 Rn 13ff.).

49.4 Verwaltungsinterne Kontrollen des Verwaltungshandelns

Umfang der Kontrolle
Die Verwaltung ist einem lückenlosen System von Kontrollen unterworfen, die je nach der Stellung der Behörde und der Art der jeweiligen Aufgabe sich erstrecken auf

▶ **die Rechtmäßigkeit und Zweckmäßigkeit,**

▶ **die Rechtmäßigkeit allein,**

▶ **die Prüfung der Rechnung sowie der Wirtschaftlichkeit und Ordnungsmässigkeit der Haushalts- und Wirtschaftsführung.**

Kein Anspruch des Bürgers
Der Bürger hat keinen Anspruch darauf, dass die Verwaltung Kontrollen durchführt. Trotzdem ist die Kenntnis der Kontrollinstanzen für den SA/SP von Bedeutung, weil u. U. schon der Hinweis auf die beabsichtigte Mitteilung an die Kontrollinstanzen einen Sachbearbeiter zu einer anderen Entscheidung bewegen kann.

Die im Interesse der Verwaltung eingerichteten Kontrollen sollen die Rechtmäßigkeit, die Zweckmäßigkeit und die Wirtschaftlichkeit der Verwaltungstätigkeit überprüfen und sichern.

Beispiel: Bei einer Rechnungsprüfung wird festgestellt, dass eine Mitarbeiterin des Landesjugendamts "Zuwendungen an freie Träger" in Höhe von 100. 000 Euro auf eigene Konten überwiesen hat.

Andererseits kann die Tätigkeit eines **Rechnungsprüfungsamtes** dazu führen, dass die SA/SP in der Behörde die gesetzlichen Vorschriften nicht gemäß ihrem fachlichen Verständnis anwenden, obwohl dies ausdrücklich vorgeschrieben ist (§ 72 SGB VIII; § 6 SGB XII; → 21.2).

Beispiel: Beanstandet das Rechnungsprüfungsamt ohne Prüfung der Einzelfälle, dass bestimmte SA/SP im Allgemeinen Sozialdienst zu oft die Fremdunterbringung gefährdeter Kinder verlangen und können oder wollen sich die SA/SP gegen diese fachfremde Bevormundung nicht wehren, wird das SGB VIII anschließend nach den restriktiven Vorstellungen des Rechnungsprüfungsamts und nicht gemäß den gesetzlichen Vorschriften durchgeführt (→ § 72 SGB VIII; dazu Nonninger, LPK-SGB VIII, § 72 Rn 23 ff.; zu den strafrechtlichen Risiken → 21.5.3).

49.4.1 Kontrolle der Rechtmäßigkeit und Zweckmäßigkeit

Eine umfassende Kontrolle der Rechtmäßigkeit und Zweckmäßigkeit findet statt z. B.

▶ durch die **übergeordneten gegenüber den untergeordneten Behörden** (→ 6.1.1).

Beispiel: Führt eine örtliche Polizeibehörde Kontrollen in Jugendzentren durch Polizeibeamten in Zivil durch, so kann der Innenminister dies verbieten.

▶ bei **Auftragsangelegenheiten** (→ 8.4).

▶ durch den **Vorgesetzten gegenüber den untergeordneten Beamten, Angestellten und** *Arbeitern* (→ 21.3).

Beispiel: Benötigt ein Sachbearbeiter zwei Monate bis zur Entscheidung über einen Antrag auf Grundsicherung, hat der Vorgesetzte sicherzustellen, dass derartige gesetzwidrige Verzögerungen der Antragsbearbeitung nicht eintreten, indem er z. B. Bericht über alle nichterledigten Anträge verlangt (im Neuen Steuerungsmodell würden derartige Verzögerungen durch Controlling sichtbar und vermeidbar).

▶ durch den **Bundesrechnungshof und die Landesrechnungshöfe**, die allerdings auf die Einhaltung des Haushaltsrechts und der ordnungsgemäßen und sparsamen Wirtschaftsführung beschränkt ist (www.bundesrechnungshof.de.

Beispiel: Der Bundesrechnungshof informiert den Bundestag über Mängel bei der Festsetzung der Leistungen für Unterkunft und Heizung nach dem SGB II fordert eine einheitliche Vorgehensweise der Grundsicherungsstellen,.

49.4.2 Kontrolle der Rechtmäßigkeit

Eine auf die Rechtmäßigkeit allein beschränkte Kontrolle ist z. B. gegeben

▶ im Rahmen der **staatlichen Aufsicht über kommunale und andere Träger der Selbstverwaltung** (des Regierungspräsidenten über Kreise und kreisfreie Städte bzw. des Landrats über die kreisangehörigen Gemeinden) (→ 8.0).

▶ durch **Beanstandungsrechte gegenüber rechtswidrigen Beschlüssen von Selbstverwaltungsgremien** (des Bürgermeisters gegenüber einem Ratsbeschluss).

49.4.3 Politische Kontrolle

Die Amtsträger, die keiner bzw. einer beschränkten Aufsicht unterliegen, weil sie an der Spitze einer Verwaltungsorganisation stehen, sind politisch verantwortlich.

Beispiele: Der Bundeskanzler ist dem Bundestag, der Ministerpräsident dem Landtag, der Leiter einer Kommunalverwaltung dem Kommunalparlament politisch verantwortlich.

50.0 RECHTSSCHUTZ DURCH DIE GERICHTE

Praxis: Eine alleinerziehende Frau beantragt für sich und ihre Tochter im Juni die Grundsicherung für Arbeitssuchende. Im November ist darüber noch nicht entschieden. Sie befragt die SA/SP eines freien Trägers, was sie tun könne (→ 50.3, 50.4, 50.4.5, 50.7.2).

Ein Student ist empört über einen offenbar rechtswidrigen Widerspruchsbescheid, der ihn zur Rückzahlung von Ausbildungsförderung verpflichtet. Er hat aber Angst, Klage zu erheben, weil er mit einem hohen Kostenrisiko rechnet (→ 50.4, 50.7.1).

50.1 Verfassungsrechtliche Grundlagen

Die verwaltungsinternen Kontrollen führen häufig nicht zu dem vom Betroffenen gewünschten Ergebnis. Dann bleibt ihm die Möglichkeit, ein Gericht anzurufen; denn dem Bürger ist durch Art. 19 Abs. 4 GG ein umfassender Rechtsschutz gegen Rechtsverletzungen durch die öffentliche Hand garantiert.

Rechtsprechung durch unabhängige Gerichte
Die Rechtsprechung wird in der Bundesrepublik durch organisatorisch von der Legislative und Exekutive getrennte Gerichte (Art. 20 Abs. 2 GG) ausgeübt, die mit persönlich und sachlich unabhängigen Richtern (Berufs- und Laienrichtern) besetzt sind (Art. 92, 97, 98 GG). Die verschiedenen Gerichtszweige (Art. 95 GG) gewähren Rechtsschutz nach jeweils eigenen Prozessordnungen (z.B. ZPO, StPO, FGG, VwGO, SGG). Eine Sonderstellung nimmt das BVerfG ein, da es den vom Grundgesetz konstituierten obersten Staatsorganen zuzurechnen ist (Art. 93 GG; BVerfGG).

Der Gerichtshof der Europäischen Gemeinschaften und der Europäische Gerichtshof für Menschenrechte sind zuständig in Angelegenheiten des Rechts der Europäischen Gemeinschaften bzw. der Europäischen Menschenrechtskonvention.

Verfassungsrechtliche Garantie des effektiven Rechtschutzes
Im sozialen Rechtsstaat sind alle staatlichen Stellen verpflichtet, dafür zu sorgen, dass jeder Bürger Rechtsschutz unter zumutbaren Bedingungen und in angemessner Zeit erlangen kann (Garantie des effektiven Rechtsschutzes -Art. 19 Abs. 4 GG). Diese Verpflichtung ist trotz der Fortschritte durch Beratungshilfe (siehe 30.5) und Prozesskostenhilfe (siehe unten 50.8) für viele Menschen, mit denen SA/SP zu tun haben, nur unzureichend erfüllt. So hat das Bundesverfassungsgericht immer wieder Entscheidungen von Gerichten aufheben müssen, mit denen die berechtigten Anliegen von Bürgern abgeschmettert wurden.

Beispiel: Nachdem Gerichte in mehreren Instanzen sich nicht mit der Rechtmäßigkeit der von einem Strafgefangenen beanstandeten menschenunwürdigen Unterbringung in einer Haftzelle befasst hatten, hob das BVerfG auf die Verfassungsbeschwerde des Betroffenen die Entscheidungen auf (BVerfG, NJW 27.2.2992, 2002, 2699).

Rechtliche Vertretung durch SA/SP
Das Rechtsdienstleistungsgesetz hat die rechtliche Vertretung in Gerichtsverfahren weitgehend den Rechtsanwälten vorbehalten.

SA/SP können nach wie vor grundsätzlich nicht als Prozessbevollmächtigte in gerichtlichen Verfahren auftreten (→ 30.8.2).

50.2 Rechtsprechung

Die Rechtsprechung wird von europäischen Gerichtshöfen, Gerichten des Bundes und Gerichten der Länder ausgeübt (Art 92ff. GG).

Die Gerichte der Länder entscheiden in den weitaus meisten Fällen in erster und zweiter Instanz auf der Grundlage des Lendes-, Bundes- und EG-Rechts.

Das Bundesverfassungsgericht kann dagegen von einem in seinen Grundrechten unmittelbar Betroffenen u. U. direkt angerufen werden (→ 50.6).

Europäische Gerichte	Bundesgerichte	Gerichte der Länder	
Europäischer Gerichtshof	Bundes-verfassungsgericht	Verfassungs-gerichtshöfe	Landgerichte, Amtsgerichte
	Bundesgerichtshof	Oberlandesgerichte	Arbeitsgerichte
	Bundes-arbeitsgericht	Landesarbeitsgerichte	Verwaltungs-gerichte
Europäischer Gerichtshof für Menschen-rechte	Bundes-verwaltungsgericht	Oberverwaltungs-gerichte	Sozialgerichte
	Bundes-sozialgericht	Landessozialgerichte	Finanzgerichte
	Bundesfinanzhof		

Gerichtshof der Europäischen Gemeinschaften (EuGH)
Der Gerichtshof der Europäischen Gemeinschaften in Luxemburg entscheidet beispielsweise aufgrund einer Klage eines Mitgliedstaates, eines EU-Organs, eines Unternehmens oder eines Bürgers, ob in einem Einzelfall gegen EU-Recht verstoßen wurde ("Anwendung der Verträge"). Er entscheidet aber auch endgültig, wie strittige Texte in den Verträgen zu verstehen sind ("Auslegung der Verträge").

Außerdem kann ein nationales Gericht in einem anhängigen Verfahren eine Vorabentscheidung des EuGH zu der Frage beantragen, ob eine deutsche Rechtsvorschrift mit EU-Recht vereinbar ist.

Beispiel: Auf Vorlagebeschluss des LAG Kiel stellt der EuGH fest, dass die Regelung in § 5 Abs. 3 Arbeitszeitgesetz gegen die Richtlinie 93/104/EG verstößt, weil Bereitschaftsdienst als Arbeitszeit zu bewerten ist (NJW 2003, 2971).

Europäischer Gerichtshof für Menschenrechte (EGMR)
Der Europäische Gerichtshof für Menschenrechte in Straßburg ist zuständig, wenn die Konvention zum Schutz der Menschenrechte und Grundfreiheiten vom 4.11.1950 einschließlich ihrer Zusatzprotokolle verletzt ist (→ 22.4).

Der Gerichtshof kann von den Betroffenen mit einer Individualbeschwerde direkt angerufen werden, jedoch erst nach Erschöpfung des innerstaatlichen Rechtsweges.

Beispiel: Wegen überlanger Dauer eines Strafverfahrens (über neun Jahre einschließlich zwei Jahre Untersuchungshaft) verurteilte der EMRK die Bundesrepublik Deutschland zu Entschädigungsleistungen (EGMR, 10.11.2005, NVwZ-RR 2006, 513), ebenso wegen überlanger Dauer eines Zivilverfahrens von über 16 ½ Jahren (EGMR, 8.6.2006, NJW 2006, 2389).

50.3 Zuständigkeit und Verfahrensarten

Der durch rechtswidriges Verwaltungshandeln betroffene Bürger hat verschiedene Möglichkeiten der Rechtsdurchsetzung und Rechtsverteidigung.

Je nach Art des Verwaltungshandelns und der Zielvorstellung des Bürgers kann ein Verwaltungsgericht, ein Sozialgericht, ein Finanzgericht, ein ordentliches Gericht, ein Arbeitsgericht oder ein Verfassungsgericht zuständig und nur eine bestimmte Klageart bzw. ein bestimmter Antrag im konkreten Fall zulässig und zweckmäßig sein.

Zuständigkeit der Gerichte
Im Bereich der sozialen Arbeit sind für Anträge und Klagen auf dem Gebiet des Verwaltungsrecht meist die Verwaltungsgerichte, die Sozialgerichte und die ordentlichen Gerichte zuständig (§ 40 VwGO; § 51 SGG; §§ 23 ff und 71ff. GVG).

Verwaltungsgerichte	Sozialgerichte	Ordentliche Gerichte
– Jugendhilfe – Unterhaltsvorschuss – Ausbildungsförderung – Wohngeld – Heimgesetz – Ausländerrecht – Asylverfahren – Öffentlich-rechtliche Verträge	– Arbeitsförderung – Grundsicherung für Arbeitssuchende * – Kranken-versicherung – Unfallversicherung – Rentenversicherung – Pflegeversicherung – Sozialhilfe * – Kindergeld – Eltern-, Erziehungsgeld – Opferentschädigung – Asylbewerber-leistungen *	– Privatrechtliches Verwaltungshandeln – Angelegenheiten der Freiwilligen Gerichtsbarkeit – Staatshaftung auf Schadensersatz wegen Amtspflicht-verletzung – Aufopferung – Enteignungsent-schädigung – Öffentlich-rechtliche Verwahrung

* Durch Landesgesetz können Angelegenheiten der Sozialhilfe, der Grundsicherung für Arbeitssuchende und des Asylbewerberleistungsgesetzes besonderen Spruchkörpern der Verwaltungsgerichte zugewiesen werden (§ 50a SGG).

Klageerhebung
Klagen und Anträge müssen **schriftlich oder zur Niederschrift** des Urkundsbeamten der Geschäftsstelle des Gerichts erhoben werden (§ 81 VwG0; § 90 SGG).

Für Bürger, die Schwierigkeiten haben, eine Klage- oder Antragsschrift zu formulieren, besteht die Möglichkeit, die bei jedem Gericht bestehende **"Rechtsantragsstelle"** aufzusuchen und ihre Klage "zur Niederschrift des Urkundsbeamten zu erheben" (§ 81 VwGO, § 90 SGG).

Zur Zulässigkeit der Rechtsberatung und Vertretung in Gerichtsverfahren → 30.8.2.

Rechtsschutz durch die Gerichte gegen rechtwidriges Verwaltungshandeln

Klageart/Antrag	Ziel der Klage bzw. des Antrags	Zustän-digkeit
Anfechtungsklage	Aufhebung eines Verwaltungsakts	VG/SG
Verpflichtungsklage	Erlass eines abgelehnten oder unterlassenen Verwaltungsakts	VG/SG
Allgemeine Leistungsklage	Vornahme, Unterlassung oder Beseitigung der Folgen einer schlicht-hoheitlichen Handlung	VG/SG
Feststellungsklage	1. Feststellung des Bestehens oder Nichtbestehens eines Rechtsverhältnisses	VG/SG
	2. Fortsetzungsfeststellungsklage zur Feststellung der Rechtswidrigkeit eines erledigten Verwaltungsakts	VG/SG
Antrag auf Erlass einer einstweiligen Anordnung	Vorläufige Anordnung oder Regelung zur Sicherung eines Rechts oder zur Verhinderung wesentlicher Nachteile	VG/SG
Antrag auf Aussetzung der sofortigen Vollziehung	Anordnung der aufschiebenden Wirkung des Widerspruchs bzw. der Anfechtungsklage	VG/SG
Zahlungsklage wegen Amtspflichtverletzung	Verurteilung zum Schadensersatz wegen Amtspflichtverletzung oder Verletzung anderer öffentlich-rechtlicher Pflichten	LG
Zahlungsklage wegen Aufopferung bzw. Enteignung	Verurteilung zur Entschädigung wegen Aufopferung bzw. Enteignung	LG
Verfassungsbeschwerde	Aufhebung eines Verwaltungsakts wegen Verstoß gegen Grundrechte	BVerfG
Antrag auf Erlass einer einstweiligen Anordnung	Vorläufige Regelung zur Abwehr schwerer Nachteile, zur Verhinderung drohender Gewalt oder aus einem anderen wichtigen Grund zum gemeinen Wohl	BVerfG

Klageart/Antrag	Ziel der Klage bzw. des Antrags	Zustän-digkeit
Nichtigkeitsklage	Aufhebung einer EU-Verordnung oder Entscheidung	EuGH
Individualbeschwerde und anschließende Klage	Feststellung der Verletzung eines durch die Europäische Menschenrechtskonvention garantierten Grundrechts	EKMR +EGMR

50.4 Rechtsschutz durch die Verwaltungs- und die Sozialgerichtsbarkeit

Die Klage- und Antragsmöglichkeiten nach der Verwaltungsgerichtsordnung stimmen mit denen nach dem Sozialgerichtsgesetz weitgehend überein. Deshalb werden sie in diesem Abschnitt gemeinsam dargestellt. Da die Darstellung auf die Grundzüge beschränkt ist, ist es stets ratsam nachzuprüfen, ob Unterschiede in Einzelregelungen bestehen.

50.4.1 Anfechtungsklage

Ziel der Anfechtungsklage
Ziel der Anfechtungsklage ist die Aufhebung bzw. Änderung eines belastenden Verwaltungsakts. Sie setzt voraus, dass der Kläger geltend macht, durch den angefochtenen Verwaltungsakt in seinen subjektiv-öffentlichen Rechten verletzt zu sein (§ 42 VwGO, § 54 SGG). Der Kläger muss demnach Tatsachen vortragen, die es als möglich erscheinen lassen, dass er in seinen Rechten verletzt ist (sog. Möglichkeitstheorie → BSG NSZ 2000, 254).

Anfechtung von Ermessensentscheidungen
Die Anfechtung einer lediglich ungünstigen Ermessensentscheidung ist unzulässig, weil sie kein Recht des Betroffenen verletzt. Dagegen kann eine rechtsfehlerhafte Ermessensentscheidung (→ 25.2.4) angefochten werden.

Keine Anfechtung bereits vollzogener Verwaltungsakte
Ist ein Verwaltungsakt bereits vollzogen, ohne dass noch eine Dauerbelastung für den Betroffenen besteht, ist nicht die Anfechtungsklage, sondern die Feststellungsklage zulässig, wenn die nachträgliche Feststellung der Rechtswidrigkeit für den Betroffenen noch von Interesse ist (Fortsetzungsfeststellungsklage).

Klagefrist
Die Anfechtungsklage muss **innerhalb eines Monats** nach Zustellung des Widerspruchsbescheids oder - falls kein Vorverfahren stattgefunden hat - nach Bekanntgabe des Verwaltungsakts erhoben werden (§ 74 VwGO; § 87 SGG).

Bei fehlender, unvollständiger oder unrichtiger Rechtsbehelfsbelehrung kann die Klage **innerhalb eines Jahres** erhoben werden (§ 58 VwGO; § 66 SGG).

Um eine **Beschleunigung der Abschiebung** zu erreichen, beträgt die Klagefrist gegen Entscheidungen nach dem Asylverfahrensgesetz zwei Wochen, gegen die Ablehnung der Anordnung der aufschiebenden Wirkung einer Abschiebungsandrohung eine Woche (§ 74 AsylVfG).

Begründetheit
Die Anfechtungsklage ist begründet, wenn der Verwaltungsakt in der Gestalt, die er durch den Widerspruchsbescheid gefunden hat, rechtswidrig ist.

Hinsichtlich des Zeitpunktes ist für die Rechtswidrigkeit in der Regel auf die Sach- und Rechtslage zur Zeit des Erlasses des Widerspruchsbescheids abzustellen (BSG; NZS 2000, 254; BVerwG, NVwZ 2001, 322). Ausnahmsweise kommt es bei Verwaltungsakten mit Dauerwirkung auf den Zeitpunkt der letzten mündlichen Verhandlung vor dem Verwaltungs-/Sozialgericht an (BVerwGE 13, 28; BSGE 7, 129 und 33, 161).

50.4.2 Verpflichtungsklage

Ziel und Voraussetzungen der Verpflichtungsklage
Die Verpflichtungsklage ist auf die Verpflichtung zum Erlass eines begünstigenden Verwaltungsakts gerichtet (§ 54 Abs. 1 SGG; § 42 VwGO).

Sie setzt voraus, dass die Behörde einen Antrag auf Erlass eines Verwaltungsakts
► nach sachlicher Prüfung abgelehnt hat oder es ablehnt, über den Antrag sachlich zu entscheiden (*Weigerungsklage*) oder
► keinen Bescheid erteilt hat (*Untätigkeitsklage*)
und der Bürger ein subjektiv-öffentliches Recht auf den begehrten Verwaltungsakt geltend macht (§ 42 VwGO, § 54 SGG).

Vorverfahren und Klagefrist
Der Weigerungsklage, nicht aber der Untätigkeitsklage nach § 75 VwGO muss in aller Regel das Widerspruchsverfahren vorausgehen.

Die Weigerungsklage ist innerhalb eines Monats nach Zustellung des Widerspruchsbescheides zu erheben (§§ 68 Abs. 2, 74 Abs. 2 VwGO, § 87 Abs. 2 SGG).

Die Untätigkeitsklage kann in der Regel frühestens 3 Monate nach Einlegung des Widerspruchs bzw. nach Beantragung der Vornahme des Verwaltungsakts erhoben werden (siehe aber § 75 VwGO, § 88 SGG).

Begründetheit
Die Verpflichtungsklage hat Erfolg, wenn der Kläger im Zeitpunkt der gerichtlichen Entscheidung Anspruch auf Erlass des Verwaltungsakts hat (BVerwG, NJW 1982, 1413 und NJW 1989, 3233).

Die Untätigkeitsklage hat Erfolg, wenn der Kläger durch die Untätigkeit der Behörde in seinen Rechten verletzt ist.

50.4.3 Leistungsklage

Ziel und Voraussetzungen der Leistungsklage
Die Leistungsklage zielt darauf ab, die Verwaltung zu einem bestimmten Tun, Dulden oder Unterlassen zu verpflichten (§ 54 Abs. 5 SGG).

Sie setzt voraus, dass dem Bürger ein öffentlich-rechtlicher Anspruch auf das verlangte Verwaltungshandeln zusteht und dass er vorher einen entsprechenden Antrag gestellt hat. Sie ist nicht zulässig, wenn der Bürger den Erlass eines Verwaltungsakts begehrt; denn dafür ist die Verpflichtungsklage gegeben.

Fallgruppen
Typische Ziele der Leistungsklage sind
► Vornahme schlicht-hoheitlicher Verwaltungshandlungen, z.B. die Auszahlung eines bewilligten Geldbetrags,
► Widerruf ehrverletzender Behauptungen (VGH Mannheim, 2.7.1985, NJW 1986, 340),
► Beseitigung der Folgen rechtswidrigen Verwaltungshandelns (→ 48.6),
► Unterlassung eines Verwaltungshandelns, sofern dieses noch andauert bzw. die Gefahr der Wiederholung besteht (vorbeugende Unterlassungsklage).
Beispiele: Ein Betroffener kann durch Unterlassungsklage erreichen, dass dem Leistungsträger untersagt wird, auf Postanweisungen die überwiesenen Beträge als Sozialhilfeleistung erkennbar zu machen (BVerwG, NJW 1995, 410).

50.4.4 Feststellungsklage

Ziel der Feststellungsklage
Ziel der Feststellungsklage ist die Feststellung des Bestehens oder Nichtbestehens eines öffentlich-rechtlichen Rechtsverhältnisses oder der Nichtigkeit eines Verwaltungsakts (§ 55 SGG; § 43 VwGO).
Beispiele: Ein Aussiedler erhebt Klage auf Feststellung, dass er die deutsche Staatsangehörigkeit besitzt.

Zulässigkeit
Zulässig ist die Feststellungsklage, wenn der Kläger ein berechtigtes Interesse an der alsbaldigen Feststellung hat. Darunter ist jedes hinreichend wichtige Interesse rechtlicher, wirtschaftlicher oder ideeller Art zu verstehen (§ 43 VwGO; § 55 SGG).
Dieses Interesse liegt in der Regel nicht vor, wenn der Kläger sein Ziel mit einer Leistungsklage erreichen kann.

Fortsetzungsfeststellungsklage
Besondere Bedeutung hat die Feststellungsklage für *vollzogene Verwaltungsakte* (§ 113 Abs. 1 Satz 4 VwGO).
Nach ständiger Rechtsprechung des BVerwG kann das Fortsetzungsfeststellungsinteresse gestützt werden auf

▶ ein **Rehabilitierungsinteresse** (BVerfG, 5.12.2001, NJW 2002, 2456),
Beispiel: Ein Freiheitsverlust durch Inhaftierung (hier: Abschiebungshaft) begründet ein Rehabilitierungsinteresse des Betroffenen für die Feststellung der Rechtswidrigkeit auch dann, wenn die Maßnahme erledigt ist.

▶ eine **Wiederholungsgefahr** (BVerfG, NJW 2004, 2510),
Beispiel: Klage eines russischen Staatsangehörigen auf Feststellung, dass die von der Ausländerbehörde verhängten Wohnsitzauflagen unzulässig und unwirksam sind (BVerwG, NVwZ 2008, 196).

▶ die **Absicht, einen Schadenersatzanspruch geltend zu machen**, sofern dieser nicht von vornherein als aussichtslos erscheint (BVerwG, 14. 12. 2000 -1 WB 102/00-).
Unzulässig ist eine Fortsetzungsfeststellungsklage zur Feststellung der Rechtswidrigkeit eines Verwaltungsakts, wenn damit eine Klage auf Schadensersatz wegen Amtspflichtverletzung vorbereitet werden soll(→ 48.3), sofern sich der Verwaltungsakt bereits vor Klageerhebung erledigt hat. In diesem Fall kann der Betroffene sogleich das für die Amtshaftungsklage zuständige Landgericht anrufen.
Erledigt sich allerdings der Verwaltungsakt erst nach Erhebung z. B. einer Anfechtungsklage, stellt das Gericht auf Antrag fest, dass der Verwaltungsakt rechtswidrig gewesen ist (BVerwG, NJW 1989, 2486).

▶ ein **berechtigtes Feststellungsinteresse** jedenfalls dann, wenn die erledigte Maßnahme eine fortdauernde faktische Grundrechtsbeeinträchtigung nach sich zieht (effektiver Rechtsschutz gemäß Art. 19 Abs. 4 GG).
Nach Beendigung einer freiheitsentziehenden Maßnahme und bei anderen schwerwiegenden Grundrechtseingriffen besteht ein Rechtsschutzinteresse des Betroffenen, die Berechtigung der Maßnahme sachlich überprüfen zu lassen (BVerfG, 25.7.2007 zur nachträglichen Überprüfung von Abschiebehaft).

50.4.5 Antrag auf einstweilige Anordnung nach VwGO und SGG

Praxis: Bei den Sozialgerichten in NRW lag im Jahre 2004 die durchschnittliche Verfahrensdauer bei 11,2 Monaten, bei den Verwaltungsgerichten bei 13 Monaten. Eilverfahren dauerten bei den Verwaltungsgerichten durchschnittlich 1,6 Monate..

Garantie des effektiven Rechtsschutzes
Die oft unerträglich lange Dauer der Verfahren vor den Verwaltungs- und Sozialgerichten widerspricht der grundgesetzlichen Garantie des effektiven Rechtsschutzes (Art. 19 Abs. 4 GG) und der Europäischen Menschenrechtskonvention (Art. EMRK). Gerade im Sozialleistungsbereich verzichten viele Bürger auf ihre gesetzlichen Rechte, weil für sie eine erst in 2 oder 4 Jahren ergehende gerichtliche Entscheidung keine Hilfe bringt (ausführlich Becker/Hauser, 2005, 217ff.). Dieser verfassungswidrige Zustand führt zu erheblichen "Einsparungen" in öffentlichen Haushalten.

50.4.5.1 Gesetzliche Grundlagen der einstweiligen Anordnung

Unter besonderen Voraussetzungen In besonderen Fällen lässt sich eine schnelle gerichtliche Entscheidung in Form der einstweiligen Anordnung erreichen.

Rechtsgrundlage für Verwaltungsgerichte und Sozialgerichte
Durch einstweilige Anordnung können Verwaltungs- und Sozialgerichte eine vorläufige Regelung treffen, um wesentliche Nachteile abzuwenden oder drohende Gewalt zu verhindern (§ 123 VwGO; § 86 b Abs. 2 SGG).

Rechtsgrundlage für das Bundesverfassungsgericht
Versagen die Fachgerichte einstweiligen Rechtsschutz, kann das Bundesverfassungsgericht eine einstweilige Anordnung erlassen, wenn anders eine erhebliche Grundrechtsverletzung nicht beseitigt werden kann bzw. irreparable Schäden zu befürchten sind (Art. 32 BVerfGG).

50.4.5.2 Verfahren

Antrag
Der Antrag auf einstweilige Anordnung ist bei dem zuständigen Gericht zu stellen.
Der Antrag kann schriftlich gestellt oder zur Niederschrift erklärt werden. Bei irgendwelchen Zweifeln über Inhalt und Formulierung sollte die Rechtsantragsstelle des zuständigen Gerichts aufgesucht werden.

Voraussetzungen der einstweiligen Anordnung
Der Erlass einer einstweiligen Anordnung setzt voraus, dass ein

▶ **Anordnungsanspruch** und ein

▶ **Anordnungsgrund** vorliegen und

▶ die dafür **erheblichen Tatsachen glaubhaft gemacht** werden.

Anordnungsanspruch
Ein Anordnungsanspruch ist gegeben, wenn **Tatsachen glaubhaft** gemacht werden, aus denen ein Anspruch des Antragstellers abgeleitet werden kann. Die Gerichte dürfen die Anforderungen an die Glaubhaftmachung nicht überspannen. Die Anforderungen haben sich vielmehr am Rechtsschutzziel zu orientieren, insbesondere wenn es um die Wahrung der Grundrechte geht (BVerfG, 29.7.2007, NVwZ 2004, 95).
Die Glaubhaftmachung der Angaben kann durch Vorlage von Unterlagen und, falls nicht vorhanden, durch eidesstattliche Versicherung erfolgen (§ 294 ZPO).

Beispiel: Verlangt eine schwangere Antragstellerin mit zwei Kindern Leistungen zur Grundsicherung, so hat sie darzulegen, dass sie kein Einkommen und kein Vermögen hat. An Unterlagen sind erforderlich: Personalausweis, Geburtsurkunden der Kinder, Belege über Einkünfte und Unterhaltszahlungen, Mietvertrag, Abrechnung über Heiz - und Nebenkosten, Schwangerschaftsattest.

Steht der Behörde ein Ermessensspielraum zu, hat ein Antrag auf einstweilige Anordnung nur im Falle der Ermessensschrumpfung Erfolgsaussichten (→ 25.2.4)

Anordnungsgrund

Praxis: Eine HIV-infizierte Frau hat nach der Geburt eines Kindes kein Geld, um Nahrungsmittel für sich und das nichtinfizierte Kind zu kaufen. Der zuständige Sachbearbeiter lehnt die sofortige Gewährung von Leistungen mit der Begründung ab, solange keine Geburtsurkunde vorgelegt werde, sei das Kind für ihn nicht existent. Zahlungen könnten frühestens in ca. zwei Wochen erfolgen.

Ein Anordnungsgrund liegt vor, wenn glaubhaft gemacht wird, dass eine **sofortige Regelung erforderlich** ist, um wesentliche Nachteile oder drohende Gewalt zu verhindern, bzw. wenn die Gefahr besteht, dass die Verwirklichung eines Rechts vereitelt oder wesentlich erschwert werden könnte.

Ist dem Gericht eine vollständige Aufklärung der Sach- und Rechtslage im Eilverfahren nicht möglich, so hat es eine Folgenabwägung vorzunehmen. Es muss sich schützend und fördernd vor die Grundrechte des Einzelnen stellen. Eine Verletzung der grundgesetzlich gewährleisteten Menschenwürde, auch wenn sie nur möglich erscheint oder nur zeitweilig andauert, haben die Gerichte zu verhindern d. h. sie dürfen im Eilverfahren **existenzsichernde Leistungen** nicht ablehnen, wenn eine vollständige Aufklärung nicht möglich ist, sondern müssen **trotz bestehender Zweifel zusprechen** (BVerfG, NVwZ 2005, 927).

50.4.5.3 Inhalt der einstweiligen Anordnung

Keine Vorwegnahme der Entscheidung im normalen Verfahren
Grundsätzlich darf die einstweilige Anordnung die spätere Entscheidung in der Hauptsache nicht vorwegnehmen.

Beispiele: Wird eine Sozialleistung beantragt, darf die Behörde grundsätzlich nicht zur Zahlung verpflichtet werden.

Ausnahmen zur Abwendung schwerer und unzumutbarer Folgen
Ist allerdings im normalen Klage- oder Antragsverfahren ein wirksamer Rechtsschutz für den Betroffenen nicht erreichbar und würde dies unzumutbare Folgen haben, dann gebietet es die Garantie des effektiven Rechtsschutzes ausnahmsweise, durch eine einstweilige Anordnung der Entscheidung in der Hauptsache vorzugreifen.

Ausnahmen zur Sicherung des Existenzmimums
Dieser Ausnahmefall ist gegeben, soweit es um existenzsichernde Leistungen geht, die ein menschenwürdiges Leben in der Gemeinschaft sichern (BVerwGE 64, 318).

Geht es um die Zahlung einer Sozialleistung, ordnet das Gericht allerdings regelmässig nicht die Zahlung in voller Höhe und auf Dauer an, sondern nur in der zur Existenzsicherung erforderlichen Höhe und nur bis zur Entscheidung im Klageverfahren.

Geht es um Leistungen zur Sicherung des Lebensunterhalts, sprechen die Gerichte die notwendigen Leistungen ungekürzt zu (Conradis, LPK-SGB II, Anhang Verfahren Rn 121). Eine Kürzung des Alogeldes II um bis 20 % ist allenfalls zulässig, wenn es dem Gericht im Eilverfahren nicht möglich ist, die Sach- und Rechtslage abschließend zu prüfen (dazu Berlit, info-also 2005, 1 unter 4.3.2).

50.5 Rechtsschutz durch die ordentliche Gerichtsbarkeit

Praxis: *Das Amtsgericht ist zuständig, wenn die stadteigene Wohnungsgesellschaft das Mietverhältnis wegen Nichtzahlung der Miete gekündigt hat.*
Das Landgericht – Zivilkammer - entscheidet über die Klage auf Schadensersatz wegen Amtspflichtverletzung gegen die Stadt, bei der eine Sozialpädagogin beschäftigt ist, der vorgeworfen wird, ihre Aufsichtspflicht im Kinderheim verletzt zu haben.

Zuständigkeit für Angelegenheiten des Privatrechts und des Strafrechts
Die ordentlichen Gerichte (Amtsgerichte, Landgerichte, Oberlandesgerichte, Bundesgerichtshof) sind zuständig für Rechtsstreitigkeiten zwischen Bürgern und Verwaltung auf den Gebieten des **Privatrechts** (→ 26.2) und für **Strafsachen** (→ 47.0).

Beispiele für privatrechtliche Angelegenheiten: Eheverträge, Mietverträge, Schadensersatz wegen Sachbeschädigung, Körperverletzung, Persönlichkeitsrechtsverletzung.

Beispiele für strafrechtliche Angelegenheiten: Beleidigung, Schweigepflichtverletzung , Körperverletzung, Sachbeschädigung, Diebstahl, Raub.

Zuständigkeit für Angelegenheiten des öffentlichen Rechts
Außerdem entscheiden die ordentlichen Gerichte über eine Reihe von **öffentlich-rechtlichen Ansprüchen** wie z.B. über

► Schadensersatzansprüche aus der Verletzung öffentlich-rechtlicher Pflichten, die nicht auf einem öffentlich-rechtlichen Vertrag beruhen, u. a. über vermögensrechtliche Ansprüche aus öffentlich-rechtlicher Verwahrung,

► über Schadensersatzansprüche aus Amtspflichtverletzung,

► Entschädigung wegen Enteignung und Aufopferung sowie

► Entschädigung wegen enteignungsgleichen Eingriffs und (§ 40 Abs. 2 VwG0).

Zuständigkeit in vormundschaftsgerichtlichen, familiengerichtlichen Angelegenheiten und Verfahren nach dem Unterbringungs- und Freiheitsentziehungsrecht
Die ordentlichen Gerichte sind z. B. als Familiengerichte bzw. Vormundschaftsgerichte auch zuständig für die Angelegenheiten, die nach dem Gesetz über die freiwillige Gerichtsbarkeit - FGG - zu entscheiden sind (Vormundschaft- und Familiensachen, Betreuungssachen, Unterbringungssachen).

Sie sind außerdem zuständig für Verfahren nach dem Gesetz über das gerichtliche Verfahren bei Freiheitsentziehungen –**FreihEntzG** - z. B. für die Anordnung der Abschiebungshaft bei Ausländern.

50.6 Rechtsschutz durch die Verfassungsgerichtsbarkeit

Praxis: *Auf die Verfassungsbeschwerde eines 18-Jährigen, der an einer seltenen, lebensbedrohlichen Krankheit leidet, stellte das BVerfG fest, dass die gesetzliche Krankenversicherung verpflichtet sei, ihm eine medizinisch bisher noch nicht anerkannte Behandlung zu gewähren, wenn eine nicht ganz entfernt liegende Aussicht auf Heilung oder auf eine spürbare positive Einwirkung auf den Krankheitsverlauf bestehe (BVerfG, 6.12.2005, NJW 2006, 891).*

Beschwerdeberechtigung

Jedermann kann mit der Behauptung, durch die öffentliche Gewalt in seinen Grundrechten und grundrechtsähnlichen Rechten verletzt zu sein, die Verfassungsbeschwerde zum Bundesverfassungsgericht erheben (§ 90 Abs. 1 BVerfGG).

Durch die Verfassungsbeschwerde geschützt werden die Grundrechte und die grundrechtsähnlichen Rechte (Art. 20 Abs. 4, 33, 38, 101, 103, 104 GG).

Subsidiarität der Verfassungsbeschwerde

Ist gegen die Verletzung dieser Rechte der Rechtsweg zulässig, kann die Verfassungsbeschwerde grundsätzlich erst nach Erschöpfung des Instanzenzugs erhoben werden, es sei denn, dass dem Beschwerdeführer ein schwerer und unabwendbarer Nachteil entstünde, wenn er zunächst den Rechtsweg einschlägt, oder dass die Verfassungsbeschwerde von allgemeiner Bedeutung ist.

Der Bürger kann somit in aller Regel gegen eine gesetzliche Regelung, die er für verfassungswidrig hält, nicht mit der Verfassungsbeschwerde vorgehen.

Beispiel: *Die Verfassungsbeschwerde einer 66-jährigen Mutter von 5 Kindern gegen die gesetzliche Regelung, die eine Anrechnung von Kindererziehungszeiten in der gesetzlichen Rentenversicherung auf jüngere Mütter und Väter beschränkt, wurde als unzulässig verworfen, weil es der Beschwerdeführerin zumutbar sei, zunächst die Sozialgerichte anzurufen, die dann in die Sache dem BVerfG vorlegen könnten (BVerfG, 25.2.1986, NJW 1986, 1741 und 1742).*

Das BVerfG fordert von ihm zusätzlich, dass er schon im Instanzenzug verfassungsrechtliche Einwände substantiiert vorträgt und verfahrensrechtliche Rügen (z. B. die Nichtvorlage gemäß. Art. 100 II GG) bereits im fachgerichtlichen Verfahren geltend macht (BVerfG, 11.3.2004, NJW 2004, 1650).

Annahme der Verfassungsbeschwerde

Eine Verfassungsbeschwerde ist zur Entscheidung anzunehmen (§ 93 a BVerfGG),

► soweit ihr grundsätzliche verfassungsrechtliche Bedeutung zukommt,

► wenn es zur Durchsetzung der in § 90 Abs. 1 BVerfGG genannten Rechte angezeigt ist; dies kann auch der Fall sein, wenn dem Beschwerdeführer durch die Versagung der Entscheidung zur Sache ein besonders schwerer Nachteil entsteht.

Kein Anwaltszwang

Die Vertretung durch einen Rechtsanwalt ist nicht zwingend vorgeschrieben.

Monatsfrist für die Einlegung

Die Verfassungsbeschwerde ist binnen eines Monats nach Bekanntgabe der Entscheidung einzulegen und zu begründen (§ 93 BVerfG). Die angefochtene Entscheidung ist beizufügen.

Begründung

Die Begründung. muss sich mit dem zugrunde liegenden einfachen Recht sowie mit der verfassungsrechtlichen Beurteilung des vorgetragenen Sachverhalts auseinandersetzen und hinreichend substantiiert darlegen, dass eine Grundrechtsverletzung möglich erscheint. Sehr viele Verfassungsbeschwerden scheitern, weil das Gericht Anforderungen stellt, die ohne spezielle Kenntnisse nicht zu erfüllen sind

Beispiel: *Nicht zur Entscheidung angenommen wurde die Verfassungsbeschwerde eines Alogeld II-Empfängers. Eine Verfassungsbeschwerde müsse grundlegend darstellen, dass die staatlichen Leistungen nicht für die Sicherung des Existenzminimums ausreichten. Dies sei wegen der Schwierigkeiten notwendig, die unerlässlichen Mindestvoraussetzungen für ein menschenwürdiges Dasein zu bestimmen (BVerfG, 7.11.2007, NDV-RR 2008, 27).*

Keine aufschiebende Wirkung
Die Verfassungsbeschwerde hat keine aufschiebende Wirkung. Jedoch kann das BVerfG.u.a. zur Abwehr schwerer Nachteile einstweilige Anordnungen erlassen (§ 32 BVerfGG) und die Wirkung einer behördlichen bzw. gerichtlichen Anordnung aussetzen (BVerfG, NJW 1997, 1087).

Kosten und Gebühren
Das Verfahren ist grundsätzlich kostenfrei. Hat die Verfassungsbeschwerde Erfolg, sind dem Beschwerdeführer die notwendigen Auslagen zu erstatten

Hat die Verfassungsbeschwerde keinen Erfolg, werden Auslagen, die z. B. durch die Inanspruchnahme eines Rechtsanwalts entstanden sind, grundsätzlich nicht erstattet.. Jedoch kann das BVerfG gemäß § 34a Abs. 3 BVerfGG die Erstattung von Auslagen anordnen, wenn die Verfassungsbeschwerden zur Klärung einer Frage von grundsätzlicher Bedeutung geführt haben und diese Frage im Sinne des Beschwerdevortrags zu beantworten war (BVerfG NJW 2006, 2098; BVerfGE 109, 190 = NJW 2004, 750).

Erfolgsaussichten
Die Erfolgsaussichten von Verfassungsbeschwerden sind sehr gering. Von ca. 26.560 Verfassungsbeschwerden der Jahre 2003 bis 2007 hatten nur 615 Erfolg. Die restlichen wurden nicht zur Entscheidung angenommen bzw. zurückgewiesen. In manchen Fällen enthält die Begründung einer Nicht-Annahme-Entscheidung wichtige Hinweise. Nicht selten sind diese Entscheidungen aber recht dürftig begründet.

Beispiel: *Aus der Begründung des Beschlusses zum Zeugnisverweigerungsrecht wird deutlich, dass die Verfassungsrichter die seit 1972 eingetretenen Rechtsänderungen – Einführung der strafrechtlichen Schweigepflicht und des Sozialdatenschutzes - in ihrer Bedeutung für das Zeugnisverweigerungsrecht der SA/SP nicht wahrgenommen haben (NJW 1988, 2945; kritisch dazu Papenheim in: Lehmann 2002, 285).*

Jedoch haben die wenigen erfolgreichen Verfassungsbeschwerden z. T. Auswirkungen gehabt, die weit über den entschiedenen Einzelfall hinausreichten und sich auf die gesamte Rechtsordnung erstrecken

Beispiele: *Erfolg hatte der Vater dreier ehelicher Kinder, über dessen Antrag auf Einräumung des Umgangsrechts nach 18 Monaten noch nicht entschieden worden war. Das BVerfG hielt dies für verfassungswidrig, weil jeder Bürger einen Anspruch auf effektiven Rechtsschutz in bürgerlich rechtliche Rechtsstreitigkeiten aufgrund Art. 2 Abs. 1 in Verbindung mit Art. 20 Abs. 3 GG hat. Daraus folgt, dass strittige Rechtsverhältnisse in angemessener Frist geklärt werden müssten (BVerfG, 25.11..2003, NJW 2004, 835).*

Auf die Verfassungsbeschwerde der Schwester eines Strafgefangenen stellte das BVerfG fest, dass der Schutz der Privatsphäre auch bei der Briefzensur im Strafvollzug zu beachten ist. Deshalb sei es unzulässig, Vertrauenspersonen wegen Beleidigungen von Aufsichtsbeamten in Schreiben an die Strafgefangenen zu verurteilen (BVerfG, 28.4.1994, NJW 1995, 1015). Aus der Entscheidung ist abzuleiten, dass sämtliche Vertrauensbeziehungen unter dem besonderen Schutz der Verfassung stehen.

50.7 Kostenrisiko in gerichtlichen Verfahren

Kostenfaktoren
Jedes Verfahren vor den Gerichten ist mit einem Kostenrisiko verbunden, das sich insbesondere für Einkommensschwache als faktische Rechtswegsperre auswirkt. Zu unterscheiden ist zwischen den

▶ **Gerichtskosten** (Gebühren und Auslagen nach dem GKG) und den

▶ **außergerichtlichen Kosten** (Gebühren und Auslagen für einen Rechtsanwalt oder andere Bevollmächtigte nach dem RVG).

Ob und welche Kosten entstehen können und wie hoch das Risiko eines gerichtlichen Verfahrens ist, hängt entscheidend davon ab, welches Gericht zuständig, welche Ansprüche geltend gemacht werden, ob ein Anwalt erforderlich ist und ob Prozesskostenhilfe erwartet werden kann.

Diese Kostenfaktoren werden in den nächsten Abschnitten erläutert.

50.7.1 Kostenrisiko im Verwaltungsgerichtsverfahren

Gerichtskostenfreiheit
Gerichtskosten werden von den Verwaltungsgerichten in Verfahren nicht erhoben, die folgende Sachgebiete betreffen (§ 188 VwGO):

▶ **Unterhaltsvorschuss** (BVerwG, NVwZ 1995, 81),

▶ **Kinder- und Jugendhilfe** (nicht aber Kita-Gebühren, weil diese dem Abgabenrecht zuzurechnen seien; OVG NRW, NVwZ-RR 2003, 607)

▶ **Kriegsopferfürsorge,**

▶ **Schwerbehindertenrecht,**

▶ **Ausbildungsförderung** (VGH Kassel, NVwZ-RR 2005, 860).

Kein Anwaltszwang
Für das Verfahren vor dem Verwaltungsgericht besteht kein Anwaltszwang, d.h. der Bürger kann selbst Klage erheben und sein Anliegen vertreten. Auch die Behörden lassen sich in aller Regel nicht durch Rechtsanwälte vertreten, sondern durch Sachbearbeiter, Juristen des Rechtsamts usw., die - wenn der Bürger den Prozess verliert - meist keine oder nur geringe Auslagen z.B. Fahrtkosten geltend machen können.

Geringes Kostenrisiko bei Gerichtskostenfreiheit
Der Bürger ist zur Erstattung der Auslagen der Gegenseite nur verpflichtet, wenn er den Prozess verliert. Gewinnt er, kann er von der Behörde Erstattung seiner notwendigen Kosten verlangen (§ 154 VwGO).

Gerichtskosten in anderen Verfahren - Regelstreitwert
Besteht keine Gerichtskostenfreiheit, hat der Kläger bei Klageerhebung drei Verfahrensgebühren als **Vorschuss** zu zahlen. Die Gebühren werden nach dem Streitwert bemessen. Dieser richtet sich nach der Bedeutung der Sache. Betrifft der Antrag des Klägers eine bezifferte Geldleistung, ist deren Höhe maßgebend. Bei Fehlen genügender Anhaltspunkte ist ein Streitwert von 5.000 Euro anzunehmen (§ 52 GKG; Streitwertkatalog: www.bverwg.de).

Gewinnt der Kläger den Prozess, wird ihm sein Vorschuss zurückgezahlt. Unterliegt er, hat er die Gerichtskosten unter Anrechnung des Vorschusses zu tragen.

Berechnung der Anwaltskosten nach dem Regelstreitwert
Bei einem Streitwert von 5.000 Euro beträgt eine Anwaltsgebühr 301 Euro.

Diese Gebühr ist 1,3 + 1,2fach für das verwaltungsgerichtliche Verfahren zu zahlen, insgesamt also 2,5fach Euro. Hinzu kommt eine Auslagenpauschale von 20 Euro und die Mehrwertsteuer von 19 %. Das ergibt ein Gesamthonorar von ca. 920 Euro.

Berechnung der Gerichtskosten nach dem Regelstreitwert
Die **Gerichtsgebühr** bei einem Streitwert von 5.000 Euro beträgt für Klageverfahren erster Instanz 121 Euro. Sie wird in erster Instanz dreifach angesetzt, so dass die Gerichtskosten insgesamt 3.0 x 121 = 363 Euro betragen (Teil 5 des Kostenverzeichnisses der Anlage 1 zum GKG).

Hinzu kommen evtl. gerichtliche **Auslagen** und die **Entschädigungen** für Zeugen und Sachverständige nach dem JVEG.

Kostenrisiko
Bei einem Streitwert von 5.000 Euro besteht kein Kostenrisiko, wenn keine Gerichtskosten anfallen und kein Anwalt bestellt wird. Bei Bestellung eines Anwalts beträgt es ca. 900 Euro und erhöht sich auf ca. 1.800 Euro, wenn auch die Behörde sich anwaltlich vertreten lässt.

Zur Beschränkung des Risikos durch **Prozesskostenhilfe** → 50.8.

50.7.2 Kostenrisiko im Sozialgerichtsverfahren

Gerichtskostenfreiheit
Im Sozialgerichtsverfahren besteht nach § 183 SGG in Verbindung mit § 51 SGG für Versicherte, Leistungsberechtigte und Behinderte grundsätzlich Gerichtskostenfreiheit in Rechtsstreitigkeiten über

▶ **Grundsicherung für Arbeitssuchende,**

▶ **Leistungen und Maßnahmen der Agentur für Arbeit,**

▶ **Sozialhilfe und Asylbewerberleistungen,**

▶ **Angelegenheiten der Sozialversicherung,**

▶ **die soziale Entschädigung nach BVerG und anderen Gesetzen,**

▶ **die Feststellung des Grads der Behinderung** einschließlich der Erteilung der Ausweise.

Nur ausnahmsweise kann das Gericht dem Kläger bei Verschleppungs- oder Irreführungsabsicht Mutwillenskosten auferlegen (§ 192 SGG).

Kein Anwaltszwang
Vor dem Sozialgericht und dem Landessozialgericht besteht kein Anwaltszwang.

Kostenrisiko
Gewinnt der Bürger den Prozess, werden ihm die notwendigen Aufwendungen einschließlich der Kosten eines Rechtsanwalts erstattet. Zu den notwendigen Kosten gehören Schreibkosten, Kopierkosten, Porti, Fahrtkosten, nicht aber Verdienstausfall.

Unterliegt der Bürger, ist er nicht zur Kostenerstattung verpflichtet (§ 193 SGG).

Sofern er einen Rechtsanwalt zugezogen hat, muss er dessen Kosten tragen. Der Anwalt erhält für die Tätigkeit vor dem Sozialgericht eine Verfahrensgebühr (40 – 460, Mittelwert =250 Euro und eine Terminsgebühr von je 40 – 520 Euro vor (Mittelwert = 280 Euro). Bei Abschluss eines Vergleichs ist eine Einigungsgebühr von 30 – 350 Euro (Mittelwert = 190 Euro) zu zahlen. Eine höhere als die Mittelgebühr steht dem Anwalt nur bei schwieriger Sach- und Rechtslage zu.

***Beispiel:** Ein Bürger hat dem Anwalt, der ihn im Widerspruchsverfahren und im Verfahren vor dem Sozialgericht vertreten und einen Vergleich über eine Rente wegen Erwerbsminderung abgeschlossen hat, ca. 1.000 – 3.000 Euro zu zahlen (Anwaltsgebühren+ Mehrwertsteuer + Auslagenersatz).*

50.7.3 Kostenrisiko im Zivilgerichtsverfahren

Höchstes Kostenrisiko
Im Zivilprozess besteht für den Bürger das höchste Kostenrisiko. Er hat bei Erhebung
der Klage einen Kostenvorschuss zu zahlen.

Keine Gerichtskostenfreiheit für den Bürger
Im Verfahren vor den Zivilgerichten besteht keine allgemeine Gerichtskostenfreiheit
für den Bürger. Allerdings hat er, sofern er mit seiner Klage Aussicht auf Erfolg hat
und sein Einkommen und Vermögen die gesetzlich bestimmten Grenzen nicht überschreiten, die Möglichkeit, Prozesskostenhilfe zu beantragen (→ 50.8).

**Gerichtskostenfreiheit für Bundes- und Landesbehörden und Träger der Sozial-
hilfe, Jugendhilfe und Kriegsopferfürsorge**
Gerichtskostenfreiheit besteht nach Bundesrecht nur für Bundes- und Landesbehörden sowie für die Träger der Sozialhilfe, Jugendhilfe und Kriegsopferfürsorge (§ 2
GKG; § 64 Abs. 3 Satz 5 SGB X).

**Gerichtskostenfreiheit für freigemeinnützige Träger der Sozialhilfe und Jugend-
hilfe nach Landesrecht**
Befreit von der Zahlung der Gerichtsgebühren in Zivilsachen und Justizverwaltungssachen sind nach landesrechtlichen Vorschriften Kirchen und Religionsgemeinschaften. Freigemeinnützige Träger sind nur von der Zahlung der Gebühren nach der Kostenordnung und der Gebühren in Justizverwaltungssachen befreit (→ z. B. § 1 Abs. 1
nrwGerichtsgebührenbefreiungsgesetz).

Anwaltszwang
Der Bürger kann das Verfahren vor dem Landgericht und in Familiensachen (nach
Maßgabe des § 78 ZPO) nicht selbst betreiben, weil insoweit Anwaltszwang besteht.

Kostenverteilung bei Gewinn bzw. Unterliegen im Prozess
Gewinnt der Bürger den Prozess, werden ihm die notwendigen Kosten einschließlich
der Kosten eines Rechtsanwalts erstattet.

Verliert er, hat er die eigenen Kosten, die Gerichtskosten und die Kosten der Gegenseite zu tragen (§ 91 ZPO).

Die Anwaltsgebühren entsprechen denen, die in Verfahren vor den Verwaltungsgerichten anfallen (→ 50.7.1). Die Gerichtskosten richten sich nach dem Streitwert.

50.8 Prozesskostenhilfe

Zielsetzung und Anwendungsbereich
Prozesskostenhilfe (PKH) soll jedem Bürger eine chancengleiche Rechtsverfolgung
ermöglichen. Sie wird **Klägern** und **Beklagten** gewährt für Verfahren

▶ **vor dem Zivilgericht (§§ 114 ff. ZPO),**

▶ **in Angelegenheiten der Freiwilligen Gerichtsbarkeit (§ 14 FGG),**

▶ **vor dem Arbeitsgericht (§ 11a ArbGG),**

▶ **vor dem Verwaltungsgericht (§ 166 VwGO),**

▶ **vor dem Sozialgericht (§ 73 a SGG),**

▶ **vor dem Finanzgericht (§ 142 FGO).**

Prozesskostenhilfe für freie Träger

Prozesskostenhilfe steht auch einer juristischen Person (e.V., GmbH, Stiftung) zu, wenn die Prozesskosten weder von ihr noch von den am Gegenstand des Rechtsstreits wirtschaftlich Beteiligten aufgebracht werden können und wenn die Unterlassung der Rechtsverfolgung allgemeinen Interessen zuwiderlaufen würde (§ 116 Nr. 2 ZPO; BGH, NJW 1986, 2058). Das ist der Fall, wenn ein erheblicher Kreis von Personen betroffen sein würde (BFH, NJW 1974, 256).

Beispiel: Der Trägerverein einer Beratungsstelle für sexuell missbrauchte Jungen und Mädchen kann Prozesskostenhilfe beantragen, wenn er die einzige Fachberatungsstelle am Ort unterhält und sich gegen die Streichung der Personalkostenzuschüsse durch das Jugendamt wehren will.

Voraussetzungen und Bewilligung

Auf Antrag des Bürgers prüft das Gericht, ob der beabsichtigte Rechtsstreit **hinreichende Aussicht auf Erfolg** bietet (§§ 114, 119 ZP0) und bewilligt Prozesskostenhilfe **nach Maßgabe des Einkommens und Vermögens.**

Die Kostenbefreiung umfasst die Gerichtskosten, die Kosten für einen beigeordneten Rechtsanwalt und die Kosten der Zwangsvollstreckung. Ausgenommen sind allerdings die Kosten, die im Falle des Unterliegens dem Gegner zu erstatten sind.

Beiordnung eines Rechtsanwalts

Auch soweit kein Vertretungszwang besteht, ist ein Rechtsanwalt nach Wahl des Bürgers auf Antrag beizuordnen, wenn die Vertretung erforderlich erscheint oder der Gegner durch einen Anwalt vertreten ist.

Ob eine Vertretung durch einen Rechtsanwalt erforderlich ist, beurteilt sich nicht nur nach Umfang und Schwierigkeit der Sache, sondern auch der Fähigkeit des Beteiligten, sich mündlich und schriftlich auszudrücken. Bewertungsmaßstab für die Beiordnung eines Rechtsanwalts ist auch, ob die besonderen persönlichen Verhältnisse dazu führen, dass der Grundsatz der »Waffengleichheit« zwischen den Beteiligten verletzt ist (BVerfG, 22. 6. 2007, NZS 2008, 88). Davon ist regelmäßig auszugehen, wenn im Kenntnisstand und den Fähigkeiten der Parteien ein deutliches Ungleichgewicht besteht (BVerfG, NJW 1997, 2102) oder wenn Fragen im Streit sind, die möglicherweise durch ein Sachverständigengutachtens geklärt werden müssen (NZS, 18.12.2001, 2002, 420).

Ausschluss der Prozesskostenhilfe

Kein Anspruch auf PKH besteht, wenn der Bürger Anspruch auf Kostentragung gegen einen Dritten hat, z.B. gegen eine **Rechtsschutzversicherung** (BSG, 17.8. 1998), gegen seine **Gewerkschaft** oder einen anderen **zum Rechtsschutz verpflichteten Verband.** Ist es aber einem Gewerkschaftsmitglied nicht zumutbar, den gewerkschaftlichen Rechtsschutz in Anspruch zu nehmen, muss Prozesskostenhilfe gewährt werden (BSG, 12.3.1996, NZS 1996, 397).

Der Anspruch ist ferner ausgeschlossen, wenn Anspruch auf Prozesskostenvorschuss gegen den **Ehegatten** besteht (BAG, 5.4.2006, NZA 2006, 694).

Kostenbefreiung bei niedrigem Einkommen und Vermögen

Für Rechtsuchende mit geringem Einkommen und Vermögen ist **völlige Kostenfreiheit** vorgesehen.

PKH ohne Kostenbeteiligung erhalten die Personen, die Anspruch auf Beratungshilfe haben (siehe 30.5). Rechtsuchende, deren Einkommen bzw. Vermögen die gesetzlich festgelegten Grenzen übersteigt, haben **Monatsraten** zu entrichten.

Die Einkommens- und Vermögensgrenzen sind in Abschnitt 30.9 dargestellt.

Höhe und zeitliche Begrenzung der Monatsraten

Übersteigt das zu berücksichtigende Einkommen die Einkommensgrenze für die Beratungshilfe, so hat der Rechtssuchende monatliche Raten gemäß der Tabelle zu zahlen. Unabhängig von der Zahl der Rechtszüge und der Höhe der anfallenden Kosten sind aber **höchstens 48 Monatsraten** zu leisten.

Einzusetzendes Einkommen	Monatsrate		Einzusetzendes Einkommen	Monatsrate
bis 15 Euro	0 Euro		550 Euro	200 Euro
50 Euro	15 Euro		600 Euro	225 Euro
100 Euro	30 Euro		650 Euro	250 Euro
150 Euro	45 Euro		700 Euro	275 Euro
200 Euro	60 Euro		750 Euro	300 Euro
250 Euro	75 Euro		über750	Monatlich sind
300 Euro	95 Euro			300 Euro
350 Euro	115 Euro			zuzüglich des
400 Euro	135 Euro			750 Euro
450 Euro	155 Euro			übersteigenden
500 Euro	175 Euro			Teils des
				einzusetzenden
				Einkommens
				einzusetzen

Aufhebung der Bewilligung und Rückforderung

Das Gericht kann die Entscheidung über die Raten gemäß § 120 Abs. 4 ZPO ändern, wenn sich die persönlichen oder wirtschaftlichen Verhältnisse wesentlich verändert haben z. B. Erhöhung oder Verringerung der Einkünfte, Geburt eines Kindes, Umzug.

Eine Änderung zum Nachteil des Begünstigten ist innerhalb von vier Jahren nach Beendigung des Verfahrens zulässig. Auf Aufforderung des Gerichts hat der Begünstigte mitzuteilen, ob eine Änderung eingetreten ist

Beispiele: Hat ein Gericht einer arbeitslosen Sozialarbeiterin PKH ohne Ratenzahlungen bewilligt, so kann es seine Entscheidung ändern und Ratenzahlungen festsetzen, sobald die Sozialarbeiterin Arbeitseinkünfte erzielt.

Berücksichtigt werden vom Gericht auch Zahlungen, die der Begünstigte aufgrund Vergleich oder Urteil in dem Verfahren erhält, für das ihm PKH bewilligt wurde.

Abfindungen aufgrund Vergleich oder Urteil in Arbeitsgerichtsverfahren werden als Vermögen angerechnet, soweit sie 2.600 Euro übersteigen (BAG, 24.4.2006 NJW 2006, 2206).

ELFTER ABSCHNITT
ÖFFENTLICHE SACHEN

51.0 ÖFFENTLICHE SACHEN

Praxis: *Einer Jugendgruppe wird die Benutzung eines städtischen Jugendheimes mit der Begründung nicht gestattet, sie sei rechtsextrem ausgerichtet.*

Ein Bürger erhält vom Landrat Hausverbot für das Kreisgebäude, weil er einen Sachbearbeiter des Sozialamts tätlich angegriffen hat.

Öffentliche Sachen sind alle Sachen, die der öffentlichen Verwaltung zur Erfüllung ihrer Aufgaben dienen. Je nach Nutzung können unterschieden werden:

▶ **Verwaltungsvermögen** (→ 51.1),

▶ **Anstaltsvermögen** (→ 51.2),

▶ **Sachen im Gemeingebrauch** (→ 51.3),

▶ **Finanzvermögen** (→ 51.4).

51.1 Entstehung der öffentlichen Sache

Widmung

Eine Sache oder Sachgesamtheit wird eine öffentliche Sache durch Widmung. Die Widmung ist der Staatsakt, der den öffentlichen Zweck der Sache bestimmt.

Formen der Widmung

Die Widmung wird im kommunalen Bereich oft durch Satzung (Benutzungsordnung, Vergaberichtlinien) oder Verwaltungsakt (= Allgemeinverfügung nach § 31 S. 2 SGB X bzw. § 35 S. 2 VwVfG) vorgenommen. Allerdings ist ein ausdrücklicher Widmungsakt nicht erforderlich. Es reicht aus, dass das Verhalten der Verwaltung auf eine Widmung schließen lässt (z. B. Einweihung eines Bürgerzentrums durch den Bürgermeister); denn es besteht eine Vermutung, dass für die Allgemeinheit nutzbare kommunale Einrichtungen "öffentliche Einrichtungen" sind (OVG Münster NJW 1976, 820; VGH Kassel NVwZ 1998, 1096).

Öffentlichrechtliche Zweckbestimmung

Zweckbestimmung und Nutzung einer Einrichtung können gesetzlich bestimmt sein.

Beispiel: *Die Kindergartengesetze der Länder legen die Zweckbestimmung und Benutzung des Kindergartens weitgehend fest.*

Für viele Einrichtungen bestehen aber keine besonderen gesetzlichen Vorschriften. In diesem Falle ist der öffentliche Träger berechtigt, unter Beachtung der allgemeinen gesetzlichen Grundsätze und etwa einschlägiger Verfassungsgrundsätze die Zweckbestimmung und Benutzung zu regeln.

Beispiel: *Beschließt der Jugendhilfeausschuss Vergaberichtlinien für die Räume des Hauses der Jugend, so hat er die Förderpflicht zu beachten, die das Jugendamt gesetzlich nach § 74 SGB VIII gegenüber den Jugendverbänden hat, die sich mit Freizeithilfen oder der internationalen Begegnung befassen.*

Von der Förderung darf er eine Jugendgemeinschaft nicht ausschließen, die Kritik an der Verfassungswirklichkeit übt, ohne hierbei Tatsachen bewusst irreführend darzustellen oder ungesetzliche Mittel zur Veränderung vorzuschlagen. Der Ausschluss würde das Grundrecht aus Art. 5 verletzen (VGH Bad.Württ., VBlBW 1983, 35 m.w.N.).

Fehlt eine eindeutige Widmungserklärung durch Satzung oder Verwaltungsakt, ergeben sich die Voraussetzungen und der Umfang des Zulassungsanspruchs aus der bisherigen Verwaltungspraxis.

Beispiel: Hat eine Stadt bisher Veranstaltungen mit Volksfestcharakter auf einer Wiese zugelassen, kann die Wiese dem Veranstalter eines politischen Volksfestes nicht mit der Begründung verweigert werden, die Wiese sei keine öffentliche Einrichtung (OVG Münster NJW 1976, 820; OVG RP DÖV 1986, 153).

51.2 Verwaltungsvermögen

Das Verwaltungsvermögen umfasst die Sachen, die ausschließlich und unmittelbar Verwaltungszwecken dienen.

Beispiele: Rathaus mit Inventar, Agentur für Arbeit mit Inventar, Dienstfahrzeug.

Benutzung

Die Sachen des Verwaltungsvermögens werden von den Verwaltungsbediensteten benutzt. Jedoch darf jede Person, die ein rechtliches Interesse an der Benutzung hat, die Verwaltungsgebäude innerhalb der Sprechstunden während der Dienstzeit, in dringenden Fällen auch außerhalb der Sprechstunden betreten.

Beispiele: Antragsteller; Arbeitssuchende, Personen, die eine Auskunft oder eine Beratung wünschen, ein Formular abholen wollen.

Zulassung zur Benutzung

Dieses Benutzungsrecht wird stillschweigend jedem verliehen, der das Verwaltungsgebäude betritt (Verwaltungsakt der Zulassung).

Hausverbot

Wird einer Person durch Hausverbot untersagt, eine Sache des Verwaltungsvermögens zu betreten, hängen die Rechtsschutzmöglichkeiten davon ab, ob das Hausverbot auf privatem oder auf öffentlichem Recht (Verwaltungsakt) beruht.

Nach überwiegender Meinung ist ein von einem Träger öffentlicher Verwaltung ausgesprochenes Hausverbot grundsätzlich als Verwaltungsakt zu qualifizieren, sofern es den Zweck hatte, den ordnungsgemäßen Amtsbetrieb zur Erfüllung der Verwaltungsaufgaben aufrechtzuerhalten bzw. wiederherzustellen (BVerwGE 35, 103).

Beispiele: Ein zeitlich begrenztes Hausverbot für die Räume der Universitätsbibliothek gegenüber einer Benutzerin wegen ungebührlichen Verhaltens, die u.a. lautstark bekundet hat „Wenn ihr ein zweites Erfurt wollt, so könnt ihr es haben" (VGH München NVwZ-RR 2004, 185).

Verbot des Betretens des Gebäudes der Arbeitsagentur wegen tätlichen Angriffs auf den Fallmanager.

In der Regel darf das Betreten der Diensträume einschließlich der Flur- und Warteräume nur für einen bestimmten Zeitraum z. B. für sechs Monate untersagt werden (Grundsatz der Verhältnismäßigkeit). Gleichzeitig kann ein Zwangsgeld für den Fall der Zuwiderhandlung angedroht werden (→ 46.3).

Dem privaten Recht ist ein Hausverbot zuzurechnen, wenn ein Bürger das Verwaltungsgebäude aufgesucht hat

►im Rahmen **privatrechtlichen Verwaltungshandelns** z. B. um bei der Stadtsparkasse Geld abzuheben, (OVG Münster, NJW 1995, 1573 und NJW 1998, 1425; → 26.3.2).

►**außerhalb der Zweckbestimmung**, z. B. um sich zu wärmen oder zu unterhalten

Das privatrechtliche Hausverbot kann durch Unterlassungsklage vor dem Zivilgericht bzw. Androhung eines Strafantrags wegen Hausfriedensbruchs durchgesetzt werden.

51.3 Anstaltsvermögen

Praxis: Das "Bürgerkomitee zur Verteidigung der Grundrechte" möchte im großen Saal des städtischen Hauses der Jugend eine Veranstaltung durchführen, um über die Ausweisung und Abschiebung von Ausländern zu diskutieren. Sein Antrag auf Überlassung des Saales wird vom Kuratorium des Hauses mit der Begründung abgelehnt, die geplante Veranstaltung sei mit den pädagogischen Zielsetzungen des Hauses nicht vereinbar.

51.3.1 Begriff und Arten

Begriff

Zum Anstaltsvermögen gehören alle Einrichtungen d. h. alle Sachen und Sachgesamtheiten öffentlicher Träger, die von einzelnen oder Vereinigungen benutzt werden können und dem kulturellen, sozialen oder sonstigen Wohl der Bürger und Einwohner dienen (BVerwG NJW 1990, 134). In der sozialen Praxis haben die kommunalen Einrichtungen besondere Bedeutung.

Beispiele: Kindertagesstätten, Kinderheime, Jugendzentren, Kinderspielplätze, Sportplätze, Schwimmbäder; Altenheime, Krankenhäuser; Sammelunterkünfte für Asylbewerber, Unterkünfte für Wohnungslose; Bürgerhäuser, Theater, Museen. Bibliotheken, Verkehrs-, Versorgungsbetriebe, Friedhöfe.

51.3.2 Organisationsformen

Öffentlich-rechtliche Organisation

Die meisten öffentlichen Einrichtungen der Jugend- und der Sozialhilfe sind noch rechtlich unselbständige Organisationseinheiten der öffentlichen Verwaltung.

Privatrechtliche Organisation

Träger der öffentlichen Einrichtungen können juristische Personen des Privatrechts sein. Die Einrichtungen sind dann aus der öffentlichen Verwaltung ausgegliedert. Jedoch muss sich der Anstaltsträger einen maßgebenden Einfluss auf die Willensbildung der juristischen Person sichern, damit die Erfüllung der öffentlichen Aufgabe gewährleistet ist.

Beispiel: Steht eine Stadthallen-Betriebs-GmbH im alleinigen Eigentum einer Stadt, muss diese sicherstellen, dass bei der Vermietung der Räume der Gleichheitssatz eingehalten wird. Der privatrechtliche Grundsatz der Vertragsfreiheit gilt demnach nicht für gemeindliche Einrichtungen, auch wenn diese in privatrechtlicher Rechtsform betrieben werden (BVerwG NJW 1990, 134).

Zunehmend werden öffentliche Einrichtungen der Jugend- und Sozialhilfe aber privatrechtlich z. B. als Kita-GmbH oder Jugendhilfe gGmbH organisiert (→ 10.3).

51.3.3 Nutzungsberechtigte

Anspruch auf Zulassung zur Benutzung der öffentlichen Einrichtungen der Gemeinde haben **alle Einwohner** der Gemeinde, auch z. B. Kinder und Ausländer. Dies ist inhaltlich übereinstimmend im Kommunalrecht aller Bundesländer bestimmt z. B. für NRW in § 8 Abs. 2 der Gemeindeordnung: "Alle Einwohner sind im Rahmen des geltenden Rechts berechtigt, die öffentlichen Einrichtungen zu benutzen."

Es ist darauf zu achten, dass auch Behinderte Einrichtungen nutzen können (§ 1 SGB IX).

Anspruch auf Zulassung haben auch **juristische Personen und Personenvereinigungen**, wenn sie ihren Sitz in der Gemeinde haben und der räumliche Schwerpunkt ihrer Tätigkeit ebenfalls in der Gemeinde liegt (VGH Mannheim, NVwZ-RR 1989, 315).

Soll ein Gebäude oder Gelände für eine Veranstaltung benutzt werden, kommt es darauf an, ob der Veranstalter seinen Sitz in der Gemeinde hat. Unerheblich ist, dass die Referenten, Künstler, Trainer usw. die bei der Veranstaltung mitwirken, nicht in der Gemeinde wohnen. Auch die Besucher der Veranstaltung können Ortsfremde sein (OVG Münster, NJW 1976, 820; zum Nutzungsanspruch eines Bundesverbandes: OVG Rheinland-Pfalz, DÖV 1986, 153).

51.3.4 Zulassung zur Benutzung

Zulassung durch Verwaltungsakt
Die Zulassung zur Benutzung erfolgt durch Verwaltungsakt, der über den kommunalrechtlichen Anspruch des Einwohners auf Benutzung entscheidet. Das gilt unabhängig davon, ob das Nutzungsverhältnis öffentlichrechtlich oder privatrechtlich geregelt ist (VG Augsburg, NVwZ-RR 2001, 468).

Wird die öffentliche Einrichtung in privatrechtlicher Rechtsform betrieben, so bleibt die Gemeinde verpflichtet, über die Zulassung zu entscheiden und den Anspruch auf Zulassung durch entsprechende Einwirkung auf den privaten Betreiber sicherzustellen (BVerwG NJW 1990, 134; Tettinger, 2003, Rn 256 m. w. N.). Deshalb ist im Falle der Ablehnung der Zulassung die Klage gegen die Kommune zu richten.

Beispiel: Eine Rollstuhlfahrerin verlangt von einer städtischen Stadthallen-GmbH Zutritt zu den Veranstaltungen, unabhängig von der Verfügbarkeit von Rollstuhlfahrerlogen. Das Bundesverwaltungsgericht wies die Klage ab, weil die GmbH nicht die richtige Beklagte sei (NVwZ 1991, 59).

Zulassung als Ermessensentscheidung
Der Anspruch auf Zulassung besteht nicht, wenn die Kapazität einer Einrichtung nicht ausreicht, um alle interessierten Anspruchsberechtigten zuzulassen.

Beispiel : Die Zahl der Voranmeldungen für einen Kindergartenplatz ist höher als die Zahl der freien Plätze.

In diesem Fall ist über die Zulassung nach pflichtgemäßem Ermessen zu entscheiden. Das gilt auch für Ortsfremde, die die Einrichtung nutzen wollen. Jedoch kann den Einwohnern ein Vorrang eingeräumt werden (VGH München, BayVBl. 2000, 761).

Die Gemeinde hat die Auswahl aufgrund vernünftiger, sachlich einleuchtender Gründe unter Berücksichtigung des Gleichheitssatzes zu treffen (VGH Mannheim, Komm Jur 2004, S.19; VGH München, NVwZ-RR 2004,599; VG Oldenburg, NVwZ-RR 2005, 127). Sie muss über die Zulassung selbst entscheiden, auch durch Losverfahren (OVG Lüneburg, NVwZ-RR 2006, 177) und darf die Ent¬scheidung nicht einem privaten Dritten, z. B. einem Schaustellerverband über¬las¬sen (VGH München NVwZ 1999, 1122).

Beispiele: Bei der Zulassung zum Kindergarten dürfen z.B. das Alter des Kindes, die Berufstätigkeit der alleinerziehenden Mutter, fehlende Spielmöglichkeiten in der Nähe der Wohnung und andere sachliche Gesichtspunkte im Rahmen der Ermessensentscheidung berücksichtigt werden.

Ausschluss des Anspruchs
Ein Anspruch auf Zulassung ist beispielsweise ausgeschlossen, wenn die Gefahr besteht, dass die Benutzer, Veranstalter oder deren Gäste die Einrichtung und deren Mobiliar demolieren bzw. andere Straftaten oder Ordnungswidrigkeiten begehen (VGH München NJW 1989, 2491). Das gilt nicht, wenn eine angemessene Sicherheit geboten werden kann, z. B. in Form von Kaution, Bürgschaft, Haftpflichtversicherung.

51.3.5 Nutzungsverhältnis

Öffentlich-rechtliche Organisationsform
Bei öffentlich-rechtlicher Organisationsform kann der Verwaltungsträger das Benutzungsverhältnis entweder privatrechtlich oder öffentlich-rechtlich regeln. Ist die rechtliche Qualität nicht eindeutig erkennbar, muss eine Zuordnung anhand von Indizien erfolgen: Der Wille des Leistungsträgers für die öffentlich-rechtliche Benutzungsform kann sich z.b. darin äußern, dass eine Satzung erlassen wurde, das zu leistende Entgelt als "Gebühr" oder "Beitrag" bezeichnet wird, dass Zwangsmittel angedroht werden (VGH Mannheim, NVwZ-RR 1989, 267).

Im Zweifel ist davon auszugehen, dass bei öffentlichen Einrichtungen einer Gemeinde das Benutzungsverhältnis öffentlich-rechtlich geregelt ist (BVerwG, NJW 1980, 1863; VGH Mannheim a.a.O.).

Privatrechtliche Organisationsform
Bei privatrechtlicher Organisationsform bestimmen sich die Rechte und Pflichten im Rahmen der Benutzung grundsätzlich nach den Vorschriften des Privatrechts, insbesondere des BGB über die Haftung, den Haftungsausschluss, die Zahlung eines Entgelts usw. Ungeklärt ist, in welchem Umfang die Verwaltung auch öffentlich-rechtliche Bedingungen beachten muss (→ 26.3.2.3).

Beispiele
In der Regel sind

▶ **privatrechtlich**: Benutzung eines kommunalen Kindergartens (OLG Celle NJW 1977, 1296), Stromlieferung durch städtisches Elektrizitäts-Werk, Beförderung in öffentlichen Verkehrsmitteln, Behandlung in einem kommunalen Krankenhaus, Benutzung von städtischen Hallen und Sportstätten.

▶ **öffentlich-rechtlich**: Sammelunterkünfte für Asylbewerber, Flüchtlingsheime.

51.3.6 Benutzungsordnung

Die Rechts- und Pflichtenstellung des Benutzers einer Einrichtung bestimmt sich nach der Benutzungsordnung.
Beispiel: In einer Benutzungsordnung für eine Sammelunterkunft für Asylbewerber wird dem Hausmeister das Recht eingeräumt, jederzeit die Spinde der Asylsuchenden zu kontrollieren.

Zulässiger Inhalt
Die Benutzungsordnung darf Regelungen nur im Rahmen des durch Rechtsvorschriften festgelegten Zwecks der öffentlichen Einrichtung treffen und muss hierbei insbesondere den Grundsatz der Verhältnismäßigkeit beachten.

Grundrechtseingriffe setzen eine hinreichend bestimmte gesetzliche Grundlage voraus. Dabei sind an die Bestimmtheit um so höhere Anforderungen zu stellen, je schwerwiegender die Auswirkungen für den Betroffenen sind (BVerfG NJW 1978, 2143). Soweit eine Satzung in Grundrechte eingreift, ist dies nur zulässig, wenn dafür eine hinreichend klare gesetzliche Grundlage vorhanden ist (BVerfGE 33, 125, 159; 45, 393, 399).

51.3.7 Gebühr und Entgelt

Die Zulassung und Benutzung kann von der Zahlung einer Gebühr oder eines privatrechtlichen Benutzungsentgelts abhängig gemacht werden. Bei den kommunalen Einrichtungen muss eine solche Regelung in der Regel vom Gemeinderat durch Satzung getroffen werden.

Hierbei müssen die allgemeinen Grundsätze über Gebühren beachtet werden. **Gebührenermässigungen aus sozialen Gründen** sind zulässig. Kindergartengebühren dürfen nach dem Familieneinkommen gestaffelt werden (BVerfG NJW 1998, 2128; OVG Bremen, NVwZ-RR 1999, 64; Fischer/Mann, NVwZ 2002, 794).

Ein „**Auswärtigenzuschlag**" ist grundsätzlich unzulässig (OVG NRW, NJW 1979, 565; EuGH, EuZW 2003, 186). Ein Einheimischenabschlag soll zulässig sein, wenn damit Leistungen an Einwohner indirekt subventioniert werden sollen, z. B. Musikschulgebühren (BVerwG, BayVBl. 1997, 437).

51.3.8 Beendigung der Benutzung

Ausschluss durch Verwaltungsakt -Hausverbot
Der Ausschluss von der Benutzung ist nur durch Verwaltungsakt möglich; denn dem Einwohner ist durch den Verwaltungsakt der Zulassung ein Nutzungsrecht eingeräumt worden, das die Behörde nur bei Vorliegen der gesetzlichen Voraussetzungen für die Aufhebung von Verwaltungsakten mit Dauerwirkung beenden kann (§ 44 ff. SGB X; §§ 48, 49 VwVfG).

Soll der Ausschluss wegen eines Fehlverhaltens erfolgen, kommen § 48 SGB X bzw. § 49 Abs. 2 VwVfG als Rechtsgrundlage in Betracht. Das OVG NRW wendet § 8 GO NRW an, wonach Gemeinden befugt sind, Maßnahmen zu ergreifen, die den ordnungsgemäßen Betrieb der Einrichtung sicherstellen

Beispiel: Ausschluss aus dem Chor der städtischen Musikschule wegen unerträglicher Spannungen (NWVBl. 1995, 313).

Hausverbot für einen betrunkenen, aggressiven Jugendlichen, der das Mobiliar der OT zerschlägt.

Hausverbot für einen Alogeld II-Empfänger, der in der Arbeitsagentur eine Sachbearbeiterin bedroht.

Zuständigkeit
Für Streitigkeiten über Hausverbote sind stets die Verwaltungsgerichte zuständig, auch wenn das Verbot von einem Sozialleistungsträger ausgesprochen wurde (LSG NRW, 5.3.2007 – L 16 B 3/07 SF, www.justiz-nrw.de)

51.3.9 Rechtsschutz und Haftung

Rechtschutz gegen Verwaltungsakte
Wird der Benutzer durch Maßnahmen der Einrichtung in seinem Status als mit eigenen Rechten ausgestattete Persönlichkeit betroffen, ist die Maßnahme ein Verwaltungsakt (→ 39.2.3). Die Zulassung und der Widerruf der Zulassung sind stets, d.h. auch bei privatrechtlicher Regelung des Benutzungsverhältnisses, Verwaltungsakte, weil dadurch über den Anspruch auf Benutzung entschieden wird.

Rechtsschutz gegen den Ausschluss von der Benutzung
Der Ausschluss von der Benutzung ist der stärkste Eingriff in das Recht auf Benutzung. Er ist nach dem Grundsatz der Verhältnismäßigkeit nur bei einem schwerwiegenden Fehlverhalten und dann auch nur dann zulässig, wenn vorher alle milderen Möglichkeiten wie Gespräch, Ermahnung, Abmahnung usw. erfolglos geblieben sind. Ein unbefristeter Ausschluss wird in aller Regel nicht schon nach dem ersten Fehlverhalten gerechtfertigt sein,

Beispiel: Einem Jugendlichen kann der Besuch einer OT nicht für die Zukunft verboten werden, wenn er versehentlich eine Fensterscheibe zertrümmerte.

Bei mutwilliger Zerstörung von Inventar kann ein Verbot ausgesprochen werden, das aber in der Regel zeitlich zu begrenzen ist.

Ausnahmsweise kann der Leiter einer öffentlichen Einrichtung oder seine verantwortlichen Mitarbeiter berechtigt sein, ohne vorausgehenden Verwaltungsakt einen Benutzer zwangsweise zu entfernen, wenn dieser "sofortige Vollzug" zur Abwendung einer gegenwärtigen Gefahr notwendig ist (§ 6 Abs. 2 VwVG und entsprechende landesrechtliche Vorschriften). Notfalls kann die Polizei ersucht werden, Vollzugshilfe zu leisten.

Rechtsschutz gegen sonstige Maßnahmen

Maßnahmen der Anstaltsorgane, die lediglich den allgemeinen Betriebsablauf betreffen, sind mangels Außenwirkung keine Verwaltungsakte.

Der Benutzer hat gegen diese Maßnahmen, sofern sie seine Rechte/Grundrechte verletzen, die Möglichkeit, eine allgemeine Leistungs- bzw. Unterlassungsklage zu erheben (→ 50.4.3).

Beispiel: Befindet sich in einer OT ein Abspielgerät für Videokassetten zur freien Benutzung durch die Besucher, so können die Eltern eines Kindes, das die OT besucht, den Verschluss des Gerätes und dessen ausschließlich kontrollierte Verwendung verlangen, wenn Jugendliche darauf Kassetten vorführen, die ihr Kind schwer gefährden und deshalb nicht als Mittel der öffentlichen Jugendhilfe qualifiziert werden können.

Haftung des Trägers der Einrichtung

Der Träger der Einrichtung ist bei schuldhafter Schädigung der Benutzer im Falle der öffentlich-rechtlichen Regelung des Benutzungsverhältnisses nach den Vorschriften über die Amtshaftung und wegen Verletzung der Pflichten aus dem Verwaltungs-/Sozialrechtsverhältnis zum Schadensersatz verpflichtet (→ 48.3 und 48.5).

Bei privatrechtlicher Regelung des Benutzungsverhältnisses bestimmt sich die Haftung nach den Vorschriften des BGB über den Schadensersatz bei Vertragsverletzung und bei unerlaubter Handlung (→ 48.10).

51.4 Sachen im Gemeingebrauch

Begriff
Sachen im Gemeingebrauch sind öffentliche Sachen, die wegen ihrer natürlichen Beschaffenheit oder aufgrund besonderer Herstellung dem Gebrauch ohne besondere Zulassung durch jedermann im Rahmen der durch die Widmung bestimmter Zwecke offenstehen (Verkehrsflächen wie Straße, Plätze, Wege; Wasser als Verkehrsweg, Strand, Luft, Parkanlagen, Kinderspielplätze usw.).
Private Grundstücke stehen im Gemeingebrauch, wenn sie für den öffentlichen Verkehr freigegeben worden sind. Der Gemeingebrauch verdrängt dann die Eigentümerrechte wie z. B. das Hausrecht des privaten Eigentümers (zur U-Bahnstation: OLG Frankfurt, NJW 2006, 1747; zur Grundrechtsbindung der privaten Betreiber öffentlicher Räume: Fischer-Lescano/Maurer, NJW 2006, 1393).

51.4.1 Nutzung ohne Zulassung

Im Rahmen des Gemeingebrauchs ist jedermann ohne besondere Zulassung berechtigt, die Sache zu nutzen.

Gemeingebrauch von Straßen, Plätzen, Wegen
Bei Verkehrswegen besteht der Gemeingebrauch in der jedermann im Rahmen der Widmung und der verkehrsrechtlichen Vorschriften gestattete, ohne besondere gesetzliche Regelung gebührenfreie Gebrauch von öffentlichen Straßen, sofern sie vorwiegend zu dem Verkehr benutzt werden, dem sie zu dienen bestimmt sind. (§ 14 StrWG NRW). Nach §§ 32, 33 StVO dürfen durch die Nutzung weder verkehrswidrige Zustände verursacht noch Verkehrsbeeinträchtigungen geschaffen werden, die Verkehrsteilnehmer in einer den Verkehr gefährdenden oder erschwerenden Weise ablenken oder belästigen.

Gemeingebrauch von Straßen, Plätzen, Wegen
Inhalt und Umfang des Gemeingebrauchs richten sich, soweit keine gesetzliche Regelung besteht, nach den jeweiligen örtlich und zeitlich unterschiedlichen Verkehrsverhältnissen und Verkehrsanschauungen. Gemeingebräuchlich ist, was unter Berücksichtigung der Gemeinverträglichkeit verkehrsüblich ist (OLG Düsseldorf, NJW 1998, 2375).
Beispiele: Öffentliche Wege, Straßen und Plätze dienen üblicherweise dem fließenden und dem ruhenden Verkehr; eine Bank im Park zur Rast beim Spaziergang.

Anliegergebrauch
Die Anlieger einer öffentlichen Sache im Gemeingebrauch haben ein gesteigertes Nutzungsrecht, soweit dafür ein tatsächliches, wirtschaftliches oder sonstiges schutzwürdiges Bedürfnis besteht.
Beispiele: Aufstellen von Fahrradständern für die Besucher auf dem Bürgersteig vor dem Jugendzentrum eines freien Trägers; Anbringen von Schaukästen, Hinweisschildern, evtl. auch Aufstellen von Tischen und Stühlen, falls dadurch die Benutzung des Bürgersteigs für die Fußgänger nicht beeinträchtigt wird.
Zum Anliegergebrauch gehört auch die Freihaltung des Zugangs zum Geschäft, bedeutet aber nicht, dass der Geschäftsinhaber z.B. den Bettler vor seinem Schaufenster vertreiben kann. Aus dem Anliegergebrauch ergibt sich nicht das Recht, auf öffentlichen Straßen zu bestimmen, wer sich wo aufhalten darf (VGH Mannheim, NVwZ 1999, 560).

51.4.2 Sondernutzung

Geht die Nutzung der Sache über den Gemeingebrauch hinaus, handelt es sich um eine Sondernutzung, für die entweder eine öffentlichrechtliche Erlaubnis (Verwaltungsakt) oder eine privatrechtliche Vereinbarung notwendig ist.

Beispiele für Sondernutzungen
Erlaubnispflichtige Sondernutzung ist anzunehmen, wenn **Verkaufsstände, Litfass-säulen, Masten, Gerüste oder Buden** eingerichtet, oder zu gewerblichen Zwecken Tische und Stühle aufgestellt oder Geschäftsschilder, sonstige bauliche Werbe-anlagen, Warenautomaten oder andere Verkaufseinrichtungen angebracht werden, die zu einer Beeinträchtigung des Gemeingebrauchs führen können.

Die Benutzung eines **Verkaufswagens** zum Zwecke des Straßenhandels ist ebenso als Sondernutzung anzusehen (OLG Düsseldorf, NJW 1998, 2376) wie das Aufstellen eines **Containers für eine Altkleidersammlung** (VG Gießen, NvwZ-RR 2001, 436).

Inlineskating und Rollhockeyspiel auf einer öffentlichen Straße stellen Sondernut-zungen dar (VG Lüneburg, NJW 1998, 1731).

Werden durch die Nutzung die Straßen und Plätze über das übliche Maß hinaus ver-unreinigt, kann sich eine Reinigungs- und Kostenerstattungspflicht ergeben.

Beispiele: Nach einer Großdemonstration waren Straßen und Sammelplätze mit Büchsen, Handzetteln und Papierabfällen übersät. Das Straßenreinigungsamt forderte vom Veranstalter 1.900 Euro Reinigungskosten. (Das BVerwG ließ offen, ob und inwieweit das Veranstalten einer Versammlung Haftungsfolgen des Veranstalters auslöst - NJW 1989, 52. Die Haftung des Versammlungsleiters hat es verneint - NJW 1989, 53).

Kommunikativer Verkehr
Die Abgrenzung zwischen Gemeingebrauch und Sondernutzung kann im Einzelfall schwierig sein. In den letzten Jahren ist rechtlich anerkannt worden, dass zumindest Straßen und Plätze im innerörtlichen Bereich aus dem sog. kommunikativen Verkehr gewidmet sind. Innerörtliche Straßen, insbesondere Fußgängerbereiche, haben den Charakter eines erweiterten Lebensraums für die Allgemeinheit, in dem **politische, religiöse und künstlerische Kommunikation** stattfindet (BVerfG NVwZ 1992, 52; (OLG Düsseldorf, NJW 1998, 2376 m.w.N.). Somit besteht grundsätzlich für jeder-mann das Recht, auf dem der Öffentlichkeit zur Verfügung gestellten Raum seine Meinung zu äußern, Flugblätter zu äußern und Flugblätter oder andere Medien mit politischem oder religiösen Inhalt zu verteilen. (OLG Düsseldorf, NJW 1998, 2375; VG Leipzig NVwZ-RR 2004, 888).

Das Verbot der Ver¬teilung von Flug¬blät¬tern mit meinungsäußerndem In¬halt aus Gründen der Reinhaltung der Stra¬ßen ist unzulässig (BVerwG NJW 1978, 1935 - JuS 80, 141 ; BayVerfGH NJW 1978, 1912 - JuS 1980, 141). Zulässig kann ein derartiges Ver¬bot sein, wenn es zeit¬lich auf die Dauer eines Marktes beschränkt ist (BVerfG JuS 1980, 141).

Die Erteilung eines Hausverbots gegenüber „Abschiebeprotestlern" durch die Fraport AG wegen „Beeinträchtigung des Flugbetriebs" hat der BGH gebilligt, (NJW 2006, 1054; kritisch dazu Fischer-Lescano/Maurer, NJW 2006, 1393).

Die Grundrechte der Meinungs- und Glaubensfreiheit verleihen im Rahmen des Gemeingebrauchs allerdings nicht das Recht, **Passanten im Rahmen gewerblicher Werbung** anzusprechen (BGH, NJW 2004, 1060), sie zur Kontaktauf¬nahme zu nötigen oder an der Fortbewegung zu hindern (OLG Köln NVwZ 2000, 350). Unzulässig ist es auch, **Bücher mit politischem oder religiösen Inhalt** zu verkaufen (VGH Bad-Württemberg, NVwZ-RR 2002, 740 zu Aktionen der Scientology; Stober, 2000, § 78 Rn 17, OVG Lüneburg, NVwZ-RR 2004, 884). Schließlich umfasst der

Gemeingebrauch nicht das Aufstellen von **Ständen oder Plakatwänden** (BVerfG NJW 1977, 671; BVerwG NJW 1978, 1933).

Das Aufstellen eines Info-Standes und das Anbringen von Plakatträgern sind gebührenpflichtige Sondernutzungen. Ein Bußgeld kann verhängt werden, wenn eine Sondernutzungserlaubnis nicht eingeholt wurde (BGH, NJW 1979, 1610).

Auch **gemeinnützige Organisationen** wie z. B der Malteser-Hilfsdienst e. V. haben keinen Anspruch auf das Aufstellen eines Informationsstandes zur Mitgliederwerbung, insbesondere wenn Passanten angesprochen werden sollen (VG Lüneburg, 13.6.2008, PM vom 30.6.2008).

Die Freiheitsrechte der Bürger können durch **Video-Überwachungen** öffentlicher Orte gefährdet werden. Deshalb bedürfen diese einer gesetzlichen Grundlage (§ 6b BDSG; § 15a PolG NRW; dazu Tettinger, 2004, 177; Zöller, NVwZ 2005, 1235; VGH Mannheim, NVwZ 2004, 498).

Gewerbliche Tätigkeit

Der **Verkauf von Gegenständen** wird durch den Gemeingebrauch bzw. eine Sondernutzungserlaubnis allein nicht gedeckt. Erforderlich ist hierfür grundsätzlich eine Erlaubnis in Form der Reisegewerbekarte (§§ 55 ff. GewO).

Lediglich der Verkauf von Druckwerken auf öffentlichen Straßen und Plätzen ist gewerbeerlaubnisfrei (§ 55 a Abs. 1 Nr. 10 GewO).

Handelt der Verkäufer allerdings aus ideellen Gründen und erhält er keine oder nur eine ganz geringfügige Vergütung, so benötigt er keine Reisegewerbekarte, wohl aber sein Auftraggeber (BGH, NJW 1980, 1585). Außerdem ist das Ladenschlussgesetz zu beachten.

Werden durch Verkauf bzw. sonstige Tätigkeiten Einnahmen erzielt, kann dies die Verpflichtung zur Abgabe von Steuererklärungen und u.U. zur Entrichtung von Steuern auslösen (Einkommens- bzw. Lohnsteuer, Umsatzsteuer, Gewerbesteuer).

Künstlerische Tätigkeit

Die **Veranstaltung von Straßenmusik** in Fußgängerzonen ist eine erlaubnispflichtige Sondernutzung (BVerwG NJW 1987, 1836). Dasselbe gilt für sonstige Formen der **Straßenkunst** z.B. das Bemalen des Straßenpflasters (BVerwG DÖV 1981, 342), das Anfertigen und Verkaufen von Silhouettenbildern (BVerwG, NJW 1990, 2011).

Erteilung der Sondernutzungserlaubnis

Die Erteilung der Sondernutzungserlaubnis steht im Ermessen der zuständigen Behörde. Die Erlaubnis kann von einer Bedingung abhängig gemacht oder mit Auflagen versehen werden.

Beispiel: Erteilung der Erlaubnis unter der Bedingung, dass keine Tonverstärker eingesetzt werden, und mit der Auflage, dass der Standort stündlich gewechselt wird, damit die Anlieger nicht unzumutbar belastet werden.

Eine Ermessensreduzierung tritt ein, wenn durch die Sondernutzung weder die Nutzung des Straßenraums durch andere Passanten, noch der Anliegergebrauch der Grundeigentümer und die schutzwerten Interessen anderer nicht oder unerheblich beeinträchtigt werden (BVerwG, NJW 1990, 2011).

Für die Erteilung der Sondernutzungserlaubnis kann eine Gebühr erhoben werden (§ 8 Abs. 3 Satz 1 BFStrG und einschlägige Landesgesetze).

51.4.3 Platzverweisung, Aufenthaltsverbot und Wohnungsverweisung

---

Praxis: „Am Mittag nahmen Mitarbeiter des Bezirksamts einem verkrüppelten Bett-ler in der Mönckebergstraße das Bettelgeld ab und erteilten dem Mann einen Platzverweis. Bei dem Betroffenen handelt es sich um ein Mitglied einer bulga-rischen Bande, die vor knapp drei Monaten aus dem Bezirk verwiesen wurden. Damals erteilte das Bezirksamt der gewerbsmäßig organisierten Bettelbande eine Untersagungsverfügung. Dabei wurde ein Bußgeld von 120 Euro fällig. Doch die Bettler verschwanden damals, bevor das Bußgeld erhoben werden konnte. Des-halb würde nun das erbettelte Geld gepfändet, bis diese Summe erreicht ist" (www.welt.de vom 31. 8. 2006).

Platzverweisung und Aufenthaltsverbot

In den Städten wird mit den Mitteln des Polizei- und Ordnungsrechts durch **Platzver-weise, Aufenthalts-** und **Bettelverbote** versucht, die sichtbaren Folge von Armut aus den Innenstädten zu verbannen. SA/SP sollten sich stets für Problemlösungen ein-setzen, die rechtmäßig und den Betroffenen zumutbar sind.

Im Vordergrund polizei- und ordnungsbehördlicher Aktivitäten steht traditionell die präventive Gefahrenabwehr. Die Schutzgüter der öffentlichen Sicherheit und der öffentlichen Ordnung nehmen einen zentralen Platz ein. **Schutz der öffentlichen Sicherheit** bedeutet Schutz der objektiven Rechtsordnung, das ist

▶ Schutz der Unverletzlichkeit der Rechtsordnung

▶ Schutze des Bestandes des Staates und seiner Einrichtungen und Veranstaltungen sowie

▶ Schutz der subjektiven Rechte und Rechtsgüter des Einzelnen (wie Leben, Gesund-heit, Freiheit, Ehre und Vermögen).

Im **Schutzgut der öffentlichen Ordnung** sieht man traditionellerweise den Inbegriff der nicht durch positive Rechtsnormen erfassten Verhaltensweisen, die nach den jeweils herrschenden Anschauungen zu den unerlässlichen Voraussetzungen eines gedeihlichen menschlichen Zusammenlebens gehören.

Beispiel: Die Bettelei in Begleitung von Kindern und durch Kinder ist untersagt. Ferner ist die Bettelei untersagt, soweit Personen bedrängt, festgehalten oder berührt werden (§ 1 des brem. Ortsgesetzes über die öffentliche Ordnung v. 27.9.1994 – GBl. S. 277).

Gegenüber der Unterbindung des sog. aggressiven Bettelns stellt das Betteln in seiner stillen Erscheinungsform generell und abstrakt keine Störung der öffent-lichen Sicherheit und Ordnung dar (VGH Mannheim, NJW 1999, 2059), ausführlich Hecker, NVwZ 1999, 261).

Die Polizei kann nach den Landespolizeigesetzen zur Abwehr eine Person vorüber-gehend von einem Ort verweisen oder ihr vorübergehend das Betreten eines Ortes verbieten (z. B. § 16 PolG Brandenburg, § 17 SOG Niedersachsen; § 34a PolG NRW).

Beispiel: Die Platzverweisung eines Drogenhändlers im Englischen Garten ist rechtmäßig, wenn sie zur Abwehr einer vorübergehenden Gefahr erforderlich ist (BayVGH, BayVBl. 2001, 529).

Ein undifferenziertes Aufenthaltsverbot ist nur rechtmäßig, wenn die getroffene Maß-nahme geeignet, erforderlich und verhältnismäßig zur Bekämpfung der Gefahr ist (bayVGH, NVwZ 2001, 1291; Cremer, NVwZ 2001, 1218; OVG Münster, NVwZ 2001, 231: zur zulässigen Dauer: Götz, NVwZ 1998, 683 mwN).

Beispiel: Ein Betretungsverbot für ein ganzes Stadtgebiet gegenüber einem Asylbewerber aus Gründen des Drogenhandels wird grundsätzlich als zulässig angesehen (VGH Mannheim, NVwZ-RR 1998, 428; OVG Bremen, NVwZ 1999, 314, BayVGH, NVwZ 2000, 454).

Bedenklich ist aber eine Allgemeinverfügung, die „Personen, die der so genannten Punkszene zuzuordnen" sind „den Aufenthalt auf einem bestimmten Platz" für einen bestimmten Zeitraum verbietet (VGH Baden-Württemberg, NVwZ 2003, 115).

Nach dem Grundsatz der Verhältnismäßigkeit ist die Verfügung rechtswidrig, soweit die vom Verbot betroffenen Person sich zu anderen zulässigen Zwecken ins Stadtgebiet begibt, z.b. wenn das persönliche Erscheinen der Person bei der Ausländerbehörde angeordnet wird (§§ 57 Abs.3, 58 Abs.3 AsyVfG) oder um soziale Kontakte zu Freunden, Verwandten und Bekannten im Stadtgebiet aufrecht zu erhalten.

Verweisung aus einer Wohnung und aus deren unmittelbarer Umgebung
Die Polizei kann den gewalttätigen Ehemann aus der Wohnung sowie aus der unmittelbaren Umgebung der Wohnung verweisen und ihm die Rückkehr in diesen Bereich untersagen (§ 34a PolG NRW), soweit vom Ehemann eine gegenwärtige Gefahr für Leib und Leben der Ehefrau, der Kinder und anderer Haushaltsangehöriger besteht.

Dies ermöglicht der Behörde eine erste kurzfristige Krisenintervention mit dem Ziel, akute Auseinandersetzungen mit Gefahren für Leib, Leben oder Freiheit einer Person zu entschärfen, den Beteiligten Wege aus der Krise zu eröffnen und ihnen die Möglichkeiten zu verschaffen, in größerer Ruhe und ohne das Risiko von Gewalttätigkeiten Entscheidungen über ihre künftige Lebensführung sowie gegebenenfalls die Inanspruchnahme gerichtlichen Schutzes nach dem Gewaltschutzgesetz (BGBl. I 2001, S.3513) zu treffen (BVerfG, NJW 2002, 2225 f. und Frauenkoordinierungsstelle, NDV 2004, 112; VGH Mannheim, NJW 2005, 88; Krugmann, NVwZ 2006, 152).

51.5 Finanzvermögen

Begriff
Zum Finanzvermögen gehören die Sachen, die nicht unmittelbar öffentlichen Ausgaben dienen, sondern nur mittelbar durch ihren Ertrag.

Beispiele: Grundstücke und Mietshäuser, Forsten, Ratskeller, Beteiligung an Kapitalgesellschaften.

Verwaltung nach Privatrecht
Die Verwaltung des Finanzvermögens erfolgt zwar grundsätzlich nach Privatrecht (→ 26.3.2).

Jedoch schließt das nicht aus, dass der Verwaltungsträger z. B. bei der Vermietung von Wohnungen aus städtischem Besitz einkommensschwache kinderreiche Familien bevorzugt berücksichtigt. Dies lässt sich allerdings nicht selten erst durch den Einsatz der politischen Mandatsträger (Mitglieder des Gemeinderates) oder den Druck der öffentlichen Meinung erreichen.

Sachverzeichnis

Sachverzeichnis

Sachverzeichnis

Sachverzeichnis

Sachverzeichnis

Sachverzeichnis